Contabilidade Pública Análise Financeira Governamental

O GEN | Grupo Editorial Nacional – maior plataforma editorial brasileira no segmento científico, técnico e profissional – publica conteúdos nas áreas de ciências sociais aplicadas, exatas, humanas, jurídicas e da saúde, além de prover serviços direcionados à educação continuada e à preparação para concursos.

As editoras que integram o GEN, das mais respeitadas no mercado editorial, construíram catálogos inigualáveis, com obras decisivas para a formação acadêmica e o aperfeiçoamento de várias gerações de profissionais e estudantes, tendo se tornado sinônimo de qualidade e seriedade.

A missão do GEN e dos núcleos de conteúdo que o compõem é prover a melhor informação científica e distribuí-la de maneira flexível e conveniente, a preços justos, gerando benefícios e servindo a autores, docentes, livreiros, funcionários, colaboradores e acionistas.

Nosso comportamento ético incondicional e nossa responsabilidade social e ambiental são reforçados pela natureza educacional de nossa atividade e dão sustentabilidade ao crescimento contínuo e à rentabilidade do grupo.

Severino Cesário de Lima
Josedilton Alves Diniz

Contabilidade Pública Análise Financeira Governamental

ATUALIZADO COM AS NORMAS
INTERNACIONAIS DE CONTABILIDADE
DO SETOR PÚBLICO

gen | atlas

Os autores e a editora empenharam-se para citar adequadamente e dar o devido crédito a todos os detentores dos direitos autorais de qualquer material utilizado neste livro, dispondo-se a possíveis acertos caso, inadvertidamente, a identificação de algum deles tenha sido omitida.

Não é responsabilidade da editora nem dos autores a ocorrência de eventuais perdas ou danos a pessoas ou bens que tenham origem no uso desta publicação.

Apesar dos melhores esforços dos autores, do editor e dos revisores, é inevitável que surjam erros no texto. Assim, são bem-vindas as comunicações de usuários sobre correções ou sugestões referentes ao conteúdo ou ao nível pedagógico que auxiliem o aprimoramento de edições futuras. Os comentários dos leitores podem ser encaminhados à Editora Atlas Ltda. pelo e-mail editorialcsa@grupogen.com.br.

Direitos exclusivos para a língua portuguesa
Copyright © 2016 by
Editora Atlas Ltda.
Uma editora integrante do GEN | Grupo Editorial Nacional

Reservados todos os direitos. É proibida a duplicação ou reprodução deste volume, no todo ou em parte, sob quaisquer formas ou por quaisquer meios (eletrônico, mecânico, gravação, fotocópia, distribuição na internet ou outros), sem permissão expressa da editora.

Rua Conselheiro Nébias, 1384
Campos Elísios, São Paulo, SP — CEP 01203-904
Tels.: 21-3543-0770/11-5080-0770
editorialcsa@grupogen.com.br
www.grupogen.com.br

Designer de capa: MSDE / MANU SANTOS Design
Editoração Eletrônica: MSDE / MANU SANTOS Design

CIP-BRASIL. CATALOGAÇÃO NA PUBLICAÇÃO
SINDICATO NACIONAL DOS EDITORES DE LIVROS, RJ

L699c

Lima, Severino Cesário de

Contabilidade pública : análise financeira governamental / Severino Cesário de Lima, Josedilton Alves Diniz. – 1. ed. – [2ª Reimpr.]. – São Paulo : Atlas, 2016.

Inclui bibliografia e índice
ISBN 978-85-97-00823-4

1. Contabilidade - Problemas, questões, exercícios. 2. Serviço público - Brasil - Concursos. I. Diniz, Josedilton Alves. II. Título.

16-34506   CDD: 657
CDU: 657

A Deus, autor do meu destino, que me criou e me dotou de inteligência, possibilitando a realização de grandes coisas na minha vida, dentre elas a elaboração deste livro para o avanço da ciência.

À minha mãe, Josefa Maria de Lima, por todos os momentos dedicados a mim, pelas palavras de apoio, pelos conselhos, pelo amor, pela honestidade, pela educação e incentivo concedidos à minha realização profissional.

Severino Cesário

A Deus, autor e consumador da minha fé. À minha esposa, Aparecida, pelo sacrifício e apoio constante e às minhas filhas, Talita, Tainá e Helena, pela motivação e inspiração.

Josedilton

Material Suplementar

Este livro conta com materiais suplementares.

O acesso é gratuito, bastando que o leitor se cadastre em http://gen-io.grupogen.com.br.

GEN-IO (GEN | Informação Online) é o repositório de materiais suplementares e de serviços relacionados com livros publicados pelo GEN | Grupo Editorial Nacional, maior conglomerado brasileiro de editoras do ramo científico-técnico-profissional, composto por Guanabara Koogan, Santos, Roca, AC Farmacêutica, Forense, Método, Atlas, LTC, E.P.U. e Forense Universitária. Os materiais suplementares ficam disponíveis para acesso durante a vigência das edições atuais dos livros a que eles correspondem.

SUMÁRIO

PREFÁCIO XIII
APRESENTAÇÃO XV
AGRADECIMENTOS XXI

1 INICIANDO A ANÁLISE FINANCEIRA DOS GOVERNOS 1
1.1 Governo e administração pública 2
1.2 Objetivos das organizações governamentais 5
1.3 Providências preliminares para análise financeira dos governos 7
Questões para discussão 9

2 INFORMAÇÃO FINANCEIRA GOVERNAMENTAL 11
2.1 Natureza da informação financeira governamental 12
2.2 Usos e usuários da informação financeira governamental 13
2.3 Fundamentos da contabilidade governamental 15
    2.3.1 Sistemas de contabilidade governamental 16
    2.3.2 Contabilidade por fundos 17
    2.3.3 Bases de escrituração 20
    2.3.4 Conexão do orçamento com o patrimônio 24
2.4 Fontes de informações financeiras governamentais 25
2.5 Demonstrações Contábeis Aplicadas ao Setor Público (DCASP) 29
    2.5.1 Balanço Orçamentário 30
    2.5.2 Balanço Financeiro 34
    2.5.3 Demonstração das Variações Patrimoniais 36
    2.5.4 Balanço Patrimonial 38
    2.5.5 Demonstração dos Fluxos de Caixa 41
    2.5.6 Demonstração das Mutações do Patrimônio Líquido (DMPL) 45
    2.5.7 Notas explicativas às DCASP 47
2.6 Exemplo de demonstrações contábeis: o caso do Município de Aurora Dourada 49
Questões para discussão 68

3 CONDIÇÃO FINANCEIRA GOVERNAMENTAL 71
3.1 Relevância e aspectos conceituais 72
3.2 Condição financeira *versus* posição financeira 76
3.3 Características da condição financeira 78
3.4 Teoria da condição financeira 79
3.5 Fatores determinantes da condição financeira 80
    3.5.1 Fatores financeiros 81

		3.5.2	Fatores ambientais	81
		3.5.3	Fatores organizacionais	82
		3.5.4	Efeitos dos fatores determinantes da condição financeira	83
3.6		Problemas fiscais		85
3.7		Componentes da condição financeira		91
3.8		Estratégias de análise da condição financeira		92
		3.8.1	Análise de indicadores	92
		3.8.2	Análise horizontal	94
		3.8.3	Análise vertical	96
		3.8.4	Análise de tendência	98
		3.8.5	Análise financeira comparada	99

Questões para discussão *101*

4 FUNDAMENTOS DA EXECUÇÃO ORÇAMENTÁRIA E FINANCEIRA 107

4.1	Execução orçamentária da despesa		108
4.2	Execução orçamentária da receita		110
4.3	Programação financeira		113
4.4	Mecanismos de alteração do orçamento		114
	4.4.1	Créditos suplementares	115
	4.4.2	Créditos especiais	115
	4.4.3	Créditos extraordinários	116
	4.4.4	Transposições, remanejamentos e transferências	116
4.5	Recursos para execução dos programas governamentais		117
	4.5.1	Receita prevista	118
	4.5.2	Saldo do orçamento	119
	4.5.3	Superávit financeiro	120
	4.5.4	Excesso de arrecadação estimado	125
	4.5.5	Anulação parcial ou total de dotações	128
	4.5.6	Operações de crédito	129
	4.5.7	Reserva de contingência	131

Questões para discussão *133*

5 ANÁLISE DE RECURSOS E NECESSIDADES DA COMUNIDADE 135

5.1	Propósito da análise dos recursos e necessidades da comunidade		136
5.2	Relacionamento entre os recursos e as necessidades da comunidade		137
5.3	Análise dos recursos da comunidade		137
	5.3.1	Análise do desempenho econômico	138
	5.3.2	Análise da estrutura econômica	139

SUMÁRIO

      5.3.3   Indicadores de recursos da comunidade.. 141
5.4   Análise das necessidades da comunidade 152
      5.4.1   Demanda por bens e serviços... 153
      5.4.2   Sistemas de informações governamentais................................... 155
      5.4.3   Indicadores socioeconômicos 155
      5.4.4   Indicadores de necessidades da comunidade............................. 158
5.5   Exemplo de análise dos recursos e necessidades da comunidade............ 162
Questões para discussão *170*

6   ANÁLISE DA SOLVÊNCIA ORÇAMENTÁRIA 175
6.1   Propósitos da análise da solvência orçamentária...................................... 176
6.2   Análise dos resultados orçamentários 177
      6.2.1   Análise do resultado de previsão 177
      6.2.2   Análise do resultado de execução 179
      6.2.3   Exemplo de análise dos resultados orçamentários 186
6.3   Indicadores de análise da solvência orçamentária 194
      6.3.1   Indicadores de execução da receita orçamentária..................... 195
      6.3.2   Indicadores de execução da despesa orçamentária................... 197
      6.3.3   Indicadores do desempenho orçamentário 200
6.4   Indicadores fiscais 203
6.5   Análise do balanço orçamentário 214
      6.5.1   Análise temporal do balanço orçamentário................................ 215
      6.5.2   Análise pontual do balanço orçamentário 219
      6.5.3   Análise de indicadores do balanço orçamentário...................... 226
Questões para discussão *237*

7   ANÁLISE DA RECEITA... 241
7.1   Propósitos da análise da receita... 242
7.2   Fontes de receita 243
7.3   Componentes da receita 248
      7.3.1   Base econômica 248
      7.3.2   Base da receita 249
      7.3.3   Capacidade fiscal 250
      7.3.4   Receita arrecadada 256
      7.3.5   Reserva de receita 257
7.4   Relacionamento dos componentes da receita.. 258
7.5   Indicadores de análise da receita operacional 259
7.6   Exemplo de análise da receita por meio de indicadores 268
Questões para discussão *277*

Contabilidade Pública

8	**ANÁLISE DOS GASTOS**	**281**
8.1	Propósitos da análise dos gastos públicos	282
8.2	Procedimentos de análise dos gastos públicos	284
	8.2.1 Discriminação dos gastos do governo e do grupo de referência	285
	8.2.2 Eliminação dos efeitos da inflação nos gastos públicos	287
	8.2.3 Identificação dos determinantes dos gastos públicos	288
	8.2.4 Estimativa da pressão por gastos	300
	8.2.5 Avaliação da eficiência dos gastos públicos	303
8.3	Indicadores de análise dos gastos públicos	308
8.4	Exemplo de análise dos gastos por meio de indicadores	317
	Questões para discussão	*327*
9	**ANÁLISE DA DÍVIDA**	**335**
9.1	Propósitos da análise da dívida	336
9.2	Finalidades da dívida pública	337
9.3	Argumentos teóricos para o surgimento da dívida	339
9.4	Análise do desempenho fiscal da dívida	342
	9.4.1 Abordagem da capacidade de endividamento	343
	9.4.2 Abordagem da associação	367
	9.4.3 Abordagem comparativa	368
9.5	Exemplo de análise da dívida por meio de indicadores	369
	Questões para discussão	*381*
10	**ANÁLISE DO REGIME PRÓPRIO DE PREVIDÊNCIA**	**387**
10.1	Propósitos da análise do regime próprio de previdência	391
10.2	Regimes de financiamento	392
10.3	Planos de benefícios	394
10.4	Equilíbrio financeiro e atuarial	396
10.5	Ativos garantidores	397
10.6	Passivos atuariais	401
10.7	Resultados atuariais	403
10.8	Modelo contábil	404
10.9	Indicadores de análise da condição financeira do RPPS	411
	10.9.1 Indicadores baseados em ativos e passivos atuariais	411
	10.9.2 Indicadores baseados no fluxo de recursos	419
10.10	Exemplo de análise da condição financeira do RPPS	421
	Questões para discussão	*433*
11	**ANÁLISE DA SOLVÊNCIA DE CAIXA**	**459**
11.1	Propósitos da análise da solvência de caixa	**438**

11.2	Recursos internos		**438**
	11.2.1	Dimensão temporal e geração de caixa	439
	11.2.2	Nível dos recursos internos	441
	11.2.3	Liquidez dos recursos internos	442
	11.2.4	Posição de caixa	447
	11.2.5	Fatores determinantes dos recursos internos	447
11.3	Indicadores da solvência de caixa		**448**
11.4	Análise das demonstrações da solvência de caixa		**454**
	11.4.1	Análise do demonstrativo do superávit/déficit financeiro	454
	11.4.2	Análise do balanço financeiro	456
	11.4.3	Análise da demonstração dos fluxos de caixa	461
11.5	Exemplo de análise da solvência de caixa por meio de indicadores		**469**
Questões para discussão			*476*
12	**ANÁLISE DA POSIÇÃO FINANCEIRA E PATRIMONIAL**		**481**
12.1	Propósitos da análise da posição financeira e patrimonial		**482**
12.2	Análise das demonstrações da posição financeira e patrimonial		**482**
	12.2.1	Análise do balanço patrimonial	483
	12.2.2	Análise da demonstração das variações patrimoniais	497
	12.2.3	Análise da demonstração das mutações do patrimônio líquido	500
12.3	Posição financeira e resultado financeiro		**502**
12.4	Posição patrimonial e resultado patrimonial		**503**
Questões para discussão			*507*
13	**MODELOS DE AVALIAÇÃO DA CONDIÇÃO FINANCEIRA**		**509**
13.1	Importância e limitações dos modelos		**510**
13.2	Classificação dos modelos quanto à abordagem sistêmica		**512**
	13.2.1	Modelos fechados	512
	13.2.2	Modelos quase abertos	531
	13.2.3	Modelos abertos	537
ÍNDICE REMISSIVO			**545**

PREFÁCIO

Os Professores Severino Cesário de Lima e Josedilton Alves Diniz estão presenteando o Brasil com seu livro Contabilidade pública: análise financeira governamental.

Essa foi a melhor maneira que encontrei de cumprimentar os Autores e alertar os interessados, quer professores, quer alunos, quer profissionais da contabilidade governamental, quer os usuários dessas informações.

Trata-se de uma obra inédita no seu alcance e na sua profundidade. Não está voltada ao bê-á-bá dos débitos e créditos (não que isso não seja importante, é claro), e sim ao entendimento e à análise do enorme banco de dados que é fornecido pela contabilidade governamental.

Trazendo toda uma bibliografia de fora do Brasil, e dando sobre elas o banho das normas internacionais de contabilidade governamental, conseguem os Autores propiciar todas as condições que permitem aos usuários dessa contabilidade muito melhor dela se aproveitar. E conseguem os professores, alunos e profissionais entender até onde podem os números emanados desse sistema auxiliar no processo de governança e de governabilidade públicas. E, o que me parece muito mais fundamental ainda, dão campo para um direcionamento muito mais tecnicamente fundamentado para as políticas públicas.

Mas, apesar desse olhar em toda a experiência internacional, não deixam os Autores de levar em conta, absolutamente, a realidade brasileira, nossa legislação, nossa velha Lei 4.320. Consequentemente, consideram o nosso velho modelo contábil da contabilidade governamental, dando-lhe uma vestimenta carregada de um potencial de utilidade extraordinária.

O interessante é que aprendi muito lendo a obra.

Aproveite você também, *caro leitor.*

Prof. Eliseu Martins

APRESENTAÇÃO

A formulação e execução de políticas públicas pressupõem o conhecimento da condição financeira dos entes que compõem uma nação. Esse entendimento ganha relevo nos países em que a descentralização fiscal é bastante acentuada, como é caso do Brasil. As políticas nacionais devem ser definidas levando-se em consideração as necessidades de todos os governos subnacionais e central. Assim, o envolvimento dos três entes federativos: União, estados e municípios revela a responsabilidade mútua na oferta de bens e serviços públicos, daí a necessidade de que a saúde financeira de cada um seja adequadamente evidenciada.

De acordo com o pacto federativo, os municípios têm muitas atribuições que lhe são próprias e outras que são realizadas por designação dos governos estaduais e federal mediante transferências condicionais. Grande parte dos serviços públicos é vital e pode ser ameaçada se os governos locais não são fiscalmente sustentáveis. Para garantir o equilíbrio fiscal, nas últimas décadas, foram instituídas normas para monitorar, controlar e resolver os problemas fiscais dos governos, tendo como destaque a Lei de Responsabilidade Fiscal (LRF), criada com essa finalidade.

O desequilíbrio fiscal dos governos afeta diretamente a condição financeira desses entes governamentais, que é influenciada por fatores relacionados com o equilíbrio entre receitas e despesas. As receitas, ou as fontes de recursos do governo, compostas de impostos, taxas, contribuições e transferências intergovernamentais, são a espinha dorsal sobre a qual repousam os gastos públicos incorridos com a prestação de serviços à população. Assim, a previsão de receitas deve ser feita com cuidado e atenção para garantir que o planejamento dos gastos seja feito adequadamente. Além disso, a estrutura e adequação dos sistemas de receitas locais definem a capacidade do governo para lidar com pressões por gastos e evitar o estresse fiscal.

Um segundo fator dessa equação diz respeito às despesas. Os municípios lidam com vários atores que estão interessados na construção de seus orçamentos. Os cidadãos podem exigir determinados serviços, o governo federal pode instituir muitas amarras às fontes de financiamento, e os governos estaduais podem impor uma variedade de funções. Além disso, os governos locais devem contratar pessoas e adquirir materiais em mercados nacionais e até mesmo internacionais, onde as pressões cambiais e o nível de inflação estão fora do seu controle. Assim, a saúde fiscal, em última análise, é induzida pela forma como os governos gerenciam suas decisões de receita e de gastos em um ambiente econômico e social, que é bastante diversificado e foge ao seu controle. Nesse sentido, conforme acentuam Levine et al. (2012, p. 2),[1] a saúde fiscal é um processo adaptativo de tomada de decisão estratégica que exige conhecimento de uma variedade de funções, serviços e ferramentas.

---

[1] LEVINE, Helisse et al. *Handbook of local government fiscal health*. Burlington: Jones & Bartlett Learning, 2013.

Essas considerações constituem os fundamentos que alicerçaram a elaboração deste livro. Para tanto, foram levantados e compilados trabalhos acadêmicos acerca do entendimento contemporâneo sobre a teoria normativa e positiva da condição financeira dos governos, mormente a compreensão da condição financeira dos governos locais. Nosso principal objetivo consiste em oferecer uma referência literária para estudantes, profissionais e acadêmicos. Assim, buscamos deixar o livro com características que atendam a todos esses leitores.

Os quatro capítulos iniciais desta obra foram escritos e dispostos segundo a lógica conceitual de produção e evidenciação da informação financeira no setor público. Os oito capítulos seguintes (Capítulos 5 a 12) foram desenvolvidos e apresentados consoante o conhecimento dominante e a sequência natural dos componentes da condição financeira governamental: recursos e necessidades da comunidade, solvência orçamentária, receita, gastos, dívida, regime de previdência e solvência de caixa; incluindo, também, aspectos sobre a posição financeira e patrimonial. Nesses capítulos, os conceitos foram fundamentados segundo os pressupostos normativos e positivos da teoria da condição financeira que permitiram, sobretudo, identificar e organizar um conjunto de indicadores para auxiliar no processo de mensuração e análise da condição financeira dos governos. Cada um desses capítulos traz um exemplo prático para guiar a análise financeira dos governos e sua interpretação à luz dos conceitos discutidos.

O último capítulo da obra apresenta um levantamento dos modelos da condição financeira governamental, desenvolvidos até o momento por pesquisadores e profissionais de finanças públicas, para auxiliar na produção de pesquisas acadêmicas. Ao final de todos os capítulos, são apresentadas questões para discussões e debates em sala de aula. Dessa forma, o conteúdo disposto em cada capítulo contribui conceitualmente para os capítulos seguintes. Além disso, cada capítulo isoladamente representa um guia conceitual e prático para aprofundamento de um assunto específico.

Embora a estrutura conceitual da obra se assente na literatura internacional, tivemos o cuidado de adequá-la à realidade brasileira. Esse trabalho somente foi possível devido à compatibilidade das normas nacionais de contabilidade pública às normas internacionais, fruto do processo de convergência que vem sendo implementado no país.

Enfim, o conteúdo deste livro contribui para a análise financeira governamental em toda a sua extensão, sendo organizado em 13 capítulos, conforme descritos a seguir.

O Capítulo 1 apresenta conceitos iniciais à análise financeira dos governos. Nele são introduzidos os conceitos básicos da análise financeira governamental, tais como: definição de governo e sua conexão com o termo administração pública, os objetivos das organizações governamentais e as providências preliminares para a realização da análise financeira dos governos.

O Capítulo 2 versa sobre a informação financeira governamental. Nele são apresentados ao leitor conhecimentos sobre a natureza da informação financeira; sobre os fundamentos da contabilidade governamental em que são demonstrados assuntos

APRESENTAÇÃO

sobre a organização do sistema de contabilidade governamental, a contabilidade por fundos, as características do orçamento público e a distinção entre o regime financeiro e o regime de contabilidade; sobre a estrutura das demonstrações contábeis do setor público; sobre os usuários da informação financeira governamental; e sobre as fontes de informação no setor público.

Os fundamentos da condição financeira governamental são apresentados no Capítulo 3, no qual se discutem os aspectos conceituais da condição financeira dos governos, demonstrando a conexão e a diferença entre condição financeira e posição financeira. O capítulo discorre, também, sobre as características, os componentes e os fatores determinantes da condição financeira; debate sobre os problemas fiscais dos governos; e mostra as principais técnicas de análise financeira aplicáveis ao setor público.

Os fundamentos da execução orçamentária e financeira são tratados no Capítulo 4, em que se evidenciam os principais aspectos de execução orçamentária e financeira, ressaltando os mecanismos de alteração do orçamento e as respectivas fontes de recursos de cobertura. O capítulo mostra, também, importantes demonstrações auxiliares para explicar o resultado de execução orçamentária.

O Capítulo 5 aborda a análise dos recursos e necessidades da comunidade, no qual se discorre sobre as principais variáveis de natureza econômica, social e demográfica que influenciam a base de receita do governo e a demanda por bens e serviços públicos.

No Capítulo 6, que trata da análise da solvência orçamentária, abordamos os modelos de análise dos resultados orçamentários de previsão e execução, os indicadores de análise da solvência orçamentária e os indicadores fiscais.

A análise da receita é discutida no Capítulo 7. Nele mostramos as fontes de receita do governo e discutimos os componentes da receita pública: base econômica, base da receita, receita arrecadada, capacidade fiscal e reserva de receita. Concluímos esse capítulo demonstrando os principais indicadores de análise financeira da receita pública.

A análise dos gastos públicos é destacada no Capítulo 8. Nesse capítulo apresentamos os procedimentos empregados para analisar os gastos governamentais, enfocando os principais determinantes desse componente da condição financeira. O capítulo mostra, também, mecanismos de mensuração da pressão por gastos e da eficiência do gasto público e conclui demonstrando os principais indicadores de análise financeira do gasto público.

O Capítulo 9, destinado à discussão da dívida pública, destaca os argumentos teóricos para o surgimento da dívida e mostra como medir o desempenho dela segundo a capacidade de endividamento e segundo a abordagem comparativa. No decorrer do capítulo, são apresentados os principais indicadores de análise financeira da dívida: indicadores de estoques financeiros ou de capacidade de pagamento e indicadores de fluxo financeiro ou de impacto orçamentário. O capítulo traz um conjunto de indicadores padrão para auxiliar na avaliação da carga da dívida dos governos.

Na análise da condição financeira governamental, é necessário entender a dinâmica do Regime Próprio de Previdência dos Servidores (RPPS). Assim, no Capítulo 10, discutimos sobre os regimes de financiamento e os planos de benefício dos RPPS, bem como descrevemos o modelo contábil. Contudo, como o foco principal do capítulo é o equilíbrio financeiro e atuarial, buscamos ressaltar os principais elementos dessa dimensão: ativos garantidores, passivos atuariais e resultados atuariais. O capítulo conclui com a descrição dos principais indicadores de análise da condição financeira do RPPS.

A análise da solvência de caixa é discutida no Capítulo 11. Nele, avaliamos a posição de caixa, o nível e a liquidez dos recursos internos que compõem o fundo financeiro do governo (*fund balance*). Esse capítulo demonstra os principais indicadores utilizados para analisar a solvência de caixa do governo. O capítulo conclui com a análise das demonstrações da solvência de caixa do governo.

O Capítulo 12 discute os mecanismos de avaliação da posição financeira e patrimonial por meio da análise das Demonstrações Contábeis Aplicadas ao Setor Público – DCASP, especialmente, o Balanço Patrimonial, a Demonstração das Variações Patrimoniais e a Demonstração das Mutações do PL; e com base na análise da demonstração simplificada da posição financeira e da demonstração simplificada da posição patrimonial. O capítulo conclui avaliando o comportamento do resultado patrimonial do exercício por meio de dois quocientes: índice de *accurals* e indicador de resultado das variações patrimoniais.

Por fim, apresentamos no Capítulo 13 os modelos de avaliação da condição financeira. Esse capítulo expõe os principais modelos da condição financeira disponíveis na literatura segundo a abordagem sistêmica: modelos fechados, modelos quase-abertos e modelos abertos. Nele, o leitor pode fazer uso do modelo de condição financeira que melhor atenda às suas necessidades. É bom destacar que o leitor, com base em todo construto teórico discutido neste livro, será capaz de desenvolver seu próprio modelo empírico de análise.

Consoante descrição de conteúdo dos 13 capítulos, observa-se que esta obra tem um apelo prático e teórico para definir e analisar a condição financeira dos governos segundo seus componentes. Além disso, aprofunda-se em abordagens da contabilidade aplicada ao setor público pouco estudadas no Brasil, tais como: (i) usos e usuários da informação contábil; (ii) regimes contábeis, que vão além de uma visão míope da existência de apenas duas bases de escrituração: regime de caixa e regime de competência; (iii) contabilidade por fundos, visto que grande parte dos gastos públicos é realizada por fundos especiais; e (iv) estrutura das demonstrações contábeis aplicadas ao setor público.

No site do GEN | Atlas são disponibilizados, para professores, slides de acordo com os capítulos, e para todos os usuários planilhas em Excel com apresentação dos exemplos de cálculos utilizados ao longo da publicação.

Em suma, produzimos este livro com o objetivo de contribuir para o desenvolvimento da contabilidade e análise financeira governamental no Brasil. Desejamos que esta obra seja útil a seus potenciais usuários (estudantes, professores, pesquisadores,

APRESENTAÇÃO

gestores públicos, analistas, consultores, assessores e curiosos no assunto) no auxílio ao desenvolvimento de pesquisas acadêmicas e na realização prática de análise financeira dos entes governamentais.

Os Autores

AGRADECIMENTOS

O sonho deste livro começou quando dois apaixonados pela contabilidade pública se encontraram no curso de doutorado em Contabilidade e Controladoria da FEA/USP. Nós tínhamos o sentimento de que faltava na literatura nacional um livro que conseguisse conjugar tanto a teoria quanto a prática da análise financeira governamental.

Fomos em frente! Esse percurso foi longo e difícil, porém Deus colocou pessoas em nossas vidas que nos ajudaram a tornar esse sonho possível. Uma delas é o Professor Eliseu Martins, que nos incentivou com o seu caráter e compartilhamento de saberes.

Não poderíamos deixar de mencionar os Professores Luiz João Corrar, Gilberto de Andrade Martins, Valmor Slomski e Nelson Petri (*in memoriam*), pelas suas orientações e contribuições na nossa formação. Registramos, também, o empenho de Fábio Oliveira, do GEN | Atlas, na condução desse processo, desde a aprovação até a edição do livro.

Agradecemos pelas contribuições dadas no Capítulo 10 ao Dr. Hélio Fernandes Carneiro, Auditor de Contas Públicas do TCE-PB e atualmente Gerente de Projeto do Ministério da Previdência Social.

Destacamos a participação dos alunos da disciplina Análise Financeira Governamental – turma 2015.2 – do Programa de Pós-graduação em Ciências Contábeis da Universidade Federal da Paraíba, que deram sua colaboração nas correções e ajustes didáticos. Foram eles: Anny Cristina, Antonio Firmino, Cristiano Rodrigues, Fabio Marsicano, Klerton Andrade, Carla Janaina, Leandro Santos e Ronaldo Rêgo.

A todos nosso muito obrigado!

INICIANDO A ANÁLISE FINANCEIRA DOS GOVERNOS

Capítulo 1

A saúde financeira dos governos é condição essencial para o fornecimento contínuo de bens e serviços públicos de qualidade à população. Assim, qualificar um governo com condição financeira forte ou fraca é um indicativo de que as necessidades da comunidade estão sendo ou não atendidas satisfatoriamente. Todavia, a mensuração da condição financeira não é tarefa fácil, visto que existem vários métodos e técnicas de análise que precisam ser dominadas pelos analistas. Além disso, os governos possuem características diversificadas que devem ser levadas em consideração no processo de análise da sua condição financeira, tais como: necessidades e dificuldades específicas da comunidade, tipos e níveis de gastos exigidos pela população para o fornecimento de bens e serviços, potencial de geração de receitas segundo a base econômica, necessidades de investimentos, carga do endividamento, grau de atenção dispensada à gestão financeira, dentre outras.

Neste primeiro capítulo são discutidos os conceitos básicos e providências preliminares da análise financeira governamental, iniciando-se pela definição de governo e sua conexão com o termo *administração pública*; em seguida, são apresentados os objetivos das organizações governamentais que desenvolvem papel fundamental no processo de análise da condição financeira dos governos; finalmente, o capítulo discute as providências preliminares a serem adotadas quando da realização da análise financeira dos governos.

1.1 Governo e administração pública

Os termos *governo* e *administração pública* estão sempre conectados, todavia apresentam conceitos distintos. Segundo Meirelles (2004, p. 64), o termo *governo*, "em sentido formal, refere-se ao conjunto de poderes e órgãos constitucionais; em sentido material, é o complexo de funções estatais básicas; em sentido operacional, é a condução política dos negócios públicos".

Administração pública, segundo Meirelles (2004, p. 64), "é, pois, todo o aparelhamento do Estado preordenado à realização de serviços, visando à satisfação das necessidades coletivas". Esse aparelhamento compreende o conjunto de órgãos e entidades instituído por lei visando à consecução dos objetivos do governo, sendo formado por órgãos da administração direta e entidades da administração indireta.

A administração direta ou centralizada representa a organização institucional ou político-constitucional, sendo formada por um conjunto de órgãos do núcleo central das três esferas de governo: União, Estados e Municípios, distribuídos entre os três poderes: Legislativo, Executivo e Judiciário. Os fundamentos básicos de organização são estabelecidos na Constituição Federal, nas Constituições Estaduais e nas Leis Orgânicas dos Municípios. O Quadro 1.1 relaciona esses órgãos distribuídos entre os três poderes e respectivas esferas de governo.

Quadro 1.1 Órgãos da administração pública segundo as esferas de governo e respectivos poderes

ESFERA DE GOVERNO	PODERES	ÓRGÃOS
Federal	Legislativo	Senado Federal Câmara dos Deputados Tribunal de Contas da União
Federal	Executivo	Presidência da República Ministérios
Federal	Judiciário	Supremo Tribunal Federal Superior Tribunal de Justiça Tribunais Regionais Federais Tribunal Superior do Trabalho Tribunal Superior Eleitoral Superior Tribunal Militar
Estadual	Legislativo	Assembleia Legislativa Tribunal de Contas do Estado
Estadual	Executivo	Governadoria do Estado Secretarias de Estado
Estadual	Judiciário	Tribunal de Justiça
Municipal	Legislativo	Câmara dos Vereadores Tribunal de Contas (existem somente para os Municípios do Rio de Janeiro e São Paulo)
Municipal	Executivo	Prefeitura Secretarias Municipais

A administração indireta ou descentralizada é formada por um conjunto de entidades, que prestam serviços públicos ou de interesse público, vinculadas a órgãos da administração direta, especificamente, ministérios ou secretarias estaduais e municipais. O Quadro 1.2 relaciona as modalidades de entidades da administração indireta e suas respectivas características.

Quadro 1.2 Características das entidades da administração indireta

MODALIDADES	CARACTERÍSTICAS
Autarquia	• Serviço autônomo criado por lei; • Possui personalidade jurídica de direito público; • Possui patrimônio e receita próprios; • Executa atividades típicas da administração pública que requeiram gestão administrativa e financeira descentralizada; • Possui autonomia administrativa e financeira.
Fundação	• Criada por lei para desenvolver atividades não lucrativas e atípicas do poder público; • Possui personalidade jurídica de direito privado sem fins lucrativos ou pode assumir personalidade jurídica de direito público; • Desenvolve atividades de interesse público, tais como educação, cultura, pesquisa, meio ambiente e assistência social; • As atividades são custeadas com recursos do ente público ou de outras fontes; • Possui autonomia administrativa; • O patrimônio é constituído por bens privados.
Empresa Pública	• Instituída por lei específica; • Possui personalidade jurídica de direito privado; • Possui patrimônio e receita próprios; • Tem por objeto a prestação de serviço público ou a exploração de atividade econômica de interesse público ou considerada essencial à coletividade; • Possui capital exclusivamente público; • Pode assumir qualquer forma jurídica admitida em direito.
Sociedade de Economia Mista	• Instituída por lei específica; • Possui personalidade jurídica de direito privado; • Possui patrimônio e receita próprios; • Possui capital formado com recursos de direito público e privado. Contudo, a maioria das ações com direito a voto pertence ao poder público; • Somente pode assumir a forma jurídica de sociedade anônima; • Desenvolve atividade econômica, técnica, industrial ou serviço de interesse público outorgado ou delegado pelo Estado.

Diante dos fundamentos apresentados, o termo *governo* empregado neste livro deve ser entendido de forma conectada com o termo *administração pública* para expressar o conjunto de órgãos da administração direta e o conjunto de entidades da administração indireta, organizados por uma esfera de governo, para conduzirem os negócios públicos e executarem funções estatais básicas, tais como saúde, educação, assistência social e segurança.

Desta forma, as informações utilizadas no processo de análise financeira de um governo estadual ou municipal, denominado de análise da condição financeira, compreendem um conjunto de dados de natureza econômica, social e demográfica produzidos pelo ambiente externo da esfera de governo sob análise, como também compreendem um conjunto de dados contábeis consolidados produzido internamente por todos os órgãos da administração direta e entidades da administração indireta, que compõem esta esfera de governo.

Como se observa, a análise da condição financeira do governo é geral, envolvendo todas as informações produzidas pelo ambiente externo e interno composto por todos os órgãos da administração direta e todas as entidades da administração indireta vinculadas, inclusive os fundos que possuem personalidade jurídica própria. Desse modo, o nível da análise da condição financeira é o governo como um todo e não uma entidade isolada, um órgão, um departamento ou um programa de governo, mesmo porque muitos dados analisados são agregados, como, por exemplo, a renda, a população, a dívida, o índice de desemprego etc.

Contudo, é importante esclarecer que cada órgão da administração direta e cada entidade da administração indireta são considerados entidades contábeis autônomas para efeito de produção de informações contábeis específicas. Assim, as informações financeiras produzidas por cada uma dessas organizações são úteis para a mensuração do desempenho financeiro individual.

Para tanto, os métodos de análise financeira discutidos neste livro, especificamente a análise da solvência orçamentária, a análise da solvência de caixa e a análise da posição financeira, aplicam-se à avaliação do desempenho financeiro individual dessas organizações, exceto as sociedades de economia mista e as empresas públicas que exploram atividades econômicas, visto que a informação contábil produzida por estas entidades segue, exclusivamente, normas de contabilidade aplicadas ao setor privado.

1.2 Objetivos das organizações governamentais

Os órgãos da administração direta e as entidades da administração indireta que compõem o governo têm por objetivo básico satisfazer as necessidades sociais e econômicas da população, fornecendo bens e serviços públicos a um nível satisfatório de qualidade nas diversas funções de governo: saúde, educação, assistência social, segurança, dentre outras.

Esse objetivo básico, conforme assinalam Berne e Schramm (1986, p. 4), serve de referência para avaliar o desempenho do governo segundo quatro dimensões: eficiência, equidade, condição financeira e *accountability*.

A eficiência está relacionada com a capacidade do governo em explorar adequadamente a base de recursos disponíveis e realizar gastos com a menor relação custo/benefício. Esse objetivo afeta todas as decisões do governo relacionadas à arrecadação e ao aumento de tributos, bem como à realização e à contenção de gastos. Portanto, é necessário que haja avaliação contínua das fontes de recursos e o acompanhamento constante dos gastos públicos, buscando identificar se os recursos aplicados maximizaram os benefícios públicos. Os Capítulos 7 – Análise da receita e 8 – Análise dos gastos apresentam mecanismos de análise para verificar o cumprimento dessa dimensão.

A equidade está relacionada com a capacidade dos cidadãos de pagarem pelos serviços públicos fornecidos à comunidade (*ability to pay principle*). Assim, é preciso que a riqueza e a renda da camada da população mais rica sejam pesadamente tributadas em benefício dos mais pobres, possibilitando a oferta de bens e serviços públicos à população mais carente, bem como a realização de distribuição de renda por meio de programas sociais. A equidade também é exigida quando da assunção de dívidas pelo governo, buscando assegurar igualdade na repartição da carga da dívida entre as gerações de contribuintes. Essa dimensão está presente neste livro no conteúdo do Capítulo 7 – Análise da receita, quando se discute sobre o esforço tributário; no Capítulo 8 – Análise dos gastos; e no Capítulo 9 – Análise da dívida, quando se discute, especificamente, sobre os indicadores da capacidade de pagamento.

A condição financeira está relacionada com a capacidade do governo em cumprir com suas obrigações financeiras e fornecer continuamente bens e serviços públicos de qualidade à coletividade. Os governos não são obrigados a produzir lucros ou acumular riquezas, mas têm a responsabilidade de atender as necessidades da comunidade e manter uma boa condição financeira. Isso implica dizer que o governo deve ser capaz de produzir receita suficiente para atender seus gastos e não incorrer continuamente em déficits. No Capítulo 3 – Condição financeira governamental são apresentados os fundamentos desta dimensão e os capítulos seguintes discorrem sobre os principais métodos de mensuração.

A *accountability* constitui-se no dever do governo em prestar contas à população das ações realizadas. Assim, o governo precisa produzir informações que permitam avaliar seu desempenho, divulgando-as de forma clara e acessível. Não constitui objetivo principal deste livro demonstrar como as informações financeiras do governo devem ser produzidas, mas como essas informações devem ser utilizadas para mensurar sua condição financeira.

Em suma, essas quatro dimensões constituem premissas a serem observadas por todos os governos na gestão do patrimônio público. A literatura brasileira apresenta alguns estudos sobre eficiência, equidade e *accountability* na administração pública, todavia, a dimensão da condição financeira é pouco explorada. Assim, visando suprir essa lacuna, a presente obra tem como essência apresentar os fundamentos e os métodos empregados para mediar e avaliar a condição financeira dos governos.

1.3 Providências preliminares para análise financeira dos governos

A análise financeira dos governos é um processo complexo, visto que a condição fiscal dos governos é simultaneamente influenciada por vários fatores que interagem interna e externamente à organização, tais como: fatores ambientais, representados pela legislação, pela demografia, pelas políticas econômicas e pelos desastres naturais; fatores organizacionais, representados pelas práticas gerenciais e de gestão fiscal; e fatores financeiros, que refletem decisões sobre a realização de receitas e gastos.

Para a realização da análise financeira dos governos é preciso observar algumas providências preliminares: (*i*) definir o nível da análise; (*ii*) estabelecer os objetivos da análise; (*iii*) determinar a dimensão temporal da análise; (*iv*) construir uma estrutura ou modelo de análise; (*v*) assegurar informações financeiras confiáveis para conduzir a análise; e (*vi*) formar *benchmarks* para julgar a condição financeira do governo.

(*i*) **Definir o nível da análise:** o nível da análise, conforme discutido no item 1.1, em geral, é o governo como um todo, mas poderá haver situações especiais em que o nível da análise consistirá em avaliar isoladamente uma entidade específica da administração pública. Assim, é extremamente importante identificar *a priori* o nível da análise para possibilitar a organização dos dados, a definição dos objetivos e a construção do modelo de análise.

(*ii*) **Estabelecer os objetivos da análise:** o objetivo geral da análise consiste em determinar quão bem o governo cumpriu com suas obrigações financeiras no passado e como ele provavelmente cumprirá com suas obrigações financeiras no presente e no futuro. Poderá haver, também, a fixação de objetivos específicos, como, por exemplo: avaliar a solvência orçamentária do governo, avaliar a solvência de caixa, aferir a solvência do nível de serviços, analisar a capacidade de endividamento do governo, avaliar o equilíbrio financeiro do Regime Próprio de Previdência dos Servidores (RPPS), determinar a posição financeira do governo, dentre outros. Nos Capítulos 5 a 12 deste livro serão demonstrados detalhadamente os componentes de análise da condição financeira, os quais constituem objetivos particulares de análise da condição financeira governamental.

(*iii*) **Determinar a dimensão temporal da análise:** a determinação da dimensão temporal consiste em especificar se a análise é de diagnóstico sobre a situação financeira ocorrida no passado ou se é prospectiva, visando prever problemas financeiros e fiscais potenciais que poderão afetar a condição financeira do governo no futuro. Além disso, o foco da análise pode ser no curto e no longo prazo. A análise de curto prazo revela a liquidez ou a capacidade do governo de produzir caixa rapidamente para atender suas necessidades imediatas. A análise de longo prazo depende da capacidade do governo em assegurar recursos e gerenciar gastos, bem como manter uma infraestrutura para o fornecimento de bens e serviços no futuro.

(*iv*) **Construir uma estrutura ou modelo de análise:** toda análise financeira requer a formulação de uma estrutura ou modelo com a finalidade de organizar diferentes medidas, possibilitando a organização dos dados coletados, bem como auxiliar nas respostas às questões propostas e consequente formulação de conclusões. O modelo de análise apresentado neste livro foi construído com base nos modelos desenvolvidos por Berne e Schramm (1986) e por Groves e Valente (2003). Adicionalmente, no Capítulo 13, são discutidos outros modelos de mensuração da condição financeira com características diversificadas, desenvolvidos por estudiosos e pesquisadores dessa área de conhecimento.

(*v*) **Assegurar informações financeiras confiáveis para conduzir a análise:** as informações financeiras necessárias para garantir a análise da condição financeira dos governos são encontradas nas demonstrações contábeis governamentais, nos orçamentos, nos relatórios de execução orçamentária e gestão fiscal e outros demonstrativos financeiros, mas a análise não será completa se não contiver dados de natureza econômica e demográfica que são publicados por organismos governamentais. Uma vez coletados os dados, os mesmos devem ser organizados segundo os componentes da condição financeira: receita, gastos, recursos e necessidade da comunidade, solvência orçamentária, solvência de caixa, endividamento e regime de previdência. Esses aspectos são discutidos nos Capítulos 2 e 3 e detalhados nos demais capítulos deste livro.

(*vi*) **Formar *benchmarks* para julgar a condição financeira do governo:** *benchmarks* na forma de padrões ou "regras de bolso" são a base para uma boa análise financeira, uma vez que constituem instrumentos que possibilitam qualificar se a condição financeira dos governos é forte ou fraca. Todavia, esses instrumentos são escassos na literatura da condição financeira, carecendo de desenvolvimento de estudos para sua evolução. Diante dessa escassez, os *benchmarks* mais utilizados são as comparações, como, por exemplo, comparação de medidas atuais com o comportamento passado, comparação com governos similares (*reference group*) e comparação com restrições legais (limites de gastos e endividamento). No Capítulo 3 – Condição financeira governamental são apresentadas algumas técnicas de análise financeira comparada que auxiliam no processo de *benchmark*.

QUESTÕES PARA DISCUSSÃO

1. Por que no processo de análise da condição financeira é importante distinguir o governo como um todo das entidades da administração pública direta e indireta?

2. Quais são as premissas a serem observadas pelos governos na gestão do patrimônio público? Explique.

3. Discuta os objetivos básicos das organizações governamentais estabelecendo um paralelo entre o desempenho do governo e as dimensões de eficiência, equidade, condição financeira e *accountability*.

4. Considere uma decisão tomada pelo governo sobre a instituição de um novo tributo, ou sobre o corte de gastos em um programa governamental, ou ainda sobre a obtenção de um empréstimo para financiamento de um gasto de capital. Discuta como essa decisão afeta o desempenho do governo segundo as dimensões de eficiência, equidade, condição financeira e *accountability*.

5. Quais as providências preliminares a serem observadas para a realização da análise financeira dos governos? Discuta.

REFERÊNCIAS

BERNE, Robert; SCHRAMM, Richard. *The financial analysis of governments*. New Jersey: Prentice Hall, 1986.

GROVES, Stanford M.; VALENTE, Godsey. *Evaluating financial condition*: a handbook for local government. 4. ed. revised by Karl Nollenberger. Washington: The International City/County Management Association – ICMA, 2003.

MEIRELLES, Hely Lopes. *Direito administrativo brasileiro*. 29. ed. atualizada por Eurico de Andrade Azevedo, Délcio Balestero Aleixo e José Emmanuel Burle Filho. São Paulo: Malheiros, 2004.

INFORMAÇÃO FINANCEIRA GOVERNAMENTAL

Capítulo 2

As informações financeiras produzidas pelos órgãos e entidades governamentais constituem a matéria-prima da análise financeira dos governos e representam o principal meio de satisfazer as necessidades dos seus diversos usuários. Assim, o sistema contábil governamental, como principal produtor dessas informações, deve ser organizado de forma a alcançar integralmente esse objetivo.

O presente capítulo objetiva ressaltar a natureza da informação financeira governamental para atender as necessidades informacionais dos seus usuários, especialmente a avaliação da condição financeira do governo. Assim, discutem-se os fundamentos da contabilidade governamental como a principal fornecedora dessas informações, abordando os seguintes tópicos conexos: o sistema de contabilidade governamental, a contabilidade por fundos, as bases de escrituração, a integração do orçamento com o patrimônio e as fontes de obtenção de informações financeiras. O capítulo conclui mostrando a estrutura das Demonstrações Contábeis Aplicadas ao Setor Público (DCASP).

2.1 Natureza da informação financeira governamental

A informação financeira no setor governo tem por finalidades fundamentais subsidiar a avaliação da condição financeira governamental e contribuir para o processo de *accountability*, visto que é dever de todo governo prestar serviços públicos de qualidade, mantendo uma boa situação financeira e, afinal, prestar contas à população das ações realizadas.

A propósito, o GASB (1987, p. 22), no pronunciamento nº 1 – *Objectives of Financial Reporting*, assinala que as informações financeiras devem auxiliar os usuários na avaliação de prestação de contas e na tomada de decisões econômicas, políticas e sociais.

Obviamente, a informação financeira governamental adquire maior utilidade na medida em que atende as necessidades dos usuários correntes e potenciais ao menor custo possível para fornecê-la. Anthony (1978, p. 47-52) entende que a tarefa de definir as necessidades informacionais é uma questão de julgamento e sua natureza geral compreende quatro categorias:

1. **viabilidade financeira:** indica a capacidade da organização de fornecer continuamente serviços públicos à população por meio da verificação do relacionamento entre os fluxos de entradas e saídas de recursos e da avaliação da posição de liquidez e solvência do governo;
2. **conformidade fiscal:** representa a necessidade de constatar se os recursos foram aplicados em gastos legalmente autorizados, ou seja, em consonância com os programas aprovados no orçamento. Essa necessidade informacional constitui a base lógica da contabilidade por fundos;
3. **desempenho gerencial:** refere-se à obtenção de informações sobre o desempenho dos gestores para certificar se os recursos públicos foram gastos com eficiência e equidade;

INFORMAÇÃO FINANCEIRA GOVERNAMENTAL

4. **custo dos serviços:** contribui para o conhecimento de quanto o governo gasta nas diversas funções governamentais (saúde, educação, segurança, assistência social etc.), permitindo avaliar a magnitude ou esforço relativo de cada uma delas. Além disso, conhecer o custo dos serviços permite avaliar a equidade entre gerações, visto que é possível conhecer os benefícios obtidos e o montante dos custos a serem assumidos pela geração atual e pela geração futura.

Adicionalmente, Jones et al. (1985, p. 26-31) ressaltam a essência da informação financeira governamental como instrumento capaz de propiciar a avaliação da eficiência e efetividade das ações governamentais; promover a aferição das operações financeiras; permitir a verificação de conformidade das ações do governo com o orçamento (*fiscal compliance*); possibilitar a criação e o aperfeiçoamento de políticas públicas; e proporcionar o conhecimento da situação financeira geral do governo.

Em suma, a informação financeira governamental constitui elemento fundamental para contribuir com a avaliação da condição financeira geral do governo a fim de que seus diversos usuários possam tomar suas decisões e realizar seus julgamentos com segurança.

2.2 Usos e usuários da informação financeira governamental

Tradicionalmente, as informações financeiras produzidas pela contabilidade governamental têm como usuários exclusivos os gestores internos e os órgãos de controle externo devido à obrigatoriedade legal do poder público em prestar contas. Contudo, a informação financeira produzida pelo governo tem outros usuários com necessidades específicas.

Com o objetivo de identificar os usuários das demonstrações contábeis publicadas pelos governos locais e estaduais e suas respectivas necessidades informacionais, Jones et al. (1985) realizaram um levantamento em 16 estudos sobre usuários da informação financeira e conduziram 201 entrevistas com esses usuários a fim de auxiliar o GASB no desenvolvimento de padrões contábeis para os governos locais e estaduais. O levantamento revelou as seguintes categorias de usuários: (*i*) gestores externos e órgãos de controle; (*ii*) contribuintes, eleitores e outros cidadãos; (*iii*) investidores e credores; (*iv*) gestores internos; (*v*) doadores voluntários de recursos; (*vi*) clientes; (*vii*) empregados e sindicatos; (*viii*) agências reguladoras; (*ix*) fornecedores; (*x*) grupos de interesses; e (*xi*) auditores independentes.

Todavia, a grande quantidade identificada de usuários apontava para a necessidade de apresentação de relatórios diferenciados com vista a atender o modelo decisório de cada um deles, tornando o processo complexo e, muitas vezes, produzindo informações irrelevantes. Diante disso, Jones et al. (1985) concluíram que a quantidade de usuários deveria ser a menor possível para que as demonstrações contábeis pudessem

Capítulo 2

atender efetivamente a todas as necessidades informacionais requeridas. Assim, baseados no levantamento e nas entrevistas realizadas, os autores optaram pela organização de três grupos principais de usuários externos, conforme sintetizados a seguir:

Cidadãos em geral: esse é o principal grupo de usuários para os quais o governo tem o dever de prestar contas. Esse grupo é composto por uma variedade de usuários com diversidade de necessidades informacionais comuns. Os principais usuários compreendem os contribuintes, os eleitores, os usuários de serviços públicos, os beneficiários de aposentadorias e pensões, os trabalhadores, a imprensa, os pesquisadores, as associações sindicais, as associações de moradores e outras associações de defesa do cidadão. Esses usuários demandam informações financeiras relacionadas com as seguintes necessidades:

- avaliação da eficiência e efetividade das ações governamentais;
- comparação dos resultados do exercício atual com os resultados de exercícios anteriores, como: evolução das receitas e dos gastos e estimativa de recursos potenciais para atender pressão por gastos;
- aferição das operações financeiras, por exemplo, verificação das receitas arrecadadas e das transferências governamentais recebidas;
- avaliação da condição financeira, como, por exemplo, avaliação da liquidez e do montante da dívida;
- determinação de conformidade das ações com o orçamento, como confirmar se as ações foram executadas tal como aprovadas no orçamento e se os gastos foram executados até o limite das receitas arrecadadas e em conformidade com as leis e regulamentos; e
- garantia de determinados programas e ações, como, por exemplo, grupos de cidadãos que reclamam por implantação de programas importantes nas áreas de saúde e educação e associações de empregados que exigem ações de melhoria no transporte urbano.

Autoridades legislativas e de controle: os componentes desse grupo são responsáveis por representar os cidadãos, incluindo usuários relacionados com a elaboração de leis e regulamentos, com a regulação legislativa e com a fiscalização externa das ações governamentais, como autoridades do poder legislativo, gestores de agências reguladoras, conselheiros de tribunais de contas, auditores e controladores. Esses usuários demandam informações para atender as seguintes necessidades:

- conhecer a condição financeira geral do governo para propor novos programas, observando-se o nível das fontes de recursos, o nível de gastos e a capacidade de pagamento;
- determinar a conformidade das ações com o orçamento a fim de averiguar o nível de *accountability* e verificar se as determinações legislativas foram

cumpridas e se as leis e regulamentos foram devidamente observados, especialmente as aplicações mínimas de recursos nas funções de saúde e educação;
- conhecer a condição financeira do governo para avaliar o impacto de inclusão de novas ações no orçamento. Isto implica em conhecer o resultado financeiro e a estrutura de endividamento, bem como monitorar o resultado nominal e o resultado primário.

Investidores e credores: essa categoria de usuários abarca todos aqueles que têm recursos a receber do governo, seja por empréstimos concedidos, seja por fornecimento de bens e serviços, tais como os indivíduos e organizações que compram títulos da dívida do governo, as companhias de seguros, as instituições financeiras, os empresários e os fornecedores de bens e serviços. Incluem-se, também, nesse grupo aqueles que participam do processo de avaliação de crédito, como as agências de *rating*. Esses usuários utilizam, primordialmente, informações sobre a condição financeira do governo, observando o nível dos recursos disponíveis, os resultados operacionais, a capacidade de endividamento, o resultado primário e a capacidade de pagamento do governo.

É importante destacar que, além desses três grupos, há o grupo de gestores internos, representados pelos agentes políticos e pelos gestores operacionais. Os agentes políticos necessitam de informações financeiras para subsidiar a criação e o melhoramento de políticas públicas e os gestores operacionais para a tomada de decisões cotidianas. Esse grupo de usuários não foi incluído na classificação de Jones et al. (1985) uma vez que representa usuários internos das informações financeiras, não sendo, portanto, demandantes principais das demonstrações contábeis, haja vista serem os responsáveis por elaborarem e divulgarem essas demonstrações. Ademais, esses usuários não têm limitações no seu processo decisório uma vez que podem obter com maior facilidade qualquer tipo de informação de que necessitarem, independentemente das informações publicadas.

2.3 Fundamentos da contabilidade governamental

A contabilidade é um sistema de informação que permite identificar, mensurar, avaliar, registrar, controlar e evidenciar informações financeiras relevantes para auxiliar no processo de tomada de decisões de seus usuários. Nesse sentido, Iudícibus (2006, p. 32) destaca que o objetivo da contabilidade "é fornecer informação econômica, física, de produtividade e social relevante para que cada usuário possa tomar suas decisões e realizar seus julgamentos com segurança".

Nessa direção, a Norma Brasileira de Contabilidade (NBC) T 16.1 assinala que o objetivo da contabilidade aplicada ao setor público é fornecer aos usuários informações sobre os resultados alcançados e os aspectos de natureza orçamentária, econômica, financeira e física do patrimônio da entidade do setor público e suas mutações, em apoio

Capítulo 2

ao processo de tomada de decisão; a adequada prestação de contas; e o necessário suporte para a instrumentalização do controle social.

É importante destacar que a produção de informações financeiras no setor governo é guiada por normas nacionais de contabilidade editadas pelo Conselho Federal de Contabilidade, como por exemplo, o conjunto de normas NBC T 16, bem como orientações emitidas pela Secretaria do Tesouro Nacional, consolidadas no Manual de Contabilidade Aplicada ao Setor Público (MCASP) e no Manual de Demonstrativos Fiscais (MDF).

Para atender a esses propósitos, a contabilidade governamental possui uma estrutura diferenciada em relação aos demais ramos de aplicação da contabilidade, devido à obrigatoriedade de escrituração dos atos de gestão orçamentária e à observância às leis e regulamentos para a execução das transações do setor público (*code law accounting*). Dessa forma, a estrutura da contabilidade governamental compreende as seguintes particularidades:

1. sistemas específicos de contabilidade para registro e controle das transações;
2. mecanismos de controle por fundos especiais (contabilidade por fundos);
3. bases de escrituração diferenciadas para o reconhecimento dos fluxos financeiros e econômicos; e
4. conexão do orçamento com o patrimônio.

2.3.1 Sistemas de contabilidade governamental

De acordo com a NBC T 16.2, a contabilidade aplicada ao setor público é organizada na forma de sistema de informações, cujos subsistemas, conquanto possam oferecer produtos diferentes em razão da respectiva especificidade, convergem para o produto final, que é a informação sobre o patrimônio público.

Assim, o sistema contábil governamental é organizado em quatro subsistemas interdependentes entre si, com finalidades específicas, objetivos e funções próprias, proporcionando a emissão dos demonstrativos contábeis e demais relatórios complementares previstos na Lei 4.320/64 e na Lei de Responsabilidade Fiscal, a saber:

- **Subsistema orçamentário:** tem por finalidade registrar, processar e evidenciar os atos e os fatos relacionados ao planejamento e à execução orçamentária, compreendendo o montante dos créditos orçamentários e adicionais, a despesa empenhada à conta desses créditos, o saldo disponível em cada dotação, os restos a pagar processados e não processados do exercício e o resultado orçamentário, dentre outros. Esse subsistema permite a elaboração do balanço orçamentário e do balanço financeiro, do relatório resumido da execução orçamentária e do relatório de gestão fiscal.
- **Subsistema patrimonial:** tem por finalidade registrar, processar e evidenciar os atos e fatos relacionados às operações financeiras e não financeiras. As operações financeiras compreendem as entradas e saídas de recursos, demonstrando

informações a respeito dos fluxos de caixa da entidade e do resultado financeiro. As operações não financeiras são relacionadas com as variações qualitativas e quantitativas do patrimônio público. Esse subsistema permite a elaboração do balanço patrimonial, da demonstração das variações patrimoniais, do balanço financeiro e da demonstração dos fluxos de caixa.

- **Subsistema de custos:** tem por finalidade registrar, processar e evidenciar os custos dos bens e serviços, produzidos e ofertados à sociedade pela entidade pública.
- **Subsistema de compensação:** tem por finalidade registrar, processar e evidenciar os atos de gestão cujos efeitos possam produzir modificações no patrimônio da entidade do setor público, bem como aqueles com funções específicas de controle. Esse subsistema movimenta contas de controle das fontes de recursos e contas de controle de direitos e obrigações decorrentes de convênios, contratos, acordos e ajustes e que não impactam o patrimônio de imediato.

2.3.2 Contabilidade por fundos

As informações financeiras do setor governo são produzidas por um sistema de informações que integra, legalmente, o orçamento, o patrimônio e os fundos especiais. Desse modo, é possível afirmar que as informações financeiras governamentais provêm de uma contabilidade orçamentária, de uma contabilidade patrimonial e de uma contabilidade por fundos.

Vatter (1947, p. 12), em seu trabalho seminal *The fund theory of accounting and its implications for financial reports*, define fundo no contexto da contabilidade governamental como uma entidade contábil ou unidade de operações completamente desvinculadas de qualquer caráter pessoal, podendo ser constituído de várias formas de atuação, como, por exemplo, separar alguns elementos da organização administrativa, atividades particulares ou propósitos específicos importantes.

Nesse sentido, o GASB (1999, p. 80), por meio do Pronunciamento 34 – *Basic Financial Statements*, define fundo como:

> Uma entidade fiscal e contábil contendo um autoequilíbrio de contas que registram o caixa e outros recursos financeiros, juntamente com todas as obrigações relacionadas, o patrimônio líquido e suas variações, que são segregados com o objetivo de conduzir atividades especiais ou alcançar determinados objetivos em conformidades com regulamentos específicos, restrições ou limitações.[1]

---

[1] A fiscal and accounting entity with a self-balancing set of accounts recording cash and other financial resources, together with all related liabilities and residual equities or balances, and changes therein, which are segregated for the purpose of carrying on specific activities or attaining certain objectives in accordance with special regulations, restrictions, or limitations.

Capítulo 2

A definição do GASB revela que o fundo representa uma entidade fiscal ou de natureza orçamentária e uma entidade contábil menor no interior da organização, possuidora de um autoequilíbrio entre os estoques de ativos, os estoques de passivos e o patrimônio líquido do fundo (*fund balance*); este último, contendo o reflexo das variações decorrentes dos fluxos de entradas de recursos (receitas) e fluxo de saídas de recursos (despesas).

Desse modo, conforme ensinam Hendriksen e Van Breda (2010, p. 470), a equação do fundo pode ser expressa pela igualdade entre ativos e as restrições sobre ativos. Os ativos representam serviços possíveis ao fundo ou unidade operacional, enquanto os passivos representam as restrições a ativos específicos ou gerais do fundo impostas por considerações legais, contratuais, gerenciais, financeiras ou de justiça. Logo, a equação do fundo é igual à equação patrimonial: ativo = passivo + patrimônio líquido (*fund balance*), sendo o balanço patrimonial a demonstração do inventário de ativos e passivos do fundo.

Ruppel (2005, p. 55) lembra que o patrimônio líquido do fundo (***fund balance***) não é formado, exclusivamente, por dinheiro em caixa que possa ser prontamente gasto, visto que nem todos os ativos são caixa ou equivalentes de caixa. Logo, não se deve interpretar que o *fund balance* seja igual ao saldo bancário. Contudo, cabe esclarecer que, nos fundos de natureza orçamentária, o ativo é formado, basicamente, por ativos financeiros (caixa e equivalentes de caixa) e o passivo é formado, exclusivamente, por passivos financeiros (obrigações de curto prazo).

Com essas características, a Lei 4.320/64, no seu artigo 71, instituiu o mecanismo de controle por fundos especiais: "constitui fundo especial o produto de receitas especificadas que por lei se vinculam à realização de determinados objetivos ou serviços, facultada a adoção de normas peculiares de aplicação". Complementarmente, o inciso I do artigo 50 da LRF reforça esse mecanismo de controle ao determinar que "a disponibilidade de caixa constará de registro próprio, de modo que os recursos vinculados a órgão, fundo ou despesa obrigatória fiquem identificados e escriturados de forma individualizada".

Os fundos especiais constituem exceção ao princípio da unidade de tesouraria por possuírem controle bancário individualizado, planos de aplicação próprios aprovados pelo colegiado do fundo, contabilidade e prestação de contas específicas. Além disso, o saldo positivo apurado em balanço no final do exercício será diferido para o exercício seguinte como receita do próprio fundo (artigo 73 da Lei 4.320/64).

Existem fundos especiais instituídos por leis gerais, como o Fundo de Manutenção e Desenvolvimento da Educação Básica (FUNDEB). Todavia, cabe a cada governo instituir seus próprios fundos de natureza orçamentária e contábil com base em leis específicas ou julgamentos gerenciais, sempre com o objetivo de realizar determinados programas ou atender a determinadas restrições e limitações legais. O GASB (1999, p. 25), por meio do Pronunciamento 34 – *Basic Financial Statement*, parágrafo 63, destaca a existência de 11 tipos de fundos, organizados em três categorias, conforme apresentado a seguir.

INFORMAÇÃO FINANCEIRA GOVERNAMENTAL

Fundos governamentais: esta categoria de fundos tem orientação no orçamento fiscal e refere-se às atividades rotineiras ou operacionais do governo. São fundos que geram apenas gastos (*expenditure funds*). Esta categoria inclui fundos que contabilizam os recebimentos e desembolsos de recursos financeiros, tais como:

a. fundo geral – é o principal fundo da entidade governamental, no qual são contabilizadas todas as receitas e despesas, exceto aquelas que são controladas por fundos específicos;
b. fundos especiais de receita – esses fundos são instituídos para registrar determinadas receitas vinculadas legalmente a finalidades específicas, exceto receitas de capital, como, por exemplo, transferências recebidas de outras esferas de governo via convênios para financiar determinados gastos correntes; recursos provenientes de atividades geradoras de receitas, cuja arrecadação é destinada à cobertura dos respectivos custos, como receitas de taxas por prestação de serviços de coleta de lixo, limpeza de ruas, iluminação pública, matadouro público etc.;
c. fundos de projetos de capital – são criados para registrar receitas destinadas a aquisição ou construção de bens de capital. Esses recursos são provenientes de operações de crédito, transferências de capital ou de receitas correntes do próprio governo;
d. fundos de serviço da dívida – esses fundos representam mecanismos utilizados para controlar a acumulação de recursos destinados ao pagamento do principal da dívida, atualizações e juros;
e. fundos permanentes – são fundos constituídos para o controle de recursos, cujos rendimentos que eles produzem e não o principal são destinados ao atendimento de necessidades do governo e dos cidadãos.

Fundos proprietários: os fundos desta natureza operam de forma semelhante ao setor privado, destinando-se ao controle de atividades do governo orientadas à geração de lucros (*business-type activities*). Os ativos destes fundos geram tanto receitas quanto despesas, sendo considerados autossustentáveis. Nesta categoria incluem-se os fundos empresariais e os fundos de serviços internos:

a. fundos empresariais – esses fundos contabilizam operações que são executadas de forma semelhante ao setor privado, em que a receita auferida pela venda de produtos e serviços a consumidores externos é responsável por cobrir os custos de produção e gerar lucro;
b. fundos de serviços internos – são fundos constituídos para contabilizar operações relacionadas à produção de bens e serviços por uma entidade do governo para atender necessidades de consumidores internos, isto é, departamentos, fundos ou outras entidades do governo.

Capítulo 2

Fundos fiduciários: esses fundos envolvem um relacionamento de agenciamento com o objetivo de controlar ativos de terceiros em poder do governo, concedidos fiduciariamente. Os recursos desses fundos não podem ser utilizados para financiar programas de governo e são utilizados exclusivamente com o objetivo de realizar gastos ou manter o capital administrado. Nesta categoria incluem-se os seguintes tipos de fundos:

a. fundos previdenciários (*pension trust funds*) – são usados para o controle de recursos e manutenção do capital em favor dos beneficiários de regimes de previdência dos servidores;
b. fundos de investimentos (*investment trust funds*) – são instituídos para a gestão de recursos de um grupo de investidores feita pelo governo;
c. fundos de propósito privado (*private-purpose funds*) – são usados para congregar contratos de **trust** (exceto os fundos de previdência), isto é, contratos firmados entre os transferidores de recursos (*grantors*) e um agente fiduciário (*trustee*);
d. fundos de agentes (*agency funds*) – são utilizados para contabilizar ativos sob custódia pela entidade como fiel depositária, como, por exemplo, os tributos e contribuições retidos a serem recolhidos pelo governo a outra esfera governamental (consignações).

É importante esclarecer que a contabilidade pública brasileira utiliza as três categorias de fundos com destaque para alguns tipos: (*i*) fundos governamentais com destaque ao fundo geral, aos fundos especiais de receita e aos fundos de projetos de capital; (*ii*) fundos proprietários com a instituição dos fundos empresariais e dos fundos de serviços internos; e (*iii*) fundos fiduciários com especial destaque aos fundos previdenciários e aos fundos de agentes.

Além de a gestão governamental ser realizada por fundos especiais, há também o controle gerencial realizado por departamentos, unidades orçamentárias, programas, projetos e atividades, especialmente para a mensuração de custos governamentais.

2.3.3 Bases de escrituração

Frequentemente, são levantadas várias questões de reconhecimento dos fluxos de recursos e respectivos impactos nos estoques patrimoniais do setor público: quando uma receita de impostos é reconhecida? É possível registrar um direito tributário antes da arrecadação da receita orçamentária? Quando uma despesa pode ser apropriada, pelo empenho ou pelo consumo de ativo? É possível reconhecer a depreciação dos bens públicos?

As respostas a esses questionamentos passam pelo entendimento das bases de escrituração dos fluxos econômicos e financeiros do setor público. Segundo Ruppel (2005, p. 20), os leigos em contabilidade pensam que existe apenas uma forma de as organizações públicas registrarem esses tipos de transações. Ledo engano! Existem quatro diferentes formas de reconhecimento e algumas variações: regime de caixa, regime de competência, regime de competência modificado e regime orçamentário.

a. **Regime de caixa (*cash basis*):** de acordo com esse regime contábil, as receitas e despesas são registradas no momento em que o caixa é afetado. Assim, as receitas são reconhecidas quando efetivamente recebidas e as despesas quando efetivamente pagas. Esse regime não é eficiente para o reconhecimento das transações econômicas do setor público, pois mede de forma restrita o resultado econômico uma vez que não captura integralmente as variações provocadas no patrimônio.

b. **Regime de competência (*accrual basis*):** também denominado de regime de competência puro, mensura o resultado econômico da entidade por meio do reconhecimento de receitas quando ganhas, independentemente de recebimentos, e por meio do reconhecimento de despesas quando incorridas, independentemente de pagamentos.

Esse regime de escrituração é utilizado para registrar receitas e despesas que são correlacionadas em uma relação de causa e efeito, sendo plenamente adotado pelos fundos proprietários uma vez que estes executam, eminentemente, transações de natureza econômica vinculadas a atividades empresariais.

c. **Regime de competência modificado (*modified accrual basis*):** esse regime de escrituração é utilizado para o registro de receitas e despesas que são apenas confrontadas e não correlacionadas em uma relação de causa e efeito, como ocorre no regime de competência puro, sendo apropriado para o reconhecimento das variações patrimoniais aumentativas e diminutivas dos fundos governamentais.

Assim, conforme esclarece Ruppel (2005, p. 24), segundo esse regime, as receitas são reconhecidas quando suscetíveis ao provisionamento, isto é, quando forem mensuráveis e disponíveis. O critério de mensuração refere-se à estimativa razoável do seu valor, e o critério de disponibilidade refere-se à arrecadação dentro do exercício financeiro corrente ou logo imediatamente no exercício seguinte. Desse modo, é razoável o reconhecimento da receita no sistema patrimonial no momento do lançamento tributário.

Por outro lado, as despesas serão apropriadas quando a entidade legalmente reconhecer o direito líquido e certo do credor ou, em algumas situações, quando for possível estimar com razoável segurança reduções no patrimônio líquido, como, por exemplo, o reconhecimento de provisão para férias e o registro da despesa com depreciação.

O Quadro 2.1 sintetiza as situações em que os fluxos de receitas e despesas são reconhecidos.

Capítulo 2

Quadro 2.1   Regimes de escrituração dos fluxos econômicos de receitas e despesas no sistema patrimonial

REGIMES DE ESCRITURAÇÃO	RECEITAS	DESPESAS
Regime de caixa	Quando recebidas	Quando pagas
Regime de competência puro	Quando ganhas	Quando incorridas
Regime de competência modificado	Quando mensuráveis e disponíveis	Quando a entidade legalmente reconhecer o direito líquido e certo do credor ou quando for possível estimar com segurança reduções no PL

d. **Regime orçamentário:** esse regime, também denominado de regime financeiro, tem por objetivo controlar o orçamento por meio da contabilização dos fluxos financeiros de receitas e despesas orçamentárias. Segundo Premchand (1995, p. 52), o regime orçamentário é composto por três bases de reconhecimento: (i) regime orçamentário de caixa; (ii) regime de obrigações contratuais; e (iii) regime orçamentário de competência. Além desses critérios, a prática tem revelado uma quarta base de reconhecimento: o regime de caixa modificado.

d1. **Regime orçamentário de caixa:** busca restringir os dispêndios aos recursos disponíveis em caixa. Assim, a receita orçamentária é reconhecida quando ingressar no caixa na fase de recolhimento e a despesa orçamentária é reconhecida no momento do pagamento.

d2. **Regime de obrigações contratuais:** constitui uma variação do regime orçamentário de caixa, aplicando-se exclusivamente às despesas orçamentárias. Esse regime confere um tratamento mais conservador à execução orçamentária, pois anuncia que as despesas orçamentárias são reconhecidas no momento da assunção da obrigação, ou seja, no momento do empenho.

Os regimes orçamentários de caixa e de obrigações contratuais, na visão de Premchand (1995, p. 52), baseiam-se no pressuposto do financiamento do orçamento (*budget funding*) ou da limitação orçamentária (*budget limit*). Em conjunto, esses dois regimes visam à manutenção do equilíbrio orçamentário ao apregoar que o governo somente deve assumir obrigações até o limite da receita efetivamente ingressada no caixa.

d3. **Regime orçamentário de competência:** de acordo com essa base de escrituração, as receitas e despesas orçamentárias são reconhecidas segundo o conceito contábil de competência, isto é, pela ocorrência do fato gerador

INFORMAÇÃO FINANCEIRA GOVERNAMENTAL

desses fluxos financeiros. Assim, conforme esclarece o GAO (2000, p. 34), as receitas são reconhecidas quando ganhas e as despesas, no período em que os recursos são consumidos ou as obrigações incrementadas.

Esse regime é menos conservador que o regime orçamentário de caixa, uma vez que a receita é reconhecida na fase do lançamento tributário provocando gastos sem a respectiva disponibilidade de recursos.

Para maiores aprofundamentos sobre o regime orçamentário por competência, recomenda-se a leitura do trabalho de Monteiro e Gomes (2013), publicado na *Revista de Contabilidade e Finanças*.

d4. Regime orçamentário de caixa modificado: trata-se de uma variação do regime orçamentário de caixa puro ao buscar reconhecer os fluxos de receitas e despesas em base diferente do tradicional recolhimento e pagamento – por exemplo, as receitas são reconhecidas no momento da arrecadação e as despesas no momento do empenho.

No Brasil, o regime orçamentário é de caixa modificado tanto para as receitas quanto para as despesas, consagrado no artigo 35 da Lei 4.320/64 ao estabelecer que pertencem ao exercício financeiro as receitas nele arrecadadas e as despesas nele legalmente empenhadas. Assim, o fluxo da receita orçamentária é reconhecido na fase da arrecadação e o fluxo da despesa orçamentária é reconhecido no momento da celebração do vínculo contratual ou fase do empenho consoante o pressuposto do regime de obrigações contratuais.

O Quadro 2.2 sintetiza as situações em que os fluxos de receitas e despesas orçamentárias são reconhecidos.

Quadro 2.2   Regimes de escrituração dos fluxos financeiros de receitas e despesas no sistema orçamentário

REGIMES DE ESCRITURAÇÃO	RECEITAS	DESPESAS
Regime de caixa puro	Quando recolhidas	Quando pagas
Regime de obrigações contratuais		Quando empenhadas
Regime de competência	Quando ganhas	Quando os recursos são consumidos ou as obrigações incrementadas
Regime de caixa modificado	Quando arrecadadas	Quando legalmente empenhadas

2.3.4 Conexão do orçamento com o patrimônio

O orçamento público é um instrumento de controle de gestão financeira que congrega informações úteis à avaliação da condição financeira, uma vez que permite a coordenação entre receitas e despesas e possibilita determinar a posição operacional do governo.

Segundo Baleeiro (2001, p. 411), "nos Estados democráticos, o orçamento é considerado o ato pelo qual o Poder Legislativo prevê e autoriza ao Poder Executivo, por certo período e em pormenor, as despesas destinadas ao funcionamento dos serviços públicos e outros fins adotados pela política econômica ou geral do país, assim como a arrecadação das receitas já criadas em lei".

Segundo Horngren (1985, p. 117), o orçamento é a expressão quantitativa formal de planos da administração para o ano seguinte. Assim, as informações financeiras presentes no orçamento aprovado são de natureza prospectiva, somente adquirindo o caráter retrospectivo na medida em que os atos administrativos relacionados com a realização das receitas e despesas são efetivamente executados e evidenciados no balanço orçamentário e nos relatórios fiscais (RREO e RGF). As informações prospectivas são importantes para prever a condição financeira e as informações retrospectivas são úteis para a avaliação do desempenho financeiro.

As relações entre o orçamento e o patrimônio são estabelecidas e identificadas por meio das operações orçamentárias que provocam variações quantitativas e qualitativas no patrimônio líquido da entidade, conforme reconhece o artigo 100 da Lei 4.320/64: "**As alterações da situação líquida patrimonial, que abrangem os resultados da execução orçamentária**, bem como as variações independentes dessa execução e as superveniências e insubsistências ativas e passivas, constituirão elementos da conta patrimonial." No geral, essa conexão é realizada pelos efeitos provocados pela execução dos orçamentos corrente e de capital.

Orçamento corrente: também denominado de orçamento operacional, destina-se a evidenciar as receitas e despesas correntes do governo, isto é, as receitas derivadas de tributos e as despesas necessárias ao funcionamento e à manutenção dos serviços públicos. O impacto do orçamento corrente no patrimônio é de natureza quantitativa visto que a quase totalidade das transações é representada por fatos modificativos, operando-se da seguinte forma: as receitas correntes provocam fluxos financeiros positivos no patrimônio líquido (receitas efetivas) e as despesas correntes provocam fluxos financeiros negativos no patrimônio líquido (despesas efetivas).

A execução do orçamento corrente permite aos usuários da informação financeira conhecer vários aspectos da condição financeira do governo, tais como: o resultado corrente (déficit ou superávit), o desempenho da arrecadação, a capacidade de geração de poupança, a cobertura de custeio etc.

Orçamento de capital: destina-se a evidenciar, basicamente, os investimentos a serem realizados pelo governo e as fontes de recursos provenientes de operações de crédito de longo prazo. O impacto do orçamento de capital no patrimônio da entidade é de natureza qualitativa visto que essas operações são representadas, exclusivamente, por fatos permutativos.

A execução orçamentária do orçamento de capital permite aos usuários da informação financeira conhecer vários aspectos da condição financeira do governo, tais como: a participação do financiamento dos investimentos com recursos próprios e de terceiros, o nível da dívida do governo, o montante da ajuda financeira de governos de esferas superiores para a realização de investimentos, o tamanho da alienação do patrimônio público etc.

A integração do orçamento com o patrimônio ocorre, basicamente, com o registro das transações financeiras ou orçamentárias no sistema patrimonial com impacto direto nos ativos e passivos financeiros. Contudo, essa integração não implica o uso da mesma base de reconhecimento das transações orçamentárias e patrimoniais. Por conseguinte, o resultado orçamentário e o resultado patrimonial são divergentes. O tamanho dessa diferença depende do valor dos *accruals*, ou seja, do grau no qual o regime de competência é utilizado no reconhecimento das transações no sistema patrimonial.

Nesse sentido, as bases de escrituração utilizadas no Brasil para reconhecer os fluxos financeiros e econômicos nos sistemas orçamentário e patrimonial são diversificadas. O Quadro 2.3 mostra os regimes de escrituração adotados segundo as categorias/tipos de fundos existentes.

Quadro 2.3   Regimes de escrituração dos fluxos financeiros e econômicos segundo as categorias de fundos

FUNDOS	SISTEMA ORÇAMENTÁRIO (Fluxos Financeiros)	SISTEMA PATRIMONIAL (Fluxos Econômicos)
Fundos governamentais	Regime de caixa modificado	Regime de competência modificado
Fundos empresariais e de serviços internos	Regime de caixa modificado	Regime de competência puro
Fundos previdenciários	Regime de caixa modificado	Regime de competência modificado

2.4   Fontes de informações financeiras governamentais

As demonstrações contábeis, os orçamentos e os demais relatórios financeiros (Relatórios Resumidos de Execução Orçamentária – RREO e os Relatórios de Gestão Fiscal – RGF) constituem os principais meios de divulgação das informações financeiras para a avaliação da condição financeira do governo. O Quadro 2.4 resume, genericamente, as principais informações evidenciadas nesses instrumentos de divulgação.

Quadro 2.4 Informações financeiras governamentais evidenciadas nos instrumentos de divulgação

INSTRUMENTOS DE DIVULGAÇÃO	TIPOS DE INFORMAÇÃO
Balanço Orçamentário	Previsão inicial e atualizada da receita; receita realizada; dotação inicial e atualizada; despesa empenhada, liquidada e paga; excesso de arrecadação estimado; excesso de arrecadação efetivo, economia orçamentária, créditos adicionais abertos, saldo de exercícios anteriores; e os resultados de previsão e execução orçamentária.
Balanço Financeiro	Ingressos orçamentários por vinculação de recursos; ingressos extraorçamentários provenientes de restos a pagar ou valores restituíveis; dispêndios orçamentários por vinculação de recursos; dispêndios extraorçamentários relativos a pagamentos de restos a pagar ou de valores restituíveis; as disponibilidades no início e no fim do período; e o resultado financeiro do exercício.
Demonstração das Variações Patrimoniais	Variações aumentativas do PL representadas pelas receitas tributárias, de contribuições, de transferências intergovernamentais, de exploração de vendas de bens, serviços e direitos e de fruição do patrimônio; variações diminutivas do PL decorrentes de gastos com pessoal e encargos, benefícios previdenciários e assistenciais, despesas tributárias e financeiras e de uso de bens; resultado patrimonial do exercício.
Balanço Patrimonial	Itens patrimoniais do ativo, passivo e patrimônio líquido; e informações sobre ativos e passivos financeiros e ativos e passivos permanentes.
Demonstrativo do Superávit/Déficit Financeiro	Posição financeira (superávit/déficit financeiro) por vinculação de recursos.
Demonstração dos Fluxos de Caixa	Entradas e saídas de caixa segundo as atividades operacionais, de investimento e de financiamento; saldo de caixa no início e fim do exercício; despesas por funções de governo; e geração líquida de caixa.
Demonstração das Mutações do PL	Variações das contas do patrimônio líquido, resultados acumulados, resultado patrimonial do exercício; integralização de capital; distribuição de dividendos; ajustes de avaliação patrimonial.
Notas Explicativas	Informações complementares às demonstrações contábeis aplicadas ao setor público, conforme detalhadas no item 2.5.7 deste capítulo.

》

INFORMAÇÃO FINANCEIRA GOVERNAMENTAL

INSTRUMENTOS DE DIVULGAÇÃO	TIPOS DE INFORMAÇÃO
Orçamentos	PPA: metas para 4 anos relacionadas a investimentos e a despesas de caráter continuado; LDO: diretrizes, metas e riscos fiscais. LOA: previsão da receita e despesas fixadas por órgãos, unidades orçamentárias, fundos, funções de governo, programas, projetos e atividades.
RREO	Demonstrativos de execução das despesas por funções, da receita corrente líquida, das receitas e despesas previdenciárias, do resultado nominal, do resultado primário, dos restos a pagar por poder e órgão, das receitas e despesas com manutenção e desenvolvimento do ensino, das receitas de operações de crédito e despesas de capital, da projeção atuarial do RPPS, da receita de alienação e aplicação dos recursos, das despesas com saúde e das parcerias público-privadas.
RGF	Demonstrativos da despesa com pessoal, da dívida consolidada líquida, das garantias e contragarantias de valores, das operações de crédito, da disponibilidade de caixa e dos restos a pagar.

Quanto às demonstrações contábeis, é improvável que as informações por elas evidenciadas sejam capazes de atender todos os requisitos de análise financeira. Isso acontece, conforme assinalam Martins, Diniz e Miranda (2012, p. 61), porque a contabilidade tem duas grandes limitações:
a. a contabilidade deve ser compreendida como um modelo de representação da situação econômico-financeira de uma entidade;
b. a existência de grande diversidade de usuários da informação contábil.

Martins, Diniz e Miranda (2012, p. 61) definem a contabilidade como um modelo que busca representar o que vem ocorrendo com a entidade. No entanto, por definição, modelo "é uma aproximação [simplificação] da realidade, nunca a própria realidade. Sempre estará mostrando algo de maneira mais simplificada do que de fato é, e estarão sempre faltando informações para se entender de forma completa o que está ocorrendo".

Dessa forma, a contabilidade representa, dentro do seu modelo definido, a realidade econômica e financeira das entidades públicas, mas com visão limitada da estrutura de reconhecimento, mensuração e evidenciação por ela definida. Portanto, é necessário que a entidade produza informações suplementares, incluindo demonstrações não contábeis, tais como relatórios complementares e notas explicativas, que possam ser apresentadas junto com as demonstrações contábeis para proporcionar uma visão mais abrangente das atividades da entidade governamental durante o período observado.

Capítulo 2

Além dessas limitações, é importante ressaltar que as demonstrações contábeis aplicadas ao setor público apresentam outras deficiências na divulgação das informações necessárias à análise financeira dos governos, entre as quais se destacam:

- carência de notas explicativas com explanações precisas sobre os itens mais significativos: a maior parte dos governos municipais não elabora notas explicativas e quando elabora não divulga com detalhes informações importantes, como os créditos adicionais abertos e reabertos com as respectivas fontes de recursos para possibilitar a análise da solvência orçamentária;
- ausência de demonstrações complementares que proporcionem ao usuário entender as relações entre os resultados orçamentário, financeiro e patrimonial; e
- ausência de publicação de balanços segundo as categorias de fundos (fundos governamentais, fundos proprietários e fundos fiduciários). Grande parte das entidades publica apenas os balanços consolidados, dificultando a análise da posição financeira de cada fundo governamental, como, por exemplo, conhecer a liquidez das empresas do governo separadamente da liquidez das atividades governamentais.

As informações contidas nas demonstrações contábeis e demais relatórios financeiros de todos os Estados e Municípios podem ser acessados no site da Secretaria do Tesouro Nacional (STN) no Sistema de Informações Contábeis e Fiscais do Setor Público Brasileiro (SICONFI), nos seguintes endereços eletrônicos:

<https://siconfi.tesouro.gov.br/siconfi/pages/public/consulta_finbra/finbra_list.jsf>;
<https://www.siop.planejamento.gov.br/siop/>.

Conforme será discutido nos capítulos seguintes deste livro, a análise da condição financeira dos governos requer informações de natureza econômica, social, política e demográfica. Todavia, a maior parte dessas informações não é disponibilizada diretamente pelos governos locais e estaduais nos seus relatórios contábeis. Assim, para que essas informações sejam incluídas no processo de análise da condição financeira, recomenda-se a coleta de dados nos sites a seguir mantidos por organizações governamentais:

<http://www.sidra.ibge.gov.br>;
<http://downloads.ibge.gov.br/downloads_estatisticas.htm>;
<http://www.ibge.gov.br/home/mapa_site/mapa_site.php#economia>;
<http://www.cidades.ibge.gov.br/xtras/home.php>;
<http://www.ibge.gov.br/apps/populacao/projecao/>;
<http://www.mapadaviolencia.org.br/>;
<http://www.fnde.gov.br/fnde-sistemas/sistema-siope-apresentacao>;

<http://portalsaude.saude.gov.br/index.php/o-ministerio/principal/siops>;
<http://www2.datasus.gov.br/DATASUS>;
<http://www.ipea.gov.br/>;
<http://www.firjan.org.br>;
<http://www.pnud.org.br/IDH>.

2.5 Demonstrações Contábeis Aplicadas ao Setor Público (DCASP)

Conforme já informado, as demonstrações contábeis constituem o principal meio de divulgação das informações financeiras do governo, abraçando três objetivos fundamentais, conforme assevera o GASB (1987, p. 22-23) no pronunciamento número 1 – *Objectives of Financial Reporting*:

1. **auxiliar o governo no dever de prestar contas à população:** segundo esse objetivo as demonstrações contábeis devem ser capazes de fornecer informação para que os usuários avaliem a eficiência e os custos na prestação dos serviços, bem como avaliar se os recursos arrecadados foram suficientes para pagar os serviços prestados e se os mesmos foram aplicados de acordo com os programas governamentais autorizados no orçamento;
2. **auxiliar os usuários na avaliação dos resultados operacionais obtidos pela entidade governamental:** consoante esse objetivo as demonstrações contábeis devem ser capazes de fornecer informações sobre as fontes e usos de recursos financeiros, como o governo financiou suas atividades e como supriu as necessidades de caixa. Devem fornecer, também, informações para avaliar se a posição financeira melhorou ou deteriorou-se durante o exercício;
3. **auxiliar os usuários na avaliação do nível de serviços que devem ser fornecidos pelo governo e sua capacidade em atender suas obrigações tão logo exigidas:** conforme esse objetivo as demonstrações contábeis devem fornecer informações sobre a posição e condição financeira do governo, prover informações físicas e não financeiras, evidenciar restrições legais e contratuais sobre os recursos, bem como os riscos potenciais de perdas desses recursos.

Além disso, de acordo com as IPSAS 1 (IFAC, 2010, p. 41-42), as demonstrações contábeis destinam-se a proporcionar informação útil para a tomada de decisão e para evidenciar a existência da *accountability* (a prestação de contas e o cumprimento das responsabilidades) da entidade quanto aos recursos que lhe foram confiados acerca do fornecimento de informações atinentes aos seguintes aspectos:

a. as fontes, destinação e uso de recursos financeiros;

Capítulo 2

b. identificação dos recursos financeiros necessários e das formas de financiamento de suas atividades utilizadas;
c. a avaliação da capacidade da entidade de financiar suas atividades e cumprir com suas obrigações e compromissos;
d. a condição financeira da entidade e as mudanças adotadas que contribuíram para a consolidação dessa condição;
e. a avaliação do desempenho da entidade em termos de custos de seus serviços, eficiência e eficácia.

De um modo geral, as demonstrações contábeis, de acordo com as Normas Internacionais de Contabilidade do Setor Público – IPSAS I (IFAC, 2010, p. 41), são uma representação estruturada da posição patrimonial e financeira e do desempenho financeiro de uma entidade, visando proporcionar informações úteis aos usuários da informação contábil no processo de tomada de decisões econômicas sobre alocação de recursos.

Pelo exposto, as Demonstrações Contábeis Aplicadas ao Setor Público (DCASP) assumem papel fundamental visto que evidenciam um conjunto de informações essenciais à promoção da transparência dos resultados orçamentário, financeiro, econômico e patrimonial de uma entidade pública; à realização de análises financeiras, à tomada de decisões, à adequada prestação de contas e à instrumentalização do controle social.

Assim, entendendo a estrutura das DCASP, o leitor será capaz de compreender a arquitetura dos dados gerados, que servirão de insumos para analisar a condição financeira dos entes públicos, a partir dos seguintes elementos: ativos, passivos, receitas, despesas, gastos, fluxos de caixa, ativos líquidos/patrimônio líquido, dentre outros.

O conjunto completo das DCASP, segundo o Manual de Contabilidade Aplicado ao Setor Público – MCASP (BRASIL, 2015), apresenta os seguintes componentes:

a. Balanço Orçamentário (BO);
b. Balanço Financeiro (BF);
c. Demonstração das Variações Patrimoniais (DVP);
d. Balanço Patrimonial (BP);
e. Demonstração dos Fluxos de Caixa (DFC); e
f. Demonstração das Mutações do Patrimônio Líquido (DMPL).

2.5.1 Balanço Orçamentário

A contabilidade governamental difere da contabilidade societária por diversos aspectos, contudo a principal diferença consiste no registro das operações de previsão e execução orçamentária. Procedendo dessa forma, as entidades públicas produzem informações sobre os resultados orçamentários que são publicados no Balanço Orçamentário.

Segundo o MCASP (BRASIL, 2015), o Balanço Orçamentário apresentará as receitas detalhadas por categoria econômica, origem e espécie, especificando a previsão inicial, a previsão atualizada para o exercício, a receita realizada e o saldo a realizar. O Balanço Orçamentário demonstrará também as despesas por categoria econômica e grupo de natureza da despesa, discriminando a dotação inicial, a dotação atualizada para o exercício, as despesas empenhadas, as despesas liquidadas, as despesas pagas e o saldo da dotação.

O modelo do Balanço Orçamentário determinado pelo MCASP (BRASIL, 2015) tem a forma descrita no Quadro 2.5.

Quadro 2.5   Balanço Orçamentário

BALANÇO ORÇAMENTÁRIO					
RECEITAS ORÇAMENTÁRIAS	PREVISÃO INICIAL (a)	PREVISÃO ATUALIZADA (b)	RECEITAS REALIZADAS (c)	SALDO d = (c – b)
Receitas Correntes (I) Receita Tributária Receita de Contribuições Receita Patrimonial Receita Agropecuária Receita Industrial Receita de Serviços Transferências Correntes Outras Receitas Correntes				
Receitas de Capital (II) Operações de Crédito Alienação de Bens Amortizações de Empréstimos Transferências de Capital Outras Receitas de Capital				
Recursos Arrecadados em Exercícios Anteriores (III) **Subtotal das receitas (IV) = (I + II + III)**				

Capítulo 2

Operações de Crédito/ Refinanciamento (V)
  Operações de Crédito Internas
    Mobiliária
    Contratual
  Operações de Crédito Externas
    Mobiliária
    Contratual				

BALANÇO ORÇAMENTÁRIO

RECEITAS ORÇAMENTÁRIAS	PREVISÃO INICIAL (a)	PREVISÃO ATUALIZADA (b)	RECEITAS REALIZADAS (c)	SALDO d = (c − b)
SUBTOTAL COM REFINANCIAMENTO (VI) = (IV + V) Déficit (VII)				

TOTAL (VIII) = (VI + VII)
Saldos de Exercícios Anteriores (Utilizados Para Créditos Adicionais)
  Superávit Financeiro
  Reabertura de Créditos Adicionais				

DESPESAS ORÇAMENTÁRIAS	DOTAÇÃO INICIAL (E)	DOTAÇÃO ATUALIZADA (F)	DESPESAS EMPENHADAS (G)	DESPESAS LIQUIDADAS (H)	DESPESAS PAGAS (I)	SALDO DA DOTAÇÃO (J) = (F − G)

Despesas Correntes (IX)
  Pessoal e Encargos Sociais
  Juros e Encargos da Dívida
  Outras Despesas Correntes						

Despesas de Capital (X)
  Investimentos
  Inversões Financeiras
  Amortização da Dívida						

Reserva de Contingência (XI)						

INFORMAÇÃO FINANCEIRA GOVERNAMENTAL

Reserva do RPPS (XII)						
SUBTOTAL DAS DESPESAS (XIII) = (IX + X + XI + XII)						
Amortização da Dívida/ Refinanciamento (XIV) Amortização da Dívida Interna Dívida Mobiliária Outras Dívidas Amortização da Dívida Externa Dívida Mobiliária Outras Dívidas						
DESPESAS ORÇAMENTÁRIAS	**DOTAÇÃO INICIAL (E)**	**DOTAÇÃO ATUALIZADA (F)**	**DESPESAS EMPENHADAS (G)**	**DESPESAS LIQUIDADAS (H)**	**DESPESAS PAGAS (I)**	**SALDO DA DOTAÇÃO (J) = (F − G)**
SUBTOTAL COM REFINANCIAMENTO (XV) = (XIII + XIV) Superávit (XVI)						
TOTAL (XVII) = (XV + XVI)						

Apesar de todo detalhamento que o Balanço Orçamentário apresenta, existem algumas informações por ele não contempladas que devem ser apresentadas em notas explicativas. O MCASP (BRASIL, 2015) recomenda divulgar as seguintes informações:

a. o detalhamento das receitas e despesas intraorçamentárias, quando relevante;
b. o detalhamento das despesas executadas por tipos de crédito (inicial, suplementar, especial e extraordinário);
c. a utilização do superávit financeiro e da reabertura de créditos especiais e extraordinários, bem como suas influências no resultado orçamentário;
d. as atualizações monetárias autorizadas por lei, efetuadas antes e após a data da publicação da LOA, que compõem a coluna Previsão Inicial da receita orçamentária;
e. o procedimento adotado em relação aos restos a pagar não processados liquidados, ou seja, se o ente transfere o saldo ao final do exercício para restos a pagar processados ou se mantém o controle dos restos a pagar não processados liquidados separadamente;
f. o detalhamento dos "recursos de exercícios anteriores" utilizados para financiar as despesas orçamentárias do exercício corrente, destacando-se os recursos vinculados ao RPPS e outros com destinação vinculada.

Para mais detalhes sobre a definição de cada conta que compõe o Balanço Orçamentário e o seu preenchimento, recomenda-se a leitura do Manual de Contabilidade Aplicada ao Setor Público (MCASP) e das IPC 07 (Instruções de Procedimentos Contábeis) – Metodologia para Elaboração do Balanço Orçamentário.

2.5.2 Balanço Financeiro

O Balanço Financeiro é uma demonstração contábil destinada a evidenciar a movimentação financeira das entidades públicas no período a que se refere, permitindo identificar o resultado financeiro do exercício.

Destaque-se que esse demonstrativo, além de apresentar a movimentação financeira orçamentária (receitas e despesas orçamentárias), evidencia, também, informações extraorçamentárias que transitarão pelo fluxo de caixa do exercício seguinte, mas sem impactarem o resultado financeiro da entidade uma vez que representam entradas compensatórias de ativos e passivos financeiros. Como exemplo dos recebimentos e pagamentos extraorçamentários têm-se: cauções, garantias de prestadores de serviços, consignações de folha de pagamento, operação de crédito por antecipação de receita etc.

Outro aspecto importante dessa demonstração diz respeito à evidenciação dos restos a pagar, isto é, as despesas orçamentárias empenhadas no exercício e não pagas até 31.12. O parágrafo único, do artigo 103, da Lei 4.320/64 determina que os restos a pagar figurem no Balanço Financeiro a título de ingressos extraorçamentários para compensar sua inclusão nas despesas orçamentárias. Esse reconhecimento dos restos a pagar como ingressos extraorçamentários não constitui entrada efetiva de recursos financeiros no caixa, representando, tão somente, capital de terceiros que estão suportando os recursos consumidos e não pagos. Ademais, esse mecanismo de escrituração evidencia que os restos a pagar inscritos irão transitar, no período seguinte, quando do pagamento pelo caixa da entidade como dispêndios extraorçamentários.

Assim, essa demonstração contábil evidencia o montante dos ingressos e dispêndios das entidades públicas por meio das seguintes informações:

- a receita orçamentária realizada por destinação de recurso (destinação vinculada e/ou destinação ordinária);
- a despesa orçamentária executada por destinação de recurso (destinação vinculada e/ou destinação ordinária);
- os recebimentos e os pagamentos extraorçamentários;
- as transferências financeiras decorrentes, ou não, da execução orçamentária; e
- o saldo inicial e o saldo final em espécie.

A estrutura do Balanço Financeiro adotada pelo MCASP (BRASIL, 2015) especifica um quadro com duas colunas: ingressos (receitas orçamentárias e recebimentos extraorçamentários) e dispêndios (despesas orçamentárias e pagamentos extraorçamentários),

INFORMAÇÃO FINANCEIRA GOVERNAMENTAL

que se equilibram com a inclusão do saldo em espécie do exercício anterior, na coluna dos ingressos, e o saldo em espécie para o exercício seguinte, na coluna dos dispêndios, conforme mostrado no Quadro 2.6.

Quadro 2.6   Balanço Financeiro

<table>
<tr><th colspan="6">BALANÇO FINANCEIRO</th></tr>
<tr><th colspan="3">INGRESSOS</th><th colspan="3">DISPÊNDIOS</th></tr>
<tr><th>ESPECIFICAÇÃO</th><th>20X1</th><th>20X2</th><th>ESPECIFICAÇÃO</th><th>20X1</th><th>20X2</th></tr>
<tr><td>Receita Orçamentária (I)
Ordinária
Vinculada
  Educação
  Saúde
  Previdência Social – RPPS
  Previdência Social – RGPS
  Seguridade Social
  (...)
  Outras Destinações de Recursos</td><td></td><td></td><td>Despesa Orçamentária (VI)
Ordinária
Vinculada
  Educação
  Saúde
  Previdência Social – RPPS
  Previdência Social – RGPS
  Seguridade Social
  (...)
  Outras Destinações de Recursos</td><td></td><td></td></tr>
<tr><td>Transferências Financeiras Recebidas (II)
Execução Orçamentária
Independentes de Execução Orçamentária
Aportes de recursos para o RPPS
Aportes de recursos para o RGPS</td><td></td><td></td><td>Transferências Financeiras Concedidas (VII)
Execução Orçamentária
Independentes de Execução Orçamentária
Aportes de recursos para o RPPS
Aportes de recursos para o RGPS</td><td></td><td></td></tr>
<tr><td>Recebimentos Extraorçamentários (III)
Inscrição de Restos a Pagar Não Processados
Inscrição de Restos a Pagar Processados
Depósitos Restituíveis e Valores Vinculados
Outros Recebimentos Extraorçamentários</td><td></td><td></td><td>Pagamentos Extraorçamentários (VIII)
Pagamentos de Restos a Pagar Não Processados
Pagamentos de Restos a Pagar Processados
Depósitos Restituíveis e Valores Vinculados
Outros Pagamentos Extraorçamentários</td><td></td><td></td></tr>
<tr><td>Saldo do Exercício Anterior (IV)
Caixa e Equivalentes de Caixa
Depósitos Restituíveis e Valores Vinculados</td><td></td><td></td><td>Saldo para o Exercício Seguinte (IX)
Caixa e Equivalentes de Caixa
Depósitos Restituíveis e Valores Vinculados</td><td></td><td></td></tr>
<tr><td>TOTAL (V) = (I + II + III + IV)</td><td></td><td></td><td>TOTAL (X) = (VI + VII + VIII + IX)</td><td></td><td></td></tr>
</table>

Para mais detalhes sobre a definição de cada conta que compõe o Balanço Financeiro e o seu preenchimento, recomenda-se a leitura do Manual de Contabilidade Aplicada ao Setor Público (MCASP) e das IPC 06 (Instruções de Procedimentos Contábeis) – Metodologia para Elaboração do Balanço Financeiro.

2.5.3 Demonstração das Variações Patrimoniais

A Demonstração das Variações Patrimoniais (DVP), também conhecida como Balanço de Resultado, tem por objetivo principal evidenciar todas as variações patrimoniais que aumentam ou diminuem o patrimônio líquido. Assim, a partir do encontro dessas variações quantitativas nos itens patrimoniais é possível demonstrar o resultado patrimonial do exercício.

O patrimônio ao longo do exercício passa por várias mutações que podem ser de natureza quantitativa e qualitativa. As variações quantitativas são decorrentes de transações no setor público que aumentam ou diminuem o patrimônio líquido. Esse tipo de mutação quase sempre é decorrente da dinâmica orçamentária, ou seja, da movimentação proveniente de arrecadação de receitas e de execução de despesas orçamentárias. Contabilmente, essa movimentação causa um efeito aumentativo quando ocorre arrecadação de uma receita. Por outro lado, quando se executa uma despesa orçamentária, tem-se uma situação que provoca diminuição patrimonial. Além disso, há as variações independentes da execução orçamentária, que causam aumentos e diminuições no patrimônio, consideradas nessa demonstração, tais como reavaliação de ativos, ganhos com alienação, reversão de provisões, depreciação, perdas com alienação, dentre outras.

As variações qualitativas ocorrem quando há uma permutação nos itens patrimoniais. Assim, variações dessa natureza alteram a composição dos elementos patrimoniais, sem, contudo, afetar o patrimônio líquido. Por exemplo, quando se adquire um veículo à vista, ocorre apenas uma movimentação de natureza qualitativa, pois há diminuição das disponibilidades com correspondente aumento de um item do ativo não circulante. Dessa forma, o patrimônio continua do mesmo tamanho, modificando-se apenas a sua qualidade, que deixou de ser mais líquida para se tornar mais produtiva.

Para fins de elaboração da DVP, considerar-se-ão apenas as variações qualitativas decorrentes das receitas e despesas de capital, visto que essas mutações qualitativas são as mais relevantes para o processo de tomada de decisão dos usuários da informação contábil governamental.

Às vezes há uma tendência natural de fazer-se um paralelo entre a DVP e a Demonstração do Resultado do Exercício (DRE) utilizado pela contabilidade societária. A DRE tem por objetivo apurar o lucro ou prejuízo líquido, constituindo um dos principais indicadores de desempenho da empresa. Todavia, no setor público, o resultado patrimonial apurado na DVP não é um indicador de desempenho nos termos da DRE, mas um indicador de quantas alterações quantitativas o serviço público ofertado promoveu nos elementos patrimoniais (BRASIL, 2015).

INFORMAÇÃO FINANCEIRA GOVERNAMENTAL

Outra diferença existente entre esses dois demonstrativos consiste na forma de apresentação, posto que a DVP é elaborada a partir das diferenças entre o montante das variações patrimoniais aumentativas e diminutivas. Já a DRE apura o lucro de forma dedutiva, ou seja, parte da receita de vendas e segue deduzindo as despesas.

De acordo com a estrutura adotada pelo MCASP (BRASIL, 2015), a elaboração da DVP será organizada utilizando-se as classes 3 (variações patrimoniais diminutivas) e 4 (variações patrimoniais aumentativas) do Plano de Contas Aplicado ao Setor Público (PCASP) para as variações quantitativas e a classe 6 para as variações qualitativas. O resultado patrimonial do período é apurado pelo confronto entre as variações patrimoniais quantitativas aumentativas e diminutivas.

De acordo com o modelo sintético determinado pelo MCASP (BRASIL, 2015), a DVP tem a forma descrita no Quadro 2.7.

Quadro 2.7   Demonstração das Variações Patrimoniais

DEMONSTRAÇÃO DAS VARIAÇÕES PATRIMONIAIS		
	20X1	20X0
Variações Patrimoniais Aumentativas Impostos, Taxas e Contribuições de Melhoria Contribuições Exploração e Venda de Bens, Serviços e Direitos Variações Patrimoniais Aumentativas Financeiras Transferências e Delegações Recebidas Valorização e Ganhos com Ativos e Desincorporação de Passivos Outras Variações Patrimoniais Aumentativas *Total das Variações Patrimoniais Aumentativas (I)*		
Variações Patrimoniais Diminutivas Pessoal e Encargos Benefícios Previdenciários e Assistenciais Uso de Bens, Serviços e Consumo de Capital Fixo Variações Patrimoniais Diminutivas Financeiras Transferências e Delegações Concedidas Desvalorização e Perdas de Ativos e Incorporação de Passivos Tributários Custo das Mercadorias e Produtos Vendidos, e dos Serviços Prestados Outras Variações Patrimoniais Diminutivas *Total das Variações Patrimoniais Diminutivas (II)*		
RESULTADO PATRIMONIAL DO PERÍODO (III) = (I – II)		

Para mais detalhes sobre a definição de cada conta que compõe a DVP e o seu preenchimento, recomenda-se a leitura do Manual de Contabilidade Aplicada ao Setor Público (MCASP) e das IPC 05 (Instruções de Procedimentos Contábeis) – Metodologia para Elaboração da Demonstração das Variações Patrimoniais.

2.5.4 Balanço Patrimonial

O Balanço Patrimonial tem por finalidade evidenciar a situação patrimonial da entidade em um determinado momento, demonstrando de forma ordenada o ativo, o passivo e o patrimônio líquido.

O Balanço Patrimonial é uma representação da posição financeira da entidade. Mostra a situação patrimonial estática, pois evidencia a posição patrimonial em determinado momento, geralmente no final do exercício financeiro.

Esse demonstrativo contábil evidencia qualitativa e quantitativamente a situação patrimonial da entidade pública, por meio de contas representativas do patrimônio público, além das contas de compensação, conforme as seguintes definições:

- **ativo:** são recursos controlados pela entidade como resultado de eventos passados e dos quais se espera que resultem para a entidade benefícios econômicos futuros ou potencial de serviços;
- **passivo:** são obrigações presentes da entidade, derivadas de eventos passados, cujos pagamentos se espera que resultem para a entidade saídas de recursos capazes de gerar benefícios econômicos ou potencial de serviços;
- **patrimônio líquido:** é o valor residual dos ativos da entidade depois de deduzidos todos os seus passivos;
- **contas de compensação:** compreendem os atos que possam vir ou não a afetar o patrimônio.

Os elementos patrimoniais dispostos no Balanço Patrimonial são divulgados levando em consideração a segregação em "circulante" e "não circulante", com base em seus atributos de conversibilidade (ativos) e exigibilidade (passivos). As contas do ativo devem ser dispostas em ordem decrescente de grau de conversibilidade e as contas do passivo, em ordem decrescente de grau de exigibilidade.

O MCASP (BRASIL, 2015) classifica os ativos como circulantes quando satisfizerem a um dos seguintes critérios:

a. encontrarem-se disponíveis para realização imediata;
b. tiverem a expectativa de realização até o término do exercício seguinte;
c. os demais ativos devem ser classificados como não circulantes.

Já os passivos são classificados como circulantes quando satisfizerem um dos seguintes critérios:

a. corresponderem a valores exigíveis até o final do exercício seguinte;
b. corresponderem a valores de terceiros ou retenções em nome deles, quando a entidade do setor público for a fiel depositária, independentemente do prazo de exigibilidade;
c. os demais passivos devem ser classificados como não circulantes.

No patrimônio líquido deve ser evidenciado o resultado do período segregado dos resultados acumulados de períodos anteriores; os ajustes de avaliação patrimonial; as reservas; os adiantamentos para futuros aumentos de capital; o patrimônio social e capital social.

O modelo do Balanço Patrimonial determinado pelo MCASP (BRASIL, 2015) tem a forma descrita no Quadro 2.8.

Quadro 2.8   Balanço Patrimonial

BALANÇO PATRIMONIAL					
ATIVO	20X1	20X0	PASSIVO E PL	20X1	20X0
Ativo Circulante Caixa e Equivalentes de Caixa Créditos a Curto Prazo Investimentos e Aplic. Temporárias (CP) Estoques VPD Pagas Antecipadamente *Total do Ativo Circulante*			**Passivo Circulante** Obrigações Trab., Prev. e Assistenciais Empréstimos e Financiamentos Fornecedores e Contas a Pagar Obrigações fiscais Provisões Demais Obrigações *Total do Passivo Circulante*		
Ativo Não Circulante Realizável a Longo Prazo Créditos a Longo Prazo Investimentos Temporários (LP) Estoques VPD pagas antecipadamente Investimentos Imobilizado Intangível *Total do Ativo Não Circulante*			**Passivo Não Circulante** Obrigações Trab., Prev. e Assistenciais Empréstimos e Financiamentos Fornecedores e Contas a Pagar Obrigações Fiscais Provisões Demais Obrigações Resultado Diferido *Total do Passivo Não Circulante*		

Capítulo 2

BALANÇO PATRIMONIAL					
ATIVO	20X1	20X0	PASSIVO E PL	20X1	20X0
			Patrimônio Líquido Patrimônio Social e Capital Social Adiantamento p/ Futuro Aum. de Capital Reservas de Capital Ajustes de Avaliação Patrimonial Reservas de Lucros Demais Reservas Resultados Acumulados (–) Ações / Cotas em Tesouraria *Total do Patrimônio Líquido*		
TOTAL DO ATIVO			TOTAL DO PASSIVO E DO PL		

QUADRO DOS ATIVOS E PASSIVOS FINANCEIROS E PERMANENTES:

ESPECIFICAÇÃO	20X1	20X0	ESPECIFICAÇÃO	20X1	20X0
Ativo Financeiro			Passivo Financeiro		
Ativo Permanente			Passivo Permanente		
TOTAL DOS ATIVOS (I)			TOTAL DOS PASSIVOS (II)		
SALDO PATRIMONIAL (III = I – II)			SALDO PATRIMONIAL (III = I – II)		

QUADRO DAS CONTAS DE COMPENSAÇÕES:

ESPECIFICAÇÃO SALDO DOS ATOS POTENCIAIS ATIVOS	20X1	20X0	ESPECIFICAÇÃO SALDO DOS ATOS POTENCIAIS PASSIVOS	20X1	20X0
Garantias e contragarantias recebidas Direitos conveniados e outros instrumentos congêneres Direitos contratuais Outros atos potenciais ativos			Garantias e contragarantias concedidas Obrigações conveniadas e outros instrumentos congêneres Obrigações contratuais Outros atos potenciais passivos		
TOTAL			TOTAL		

INFORMAÇÃO FINANCEIRA GOVERNAMENTAL

Para mais detalhes sobre a definição de cada conta que compõe o Balanço Patrimonial e o seu preenchimento, recomenda-se a leitura do Manual de Contabilidade Aplicada ao Setor Público (MCASP) e das IPC 04 (Instruções de Procedimentos Contábeis) – Metodologia para Elaboração do Balanço Patrimonial.

Pelo que se observa no modelo proposto pelo MCASP (BRASIL, 2015), o Balanço Patrimonial, além de ser composto pelas contas de ativos, passivos e patrimônio líquido, buscando atender às determinações contidas no artigo 105 da Lei 4.320/64, traz informações sobre as contas de compensação, sobre os ativos e passivos financeiros, ativos e passivos permanentes, bem como o saldo patrimonial.

As contas de compensações, segundo o MCASP, são representadas por atos potenciais do ativo e do passivo que possam, imediata ou indiretamente, vir a afetar o patrimônio. Como exemplo têm-se direitos e obrigações conveniadas ou contratadas; responsabilidade por valores, títulos e bens de terceiros; garantias e contragarantias de valores recebidas e concedidas; e outros atos potenciais do ativo e do passivo.

Já os ativos e passivos financeiros e permanentes, nos termos propostos pela Lei 4.320/64, no seu artigo 105, são assim definidos:

a. o ativo financeiro compreenderá os créditos e valores realizáveis independentemente de autorização orçamentária e os valores numerários;
b. o ativo permanente compreenderá os bens, créditos e valores, cuja mobilização ou alienação dependa de autorização legislativa;
c. o passivo financeiro compreenderá as dívidas fundadas e outros pagamentos que independam de autorização orçamentária;
d. o passivo permanente compreenderá as dívidas fundadas e outras que dependam de autorização legislativa para amortização ou resgate.

2.5.5 Demonstração dos Fluxos de Caixa

A Demonstração dos Fluxos de Caixa (DFC), segundo as IPSAS 02, permite aos usuários avaliar como uma entidade pública obteve recursos para financiar suas atividades e a maneira como os recursos de caixa foram usados, além de proporcionar as informações necessárias para identificar: (*i*) as fontes de geração dos fluxos de entrada de caixa; (*ii*) os itens de consumo de caixa durante o período das demonstrações contábeis; e (*iii*) o saldo do caixa na data das demonstrações contábeis.

Com essas informações os usuários das demonstrações contábeis podem tomar decisões quanto à alocação de recursos, podem avaliar a capacidade da entidade em gerar fluxos futuros de caixa, podem prever futuras necessidades de caixa, bem como aferir a capacidade do governo para saldar suas obrigações.

A DFC apresenta conteúdo informacional acerca das alterações ocorridas nas disponibilidades e o efeito das transações que afetam o caixa e equivalentes de caixa no período, segundo as atividades da entidade: atividades operacionais, atividades de investimento e atividades de financiamento, assim definidas pelas IPSAS 02 e pelo MCASP (BRASIL, 2015):

a. **Atividades operacionais:** são as principais atividades geradoras de receita da entidade, como, por exemplo, os ingressos decorrentes de receitas originárias e derivadas, os desembolsos relacionados com a ação pública e os demais fluxos que não se qualificam como de investimento ou financiamento.
b. **Atividades de investimento:** são as referentes à aquisição e alienação de ativos não circulantes não incluídos nos equivalentes de caixa, recebimentos em dinheiro por liquidação de adiantamentos ou amortização de empréstimos concedidos e outras operações da mesma natureza.
c. **Atividades de financiamento:** são aquelas que resultam em mudanças no tamanho e na composição do capital próprio e no endividamento da entidade, não classificadas como atividades operacionais. O fluxo de caixa dos financiamentos inclui os recursos relacionados à captação e à amortização de empréstimos e financiamentos.

De acordo com a estrutura adotada pelo MCASP (BRASIL, 2015), a DFC pode ser apresentada pelos métodos direto ou indireto, sendo recomendado o método direto por apresentar mais detalhes de informações aos usuários.

O método indireto, apresentado pelas IPSAS 02, conforme reportado a seguir, inicia com o superávit líquido ou déficit ajustado levando em conta os efeitos de transações que não apresentam natureza de caixa. Devem, também, ser evidenciados quaisquer deferimentos ou valores a receber ou a pagar, decorrentes de eventos passados ou futuros, identificados como fluxo operacional e contabilizados pelo regime de competência, utilizando o método *pro rata tempore*, como também itens de receitas ou despesas associadas a fluxos de caixa das atividades de investimento ou de financiamento.

Quadro 2.9 Demonstração Consolidada dos Fluxos de Caixa para o ano encerrado em 31 de dezembro de 20X2 (em milhares de Unidades Monetárias)

	20X1	20X0
FLUXOS DE CAIXA DAS ATIVIDADES OPERACIONAIS		
Superávit / (déficit)	X	X
MOVIMENTAÇÃO DE ITENS QUE NÃO SÃO CAIXA		
Ajustes por:		
Depreciação	X	X
Amortização	X	X
Aumento de provisão para créditos de liquidação duvidosa	X	X
Aumento em obrigações a pagar	X	X
Aumento em empréstimos contraídos	X	X
Aumento em provisões relativas a custos com pessoal	X	X
(Ganhos) / perdas na venda de itens do ativo imobilizado	(X)	(X)
(Ganhos) / perdas na venda de investimentos	(X)	(X)
Aumento em outros ativos circulantes	(X)	(X)
Aumento em investimentos em função de reavaliações	(X)	(X)
Aumento em recebíveis;	(X)	(X)
Fluxo de Caixa líquido proveniente das atividades operacionais	X	X

Destaque-se que os fluxos de investimento e de financiamento no método indireto são apresentados da mesma forma no método direto. Assim, o único diferencial entre esses dois métodos é a forma de apresentação do fluxo de caixa das atividades operacionais. O modelo da DFC pelo método direto, determinado pelo MCASP (BRASIL, 2015), tem a forma apresentada no Quadro 2.10.

Quadro 2.10 Demonstração dos Fluxos de Caixa

DEMONSTRAÇÃO DOS FLUXOS DE CAIXA		
	20X1	20X0

FLUXOS DE CAIXA DAS ATIVIDADES OPERACIONAIS
Desembolsos
  Pessoal e demais despesas
  Juros e encargos da dívida
  Transferências concedidas
  Outros desembolsos operacionais
Ingressos
  Receitas derivadas e originárias
  Transferências correntes recebidas
  Outros ingressos operacionais
 	
Fluxo de caixa líquido das atividades operacionais (I)
	————	————

FLUXOS DE CAIXA DAS ATIVIDADES DE INVESTIMENTO
Ingressos
  Alienação de bens
  Amortização de empréstimos e financiamentos concedidos
  Outros ingressos de investimentos
Desembolsos
  Aquisição de ativo não circulante
  Concessão de empréstimos e financiamentos
  Outros desembolsos de investimentos
 	
Fluxo de caixa líquido das atividades de investimento (II)
	————	————

FLUXOS DE CAIXA DAS ATIVIDADES DE FINANCIAMENTO
Ingressos
  Operações de crédito
  Integralização do capital social de empresas dependentes
  Transferências de capital recebidas
  Outros ingressos de financiamentos
Desembolsos
  Amortização /Refinanciamento da dívida
  Outros desembolsos de financiamento
 	
Fluxo de caixa líquido das atividades de financiamento (III)
	————	————

GERAÇÃO LÍQUIDA DE CAIXA E EQUIVALENTE DE CAIXA (I + II + III) Caixa e Equivalentes de caixa inicial Caixa e Equivalente de caixa final		

Para mais detalhes sobre a definição de cada conta que compõe a DFC e o seu preenchimento, recomenda-se a leitura do Manual de Contabilidade Aplicada ao Setor Público (MCASP) e das IPC 08 (Instruções de Procedimentos Contábeis) – Metodologia para elaboração da Demonstração dos Fluxos de Caixa.

2.5.6 Demonstração das Mutações do Patrimônio Líquido (DMPL)

A Demonstração das Mutações do Patrimônio Líquido (DMPL) é bastante útil ao usuário da informação contábil, pois possibilita o entendimento de toda a movimentação ocorrida nas contas do Patrimônio Líquido. Trata-se, portanto, de informações que complementam as demais demonstrações, notadamente o Balanço Patrimonial e a Demonstração das Variações Patrimoniais.

A NBC TSP 1 – Apresentação das Demonstrações Contábeis, nos parágrafos 118 e 119, estabelece que a entidade deve apresentar a DMPL evidenciando:

a. o resultado do período;
b. cada item de receita e de despesa do período que, conforme exigido por outras NBC TSPs, seja reconhecido diretamente no patrimônio líquido, e o total destes itens;
c. o total de receitas e de despesas do período (calculado como a soma de *a* e *b*), demonstrando separadamente o montante total atribuível aos proprietários da entidade controladora e o montante correspondente à participação de não controladores;
d. para cada componente do patrimônio líquido separadamente evidenciado, os efeitos das alterações nas políticas contábeis e da correção de erros reconhecidas de acordo com a NBC TSP 3;
e. os montantes das transações com os proprietários agindo na sua capacidade de detentores do capital próprio da entidade, demonstrando separadamente as distribuições para os proprietários;
f. o saldo de superávits e déficits acumulados ao início do período e na data-base da demonstração, e as alterações durante o período; e
g. na medida em que componentes do patrimônio líquido são evidenciados separadamente, uma conciliação entre o valor contábil de cada componente do patrimônio líquido ao início e final do período, demonstrando cada alteração evidenciada separadamente.

De acordo com o modelo recomendado pelo MCASP (BRASIL, 2015), a DMPL é apresentada na forma descrita no Quadro 2.11.

»

Capítulo 2

Quadro 2.11 Demonstração das Mutações do Patrimônio Líquido

ESPECIFICAÇÕES	PATRIMÔNIO SOCIAL/ CAPITAL SOCIAL	ADIANT. P/ FUTURO AUMENTO DE CAPITAL	RESERVA DE CAPITAL	AJUSTES DE AVAL. PATRIMONIAL	RESERVAS DE LUCROS	DEMAIS RESERVAS	RESULT. ACUMULAD.	AÇÕES / COTAS EM TESOURARIA	TOTAL
Saldo Inicial Ex. Anterior									
Ajustes de Exercícios Anteriores									
Aumento de Capital									
Juros sobre capital próprio									
Resultado do Exercício									
Ajustes de avaliação patrimonial									
Constituição/ Reversão de Reservas									
Dividendos a distribuir (R$ ... por ação)									
Saldos Finais									

DEMONSTRAÇÃO DAS MUTAÇÕES NO PATRIMÔNIO LÍQUIDO

Para mais detalhes sobre a definição de cada conta que compõe a DMPL e o seu preenchimento, recomenda-se a leitura do Manual de Contabilidade Aplicada ao Setor Público (MCASP).

Como se pode observar, a DMPL tem conceitos e estrutura similares aos da contabilidade societária. A propósito, a divulgação dessa demonstração é obrigatória apenas para as empresas estatais dependentes e para os entes que as incorporarem no processo de consolidação das contas.

Para as demais entidades, a DMPL pode ser útil para avaliar a evolução dos itens que compõem o patrimônio líquido em complemento ao Anexo de Metas Fiscais, integrante do projeto de Lei de Diretrizes Orçamentárias, previsto no inciso III do artigo 4°, § 2°, da Lei de Responsabilidade Fiscal. Esse dispositivo determina que o anexo contenha, também, evolução do patrimônio líquido, nos últimos três exercícios, destacando a origem e a aplicação dos recursos obtidos com a alienação de ativos.

Nesse sentido, o manual de elaboração dos relatórios fiscais, elaborado pela STN (2012), estabelece que o Demonstrativo da Evolução do Patrimônio Líquido deve trazer, em conjunto, uma análise dos valores apresentados, esclarecendo os motivos das variações do PL do ente da Federação; destacando, por exemplo, os fatos que venham a causar desequilíbrio entre as variações ativas e passivas e outros que contribuam para aumento ou diminuição da situação líquida patrimonial.

2.5.7 Notas explicativas às DCASP

As notas explicativas contêm informação adicional em relação àquela apresentada nas demonstrações contábeis. Conforme afirmam Martins, Diniz e Miranda (2012), as notas explicativas são informações complementares às demonstrações contábeis previstas em lei e nos CPCs, que podem estar expressas na forma descritiva, na forma de quadros analíticos ou até mesmo englobar outras demonstrações contábeis que sejam necessárias ao completo esclarecimento da situação econômico-financeira da entidade.

Com a adoção da nova contabilidade aplicada ao setor público fica caracterizada uma aproximação às normas internacionais. Assim, espera-se que o número de notas explicativas aumente substancialmente. Isso deve ocorrer porque a contabilidade pública brasileira passa a ser baseada em princípios em que a essência se sobrepõe à forma. Com isso, de acordo com Martins, Diniz e Miranda (2012), a responsabilidade do contador fica substancialmente ampliada, suas atitudes e julgamentos podem ser questionados e, portanto, devem ser claros para os usuários das informações contábeis. O espaço mais adequado para explicação das diversas circunstâncias relevantes que afetam cada conta das demonstrações contábeis é exatamente o das notas explicativas.

Portanto, de acordo com o MCASP (BRASIL, 2015), as notas explicativas devem ser relevantes, complementares ou suplementares àquelas não suficientemente evidenciadas ou não constantes no corpo das demonstrações contábeis. As notas explicativas incluem os critérios utilizados na elaboração das demonstrações contábeis, das

Capítulo 2

informações de naturezas patrimonial, orçamentária, econômica, financeira, legal, física, social e de desempenho e outros eventos não suficientemente evidenciados ou não constantes nas referidas demonstrações, devendo apresentar:

a. a base (ou bases) de mensuração utilizada(s) na elaboração das demonstrações contábeis, ou seja, os principais critérios de avaliação dos elementos patrimoniais, especialmente estoques, dos cálculos de depreciação, amortização e exaustão, de constituição de provisões para encargos ou riscos, e dos ajustes para atender a perdas prováveis na realização dos elementos do ativo;
b. outras políticas contábeis utilizadas que sejam relevantes para a compreensão das demonstrações contábeis;
c. os investimentos relevantes em empresas;
d. os ônus reais constituídos sobre elementos do ativo, as garantias prestadas a terceiros e outras responsabilidades eventuais ou contingentes;
e. as taxas de juros, as datas de vencimento e as garantias das obrigações a longo prazo;
f. os ajustes de exercícios anteriores;
g. os eventos subsequentes à data de encerramento do exercício que tenham, ou possam vir a ter, efeito relevante sobre a situação financeira e os resultados da entidade;
h. o regime contábil utilizado;
i. a extensão em que é aplicado o procedimento transitório referente à adoção da determinada norma contábil, quando for o caso;
j. os critérios de mensuração usados nos itens componentes das demonstrações contábeis, tais como custo histórico, custo corrente, valor realizável líquido, valor justo, valor recuperável ou valor de serviço recuperável. Quando mais de um critério for usado, devem ser indicadas as categorias de ativos e passivos em que cada um é adotado;
k. as principais estimativas referentes aos períodos futuros (por exemplo, provisões) e as fontes de erro de estimativa, na data a que se referem as demonstrações;
l. os julgamentos para escolha dos critérios contábeis que têm efeito mais significativo nos valores registrados nas demonstrações contábeis;
m. detalhamento das despesas orçamentárias executadas por tipos de créditos (inicial, suplementar, especial e extraordinário);
n. o montante da movimentação financeira (transferências financeiras recebidas e concedidas) relacionado à execução do orçamento do exercício;
o. os valores referentes a abertura de créditos adicionais e cancelamentos de crédito de forma a evidenciar a diferença entre a dotação inicial e a atualizada; e
p. outros critérios contábeis relevantes e necessários à compreensão das demonstrações contábeis.

2.6 Exemplo de demonstrações contábeis: o caso do Município de Aurora Dourada

Conforme destacado nos itens precedentes, as demonstrações contábeis aplicadas ao setor público são elaboradas para atender as necessidades informacionais dos diversos usuários, cujo interesse principal está associado ao conhecimento da condição financeira do governo.

Portanto, ao longo deste livro, as informações contábeis serão utilizadas como matéria-prima de importância fundamental para avaliar a saúde financeira dos governos por meio da análise dos componentes da condição financeira. Essas informações serão disponibilizadas em demonstrações contábeis simuladas segundo as normas de contabilidade aplicada ao setor público para um município hipotético denominado de Aurora Dourada.

O Município de Aurora Dourada possui uma população de 35.250 habitantes, conforme levantamento do censo de 2010. Esse Município se localiza na região central do país, com uma área de 1.457 km^2, tendo com atividade econômica principal o agronegócio, pequenos comércios e uma vocação para ecoturismo. As demonstrações contábeis do período de 2010 a 2012, compostas pelo balanço orçamentário, balanço financeiro, demonstração dos fluxos de caixa, balanço patrimonial e respectivos anexos, demonstração das variações patrimoniais e demonstração das mutações do patrimônio líquido, estão a seguir reproduzidas.

Tabela 2.1   Balanço Orçamentário Simplificado

RECEITAS REALIZADAS	2010	2011	2012
RECEITAS CORRENTES	65.606.815	75.900.841	86.105.767
RECEITA TRIBUTÁRIA	13.832.015	16.435.428	19.794.520
Impostos	12.839.313	15.295.935	18.483.269
Taxas	959.881	1.101.035	1.266.872
Contribuições de Melhoria	32.821	38.458	44.379
RECEITA DE CONTRIBUIÇÕES	2.024.126	2.331.605	2.664.884
RECEITA PATRIMONIAL	1.766	1.852	1.592
RECEITA AGROPECUÁRIA	1.606.303	2.230.433	3.164.027
RECEITA INDUSTRIAL	44.419	27.794	27.641
RECEITA DE SERVIÇOS	1.631.431	1.821.594	1.950.864
TRANSFERÊNCIAS CORRENTES	43.691.721	49.719.258	54.692.418
OUTRAS RECEITAS CORRENTES	2.775.034	3.332.877	3.809.821

»

Capítulo 2

RECEITAS REALIZADAS	2010	2011	2012
RECEITAS DE CAPITAL	3.613.013	3.140.888	4.830.398
OPERAÇÕES DE CRÉDITO	674.226	885.106	952.162
Operações de Crédito Internas	386.235	568.599	797.357
Operações de Crédito Externas	287.991	316.507	154.805
ALIENAÇÃO DE BENS	272.475	141.681	699.878
AMORTIZAÇÃO DE EMPRÉSTIMOS	36.924	40.190	50.369
TRANSFERÊNCIAS DE CAPITAL	2.198.035	1.913.206	2.940.447
OUTRAS RECEITAS DE CAPITAL	431.353	160.705	187.542
Subtotal	69.219.828	79.041.729	90.936.165
DÉFICIT			
TOTAL	69.219.828	79.041.729	90.936.165

DESPESAS REALIZADAS	2010	2011	2012
DESPESAS CORRENTES	58.855.499	67.088.770	77.062.403
PESSOAL E ENCARGOS SOCIAIS	29.190.711	33.641.899	39.301.328
JUROS E ENCARGOS DA DÍVIDA	992.940	1.101.762	1.192.856
OUTRAS DESPESAS CORRENTES	28.671.848	32.345.109	36.568.219
DESPESAS DE CAPITAL	9.166.074	10.447.966	12.342.294
INVESTIMENTOS	7.416.222	8.589.938	10.518.448
INVERSÕES FINANCEIRAS	331.637	166.956	185.070
AMORTIZAÇÃO/REFINANCIAMENTO DA DÍVIDA	1.418.215	1.691.072	1.638.776
Subtotal	68.021.573	77.536.736	89.404.697
SUPERÁVIT	1.198.255	1.504.993	1.531.468
TOTAL	69.219.828	79.041.729	90.936.165

INFORMAÇÃO FINANCEIRA GOVERNAMENTAL

Tabela 2.2   Balanço Orçamentário Detalhado do Exercício de 2010 – Receitas Orçamentárias

RECEITAS ORÇAMENTÁRIAS	PREVISÃO INICIAL	PREVISÃO ATUALIZADA (A)	RECEITAS REALIZADAS (B)	SALDO C = (B – A)
RECEITAS CORRENTES	63.854.464	64.854.464	65.606.815	752.351
RECEITA TRIBUTÁRIA	12.606.657	13.606.657	13.832.015	225.358
Impostos	11.539.297	12.539.297	12.839.313	300.016
Taxas	1.032.040	1.032.040	959.881	(72.159)
Contribuições de Melhoria	35.320	35.320	32.821	(2.499)
RECEITA DE CONTRIBUIÇÕES	1.839.965	1.839.965	2.024.126	184.161
RECEITA PATRIMONIAL	1.720	1.720	1.766	46
RECEITA AGROPECUÁRIA	1.639.056	1.639.056	1.606.303	(32.753)
RECEITA INDUSTRIAL	38.041	38.041	44.419	6.378
RECEITA DE SERVIÇOS	1.572.059	1.572.059	1.631.431	59.372
TRANSFERÊNCIAS CORRENTES	42.354.952	42.354.952	43.691.721	1.336.769
OUTRAS RECEITAS CORRENTES	3.802.014	3.802.014	2.775.034	(1.026.980)
RECEITAS DE CAPITAL	3.293.500	3.395.500	3.613.013	217.513
OPERAÇÕES DE CRÉDITO	674.226	674.226	674.226	–
Operações de Crédito Internas	386.235	386.235	386.235	–
Operações de Crédito Externas	287.991	287.991	287.991	–
ALIENAÇÃO DE BENS	256.031	256.031	272.475	16.444
AMORTIZAÇÃO DE EMPRÉSTIMOS	40.190	40.190	36.924	(3.266)

»

Capítulo 2

RECEITAS ORÇAMENTÁRIAS	PREVISÃO INICIAL	PREVISÃO ATUALIZADA (A)	RECEITAS REALIZADAS (B)	SALDO C = (B − A)
TRANSFERÊNCIAS DE CAPITAL	1.893.030	1.995.030	2.198.035	203.005
OUTRAS RECEITAS DE CAPITAL	430.023	430.023	431.353	1.330
SUBTOTAL DAS RECEITAS	67.147.964	68.249.964	69.219.828	969.864
DÉFICIT		735.695		
TOTAL	67.147.964	68.985.659		
SALDO DE EXERCÍCIOS ANTERIORES: superávit financeiro utilizado para		735.695		
Abertura de créditos adicionais		735.695		
Reabertura de créditos adicionais		—		

INFORMAÇÃO FINANCEIRA GOVERNAMENTAL

Tabela 2.3   Balanço Orçamentário Detalhado do Exercício de 2010 – Despesas Orçamentárias

DESPESAS ORÇAMENT.	DOTAÇÃO INICIAL (D)	DOTAÇÃO ATUALIZ. (E)	DESPESAS EMPENHADAS (F)	DESPESAS LIQUIDADAS (G)	DESPESAS PAGAS (H)	SALDO DA DOTAÇÃO (I) = (E – F)
DESPESAS CORRENTES	56.454.962	58.897.019	58.855.499	58.855.499	51.597.863	41.520
PESSOAL E ENCARGOS SOCIAIS	28.361.020	29.203.049	29.190.711	29.190.711	26.245.888	12.338
JUROS E ENCARGOS DA DÍVIDA	992.940	992.940	992.940	992.940	992.940	–
OUTRAS DESPESAS CORRENTES	27.101.002	28.701.030	28.671.848	28.671.848	24.359.035	29.182
DESPESAS DE CAPITAL	10.680.962	10.077.090	9.166.074	9.166.074	7.839.611	911.016
INVESTIMENTOS	9.020.832	8.320.033	7.416.222	7.416.222	6.089.759	903.811
INVERSÕES FINANCEIRAS	334.040	334.040	331.637	331.637	331.637	2.403
AMORTIZAÇÃO DA DÍVIDA	1.326.090	1.423.017	1.418.215	1.418.215	1.418.215	4.802
RESERVA DO RPPS	10.720	10.720				10.720
RESERVA DE CONTINGÊNCIA	1.320	830				830
SUBTOTAL DAS DESPESAS	67.147.964	68.985.659	68.021.573	68.021.574	59.437.474	964.086
SUPERÁVIT			1.198.255			
TOTAL	67.147.964	68.985.659	69.219.828	68.021.574		

Capítulo 2

Tabela 2.4 Balanço Orçamentário Detalhado do Exercício de 2011 – Receitas Orçamentárias

RECEITAS ORÇAMENTÁRIAS	PREVISÃO INICIAL	PREVISÃO ATUALIZADA (A)	RECEITAS REALIZADAS (B)	SALDO C = (B – A)
RECEITAS CORRENTES	73.107.774	74.099.738	75.900.841	1.801.103
RECEITA TRIBUTÁRIA	14.092.633	15.084.597	16.435.428	1.350.831
Impostos	13.142.977	14.134.941	15.295.935	1.160.994
Taxas	901.036	901.036	1.101.035	199.999
Contribuições de Melhoria	48.620	48.620	38.458	(10.162)
RECEITA DE CONTRIBUIÇÕES	2.300.941	2.300.941	2.331.605	30.664
RECEITA PATRIMONIAL	1.740	1.740	1.852	112
RECEITA AGROPECUÁRIA	2.123.430	2.123.430	2.230.433	107.003
RECEITA INDUSTRIAL	28.040	28.040	27.794	(246)
RECEITA DE SERVIÇOS	1.720.593	1.720.593	1.821.594	101.001
TRANSFERÊNCIAS CORRENTES	49.520.254	49.520.254	49.719.258	199.004
OUTRAS RECEITAS CORRENTES	3.320.143	3.320.143	3.332.877	12.734
RECEITAS DE CAPITAL	2.106.379	2.106.379	3.140.888	1.034.509
OPERAÇÕES DE CRÉDITO	885.106	885.106	885.106	–

INFORMAÇÃO FINANCEIRA GOVERNAMENTAL

RECEITAS ORÇAMENTÁRIAS	PREVISÃO INICIAL	PREVISÃO ATUALIZADA (A)	RECEITAS REALIZADAS (B)	SALDO C = (B − A)
Operações de Crédito Internas	568.599	568.599	568.599	—
Operações de Crédito Externas	316.507	316.507	316.507	—
ALIENAÇÃO DE BENS	156.030	156.030	141.681	(14.349)
AMORTIZAÇÃO DE EMPRÉSTIMOS	40.190	40.190	40.190	—
TRANSFERÊNCIAS DE CAPITAL	895.030	895.030	1.913.206	1.018.176
OUTRAS RECEITAS DE CAPITAL	130.023	130.023	160.705	30.682
SUBTOTAL DAS RECEITAS	75.214.153	76.206.117	79.041.729	2.835.612
DÉFICIT		2.174.085		
TOTAL	75.214.153	78.380.202		
SALDO DE EXERCÍCIOS ANTERIORES: superávit financeiro utilizado para		2.174.085		
Abertura de créditos adicionais		2.174.085		
Reabertura de créditos adicionais	—			

Capítulo 2

Tabela 2.5 Balanço Orçamentário Detalhado do Exercício de 2011 – Despesas Orçamentárias

DESPESAS ORÇAMENTÁRIAS	DOTAÇÃO INICIAL (D)	DOTAÇÃO ATUALIZADA (E)	DESPESAS EMPENHADAS (F)	DESPESAS LIQUIDADAS (G)	DESPESAS PAGAS (H)	SALDO DA DOTAÇÃO (I) = (E − F)
DESPESAS CORRENTES	63.530.693	67.154.898	67.088.770	67.088.770	63.727.691	66.128
PESSOAL E ENCARGOS SOCIAIS	31.634.899	33.930.040	33.641.899	33.641.899	31.574.624	288.141
JUROS E ENCARGOS DA DÍVIDA	1.101.762	1.101.762	1.101.762	1.101.762	1.101.762	
OUTRAS DESPESAS CORRENTES	30.794.032	32.123.096	32.345.109	32.345.109	31.051.305	(222.013)
DESPESAS DE CAPITAL	11.667.910	11.210.754	10.447.966	10.447.967	7.797.756	762.787
INVESTIMENTOS	10.174.863	9.320.033	8.589.938	8.589.938	5.939.727	730.095
INVERSÕES FINANCEIRAS	166.957	166.957	166.956	166.957	166.957	
AMORTIZAÇÃO DA DÍVIDA	1.326.090	1.723.764	1.691.072	1.691.072	1.691.072	32.692
RESERVA DO RPPS	13.720	13.720				13.720
RESERVA DE CONTINGÊNCIA	1.830	830				830
SUBTOTAL DAS DESPESAS	75.214.153	78.380.202	77.536.736	77.536.737	71.525.447	843.465
SUPERÁVIT			1.504.993			
TOTAL	75.214.153	78.380.202	79.041.729	77.536.737		

INFORMAÇÃO FINANCEIRA GOVERNAMENTAL

Tabela 2.6 Balanço Orçamentário Detalhado do Exercício de 2012 – Receitas Orçamentárias

RECEITAS ORÇAMENTÁRIAS	PREVISÃO INICIAL	PREVISÃO ATUALIZADA (A)	RECEITAS REALIZADAS (B)	SALDO C = (B – A)
RECEITAS CORRENTES	85.000.066	87.000.066	86.105.767	(894.299)
RECEITA TRIBUTÁRIA	17.823.943	19.823.943	19.794.520	(29.423)
Impostos	16.634.941	18.634.941	18.483.269	(151.672)
Taxas	1.140.185	1.140.185	1.266.872	126.687
Contribuições de Melhoria	48.817	48.817	44.379	(4.438)
RECEITA DE CONTRIBUIÇÕES	2.131.907	2.131.907	2.664.884	532.977
RECEITA PATRIMONIAL	1.910	1.910	1.592	(318)
RECEITA AGROPECUÁRIA	3.796.833	3.796.833	3.164.027	(632.806)
RECEITA INDUSTRIAL	30.405	30.405	27.641	(2.764)
RECEITA DE SERVIÇOS	1.950.864	1.950.864	1.950.864	–
TRANSFERÊNCIAS CORRENTES	54.692.418	54.692.418	54.692.418	–

》

Capítulo 2

RECEITAS ORÇAMENTÁRIAS	PREVISÃO INICIAL	PREVISÃO ATUALIZADA (A)	RECEITAS REALIZADAS (B)	SALDO C = (B – A)
OUTRAS RECEITAS CORRENTES	4.571.786	4.571.786	3.809.821	(761.965)
RECEITAS DE CAPITAL	6.096.456	6.233.625	4.830.398	(1.403.227)
OPERAÇÕES DE CRÉDITO	1.587.521	1.587.521	952.162	(635.359)
Operações de Crédito Internas	1.417.236	1.417.236	797.357	(619.879)
Operações de Crédito Externas	170.285	170.285	154.805	(15.480)
ALIENAÇÃO DE BENS	769.865	769.865	699.878	(69.987)
AMORTIZAÇÃO DE EMPRÉSTIMOS	60.500	60.500	50.369	(10.131)
TRANSFERÊNCIAS DE CAPITAL	3.528.536	3.665.705	2.940.447	(725.258)
OUTRAS RECEITAS DE CAPITAL	150.034	150.034	187.542	37.508
SUBTOTAL DAS RECEITAS	91.096.522	93.233.691	90.936.165	(2.297.526)
DÉFICIT		4.058.253		(4.058.253)
TOTAL	91.096.522	97.291.944	90.936.165	(6.355.779)
SALDO DE EXERCÍCIOS ANTERIORES: Superávit financeiro utilizado para		4.058.253		
Abertura de créditos adicionais		3.500.000		
Reabertura de créditos adicionais		558.253		

INFORMAÇÃO FINANCEIRA GOVERNAMENTAL

Tabela 2.7 Balanço Orçamentário Detalhado do Exercício de 2012 – Despesas Orçamentárias

DESPESAS ORÇAMENTÁRIAS	DOTAÇÃO INICIAL (D)	DOTAÇÃO ATUALIZADA (E)	DESPESAS EMPENHADAS (F)	DESPESAS LIQUIDADAS (G)	DESPESAS PAGAS (H)	SALDO DA DOTAÇÃO (I) = (E – F)
DESPESAS CORRENTES	76.515.783	83.203.960	77.062.403	75.124.305	70.172.878	6.141.557
PESSOAL E ENCARGOS SOCIAIS	31.441.064	39.441.064	39.301.328	38.841.063	35.177.671	139.736
JUROS E ENCARGOS DA DÍVIDA	1.192.856	1.192.856	1.192.856	1.192.856	1.192.856	–
OUTRAS DESPESAS CORRENTES	43.881.863	42.570.040	36.568.219	35.090.386	33.802.351	6.001.821
DESPESAS DE CAPITAL	14.566.756	14.075.001	12.342.294	11.089.556	10.051.347	1.732.707
INVESTIMENTOS	12.857.922	12.166.167	10.518.448	9.265.710	8.227.501	1.647.719
INVERSÕES FINANCEIRAS	185.070	185.070	185.070	185.070	185.070	–
AMORTIZAÇÃO DA DÍVIDA	1.523.764	1.723.764	1.638.776	1.638.776	1.638.776	84.988
RESERVA DO RPPS	12.213	12.213				12.213
RESERVA DE CONTINGÊNCIA	1.770	770				770
SUBTOTAL DAS DESPESAS	91.096.522	97.291.944	89.404.697	86.213.861	80.224.225	7.887.247
SUPERÁVIT			1.531.468			(1.531.468)
TOTAL	91.096.524	97.291.946	90.936.165	86.213.861	80.224.225	6.355.779

Capítulo 2

Tabela 2.8 Balanço Financeiro

ESPECIFICAÇÃO	INGRESSOS 2010	INGRESSOS 2011	INGRESSOS 2012	ESPECIFICAÇÃO	DISPÊNDIOS 2010	DISPÊNDIOS 2011	DISPÊNDIOS 2012
Receita Orçamentária	69.219.828	79.041.729	90.936.165	Despesa Orçamentária	68.021.573	77.536.736	89.404.697
Ordinária	37.202.332	42.629.505	50.259.206	Ordinária	36.516.451	41.817.874	49.725.794
Vinculada	32.017.496	36.412.224	40.676.959	Vinculada	31.505.122	35.718.862	39.678.903
Previdência Social	2.024.126	2.331.605	2.664.884	Previdência Social	5.254.328	6.055.542	6.991.391
Convênios	3.659.221	3.654.878	3.279.940	Convênios	1.830.963	1.593.701	2.449.392
Transferência Obrigatória de Outro Ente	25.387.448	29.398.954	33.080.096	Recursos Próprios Diretamente Arrecadados	23.531.927	27.109.218	28.684.869
Operações de Crédito	674.226	885.106	952.161	Operações de Crédito	629.053	825.804	888.367
Alienação de Bens	272.475	141.681	699.878	Alienação de Bens	258.851	134.597	664.884
Recebimentos Extraorçamentários	12.432.603	8.632.011	12.204.365	Pagamentos Extraorçamentários	9.211.674	10.394.525	7.416.063
Inscrição de Restos a Pagar	8.584.099	6.011.290	9.180.472	Pagamentos de Restos a Pagar	7.415.080	8.584.099	4.820.000
Valores Restituíveis	3.848.504	2.620.721	3.023.893	Valores Restituíveis	1.796.594	1.810.426	2.596.063
Total dos Ingressos	81.652.431	87.673.740	103.140.530	Total dos Dispêndios	77.233.247	87.931.261	96.820.760
Saldo do Período Anterior	12.011.775	16.430.959	16.173.438	Saldo para o exercício seguinte	16.430.959	16.173.438	22.493.208
TOTAL	93.664.206	104.104.699	119.313.968	TOTAL	93.664.206	104.104.699	119.313.968

INFORMAÇÃO FINANCEIRA GOVERNAMENTAL

Tabela 2.9 Demonstração dos Fluxos de Caixa

FLUXOS DE CAIXA DAS ATIVIDADES DAS OPERAÇÕES	2010	2011	2012
INGRESSOS (I) = (II + III + IV)	69.455.319	78.521.562	89.129.660
RECEITAS DERIVADAS (II)	18.631.175	22.099.910	26.269.225
Receita Tributária	13.832.015	16.435.428	19.794.520
Receita de Contribuições	2.024.126	2.331.605	2.664.884
Outras Receitas Derivadas	2.775.034	3.332.877	3.809.821
RECEITAS ORIGINÁRIAS (III)	3.283.919	4.081.673	5.144.124
Receita Patrimonial	1.766	1.852	1.592
Receita Agropecuária	1.606.303	2.230.433	3.164.027
Receita Industrial	44.419	27.794	27.641
Receita de Serviços	1.631.431	1.821.594	1.950.864
TRANSFERÊNCIAS (IV)	43.691.721	49.719.258	54.692.418
Intergovernamentais	43.691.721	49.719.258	54.692.418
da União	34.953.377	39.775.406	43.753.934
do Estado	8.738.344	9.943.852	10.938.484
INGRESSOS EXTRAORÇAMENTÁRIOS	3.848.504	2.620.721	3.023.893
DESEMBOLSOS (V) = (VI + VII)	60.809.537	74.122.216	77.588.941
PESSOAL E OUTRAS DESPESAS CORRENTES POR FUNÇÃO (VI)	50.604.923	62.625.929	68.980.022
Legislativa	2.530.246	3.131.296	3.449.001
Administração	11.798.934	16.579.555	17.636.140
Assistência Social	4.554.443	5.636.334	6.208.202
Previdência Social	7.590.738	9.393.889	10.347.003
Saúde	8.479.655	9.752.279	10.976.353

Capítulo 2

	2010	2011	2012
Educação	14.132.759	16.253.798	18.293.922
Cultura	1.518.148	1.878.778	2.069.401
JUROS E ENCARGOS DA DÍVIDA (VII)	992.940	1.101.762	1.192.856
Juros e Correção Monetária da Dívida Interna	992.940	1.101.762	1.192.856
DESEMBOLSOS EXTRAORÇAMENTÁRIOS	9.211.674	10.394.525	7.416.063
FLUXO DE CAIXA LÍQUIDO DAS ATIVIDADES DAS OPERAÇÕES (IX) = (I – V)	8.645.782	4.399.346	11.540.719
FLUXOS DE CAIXA DAS ATIVIDADES DE INVESTIMENTO			
INGRESSOS (X)	2.938.787	2.255.782	3.878.236
Alienação de Bens	272.475	141.681	699.878
Amortização de Empréstimos e Financiamentos Concedidos	36.924	40.190	50.369
Transferência de Capital	2.198.035	1.913.206	2.940.447
Integralização do Capital Social de Empresas Estatais Dependentes	431.353	160.705	187.542
DESEMBOLSOS (XI)	6.421.396	6.106.684	8.412.571
Aquisição de Ativo Não Circulante	6.421.396	6.106.684	8.412.571
FLUXO DE CAIXA LÍQUIDO DAS ATIVIDADES DE INVESTIMENTO (XII) = (X – XI)	(3.482.609)	(3.850.902)	(4.534.335)
FLUXOS DE CAIXA DAS ATIVIDADES DE FINANCIAMENTO			
INGRESSOS (XIII)	674.226	885.106	952.162
Operações de Crédito	674.226	885.106	952.162
DESEMBOLSOS (XIV)	1.418.215	1.691.072	1.638.776
Amortização/Refinanciamento da Dívida	1.418.215	1.691.072	1.638.776
FLUXO DE CAIXA LÍQUIDO DAS ATIVIDADES DE FINANCIAMENTO (XV) = (XIII – XIV)	(743.989)	(805.966)	(686.614)
APURAÇÃO DO FLUXO DE CAIXA DO PERÍODO			

»

INFORMAÇÃO FINANCEIRA GOVERNAMENTAL

	2010	2011	2012
GERAÇÃO LÍQUIDA DE CAIXA E EQUIVALENTE DE CAIXA (XVI) = (IX + XII + XV)	4.419.184	(257.522)	6.319.770
CAIXA E EQUIVALENTE DE CAIXA INICIAL (XVII)	12.011.775	16.430.959	16.173.438
CAIXA E EQUIVALENTE DE CAIXA FINAL (XVIII) = (XVI + XVII)	16.430.959	16.173.438	22.493.208

Tabela 2.10 Balanço Patrimonial

ATIVO	2010	2011	2012	PASSIVO	2010	2011	2012
ATIVO CIRCULANTE	22.019.180	22.606.785	30.065.688	PASSIVO CIRCULANTE	11.151.198	9.757.326	11.843.057
Caixa e equivalentes de caixa (F)	16.430.959	16.173.438	22.493.208	Obrigações trabalhistas, prev. e assist.	2.944.823	2.067.275	2.986.015
Créditos tributários a receber (P)	2.125.799	2.655.361	3.524.997	Pessoal a pagar (F)	880.235	336.075	482.978
Crédito de transferências a receber (P)	161.952	216.266	186.332	Encargos sociais a pagar (F)	1.059.555	1.265.637	1.866.772
Duplicatas a receber (P)	7.585	15.119	16.175	Benefícios previdenciários a pagar (F)	784.974	381.643	509.012
Empréstimos concedidos (P)	164.456	124.266	73.897	Benefícios assistenciais a pagar (F)	220.059	83.920	127.253
Estoques (P)	682.118	706.930	811.288	Fornecedores e contas a pagar	5.639.276	3.944.015	4.194.911
Produtos acabados	478.671	483.137	503.965	Fornecedores nacionais (F)	4.793.385	3.155.212	3.146.183
Almoxarifado	203.447	223.793	307.323	Contas a pagar credores nacionais (F)	845.891	788.803	1.048.728
Investimentos do RPPS (P)	2.446.311	2.715.405	2.959.791	Obrigações Fiscais a pagar (P)	515.189	883.831	1.372.096
ATIVO NÃO CIRCULANTE	60.213.450	61.967.563	64.434.952	Valores restituíveis	2.051.910	2.862.205	3.290.035
ATIVO REALIZÁVEL A LP	20.221.122	20.001.892	19.869.435	Consignações (F)	1.223.427	2.306.123	2.807.908
Dívida ativa tributária	20.221.122	20.001.892	19.869.435	Depósitos (F)	828.483	556.082	482.127
INVESTIMENTOS	1.560.194	1.770.619	2.026.819	PASSIVO NÃO CIRCULANTE	18.559.141	18.063.947	17.987.463
Participações permanentes	1.387.240	1.608.379	1.880.242	Empréstimos a longo prazo – interno (P)	14.647.983	13.842.017	13.155.403
Demais investimentos permanentes	189.169	178.709	163.499	Provisões matemáticas previdenciárias (P)	3.911.158	4.221.930	4.832.060

»

Capítulo 2

ATIVO	2010	2011	2012	PASSIVO	2010	2011	2.012
(-) Redução ao valor recup. de investimentos	(16.215)	(16.469)	(16.922)	PATRIMÔNIO LÍQUIDO	52.522.291	56.753.076	64.670.121
IMOBILIZADO	38.357.697	40.158.184	42.530.804	Patrimônio social/Capital social	31.731.989	31.892.694	32.080.236
Bens Móveis	14.528.294	17.655.852	22.099.512	Ajustes de avaliação patrimonial	2.498.908	2.768.002	3.012.388
Bens Imóveis	37.358.469	41.196.989	44.868.705	Reservas de capital	251.320	251.320	251.320
(-) Depreciação Acumulada	(13.529.066)	(18.694.657)	(24.437.413)	Reservas de lucros	4.325.606	5.748.671	5.748.671
INTANGÍVEL	74.437	36.868	7.894	Resultados acumulados	13.714.468	16.092.389	23.577.506
Bens intangíveis	108.963	76.843	51.711				
(-) Amortização Acumulada	(34.527)	(39.975)	(43.817)				
TOTAL DOS ATIVOS	82.232.630	84.574.349	94.500.640	TOTAL DOS PASSIVOS	82.232.630	84.574.349	94.500.640

INFORMAÇÃO FINANCEIRA GOVERNAMENTAL

Tabela 2.11   Cálculo do Saldo Patrimonial e do Superávit Financeiro Apurado no Balanço Patrimonial

	2010	2011	2012
Ativo financeiro	16.430.959	16.173.438	22.493.208
Ativo permanente	65.801.671	68.400.911	72.007.433
Passivo financeiro	10.636.009	8.873.495	13.661.797
Passivo permanente	19.074.330	18.947.778	19.359.559
Saldo patrimonial	52.522.291	56.753.076	61.479.285
Superávit financeiro	5.794.950	7.299.943	8.831.411

Tabela 2.12   Demonstrativo do Superávit/Déficit Financeiro Apurado no Balanço Patrimonial

DESTINAÇÃO DE RECURSOS	2010	2011	2012
Ordinários	3.833.330	5.141.619	5.588.258
Vinculados	1.961.620	2.158.324	3.243.153
Previdência social	107.236	(31.659)	(24.469)
Convênios	579.495	583.995	1.324.712
Recursos Próprios diretamente arrecadados	637.445	802.994	1.059.769
Operações de crédito	463.596	656.995	706.513
Alienação de bens	173.848	145.999	176.628
Superávit Financeiro	5.794.950	7.299.943	8.831.411

Tabela 2.13   Demonstração das Variações Patrimoniais

VARIAÇÕES PATRIMONIAIS AUMENTATIVAS – VPA	2010	2011	2012
Impostos, taxas e contribuições de melhoria	15.596.428	18.665.629	22.788.445
Contribuições	2.024.126	2.331.605	2.664.884
Exploração e venda de bens, serviços e direitos	3.282.175	4.089.207	5.145.180

»

Capítulo 2

Transferências Intergovernamentais	45.898.688	51.686.778	57.602.931
Valorização e ganhos com ativos	246.075	79.266	423.206
Outras variações patrimoniais aumentativas	2.469.400	2.286.751	2.044.681
TOTAL DAS VPA	69.516.892	79.139.236	90.669.327

VARIAÇÕES PATRIMONIAIS DIMINUTIVAS – VPD	2010	2011	2012
Pessoal e encargos	22.768.736	26.240.681	30.296.029
Benefícios previdenciários	5.254.328	6.055.542	6.991.391
Benefícios assistenciais	1.167.647	1.345.676	1.553.643
Uso de bens, serviços e consumo de capital fixo	33.189.564	37.514.421	40.875.154
Variações patrimoniais diminutivas financeiras	992.940	1.101.762	1.192.856
Desvalorização e perda de ativos	1.947.175	2.400.754	1.176.742
Tributárias	256.159	368.642	488.265
Outras variações patrimoniais diminutivas	532.875	310.772	610.130
TOTAL DAS VPD	66.109.424	75.338.250	83.184.210
RESULTADO PATRIMONIAL	3.407.468	3.800.986	7.485.117

VARIAÇÕES PATRIMONIAIS QUALITATIVAS (Decorrentes da execução orçamentária)			
	2010	2011	2012
Incorporações de Ativos	7.747.859	8.756.894	9.450.780
Desincorporações de Passivos	1.418.215	1.691.072	1.638.776
Incorporações de Passivos	674.226	885.106	952.162
Desincorporações de Ativos	33.000	85.500	419.200

Tabela 2.14   Demonstração das Mutações do Patrimônio Líquido

ESPECIFIC.	PATRIMÔNIO SOCIAL/ CAPITAL SOCIAL	RESERVAS DE CAPITAL	AJUSTES DE AVALIAÇÃO PATRIMONIAL	RESERVAS DE LUCROS	RESULTADOS ACUMULADOS	TOTAL
SALDO EM 31.12.2009	31.300.636	251.320	2.275.607	1.473.910	13.158.696	48.460.169
Ajustes de avaliação a valores de mercado	–	–	223.301	–	–	223.301
Aumento de Capital	431.353	–	–	–	–	431.353
Resultado do Exercício	–	–	–	–	3.407.468	3.407.468
Constituição de Reservas	–	–	–	2.851.696	(2.851.696)	–
SALDO EM 31.12.2010	31.731.989	251.320	2.498.908	4.325.606	13.714.468	52.522.291
Ajustes de avaliação a valores de mercado	–	–	269.094	–	–	269.094
Aumento de Capital	160.705	–	–	–	–	160.705
Resultado do Exercício	–	–	–	–	3.800.986	3.800.986
Constituição de Reservas	–	–	–	1.423.065	(1.423.065)	–
SALDO EM 31.12.2011	31.892.694	251.320	2.768.002	5.748.671	16.092.389	56.753.076
Ajustes de avaliação a valores de mercado	–	–	244.386	–	–	244.386
Aumento de Capital	187.542	–	–	–	–	187.542
Resultado do Exercício	–	–	–	–	7.485.117	7.485.117
Constituição de Reservas	–	–	–	–	–	–
SALDO EM 31.12.2012	32.080.236	251.320	3.012.388	5.748.671	23.577.506	64.670.121

Capítulo 2

QUESTÕES PARA DISCUSSÃO

1. Discuta a natureza da informação financeira no setor governamental como instrumento no atendimento das necessidades dos seus usuários.

2. Descreva os grupos de usuários da informação financeira governamental e suas respectivas necessidades.

3. Descreva as particularidades da estrutura da contabilidade governamental como meio de produção de informações financeiras para atender as necessidades dos diversos usuários.

4. O sistema contábil governamental é organizado em quatro subsistemas interdependentes entre si, com finalidades específicas, objetivos e funções próprias. Em sua opinião, existe uma hierarquia ou um grau de importância entre esses subsistemas? Comente.

5. Qual a finalidade da contabilidade governamental em utilizar o sistema de controle por fundos para a produção de informações financeiras?

6. Comente os principais fundos utilizados pela contabilidade governamental.

7. Quais as bases de escrituração para o reconhecimento dos fluxos econômicos e financeiros do setor público? Comente-as.

8. Descreva os regimes de escrituração utilizados no Brasil para o registro das transações no sistema patrimonial e no sistema orçamentário.

9. Estabeleça um paralelo entre as bases de escrituração do sistema patrimonial e do sistema orçamentário no setor público brasileiro, segundo o momento de reconhecimento dos fluxos de recursos.

10. Como se estabelece a conexão entre o orçamento operacional e de capital e o patrimônio no setor público?

11. Apesar de ser possível a integração do orçamento com o patrimônio, os resultados produzidos por esses dois sistemas são conflitantes devido à utilização de diferentes bases de escrituração dos fluxos de recursos. Essa afirmação é verdadeira? Comente-a.

12. Descreva os principais meios de divulgação de informações financeiras para a avaliação da condição financeira do governo.

13. Discuta a utilidade das Demonstrações Contábeis Aplicadas ao Setor Público (DCASP) e dos relatórios financeiros no processo de avaliação da condição financeira dos governos. Que tipos de informação esses instrumentos fornecem?

14. Comente sobre as principais deficiências ou limitações das demonstrações contábeis do setor público em termos de divulgação de informações suficientes para avaliação da condição financeira dos governos.

15. De que forma o analista pode obter informações de natureza econômica, social, política e demográfica para a avaliação da condição financeira dos governos?

16. Obtenha as demonstrações contábeis de um município de pequeno porte, de um município de médio porte e de um município de grande porte e, em seguida, avalie se essas demonstrações fornecem todas as informações previstas nas DCASP.

REFERÊNCIAS

ANTHONY, Robert N. *Financial accounting in nonbusiness organizations*: an exploratory study of conceptual issues. Stamford: Financial Accounting Standards Board (FASB), 1978.

BALEEIRO, Aliomar. *Uma introdução à ciência das finanças*. 15. ed. revista e atualizada por Dejalma de Campos. Rio de Janeiro: Forense, 2001.

BRASIL. Secretaria do Tesouro Nacional. Manual de contabilidade aplicada ao setor público: aplicado à União, Estados, Distrito Federal e Municípios. Ministério da Fazenda. Secretaria do Tesouro Nacional. 6. ed. Brasília: Secretaria do Tesouro Nacional, Coordenação-Geral de Normas de Contabilidade Aplicada à Federação, 2015. Disponível em: <https://www.tesouro.fazenda.gov.br/pt/responsabilidade-fiscal/contabilidade-publica/manuais-de-contabilidade-publica>.

_____. Secretaria do Tesouro Nacional. Manual de demonstrativos fiscais: aplicado à União e aos Estados, Distrito Federal e Municípios. Ministério da Fazenda, Secretaria do Tesouro Nacional. 6. ed. Brasília: Secretaria do Tesouro Nacional, Coordenação-Geral de Normas de Contabilidade Aplicadas à Federação, 2014.

_____. Secretaria do Tesouro Nacional. Instruções de procedimentos contábeis: IPC 04 – metodologia para elaboração do balanço patrimonial. Brasília, 2015.

_____. Secretaria do Tesouro Nacional. Instruções de procedimentos contábeis: IPC 05 – metodologia para elaboração da demonstração das variações patrimoniais. Brasília, 2014.

_____. Secretaria do Tesouro Nacional. Instruções de procedimentos contábeis: IPC 06 – metodologia para elaboração do balanço financeiro. Brasília, 2014.

Capítulo 2

_____. Secretaria do Tesouro Nacional. Instruções de procedimentos contábeis: IPC 07 – metodologia para elaboração do balanço orçamentário. Brasília, 2015.

_____. Secretaria do Tesouro Nacional. Instruções de procedimentos contábeis: IPC 08 – metodologia para elaboração da demonstração dos fluxos de caixa. Brasília, 2014.

_____. Presidência da República. Lei Complementar nº 101, de 4 de maio de 2000. Estabelece normas de finanças públicas voltadas para a responsabilidade na gestão fiscal e dá outras providências. Brasil: 4 maio 2000. Disponível em: <http://www.planalto.gov.br>. Acesso em: 8 abr. 2013.

_____. Presidência da República. Lei nº 4.320, de 17 de março de 1964. Estatui Normas Gerais de Direito Financeiro para elaboração e controle dos orçamentos e balanços da União, dos Estados, dos Municípios e do Distrito Federal. Brasília: 4 maio 1964. Disponível em: <http://www.planalto.gov.br>. Acesso em: 8 abr. 2013.

CONSELHO FEDERAL DE CONTABILIDADE. *Normas brasileiras de contabilidade*: contabilidade aplicada ao setor público: NBCs T 16.1 a 16.11. Brasília: CFC, 2012. Disponível em: <http://portalcfc.org.br/wordpress/wp-content/uploads/2013/11/setor_publico.pdf>.

GENERAL ACCOUNTING OFFICE (GAO). *Accrual budgeting*: experiences of other nations and implications for the United States. Washington, Feb. 2000.

GOVERNMENTAL ACCOUNTING STANDARDS BOARD (GASB). *Objectives of financial reporting*: concept statement n. 1. Norwalk: Governmental Accounting Standards Series, May 1987.

_____. *Basic financial statements and management's discussion and analysis for state and local governments*: concept statement n. 34. Norwalk: Governmental Accounting Standards Series, June 1999.

HENDRIKSEN, Eldon S.; VAN BREDA, Michael F. *Teoria da contabilidade*. Tradução de Antonio Zoratto Sanvicente. São Paulo: Atlas, 2010.

HORNGREN, Charles T. *Introdução à contabilidade gerencial*. Tradução de José Ricardo Brandão Azevedo. 5. ed. Rio de Janeiro: Prentice Hall do Brasil, 1985.

INTERNATIONAL FEDERATION OF ACCOUNTANTS (IFAC). Normas internacionais de contabilidade para o setor público (International Public Sector Accounting Standards – IPSAS). Tradução do Conselho Federal de Contabilidade. Disponível em: <http://portalcfc.org.br/wordpress/wp-content/uploads/2013/01/ipsas2010_web.pdf>. Acesso em: 7 fev. 2015.

IUDÍCIBUS, Sérgio de. *Teoria da contabilidade*. 8. ed. São Paulo: Atlas, 2006.

JONES, David B. et al. *The needs of users of governmental financial reports*: research report. Connecticut: GASB, 1985.

MARTINS, Eliseu; DINIZ, Josedilton Alves; MIRANDA, Gilberto José. *Análise avançada das demonstrações contábeis*: uma abordagem crítica. São Paulo: Atlas, 2012.

MONTEIRO, Bento Rodrigo Pereira; GOMES, Ricardo Corrêa. Experiências internacionais com o orçamento público por regime de competência. *Revista de Contabilidade e Finanças*, v. 24, nº 62, p. 103-112, maio/ago. 2013.

PREMCHAND, Aaron. *Effective government accounting*. Washington: International Monetary Fund, 1995.

RUPPEL, Warren. *Governmental accounting made easy*. New Jersey: Wiley, 2005.

VATTER, William J. *The fund theory of accounting and its implications for financial reports*. Chicago: The University of Chicago Press, 1947.

3

CONDIÇÃO FINANCEIRA GOVERNAMENTAL

Capítulo 3

Manter a saúde financeira do governo constitui importante requisito para o fornecimento, de forma adequada e ininterrupta, de diferentes tipos de serviços públicos para satisfazer as necessidades e garantir o bem-estar da população. Assim, uma condição financeira saudável deve ser um dos objetivos, senão o principal, a ser perseguido pelos governantes, no intuito de realizar suas funções essenciais de educação, segurança, assistência social, saúde e saneamento básico; atender suas necessidades de investimentos em bens de infraestrutura; cumprir devidamente com as obrigações financeiras de curto prazo e realizar os pagamentos dos serviços da dívida.

Neste capítulo, a condição financeira governamental será conceituada e contextualizada como um corpo teórico em estágio de desenvolvimento, enfocando suas características, componentes, fatores determinantes, problemas fiscais correlatos e técnicas de análise.

3.1 Relevância e aspectos conceituais

O exame da condição financeira dos governos locais despertou interesse dos acadêmicos na década de 1970, quando foram divulgadas informações sobre as dificuldades financeiras enfrentadas pelas cidades de Nova York e Cleveland, nos Estados Unidos. Entretanto, nas décadas de 1970 e 1980 poucas medidas de monitoramento foram adotadas. Somente na década de 1990 vários Estados americanos aplicaram medidas mais enérgicas para monitorar a situação fiscal dos governos locais quando observaram que as cidades de Miami, Pittsburgh e Philadelphia apresentavam dificuldades financeiras (KLOHA; WEISSERT; KLEINE, 2005, p. 313).

Nesse sentido, Clark (1994, p. 27) declara que a história dos problemas fiscais nas cidades vem desde a grande depressão de 1930, mas que somente alcançou destaque na década de 1970 com a crise financeira de Nova York que surpreendeu e chocou muitos observadores. O autor assinala ainda que 20 anos atrás ninguém falava de tensão fiscal, mas atualmente esse fenômeno é a preocupação central das cidades americanas.

Alguns trabalhos pioneiros para estudar as crises financeiras dos governos locais americanos foram realizados na década de 1970, sendo esses trabalhos responsáveis por produzirem as primeiras ideias do corpo teórico da condição financeira governamental. Os principais trabalhos de destaque dessa época são: ACIR (1973), Muller (1975), Clark (1976), Clark (1977), Nathan e Adams (1976), Gramlich (1976), Leone (1976), Dearborn (1977a, 1977b, 1977c), Akin e Auten (1976), Petersen (1977), Peterson (1978a, 1978b, 1978c, 1978d), Aronson e King (1978), Barro (1978), Howell e Stamm (1979).

A partir de então, muitos estudos acadêmicos foram desenvolvidos no sentido de produzir modelos e indicadores de mensuração da condição financeira governamental, como os trabalhos de Berne e Schramm (1986); Ladd e Yinger (1989); Clark e Chan (1990); Berne (1992); Brown (1993); Bowman e Calia (1997); CICA (1997); Mead

(2001); Miller (2001); Carmeli (2002); Douglas e Gaddie (2002); Groves e Valente (1986, 2003); Hevesi (2003); Dennis (2004); Honadle (2003); Honadle, Costa e Cigler (2004); Hendrick (2004); Kloha, Weissert e Kleine (2005); Wang, Dennis e Tu (2007); Gómez, Hernández e Bastida (2008, 2009).

Assim, a relevância que foi atribuída ao estudo da condição financeira dos governos ao longo dos anos 1980, 1990 e 2000 fez surgirem na literatura várias denominações para caracterizá-la, tais como: **condição financeira** (*financial condition*), **saúde financeira** (*financial health*), **saúde fiscal** (*fiscal health*), **bem-estar financeiro** (*financial well-being*), **solvência** (*solvency*), **resistência financeira** (*financial strength*), **tensão fiscal** (*fiscal stress*), **tensão financeira** (*financial strain*), **crise fiscal** (*fiscal crisis*), **dificuldade fiscal** (*fiscal distress*), **emergência fiscal** (*fiscal emergency*), **emergência financeira** (*financial emergency*), **capacidade fiscal** (*fiscal capacity*), **viabilidade financeira** (*viabilidad financiera*).

Afinal, o que é condição financeira? Tradicionalmente, condição financeira é entendida como a capacidade de um governo em continuar a fornecer serviços à comunidade e satisfazer suas obrigações financeiras, tão logo exigidas (GASB, 1987, p.14).

Ao reforçar esse conceito tradicional da condição financeira, formulado pelo ***Governmental Accounting Standards Board*** (GASB), Berne (1992, p 17) apresenta o seguinte posicionamento:

> A definição da condição financeira consistente com o GASB e com os pronunciamentos conceituais do NCGA (***National Council on Governmental Accounting***) é a probabilidade de que um governo satisfaça suas obrigações financeiras para com credores, consumidores, empregados, contribuintes, fornecedores, cidadãos, dentre outros, tão logo elas sejam reclamadas, bem como a obrigação de prestar serviços a seus cidadãos, tanto no presente quanto no futuro.[1]

Nessa mesma linha de entendimento, Miller (2001, p. 1) assinala que a "condição financeira deve ser definida como o equilíbrio entre recursos financeiros de curto e longo prazo e obrigações financeiras de curto e longo prazo".[2] O autor (2001, p. 30) argumenta que a condição financeira é a probabilidade de o governo satisfazer suas obrigações financeiras e que essa probabilidade depende do nível da demanda por gastos em relação ao total dos recursos disponíveis. Logo, o *gap* entre a demanda por gastos

---

1 A definition of financial condition consistent with the GASB and NCGA Concepts Statements is the probability that a government will meet both its financial obligations to creditors, consumers, employees, taxpayers, suppliers, constituents, and others as they become due and its service obligations to constituents, both currently and in the future.

2 Financial condition may be defined as the balance of long term and current financial resources and long term and current financial commitments.

e os recursos disponíveis é a medida da condição financeira. Assim, um governo que enfrenta baixa pressão por gastos adicionais e tem substancial capacidade para produzir receitas adicionais possui uma boa condição financeira. Por outro lado, um governo com alta pressão para aumentar seus gastos e baixa capacidade de receita a ser explorada apresenta uma condição financeira pobre.

Segundo Groves e Valente (2003, p. 1), no sentido contábil restrito, a condição financeira significa a "capacidade do governo para gerar caixa suficiente para trinta ou sessenta dias a fim de pagar suas contas. Essa definição para a condição financeira pode ser chamada de **solvência de caixa**".[3] Os autores acrescentam ainda que neste sentido restrito a condição financeira significa também "a capacidade do governo para gerar receita suficiente no seu período orçamentário normal para atender suas despesas e não incorrer em déficits. Isso é frequentemente chamado de **solvência orçamentária**".[4]

Em um sentido mais amplo, Groves e Valente (2003, p. 1) assinalam que a condição financeira significa "a capacidade do governo no longo prazo para pagar todos os custos operacionais, incluindo os gastos que normalmente ocorrem em cada orçamento anual, bem como todas as despesas que aparecerão somente nos anos em que deverão ser pagas".[5] Essa definição é conhecida como **solvência de longo prazo**.

Groves e Valente (2003, p. 1) ainda apresentam outro conceito para a condição financeira, amplamente empregado na literatura para caracterizar a **solvência do nível de serviços**, como "a capacidade do governo para oferecer serviços de saúde, segurança e bem-estar da comunidade no nível e qualidade que seus cidadãos desejam".[6]

Os conceitos para a condição financeira apresentados por Groves e Valente (2003, p. 2) foram sumariados em uma definição geral pelos próprios autores ao estabelecerem que:

> Condição financeira pode ser amplamente definida como capacidade dos governos locais em financiar seus serviços em uma base contínua. Mais especificamente, condição financeira refere-se à capacidade dos governantes para (1) manter o nível de serviços existentes, (2) resistir a rupturas na economia local e regional e (3) atender as demandas do crescimento natural, declínio e mudança.[7]

---

3   A government's ability to generate enough cash over thirty or sixty days to pay its bills. This definition of financial condition can be called cash solvency.
4   A government's ability to generate enough revenues over its normal budgetary period to meet its expenditures and not incur deficits. This is often referred to as budgetary solvency.
5   A government's ability in the long run to pay all the costs of doing business, including expenditures that normally appear in each annual budget, as well as those that will appear only in the years in which they must be paid.
6   A government's ability to provide services at the level and quality that are required for the health, safety, and welfare of the community and that its citizens desire.
7   Financial condition can be broadly defined as a local government's ability to finance its service on a continuing basis. More specifically, financial condition refers to a government's ability to (1) maintain existing service levels, (2) withstand local and regional economic disruptions, and (3) meet the demands of natural growth, decline, and change.

CONDIÇÃO FINANCEIRA GOVERNAMENTAL

Esse conceito revela que um governo com boa condição financeira mantém o nível de serviços existentes, apresenta aptidão para enfrentar pressões por gastos públicos e, acima de tudo, tem capacidade para enfrentar crises financeiras e recessões, mantendo o equilíbrio financeiro.

A manutenção do nível de serviços existentes refere-se à consecução de programas de natureza continuada, tendentes ao funcionamento regular da organização, bem como programas de capital relacionados à manutenção de estradas, vias públicas e prédios públicos necessários ao oferecimento de serviços à população. Dessa forma, parcela expressiva da receita arrecadada deve ser destinada ao atendimento desses objetivos, o que requer boa condição financeira da entidade.

Uma boa condição financeira suporta crises financeiras e recessões locais e regionais. Nesse caso, mesmo diante de uma queda de arrecadação, o nível de serviços essenciais é mantido. Para tanto, os gestores precisam ficar atentos a sinais que venham comprometer a boa saúde financeira da entidade, a fim de adotarem, tempestivamente, medidas de limitações de empenho e movimentação financeira.

Entretanto, mesmo diante de uma estabilidade econômica, podem ocorrer determinados eventos com impacto na saúde financeira dos governos locais, pressionando o crescimento dos gastos públicos, como, por exemplo, uma população que se mantém estável mas que muda a sua composição, tornando-se mais pobre ou mais idosa, exigindo programas sociais especiais com alto custo para a sua realização; o crescimento no número de jovens, provocando demandas por mais gastos em áreas como educação e lazer (GROVES; VALENTE, 2003, p. 2-3).

Em sintonia com a definição geral da condição financeira estabelecida por Groves e Valente (2003), Hevesi (2003, p.1) assinala que:

> A condição financeira deve ser definida como a capacidade dos governos locais para financiar serviços em uma base contínua. Esta capacidade envolve manter os níveis adequados de serviços existentes enquanto sobrevivem a abalos econômicos, sendo capazes de identificar e ajustar as mudanças de longo prazo e antecipar problemas futuros.[8]

Assim, as finanças dos governos locais precisam estar preparadas para continuamente atenderem às demandas por gastos públicos e às mudanças naturalmente surgidas, mantendo reservas financeiras e explorando adequadamente sua capacidade de arrecadação, isto é, precisam apresentar, continuamente, uma boa condição financeira.

---

8 *Financial condition may be defined as a local government's ability to finance services on a continuing basis. This ability involves maintaining adequate service levels while surviving economic disruptions, being able to identify and adjust to long-term changes and anticipating future problems.*

Em suma, a condição financeira é um constructo conceitual que não pode ser definido separadamente, sendo necessário o entendimento das interconexões dos vários fatores que a compõem.

3.2 Condição financeira *versus* posição financeira

No processo de análise financeira dos governos dois conceitos são comumente empregados: a condição financeira e a posição financeira. Trata-se de dois conceitos distintos, embora relacionados, mas que não devem ser confundidos. O primeiro, conforme demonstrado no item acima, se refere à capacidade dos governantes em continuar a oferecer serviços públicos de forma contínua e atender, devidamente, as obrigações financeiras decorrentes. O segundo representa o ***status*** financeiro do governo em determinada data quando do levantamento de suas demonstrações contábeis.

Entretanto, na visão de Lorig (1941, p. 41), não há entendimento uniforme para o significado da posição financeira de uma cidade. O autor, ao expressar uma definição sobre essa dimensão financeira, destaca que:

> Tomando emprestado o conceito do setor privado, a posição financeira poderá se referir principalmente à capacidade de pagar dívidas. No caso de uma cidade onde a maioria dos gastos é inevitável e grande parte da receita é certa, a posição financeira adquire um novo significado e sua determinação exige novas técnicas.[9]

Nesse sentido, o estudo da posição financeira tem por fundamento os aspectos financeiros e patrimoniais, representando o *status* financeiro do governo em um dado momento, geralmente na data de elaboração das demonstrações contábeis, identificado pela diferença entre ativos e passivos financeiros ou ainda pela diferença entre ativos e passivos totais. Essas informações são dispostas no balanço patrimonial, razão pela qual essa demonstração é também conhecida por demonstração da posição financeira. Petri (1987, p. 22), nesse sentido, apresenta o seguinte entendimento sobre a posição financeira das entidades governamentais:

> A posição financeira do governo é evidenciada pela diferença entre o ativo financeiro e o passivo financeiro, considerando-se a situação apresentada em 31 de dezembro, que é a data estabelecida para o término de cada exercício financeiro, e que vem a ser a diferença entre os recursos arrecadados (receita) e a despesa realizada.

---

[9] *There is no uniform understanding as to what is meant by the financial position of a city. Were we to borrow the concept from private industry, financial position would refer primarily to ability to pay debts. In the case of a city where most of the expenditures are unavoidable and much of the income is a certainty, financial position acquires a new meaning and its determination calls for new techniques.*

CONDIÇÃO FINANCEIRA GOVERNAMENTAL

Nessa mesma linha de entendimento, Julvé (1993, p. 705-706) destaca que o estudo da posição financeira de uma entidade governamental requer a avaliação dos seguintes aspectos:

1. **os recursos econômicos:** conjunto de recursos produtivos reais e financeiros com os quais conta a entidade. Essa informação é útil para a previsão da capacidade de geração do fluxo de caixa;
2. **a estrutura financeira:** a forma como os recursos econômicos têm sido financiados, por terceiros, a curto e longo prazo, ou por capital próprio. Essa informação é útil para a previsão da necessidade de endividamento, a distribuição do fluxo de caixa e a possibilidade de obter financiamento adicional;
3. **a solvência:** a capacidade para fazer frente às obrigações de longo prazo; e
4. **a liquidez:** a capacidade para fazer frente às obrigações de curto prazo.

A análise da condição financeira vai além dos aspectos necessários para avaliar a posição financeira, exigindo a verificação de múltiplas obrigações e características do governo não incluídas nas demonstrações contábeis, como, por exemplo, a situação econômica e social de uma localidade. Assim, a condição financeira constitui-se em um conceito mais amplo, enquanto a posição financeira, representando um dos seus componentes, constitui um conceito mais restrito. Berne (1992, p. 16-17), ao estabelecer a diferença entre essas duas dimensões, afirma que:

> A posição financeira dos fundos governamentais é focada nos ativos e passivos que requerem caixa ou são normalmente convertidos em caixa em um futuro próximo e pode em geral ser determinada, exclusivamente, pelas demonstrações contábeis, enquanto a condição financeira requer um entendimento de muitas obrigações e características do governo que não são incluídas nas demonstrações contábeis, por exemplo obrigações financeiras relacionadas com o fornecimento de serviços, ativos de capital e a economia subjacente de uma área geográfica. Nesse sentido, a posição financeira refere-se ao governo separado das pessoas que são governadas, e a condição financeira visualiza o governo e as pessoas juntas.[10]

---

10 *Financial position for governmental funds focuses on assets and liabilities that require cash or are normally converted to cash in the near future and can generally be determined from the financial statements alone, whereas financial condition requires an understanding of many obligations and characteristics of the government that are not included in financial statements, for example financial obligations related to service delivery, capital assets, and the underlying economy of a geographical area. In a sense, financial position relates to the government as separate from the people governed, and financial condition views the government and the people together.*

A posição financeira é um indicativo do *status* financeiro do governo, levando-se em consideração os ativos e passivos financeiros divulgados no balanço patrimonial. Por outro lado, a condição financeira é um instrumento de mensuração da saúde fiscal do governo, levando-se em consideração as informações contábeis e a condição econômica da comunidade (ver discussão sobre a condição econômica no item 5.3 do Capítulo 5 – Análise dos recursos da comunidade).

3.3 Características da condição financeira

Diante das definições apresentadas para a condição financeira, várias características podem ser identificadas, dentre elas: a dimensão temporal, o ambiente econômico, a multidimensionalidade de conceito, o envolvimento de obrigações financeiras implícitas e explícitas e a mensuração por uma composição de variáveis (BERNE; SCHRAMM, 1986, p. 68-70; BERNE, 1992, p. 16-18).

1. **Dimensão temporal:** a dimensão temporal possibilita avaliar a condição financeira de curto e longo prazo. A condição financeira de curto prazo depende da liquidez ou a capacidade do governo de produzir caixa rapidamente para atender suas necessidades imediatas, sendo representada pela posição financeira da entidade em determinado momento. A condição financeira de longo prazo depende da capacidade do governo em assegurar recursos e gerenciar gastos, bem como manter uma infraestrutura para o fornecimento de bens e serviços no futuro.
2. **Ambiente econômico:** a condição financeira depende do ambiente econômico em que a organização governamental está inserida. A capacidade dos governos locais de explorar a sua base de receita e atender as necessidades da população depende da economia local, regional e nacional, cujo desafio consiste em manter o equilíbrio entre receitas e despesas.
3. **Multidimensionalidade de conceito:** essa característica confere à condição financeira um sentido complexo que envolve o relacionamento de uma grande variedade de indivíduos e grupos, tais como credores, contribuintes, outros governos, fornecedores, empregados, bancos, financiadores, dentre outros. Essa característica demonstra que a condição financeira não pode ser mensurada tendo por base apenas as obrigações correntes da organização, mas também levando em conta grandes fontes e usos de recursos, tais como empréstimos, recursos internos, receitas, despesas e endividamento. Devem existir conflitos entre os diferentes grupos e indivíduos, mas dependendo do objetivo da mensuração da condição financeira a organização deve esforçar-se para combinar essas múltiplas dimensões em uma única medida.
4. **Obrigações financeiras implícitas e explícitas:** a condição financeira envolve obrigações financeiras implícitas e explícitas. As obrigações implícitas são

mudanças nos recursos e fluxo de serviços que não são reveladas explicitamente no fluxo de caixa ou nos contratos administrativos. Por exemplo, uma entidade governamental que dispõe de reservas de caixa e recursos inexplorados em uma comunidade, cujas necessidades sociais não são atendidas, evidenciará uma péssima condição financeira, entretanto essa situação não seria revelada se somente transações explícitas fossem consideradas. Outro exemplo seria uma organização que tivesse um baixo nível de endividamento, mas dispusesse de uma infraestrutura deteriorada que reduzisse substancialmente a prestação de serviços à comunidade, evidenciando uma pobre condição financeira em relação à indicada nos relatórios financeiros. Dessa forma, é comum encontrarmos entidades governamentais com a posição financeira saudável, mas com a condição financeira deficiente por existirem obrigações implícitas que foram consideradas no processo de mensuração.

5. **Mensuração por uma composição de variáveis:** a condição financeira não é uma medida unidimensional, ao contrário, ela é formada por uma composição de variáveis, abrangendo aquelas que indicam tanto boa quanto má situação financeira. Uma série de estudos clássicos reconhece que a condição financeira de uma cidade não pode ser mensurada por um único indicador nem mesmo por uma pequena quantidade de indicadores (GRAMLICH, 1976; MULLER, 1975; CLARK, 1976; PETERSON, 1976). Assim, a condição financeira pode variar apresentando diferentes níveis de medida, indo de excelente a péssima.

3.4 Teoria da condição financeira

A condição financeira é um fenômeno complexo, influenciada por fatores do ambiente político e fiscal. Por esse motivo, os principais estudos acadêmicos nessa área de conhecimento buscam incorporar os pressupostos da teoria dos sistemas abertos, cujo enunciado preceitua que os governos interagem com o seu ambiente externo, influenciando o ambiente interno da organização e vice-versa.

Assim, a condição financeira dos governos é simultaneamente influenciada por fatores externos e internos à organização, tais como: receitas, gastos, práticas fiscais e gerenciais, políticas locais e regionais, legislação, demografia, condições sociais e econômicas, desastres naturais etc. (HENDRICK, 2004; KAVANAGH, 2007; KRISHNAKUMAR; MARTIN; SOGUEL, 2010; JACOB; HENDRICK, 2013).

Todavia, esse corpo de conhecimento ainda não é suficiente para produzir uma teoria completamente elaborada da condição financeira governamental. Entretanto, há consenso de que uma situação fiscal saudável depende de duas condições ou pressupostos básicos (STALLINGS, 1979, p. 3 apud HAYES, 1990, p. 44):

Capítulo 3

1. uma economia forte que produz receita suficiente para atender ao custo dos serviços públicos enquanto, simultaneamente, fornece emprego e renda, reduzindo a necessidade por alguns gastos públicos;
2. gerenciamento fiscal de excelência que minimiza desperdícios, fornece informações necessárias para fazer boas escolhas fiscais e evita o uso de recursos com dependência financeira.

Segundo Hayes (1990, p. 21), o estudo desenvolvido por Roy Bahl, *Measuring the credit worthiness of state and local governments*: municipal bonding ratins (BAHL, 1971), constitui o marco inicial em busca de uma teoria da condição financeira, na medida em que pode ser visto como uma ponte entre estudos que focam a posição do endividamento (**bond ratings** e qualidade do crédito) e estudos preocupados com a mensuração da condição financeira dos governos locais e estaduais.

Na realidade, tanto os estudos sobre o endividamento quanto os estudos sobre a condição financeira governamental utilizam uma base comum: os indicadores econômicos e fiscais; e perseguem objetivo similar: identificar a saúde financeira dos governos. Enquanto os estudos sobre o endividamento se preocupam com a possibilidade de *default* dos governos, os estudos sobre a condição financeira procuram identificar sinais que indiquem a probabilidade de problemas futuros na solvência dos governos.

3.5 Fatores determinantes da condição financeira

Quando se fala em mensurar a condição financeira, a primeira ideia que surge é a identificação de aspectos financeiros extraídos das demonstrações contábeis da entidade governamental. Entretanto, a literatura tem revelado que aspectos ambientais e organizacionais também exercem influência significativa nesse processo de mensuração para contemplar variáveis que representam a criação de demandas, a geração de recursos e a capacidade dos governantes em desenvolver políticas para adaptar-se ao contexto em que estão operando (GROVES; VALENTE, 2003, p. 4-5).

Nesse sentido, Berne e Schramm (1986, p. 79) afirmam que "elementos críticos no ambiente dos governos – sendo eles econômicos, políticos, ou demográficos – precisam ser identificados e, sempre que possível e apropriado, introduzidos na mensuração e análise da condição financeira".[11]

Logo, a condição financeira é influenciada por fatores internos à organização e por fatores externos, tais como crescimento e características socioeconômicas da população; decisões políticas governamentais; mudanças nos padrões de emprego; mudanças na economia local, regional e nacional; mudanças na estrutura da indústria, comércio e

---

[11] *Critical elements in the environment of governments – be they economic, political, or demographic – need to be identified and, whenever possible and appropriate, introduced into the measurement and analysis of financial condition.*

serviços; mudanças nas condições do mercado de capitais, dentre outros. Todos esses fatores precisam ser entendidos e incorporados em uma estrutura para medir, prever e explicar os problemas financeiros enfrentados pelos governos.

3.5.1 Fatores financeiros

De acordo com Groves e Valente (2003, p. 5), os fatores financeiros refletem a condição das finanças governamentais e representam o resultado da influência dos fatores ambiental e organizacional. Esses mesmos autores (2003, p. 1) assinalam que a mensuração da condição financeira de um governo sob o enfoque dos fatores financeiros deve levar em consideração quatro aspectos fundamentais: a solvência de caixa, a solvência orçamentária, a solvência de longo prazo e a solvência do nível de serviços.

1. **Solvência de caixa:** refere-se, no estrito sentido contábil, à capacidade dos governantes em gerar caixa suficiente para trinta ou sessenta dias, a fim de pagar suas contas.
2. **Solvência orçamentária:** significa, no sentido estrito contábil, a capacidade dos governantes em gerar receita suficiente além do seu orçamento normal para determinado período, a fim de atender às suas despesas e não incorrer em déficits.
3. **Solvência de longo prazo:** significa, em sentido mais amplo, a capacidade dos governantes, no longo prazo, para pagar todos os custos dos projetos e atividades.
4. **Solvência do nível de serviços:** relaciona-se à capacidade dos governantes de fornecer serviços de saúde, segurança e bem-estar à comunidade no nível e na qualidade que são requeridos pelos cidadãos.

Se as demandas ambientais forem maiores que os recursos disponíveis gerados pelo ambiente e se a organização não apresentar respostas para equilibrar as demandas com os recursos disponíveis, o fator financeiro eventualmente mostrará insolvência de caixa, insolvência orçamentária e insolvência de longo prazo. Em um processo de análise dos fatores financeiros da condição financeira, a seguinte questão subjacente deve ser formulada: *o governo está pagando habitualmente todos os custos das operações ou está adiando pagamentos para períodos futuros quando provavelmente as receitas podem não se tornar disponíveis para pagar esses custos*? (GROVES; VALENTE, 2003, p. 5).

3.5.2 Fatores ambientais

A condição financeira dos governos não é determinada apenas pelo estado financeiro da organização, mas também por fatores sociais, econômicos e demográficos que exercem pressões por gastos públicos e/ou proporcionam a base para a exploração de receitas.

Essas forças externas à organização constituem os fatores ambientais que afetam as finanças do governo de duas formas: primeiro, elas criam demandas, como, por exemplo, o crescimento da população que exige dos gestores mais investimentos em segurança pública, mais escolas, mais hospitais etc.; segundo, essas demandas geram recursos, uma vez que o crescimento da população, aumenta a procura por prestadores de serviços, elevando o nível de arrecadação de impostos sobre a receita. Assim, segundo Groves e Valente (2003, p. 4), em um processo de análise da condição financeira, levando-se em consideração fatores ambientais, a seguinte questão deve ser formulada: *os fatores ambientais fornecem recursos suficientes para pagar pelas demandas que eles provocam*?

Berne (1992, p. 26) assinala que dentre os fatores ambientais que afetam a condição financeira dos governos estão os aspectos econômicos e demográficos representados pelas seguintes variáveis: população (total, distribuída por idade, especialmente acima de 65 e abaixo de 18 anos, e nível de educação); renda (*per capita*, familiar, média, mediana); força de trabalho e emprego (total de empregos, índice de desemprego, índice de emprego por setor e por ocupação, principais empregadores); e estrutura industrial (exportações e benefícios).

Os fatores ambientais são responsáveis, em grande parte, pelos problemas financeiros dos governos locais. Petersen (1977, p. 305) destaca que dentre os fatores ambientais relacionados com crises financeiras estão: alta proporção de cidadãos pobres, uma base econômica não diversificada, alto nível de desemprego, elevado grau de sindicalização dos funcionários públicos, elevadas responsabilidades do governo por serviços públicos e baixo nível de renda *per capita*. Nesse sentido, Clark (1994, p. 27) considera que os problemas financeiros derivam de uma falta de adaptação do governo ao ambiente em que opera, principalmente às circunstâncias que envolvem o setor privado da economia.

3.5.3 Fatores organizacionais

Os fatores organizacionais, ou mais precisamente os cenários organizacionais, são práticas gerenciais e políticas legislativas criadas pela administração em resposta às mudanças provocadas pelos fatores ambientais. Em teoria, nenhum governo local pode permanecer em boa condição financeira se não desenvolver respostas apropriadas às mudanças nas condições ambientais, por exemplo reduzindo serviços, aumentando eficiência ou aumentando tributos. Isso implica que os gestores públicos precisam conhecer com antecedência essas mudanças, entendê-las, saberem o que fazer e estarem dispostos a enfrentá-las (GROVES; VALENTE, 2003, p. 4).

De acordo com Groves e Valente (2003, p. 4), em um processo de análise dos efeitos dos fatores organizacionais na condição financeira, a seguinte questão deve ser formulada: *as práticas gerenciais e as políticas possibilitam ao governo responder apropriadamente às mudanças no ambiente*?

Assim, em um processo de análise da condição financeira governamental é recomendável observar variáveis e práticas gerenciais relacionadas à estrutura administrativa do governo, estrutura fazendária, planejamento e controle orçamentário, dentre outras.

3.5.4 Efeitos dos fatores determinantes da condição financeira

Grande parte dos estudos sobre a condição financeira dos governos locais tem sido desenvolvida para mostrar a influência de fatores externos ou ambientais à organização, mediante a combinação de fatores econômicos e demográficos nas políticas de gastos públicos.

Nesse sentido, Berne e Schramm (1986, p. 79-81) desenvolveram um levantamento em vários trabalhos empíricos sobre os determinantes da condição financeira, especificamente, em estudos sobre os determinantes dos gastos e receitas desenvolvidos por Vernez (1976), Mulford Jr. (1978), Inman (1979), Walter e Chicione (1985) e em estudos sobre determinantes de diferentes medidas da condição financeira desenvolvidos por Bahl (1971) e Hempel (1971). Esses estudos indicaram que a condição financeira dos governos locais depende:

1. das preferências e necessidades da comunidade (pobreza, educação, desemprego etc.);
2. das condições locais que afetam a produção e distribuição de bens públicos e serviços (densidade populacional, tamanho, clima etc.);
3. dos custos trabalhistas, capital e outros recursos produtivos (índice de aumento de salários, taxa de juros etc.);
4. da riqueza da comunidade (renda, valor das propriedades, venda no varejo etc.);
5. da estrutura política e governamental na localidade e área circunvizinha (território do governo local, forma de gestão da cidade etc.);
6. das políticas federais e estaduais que afetam os recursos, as restrições e as responsabilidades locais;
7. das políticas e práticas financeiras (alíquota de impostos, endividamento etc.).

O Quadro 3.1 mostra todos esses fatores com as respectivas variáveis, destacando de que forma elas operam na condição financeira e qual o efeito provável de cada variável na condição financeira dos governos locais, se positivo ou negativo. Quando o efeito é positivo, indica que a variável do fator, provavelmente, melhora a condição financeira; se o efeito é negativo, indica que a variável, provavelmente, piora a condição financeira; e se o efeito é positivo e negativo, simultaneamente, indica que ele é incerto ou porque, de alguma forma, a variável do fator tem tanto efeito positivo quanto negativo.

Quadro 3.1 Efeitos dos fatores determinantes da condição financeira

FATORES DETERMINANTES	EFEITO PROVÁVEL	FORMA QUE OPERA
Preferências e necessidades da comunidade		
Renda média da família	−	Nível de necessidades corrente e futura. Nível e tipos de obrigações.
Percentagem da população com renda familiar abaixo de $ 3.000/ano	−	
Percentagem da população com menos de 5 anos de escolaridade	−	
Percentagem da população abaixo de 21 anos de idade e/ou acima de 65	−	
Percentagem de residências que são ocupadas pelos proprietários	+	
Índice de desemprego	−	
Condições de produção de serviços		
Densidade populacional	+/−	Custos de fornecer serviços.
Tamanho da população	+/−	
Índice de crescimento populacional	+	
Condições de moradia (idade, percentagem de subpadrão)	−	
Clima favorável (temperatura média em janeiro)	+	
Capital, trabalho e outros recursos de mercado		
Índice de aumento salarial dos empregados públicos	−	Custos de fornecer serviços.
Taxa de juros dos títulos municipais	−	
Recursos da comunidade		
Renda pessoal *per capita*	+	Capacidade para aumentar receitas e gerar fontes internas de recursos. 》
Índice de emprego	+	
Percentagem de emprego na indústria	+	
Valor da propriedade *per capita*	+	
Vendas ao varejo *per capita*	+	

CONDIÇÃO FINANCEIRA GOVERNAMENTAL

FATORES DETERMINANTES	EFEITO PROVÁVEL	FORMA QUE OPERA
Estrutura política e governamental		
Fragmentação de política metropolitana (população central superior à população da cidade)	+	Interesses para atender as necessidades, incorrer em custos, pagar obrigações, aumentar receitas, e/ou gerar fontes internas de recursos.
Grupos em controle	+/−	
Índice de reforma governamental (gerentes de cidades, eleições não partidárias, eleições em geral)	+	
Fortalecimento de grupos de interesse (idosos, redução de impostos, moradia própria)	+/−	
Pressões burocráticas (tamanho do governo, nível do orçamento existente)	+/−	
Políticas federais e estaduais		Todos os aspectos do processo.
Transferências intergovernamentais	+	
Políticas e práticas de finanças governamentais locais		Nível e tipo de obrigação, capacidade para aumentar receitas e gerar fontes internas de recursos.
Medidas de endividamento e do tamanho da dívida Percentagem de impostos não controlados	− −	
Medidas da carga tributária	−	
Obrigações com pensões	−	

Fonte: Adaptado de Berne e Schramm (1986, p. 80-81).

3.6 Problemas fiscais

Os problemas fiscais representam dificuldades financeiras de um governo local que afetam a sua condição financeira, notadamente a redução da base da receita e a deficiência no fornecimento de alguns serviços básicos à comunidade.

Dougherty, Klase e Song (2000, p. 548) definem os problemas fiscais na dimensão temporal de curto e longo prazo, em sua forma mais simples, como a incapacidade de um governo equilibrar o seu orçamento, sendo o nível dessa crise determinado pela intensidade e duração dos recursos escassos.

Kloha, Weissert e Kleine (2005, p. 314), também, apresentam uma definição para os problemas fiscais, segundo as dimensões temporais de curto e longo prazo, como o

Capítulo 3

fracasso do governo em atender, em sucessivos anos, padrões estabelecidos nas áreas de posição operacional, recursos e necessidades da comunidade. As considerações de curto prazo, relacionadas com a posição operacional, podem se manifestar mediante a análise da capacidade do governo em efetuar tempestivamente o pagamento da folha de pagamento dos seus servidores e outras obrigações correntes. As considerações de longo prazo, relacionadas com os recursos e necessidades da comunidade, mostram a capacidade do governo em atender as necessidades da sociedade.

Os problemas de tensão fiscal nos governos locais vêm sendo estudados nos Estados Unidos desde a década de 1970, quando afloraram as crises financeiras nas grandes cidades americanas como, por exemplo, Nova York e Cleveland (KLOHA; WEISSERT; KLEINE 2005; CLARK, 1994). Assim, para que cidades com problemas fiscais fossem devidamente detectadas e classificadas, adequadamente, de acordo com o grau da crise financeira, bem como se identificassem sinais de alerta e medidas corretivas, alguns estudos empíricos e teóricos foram desenvolvidos, tais como ACIR (1973); Nathan e Adams (1976); Clark (1977); Barro (1978); Stanley (1980); Rubin (1985); Honadle (2003).[12]

A *Advisory Commission on Intergovernmental Relation* – ACIR (1973, p. 2-3) denomina os problemas fiscais dos governos de emergência financeira. Esse organismo entende que uma emergência financeira surge quando se observam os seguintes eventos: (*i*) aumento de impostos ou corte de serviços municipais; (*ii*) incapacidade dos cidadãos em pagar impostos, ocasionando dificuldades do governo em pagar suas obrigações; (*iii*) baixa renda da população; e (*iv*) *default* do governo em relação à dívida contraída.

Para detectar quando um governo local está diante de uma emergência financeira, a ACIR (1973, p. 4) desenvolveu um estudo identificando características comuns que servem de sinais de alerta para problemas financeiros nos governos locais, a saber:

1. desequilíbrio do resultado orçamentário operacional, no qual as despesas correntes excedem, significativamente, às receitas correntes em um período fiscal;
2. um padrão consistente de despesas correntes excedendo as receitas correntes em pequenos montantes por vários anos;
3. obrigações de curto prazo em montante superior aos ativos de curto prazo (déficit financeiro);
4. saldo de empréstimos de curto prazo a pagar no final do exercício;
5. um alto e crescente índice de imposto sobre a propriedade sem arrecadar;
6. uma substancial redução inesperada do valor das propriedades;
7. técnicas pobres de orçamento, contabilidade e demonstrações contábeis;
8. técnicas inadequadas de administração financeira.

---

[12] Segundo os fundamentos dos estudos relacionados, a situação fiscal dos governos é classificada em um *continuum* de quatro estágios: saúde fiscal, monitoramento fiscal, *stress* fiscal e emergência fiscal.

CONDIÇÃO FINANCEIRA GOVERNAMENTAL

Clark (1977, p. 54), para responder o significado de uma tensão financeira no âmbito de um governo local, apresenta três abordagens: a primeira abordagem, sob a perspectiva do investidor, diz respeito à probabilidade de *default* do governo em atender aos pagamentos regulares do principal e juros dos *bonds* municipais emitidos; a segunda abordagem revela que um governo está em tensão fiscal se a população e a base econômica do Município declinam; e a terceira abordagem orienta a elaboração de sinais de alerta para ajudar os líderes municipais a formularem políticas para enfrentar os problemas fiscais.

Barro (1978, p. 11), tomando por base a literatura de finanças públicas, apresenta três tipos ou níveis de problemas fiscais, relacionados a seguir, os quais ajudam a determinar em que grau de dificuldade financeira encontra-se um governo local, revelando particularidades quanto ao seu futuro e ajudando a determinar os tipos de ações que são mais apropriados para solucionar o problema.

1. **Desvantagem fiscal:** uma cidade ou uma área urbana está em desvantagem fiscal se ela é menos capaz que outras unidades similares para fornecer o mesmo nível de serviços públicos para seus residentes. A desvantagem fiscal surge das seguintes situações: baixa base tributária; alto custo dos serviços; alta concentração de residentes, tais como pobres, crianças e idosos, que exigem custos mais elevados para atendimento; e uma larga responsabilidade fiscal.
2. **Declínio fiscal:** o declínio fiscal surge de opções orçamentárias menos favoráveis em relação ao exercício anterior. Pode ser absoluto ou relativo. O declínio fiscal absoluto surge quando a cidade corta seus serviços e/ou aumenta a carga tributária. O declínio fiscal relativo ocorre quando as alíquotas tributárias aumentam mais rapidamente ou diminuem menos rapidamente que as de outras localidades.
3. **Crise fiscal aguda:** ocorre quando as restrições orçamentárias de um Município são muito severas e diferidas por muito tempo para serem ajustadas, normalmente, pelo mecanismo orçamentário. Os sinais de crise fiscal aguda são observados quando há o rompimento dos padrões de gastos e receitas e quando o governo fracassa em honrar as obrigações contraídas.

Barro (1978, p. 27) argumenta que uma cidade está em posição fiscal mais favorável do que outra se a sua base de receita é maior, se os custos dos seus serviços são mais baixos e se ela possui uma proporção menor de pobres e pessoas dependentes na sua população. Barro (1978, p. 28) assenta, ainda, que a comparabilidade da posição fiscal entre os Municípios se dá pela mensuração de dois tipos de variáveis: oportunidades fiscais e resultados fiscais.

As oportunidades fiscais referem-se às opções orçamentárias disponíveis ao governo, tais como nível de esforço tributário para suportar um dado nível de serviços públicos. Assim, diante de duas cidades equivalentes A e B, a cidade A terá mais oportunidades favoráveis que a cidade B, ou seja, menos restrições orçamentárias, se ela oferecer o mesmo nível

Capítulo 3

de serviços com a menor carga tributária. Os principais determinantes para avaliar as oportunidades fiscais são as características socioeconômicas da população local, as características da economia privada local, as decisões dos níveis governamentais mais altos, que definem a responsabilidade funcional das cidades, e a disponibilidade de assistência financeira externa.

Os resultados fiscais representam medidas dos serviços fornecidos e da carga tributária imposta pelos governos locais. São representados por medidas de receitas (totais e por fontes), despesas (totais e por funções), superávits e déficits, e acréscimos ou reduções do endividamento.

Os resultados fiscais são determinados pelas oportunidades fiscais, logo existem muitas razões para que uma cidade ofereça mais ou melhores serviços do que outra. Essas razões estão sintetizadas no Quadro 3.2, segundo Barro (1978, p. 29-30).

Quadro 3.2   Razões para fornecimentos de serviços por diferentes cidades

LADO	FATORES	EFEITO NO NÍVEL DE SERVIÇOS
RECEITA	As cidades diferem em riqueza e base tributária.	As cidades que têm mais renda, propriedades ou atividades econômicas tributáveis podem fornecer mais serviços a um dado nível de resultado tributário.
RECEITA	As cidades diferem em montante de ajuda que elas recebem dos governos estaduais e federais.	Quanto mais ajuda per capita uma cidade recebe, menos ela precisa tributar seus residentes para suportar um dado nível de serviços públicos.
RECEITA	Grau no qual uma cidade pode arrecadar tributos dos não residentes.	Quanto mais tributos são arrecadados de não residentes, menos residentes precisam pagar para suportar um dado nível de gasto.
GASTO	Uma cidade pode ter subgrupos da população (crianças, pobres, idosos) que consomem serviços além da média em relação a outros subgrupos.	Quanto maior a proporção desses residentes na população, maior o custo per capita para fornecer um dado nível de serviço.
GASTO	Empresas industriais e comerciais em uma cidade podem apresentar maiores demandas por serviços públicos (água, segurança, proteção contra incêndio) do que empresas de outra cidade.	Essas empresas contribuem para aumentar o custo per capita dos serviços públicos destinados ao setor privado.
GASTO	Existem diferenças salariais entre cidades para atrair empregados e diferenças de preços de outros recursos usados pelo governo.	Quanto maior o custo dos serviços públicos em relação ao índice geral de preços em uma comunidade, mais consumos privados devem ser sacrificados para fornecer uma dada unidade de serviço público.
GASTO	Uma cidade pode fornecer maior variedade de serviços do que outra.	Se determinada localidade não fornece um serviço em particular, outras unidades governamentais (Estado ou União) devem impor tributos para fornecê-los.
GASTO	Uma cidade pode enfrentar maior demanda de não residentes por serviços públicos do que outra.	Essa cidade precisa arrecadar mais tributos dos seus residentes para atender essas demandas.
GASTO	Uma cidade pode herdar mais obrigações financeiras do que outra (endividamento e gastos com pensão).	Nessa situação, essa cidade precisa arrecadar mais tributos sem que o nível de serviço corrente seja aumentado.

Fonte: Adaptado de Barro (1978, p. 29-30).

CONDIÇÃO FINANCEIRA GOVERNAMENTAL

Stanley (1980, p. 95) divide os problemas fiscais de uma cidade em duas categorias:

1. **crise fiscal:** representa um problema financeiro de curto prazo no qual a cidade não tem caixa nem crédito para atender as despesas correntes com a folha de pagamento e suprimentos; e
2. **declínio de longo prazo:** representa a deterioração da economia, das condições sociais e da qualidade de vida de uma cidade.

Stanley (1980, p. 95) esclarece, ainda, que os sinais de uma crise fiscal e de um declínio fiscal podem ser identificados na medida em que se observa deficiência de receitas comparada com os gastos, déficit de caixa, saldo de empréstimo de curto prazo a pagar, *rating* de crédito muito pobre, alta emigração da população, alto índice de desemprego, baixa renda das famílias e crescimento *per capita* dos gastos públicos.

Rubin (1985, p. 480-483) afirma que as respostas das cidades às crises fiscais resultaram em substanciais mudanças de alocação, abertura, dominância da ideologia dos negócios, grau de autonomia e extensão dos serviços. Dessa forma, o autor apresenta os seguintes argumentos sobre como as cidades respondem aos problemas financeiros: (*i*) observar que mudanças elas estão fazendo nas suas fontes de receitas; (*ii*) observar como os padrões de alocação de recursos têm mudado; (*iii*) verificar qual é a ênfase empregada pelas cidades no seu desenvolvimento econômico; e (*iv*) identificar qual é o escopo de mudanças nos níveis de serviços oferecidos à população.

Honadle (2003, p. 1436) afirma que existem quatro funções a serem exercidas potencialmente pelo Estado para lidar com crises financeiras dos governos locais, quais sejam: prever, prevenir, aliviar e impedir a recorrência. Entretanto, quando os governos locais estão enfrentando efetivamente uma dificuldade financeira, seja uma crise fiscal, seja um declínio de longo prazo, algumas ações emergenciais são requeridas pelos governos municipais, estaduais e federais no intuito de equilibrar a condição financeira do governo local. Stanley (1980, p. 108-117), nesse sentido, já apresentava algumas ações, conforme destacado no Quadro 3.3.

Capítulo 3

Quadro 3.3 Ações emergenciais para equilibrar a condição financeira diante de problemas fiscais

AÇÕES	CRISE FISCAL	DECLÍNIO DE LONGO PRAZO
AÇÕES ESTADUAIS	Conceder subvenções financeiras para manter serviços essenciais em funcionamento.	Conduzir maiores esforços para a revitalização da economia.
	Autorizar novas medidas de receitas, como, por exemplo, instituição de um novo tributo ou aumento dos existentes.	Revisar toda a estrutura de receita estadual e ajuda financeira aos governos locais.
	Revisar as fórmulas de distribuição de recursos estaduais aos governos locais.	Impor maior fiscalização às operações fiscais dos governos locais.
	Autorizar a emissão especial de *bonds*.	
	Endurecer o controle governamental sobre as decisões financeiras da cidade.	
AÇÕES FEDERAIS	Conceder empréstimos para suprimento de caixa pelo tempo necessário a sua recomposição.	Revisar os padrões de distribuição de receitas.
	Fornecer garantias federais para empréstimos estaduais com o objetivo de fornecer fundos operacionais.	Fornecer subsídios financeiros para estimular a recuperação da economia.
	Conceder subvenções financeiras temporárias diretamente aos Municípios ou por meio dos Estados.	Assumir o financiamento completo da previdência e assistência social.
AÇÕES MUNICIPAIS		Adotar uma liderança mais agressiva na revitalização da economia das cidades com problemas financeiros.
		Colocar mais clareza e ordem nos procedimentos e relatórios fiscais da cidade.
		Certificar-se de que as medidas potenciais de revitalização da economia estão completamente mobilizadas e vigorosamente direcionadas.
		Cortar gastos ou pelo menos frear seu crescimento.

Fonte: Adaptado de Stanley (1980, p. 108-117).

3.7 Componentes da condição financeira

A maioria dos modelos para medir e avaliar a condição financeira dos governos é composta por sete componentes básicos (ver Capítulo 13 – Modelos de avaliação da condição financeira):

1. **recursos e necessidades da comunidade:** mostra a base econômica do governo para produzir receita e a pressão por gastos para satisfazer as necessidades da população;
2. **solvência orçamentária:** avalia a posição operacional da entidade por meio da análise dos resultados da execução orçamentária;
3. **receita:** mostra como o governo explora suas fontes de recursos, determinando a sua capacidade em fornecer bens e serviços à comunidade;
4. **gastos:** refere-se à pressão por gastos para atender as necessidades da comunidade;
5. **dívida:** estuda a carga da dívida e a capacidade de endividamento do governo;
6. **regime de previdência:** avalia os gastos do governo com o regime próprio de previdência dos seus servidores;
7. **solvência de caixa:** verifica a capacidade do governo em produzir e manter um nível de recursos internos para atender as obrigações imediatas e enfrentar emergências financeiras.

Assim, conceitualmente, conforme mostra a Figura 3.1, a condição financeira dos governos depende do nível de gastos, do nível de receitas, da carga de endividamento, do potencial de recursos e necessidades da comunidade e da solvência orçamentária e de caixa. Cada um desses componentes é discutido, pormenorizadamente, nos capítulos seguintes.

Capítulo 3

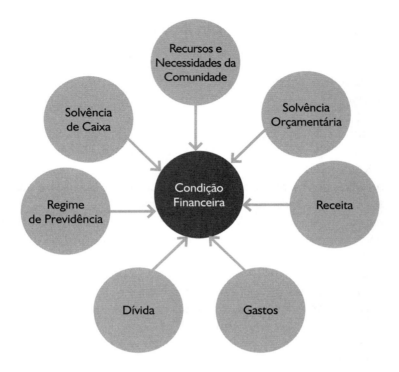

Figura 3.1   Componentes da condição financeira

3.8   Estratégias de análise da condição financeira

Cada um dos componentes da condição financeira é analisado por meio de estratégias ou técnicas existentes na literatura de análise das demonstrações contábeis, tais como análise de indicadores, análise vertical, análise horizontal, análise de tendência e análise financeira comparada. Essas técnicas visam extrair informações financeiras das demonstrações contábeis aplicadas ao setor público e relatórios fiscais, apresentando-as aos usuários da informação financeira governamental em um formato que facilite o entendimento do desempenho financeiro governamental, ou seja, a compreensão da condição financeira.

3.8.1   Análise de indicadores

Os usuários da informação financeira governamental procuram avaliar, dentre outros aspectos, o *status* da situação financeira da entidade. Para atingir este objetivo, o IFAC (1991, p. 9) entende que "indicadores são necessários para ajudá-los a avaliar se a condição financeira dos governos e das unidades melhorou ou piorou ao longo do tempo".[13] Nesse sentido, Petersen (1977, p. 300) afirma que "o objetivo dos indicadores designados para revelar a condição financeira é detectar a ocorrência ou possibilidade de emergência financeira".[14]

Logo, o emprego da análise de indicadores ajudará os usuários da informação a conhecer o estado da condição financeira da entidade, habilitando-os a agir, proativamente, diante das seguintes situações:

1. a organização está passando por dificuldades financeiras e precisa determinar estratégias para superá-las;
2. a organização percebe sinais de emergência financeira, mas precisa definir com precisão as áreas deficientes;
3. a organização está com uma boa condição financeira, mas precisa monitorá-la, constantemente, para adequar-se às mudanças e antecipar problemas.

Para tanto, vários indicadores foram desenvolvidos, tendo por base a literatura das finanças públicas e discussões com *experts* (GROVES; VALENTE, 2003, p. 8). Além disso, estudos empíricos e aplicações práticas na realidade das organizações públicas foram realizados para determinar e classificar os indicadores que melhor se destinam a avaliar a condição financeira dos governos, destacando-se os trabalhos de Petersen (1977); Groves e Valente (1986); Groves, Valente e Shulman (1981); Berne e Schramm (1986); Berne (1992); Brown (1993); Bowman e Calia (1997) e CICA (2007).

A maior parte dos trabalhos acadêmicos relacionados à avaliação da condição financeira dos governos destaca a necessidade de combinar indicadores financeiros com aspectos econômicos, demográficos, sociais e políticos, fazendo surgir diversas classes de indicadores. Petersen (1977, p. 301) propõe a utilização de três classes de indicadores para detectar a possibilidade de crise financeira de um governo:

1. indicadores que revelem dificuldade financeira atual ou eminente obtidos diretamente das demonstrações contábeis;
2. indicadores da condição geral e tendência fiscal que frequentemente testam, medem e comparam as circunstâncias fiscais; e
3. indicadores ambientais que refletem as tendências ou limitações econômicas, sociais ou políticas e o comportamento das unidades avaliadas que possam influenciar o desempenho fiscal.

---

13 *Indicators are needed to help them assess whether the government's or unit's financial condition has improved or deteriorated over time.*
14 *The objective of indicators designated to revel financial condition is to detect the occurrence or possibility of financial emergency.*

Capítulo 3

O Canadian Institute of Chartered Accountants – CICA (2007, p. 8-13) afirma que os indicadores da condição financeira governamental devem basear-se em informações financeiras presentes nas demonstrações contábeis e em outras informações relevantes. Esses indicadores são classificados em três fatores: sustentabilidade, flexibilidade e vulnerabilidade, e distribuídos nas seguintes classes:

1. **indicadores específicos do governo** (*government-specific indicators*): são indicadores sobre as finanças governamentais derivados das demonstrações contábeis;
2. **indicadores relacionados ao governo** (*government-related indicators*): são indicadores sobre as finanças governamentais derivados da combinação de informações das demonstrações contábeis e da economia na qual o governo opera;
3. **informações econômicas** (*economic-wide information*): são dados sobre a economia dentro da qual o governo opera e que têm impacto direto na sua condição financeira.

Groves e Valente (2003, p. 6), ao desenvolverem o Sistema de Controle de Tendências Financeiras (*Financial Trend Monitoring System* – FTMS), por intermédio da Associação Internacional do Gerenciamento de Cidades (*International City Management Association* – ICMA), associaram 42 indicadores a três grandes fatores: ambiental, organizacional e financeiro, representando as principais forças que influenciam a condição financeira de uma organização pública.

Berne (1992, p. 129-131) recomenda um conjunto de indicadores de natureza econômica, demográfica e financeira distribuídos nos seguintes fatores determinantes da condição financeira: econômico e demográfico, base da receita, receita, gastos, endividamento, gastos com pensões e outros benefícios de aposentadoria, recursos internos e infraestrutura.

Nos capítulos seguintes são apresentados os principais indicadores, segundo os componentes da condição financeira, utilizados pelos analistas e pesquisadores dessa área de conhecimento.

3.8.2 Análise horizontal

A análise horizontal objetiva identificar a variação relativa de variáveis e indicadores da condição financeira de um ano para outro, ou ao longo de vários anos. Segundo afirmam Martins, Diniz e Miranda (2012), a análise horizontal é um processo de análise temporal que permite verificar a evolução das contas individuais e também dos grupos de contas por meio de números-índices.

Inicialmente é necessário estabelecer uma data-base, normalmente a demonstração mais antiga, que terá o valor índice 100. Para o cálculo do índice associa-se às variáveis e indicadores desse exercício o valor base 100. Assim, os índices dos anos

CONDIÇÃO FINANCEIRA GOVERNAMENTAL

subsequentes serão todos expressos em termos do índice base (100). Para o cálculo da variação horizontal utiliza-se a seguinte fórmula:

$$\Delta h = \left(\frac{y}{x} \cdot 100 \right) - 100 (\%)$$

Em que:
Δh = variação horizontal percentual (%);
x = variável do ano-base;
y = variável do ano em análise.

A Tabela 3.1 apresenta dados que ilustram a forma de cálculo da análise horizontal com o uso da fórmula acima para determinado Município.

Tabela 3.1 Demonstração da análise horizontal

VARIÁVEIS	2011	AH	2012	AH	%ΔH
População	28.500	100	29.000	102	2
Receita	1.350.000	100	1.250.000	93	–7
Gastos	1.120.000	100	1.180.000	105	5
Resultado	230.000	100	70.000	30	–70

Os números índices foram encontrados dividindo-se os valores de 2012 pelos valores de 2011, ano de referência, e, em seguida, multiplicando-se o resultado por 100, encontrando-se os valores da quinta coluna da tabela. Finalmente, para o cálculo da variação horizontal percentual, subtrai-se 100 do valor do número índice expresso na quinta coluna, obtendo-se o percentual mostrado na última coluna.

Para avaliar o significado da análise horizontal examinam-se as variações percentuais das variáveis em análise. Na Tabela 3.1, observa-se que a população do Município aumentou 2% em relação ao exercício anterior e os gastos aumentaram 5%, todavia a receita arrecadada sofreu uma queda de 7%. Essas informações constituem elementos gerenciais importantes para auxiliar na tomada de decisões, como corte de gastos e estímulo à arrecadação.

Em suma, a análise horizontal conduz o gestor para três cursos de ação: (*i*) procurar as causas das variações (o que está acontecendo?); (*ii*) avaliar a significância da variação (é importante?); e (*iii*) apresentar estratégias de ação (o que pode ser feito?).

3.8.3 Análise vertical

A análise vertical é um processo que demonstra a representatividade ou o percentual de participação de itens ou subgrupos em relação a determinado valor-base, ou seja, uma categoria ou um grupo de contas de uma demonstração contábil. Assim, o cálculo do percentual relativo na análise vertical é feito por meio da seguinte fórmula:

$$AV = \frac{x}{y} \cdot 100(\%)$$

Em que:
AV = participação relativa vertical (%);
x = item ou subgrupo da variável em análise;
y = categoria ou grupo da variável em análise.

A análise vertical propicia a comparabilidade de entidades governamentais de diferentes tamanhos, pois, uma vez que os valores absolutos das variáveis são convertidos em percentagens, eles podem ser comparados diretamente, proporcionando o entendimento da importância relativa de cada variável, especialmente, quando valores grandes e pequenos são envolvidos. Além disso, comparando-se as participações ao longo do tempo, podem-se constatar as mudanças nas políticas do governo.

Os dados da Tabela 3.2 ilustram a forma de cálculo dos percentuais de participação da análise vertical para determinado Município.

Tabela 3.2   Demonstração da análise vertical

VARIÁVEIS	2011	%AV	2012	%AV
Receita	1.350.000	100	1.250.000	100
Transferências	877.500	65	812.500	65
IPTU	270.000	20	375.000	30
ISS	202.500	15	62.500	5
Gastos	1.120.000	100	1.180.000	100
Saúde	336.000	30	472.000	40
Educação	280.000	25	295.000	25
Outros	504.000	45	413.000	35
Resultado	230.000		70.000	

CONDIÇÃO FINANCEIRA GOVERNAMENTAL

Observa-se na Tabela 3.2, para os dois exercícios financeiros, que do total da receita tributária do Município as transferências são mais expressivas do que o IPTU e o ISS, representando 65% do total arrecadado. Verifica-se, também, que no exercício de 2012 o governo promoveu maior esforço de arrecadação do IPTU, elevando a participação relativa, de 20% para 30%, sobre a receita total. Todavia, a arrecadação do ISS reduziu-se em 10 pontos percentuais. A análise vertical da receita proporciona ao gestor responder ao seguinte questionamento: quais são as fontes de receita que declinam mais rapidamente e quais ações podem ser implementadas para mudar essa situação?

Quanto aos gastos, os dados mostram que as aplicações de recursos em saúde foram priorizadas no exercício de 2012, pois a participação relativa aumentou em 10 pontos percentuais, mantendo-se a mesma participação dos gastos com educação e reduzindo-se a aplicação em outros gastos. A análise vertical dos gastos permite avaliar quais as áreas prioritárias do governo.

Destaque-se que a análise vertical adquire maior importância quando os seus percentuais são comparados com padrões estabelecidos, permitindo aferir se determinada participação está fora ou dentro de proporções usuais. Assim, se na média os pequenos Municípios têm 30% da sua receita total representada pelo IPTU, então, se um Município em análise arrecada apenas 10%, provavelmente não está explorando adequadamente sua base de receita.

Por fim, é recomendável que a análise vertical seja realizada em conjunto com a análise horizontal, constituindo, essas metodologias, uma única técnica de análise: a análise financeira cruzada. A Tabela 3.3 mostra a combinação dessas duas análises.

Tabela 3.3 Demonstração da análise horizontal e vertical combinada

VARIÁVEIS	2011 R$	2011 AH	2011 AV	2012 R$	2012 AH	2012 AV	%ΔH
Receita	1.350.000	100	100	1.250.000	93	100	−7
Transferências	877.500	100	65	812.500	93	65	−7
IPTU	270.000	100	20	375.000	139	30	39
ISS	202.500	100	15	62.500	31	5	−69
Gastos	1.120.000	100	100	1.180.000	105	100	5
Saúde	336.000	100	30	472.000	140	40	40
Educação	280.000	100	25	295.000	105	25	5
Outros	504.000	100	45	413.000	82	35	−18
Resultado	230.000	100		70.000	30		−70

Os dados revelam que, apesar de a receita do IPTU ter aumentado a sua participação, passando de 20% para 30%, o comportamento da receita total foi de redução de 7%. A receita de transferências manteve a mesma participação nos dois exercícios, mas apresentou uma redução de 7%. Quanto aos gastos, verifica-se que o governo priorizou a saúde, elevando em 10 pontos percentuais, o que representou uma variação positiva de 40%. A participação dos gastos com educação se manteve, mas, para tanto, foi preciso o governo elevar os gastos nessa área em 5%.

3.8.4 Análise de tendência

A análise de tendência ou análise de séries temporais mostra de forma gráfica ou por meio de índices de tendência o comportamento de variáveis ou de indicadores da condição financeira ao longo do tempo. Essas tendências históricas são úteis para fornecer informações gerenciais aos usuários da contabilidade governamental. Os gestores públicos, diante das tendências de determinada variável, procuram entender o porquê das variações, buscando identificar as forças políticas, econômicas e gerenciais que estão por trás dessas tendências, com o objetivo de planejar o futuro e mudar as forças que impactam as tendências.

A análise de tendência se assemelha à análise horizontal pelo fato de ambas as análises exibirem mudanças ao longo do tempo. Todavia, a análise de tendência mostra mais informações do que a análise horizontal, revelando os altos e baixos de um indicador ou de uma variável da condição financeira, permitindo aos usuários da informação identificar como a entidade governamental está sendo conduzida e quais as tendências para o futuro.

Para entender os propósitos desse tipo de análise, a Tabela 3.4 mostra dados de um Município sobre a população, receitas e gastos públicos ao longo de 5 anos e os respectivos índices de tendência.

Tabela 3.4   Demonstração da análise de tendência

VARIÁVEIS	2008	2009	2010	2011	2012
Receita	1.100.000	1.000.000	1.050.000	1.350.000	1.250.000
Gastos	1.050.000	900.000	1.000.000	1.120.000	1.180.000
Índices de Tendência					
Receita	1,00	0,91	0,95	1,23	1,14
Gastos	1,00	0,86	0,95	1,07	1,12

A parte superior da tabela contém os valores absolutos das variáveis em análise para 5 anos. A parte de baixo da tabela contém os índices de tendência, os quais foram calculados dividindo-se os valores absolutos das variáveis de cada ano pelo valor absoluto do ano-base. Nesse caso o ano-base é 2008. Assim, o índice de tendência para a variável receita é encontrado dividindo o valor para um dado ano pelo montante

CONDIÇÃO FINANCEIRA GOVERNAMENTAL

ad valorem da receita em 2008, no caso 1.100.000. Dessa forma, o índice de tendência de 2009 é 0,91 (1.000.000/1.100.000), de 2010 é 0,95 (1.050.000/1.100.000), de 2011 é 1,23 (1.350.000/1.100.000) e de 2012 é 1,14 (1.250.000/1.100.000). Assim, o analista pode perceber que o montante *ad valorem* da receita em 2012 é 114%, ou seja, 1,14 vezes o valor do ano-base, 2008. Com esse índice, o leitor pode perceber que o montante *ad valorem* da receita decresceu nos anos de 2009 e 2010 em relação a 2008 e aumentou nos anos de 2011 e 2012 em relação a 2008.

Os gráficos são outra forma de comunicar tendências aos usuários da informação contábil. Vê-se que o Gráfico 3.1 comunica a mesma informação dos índices de tendência mostrados na Tabela 3.4. A importância relativa da receita e dos gastos é perfeitamente observada no gráfico, revelando os acréscimos e decréscimos dessas variáveis ao longo do período da análise em relação ao ano-base de 2008.

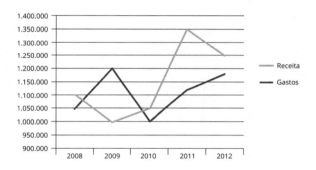

Gráfico 3.1   Tendência da receita e dos gastos

3.8.5 Análise financeira comparada

A forma mais eficiente para se avaliarem as medidas da condição financeira governamental é por meio de bases de comparação, que consistem em seis métodos alternativos:

1. **Padrões:** são diretrizes desenvolvidas por *experts*, conhecidas como "regras de bolso", baseadas na prática e nas considerações teóricas da condição financeira governamental, visando fornecer *benchmarks* para indicadores e variáveis financeiras. Como exemplo de padrões tem-se: a relação dívida/valor das propriedades menor que 5% é boa e maior que 10% sinaliza problemas fiscais; o serviço da dívida acima de 20% a 25% sinaliza preocupação.
2. **Limites legais:** são restrições estabelecidas em leis e normas legais com o objetivo de regular a condição financeira do governo, buscando manter estável a solvência financeira. Como exemplo de limites legais destaca-se o limite global de endividamento, estabelecido pelo Senado Federal em 1,2 vezes a Receita

Corrente Líquida para os Municípios. Assim, no processo de análise da condição financeira de um governo local, compara-se o limite de endividamento atual desse governo com o limite legal fixado, observando se o governo está dentro ou fora da regra legal.

3. **Informações históricas da própria organização:** os dados passados de variáveis e indicadores da condição financeira podem ser usados como padrões de comparação. Assim, a capacidade financeira da entidade de períodos anteriores pode ser comparada com o nível atual dessa variável, permitindo aos gestores corrigir rumos e estabelecer melhores projeções futuras. Todavia, esses padrões não permitem afirmar se a capacidade financeira atual é realmente boa ou ruim.

4. **Grupo de referência *(peer group)*:** os indicadores e variáveis da condição financeira de uma entidade pública podem ser comparados com os de outras entidades similares. Esse método de comparação é bastante útil, mas antes de usá-lo é necessário identificar as entidades que apresentam similaridades, bem como as características que determinam essas similaridades. As entidades apresentam diferenças em termos de estrutura física, tributária, política, econômica e social, mas há um consenso de que o tamanho populacional é a característica que melhor diferencia os governos. Assim, a população é uma boa característica para formar grupos de referência. Para compor grupos de referência, Hughes e Laverdiere (1986, p. 25) orientam a usar fatores socioeconômicos, tais como população, renda, valor das propriedades, além de outros fatores, dependendo dos propósitos da análise, como, por exemplo, índices de criminalidade, quilômetros de rodovias, *rank* de cidades etc.

5. **Método do tamanho comum *(common size method)*:** esse método permite a comparação de uma entidade pública com outra de tamanho diferente, visto que as medidas são apresentadas de forma relativa, realçando a importância da variável em comparação, como, por exemplo, as medidas com base em indicadores e percentagens da análise vertical. Incluem-se também nesse método as medidas em base *per capita*, em que os valores absolutos das variáveis são divididos pelo tamanho populacional das localidades em comparação, por exemplo dívida *per capita*, receita *per capita*, renda *per capita*, gastos *per capita* etc.

6. **Quociente de localização:** esse método exige que, inicialmente, se defina um grupo de referência para, em seguida, comparar o desempenho de uma entidade similar ao grupo com a média desse grupo, por meio do cálculo de um quociente de localização. Por exemplo, sabendo-se que a média de gasto de um grupo de 20 Municípios com características similares é 850.000 e que os gastos de um Município similar a esse grupo, para determinado período, é de 900.000, logo o quociente de localização desse Município em relação ao grupo de referência é de 1,06 (900.000/850.000), significando que ele está gastando acima da média do grupo, pois o índice encontrado é maior do que 1.

CONDIÇÃO FINANCEIRA GOVERNAMENTAL

QUESTÕES PARA DISCUSSÃO

1. Considere a seguinte definição da condição financeira desenvolvida pelo GASB: "a condição financeira é entendida como a capacidade de um governo em continuar a fornecer serviços à comunidade e satisfazer suas obrigações financeiras, tão logo exigidas". Que importantes aspectos da condição financeira essa definição oferece?

2. Considere essa outra definição da condição financeira: "condição financeira deve ser definida como o equilíbrio entre recursos financeiros de curto e longo prazo e obrigações financeiras de curto e longo prazo". Que aspectos da condição financeira essa definição negligencia?

3. Você é convidado a avaliar a condição financeira de um Município com base em uma única medida, como, por exemplo, a renda *per capita* e a dívida *per capita*. Que medida você escolheria? Justifique.

4. Discuta o conceito da condição financeira segundo as quatro concepções de solvência: solvência de caixa, solvência orçamentária, solvência de longo prazo e solvência do nível de serviços.

5. Qual a relação entre a condição financeira e a posição financeira do governo?

6. Quais as principais características da condição financeira? Para cada característica apresente uma medida que você considera apropriada para aferir a condição financeira. Explique por que você escolheu essa medida.

7. A condição financeira, além de depender de fatores financeiros, depende de fatores externos que fogem ao controle dos gestores. Discuta sobre os fatores e respectivas variáveis mais importantes que afetam a condição financeira e sobre os quais os gestores têm pouco ou nenhum controle.

8. Na análise financeira, por que é importante o analista conhecer os fatores não financeiros que afetam a condição financeira? Como esses fatores podem ser incorporados na análise financeira?

9. Por que os problemas fiscais enfrentados por um governo afetam a condição financeira?

10. Como identificar quando um governo está diante de uma tensão ou emergência financeira?

11. Como identificar se uma cidade está em desvantagem fiscal, declínio fiscal ou em crise fiscal aguda?

12. Em situações de crise fiscal o que deve ser feito pelo governo para manter a condição financeira em estado de equilíbrio? Descreva as principais ações.

13. Descreva os componentes da condição financeira e respectivos determinantes a eles relacionados.

14. Comente sobre as estratégias de análise da condição financeira e demonstre como usar cada uma das seguintes técnicas: análise de indicadores, análise horizontal, análise vertical, análise de tendência e análise comparada.

15. Discuta os diferentes tipos de análise financeira comparada. Quais são as vantagens e desvantagens dos diferentes métodos de comparação? Em sua opinião, qual o método mais fácil de usar e qual o mais confiável?

16. O que significa grupo de referência e como ele pode ser formado para executar uma análise financeira?

17. Qual a importância de usar padrões e quocientes de localização no processo de análise da condição financeira?

REFERÊNCIAS

Advisory Commission on Intergovernmental Relation (ACIR). *City financial emergencies*: the intergovernmental dimension. Washington, July 1973.

AKIN, John S.; AUTEN, Gerald E. City schools and suburban schools: a fiscal comparison. *Land Economics*, v. 52, n. 4, p. 452-466, Nov. 1976.

ALTER, Theodore R.; McCLAUGHLIN, Diane K.; MELNIKER, Nancy E. Analyzing local government fiscal capacity. *Penn State Cooperative Extension*, p. 1-10, 1995.

ARONSON, Richard J.; KING, Arthur E. Is there a fiscal crisis outside of New York? *National Tax Journal*, v. 31, n. 2, p. 153-162, June 1978.

BAHL, Roy W. Measuring the creditworthiness of state and local governments: municipal bond ratings. In: *Proceedings of the Annual Conference on Taxation under de auspices of the National Tax Association*, v. 64, 1971.

BARRO, Stephen M. *The urban impacts of federal policies*: fiscal conditions. Santa Monica: The Rand Corporation, Apr. 1978. v. 3.

BERNE, Robert. *The relationships between financial reporting and the measurement of financial condition*. Norwalk: GASB, 1992.

_____; SCHRAMM, Richard. *The financial analysis of governments*. New Jersey: Prentice-Hall, 1986.

BOWMAN, Woods; CALIA, Roland. *Evaluating local government financial health*: financial indicators for Cook, DuPage, Kane, Lake, McHenry e Will Counties. Chicago: The Civic Federation, July 1997.

BROWN, Ken W. The 10-point test of financial condition: toward an easy-to-use assessment tool for smaller cities. *Government Finance Review*, v. 9, n. 6, p. 21, Dec. 1993.

CANADIAN INSTITUTE OF CHARTERED ACCOUNTANTS (CICA). *Research report*: indicators of government financial condition. Toronto: CICA, 1997.

_____. *Statements of principles*: indicators of government financial condition. Toronto: CICA, Public Sector Accounting Board, 2007.

CARMELI, Abraham. A conceptual and practical framework of measuring performance of local authorities in financial terms: analyzing the case of Israel. *Local Government Studies*, v 28, n. 1, p. 21-36, 2002.

CLARK, Terry Nichols. Fiscal management of American cities: funds flow indicators. *Journal of Accounting Research*, v. 15, p. 54-94, 1977.

_____. Municipal fiscal strain indicators and causes. *Government Finance Review*, v. 10, n. 3, p. 27-31, June 1994.

_____. *How many New Yorks?*: the new York fiscal crisis in comparative perspective. Chicago: The University of Chicago Press, 1976.

_____; CHAN, James L. Monitoring cities: building an indicator system for municipal analysis. In: CLARK, Terry Nichols (Ed.). *Monitoring local government*: how personal computers can help systematize municipal fiscal analysis. Dubuque, Iowa: Kendall/Hunt, 1990.

DEARBORN, Philip M. *Elements of municipal financial analysis*: part I – measuring liquidity. Boston: First Boston Corporation, 1977a.

_____. *Elements of municipal financial analysis*: part II – budget performance. Boston: First Boston Corporation, 1977b.

_____. *Elements of municipal financial analysis*: part III – payment of debt service. Boston: First Boston Corporation, 1977c.

DENNIS, Lynda M. *Determinants of financial condition*: a study of U.S cities. 2004. Tese (Doctor of Philosophy in Public Affairs) – College of Health and Public Affair, University of Central Florida, Orlando.

DOUGHERTY, Michael John; KLASE, Kenneth A.; SONG, Soo Geun. The relationship between public finance issues, financial management issues, and conditions of fiscal stress in small and rural governments: the case of West Virginia. *Journal of Public Budgeting, Accounting & Financial Management*, v. 12, n. 4, p. 545-565, 2000.

DOUGLAS, James W.; GADDIE, Ronald Keith. State rainy day funds and fiscal crises: rainy day funds and the 1990–1991 recession revisited. *Public Budgeting and Finance*, v. 22, n. 1, p. 19-30, Spring 2002.

GÓMEZ, José Luiz Zafra et al. Developing a model to measure financial condition in local government: evaluating service quality and minimizing the effects of socioeconomic environment: an application to Spanish municipalities. *The American Review of Public Administration*, v. 20, 2008.

_____. Evaluating financial performance in local government: maximizing the benchmarking value. *International Review of Administrative Sciences*, v. 75, n. 1, p 151-167, 2009.

GOVERNMENTAL ACCOUNTING STANDARDS BOARD (GASB). *Objectives of financial reporting*: concept statement n. 1. Governmental Accounting Standard Series, Norwalk, May1987.

GRAMLICH, Edward M. New York ripple or tidal wave? The New York city fiscal crisis: what happened and what is to be done? *American Economic Review*, v. 66, n. 2, p 415-429, May 1976.

GROVES, Sanford M.; VALENTE, Maureen Godsey; SHULMAN, Martha A. Financial indicators for local government. *Public Budgeting and Finance*, v. 1, n. 2, p. 5-19, Summer 1981.

GROVES, Sanford M. ; VALENTE, Maureen Godsey. *Evaluating financial condition*: a handbook for local government. Washington: The International City/County Management Association – ICMA, 1986.

_____. *Evaluating financial condition*: a handbook for local government. 4. ed. Revisado por Karls Nollenberger. Washington: The International City/County Management Association – ICMA, 2003.

HAYES, Thomas W. *Debt indicators and criteria for the assessment of California's total outstanding public debt*. California: California Debt Advisory Commission, 1990.

HEMPEL, George H. *The postwar quality of state and local debt*. New York: The National Bureau of Economic Research, 1971.

HENDRICK, Rebecca. Assessing and measuring the fiscal health of local governments: focus on Chicago suburban municipalities. *Urban Affairs Review*, v. 40, n. 1, p. 78-114, Sept. 2004.

HEVESI, Alan G. *Local government management guide*: financial condition analysis. New York: Office of the State Comptroller. Division of Local Government Services and Economic Development, 2003.

HONADLE, Beth Walter. The states' role in U.S. local government fiscal crises: a theoretical model and results of a national survey. *International Journal of Public Administration*, v. 26, n. 13, p. 1431-1472, 2003.

_____; COSTA, James M.; CIGLER, Beverly A. *Fiscal health for local governments*: an introduction to concepts, practical analysis and strategies. San Diego: Elsevier Academic Press, 2004.

HOWELL, James M.; STAMM, Charles F. *Urban fiscal stress*: a comparative analysis of 66 US cities. Massachusetts: Lexington, 1979.

HUGHES, Jesse W.; LAVERDIERE, Raymond. Comparative local government financial analyses. *Public Budgeting and Finance*, v. 6, n. 4, p. 23-33, Dec. 1986.

International Federation of Accountants (IFAC). *Study nº 1*: financial reporting by national governments. New York: Public Sector Committee, 1991.

JACOB, Benoy; HENDRICK, Rebecca. Assessing the financial condition of local governments: what is financial condition and how is it measured? In: LEVINE, Helisse et al. *Handbook of local government fiscal health*. Burlington: Jones & Bartlett Learning, 2013.

JULVÉ, Vicente Montesinos. Análisis de la información contable pública. *Revista Española de Financiación y Contabilidad*, v. 23, nº 76, p. 683-722, jul./sept. 1993.

KAVANAGH, Shayne C. *Financing the future*: long-term financial planning for local government. Chicago: Government Finance Officers Association – GFOA, 2007.

KLOHA, Philip; WEISSERT, Carol S.; KLEINE, Robert. Developing and testing a composite model to predict local fiscal distress. *Public Administration Review*, v. 65, n. 3, p. 313-323, May/June 2005.

KRISHNAKUMAR, Jaya; MARTIN, Mark-Jean; SOGUEL, Nils C. Explaining fiscal balances with a simultaneous equation model of revenue and expenditure: a case study of Swiss Cantons using panel data. *Public Budgeting and Finance*, v. 30, n. 2, p. 69-94, Summer 2010.

LADD, Helen F.; YINGER, Jonh. *America's ailing cities*: fiscal health and the design of urban policy. London: The Johns Hopkins University Press, 1989.

LEONE, Richard C. The fiscal decline of older cities: causes and cures. *National Tax Journal*, v. 29, n. 3, p. 257-260, Sept. 1976.

LORIG, Arthur N. Determining the current financial position of a city. *The Accounting Review*, v.16, n. 1, p. 41-49, 1941.

MARTINS, Eliseu; DINIZ, Josedilton Alves; MIRANDA, Gilberto José. *Análise avançada das demonstrações contábeis*: uma abordagem crítica. São Paulo: Atlas, 2012.

MEAD, Dean Michael. *An analyst's guide to government financial statements*. Norwalk: GASB, 2001.

MILLER, Gerald. Fiscal health in New Jersey's largest cities. *Cornwall Center Publications Series*, Department of Public Administration, Faculty of Arts and Sciences, June 2001.

MULLER, Thomas. *Growing and declining urban areas*: a fiscal comparison. Washington: The Urban Institute, Aug. 1975.

NATHAN, Richard P.; ADAMS, Charles. Understanding central city hardship. *Political Science Quarterly*, v. 91, n. 1, p. 47-62, Spring 1976.

PETERSEN, John E. Simplification and standardization of state and local government fiscal indicators. *National Tax Journal*, v. 30, n. 3, p. 299-311, Sept. 1977.

PETERSON, George E. Finance. In: GORHAM, Willian; GLAZER, Nathan. *The urban predicament*. Washington: The Urban Institute, 1976.

PETERSON, George E. et al. The economic base. *Urban Fiscal Monitoring*, Washington: The Urban Institute, p. 1-53, Aug. 1978a.

_____. Tax capacity, expenditure and employment. *Urban Fiscal Monitoring*, Washington: The Urban Institute, p. 1-72, Aug. 1978b.

_____. Financial monitoring, surplus position, liquidity and cash flow. *Urban fiscal monitoring*, Washington: The Urban Institute, p. 1-30, Aug. 1978c.

_____. Debt. In: *Urban fiscal monitoring*, Washington: The Urban Institute, p. 1-34, Aug. 1978d.

PETRI, Nelson. *Análise de resultados no setor público*. 1987. Tese (Doutorado em Ciências Contábeis) – Programa de Pós-Graduação em Ciências Contábeis, Departamento de Contabilidade e Atuária, Faculdade de Economia, Administração e Contabilidade da Universidade de São Paulo, São Paulo.

RUBIN, Irene S. Structural theories and urban fiscal stress. *Urban Affairs Review*. v. 20, p. 469-486, June 1985.

STANLEY, David T. Cities in trouble. In: LEVINE, Charles H. *Managing fiscal stress*: the crisis in the public sector. Chatham House Publishers: New Jersey, 1980.

WANG, Xiaohu; DENNIS, Lynda; TU, Yuan Sen Jeff. *Measuring financial condition:* a study of U.S. states. Public Budgeting and Finance. v. 27, n. 2, p. 1-21. Summer, 2007.

4

FUNDAMENTOS DA EXECUÇÃO ORÇAMENTÁRIA E FINANCEIRA

Capítulo 4

A execução orçamentária refere-se à realização de um conjunto de procedimentos para arrecadar receitas e executar os créditos consignados no orçamento visando alcançar os objetivos dos programas governamentais, observando-se as disponibilidades de recursos do governo e as determinações legais. Assim, a execução orçamentária da despesa, obrigatoriamente, deve ser realizada em conexão com a execução financeira, pois, mesmo havendo autorização orçamentária para a realização de determinado gasto, esta não poderá ser executada se não houver disponibilidade de recursos.

A execução financeira deve ser precedida da programação orçamentária e financeira com vistas a compatibilizar o fluxo de pagamentos com o fluxo de recebimentos. Tal planejamento é imprescindível para evitar desequilíbrio entre a receita arrecadada e a despesa empenhada, evitando assim o déficit orçamentário e a insuficiência de tesouraria.

Neste capítulo serão apresentados conceitos fundamentais da execução orçamentária e financeira que servirão de base para a análise da solvência orçamentária e da solvência de caixa discutidas, respectivamente, nos Capítulos 6 e 11.

4.1 Execução orçamentária da despesa

A despesa orçamentária constitui o fluxo de dispêndios do governo necessário ao funcionamento, manutenção e ampliação de serviços à sociedade, cuja execução depende de autorização legislativa na forma de créditos orçamentários. As despesas orçamentárias são representadas por dois tipos de categorias econômicas:

1. **Despesas correntes:** são aplicações de recursos necessários ao funcionamento e à manutenção dos serviços públicos anteriormente criados sem constituir ou formar um bem de capital, sendo representadas por gastos com pessoal e encargos sociais, juros e encargos da dívida e outras despesas correntes.
2. **Despesas de capital:** são aplicações de recursos destinadas à ampliação e à criação de novos serviços públicos, contribuindo para a formação ou aquisição de um bem de capital, sendo representadas pelos investimentos, inversões financeiras e amortização de dívidas.

A execução da despesa orçamentária pode ou não provocar impacto no patrimônio da entidade. Quando uma despesa orçamentária reduz a situação líquida patrimonial (fato contábil modificativo diminutivo), diz-se despesa orçamentária efetiva. São exemplos dessa categoria todas as despesas correntes, exceto aquelas que representam fatos permutativos, tais como a aquisição de materiais para estoques e despesas com adiantamentos.

Quando a despesa orçamentária não reduz a situação líquida patrimonial (fato contábil permutativo), diz-se despesa orçamentária não efetiva. São exemplos dessa

FUNDAMENTOS DA EXECUÇÃO ORÇAMENTÁRIA E FINANCEIRA

categoria todas as despesas de capital, exceto aquelas que causam variação patrimonial diminutiva, tais como as transferências de capital que são consideradas despesa efetiva.

Ante o exposto, observa-se que o conceito de despesa orçamentária é amplo, visto que considera tanto a execução de despesas correntes, como despesas com pessoal, quanto a execução de despesas de capital, por exemplo a incorporação de um ativo imobilizado, intangível ou investimento ou a desincorporação de um passivo (amortização de dívidas).

Todavia, o conceito de despesa sob o enfoque orçamentário difere do conceito de despesa sob o enfoque patrimonial. Relativamente à afetação da situação patrimonial, segundo a IPSAS 1 (2010), "despesas são reduções nos benefícios econômicos ou potencial de serviços durante o período a que se referem as demonstrações contábeis na forma de saídas ou consumo de ativos ou incorrência de passivos que resultam em diminuições no ativo líquido/patrimônio líquido, diferentes daquelas relacionadas a distribuições aos proprietários".

A despesa orçamentária somente pode ser executada se houver lei que permita. Assim, as despesas, para serem realizadas, precisam de uma autorização do Poder Legislativo que estabeleça um limite até o qual o Poder Executivo pode gastar. Esse limite é fixado nos créditos orçamentários iniciais aprovados pela Lei Orçamentária Anual (LOA) e nos créditos adicionais autorizados durante a execução do orçamento.

A execução das despesas orçamentárias obedece a três estágios previstos na Lei 4.320/64: o empenho, a liquidação e o pagamento.

O empenho da despesa orçamentária é legalmente definido pelo artigo 58 da Lei 4.320/64, como o *ato emanado de autoridade competente que cria para o Estado obrigação de pagamento pendente ou não de implemento de condição*. Ressalte-se que essa obrigação de pagamento não constitui um passivo exigível em termos patrimoniais, visto que o credor ainda não cumpriu com o implemento de condição, ou seja, ainda não forneceu o bem ou prestou o serviço. Tal obrigação é eminentemente financeira na medida em que a emissão do empenho enseja o comprometimento de disponibilidades financeiras advindas das receitas arrecadadas.

Essa regra de prudência financeira é reforçada no artigo 35 da Lei 4.320/64 ao instituir o regime orçamentário de caixa modificado para os fluxos de receitas e despesas orçamentárias: *pertencem ao exercício financeiro as receitas nele arrecadadas e as despesas nele legalmente empenhadas*. Assim, a despesa empenhada a liquidar gera um passivo financeiro que deve ser considerado para o cálculo do superávit financeiro do exercício.

A liquidação da despesa consiste na verificação do direito adquirido pelo credor, tendo por base os títulos e documentos comprobatórios do respectivo crédito. Na ocasião em que a despesa encontra-se em fase de liquidação surge o fato gerador da variação patrimonial diminutiva e o reconhecimento de um passivo exigível.

Finalmente, a obrigação de pagar a despesa orçamentária, de acordo com o artigo 62 da Lei 4.320/64, somente nasce com a ordem emitida por autoridade competente após os procedimentos regulares de liquidação.

Capítulo 4

Outra particularidade das despesas orçamentárias diz respeito ao regime orçamentário ou financeiro instituído pelo artigo 35, inciso II, da Lei 4.320/64: **pertencem ao exercício financeiro as despesas nele legalmente empenhadas**. Trata-se de um regime orçamentário de caixa modificado segundo o pressuposto do regime de obrigações contratuais ao estabelecer que todas as despesas orçamentárias devem compor o fluxo de caixa da entidade no momento da celebração do vínculo contratual ou fase do empenho.

4.2 Execução orçamentária da receita

A receita orçamentária constitui todo o fluxo previsto de recursos financeiros em determinado período que adentram nos cofres da entidade e que são destinados à viabilização dos programas governamentais. Esses recursos pertencem à entidade pública e são representados por dois tipos de categorias econômicas:

1. **Receitas correntes:** são recursos próprios arrecadados dentro do exercício financeiro que aumentam as disponibilidades do governo, com efeito positivo sobre o patrimônio líquido da entidade, tendo por finalidade financiar os programas de governo. De acordo com o § 1º do artigo 11 da Lei 4.320/64, as receitas correntes são representadas pelos tributos, contribuições, receita de exploração do patrimônio estatal, receitas de exploração de atividades econômicas (agropecuária, industrial e de serviços) e por recursos financeiros recebidos de outras pessoas de direito público ou privado, quando destinadas a atender despesas classificáveis em despesas correntes (transferências correntes).
2. **Receitas de capital:** são recursos arrecadados dentro do exercício financeiro, provenientes de fontes externas, que aumentam as disponibilidades do governo, tendo, também, por finalidade financiar os programas de governo, mas, diferentemente das receitas correntes, em geral, não provocam efeito positivo sobre o patrimônio líquido da entidade. De acordo com o § 2º do artigo 11 da Lei 4.320/64, as receitas de capital são as provenientes da realização de recursos financeiros oriundos de constituição de dívidas; da conversão, em espécie, de bens e direitos; dos recursos recebidos de outras pessoas de direito público ou privado, destinados a atender despesas classificáveis em despesas de capital; e, ainda, do superávit do orçamento corrente.

Observa-se que as receitas orçamentárias podem ou não provocar impacto no patrimônio líquido. Quando a receita aumenta a situação líquida patrimonial, diz-se receita orçamentária efetiva, por constituir uma variação patrimonial aumentativa, como, por exemplo, as receitas correntes. Quando a receita não impacta a situação líquida patrimonial, diz-se receita orçamentária não efetiva, por constituir fato contábil permutativo, como as receitas de capital de operações de crédito, amortização de empréstimos concedidos e alienação de bens, exceto as transferências de capital que provocam acréscimos na situação líquida patrimonial.

Diante dessas características, depreende-se que o conceito de receita orçamentária é amplo e não deve ser confundido com o conceito de receita no sentido patrimonial. Sob o aspecto patrimonial, de acordo com a IPSAS 1 (2010), "receita é a entrada bruta de benefícios econômicos ou potencial de serviços durante o período coberto pelas demonstrações contábeis quando essas entradas resultam em aumento do patrimônio líquido/ativos líquidos, diferentes de aumentos relacionados a contribuições de proprietários".

Destaque-se que os ingressos de recursos que não se destinam ao financiamento das atividades governamentais denominam-se ingressos extraorçamentários, pois representam apenas entradas compensatórias de ativos e passivos financeiros, como, por exemplo, os depósitos, as consignações, as operações de crédito por antecipação de receitas etc.

A execução da receita orçamentária apresenta procedimentos mais simples em comparação à execução da despesa orçamentária. Enquanto a despesa orçamentária é executada de forma descentralizada pelas diversas unidades orçamentárias da entidade governamental, a receita orçamentária é executada de forma centralizada pelo órgão fazendário do ente governamental, salvo aquelas relacionadas a fundos especiais e as arrecadadas diretamente por entidades autônomas.

Além disso, as receitas orçamentárias são executadas segundo procedimentos próprios previstos em legislação específica. Assim, diferentemente das despesas orçamentárias, se nas estimativas das receitas orçamentárias faltar a previsão de determinado tributo, isso não inibirá a sua arrecadação. O artigo 51 da Lei 4.320/64, ao determinar que "(...) **nenhum tributo será cobrado sem prévia autorização orçamentária (...)**", ficou superado com o princípio da legalidade e anterioridade da lei. Esse pré-requisito não é mais uma determinação, pois para a arrecadação de um tributo basta que exista uma lei aprovada no exercício anterior, instituindo-o.

Ademais, segundo o artigo 11 da LRF, não é permitido aos gestores públicos se recusarem a proceder a qualquer um dos requisitos essenciais à gestão fiscal, tais como instituição, previsão e efetiva arrecadação de todos os tributos da competência constitucional do ente da federação.

Outra particularidade das receitas orçamentárias diz respeito ao regime orçamentário ou financeiro instituído pelo artigo 35, inciso I, da Lei 4.320/64: **pertencem ao exercício financeiro as receitas nele arrecadadas**. Trata-se de um regime orçamentário de caixa modificado, segundo o qual todas as receitas orçamentárias devem compor o fluxo de caixa da entidade quando efetivamente arrecadadas para a cobertura das despesas empenhadas.

Quanto aos procedimentos de execução da receita orçamentária, verificam-se algumas particularidades, dependendo da natureza das fontes de recursos. Assim, a execução da receita tributária obedece a critérios previstos na legislação instituidora de cada tributo e se concretiza com a realização de quatro estágios de processamento: a previsão, o lançamento, a arrecadação e o recolhimento. Quanto à execução da receita não tributária, os procedimentos fundamentam-se em regimes jurídicos diversos, e os estágios de processamento se resumem à arrecadação e ao recolhimento. Cada uma dessas fases será discutida a seguir.

A previsão da receita constitui parte essencial da programação orçamentária, pois possibilita estimar as necessidades de financiamento do governo e definir as linhas gerais do orçamento por meio da determinação de limites financeiros (tetos) para a fixação de despesas. Os tetos financeiros podem ser estabelecidos em termos percentuais (% destinado à educação, % destinado à saúde, % destinado à administração geral etc.).

O lançamento da receita orçamentária, segundo o artigo 142 do Código Tributário Nacional e artigo 53 da Lei 4.320/64, compete privativamente à autoridade administrativa da repartição competente, sendo entendido como um procedimento administrativo com as seguintes finalidades: (*i*) verificar a ocorrência do fato gerador da obrigação correspondente; (*ii*) determinar a matéria tributável; (*iii*) calcular o montante do tributo devido; (*iv*) identificar o sujeito passivo; e (*v*) propor, se for o caso, a aplicação da penalidade cabível.

No momento do lançamento da receita orçamentária surge o fato gerador da receita sob o aspecto patrimonial, permitindo o reconhecimento de uma variação patrimonial aumentativa em contrapartida com um direito a receber no ativo circulante (créditos tributários a receber). Esse procedimento possibilita o cumprimento do princípio contábil da competência e da oportunidade. Para mais detalhes sobre o reconhecimento de créditos tributários pelo regime de competência, recomenda-se a leitura da Instrução de Procedimentos Contábeis – IPC 02 emitida pela Secretaria do Tesouro Nacional.

A arrecadação constitui a fase da receita em que o contribuinte liquida sua obrigação junto aos agentes arrecadadores (rede bancária credenciada). É nesse momento que a entidade reconhece um ativo financeiro que deve ser considerado para o cálculo do superávit financeiro do exercício.

O recolhimento é o último estágio de execução da receita orçamentária e representa a disponibilização dos recursos arrecadados pelos agentes arrecadadores ao tesouro público. É nesta fase da receita orçamentária que se verifica a gestão financeira por conta única prevista no artigo 56 da Lei 4.320/64, segundo a qual o recolhimento de todas as receitas far-se-á em estrita observância ao princípio da **unidade de tesouraria**, isto é, a arrecadação será integralmente canalizada para uma conta única, sem qualquer fragmentação para a criação de caixas especiais. O objetivo da unidade de tesouraria é racionalizar a administração financeira governamental e proporcionar a programação financeira de desembolso.

Entretanto, o tipo de gestão financeira praticada no Brasil é a gestão mista, em que a maior parte da receita arrecadada é recolhida para a conta única, em obediência ao artigo

FUNDAMENTOS DA EXECUÇÃO ORÇAMENTÁRIA E FINANCEIRA

56 da Lei 4.320/64, enquanto outra parte, em exceção, é gerenciada por meio dos fundos especiais regulamentados. Esses fundos são criados por leis e vinculados à realização de determinados objetivos ou serviços, cujos fundamentos estão estabelecidos nos artigos 71 a 74 da Lei 4.320/64. O Capítulo 2 deste livro apresenta os fundamentos da contabilidade por fundos.

4.3 Programação financeira

Com o objetivo de garantir os recursos necessários à cobertura das despesas, prevenir déficits de caixa e evitar o comprometimento de receitas futuras, a entidade deve elaborar uma programação financeira relacionada à execução do orçamento aprovado.

Essa exigência, segundo o artigo 48 da Lei 4.320/64, tem por objetivo assegurar, em tempo hábil, a soma de recursos necessários e suficientes à adequada execução dos programas de trabalho e manter durante o exercício o equilíbrio entre a receita arrecadada e a despesa realizada, de modo a reduzir a necessidade de operações de crédito por antecipação de receita.

A programação financeira inicia-se com a fixação de limites de gastos em quotas trimestrais, avaliadas bimestralmente,[1] estabelecidas até 30 dias após a publicação dos orçamentos, segundo determina o artigo 8º da LRF. A elaboração desse quadro de cotas é efetuada com base no cronograma de arrecadação previsto e nas disponibilidades existentes, podendo ser alteradas durante o exercício, tendo em conta os créditos adicionais que forem sendo abertos ou em virtude das políticas administrativas adotadas.

O passo seguinte consiste na elaboração de cronogramas mensais de desembolsos contendo os valores mensais para pagamento dos principais elementos de gastos e os valores dos recursos financeiros de cobertura.

A programação financeira impõe que os gestores públicos adotem as seguintes providências:

1. realizar previsões periódicas, no mínimo em bases mensais, da arrecadação de cada fonte de receita;
2. efetuar confronto das arrecadações com as respectivas previsões de cada uma das fontes de receita;
3. estimar os excessos de arrecadação, considerada a tendência do exercício, objetivando a abertura de créditos suplementares e especiais;
4. manter um nível de recursos financeiros para possibilitar o pagamento das obrigações imediatas.

---

1 A Lei 4.320/64 no seu artigo 47 prevê esse instrumento de programação por meio de um quadro de quotas trimestrais da despesa consignada para cada unidade orçamentária. Todavia, entende-se que com o advento da LRF essa programação passou a ser avaliada bimestralmente, conforme interpretação extraída do artigo 52.

Diante dessas providências e verificando-se a baixa probabilidade da arrecadação estimada, os gestores devem colocar em prática medidas de contenção de despesas mediante a limitação de empenho e movimentação financeira. Trata-se de medidas adotadas no sentido de adequar o fluxo de despesas ao fluxo de receitas. Essas medidas serão dispensadas na medida em que o comportamento da receita se restabeleça.

4.4 Mecanismos de alteração do orçamento

Durante a execução do orçamento o administrador público poderá retificá-lo pelo surgimento de insuficiências de dotações ou por situações imprevisíveis ou inadiáveis, em razão de variações de preços de produtos e serviços, falhas de planejamento, surgimento de oportunidades de novos programas, situações urgentes e inadiáveis, dentre outras causas. Essas situações são resolvidas através do mecanismo de abertura dos créditos adicionais.

Os créditos adicionais, segundo a definição do artigo 40 da Lei 4.320/64, "*são autorizações de despesas não computadas ou insuficientemente dotadas na Lei de Orçamento*". A definição destaca duas situações de imprevisão: na primeira situação, o orçamento contém um crédito orçamentário com dotação[2] insuficiente para atendimento das despesas autorizadas (visam à suplementação de dotações), e, na segunda situação, o orçamento não contempla crédito orçamentário para atender as despesas consideradas necessárias (visam à aprovação de créditos para atender situações imprevistas e imprevisíveis). Assim, os créditos adicionais podem ser classificados em suplementares, especiais e extraordinários.

Ainda, quanto às alterações orçamentárias, a Lei de Responsabilidade Fiscal estabelece, no artigo 16, que a criação (crédito especial), a expansão ou o aperfeiçoamento (crédito suplementar) de ação governamental que acarrete aumento da despesa serão acompanhados dos seguintes requisitos, sob pena de serem considerados não autorizados, irregulares e lesivos ao patrimônio público:

1. estimativa do impacto orçamentário-financeiro no exercício em que deva entrar em vigor e nos dois subsequentes;
2. declaração do ordenador da despesa de que o aumento tem adequação orçamentária e financeira com a lei orçamentária e compatibilidade com plano plurianual e com a lei de diretrizes orçamentárias.

---

2   Entende-se por dotação orçamentária a fixação de valores no orçamento para um órgão, programa, projeto etc.; enquanto que o crédito orçamentário refere-se à autorização concedida pelo Legislativo na Lei Orçamentária Anual ou por meio de créditos adicionais, representando a finalidade da despesa.

FUNDAMENTOS DA EXECUÇÃO ORÇAMENTÁRIA E FINANCEIRA

É importante destacar que o artigo 16 da LRF refere-se apenas a alteração orçamentária que promova criação, expansão ou aperfeiçoamento de ação governamental com impacto orçamentário-financeiro, uma vez que há alterações que não ensejam esses eventos, ocasionando simplesmente adequação do crédito orçamentário (transposições de ações, transferências de dotações, readequação de metas).

Pelo exposto, fica evidente que essas exigências não se aplicam à execução de despesas com dotações já aprovadas no orçamento, visto que o impacto orçamentário-financeiro já foi analisado durante a fase de elaboração do orçamento anual.

4.4.1 Créditos suplementares

Os créditos suplementares estão relacionados com os créditos orçamentários já contemplados no orçamento anual. Ao se verificar que uma despesa fixada no orçamento, por qualquer motivo, tornou-se insuficiente, o Executivo solicita reforço de dotações ao Legislativo, indicando os recursos de cobertura. Trata-se, pois, de alteração quantitativa do orçamento.

Os créditos suplementares também podem ser autorizados na própria lei orçamentária[3] até o limite de determinada importância e abertos por decreto do Poder Executivo. Caso esse limite tenha se esgotado, e necessitando ainda de suplementação, o Executivo deve solicitar nova autorização ao Legislativo.

A vigência desses créditos está circunscrita ao exercício financeiro no qual foram abertos, não se admitindo reabertura para o exercício seguinte, conforme interpretação do artigo 167, § 2°, da Constituição Federal.

4.4.2 Créditos especiais

Os créditos especiais são abertos para atender à ampliação das ações governamentais quando surgirem recursos suficientes para o seu financiamento. Nesse caso, o Executivo solicita do Poder Legislativo autorização específica para abertura de créditos especiais, assim denominados por ensejarem a execução de novos programas, projetos e atividades governamentais, cujos objetivos não foram inicialmente previstos no orçamento anual. Trata-se, pois, de alteração qualitativa do orçamento.

Para a concessão dos créditos especiais é necessário que o Executivo indique os recursos de cobertura. A abertura dos créditos especiais por decreto do Poder Executivo somente é possível mediante autorização por lei especial aprovada pelo Legislativo.

A vigência desses créditos está circunscrita ao exercício financeiro no qual foram abertos, sendo admitida a incorporação ao orçamento do exercício subsequente mediante a reabertura dos saldos existentes em 31.12 do exercício anterior, desde que

---

3 O artigo 7°, inciso I, da Lei 4.320/64 destaca que a lei do orçamento poderá conter autorização ao Executivo para abrir créditos suplementares até determinada importância, obedecidas as disposições do artigo 43 (existência de recursos disponíveis para ocorrer a despesa). Ver também o artigo 165, § 8°, da CF.

o ato de autorização tenha sido promulgado nos últimos quatro meses do exercício anterior (CF, artigo 167, § 2°).

4.4.3 Créditos extraordinários

Os créditos extraordinários são requeridos para atender despesas imprevisíveis e inadiáveis, como as decorrentes de guerra, subversão interna ou calamidade pública (CF, artigo 167, § 3°). Esses créditos são abertos imediatamente pelo Poder Executivo, tão logo surjam situações inadiáveis. Entretanto, o Executivo fica obrigado a comunicar o fato ao Legislativo para que este julgue a necessidade e a adequação desse crédito. Trata-se, pois, de alteração qualitativa do orçamento.

A indicação dos recursos para abertura dos créditos extraordinários não é obrigatória. Entretanto, o Poder Executivo obriga-se a providenciar os recursos necessários a sua cobertura, tais como os primeiros excessos de arrecadação verificados no exercício (artigo 43, § 4°, da Lei 4.320/64), bem como a instituição de empréstimos compulsórios e impostos extraordinários que serão suprimidos gradativamente tão logo cessem as razões de sua criação (artigo 154, II, CF). Vale salientar que os créditos extraordinários não podem ser aplicados em despesas que não atendam a circunstância justificada.

Em muitos casos a abertura de créditos extraordinários causa descompasso fiscal na receita da entidade governamental, dado que o governo se vê obrigado a executar gastos não esperados. Tal situação enseja providências capazes de absorver o impacto orçamentário sem prejudicar a execução de outros gastos necessários à manutenção e ao funcionamento dos serviços públicos. Esse risco fiscal poderá ser absorvido pela reserva de contingência, ressaltando que esta deverá estar consignada no orçamento em consonância com as normas estabelecidas na Lei de Diretrizes Orçamentárias.

A vigência dos créditos extraordinários está circunscrita ao exercício em que foram abertos, sendo admitida a incorporação no orçamento do exercício subsequente mediante reabertura dos saldos existentes em 31.12 do exercício anterior, desde que o ato de autorização tenha sido promulgado durante os últimos quatro meses do exercício anterior (artigo 167, § 2°, CF).

4.4.4 Transposições, remanejamentos e transferências

O artigo 167, inciso VI, da Constituição Federal apresenta mecanismos retificadores do orçamento ao assinalar que são vedados *"a transposição, o remanejamento ou a transferência de recursos de uma categoria de programação para outra ou de um órgão para outro, sem prévia autorização legislativa"*.

A **transposição** de recursos representa o movimento de dotações entre projetos e atividades de um mesmo programa ou entre programas diferentes quando estes se apresentam completamente executados ou quando forem cancelados. A transposição representa repriorização das ações governamentais, sempre precedida de autorização legislativa.

FUNDAMENTOS DA EXECUÇÃO ORÇAMENTÁRIA E FINANCEIRA

Os **remanejamentos** são utilizados nos casos de reestruturação administrativa, movimentação de pessoal, fusões, desmembramentos e incorporações de entidades governamentais. Ocorre o remanejamento quando os recursos cancelados são de categoria de programação de um órgão para destinarem-se a cobertura de despesas de outro órgão, da mesma categoria de programação ou de categoria de programação diversa, mediante autorização legislativa.

As **transferências** representam o movimento de recursos entre elementos de despesas das categorias econômicas consignadas a determinada unidade orçamentária. Constituem repriorização de gastos que somente pode ser processada mediante prévia autorização legislativa.

Esses mecanismos não constituem novas formas de alteração do orçamento, sendo, portanto, variações dos créditos suplementares e especiais. Assim, uma transposição poderá servir para atender uma ação não prevista no orçamento (crédito especial) ou reforçar outra insuficientemente dotada (crédito suplementar). Os remanejamentos, ao realocarem uma ação não existente no órgão de destino, processam-se mediante crédito especial, por atender uma programação não prevista inicialmente no orçamento; porém, quando se destinar ao reforço de uma ação já existente, o remanejamento far-se-á através da abertura de um crédito suplementar. As transferências ensejariam sempre um crédito suplementar, uma vez que se destinam à repriorização de gastos mediante o reforço de uma dotação em detrimento de outra.

4.5 Recursos para execução dos programas governamentais[4]

Segundo o princípio orçamentário do equilíbrio, nenhuma despesa pode ser fixada no orçamento ou em créditos adicionais sem a existência de recursos de cobertura. Como exceção a esse princípio, tem-se os créditos extraordinários para atender despesas imprevisíveis e urgentes, tais como as decorrentes de guerra, comoção interna ou calamidade pública, para as quais não se exige indicação de recursos de cobertura, nem autorização legislativa prévia (artigo 167, inciso V e § 3°, e artigo 167 da CF; e artigo 43 da Lei 4.320/64).

Assim, as regras de direito financeiro definem as seguintes fontes de recursos para cobertura dos créditos orçamentários iniciais e adicionais: receita prevista, saldo do orçamento, superávit financeiro, excesso de arrecadação, anulação parcial ou total de dotações, operações de crédito e reserva de contingência.

---

4 As demonstrações apresentadas neste item foram baseadas na tese de doutoramento de Petri (1987) - *Análise de resultados no setor público*.

4.5.1 Receita prevista

As receitas orçamentárias do governo provêm, basicamente, de duas fontes principais de recursos: receita própria proveniente de tributos e as transferências intergovernamentais provenientes dos governos estaduais e federal. Assim, no processo de elaboração e aprovação do orçamento, o governo deve estimar a arrecadação dessas fontes de receitas para dar cobertura às despesas fixadas, perseguindo o equilíbrio orçamentário.

Isso, contudo, não significa que inexista orçamento deficitário. No caso de déficit, a lei do orçamento deve indicar as fontes de recursos que o Poder Executivo fica autorizado a utilizar para atender à sua cobertura (artigo 7°, § 1°, da Lei 4.320/64). Essas fontes podem ser representadas pelo produto estimado de operações de crédito e de alienação de bens imóveis, que devem ser objeto de autorização específica do Poder Legislativo, em forma que juridicamente possibilite ao Poder Executivo realizá-las no exercício, podendo essa permissão constar da própria lei do orçamento (artigo 7°, §§ 2° e 3°, da Lei 4.320/64 e artigo 165, § 8°, da CF).

Por exemplo, o orçamento aprovado com a configuração resumida na Tabela 4.1, cujo déficit de $ 80 (receitas correntes de $ 120 – despesas totais de $ 200) será coberto pelo produto estimado das operações de crédito e alienação de bens.

Tabela 4.1   Orçamento aprovado

RECEITAS		DESPESAS	
Correntes	120	**Correntes**	100
Impostos	100	Pessoal	80
Taxas	20	Outras despesas correntes	20
Capital	80	**Capital**	100
Operações de crédito	50	Investimentos	100
Alienação de bens	30		
TOTAL	200	**TOTAL**	200

Embora o orçamento se apresente financeiramente equilibrado, poderá conter déficit ou superávit corrente resultante do balanceamento dos totais das receitas e despesas correntes. Destaque-se que o superávit do orçamento corrente, segundo o § 2° do artigo 11 da Lei 4.320/64, é considerado uma receita de capital, visto que é destinado a atender despesas de capital, mas não constitui item da receita orçamentária (§ 3°, artigo 11, da Lei 4.320/64).

A demonstração da Tabela 4.2 mostra o balanceamento entre receitas e despesas correntes, bem como a inclusão do superávit do orçamento corrente nas receitas de capital para dar cobertura às despesas de capital. Essa demonstração objetiva evidenciar a capacidade de investimento ou a poupança interna do governo, isto é, o montante das receitas correntes que é destinado ao financiamento das despesas de capital.

Tabela 4.2   Demonstração da apuração e destinação do superávit do orçamento corrente

ORÇAMENTO CORRENTE			
Receitas		Despesas	
Receitas correntes (a)	100	Despesas correntes (b)	80
		Superávit do Orçamento Corrente	20
Total	100	Total	100
ORÇAMENTO DE CAPITAL			
Receitas		Despesas	
Receitas de capital (c)	30	Despesas de capital (d)	50
Operações de crédito	18	Investimentos	50
Outras receitas de capital	12		
Superávit do Orçamento Corrente	20		
Total	50	Total	50
Total das Receitas (a + c)	130	Total das Despesas (b + d)	130

Observa-se que, no balanceamento das receitas correntes de $ 100 com as despesas correntes de $ 80, surge um superávit corrente de previsão de $ 20, cujo montante é destinado à cobertura de despesas de capital.

4.5.2 Saldo do orçamento

O saldo do orçamento representa os recursos orçamentários que, em decorrência de veto, emenda ou rejeição do projeto de lei orçamentária anual, ficaram sem indicação das despesas correspondentes. Isso significa que o orçamento foi aprovado com receita prevista superior à despesa fixada, resultando em um saldo positivo que poderá ser utilizado mediante a abertura de créditos especiais ou suplementares com prévia e específica autorização legislativa, conforme determina o § 8º do artigo 166 da CF.

Como o saldo do orçamento constituirá recurso de cobertura de créditos especiais ou suplementares, a entidade governamental deverá controlar adequadamente o montante utilizável conforme demonstrado no Quadro 4.1:

Capítulo 4

Quadro 4.1   Demonstração do saldo do orçamento utilizável

DEMONSTRAÇÃO DO SALDO DO ORÇAMENTO UTILIZÁVEL	
Receita prevista no orçamento (previsão inicial)	200
(–) Despesa fixada no orçamento (dotação inicial)	180
(=) Saldo do orçamento	20

Uma vez utilizado o saldo do orçamento como fonte de recurso para abertura de créditos suplementares e/ou especiais, o superávit de previsão por ele gerado será eliminado na mesma proporção da parcela utilizada.

Vale salientar que, se a entidade governamental elaborar um orçamento com saldo, tendo por objetivo expresso no anexo de metas fiscais da LDO atingir determinado montante de resultado primário com base na geração de superávit de execução, o mesmo não poderá ser utilizado como fonte de recurso para abertura de créditos adicionais.

4.5.3 Superávit financeiro

O superávit financeiro representa a folga financeira da entidade pública. Constitui um capital de trabalho a ser utilizado no financiamento de novos projetos e atividades ou reforçar os já existentes. Segundo o artigo 43, § 2º, da Lei 4.320/64, o superávit financeiro pode ser entendido como "*a diferença positiva entre o ativo financeiro e o passivo financeiro, conjugando-se, ainda, os saldos dos créditos adicionais transferidos e as operações de crédito a eles vinculadas*".

Para o cálculo do superávit financeiro, inicialmente, é preciso compreender o significado de ativo financeiro e passivo financeiro.

Compreende o ativo financeiro os valores numerários e os créditos e valores realizáveis independentemente de autorização orçamentária (§ 1º, artigo 105, da Lei 4.320/64). As contas representativas de ativo financeiro são indicadas no plano de contas aplicado ao setor público por meio de atributos (F para financeiro ou X para patrimonial e financeiro). Os principais títulos de contas do ativo contendo os itens representativos de ativo financeiro são:

- caixa e equivalentes de caixa;
- tributos a recuperar/compensar;
- depósitos restituíveis e valores vinculados; e
- demais créditos e valores a longo prazo, como adiantamentos concedidos a pessoal e a terceiros.

FUNDAMENTOS DA EXECUÇÃO ORÇAMENTÁRIA E FINANCEIRA

Compreende o passivo financeiro as dívidas de curto prazo ou dívida flutuante e outros compromissos exigíveis cujo pagamento independa de autorização orçamentária (§ 3º, artigo 105, da Lei 4.320/64). As contas representativas de passivo financeiro são indicadas no plano de contas aplicado ao setor público por meio de atributos (F para financeiro ou X para patrimonial e financeiro). Além da conta empenhos a liquidar do sistema orçamentário, o passivo financeiro é composto pelos itens a seguir, vinculados aos principais títulos de contas do passivo exigível:

- pessoal a pagar, representado por salários, remuneração e benefícios do exercício e de exercícios anteriores;
- benefícios previdenciários a pagar;
- benefícios assistenciais a pagar;
- encargos sociais a pagar, exceto os débitos parcelados;
- empréstimos e financiamentos de curto prazo contraídos por meio de contratos;
- financiamentos de curto prazo por contratos ou destinados a aquisição de imobilizado;
- financiamentos externos por arrendamento financeiro;
- juros e encargos a pagar;
- fornecedores e contas a pagar;
- obrigações fiscais de curto prazo, exceto os tributos negociados;
- arrendamento operacional a pagar;
- dividendos a pagar; e
- indenizações e restituições.

A parte final do conceito do superávit financeiro, **conjugando-se, ainda, os saldos dos créditos adicionais transferidos e as operações de crédito a eles vinculadas,** apresenta dificuldades de interpretação por muitos analistas, acarretando cálculos otimistas de superávit financeiro que, uma vez utilizado, poderá levar a entidade à situação de desequilíbrio financeiro. Trata-se dos créditos especiais e extraordinários reabertos e das operações de crédito contraídas e ainda não arrecadadas para atender as despesas autorizadas por esses créditos.

Os créditos especiais e extraordinários autorizados nos 4 últimos meses do exercício anterior e não completamente executados provocaram economia orçamentária naquele exercício com reflexo no superávit financeiro. Assim, quando esses créditos são reabertos é necessário deduzir do superávit financeiro o valor correspondente ao saldo de reabertura. Contudo, se houver saldo de operação de crédito vinculada a esses créditos para ser arrecadado, o mesmo deve ser adicionado ao superávit financeiro. O efeito líquido dessa operação denomina-se de ônus líquido transferido. Assim, antes

Capítulo 4

de efetuar qualquer utilização do superávit financeiro, é recomendável que se apure o montante efetivamente utilizável, segundo metodologia de cálculo evidenciada a seguir.

Quadro 4.2   Demonstração do superávit financeiro utilizável

DEMONSTRAÇÃO DO SUPERÁVIT FINANCEIRO UTILIZÁVEL	
Ativo financeiro inicial	
(–) Passivo financeiro inicial	
(=) *Superávit financeiro bruto*	
(–) *Ônus líquido transferido*	
Créditos reabertos	
Especiais	
Extraordinários	
(–) Operações de crédito vinculadas aos créditos especiais reabertos	
(=) *Superávit financeiro utilizável*	

O exemplo a seguir ilustra o cálculo do superávit financeiro conforme o conceito apresentado pelo artigo 43, § 2º, da Lei 4.320/64.

1. Orçamento e posição financeira no início do período X1.

Tabela 4.3   Orçamento e posição financeira no início do período X1

ORÇAMENTO		POSIÇÃO FINANCEIRA EM 01.01.X1	
Receitas	100.000	Ativo Financeiro	58.000
Despesas	100.000	(–) Passivo Financeiro	58.000
		= Superávit Financeiro	0

FUNDAMENTOS DA EXECUÇÃO ORÇAMENTÁRIA E FINANCEIRA

2. Créditos adicionais abertos nos últimos 4 meses de X1:
   - crédito especial coberto com o produto de operação de crédito no valor de 30.000;
   - crédito extraordinário no valor de 15.000 sem indicação de recursos para cobertura.
3. Operações ocorridas durante o exercício de X1:
   - arrecadação de 120.000 de receitas de impostos;
   - arrecadação de 18.000 de operações de crédito, ficando 12.000 a serem arrecadados no exercício seguinte;
   - foram empenhadas despesas inicialmente fixadas no valor de 100.000, sendo pagas apenas 70.000, ficando 30.000 em restos a pagar;
   - foram empenhados e pagos 20.000 de despesas autorizadas mediante o crédito especial, resultando um saldo de 10.000 a ser reaberto no exercício seguinte;
   - foram empenhados e pagos 10.000 de despesas decorrentes do crédito extraordinário, resultando num saldo de 5.000 a ser reaberto no exercício seguinte;
   - a entidade pagou todo o passivo financeiro do início do período.
4. Posição financeira em 31.12.X1.

Tabela 4.4   Posição financeira em 31.12.X1

ATIVO FINANCEIRO (A)	38.000	PASSIVO FINANCEIRO (B)	30.000
Receita de impostos	120.000	Restos a pagar	30.000
(+) operações de crédito	18.000		
(–) despesas do orçamento inicial pagas	70.000		
(–) despesas de créditos especiais pagas	20.000		
(–) despesas de créditos extraordinário pagas	10.000	Superávit financeiro bruto (a – b)	8.000

Capítulo 4

Observa-se que as despesas autorizadas pelos créditos extraordinários em X1 (10.000) tiveram cobertura com o excesso de arrecadação de 20.000 (receita arrecadada de 120.000 – receita prevista de 100.000). Parte dos créditos especiais executados no montante de 20.000 também absorveu uma parcela de 2.000 desse excesso de arrecadação, visto que as operações de crédito a eles vinculadas somente se realizaram no montante de 18.000. O restante do excesso de arrecadação (8.000) representa o superávit financeiro bruto. No entanto, esse superávit não pode ser integralmente utilizado para financiar as atividades governamentais no exercício de X2, uma vez que ainda existe um saldo de crédito extraordinário a executar (5.000), um saldo de crédito especial a executar (10.000) e um saldo de operação de crédito a arrecadar vinculada ao crédito especial (12.000). Assim, é necessário que se identifique o exato montante utilizável de recursos financeiros no exercício de X3, mediante a seguinte metodologia determinada no § 2º do artigo 43 da Lei 4.320/64.

Tabela 4.5 Demonstração do superávit financeiro utilizável

DEMONSTRAÇÃO DO SUPERÁVIT FINANCEIRO UTILIZÁVEL	
Ativo financeiro do exercício anterior	38.000
(–) Passivo financeiro do exercício anterior	(30.000)
(=) Superávit financeiro bruto	8.000
(–) ônus líquido transferido	**(3.000)**
Crédito extraordinário reaberto	5.000
Crédito especial reaberto	10.000
(–) operação de crédito vinculada ao crédito especial reaberto	(12.000)
(=) Superávit financeiro utilizável	**5.000**

Pelo exposto, observa-se que a entidade ainda conta com um superávit financeiro a ser utilizado nas suas atividades. Isso somente ocorreu porque o ônus líquido transferido foi menor que o superávit financeiro bruto. Entretanto, podem ocorrer situações em que o ônus líquido transferido do período anterior apresente-se maior do que o superávit financeiro bruto. Nesses casos, os créditos adicionais reabertos estariam sem cobertura e sua execução contribuiria para a formação de um déficit financeiro no final do período, desde que nenhuma providência administrativa fosse implementada. Petri (1987, p. 145) ao apresentar comentários a respeito do ônus transferido do período anterior em montante superior ao superávit financeiro comprometido, assinala que:

> A Lei 4.320/64 não cogita da cobertura dos ônus transferidos do período anterior, mas deveria fazê-lo em relação a essa parcela não coberta, indicando

que estes também deveriam ser deduzidos de eventual excesso de arrecadação ou de eventual economia orçamentária detectada que seria transferida no sistema orçamentário, de créditos disponíveis para uma conta de economia orçamentária comprometida.

Vale lembrar que os créditos suplementares não são objeto de reabertura por agregarem-se à categoria de programação mediante reforço de seus valores. Assim, a vigência desses créditos é sempre a dos créditos do orçamento, até 31 de dezembro.

Por fim, convém esclarecer que o superávit financeiro deve ser identificado segundo as fontes de recursos vinculadas e ordinárias (não vinculadas), utilizando-se apenas a parcela descomprometida e não vinculada.

4.5.4 Excesso de arrecadação estimado

Segundo o § 3º do artigo 43 da Lei 4.320/64, o excesso de arrecadação estimado é entendido como o saldo positivo das diferenças acumuladas mês a mês, entre a arrecadação prevista e a realizada, considerando-se, ainda, a tendência do exercício.

O referido comando legal destaca uma parcela relativa a excesso já ocorrido: *"o saldo positivo das diferenças acumuladas mês a mês entre a arrecadação prevista e a realizada"* e uma expectativa de arrecadação: *"considerando-se, ainda, a tendência do exercício"*. A tendência do exercício é obtida mediante a estimativa mensal de arrecadação até 31.12 em confronto com a efetivamente arrecadada no próprio exercício financeiro.

Vale lembrar que a previsão orçamentária da receita é anual, e o confronto com a arrecadação deve ser feito mês a mês. Assim, é necessário que a entidade estabeleça metas mensais de arrecadação para facilitar a comparação entre o previsto e o executado, a fim de identificar o excesso de arrecadação efetivo.

Ademais, o artigo 9º da LRF determina o permanente acompanhamento do comportamento da arrecadação, visando identificar eventuais excessos efetivos ou a adoção de adequada política de contenção de despesas para ajustar os gastos às reais condições de arrecadação das receitas.

Para considerar no cálculo do excesso de arrecadação estimado a tendência do exercício, é preciso que a entidade proceda a reestimativa da arrecadação com o emprego de critérios estatísticos e estudos analíticos. Para tanto, devem ser organizadas demonstrações com base na arrecadação dos últimos três exercícios, as circunstâncias de ordem conjuntural e outras que possam vir a afetar a produtividade de cada fonte de receita (artigo 30 da Lei 4.320/64).

Cabe frisar que as projeções da receita devem ser efetuadas em obediência ao princípio do conservadorismo, mediante avaliações criteriosas, uma vez que projeções superestimadas podem causar déficits desagradáveis. Por outro lado, projeções subestimadas intencionalmente, com o propósito de obter excesso de arrecadação no decorrer do exercício, para subsidiar malabarismos financeiros, além de serem ilegais,

Capítulo 4

prejudicam o planejamento das ações governamentais, inviabilizando o desenvolvimento de programas essenciais à sociedade.

Há várias metodologias para o cálculo do excesso de arrecadação já desenvolvidas por estudiosos de métodos quantitativos. No entanto, a adoção de uma delas deve obter anuência dos órgãos de controle interno e externo, a quem cabe pronunciar-se sobre sua fidedignidade e eficiência.

Segue um exemplo de estimativa do excesso de arrecadação para suportar um crédito suplementar proposto em 1º de junho de X2 com base no comportamento da arrecadação do exercício anterior e do atual.

Tabela 4.6   Metodologia de estimativa do excesso de arrecadação

PASSOS	DESCRIÇÃO	CÁLCULOS
1	Previsão da receita para X2	122.000
2	Arrecadação real no período de 1º de janeiro de X2 até o último dia do mês imediatamente anterior ao da proposição do crédito (31 de maio de X2)	60.000
3	Arrecadação real no período de 1º de janeiro de X1 até o último dia do mês imediatamente anterior ao da proposição do crédito (31 de maio de X1)	50.000
4	Cálculo do incremento de arrecadação em X2 em relação a X1, nesse primeiro período (2/3)	60.000/50.000 = 1,20
5	Arrecadação real no período de 1º de junho a 31 de dezembro de X1	80.000
6	Arrecadação provável para 1º de junho a 31 de dezembro de X2 (4 × 5)	80.000 × 1,20 = 96.000
7	**Excesso provável de arrecadação (2 + 6 – 1)**	**34.000**

A metodologia apresentada baseia-se no incremento estimado de arrecadação em relação ao exercício anterior e somente oferece resultados confiáveis se aplicada, mês a mês, a cada espécie de receita e se envolver vários exercícios financeiros. Procedendo dessa forma, o excesso provável de arrecadação deve ser calculado considerando a receita orçamentária total, uma vez que a arrecadação a maior em uma determinada fonte pode ser compensada pela insuficiência de arrecadação de outra fonte.

O fato de a entidade comprovar excesso de arrecadação estimado para apenas uma rubrica de receita, isoladamente, oferecendo-o como recurso de cobertura para créditos adicionais, constitui uma simplificação da realidade, conduzindo ao entendimento de que o comportamento das demais rubricas de receita não tem condições de alterar o montante do excesso de arrecadação assim comprovado. Contudo, é de ser considerada a conveniência de que o excesso de arrecadação apurado dessa forma seja explicitado na exposição justificativa que deve preceder a abertura dos créditos especiais e suplementares (artigo 43, *caput*, da Lei 4.320/64).

O excesso de arrecadação estimado é evidenciado no balanço orçamentário por meio da diferença entre a coluna da previsão atualizada da receita e previsão inicial. Entretanto, o gestor financeiro deve ter muito cuidado ao informar o excesso de arrecadação estimado para a cobertura de créditos adicionais, a fim de evitar utilização de excessos já comprometidos ou não existentes que prejudiquem a condição financeira da entidade e a legalidade do ato. Para isso, do excesso de arrecadação estimado durante o exercício financeiro devem ser excluídos os excessos já comprometidos com as seguintes fontes:

1. receitas vinculadas que suportaram suplementação, geralmente automática,[5] das respectivas despesas;
2. operações de crédito relacionadas com créditos especiais reabertos ou abertos no exercício, que dão suporte parcial ou total às despesas neles fixadas; e
3. operações de crédito que serviram de recursos de cobertura a créditos suplementares abertos no exercício que, consequentemente, dão suporte à fixação da parcela de despesas por eles suplementadas.

Encontrado, dessa forma, o excesso de arrecadação estimado não comprometido, deve ser subtraído o valor correspondente aos créditos extraordinários abertos no período, conforme determina o § 4º do artigo 43 da Lei 4.320/64. Os créditos extraordinários reabertos não são alcançados por este dispositivo, por serem suportados, como já visto, pelo superávit financeiro.

Assim, uma vez identificado o excesso de arrecadação estimado, o montante oferecido à cobertura de créditos adicionais deve ser determinado mediante o cálculo apresentado na Tabela 4.7.

---

5   As suplementações automáticas ocorrem quando saldos positivos de fundos especiais apurados em balanço do exercício anterior são transferidos para o exercício atual a crédito do mesmo fundo, conforme artigo 73 da Lei 4.320/64, combinado com o artigo 8º da LRF.

Capítulo 4

Tabela 4.7   Demonstração do excesso de arrecadação utilizável

DEMONSTRAÇÃO DO EXCESSO DE ARRECADAÇÃO UTILIZÁVEL	
Excesso provável de arrecadação	34.000
(–) créditos extraordinários abertos e/ou reabertos no exercício	(15.000)
(–) déficit do exercício anterior	(3000)
(–) receitas vinculadas e/ou comprometidas	(10.000)
Excesso de arrecadação utilizável	**6.000**

Com vistas a verificar, no final de cada exercício financeiro, se o excesso de arrecadação estimado foi adequadamente utilizado, sugere-se a elaboração de uma demonstração do excesso de arrecadação efetivo, conforme modelo apresentado no Quadro 4.3, com informações extraídas do balanço orçamentário.

Quadro 4.3   Demonstração do excesso de arrecadação efetivo

DEMONSTRAÇÃO DO EXCESSO DE ARRECADAÇÃO EFETIVO	
Excesso de arrecadação efetivo indicado no balanço orçamentário	
(–) Excesso já comprometido: de receitas vinculadas; de operações de crédito vinculadas a créditos especiais reabertos no exercício; de operações de créditos vinculadas a créditos especiais e suplementares abertos no exercício;	
(=) Excesso não comprometido	
(–) Créditos extraordinários abertos no exercício	
(=) Excesso de arrecadação utilizável	

Destaque-se que, diferentemente do excesso de arrecadação estimado (receita realizada – previsão atualizada), o excesso de arrecadação efetivo corresponde à diferença entre a receita realizada e a previsão inicial da receita.

4.5.5 Anulação parcial ou total de dotações
Este tipo de recurso está previsto no inciso III, § 1°, do artigo 43 da Lei 4.320/64, ao disciplinar que se consideram recursos, desde que não comprometidos, os resultantes

FUNDAMENTOS DA EXECUÇÃO ORÇAMENTÁRIA E FINANCEIRA

de anulação parcial ou total de dotações orçamentárias ou de créditos adicionais, autorizados em lei.

Esse tipo de recurso está relacionado com a redução de dotações orçamentárias vinculadas a determinado crédito orçamentário para ser utilizada em outra dotação insuficiente ou inexistente. Esse mecanismo provoca ampliação e criação de novos projetos e atividades por meio da utilização de saldos de dotações livres de outros projetos e atividades ou através da desistência total de projetos e atividades previamente programados.

Exemplificando, suponha que o planejamento para o orçamento do exercício previu a construção de duas escolas na zona rural. Porém, diante da indisponibilidade de contratar professores para aquela região, decidiu-se por abandonar aquele projeto e investir em atividades que possibilitassem o transporte dos alunos para as escolas da zona urbana. Assim, os recursos consignados para a construção das duas escolas podem ser totalmente cancelados e utilizados para a cobertura de créditos adicionais.

Apesar de a Lei 4.320/64 admitir esta alteração orçamentária, entende-se que a anulação parcial ou total de um projeto ou atividade, quando tecnicamente planejada, não deve ser concretizada, uma vez que representa os anseios da comunidade expressos em lei. Somente se aplica esse procedimento quando se verificar que o planejamento não foi adequado, caracterizando sua desnecessidade ou inconveniência de execução, prática esta não admitida pela técnica do orçamento-programa. Além disso, as anulações parciais ou totais de dotações não devem ser realizadas com despesas essenciais e comprometidas.

4.5.6 Operações de crédito

O produto de operações de crédito autorizadas, em forma que juridicamente possibilite ao Poder Executivo realizá-las, constitui recurso, desde que não comprometido, para a abertura de créditos especiais e suplementares, conforme estabelece o inciso IV, § 1°, artigo 43 da Lei 4.320/64.

As operações de crédito são empréstimos tomados pelo setor governamental, compreendendo compromissos de exigibilidade superior a 12 meses, contraídos para atender ao desequilíbrio orçamentário ou a financiamentos de obras e serviços públicos, constituindo-se em dívida fundada (artigo 98 da Lei 4.320/64).

As operações de crédito estão sempre compreendidas, necessariamente, na execução orçamentária sob as rubricas próprias, ainda que não previstas no orçamento (artigo 57 da Lei 4.320/64), e não devem ser confundidas com as operações de crédito por antecipação de receita, uma vez que estas representam entradas compensatórias no ativo e passivo financeiros (artigo 3°, parágrafo único, da Lei 4.320/64), submetendo-se por este motivo a registro, individuação e controle contábil não orçamentário (artigo 93 da Lei 4.320/64) como obrigações que figuram no passivo financeiro do balanço patrimonial por se constituírem em dívida flutuante (artigo 92, IV, da Lei 4.320/64).

Capítulo 4

Vale salientar que, enquanto as operações de crédito destinam-se a atender ao desequilíbrio orçamentário ou a financiamentos de obras e serviços públicos, as operações de crédito por antecipação da receita orçamentária objetivam atender eventuais insuficiências de tesouraria, pelos eventuais descompassos entre a arrecadação das receitas orçamentárias e os compromissos de pagamentos gerados, principalmente, pelas despesas orçamentárias, sendo, por esse motivo, contabilmente designadas como débitos de tesouraria.

Os recursos provenientes das operações de crédito de longo prazo, às vezes, são realizados no exercício subsequente ao da autorização legislativa. Assim, esses recursos, por não estarem previstos no orçamento em que ocorre a arrecadação, produzem excesso de arrecadação que dará cobertura total ou parcial a crédito especial reaberto a que se vinculam, encontrando-se, por esse motivo, comprometido.

No caso de existirem operações de crédito não realizadas no exercício de sua autorização e estando vinculadas a despesas inscritas em restos a pagar, a sua realização no exercício posterior estará dando cobertura a essa parcela da dívida flutuante e, portanto, não estará comprometida com a cobertura de despesas orçamentárias.

A insuficiência de arrecadação das operações de crédito no exercício em que forem autorizadas provocará uma diminuição do superávit de execução nesse exercício. Essa insuficiência de arrecadação deve ser indicada segundo cada origem de operação de crédito, uma vez que a arrecadação no exercício seguinte estará vinculada à cobertura das despesas que lhe deram origem. Para tanto, recomenda-se a elaboração da demonstração apresentada na Tabela 4.8.

Tabela 4.8   Demonstração da realização das operações de crédito

ORIGEM	VALOR PREVISTO	VALOR REALIZADO	DIFERENÇA
Orçamento	40	30	(10)
Crédito especial reaberto	20	18	(2)
Crédito especial aberto	30	30	–
Crédito suplementar aberto	15	10	(5)
TOTAIS	105	88	(17)

Não são muito comuns, mas também existem operações de crédito autorizadas para a consolidação da dívida flutuante. Pela sua natureza, estas operações de crédito não estão vinculadas a nenhuma despesa, razão pela qual a sua realização provoca superávit de execução que irá absorver ou reduzir déficit financeiro existente.

FUNDAMENTOS DA EXECUÇÃO ORÇAMENTÁRIA E FINANCEIRA

Dessa forma, fica evidente que as operações de crédito, quanto à sua autorização e realização, apresentam-se da seguinte forma:

1. autorizadas no período anterior a serem realizadas no período seguinte;
2. autorizadas no período anterior e incluídas no orçamento aprovado para o exercício seguinte;
3. autorizadas para abertura de créditos suplementares ou especiais no exercício;
4. autorizadas para a consolidação da dívida flutuante.

4.5.7 Reserva de contingência

A reserva de contingência, inicialmente, foi institucionalizada pelo Decreto-Lei 200/67, com a finalidade de aportar recursos para dar cobertura a créditos suplementares. Com a edição do Decreto-Lei 1.763/80, a função da reserva de contingência foi ampliada para dar cobertura a todos os tipos de créditos adicionais (suplementares, especiais e extraordinários) abertos durante o exercício financeiro.

Atualmente, a forma de utilização e montante da reserva de contingência é estabelecida na Lei de Diretrizes Orçamentárias, conforme determina o artigo 5°, inciso III, da LRF: o projeto de lei orçamentária anual "conterá reserva de contingência, cuja forma de utilização e montante, definido com base na receita corrente líquida, serão estabelecidos na lei de diretrizes orçamentárias".

Na prática, conforme estabelece o artigo 8° da Portaria Interministerial 163/2001, a reserva de contingência pode servir de fonte de recursos para a abertura de créditos suplementares, especiais e para cobrir obrigações de despesas decorrentes de créditos extraordinários, muito embora a legislação para estes créditos não exija a existência de tais recursos em decorrência da excepcionalidade da situação.

A reserva de contingência é uma espécie de provisão orçamentária ou uma dotação orçamentária global[6] coberta com receita prevista no orçamento, e sua utilização destina-se ao atendimento de passivos contingentes e outros riscos e eventos fiscais imprevistos.

Os passivos contingentes representam obrigações inesperadas ou imprevistas que somente serão atendidas mediante abertura de crédito especial, uma vez que não foram autorizadas no orçamento anual por razões circunstanciais ou por fatores desconhecidos. São superveniências passivas, tais como obrigações decorrentes de ações judiciais trabalhistas, cíveis e previdenciárias; indenizações a terceiros, dentre outras. Assim, quando esses passivos contingentes ocorrerem no exercício atual será aberto crédito especial a favor de uma despesa corrente ou de capital vinculada a programa de trabalho específico; contudo, quando esses passivos contingentes referirem-se a exercícios já

---

6 A reserva de contingência não é uma despesa orçamentária, visto que existem restrições associadas com a sua destinação, como, por exemplo, atender obrigações imprevistas ou riscos fiscais.

Capítulo 4

encerrados, o crédito especial será aberto a favor de despesas de exercícios anteriores, correntes ou de capital.

Os riscos fiscais são fatores que influenciam negativamente a realização das receitas e/ou a execução das ações governamentais que a entidade tenha planejado para o período. São ameaças às previsões fiscais, como, por exemplo, acontecimentos que possam prejudicar a arrecadação das receitas ou promovam a realização das despesas em montante superior ao programado.

QUESTÕES PARA DISCUSSÃO

1. Qual a diferença entre execução orçamentária e execução financeira? Como essas duas dimensões se relacionam?

2. O que significa programação financeira? Qual a sua importância no planejamento orçamentário? Discuta como realizá-la.

3. Por que é importante distinguir a despesa corrente da despesa de capital?

4. Discuta as fases da despesa orçamentária.

5. Qual a diferença entre despesa orçamentária e despesa sob o aspecto patrimonial? Por que é importante fazer essa distinção?

6. Por que é importante distinguir a despesa corrente da despesa de capital?

7. Em que fase(s) da despesa orçamentária deve-se reconhecer uma variação patrimonial diminutiva no sistema patrimonial? Explique.

8. Descreva as fases de execução da receita orçamentária.

9. Qual a diferença entre receita orçamentária e receita sob o aspecto patrimonial? Por que é importante fazer essa distinção?

10. Por que é importante distinguir a receita corrente da receita de capital?

11. Em que fase da receita orçamentária deve-se reconhecer uma variação patrimonial aumentativa no sistema patrimonial? Explique.

12. O que são créditos adicionais? Discorra sobre as peculiaridades de cada um dos tipos de créditos adicionais.

13. É possível o chefe do Poder Executivo dar início à execução de um crédito adicional sem autorização do Poder Legislativo? Apresente comentários para cada tipo de crédito adicional.

14. Como o gestor ordenador de despesa deve proceder diante da criação, expansão e aperfeiçoamento de ação governamental que acarrete aumento de despesas?

15. Que tipo de créditos adicionais são as transposições, remanejamentos e transferências? Comente.

16. Nenhuma despesa pode ser fixada no orçamento ou em créditos adicionais sem a existência de recursos de cobertura. Por que é importante observar essa premissa?

Capítulo 4

17. Comente sobre as fontes de recursos para cobertura dos créditos adicionais.
18. Explique como o superávit financeiro e o excesso de arrecadação estimado são apurados para dar cobertura aos créditos adicionais abertos durante a execução do orçamento.
19. O que é a reserva de contingência? Explique o destino e o processo de sua utilização.

REFERÊNCIAS

BRASIL. Secretaria do Tesouro Nacional. *Instruções de procedimentos contábeis*: IPC 02 – Reconhecimento dos créditos tributários pelo regime de competência. Brasília, 2013.

_____. Ministério da Fazenda e Ministério do Planejamento, Orçamento e Gestão. *Portaria Interministerial 163, de 4 de maio de 2001*. Dispõe sobre normas gerais de consolidação das Contas Públicas no âmbito da União, Estados, Distrito Federal e Municípios, e dá outras providências. Brasília, 2001. Disponível em: <http://www3.tesouro.fazenda.gov.br/legislacao/download/contabilidade/Portaria_Interm_163_2001_Atualizada_2011_23DEZ2011.pdf>. Acesso em: 8 abr. 2013.

_____. Presidência da República. *Lei Complementar nº 101 de 4 de maio de 2000*. Estabelece normas de finanças públicas voltadas para a responsabilidade na gestão fiscal e dá outras providências. Brasília, 4 maio 2000. Disponível em: <http://www.planalto.gov.br>. Acesso em: 8 abr. 2013.

_____. Presidência da República. *Lei n.º 4.320 de 17 de março de 1964*. Estatui Normas Gerais de Direito Financeiro para elaboração e controle dos orçamentos e balanços da União, dos Estados, dos Municípios e do Distrito Federal. Brasília, 4 maio 1964. Disponível em: <http://www.planalto.gov.br>. Acesso em: 8 abr. 2013.

_____. *Decreto-lei 200 de 25 de fevereiro de 1967*. Dispõe sobre a organização da Administração Federal, estabelece diretrizes para a Reforma Administrativa e dá outras providências. Disponível em: <http://www.planalto.gov.br>. Acesso em: 16 mar. 2014.

_____. *Decreto-lei 1.763 de 16 de janeiro de 1980*. Altera a redação do artigo 91 do Decreto-lei nº 200, de 25 de fevereiro de 1967, modificado pelo artigo 1º do Decreto-Lei nº 900, de 29 de setembro de 1969. Disponível em: <http://www.planalto.gov.br>. Acesso em: 16 mar. 2014.

_____. *Constituição da República Federativa do Brasil de 1988*. Disponível em:

<http://www.planalto.gov.br>. Acesso em: 16 mar. 2013.

INTERNATIONAL FEDERATION OF ACCOUNTANTS (IFAC). *Normas Internacionais de Contabilidade para o Setor Público (International Public Sector Accounting Standards – IPSAS)*. Tradução do Conselho Federal de Contabilidade. Brasília: CFC, 2010. Disponível em: <http://portalcfc.org.br/wordpress/wp-content/uploads/2013/01/ipsas2010_web.pdf>.

PETRI, Nelson. *Análise de resultados no setor público*. 1987. Tese (Doutorado) – Faculdade de Economia, Administração e Contabilidade da Universidade de São Paulo, São Paulo.

5

ANÁLISE DE RECURSOS E NECESSIDADES DA COMUNIDADE

Capítulo 5

A condição financeira dos governos é afetada por fatores econômicos, que fornecem a base de exploração das receitas, e por fatores sociais e demográficos, que exercem pressões por gastos para atender as necessidades da população. Desse modo, no processo de análise da condição financeira, é fundamental o conhecimento da condição econômica da comunidade, bem como dos fatores que influenciam a demanda por bens e serviços.

Portanto, o presente capítulo discute os principais indicadores e variáveis de natureza econômica, social e demográfica a serem considerados no processo de análise da condição financeira sob o ponto de vista dos recursos e necessidades da comunidade. O capítulo conclui com um exemplo de avaliação da condição financeira de um Município sob a perspectiva da geração potencial de recursos e sob a perspectiva da demanda de bens e serviços para atender as necessidades da população.

5.1 Propósito da análise dos recursos e necessidades da comunidade

Os recursos e as necessidades de uma comunidade são representados por variáveis ambientais de natureza econômica, social, demográfica e estrutural de uma jurisdição que exercem grande impacto na produção de recursos e criam demandas por serviços públicos. Nesse sentido, a interação entre essas variáveis e o desempenho financeiro é crucial para definir e medir a tensão fiscal de um governo.

Howell e Stamm (1979, p 51-52) assinalam que a condição econômica (renda e distribuição de renda), influenciada pelas condições sociais e estruturais, descreve a base de recursos em uma municipalidade, sendo formada pelo nível de investimentos realizado pelo setor privado em infraestrutura, equipamentos e estrutura comercial. As condições sociais refletem as consequências do crescimento econômico – por exemplo, maiores investimentos na indústria realizados pelo setor privado reduzem o desemprego e a taxa de pobreza e proporcionam melhor atendimento à população dependente. As condições estruturais incluem uma variedade de fatores que delimitam os parâmetros de tributação e gastos para uma cidade, bem como o seu relacionamento com cidades contíguas e com outros governos de nível superior. Algumas condições estruturais conhecidas são o número de metros quadrado de uma cidade, localização geográfica, restrições para incorporação e densidade populacional.

Clark e Chan (1990, p. 80-81), ao tratarem das características socioeconômicas no processo de avaliação da condição financeira dos governos, afirmam que essas características afetam as políticas fiscais de forma indireta e no longo prazo, pois são mensuradas pelas políticas e estrutura das receitas e pelas políticas dos gastos.

Assim, no processo de análise dos recursos e necessidades de uma comunidade, o analista busca determinar o potencial do governo em produzir receita, bem como identificar os fatores que influenciam a demanda da comunidade por bens e serviços para satisfazer as suas necessidades.

5.2 Relacionamento entre os recursos e as necessidades da comunidade

Os recursos e as necessidades da comunidade são inter-relacionados em um ciclo de causa e efeito. Por exemplo, o aumento do tamanho da população pode causar a elevação da receita de transferência intergovernamental, mas também pode aumentar a pressão por gastos para atender a um nível de necessidades maior. A diminuição da população pode reduzir a receita arrecadada devido à queda na receita de vendas das empresas e à redução da renda pessoal e empresarial, mas não necessariamente reduzirá o nível de gastos devido à estrutura de custos fixos. Essa situação exigirá medidas governamentais para equacionar o desequilíbrio orçamentário, como, por exemplo, o aumento da carga tributária (GROVES; VALENTE, 2003, p. 106).

Nesse sentido, Groves e Valente (2003, p. 106) afirmam que a base tributária e as características econômicas e demográficas de uma comunidade são tratadas como diferentes lados de uma mesma moeda. De um lado, a base tributária determina a riqueza da comunidade e, do outro lado, as características econômicas e demográficas afetam as demandas da comunidade. Assim, quando as condições econômicas declinam e a carga tributária aumenta, o tamanho da população tende a reduzir-se, já que a jurisdição passa a ser um lugar menos atrativo para as pessoas viverem.

Nesse sentido, o modelo teórico de Tiebout (1956) descreve que os indivíduos migram para as comunidades que oferecem a combinação de serviços públicos e impostos que melhor se adapte às suas preferências. Dito de outra forma, na ótica de Tiebout (1956), o indivíduo "vota com os pés", ou seja, ele escolhe o seu local de residência tendo por parâmetro a menor carga de impostos que terá de pagar e a maior quantidade e melhor qualidade dos serviços públicos que irá receber.

5.3 Análise dos recursos da comunidade

A análise dos recursos da comunidade é realizada por meio da verificação da sua base econômica. A base econômica é um sistema conceitual que tem as atividades de exportação de uma determinada localidade ou região como hipótese principal de análise. Dessa forma, os estudos nessa área dividem a economia urbana em duas categorias: (*i*) atividades básicas (atividades de exportação) que são responsáveis por obterem novos recursos dentro da economia; e (*ii*) atividades não básicas (atividades de serviços), responsáveis por fazerem recircular os recursos obtidos. Dessa forma, o crescimento das atividades básicas resulta no crescimento das atividades de serviços e, por conseguinte, aumento na economia geral da região.

Nesse sentido, Thompson apud Steiss (1975, p. 63), ao tratar da hipótese da exportação como base econômica, afirma que:

Capítulo 5

> As cidades sobrevivem por vender produtos e serviços para "fora do mundo", dessa forma, ganham recursos com os quais pagam por importações indispensáveis, por exemplo, bens não produzidos na economia local. Por extensão, as cidades crescem e declinam com o crescimento e o declínio de suas atividades de exportação.[1]

Assim, para analisar a base econômica ou a condição econômica de uma determinada localidade ou região, o aspecto principal a ser investigado é o nível de recursos econômicos gerados e suas mudanças ao longo do tempo com o objetivo de destacar os recursos com os quais o governo pode contar para extrair suas receitas.

Essa condição econômica é representada pelas propriedades imobiliárias existentes em determinada localidade, pela renda dos indivíduos que residem ou trabalham em determinada área geográfica, pelo nível de atividade das empresas sediadas nos limites de determinada região, pelo nível de serviços públicos prestados mediante remuneração etc. Percebe-se, dessa forma, que a condição econômica de um governo é função de dois componentes do seu ambiente fiscal: **desempenho econômico** (nível de emprego, renda etc.) e **estrutura econômica** ou características locais (indústrias locais, comércio local, força de trabalho, infraestrutura etc.).

5.3.1 Análise do desempenho econômico

O desempenho econômico representa o nível de atividades econômicas de uma jurisdição, sendo mensurado pelas seguintes categorias de variáveis: (*i*) nível de mudança na produção econômica (vendas e valor adicionado); (*ii*) aplicação eficiente da força de trabalho e capital produtivo (número de desempregados e capacidade industrial ociosa); e (*iii*) retorno do capital empregado, retorno do trabalho e de outros recursos usados na produção (número de empregados e renda).

Em estudos de avaliação do desempenho econômico de uma determinada localidade ou região, a variável renda dos indivíduos e das empresas é provavelmente a medida mais utilizada para avaliar a capacidade dos governos em obter receita, pois representa o potencial da receita tributária, determina o nível de consumo e influencia a riqueza da comunidade. Assim, no processo de análise dos recursos da comunidade, a renda é vista sob três características: a renda total, a estabilidade da renda e a distribuição de renda.

A renda total representa o montante de recursos gerados pelas empresas e indivíduos de uma determinada região sob estudo, representada por salários, dividendos, juros, aluguéis, lucros de operações comerciais etc. Na maioria das vezes, essa variável

---

[1] *Cities survive by selling products or services to the "outside world", thereby gaining the wherewithal with which to pay for indispensable imports, i.e., goods not produced in the local economy. By extension, cities rise and fall with the growth and decline of their export industries.*

é inserida nos modelos de análise levando-se em consideração a renda média, a renda *per capita* ou a renda por família.

A estabilidade da renda representa a flutuação da renda dos indivíduos e das empresas ao longo do tempo. Essa flutuação impacta o montante de receita total arrecadada pelo governo e, em alguns casos, revela problemas fiscais importantes.

A distribuição de renda entre indivíduos e famílias existe para diminuir as desigualdades entre ricos e pobres. A desigualdade de renda entre indivíduos de uma mesma região pode afetar a base econômica do governo e influenciar negativamente a capacidade do governo em produzir receita.

Peterson et al. (1978a, p. 2) apresentam as seguintes medidas denominadas de "longa visão" ou perspectiva federal das atividades econômicas locais para avaliar a condição econômica de uma localidade: (*i*) mudanças no nível e *mix* da população local; (*ii*) mudanças no nível e *mix* do emprego local; (*iii*) mudanças no nível e *mix* da renda local; (*iv*) índice de desemprego; e (*v*) vulnerabilidade para os ciclos econômicos.

Nesse mesmo sentido, Ammar et al. (2001, p. 94), afirmam que frequentemente são utilizados quatro grandes fatores para avaliar a saúde econômica de uma cidade: (*i*) o crescimento econômico do Município relativamente ao crescimento nacional e estadual; (*ii*) a renda média dos contribuintes no Município; (*iii*) as mudanças na composição da população da cidade e estrutura de emprego; e (*iv*) a diversificação da economia do Município e a base tributária.

5.3.2 Análise da estrutura econômica

A estrutura econômica ou as características locais referem-se aos atributos de uma área geográfica que determinam o seu desempenho econômico. Representam a composição da atividade econômica, como tipos de empresas, tipos de postos de trabalho, tipos de unidade imobiliária (residencial, industrial, comercial) etc. Para estabelecer essas características muitas pesquisas são desenvolvidas no sentido de identificar quais os fatores que definem o nível de produção, o nível de emprego, a renda de uma determinada região geográfica e a demanda externa e interna por produtos e serviços.

De acordo com Berne e Schramm (1986, p. 103), vários estudos empíricos revelam que a condição econômica de uma região depende tanto da demanda por produtos exportados (abordagem da demanda externa e da estrutura industrial) quanto da oferta de produtos para consumo interno (abordagem dos efeitos da oferta e das características locais). A primeira abordagem enfatiza a condição econômica fora das fronteiras de determinada região e sua ligação com a economia externa e o seu ambiente de mercado. A segunda abordagem enfatiza os recursos e a capacidade produtiva dentro dos limites de determinada região. A abordagem apropriada irá depender do tamanho do Município, mas, em muitos casos, a renda produzida depende tanto da demanda externa quanto da oferta interna de bens e serviços.

a. **Abordagem da demanda externa e da estrutura industrial:** estudos desenvolvidos sob essa abordagem enfatizam o nível de emprego e renda gerado com as atividades de exportação e a estrutura industrial que produzem os bens exportados. Assim, para verificar o potencial de receita de um governo é preciso obter conhecimento sobre a estrutura industrial, a demanda externa por diferentes produtos e o relacionamento entre a renda gerada e as várias atividades industriais. De acordo com essa abordagem, uma economia forte terá um substancial setor de exportação com volume de vendas expressivo, mas com a aquisição de insumos concentrada no mercado interno com o objetivo de proporcionar vendas adicionais para os outros setores internos da economia, contribuindo para a geração de renda e emprego para a população local.
b. **Abordagem dos efeitos da oferta e das características locais:** estudos desenvolvidos sob essa abordagem procuram determinar o desempenho econômico de uma localidade ou região mediante o conhecimento das seguintes variáveis: (*i*) força de trabalho, analisando a quantidade, o nível de capacitação, o nível educacional, a profissão etc.; (*ii*) capital produtivo, analisando o valor total dos equipamentos, idade e condição das instalações industriais etc.; (*iii*) instituições de apoio, tais como transporte, escolas, bibliotecas, parques, hotéis, jornais, hospitais, cinemas etc.; (*iv*) quantidade e qualidade dos serviços públicos, tais como polícia, bombeiros, eletricidade, saneamento, abastecimento d'água, estradas etc.

Em suma, essas abordagens objetivam identificar os fatores que determinam a renda da economia local ou regional, revelando as variáveis mais importantes que afetam as características da renda *per capita* de uma localidade. Berne e Schramm (1986, p. 109-110) efetuaram um levantamento em estudos empíricos nessa área, tendo constatado as seguintes relações com a renda *per capita*:

1. quanto maior a percentagem de produção e serviços nas atividades industriais e quanto mais baixo o percentual na agricultura, maior a renda *per capita*;
2. quanto maior a percentagem de fabricações no setor industrial e quanto mais baixa a percentagem de fabricação de matéria-prima, maior a renda *per capita*;
3. quanto maior a percentagem das atividades de serviços em cada setor de serviço, maior a renda *per capita*;
4. quanto maior a percentagem de fabricação de bens duráveis em cada setor industrial, maior a renda *per capita*;
5. quanto maior a intensidade do capital na indústria (índice de capital/trabalho), maior a renda *per capita*;
6. quanto maior a percentagem de empregados e menor a força de trabalho que é autoempregada, maior a renda *per capita*;

ANÁLISE DE RECURSOS E NECESSIDADES DA COMUNIDADE

7. quanto maior a proporção da população de 21 anos ou mais velha participando da força de trabalho, maior a renda *per capita*.

Pelo exposto, para examinar o desempenho econômico e a estrutura econômica de uma localidade, bem como entender o nível de renda e suas mudanças, ou seja, avaliar a base econômica, é necessário obter dados sobre os fatores e variáveis apresentados no Quadro 5.1.

Quadro 5.1   Variáveis típicas usadas na análise da base econômica de uma localidade

FATORES	VARIÁVEIS
População	Total, raça, idade, sexo, nível de escolaridade Percentual de pobreza
Renda	Média *per capita* ou por família Renda média dos indivíduos ou famílias
Força de trabalho e emprego	Total de empregados Tamanho da força de trabalho e índice de participação Índice de desemprego Empregados por setor da economia e profissão Empregados e desempregados por raça, sexo, grupo de idade Média salarial por setor da economia e profissão
Produtividade e investimento nas atividades industriais	Valor adicionado por produção trabalhada Valor adicionado menos remuneração por produção trabalhada Investimento por produção trabalhada
Estrutura industrial	Emprego por indústria de exportação Multiplicador de ganhos por indústria

Fonte: Adaptado de Berne e Schramm (1986, p. 113).

5.3.3   Indicadores de recursos da comunidade

Os indicadores de recursos da comunidade revelam a base econômica de determinada localidade ou região, refletindo a capacidade fiscal do governo e sinalizando a sua capacidade em fornecer serviços à comunidade.

Capítulo 5

O Quadro 5.2 apresenta os principais indicadores de recursos da comunidade utilizados pelos analistas e pesquisadores da condição financeira governamental.

Quadro 5.2 Indicadores de recursos da comunidade

REF.	INDICADORES	DEFINIÇÃO OPERACIONAL	PRINCIPAIS ESTUDOS
a	TENDÊNCIA DA POPULAÇÃO	Número de habitantes Taxa de variação da população	Burchell et al. (1984); Berne e Schramm (1986); Berne (1992); Howell e Stamm (1979); Groves e Valente (2003); Hendrick (2004); Miller (2001); Peterson et al. (1978b)
b	RIQUEZA DA COMUNIDADE		Groves e Valente (2003); Berne e Schramm (1986); Berne (1992); Ammar et. al. (2001); Berne (1992); Peterson et al. (1978a); Nathan e Adams (1976); Howell e Stamm (1979); Clark e Chan (1990); Hendrick (2004); Miller (2001); Clark e Ferguson (1983).
b1	Renda dos munícipes	Renda total Renda per capita = $\dfrac{\text{Renda total}}{\text{População}}$ Renda média familiar = $\dfrac{\text{Renda dos membros da família}}{\text{Qtd. de pessoas da família}}$	
b2	PIB	PIB total	
b3	Indicador de riqueza da cidade	(Valor das propriedades tributáveis × % da receita própria de imposto sobre a propriedade) + (renda per capita × % de outras receitas)	Clark e Ferguson (1983); Clark e Chan (1990); Hendrick (2004); Ammar et al. (2001)

»

ANÁLISE DE RECURSOS E NECESSIDADES DA COMUNIDADE

REF.	INDICADORES	DEFINIÇÃO OPERACIONAL	PRINCIPAIS ESTUDOS
c	VALOR DAS PROPRIEDADES		Groves e Valente (2003); Berne e Schramm (1986); Berne (1992); Miller (2001); Ammar et. al. (2001, 2004); Peterson et al. (1978c); Clark e Chan (1990); Hendrick (2004); Lima (2011). Moon e Stotsky (1993);
c1	Valor total dos imóveis tributáveis	Valor de todas as propriedades base do IPTU ou $\dfrac{\text{IPTU arrecadado}}{\text{Alíquota média do IPTU}/100}$	
c2	Maiores contribuintes do IPTU	$\dfrac{\text{Valor de mercado das propriedades dos 10 maiores contribuintes}}{\text{Valor de mercado de todas as propriedades}}$	
c3	Variação do valor das propriedades	$\dfrac{(\text{VP do exercício atual} - \text{VP exercício anterior})}{\text{VP do exercício anterior}}$	
c4	Condições das moradias	Idade das moradias % de moradias com mais de 30 anos	
d	ATIVIDADES IMOBILIÁRIAS		
d1	Índice de casa própria ou taxa de propriedade	% da população com casa própria ou % de moradias ocupadas pelo proprietário ou n° de pessoas por dependência	Groves e Valente (2003); Cluff e Farnham (1985); Nathan e Adams (1976); Hendrick (2004); Ammar et al. (2001); Berne (1992).
d2	Índice de desocupação	% de propriedades desocupadas	
d3	Permissões para construção	Quantidade de alvarás	

»

Capítulo 5

REF.	INDICADORES	DEFINIÇÃO OPERACIONAL	PRINCIPAIS ESTUDOS
e	BASE DE EMPREGO		
e1	Índice de desemprego	Total de desempregados / População economicamente ativa	Groves e Valente (2003); Berne e Schramm (1986); Berne (1992); Ammar et al. (2001); Nathan e Adams (1976); Peterson et al. (1978b); Howell e Stamm (1979); Clark e Chan (1990); Miller (2001); Raman (1981); Wescott (1984); Lipnick et al. (1999)
e2	Taxa de crescimento de desemprego	(N° desempregados exerc. atual – n° desempregados exerc. anterior) / Desempregados exerc. anterior	
e3	N° de postos de trabalho	Quantidade de empregos disponível na economia	
e4	Diversificação econômica ou diversidade de emprego	Proporção de trabalhos ocupados na indústria ou no comércio etc. / Qtd. disponível de empregos	
f	ATIVIDADES EMPRESARIAIS	Número de unidades empresariais Vendas no varejo Vendas no atacado Vendas totais	Groves e Valente (2003); Berne e Schramm (1986); Berne (1992); Ammar et al. (2001); Clark e Chan (1990)

a. **Tendência da população**: esse indicador produz conhecimentos relacionados tanto com a capacidade de geração de recursos pela comunidade, quanto com a necessidade de gastos. Nesse sentido, Miller (2001, p. 22) afirma que a redução no tamanho da população indica a fragilidade da situação financeira, pois, quando os cidadãos deixam a comunidade, sua partida reflete a perda de confiança na economia local. O aumento da população, também, pode impulsionar a pressão por gastos, já que os novos residentes demandam novos serviços ou mais atenção do governo local para lidar com novos problemas decorrentes do crescimento, como o congestionamento do tráfego.

Destaque-se que qualquer variação no tamanho da população de uma localidade afeta diretamente a receita do governo, uma vez que algumas fontes são originadas em uma base *per capita*, dentre elas as transferências intergovernamentais. Um acréscimo no tamanho da população proporciona aumento da base da receita, mas, por outro lado, cria pressões imediatas por novos gastos de capital e por acréscimo no nível de

ANÁLISE DE RECURSOS E NECESSIDADES DA COMUNIDADE

serviços correntes. Uma redução no tamanho da população pode ocasionar redução na base da receita, mas nem todos os custos são reduzidos devido à estrutura fixa de gastos existente. Assim, um governo com alto nível de fixidez de despesas, quanto maior o declínio da população, mais adversos serão os efeitos na sua capacidade de pagamento (GROVES; VALENTE, 2003, p. 108).

Segundo Burchell et al. (1984, p. 43), as mudanças na população de uma comunidade são consideradas importantes medidas de desempenho. Crescimento populacional implica expansão dos mercados, melhoria das oportunidades de empregos e um atrativo ambiente residencial, afetando, por consequência, as vendas a varejo, a procura por serviços e as instituições financeiras. Por outro lado, uma redução na população pode ter repercussões negativas na base de recursos de uma cidade, provocando reduções na base da receita e quedas de arrecadação.

Groves e Valente (2003, p. 109) orientam que, ao se analisarem o declínio e o aumento da população de uma localidade com vistas a avaliar os efeitos no nível de desemprego, renda, atividades comerciais e moradias, os seguintes aspectos devem ser observados:

Quanto à redução da população, observar se:

1. houve emigração de camadas da população devido às precárias oportunidades de trabalho;
2. existem condições sociais e econômicas adversas, como, por exemplo, o aumento excessivo da carga tributária em comparação com outras comunidades e a emigração de adultos;
3. o índice de imigração reduziu devido à escassez de postos de trabalho e residências;
4. a demanda por propriedades industriais e comerciais reduziu;
5. o número de pequenas famílias aumentou criando custos adicionais para a prestação de serviços públicos; e
6. o padrão de construção de residências proporciona mais unidades multifamiliares ou unidades menores.

Quanto ao aumento da população, observar se:

1. houve a anexação de áreas desenvolvidas, reconstrução de residências ou novas construções;
2. o custo para atender os novos residentes é igual ao incremento de receita obtida com a chegada desses novos residentes;
3. o nível de atividade econômica aumentou devido ao desenvolvimento das residências;

4. houve aumento da demanda por serviços públicos, tais como: fornecimento de água, saneamento básico, circulação do tráfego, eletricidade, utilização de parques públicos, coleta de lixo, qualidade do ar, espaços públicos abertos etc.;
5. houve a necessidade de novos custos operacionais;
6. foi preciso aumentar a infraestrutura física para a prestação de serviços públicos;
7. o governo deve instituir novos controles oficiais; e
8. devem ser aumentadas as taxas de serviços públicos ou instituídas novas taxas.

Pelo que se observa, a variação da população é relevante para a composição e a análise dos indicadores de recursos da comunidade, que exprimem a base econômica de determinada localidade ou região. Contudo, não se pode concluir sobre a base econômica unicamente pela movimentação da população, sendo necessária a inclusão de outras variáveis, tais como a riqueza da comunidade, a renda dos munícipes, o PIB etc.

b. **Riqueza da comunidade**: os indicadores de riqueza da comunidade refletem a base de recursos de uma comunidade sobre a qual o governo extrai a receita. Esses indicadores são representados, basicamente, pela renda dos munícipes ou pelo Produto Interno Bruto (PIB).

b1. **Renda dos munícipes:** a renda dos munícipes pode ser expressa pela renda total, pela renda *per capita* ou pela renda média familiar. Berne (1992, p. 133) declara que a renda *per capita* é a medida mais direta da base econômica, pois os economistas argumentam que ela é a melhor medida da capacidade de pagamento, muito embora a maioria das jurisdições não possa tributá-la diretamente. Assim, quanto maior a renda *per capita*, maiores os impostos sobre a propriedade, sobre as vendas, sobre a renda pessoal e sobre a renda empresarial que a comunidade pode gerar.

Entretanto, Groves e Valente (2003, p. 115) declaram que muitos analistas consideram a renda média familiar como a medida mais válida porque a necessidade por serviços é mais diretamente relacionada com a renda familiar do que com a renda pessoal *per capita*. Por outro lado, os autores afirmam que as agências de *rating* de crédito usam a renda *per capita* como uma medida importante do governo local para captar a capacidade de pagamento da dívida e, ainda, que as agências comparam a renda *per capita* com os gastos *per capita* para determinar se o crescimento da renda mantém proporcionalidade com o crescimento dos gastos.

Moak e Hillhouse (1975, p. 394) destacam que algumas medidas da atividade econômica são úteis como evidências indiretas da riqueza e da renda de uma comunidade, dentre elas: carradas de frete, toneladas de mercadorias transportadas, registros de veículos motorizados, consumo de gasolina, número de turistas, quilowatt/horas consumidas, consumo médio diário de água, valor adicionado por setor, folha de pagamento por setor, gastos militares, valor das construções, permissões para construções, recebimentos postais, vendas no varejo, depósitos bancários, jornais em circulação, matrículas em instituições locais de educação superior.

    b2. PIB: a medida mais completa da riqueza de uma comunidade diz respeito à renda agregada medida pelo Produto Interno Bruto (PIB). O PIB é uma medida agregada utilizada na macroeconomia com o objetivo de mensurar a atividade econômica de uma região, sendo obtida pela soma em valores monetários de todos os bens e serviços finais produzidos em determinada região durante um período de tempo determinado. O valor total dos bens e serviços é igual ao total da renda recebida pelos participantes do sistema produtivo (ACIR, 1986, p. 12).

Estudos sobre a capacidade econômica dos governos frequentemente utilizam o PIB como variável do potencial de recursos de uma comunidade, pois quanto maior o PIB de uma região, maior será a capacidade do governo em obter receitas de impostos. A ACIR (1986) desenvolveu uma metodologia para medir a capacidade fiscal dos governos estaduais americanos utilizando o PIB como variável potencial de recursos. No Brasil, Cossio (1998, p. 58), buscando estimar as receitas potenciais das unidades federativas, utilizou as seguintes variáveis de recursos potenciais: PIB total, produto industrial, população total e população urbana.

    b3. Indicador de riqueza da cidade: Clark e Ferguson (1983) desenvolveram uma medida composta para avaliar a riqueza de um governo local, denominada de indicador de riqueza da cidade (*city wealth index*). Segundo os autores (1983, p. 54), esse indicador é formado por duas grandezas que retratam a riqueza de uma cidade: o valor das propriedades e a renda da população, lembrando que o valor das propriedades somente será usado desde que represente a maior fonte de recursos do governo local. O indicador é formado pela seguinte fórmula:

$$IRC = P_1 VPT + P_2 R$$

Em que:
IRC = Indicador de Riqueza da Cidade;
VPT = Valor das Propriedades Tributáveis;

R = Renda;
P_1 = participação da receita própria de imposto sobre a propriedade na receita total;
$P_2 = 1 - P_1$ representando a participação da receita não própria na receita total.

Clark e Chan (1990, p. 94-95) reforçam a importância dessa medida como forma de ajustar as diferenças estruturais entre as cidades e permitir a comparabilidade de informações. As diferenças estruturais dizem respeito à estrutura diferenciada de receitas entre as cidades, pois as características socioeconômicas, tais como valor das propriedades tributáveis, variam em importância entre diferentes localidades, não permitindo realizar comparações do desempenho financeiro – por exemplo, comparar entre as cidades o indicador dívida total/valor das propriedades tributáveis.

c. **Valor das propriedades:** o valor das propriedades imobiliárias, por representar indiretamente a renda de uma comunidade e, portanto, a sua riqueza, constitui aspecto importante da condição econômica de um determinado Município, sendo um dos importantes elementos da base da receita. Groves e Valente (2003, p. 120) asseguram que o valor das propriedades é uma indicação eficiente da riqueza de uma economia local. Assim, os autores recomendam monitorar a redução desse valor e seu impacto na redução das receitas. A redução do valor das propriedades pode ser ocasionada pelo declínio da população ou das atividades empresariais, pela deterioração das plantas imobiliárias ou do estoque imobiliário e pelo declínio da economia.

Peterson et al. (1978b, p. 6) afirmam que cidades com valor das propriedades baixo e declinante estão em potencial desvantagem, forçando-as a aplicarem altas alíquotas de imposto sobre a propriedade para poderem arrecadar o mesmo montante que as cidades mais ricas. Os autores afirmam, ainda, que um crescimento lento do valor das propriedades indica possível crise fiscal, forçando o governo a reavaliar o valor dos imóveis e das alíquotas tributárias para poder manter o mesmo nível dos gastos públicos.

c1. **Valor total dos imóveis tributáveis:** esse indicador é considerado importante para a avaliação da condição financeira do governo uma vez que o imposto sobre a propriedade representa, na maior parte dos grandes Municípios, a principal fonte de receita. Assim, quanto maior o valor total dos imóveis comerciais, industriais e residenciais, maior a receita do governo.

Berne e Schramm (1986, p. 258) afirmam que o valor dos imóveis tributáveis de um Município pode ser obtido de duas formas: pelo valor de avaliação (*assessed value*) ou pelo valor de mercado (*full assessed value* ou *market value*). O valor de avaliação,

ANÁLISE DE RECURSOS E NECESSIDADES DA COMUNIDADE

também conhecido como valor venal, é encontrado no cadastro imobiliário do Município. Lima (2011) construiu esse indicador por meio de uma *proxy*, dividindo o montante do IPTU arrecadado pela alíquota média desse tributo a partir das alíquotas informadas no Código Tributário do Município para cada categoria de imóvel: residencial, comercial, industrial etc.

- **c2. Maiores contribuintes de imposto sobre a propriedade:** esse indicador mede o grau de concentração do valor das propriedades do Município, ajudando a analisar a vulnerabilidade da base econômica e medir o risco inerente da dependência pelo Município de poucos contribuintes. Groves e Valente (2003, p. 123) afirmam que o governo local deve ter motivos para preocupações quando a concentração dos maiores contribuintes representar mais do que 20% do valor das propriedades da comunidade.
- **c3. Variação do valor das propriedades:** esse indicador mostra o declínio ou acréscimo no valor das propriedades de uma cidade. É muito importante identificar as mudanças no valor das propriedades, principalmente dos Municípios cujos gastos dependem de parcela substancial da receita do IPTU para serem financiados.

De acordo com Groves e Valente (2003, p. 120), uma comunidade que apresenta crescimento da população e da base econômica, provavelmente, apresentará no curto prazo um crescimento do valor das propriedades por unidade. Ao verificar que o valor das propriedades está declinando, é recomendável detectar as principais causas: (*i*) tendências regionais e/ou nacionais sobre as quais o governo local não detém controle (nesse caso, verificar se planos de contingência foram estabelecidos); (*ii*) declínio na população ou nas atividades empresariais; (*iii*) deterioração dos imóveis (nesse caso, verificar se foram realizados programas de manutenção e estimulados os investimentos privados).

Groves e Valente (2003, p. 121) alertam que tanto um crescimento rápido quanto uma redução rápida do valor das propriedades podem ser sinais de problemas potenciais. Assim, se o valor das propriedades está crescendo significativamente mais rápido do que a renda pessoal ou a renda média, muitos contribuintes poderão tornar-se inadimplentes do IPTU, especialmente aqueles de baixa renda.

- **c4. Condições das moradias:** esse indicador está relacionado com a base da receita de impostos sobre a propriedade, pois as propriedades mais velhas, teoricamente, apresentam baixo valor de avaliação devido ao tempo de uso. Moon e Stotsky (1993, p. 55), no seu estudo para caracterizar a base tributária das propriedades relacionadas com o tempo de uso das moradias, apresentam as seguintes medidas: proporção de unidades resi-

denciais construídas antes de 1940 e proporção das unidades residenciais construídas depois de 1970.
d. **Atividades imobiliárias:** os aluguéis de imóveis, o movimento de compra e venda de unidades imobiliárias, bem como as novas construções em uma localidade ou região, são importantes sinais de desenvolvimento econômico de uma comunidade, revelando a capacidade financeira da população e, por conseguinte, afetando a condição financeira do governo.

d1. **Índice de casa própria ou taxa de propriedade:** esse indicador mede a percentagem de residentes que possuem casa própria. Essa medida representa a capacidade financeira da população para adquirir sua residência própria e revela a base socioeconômica da comunidade.

d2. **Índice de desocupação:** esse indicador mostra a percentagem de propriedades desocupadas. Quando o desenvolvimento econômico é moroso ou está declinando em determinada comunidade, a demanda para alugar unidades residenciais, comerciais e industriais cai e o índice de desocupação tende a aumentar. Entretanto, se a condição econômica da comunidade é atrativa, a demanda para alugar as propriedades é grande e o índice de desocupação é baixo. Logo, quando o índice de desocupação for baixo poderão existir sinais de potenciais problemas financeiros ou excesso de propriedades.

d3. **Permissões para construção:** as permissões para construção, medidas pelo número de alvarás concedidos, representam um indicador da capacidade de arrecadação do Município devido ao incremento de novas construções e ao estoque de propriedades da comunidade. Esse indicador mostra o crescimento da base da receita para o imposto sobre a propriedade e o crescimento da atividade econômica da comunidade.

e. **Base de emprego:** para medir a base de emprego de uma localidade utilizam-se, frequentemente, o índice de desemprego e o número de postos de trabalho. Peterson *et al.* (1978b, p. 19) declaram que as fórmulas de distribuição de ajuda pelo governo federal utilizam o crescimento relativo de empregos como a principal medida de resistência financeira que, portanto, constitui o principal critério ou fator de distribuição de ajuda.

Groves e Valente (2003, p. 131) afirmam que a base de emprego está diretamente relacionada com as atividades comerciais e a renda pessoal. Assim, mudanças na taxa de desemprego estão relacionadas com as mudanças na renda pessoal, constituindo uma medida de influência na capacidade da comunidade para dar suporte a seu setor comercial. Logo, se a base de emprego de uma localidade é crescente, garantindo proteção contra as flutuações econômicas de curto prazo ou contra recaídas em determinado setor da economia e proporcionando renda suficiente para suportar o comércio local,

ANÁLISE DE RECURSOS E NECESSIDADES DA COMUNIDADE

então ela terá uma influência positiva na condição financeira do governo. Por outro lado, se a base de emprego é declinante, medida pelo índice de desemprego e pelo número de postos de trabalho disponível, observam-se sinais de recaída da atividade econômica e redução na receita do governo.

- e1. **Índice de desemprego:** esse indicador é medido pela relação entre o número total de pessoas desempregadas e a população economicamente ativa. A população economicamente ativa refere-se ao potencial de mão de obra disponível para o trabalho, compreendendo o somatório da população ocupada com a população desocupada. Uma relação alta desse indicador revela recaída da atividade econômica com reflexos negativos na condição financeira do governo.
- e2. **Taxa de crescimento de desemprego:** refere-se à variação do número de pessoas desempregadas de um período para outro. Quanto maior for esse indicador, pior será a condição econômica de uma localidade com reflexos negativos na condição financeira do governo.
- e3. **Número de postos de trabalho:** refere-se à quantidade de vagas de trabalho na economia. Se o número de postos de trabalho se mostrar crescente, a condição econômica da localidade será considerada favorável com efeitos positivos na condição financeira do governo.
- f. **Atividades empresariais:** o nível das atividades empresariais de uma localidade pode ser medido pelo montante das vendas no varejo, pelo número de unidades comerciais e industriais existentes ou pelo valor total das receitas de vendas no atacado. Segundo Groves e Valente (2003, p. 134), as atividades comerciais afetam a condição financeira do governo de duas formas: primeiro, afetam diretamente qualquer fonte de receita que é produzida pelas atividades comerciais; e, segundo, afetam indiretamente a renda pessoal, o valor das propriedades e a base de emprego.

Quando houver declínio das atividades empresariais, é recomendável identificar as causas, tais como: (*i*) tendências regionais ou nacionais sobre as quais o governo local não detém controle; (*ii*) mudanças na população, na renda e/ou na base de emprego; (*iii*) as empresas estão falindo ou mudando-se para outra localidade; (*iv*) as empresas estão estabilizadas na mesma parcela de mercado em comparação com outras empresas, com participação maior, de mesmo porte e sediadas em localidades similares; (*v*) os prédios comerciais e industriais estão obsoletos; e (*vi*) não existem incentivos fiscais para as empresas se estabelecerem na localidade.

5.4 Análise das necessidades da comunidade

As necessidades da comunidade constituem importante fator que determina maior parcela dos gastos do governo, pois faz parte dos objetivos da entidade governamental satisfazer as necessidades sociais e econômicas da população. Todavia, as necessidades da comunidade não são fáceis de definir e medir e, tampouco, são estáticas, pois mudam constantemente em decorrência de variadas forças, tanto dentro quanto fora do controle governamental, tais como mudanças nas condições macroeconômicas, mudanças no estilo de vida, mudanças nos planos institucionais, dentre outras.

Nesse sentido, de acordo com Cuciti (1978, p. xi), as necessidades da comunidade são um conceito amplo, largamente discutido, mas mal definido e medido. Cuciti (1978, p. 3) afirma, ainda, que as necessidades são classificadas em três dimensões: econômica, social e fiscal, relacionadas aos problemas enfrentados pelas empresas, pelas pessoas e pelos governos locais. A dimensão econômica refere-se aos problemas do comércio e empresas locais, a dimensão social refere-se aos problemas da população residente e a dimensão fiscal relaciona-se aos problemas de governança da cidade.

Esses problemas estão sempre relacionados, como em uma relação causa e efeito. Por exemplo, o aumento do desemprego é um grave problema econômico que resulta da baixa quantidade de empresas na localidade, que por sua vez é reflexo de problemas sociais (pobreza e altas taxas de criminalidade) e problemas fiscais (alta taxa de tributação e falta de incentivos fiscais). Assim, depreende-se que:

a. uma cidade tem necessidades sociais altas quando grande parcela dos seus residentes enfrentam problemas de baixa renda, pobreza, desemprego, subemprego e crimes;
b. uma cidade tem necessidades econômicas altas quando enfrenta dificuldades para atrair ou manter empresas, bem como apresenta declínio na tecnologia e na renda dos munícipes;
c. uma cidade apresenta necessidades fiscais altas quando enfrenta dificuldades financeiras de curto prazo e desequilíbrio de longo prazo entre pressão por gastos e capacidade para explorar receitas.

Destaque-se que há uma conexão entre necessidades da comunidade e gastos públicos, pois, uma vez que as necessidades são identificadas, é necessário o uso de recursos para a sua satisfação, produzindo os gastos governamentais. Assim, quanto maiores as necessidades de uma comunidade, maiores serão os gastos públicos para satisfazê-las.

Apesar das dificuldades em definir e medir as necessidades econômicas e sociais de uma comunidade, Berne e Schramm (1986, p. 212) apresentam três abordagens que possibilitam identificar a base de mensuração das necessidades, bem como propiciam a análise dos gastos públicos. São elas: (*i*) demanda da comunidade por bens e serviços; (*ii*) sistemas de informações governamentais; e (*iii*) indicadores socioeconômicos.

ANÁLISE DE RECURSOS E NECESSIDADES DA COMUNIDADE

5.4.1 Demanda por bens e serviços

Os economistas argumentam que a função de utilidade do indivíduo reflete as necessidades individuais por bens e serviços no mercado. Assim, os preços e quantidades de bens e serviços no mercado constituem instrumentos para medir as necessidades dos indivíduos. Mas essas necessidades também são determinadas por outras forças, tais como propaganda, regulação governamental e capacidade de pagamento dos indivíduos (BERNE; SCHRAMM, 1986, p. 212).

Por isso, no setor público, a função demanda não é segura para identificar as necessidades da comunidade. Ademais, os governos, frequentemente, fornecem bens e serviços mesmo se não existe mercado com preços disponíveis. Apesar dessas limitações, os estudos empíricos que incorporam considerações sobre a função demanda ajudam a identificar os principais tipos de necessidades ou *proxies* de necessidades que influenciam os gastos públicos.

De acordo com o estudo seminal de Vernez (1976, p. 30), a função demanda no setor público, com o objetivo de determinar as necessidades da comunidade, relaciona a quantidade de bens e serviços demandada pelos indivíduos e seus respectivos preços, bem como outros fatores, tais como: gostos e preferências do cidadão, renda, qualidade do serviço, capacidade de pagamento e a disponibilidade de bens e serviços substitutos. Tipicamente, a função demanda pode ser assim descrita:

$$Q = f(A, P, Y, C, SU)$$

Em que:
Q = quantidade de *output* demandada;
A = vetor de medidas de qualidade dos *outputs*;
P = preço de uma unidade de *output*;
Y = renda;
C = vetor que reflete o gosto dos consumidores; e
SU = vetor indicando o custo, qualidade e/ou disponibilidade de bens substitutos.

Segundo Vernez (1976, p. 31), a função demanda para a maioria dos serviços públicos é difícil de determinar. Contudo, existem algumas abordagens que auxiliam na estimativa da quantidade de bens e serviços públicos demandados pela população: abordagem das preferências individuais (***individual preference approach***), abordagem do comportamento eleitoral (***voting-behavior approach***) e abordagem baseada nas necessidades (***needs approach***).

A abordagem das preferências individuais será usada para serviços cujos preços são disponíveis, tais como os serviços de utilidade pública com a cobrança de tarifa (água, saneamento, eletricidade, coleta de lixo etc.) e os serviços públicos substitutos (educação, saúde, segurança etc.). A vantagem dessa abordagem consiste na estimativa da função demanda com o emprego de métodos econométricos.

De acordo com a abordagem do comportamento eleitoral, a demanda por bens e serviços públicos é estimada por meio das seguintes alternativas: (*i*) estabelecer o *link* entre preferências individuais e gasto público; (*ii*) concentrar-se no comportamento do poder legislativo como organismo político e o seu relacionamento com os órgãos administrativos que prestam os serviços públicos; e (*iii*) avaliar o efeito de emigração de pessoas da comunidade para outras áreas.[2]

A abordagem baseada nas necessidades é a mais utilizada. Essa abordagem busca mais precisamente estimar as necessidades da comunidade do que determinar a demanda por bens e serviços públicos. As necessidades são estimadas com base em padrões desenvolvidos por associações profissionais ou pelos administradores dos serviços com vistas a alocar os recursos à prestação dos serviços. Como exemplos desses padrões tem-se: número de chamadas para determinado serviço, número de crimes cometidos, quilômetros de ruas a serem asfaltadas, quantidade de escolas e hospitais a serem mantidos etc.

Outra abordagem utilizada para determinar a demanda por bens e serviços públicos consiste em relacionar os gastos do governo com uma variedade de fatores que influenciam o surgimento desses gastos. Nesse sentido, Mulford Jr. (1978) identificou que vários estudos sobre a demanda da comunidade por bens e serviços procuram relacionar o gasto total *per capita* ou o gasto *per capita* das principais funções de governo com fatores que influenciam o nível de gastos, tais como capacidade de pagamento, ajuda financeira de outras esferas de governo, renda e necessidades. Vernez (1976, p. 43-44) ao analisar vários estudos sobre determinantes da demanda por bens e serviços, detectou os seguintes fatores de necessidades da comunidade:

a. percentagem da população de origem estrangeira;
b. percentagem da população não branca;
c. percentagem da população abaixo de 21 anos;
d. percentagem da população acima de 65 anos;
e. média de anos de escolaridade de pessoas com 25 anos ou mais;
f. percentagem da população acima de 25 anos com menos de 5 anos de escolaridade;
g. percentagem da população acima de 25 anos que está em cursos de graduação;
h. percentagem de empregos na indústria;
i. número de empregados por estabelecimento industrial; e
j. valor das vendas no varejo por estabelecimento comercial.

---

2 Segundo Tiebout (1956), os indivíduos "votam com os pés", ou seja, escolhem a localidade que melhor atenda às suas necessidades por bens e serviços públicos e imponha a menor carga tributária.

ANÁLISE DE RECURSOS E NECESSIDADES DA COMUNIDADE

Outros fatores determinantes das necessidades da comunidade, frequentemente utilizados para estimar a demanda por bens e serviços, são: (*i*) tamanho da população; (*ii*) densidade populacional; (*iii*) distribuição da população dentro e fora da jurisdição do Município; (*iv*) índice de crescimento populacional; (*v*) condições e densidade de moradias; (*vi*) intensidade no uso de moradias; (*vii*) idade das moradias; (*viii*) condições atmosféricas; (*ix*) pobreza ou famílias de baixa renda; e (*x*) estrutura da cidade (GRAMLICH, 1976; VERNEZ, 1976, MULFORD JR., 1978).

5.4.2 Sistemas de informações governamentais

Os sistemas de informações governamentais fornecem informações detalhadas que são úteis para os gestores públicos formularem programas de governo para atender as necessidades da comunidade.

Esses sistemas buscam avaliar as necessidades da comunidade na medida em que: (*i*) obtêm e acumulam informações sobre as necessidades e atitudes da população; (*ii*) monitoram os problemas a serem solucionados em prol da comunidade; (*iii*) avaliam a reação da população diante das ações do governo; e (*iv*) permitem a participação da comunidade nas decisões do governo e no processo político.

5.4.3 Indicadores socioeconômicos

Os estudos empíricos que incorporam considerações sobre a função demanda apresentam vários fatores determinantes das necessidades da comunidade que afetam os gastos públicos totais ou os gastos por funções de governo. Adicionalmente, os indicadores socioeconômicos apresentam, também, de forma simplificada, os fatores determinantes das maiores necessidades sociais e econômicas de uma comunidade.

Esses indicadores são construídos com variáveis econômicas e sociais que, direta ou indiretamente, medem diferentes tipos de necessidades, como população com baixa renda, condições paupérrimas de moradia, altos índices de mortalidade infantil, altos índices de analfabetismo etc.

Objetivando identificar as necessidades da comunidade, Flax (1972, p. 9) desenvolveu uma abordagem, à qual denominou de categorias da qualidade de vida da população, com vários indicadores associados, conforme destacados no Quadro 5.3.

Capítulo 5

Quadro 5.3   Categorias da qualidade de vida e respectivos indicadores

CATEGORIAS DA QUALIDADE DE VIDA	INDICADORES ASSOCIADOS
Desemprego	% da força de trabalho desempregada.
Pobreza	% de famílias com renda abaixo de U$ 3.000 por ano.
Renda	Renda *per capita* ajustada por diferenças no custo de vida.
Moradia	Custo de moradia para uma família com quatro membros com renda moderada.
Saúde	Mortalidade infantil (abaixo de 1 ano) por 1.000 crianças nascidas vivas.
Saúde mental	Índice de suicídios por 100.000 pessoas.
Ordem pública	Índice de roubos por 100.000 pessoas.
Igualdade racial	Índice entre taxa de desempregado branco e não branco.
Participação da comunidade	Contribuição *per capita* para fundos sociais.
Participação do cidadão	% da população votante por idade que votou na eleição presidencial recentemente.
Desempenho educacional	Anos médios de escola completados pelos adultos.
Transporte	Custo de transporte para uma família com quatro membros com renda moderada.
Qualidade do ar	Média anual de concentração de três componentes da poluição do ar e mudança na concentração de partículas suspensas.
Desintegração social	Número estimado de viciados em narcóticos por 10.000 pessoas.

Fonte: Flax (1972, p. 9).

ANÁLISE DE RECURSOS E NECESSIDADES DA COMUNIDADE

No processo de análise financeira, essas variáveis são comparadas ao longo do tempo entre entidades governamentais e relacionadas com os gastos, a fim de identificar as áreas mais problemáticas.

Essas variáveis, também, podem ser combinadas para formar indicadores compostos das necessidades econômicas e sociais. Nesse sentido, Nathan e Adams (1976, p. 49) desenvolveram um indicador composto de dificuldades intermunicipais (*intercity hardship*), para comparar cidades com severos problemas sociais e econômicos, combinando as seguintes variáveis:

1. desemprego (percentagem da força de trabalho desempregada);
2. dependência (percentagem da população total de pessoas com menos de 18 anos e acima de 64 anos);
3. educação (percentagem de pessoas com 25 anos ou mais com menos de 12 anos de estudo);
4. nível de renda (renda *per capita*);
5. residências lotadas (percentagem de unidades residenciais ocupadas com mais de uma pessoa por dependência); e
6. pobreza (percentagem de famílias abaixo de 125% do nível baixo de renda).

Assim, Nathan e Adams (1976), atribuindo o mesmo grau de importância a essas variáveis econômicas e sociais, formularam o seguinte índice para medir as dificuldades intermunicipais:

$$x = \left(\frac{y - y_{min}}{y_{max} - y_{min}} \right) \cdot 100$$

Em que:
x = escore padronizado a ser obtido para cada variável em cada cidade;
y = valor de uma variável específica que compõe o indicador em cada cidade;
y_a = menor valor da variável específica; e
y_b = maior valor da variável específica.

Para encontrar o indicador composto com base na fórmula acima, inicialmente, são encontrados seis índices padronizados para cada cidade, segundo as variáveis sociais e econômicas propostas por Nathan e Adams (1976). Finalmente, esses índices são somados e o resultado obtido dividido por 6. Assim, quanto maior o resultado do indicador composto, maior o grau de dificuldade da cidade.

Capítulo 5

5.4.4 Indicadores de necessidades da comunidade

Os principais indicadores de necessidades da comunidade, utilizados pelos analistas e pesquisadores da condição financeira governamental, estão apresentados no Quadro 5.4.

Quadro 5.4   Indicadores de necessidades da comunidade

REF.	INDICADORES	DEFINIÇÃO OPERACIONAL	PRINCIPAIS ESTUDOS
a	CARACTERÍSTICAS DA POPULAÇÃO		Groves e Valente (2003); Berne e Schramm (1986); Berne (1992); Freire e Petersen (2004); Wescott (1984); Cluff e Farnham (1985); Peterson et al. (1978b); Nathan e Adams (1976); Howell e Stamm (1979); Clark e Chan (1990); Hendrick (2004); Miller (2001); Clark e Ferguson (1983); Ammar et al. (2001).
a1	Mudanças no tamanho da população	Crescimento ou declínio da população	
a2	População dependente	Percentagem da população abaixo de 18 anos e Percentagem da população acima de 64 anos	
a3	Escolaridade da população	Percentagem da população com nível médio/nível superior, anos de estudo	
a4	Densidade populacional	População Área do Município	
b	Taxa de pobreza	Quantidade de pessoas assistidas por programas sociais População % da população abaixo do nível médio de renda	Groves e Valente (2003); Berne (1992); Anmar et al. (2001); Nathan e Adams (1976); Howell e Stamm (1979); Clark e Chan (1990); Miller (2001).
c	Índice de criminalidade	Percentual de criminalidade. Quantidade de homicídios	Groves e Valente (2003); Clark e Chan (1990); Hendrick (2004).
d	NECESSIDADES POR BENS E SERVIÇOS DE INFRAESTRUTURA	Identificação das condições físicas das escolas, ruas, estradas, hospitais, pontes, sistema de redes de esgoto e abastecimento d'água, transporte público, prédios públicos, etc..	Berne e Schramm (1986); Groves e Valente (2003); ABRAMAN (2013).
d1	Esforço de manutenção	Gastos de manutenção de bens de infraestrutura Receita total arrecadada	

ANÁLISE DE RECURSOS E NECESSIDADES DA COMUNIDADE

a. **Características da população:** as medidas relacionadas com as características da população, tais como mudanças no tamanho, faixa etária, nível de escolaridade e densidade populacional, afetam as condições econômicas de uma localidade, contribuindo tanto para a geração de recursos pela comunidade quanto para a necessidade por gastos.

a1. **Mudanças no tamanho da população:** esse indicador, conforme já relatado, produz conhecimentos relacionados tanto com a capacidade de geração de recursos pela comunidade, quanto com a necessidade de gastos. Um aumento da população pode aumentar a receita do governo, mas, provavelmente, exigirá mais serviços públicos de manutenção e gastos de capital. Todavia, uma redução do tamanho populacional, não necessariamente, reduz os gastos do governo devido à estrutura de custos fixos existentes.

Sobre isso, Peterson et al. (1978b, p. 3) afirmam que o dilema fiscal relacionado com o declínio da população é que a receita é muito mais sensível a mudanças do que os gastos, devido à estrutura de custos fixos. Assim, o declínio no tamanho da população amplia as dificuldades orçamentárias do governo, pois as receitas declinam automática e exponencialmente, exaurindo os recursos tributáveis mais rapidamente, enquanto que a redução na pressão por gastos é mais lenta. Rápido crescimento populacional também pode acarretar problemas financeiros na medida em que exige maiores investimentos de capital, criando a necessidade por novos aportes de dívida.

a2. **População dependente:** os indicadores de faixa etária da população ajudam a medir o nível de necessidades atuais e futuras da comunidade. Groves e Valente (2003, p. 113), recomendam o uso de percentagem da população abaixo de 18 anos e acima de 64 anos para mensurar as necessidades da comunidade, pois esses grupos de população demandam um nível maior de serviços. Berne (1992, p. 132) afirma que a população abaixo de 18 anos apresenta maior demanda por serviços educacionais e saúde infantil e a maior parte da população acima de 65 anos demanda serviços de saúde geriátricos. Entretanto, a camada da população entre 18 e 65 anos é uma população trabalhadora em potencial que provavelmente contribui mais para a base econômica da comunidade por meio do emprego.

a3. **Escolaridade da população:** quanto ao nível de escolaridade da população, Cluff e Farnham (1985, p. 286) afirmam que a média de anos de escolaridade da população tem um efeito positivo na capacidade financeira do governo e que um aumento no nível educacional da população diminui a pressão sobre a condição financeira relativamente à capacidade de pagamento. Além disso, esse indicador mede a demanda da sociedade por um governo eficiente

Capítulo 5

porque um aumento no nível educacional aumenta a responsabilidade pública por um governo local bem gerenciado.

a4. Densidade populacional: a densidade populacional ou densidade demográfica é medida pela relação entre a população e a superfície de um determinado território, sendo expressa em habitantes por quilômetro quadrado. Esse indicador revela uma das características da população que impactam a condição financeira por afetar a produção de bens e serviços para a comunidade e ajuda a medir os custos para o fornecimento dos serviços públicos. Berne e Schramm (1986, p. 204) assinalam que a distribuição das pessoas dentro e fora da jurisdição pode afetar a quantidade de serviços demandada e que a densidade populacional mede a economia de escala para fornecer serviços, pois quanto maior o número de pessoas dentro de uma localidade, menor será o custo fixo unitário e, por conseguinte, menos gastos são necessários para o fornecimento de serviços públicos.

Nesse sentido, Groves e Valente (2003, p. 111) afirmam que algumas comunidades têm fronteiras compactas e alta densidade populacional, fazendo com que os serviços públicos, tais como manutenção de estradas, proteção contra incêndios, proteção policial, sejam menos custosos. Se a mesma base populacional estende-se sobre uma superfície duas vezes maior, os custos para o fornecimento dos serviços aumentam.

b. Taxa de pobreza: o baixo nível da renda familiar ou baixa renda *per capita* de uma comunidade demonstra a falta de riqueza pessoal e a crescente necessidade da população por serviços básicos, tais como assistência social, saúde, segurança e educação. Assim, quanto mais esses fatores negativos são verificados em uma comunidade, mais a condição financeira do governo recebe impactos desfavoráveis, pois exigirá maior nível de determinados serviços com maiores custos. Alto índice de pobreza de uma comunidade também sugere a incapacidade do governo local em produzir receitas próprias, revelando um alto grau de dependência a transferências financeiras oriundas de governos de esferas superiores.

Groves e Valente (2003, p. 118) recomendam mensurar esse indicador observando o número de domicílios pobres ou a quantidade de pessoas assistidas por programas sociais. Por outro lado, Berne (1992, p. 129) recomenda mensurar esse indicador pela identificação da população abaixo da linha de pobreza.

A ideia que está por trás desse indicador, como referencial para identificar as necessidades da comunidade e, por conseguinte, o volume dos gastos do governo é que "as classes sociais mais disprivilegiadas são as que mais se reproduzem e as que mais se utilizam dos recursos públicos para a fazer os partos, alimentar as crianças lactentes, alimentar as crianças em idade escolar (merendas escolares), consumo de remédios e consultas médicas gratuitas, creches populares dos estados e prefeituras" (Wikipédia, 2012).[3]

c. **Índice de criminalidade:** o índice de criminalidade mostra os aspectos negativos de uma comunidade que afetam seu potencial econômico no presente e no futuro. Uma comunidade com alto índice de criminalidade tem sua saúde financeira prejudicada por ocasionar o afastamento das empresas existentes e desencorajar o surgimento de novos negócios comerciais. Além disso, os índices de criminalidade crescentes exigem aumento dos gastos públicos com os serviços de segurança (HENDRICK, 2004, p. 95). Nesse sentido, Clark e Chan (1990, p. 80) afirmam que o índice de criminalidade capta as aflições mais evidentes de uma cidade e que, como indicador de turbulência social, sugere maiores cuidados quando da avaliação das perspectivas futuras de uma localidade, especialmente se o índice de criminalidade está crescendo significativamente.

d. **Necessidades por bens e serviços de infraestrutura:** as necessidades da comunidade, também, incluem gastos de capital para a construção de bens de infraestrutura, bem como a manutenção dos bens existentes. Assim, é importante identificar indicadores de necessidades de serviços públicos para ajudar a determinar a pressão por gastos adicionais de capital, como, por exemplo: (*i*) idade do sistema de redes de tratamento d'água; (*ii*) número de reclamações sobre as condições da malha viária da cidade; (*iii*) número de unidades médicas por mil habitantes; (*iv*) pessoal ocupado em instituições públicas de saúde; (*v*) quantidade de professores por alunos matriculados; (*vi*) quantidade de escolas por mil alunos matriculados; (*vii*) toneladas de lixo produzidas etc.

d1. **Esforço de manutenção:** esse indicador revela a representatividade do custo de manutenção dos bens de infraestrutura do governo. Uma medida comumente utilizada pelo setor privado, conforme destaca a Associação Brasileira de Manutenção e Gestão de Ativos (ABRAMAN, 2013), relaciona o custo total de manutenção com o faturamento bruto. Por analogia, no setor público, o esforço de manutenção pode ser obtido estabelecendo-se a relação entre o gasto total com manutenção e a receita total arrecadada.

Groves e Valente (2003, p. 99) alertam que, no geral, o resultado desse indicador se mantém relativamente estável em relação à quantidade e à natureza dos ativos de in-

---

3   Disponível em: <http://pt.wikipedia.org/wiki/Demografia>. Acesso: em 23 dez. 2012.

fraestrutura. Um declínio desse indicador sinaliza que os ativos do governo estão se deteriorando e se essa tendência persistir a deterioração elevará os gastos de manutenção.

5.5 Exemplo de análise dos recursos e necessidades da comunidade

Para melhor entendimento e fixação dos conceitos expostos neste capítulo, apresenta-se a seguir um exemplo prático no qual se avaliam variáveis sociais, econômicas e demográficas do Município de Aurora Dourada.

Um dos grandes desafios da análise dos recursos e necessidades da comunidade é a localização de informações sociais, econômicas e demográficas em uma única base pública de dados. De modo geral, o maior provedor de informações dessa natureza é o Instituto Brasileiro de Geografia e Estatística (IBGE).

A análise da condição financeira sob a perspectiva dos recursos e necessidades da comunidade, neste caso, é realizada com base em um conjunto de Municípios semelhantes (grupo de referência) composto de 32 cidades da região central do país com as mesmas características econômicas, sociais e demográficas e com uma população inserida na faixa de 20.000 e 50.000 habitantes. Esse processo de comparação permite efetuar o cálculo de um quociente de localização a partir da divisão do valor da variável do Município em análise pelo valor médio da variável do grupo de referência.

A presente análise é feita sob o ponto de vista de um analista externo. Portanto, apresenta algumas restrições informacionais, tais como limitação dos dados publicados e ausência de informações sobre fatores importantes que afetam a condição econômica de um Município, como, por exemplo, informações sobre iminente plano de desenvolvimento econômico do governo com fomento à promoção de novos empregos ou planos para enfrentamento de possíveis catástrofes naturais como inundações e secas prolongadas, dentre outras.

Análise dos recursos da comunidade: para analisar os recursos ou a potencialidade de geração de recursos na comunidade, foram utilizados os níveis de renda e suas mudanças, informações sobre a estrutura industrial, características da força de trabalho, padrões de emprego e fatores demográficos. Estas informações revelam as mudanças na estrutura econômica do governo local e as características de sua população, fornecendo uma base para as previsões de longo prazo acerca da saúde econômica e à formulação de políticas apropriadas de receitas governamentais.

Os dados necessários para examinar a geração de recursos pela comunidade do Município de Aurora Dourada estão listados na Tabela 5.1. Muitos dos dados listados podem ser desagregados em grupos mais específicos para proporcionar uma análise mais detalhada, tais como faixas etárias, diferentes níveis de ensino e assim por diante. Isso depende, no entanto, da disponibilidade desses dados. Contudo, a escolha da

ANÁLISE DE RECURSOS E NECESSIDADES DA COMUNIDADE

quantidade de variáveis deve ser feita com cautela, pois a utilização demasiada de informações pode fixar o analista em detalhes sem importância, levando-o a perda de foco.

Tabela 5.1 Indicadores e quocientes de localização de recursos da comunidade do Município de Aurora Dourada para o período 2010-2012

INDICADOR	MUNICÍPIO DE AURORA DOURADA 2010	2011	2012	GRUPO DE REFERÊNCIA 2010	2011	2012	QUOCIENTE DE LOCALIZAÇÃO 2010	2011	2012
TENDÊNCIA DA POPULAÇÃO									
População	35.250	35.795	36.326	30.766	31.234	31.849	1,146	1,146	1,141
RIQUEZA DA COMUNIDADE									
Valor do rendimento nominal médio mensal	827,83	884,62	955,39	1.138,56	1.191,36	1.197,23	0,727	0,743	0,798
Renda da comunidade*	350.172.090	379.979.675	416.465.966	420.347.244	446.531.259	457.566.939	0,833	0,851	0,910
Produto Interno Bruto (PIB)	593.094.000	598.042.000	601.087.000	686.737.000	721.073.000	757.127.000	0,864	0,829	0,794
VALOR DAS PROPRIEDADES									
Valor total dos imóveis tributáveis	30.388.817	32.161.106	34.631.899	30.853.079	32.423.020	34.997.113	0,985	0,992	0,990
ATIVIDADES IMOBILIÁRIAS									
Percentual de pessoas com casa própria	76,50%	78,70%	78,10%	73,50%	73,70%	74,80%	1,041	1,068	1,044
BASE DE EMPREGO									
Percentual de empregados na população ocupada	69,10%	70,10%	71,90%	68,20%	68,60%	69,00%	1,013	1,022	1,042
Taxa de desemprego	5,90%	6,10%	5,80%	6,70%	6,00%	5,50%	0,881	1,017	1,055
Taxa de empregados no agronegócio	30,30%	31,30%	33,10%	24,80%	25,70%	26,30%	1,222	1,218	1,259
Salário médio do agronegócio	918	1.035,50	1.251,18	836,45	994,56	1.145,56	1,097	1,041	1,092
ATIVIDADES EMPRESARIAIS									
Número de empresas atuantes	783	915	938	1.084	1.068	1.085	0,722	0,857	0,865

* **Renda da comunidade** = valor do rendimento nominal médio mensal × população × 12 meses.

Capítulo 5

Os dados evidenciados na Tabela 5.1 revelam uma série de tendências acerca da capacidade de obtenção de recursos para financiar as necessidades da comunidade, como segue:

a. a população do Município é superior à média populacional do grupo de referência. Verifica-se, também, que essa população tem apresentado um crescimento similar ao crescimento da população do grupo de referência. Esse comportamento sinaliza um bom desempenho na economia local, proporcionado pela expansão das empresas e oportunidades de novos postos de trabalho que atraem novos habitantes e alavancam a renda da comunidade. Esses benefícios contribuem para o incremento das receitas do governo;
b. a renda dos munícipes apresenta comportamento abaixo da média dos Municípios do grupo de referência, visto que os quocientes de localização em todos exercícios estão abaixo de 1. Na média, a renda da comunidade de Aurora Dourada apresenta 82,2% da renda média do grupo de referência. Os resultados apontam que a comunidade de Aurora Dourada tem uma renda quase próxima aos patamares dos Municípios de referência e que a população tem a capacidade de contribuir significativamente para a geração de receita do governo;
c. em se tratando da riqueza da comunidade medida pelo Produto Interno Bruto, observa-se que o Município de Aurora Dourada apresenta um comportamento abaixo do grupo de referência em todos os anos da série analisada, possivelmente, pelo baixo número de empresas situadas na localidade e pela alta taxa de desemprego em comparação aos Municípios similares.
d. quanto à riqueza da comunidade medida pelos valores dos imóveis tributáveis, verifica-se comportamento similar ao do grupo de referência, alcançando um índice de localização de 0,99 em 2012. Tal comportamento reflete-se no crescimento da receita de impostos sobre a propriedade;
e. a quantidade de famílias do Município que possuem casa própria é ligeiramente superior ao grupo de referência, apresentando um crescimento aproximado de 4% ao ano. Isso mostra que o Município de Aurora Dourada, além de outros atrativos, dispõe de uma base socioeconômica forte, revelando-se em um bom lugar da região para fixar moradia;
f. as variáveis que medem a base de emprego do Município de Aurora Dourada, como determinante da renda dos munícipes, apresentam a seguinte posição:
    - o percentual da população ocupada apresenta um comportamento crescente ao longo dos anos, atingindo 71,9% em 2012. O quociente de localização revela que o Município tem um desempenho superior ao do grupo de referência;
    - a taxa de desemprego do Município apresentou uma leve flutuação decrescente, alcançado o patamar de 5,8% em 2012. Verifica-se que essa flutuação é similar à do grupo de referência;

ANÁLISE DE RECURSOS E NECESSIDADES DA COMUNIDADE

- a taxa de emprego do agronegócio, base da economia local, apresenta um nível de alocação de 33,1% da população ocupada em 2012 e um comportamento ao longo dos anos superior ao do grupo de referência;
- o salário dos empregados na área do agronegócio alcançou a média de R$ 1.251,18 em 2012. O quociente de localização revela que o salário médio do setor no Município é superior ao salário médio do grupo de referência;

g. quanto ao nível de atividade empresarial, verifica-se que o Município dispõe de um bom número de empresas ativas. Os dados revelam que o Município possui 938 empresas em 2012 devido ao expressivo crescimento em relação a 2010. Todavia, a média de empresas do grupo de referência é significativamente superior.

Em suma, os dados revelam que o Município de Aurora Dourada apresenta uma condição econômica boa com potencial de crescimento, a fim de alcançar integralmente o desempenho do grupo de referência. Isso significa que o Município precisa implementar políticas visando ao crescimento das suas atividades econômicas por meio da redução da taxa de desemprego, do aprimoramento do seu parque industrial, da concessão de incentivos para atrair novas empresas comerciais e de serviços e, consequentemente, alavancar o crescimento da renda e da riqueza da comunidade.

Análise das necessidades da comunidade: para analisar as necessidades da comunidade foram utilizados os seguintes fatores: características demográficas da população, taxa de pobreza, índice de criminalidade e necessidades por bens e serviços de infraestrutura.

Os dados empregados para analisar as necessidades da comunidade do Município de Aurora Dourada estão listados na Tabela 5.2. Algumas variáveis podem ser desagregadas em grupos mais específicos para proporcionar uma análise mais detalhada, tais como faixas etárias e diferentes níveis de ensino.

Capítulo 5

Tabela 5.2 Indicadores e quocientes de localização de necessidades da comunidade do Município de Aurora Dourada para o período 2010-2012

INDICADOR	MUNICÍPIO DE AURORA DOURADA 2010	2011	2012	GRUPO DE REFERÊNCIA 2010	2011	2012	QUOCIENTE DE LOCALIZAÇÃO 2010	2011	2012
CARACTERÍSTICAS DA POPULAÇÃO									
Mudanças no tamanho da população (*taxa de crescimento*)	1,41%	1,55%	1,48%	1,39%	1,52%	1,97%	1,014	1,020	0,751
Densidade demográfica (hab/km^2)	21,27	21,60	21,92	31,68	32,17	32,80	0,671	0,671	0,668
Ensino médio completo e superior incompleto	42,50%	42,90%	43,50%	43,20%	43,90%	44,20%	0,984	0,977	0,984
Taxa de analfabetismo da população de 15 anos ou mais de idade	10,40%	10,10%	9,80%	10,00%	9,90%	9,50%	1,040	1,020	1,032
Idade média	29,10	29,90	30,50	28,80	29,45	30,10	1,010	1,015	1,013
Razão de dependência – jovens de 0 a 14 anos	35,90%	35,60%	34,80%	36,60%	35,70%	34,90%	0,981	0,997	0,997
Razão de dependência – idosos de 65 ou mais anos	9,60%	9,70%	9,90%	8,30%	8,50%	8,70%	1,158	1,144	1,140
TAXA DE POBREZA									
Percentual de pessoas que vivem com até R$ 70 de rendimento domiciliar *per capita*	12,10%	11,80%	10,50%	7,80%	6,90%	6,30%	1,551	1,710	1,667
ÍNDICE DE CRIMINALIDADE									
Número de homicídios para cada 10.000 habitantes	14,50	4,40	8,70	10,70	10,20	12,70	1,356	0,427	0,688
ESFORÇO DE MANUTENÇÃO DOS BENS DE INFRAESTRUTURA									
Participação dos gastos com manutenção em relação às receitas arrecadadas	3,80%	3,90%	4,20%	3,90%	4,30%	4,60%	0,974	0,907	0,913

ANÁLISE DE RECURSOS E NECESSIDADES DA COMUNIDADE

a. As características da população constituem um dos fatores chaves para ajudar na identificação das necessidades da comunidade. A seguir é demonstrado o comportamento dos principais indicadores que descrevem as características da população do Município de Aurora Dourada e do grupo de referência com o objetivo de auxiliar na compreensão da demanda por bens e serviços públicos:
- a taxa de variação da população do Município ao longo do tempo apresenta comportamento similar ao crescimento médio do grupo de referência. Contudo, se por um lado esse incremento proporciona aumento de recursos para o governo, por outro lado gera mais demanda por bens e serviços, especialmente quando nos estratos da população há a participação elevada de indivíduos dependentes, como, por exemplo, jovens de 0 a 14 anos e adultos acima de 65 anos;
- nesse sentido, observa-se que a razão de dependência de jovens entre 0 a 14 anos é ligeiramente inferior à média do grupo de referência, com pouca variação anual. Todavia, a participação de idosos acima de 65 anos no Município é superior à média do grupo de referência. Em ambos os casos, o governo precisa adotar políticas de alocação de recursos para prover serviços educacionais, de saúde infantil, de lazer e de saúde para a terceira idade;
- quanto à idade média da população, verifica-se que o Município apresenta comportamento similar ao do grupo de referência, com uma idade média aproximada a 30 anos. Essa característica da população sinaliza que o Município dispõe de uma população trabalhadora com potencial para contribuir para a base econômica da comunidade por meio do emprego e da renda gerada e, por conseguinte, cobrir os custos dos bens e serviços públicos ofertados;
- a densidade demográfica apresentou em média 22 habitantes/km2 e o grupo de referência tem média de aproximadamente 32 habitantes/km2. Esse comportamento da distribuição da população no território do Município em relação ao grupo de referência sugere que há a necessidade de realização de mais gastos para o fornecimento de serviços públicos, visto que os fatores de custo fixo do Município são menos absorvidos em razão da menor concentração de pessoas que poderia permitir o melhor aproveitamento dos materiais, equipamentos e servidores na prestação de serviços à comunidade;
- quanto aos níveis de educação, expressos como percentual da população que possui ensino médio completo e ensino superior incompleto, observa-se que são ligeiramente mais baixos do que o grupo de referência e estão diminuindo mais lentamente. Ademais, a taxa de analfabetismo é muito elevada, mas não diferente do grupo de referência. Esse comportamento mostra a necessidade de mais investimentos do governo na área de educação básica e fundamental.

b. A taxa de pobreza é um fator importante para avaliar as necessidades da comunidade. No presente caso, essa variável é mensurada pelo percentual de pessoas que vivem com até R$ 70 de rendimento domiciliar *per capita*. Os dados revelaram que a participação da população do Município de Aurora Dourada que vive na linha de pobreza é muito alta quando comparada com o grupo de referência. Isso revela que as políticas de combate à pobreza nos Municípios que compõem o grupo de referência são mais efetivas que as políticas adotadas pelo governo de Aurora Dourada. Para reverter essa situação, o governo precisa melhorar seus programas sociais, incentivar os programas de distribuição de renda e de alocação de recursos para a população carente, especialmente em ações de saúde, saneamento e habitação.

c. A taxa de criminalidade é um dos fatores mais preocupantes em uma localidade, pois índices elevados de homicídios afetam negativamente o potencial econômico da comunidade. No presente caso, a taxa de criminalidade é medida pelo número de homicídios para cada 10.000 habitantes. Os dados evidenciam que o Município de Aurora Dourada conseguiu reduzir o número de homicídios de 14,5 para 4,4 por 10.000 habitantes, no período de 2010 a 2011, voltando a crescer em 2012 ao nível de 8,7 homicídios por 10.000 habitantes. Apesar da existência de certo grau de criminalidade, o Município ainda tem o melhor desempenho no combate à violência em relação aos Municípios que compõem o grupo de referência, graças aos elevados investimentos em ações de segurança pública.

d. O esforço de manutenção do Município é revelado por meio da relação entre os gastos totais com manutenção e a receita total arrecadada. É importante ressaltar que, quanto mais se investe na manutenção contínua dos bens de infraestrutura, mais o governo aumenta a quantidade e a qualidade dos serviços públicos prestados à comunidade. O analista externo, para mensurar esse indicador, deve buscar informações publicadas nas notas explicativas e, na maioria dos casos, obtê-las diretamente do Município. No presente caso, observa-se que a participação dos gastos de manutenção dos bens de infraestrutura em relação às receitas totais arrecadadas é praticamente constante ao longo dos anos e segue o mesmo comportamento dos Municípios integrantes do grupo de referência. Isso revela que o esforço de manutenção está dentro dos padrões, mas o governo precisa alocar mais recursos para evitar a deterioração dos bens e, consequentemente, garantir a solvência do nível de serviços.

Concluindo, a análise de recursos da comunidade revela que o Município de Aurora Dourada apresenta uma condição econômica boa com potencial de crescimento, mas, por outro lado, o Município apresenta algumas condições especiais que pressionam os gastos, exigindo mais recursos para atender as necessidades da comunidade. Dentre

ANÁLISE DE RECURSOS E NECESSIDADES DA COMUNIDADE

essas condições, destacam-se problemas relacionados com a educação, especialmente a elevada taxa de analfabetismo; substancial participação de idosos acima de 65, que exige maiores gastos com saúde; significativa taxa de pobreza, que exige investimentos em programas sociais de combate à fome e de garantia à habitação; e aumento dos índices de criminalidade, que demanda elevados investimentos em ações de segurança pública para garantir a segurança da população.

Capítulo 5

QUESTÕES PARA DISCUSSÃO

1. Os recursos e as necessidades da comunidade são inter-relacionados em um ciclo de causa e efeito. Essa afirmação é verdadeira? Comente.

2. Explique por que a base econômica de uma comunidade é considerada uma dimensão importante para a mensuração da condição financeira do governo.

3. Comente sobre os componentes do ambiente fiscal responsáveis pela geração de recursos em uma comunidade.

4. Quais são as diferentes variáveis utilizadas para mensurar o desempenho econômico de uma comunidade? Por que a variável renda é a mais utilizada?

5. O que é estrutura econômica e como ela é representada?

6. Como o desempenho econômico de uma localidade ou região é mensurado? Se você pudesse obter dados de apenas cinco variáveis para medir esse desempenho, quais variáveis escolheria? Por quê?

7. Discuta as abordagens utilizadas para avaliar a condição econômica de uma região.

8. Você é convidado para avaliar a condição econômica de uma localidade. No processo de análise você detecta que a maior parte da população economicamente ativa é empregada em uma única indústria, que produz peças de montagem de veículos para exportação para outras regiões do país e cuja matéria-prima utilizada é importada de outras localidades. Com base nessas informações, quais são os pontos fortes e quais são os pontos fracos dessa economia?

9. Dentre os diversos indicadores de recursos da comunidade, em sua opinião, quais os indicadores que melhor revelam a base econômica de determinada localidade ou região? Explique.

10. O que são necessidades da comunidade e como elas influenciam os gostos do governo?

11. As necessidades da comunidade são classificadas em três dimensões: econômica, social e fiscal, relacionadas, respectivamente, aos problemas enfrentados pelas empresas, pelas pessoas e pelos governos locais. Comente essa afirmação.

12. De que forma os problemas econômicos, sociais e fiscais de uma localidade são inter-relacionados?

13. Quais são as três abordagens empregadas para identificar a base de mensuração das necessidades da comunidade? Comente.

14. Explique como é formulada a função demanda por bens e serviços públicos.

15. Descreva os principais fatores socioeconômicos, denominados de categorias da qualidade de vida da população, que determinam as necessidades de uma comunidade.

16. Dentre os diversos indicadores de necessidades da comunidade, em sua opinião, quais os indicadores que melhor revelam as necessidades por bens e serviços públicos em determinada localidade ou região? Explique.

REFERÊNCIAS

ACIR - ADVISORY COMMISSION ON INTERGOVERNMENTAL RELATION. City financial emergencies: the intergovernmental dimension. Washington, July 1973.

_____. *Measuring state fiscal capacity*: alternative methods and their uses. Washington, Sep. 1986.

AMMAR, Salwa et al. Using fuzzy rule–based systems to evaluate overall financial performance of governments: an enhancement to the bond rating process. *Public Budgeting and Finance*, v. 21, n. 4, p. 91-110, Winter 2001.

_____. Constructing a fuzzy-knowledge-based-system: an application for assessing the financial condition of public schools. *Expert Systems with Applications*, v. 27, n. 3, p. 349-364. Sept. 2004.

Associação Brasileira de Manutenção e Gestão de Ativos (ABRAMAN). *28º Congresso Brasileiro de Manutenção*: documento nacional. Salvador, set. 2013. Disponível em: <http://www.abraman.org.br/Arquivos/403/403.pdf>. Acesso em: 5 jun. 2015.

BERNE, Robert. *The relationships between financial reporting and the measurement of financial condition*. Norwalk: GASB, 1992.

_____; SCHRAMM, Richard. *The financial analysis of governments*. New Jersey: Prentice Hall, 1986.

BURCHELL, Robert W. et al. *The new reality of municipal finance*: the rise and fall of the intergovernmental city. New Brunswick, New Jersey: Center of Urban Policy Research, 1984.

CLARK, Terry Nichols; FERGUSON, Lorna Crowley. *City money*: political process, fiscal strain and retrenchment. New York: Columbia University Press, 1983.

Capítulo 5

_____; CHAN, James L. Monitoring cities: building an indicator system for municipal analysis. In: CLARK, Terry Nichols (Ed.). *Monitoring local government*: how personal computers can help systematize municipal fiscal analysis. Dubuque, Iowa: Kendall/Hunt, 1990.

CLUFF, George S.; FARNHAM, Paul G. A problem of discrete choice: Moody's municipal bond ratings. *Journal of Economics and Business*, v. 37, p. 277-302, 1985.

COSSIO, Fernando Andrés Blanco. *Disparidades econômicas inter-regionais, capacidade de obtenção de recursos tributários, esforço fiscal e gasto público no federalismo brasileiro*. 1998. Dissertação (Mestrado em Economia) – Programa de Pós-Graduação em Economia, Departamento de Economia da Pontifícia Universidade Católica do Rio de Janeiro, Rio de Janeiro.

CUCITI, Peggy L. *City need and the responsiveness of federal grants programs*. Washington: Committee on Banking, Finance and Urban Affairs, Subcommittee on the City, 1978. Reimpressão in: *Reprints from the collection of the University of Michigan Library*, USA, 2010.

FLAX, Michael. *A study in comparative urban indicators*: conditions in 18 large metropolitan areas. Washington: Urban Institute, 1972.

FREIRE, Mila; PETERSEN, John (Ed.). *Subnational capital markets in developing countries*: from theory to practice. Washington: The World Bank: Oxford University Press, 2004.

GRAMLICH, Edward M. New York ripple or tidal wave? The New York city fiscal crisis: what happened and what is to be done? *American Economic Review*, v. 66, n. 2, p. 415-429, May 1976.

GROVES, Sanford M.; VALENTE, Maureen Godsey. *Evaluating financial condition*: a handbook for local government. Washington: The International City/County Management Association – ICMA, 2003.

HENDRICK, Rebecca. Assessing and measuring the fiscal heath of local governments: focus on Chicago suburban municipalities. *Urban Affairs Review*, v. 40, n. 1, p. 78-114, Sept. 2004.

HOWELL, James M.; STAMM, Charles F. *Urban fiscal stress*: a comparative analysis of 66 US cities. Massachusetts: Lexington Books, 1979.

LIMA, Severino Cesário de. *Desempenho fiscal da dívida dos grandes municípios brasileiros*. 2011. Tese (Doutorado em Ciências Contábeis) – Programa de Pós-Graduação em Ciências Contábeis, Departamento de Contabilidade e Atuária, Faculdade de Economia, Administração e Contabilidade da Universidade de São Paulo, São Paulo.

LIPNICK, Linda Hird; RATTNER, Yaffa; EBRAHIM, Linda. The determinants of municipal credit quality. *Governance Finance Review*, v. 15, n. 6, Dec. 1999.

MILLER, Gerald. *Fiscal health in New Jersey's largest cities*. Cornwall Center Publications Series, Department of Public Administration, Faculty of Arts and Sciences, June 2001.

MOAK, Lennox L.; HILLHOUSE, Albert M. *Concepts and practices in local government finance*. Chicago: Municipal Finance Officers Association, 1975.

MOON, C.G.; STOTSKY, J.G. Testing the differences between the determinants of Moody's and Standard & Poor's ratings: an application of smooth simulated maximum likelihood estimation. *Journal of Applied Econometric*, v. 8, n. 1, p. 51-69, Jan./Mar. 1993.

MULFORD JR., John E. *A public choice model of revenue-expenditure process in local government*. 1978. (Tese) – Faculty of the Graduate School of Cornell University.

NATHAN, Richard P.; ADAMS, Charles. Understanding central city hardship. *Political Science Quarterly*, v. 91, n. 1, p. 47-62, Spring 1976.

PETERSON, George E. et al. The economic base. *Urban fiscal monitoring*, Washington: The Urban Institute, p. 1-53, Aug. 1978a.

_____. Tax capacity, expenditure and employment. *Urban fiscal monitoring*, Washington: The Urban Institute, p. 1-72, Aug. 1978b.

_____. Financial monitoring, surplus position, liquidity and cash flow. *Urban fiscal monitoring*, Washington: The Urban Institute, p. 1-30, Aug. 1978c.

RAMAN, K. K. Financial reporting and municipal bond rating changes. *The Accounting Review*, v. 56, n. 4, p. 910-926, 1981.

STEISS, Alan Walter. *Local government finance*. Massachusetts: Lexington Books, 1975.

TIEBOUT, Charles M. A pure theory of local expenditures. *The Journal of Political Economy*, v. 64, n. 5, p. 416-424, Oct. 1956.

VERNEZ, Georges. Delivery of urban public services: production, cost and demand functions, and determinants of public expenditures for fire, police, and sanitation services. Santa Monica, California: The Rand Corporation, 1976.

WESCOTT, Shari H. Accounting numbers and socioeconomic variables as predictors of municipal general obligation bond ratings. *Journal of Accounting Research*, v. 22, n. 1, p. 412-423, 1984.

ANÁLISE DA SOLVÊNCIA ORÇAMENTÁRIA

Capítulo 6

Enquanto no setor privado o lucro constitui importante medida de avaliação de desempenho, no setor público a principal medida de desempenho é representada pelo resultado da execução orçamentária. Portanto, resultado positivo da execução orçamentária é um indicativo da capacidade da entidade em produzir receita suficiente para atender as necessidades da comunidade, sinalizando boa solvência orçamentária ou posição operacional favorável.

Nesse capítulo, a solvência orçamentária, importante fator da posição operacional do governo, será discutida sob o enfoque do equilíbrio orçamentário, abordando os modelos de análise dos resultados orçamentários, os indicadores de análise da solvência orçamentária e os indicadores fiscais. O capítulo conclui com uma aplicação prática relacionada à análise das demonstrações contábeis do sistema orçamentário.

6.1 Propósitos da análise da solvência orçamentária

A posição operacional constitui a dimensão da condição financeira de curto prazo, sendo avaliada por meio da análise de três fatores: (*i*) capacidade do governo em manter continuamente o equilíbrio orçamentário; (*ii*) capacidade do governo em produzir reservas financeiras para atender emergências; e (*iii*) capacidade do governo em apresentar liquidez suficiente para cumprir com suas obrigações correntes.

O equilíbrio orçamentário refere-se à solvência orçamentária, isto é, à capacidade do governo em gerar receita suficiente para atender suas despesas sem incorrer em déficits, sem fazer uso das reservas financeiras e sem comprometer a liquidez. As reservas financeiras são formadas pela acumulação de superávits financeiros produzidos ao longo do tempo que servirão para suprir insuficiências de arrecadação, enfrentar crises econômicas e financiar gastos não recorrentes. A liquidez refere-se à capacidade de pagamento da entidade atestada pelo fluxo de caixa.

Consoante Groves e Valente (2003, p. 61), a análise da posição operacional segundo esses três fatores pode ajudar o governo a identificar as seguintes situações:

1. padrão contínuo de déficits operacionais;
2. declínio nas reservas;
3. declínio de liquidez;
4. técnicas ineficientes de previsão de receitas; e
5. controle orçamentário ineficiente.

Especificamente, a análise da solvência orçamentária revela o *status* da posição operacional do governo por meio da avaliação do equilíbrio orçamentário segundo a *performance* dos resultados orçamentários de previsão e execução, conforme explorada no presente capítulo. Os demais fatores (reservas financeiras e liquidez) serão discutidos no Capítulo 11 - análise da solvência de caixa.

6.2 Análise dos resultados orçamentários[1]

Os resultados orçamentários revelam o comportamento da posição operacional da entidade. Esse comportamento pode ser previsto (resultado de previsão) ou realizado (resultado de execução).

6.2.1 Análise do resultado de previsão
O resultado de previsão é obtido por meio do confronto entre as receitas orçamentárias previstas e as despesas orçamentárias fixadas no orçamento e em créditos adicionais. O resultado de previsão pode apresentar as seguintes posições operacionais:

Dotação atualizada = Previsão atualizada → equilíbrio orçamentário

Dotação atualizada > Previsão atualizada → déficit de previsão

Dotação atualizada < Previsão atualizada → superávit de previsão

O resultado de previsão deve ser analisado a partir do saldo do orçamento, conjugando-se os créditos adicionais abertos e reabertos no exercício financeiro.

A receita prevista deve ser imutável para refletir a posição inicial do orçamento. Caso a entidade proponha a abertura de créditos adicionais contando com excesso de arrecadação estimado, a receita será re-estimada para refletir o montante esperado dessa fonte de recurso, sendo evidenciada no balanço orçamentário na coluna Previsão atualizada.

O superávit de previsão somente ocorrerá quando o orçamento for aprovado com saldo e os créditos adicionais abertos e reabertos no período e não cobertos com a anulação total ou parcial de dotações forem de valor inferior ao saldo orçamentário existente.

O déficit de previsão ocorrerá quando houver créditos especiais e extraordinários autorizados nos últimos quatro meses do exercício anterior e reabertos no exercício atual. Esse déficit de previsão ocorre porque os recursos de cobertura dos créditos reabertos foram legalmente identificados no exercício financeiro em que foram abertos, e, não tendo sido empenhados totalmente, o saldo não utilizado constituiu economia orçamentária em 31.12 do exercício anterior, compondo o superávit financeiro daquele exercício, muito embora, no geral, possa inexistir superávit financeiro em 31.12 em virtude de outros fatores, tais como: insuficiência de arrecadação, operações de crédito não realizadas etc. Todavia, esse déficit não deve ser avaliado como prejudicial à condição financeira da entidade quando indicados os recursos de cobertura como, por exemplo, o superávit financeiro apurado em balanço do exercício anterior.

---

[1] As demonstrações apresentadas neste item foram baseadas na tese de doutoramento de Petri (1987) – *Análise de resultados no setor público*.

Capítulo 6

É possível que os créditos extraordinários reabertos não tenham sido cobertos no exercício anterior com excesso de arrecadação devido à inexistência de excesso utilizável. Assim, para fins de análise da solvência orçamentária, eles estarão compreendidos no cálculo de utilização do excesso de arrecadação efetivamente ocorrido no exercício atual.

Destaque-se que os créditos adicionais abertos à conta de anulação total ou parcial de dotações não provocam déficit de previsão. Muito embora esses créditos não interfiram no resultado de previsão, convém, para fins expositivos, que figurem na demonstração do resultado de previsão de forma positiva e negativa.

Assim, o resultado de previsão será a soma algébrica do saldo do orçamento e dos créditos adicionais abertos e reabertos e das anulações parciais ou totais de autorizações de despesa, conforme demonstração apresentada no Quadro 6.1.

Quadro 6.1   Demonstração do resultado de previsão

DEMONSTRAÇÃO DO RESULTADO DE PREVISÃO	
Saldo do Orçamento	
Previsão inicial da receita (–) Dotação inicial = Saldo do orçamento	
(–) CRÉDITOS ADICIONAIS	

Suplementares
Automáticos (de receitas vinculadas) cobertos com:
  Superávit financeiro
  Excesso de arrecadação
  Anulação parcial ou total de dotações
  Operações de crédito
Especiais
Reabertos cobertos com:
  Superávit financeiro
  Excesso de arrecadação
  Anulação parcial ou total de dotações
  Operações de crédito
Extraordinários reabertos
  Cobertos com excesso de arrecadação
  Não cobertos com excesso de arrecadação	

(+) CRÉDITOS ANULADOS	
Para créditos suplementares Para créditos especiais	
(=) RESULTADO DE PREVISÃO	

ANÁLISE DA SOLVÊNCIA ORÇAMENTÁRIA

6.2.2 Análise do resultado de execução

O resultado de execução orçamentária é obtido mediante o confronto entre as receitas arrecadadas e as despesas legalmente empenhadas, podendo apresentar as seguintes posições operacionais:

Receita arrecadada   > despesas empenhadas → superávit de execução

Receita arrecadada   < despesas empenhadas → déficit de execução

Receita arrecadada   = despesas empenhadas → execução equilibrada

Quando o resultado de execução apresenta superávit, fica caracterizado que houve sobra de recursos. Essa situação é boa? Vale aqui aquela velha máxima: depende! Se esse superávit faz parte de um planejamento de longo prazo com o objetivo de gerar recursos internos para enfrentar contingências financeiras no futuro, esse resultado é favorável. Porém, se o superávit de execução for sem propósito, duas situações podem estar acontecendo: primeiro, a entidade não está atendendo as demandas da população, ou seja, não está executando ações governamentais por inércia dos gestores ou por falta de previsão adequada dos problemas da comunidade; segundo, a carga tributária é elevada.

Quando o resultado de execução apresenta déficit, fica caracterizado excesso de execução de despesa em relação à receita arrecadada no exercício. Contudo, esse resultado negativo não significa, necessariamente, que a condição financeira seja desfavorável, pois as reservas financeiras acumuladas de exercícios anteriores (superávits financeiros) podem ter sido usadas para cobrir os excessos de despesas.

Nesse sentido, Groves e Valente (2003, p 62) alertam que "um déficit operacional em algum ano não deve ser motivo para preocupação, mas déficits frequentes e crescentes podem indicar que as receitas correntes não suportam as despesas correntes e que sérios problemas estão por vir". [2]

Em tese, a entidade deve sempre perseguir a regra do orçamento equilibrado, pois, dessa forma, o que se arrecada se gasta em bens e serviços públicos para a comunidade. Todavia, uma questão que se coloca quando se trata de equilíbrio orçamentário é saber quando efetivamente o orçamento está equilibrado. A equivalência entre receitas previstas e despesas autorizadas indica apenas um equilíbrio contábil e não um equilíbrio real. Benaventes (1964 apud SILVA, 1973, p. 126-127), sobre esse assunto, destaca que "o equilíbrio orçamentário é algo muito mais complexo que a mera relação igualitária entre duas quantidades, cujos integrantes não têm a mesma natureza nem a mesma transcendência".

---

[2] An operating deficit in any one year may not be cause for concern, but frequent and increasing deficits can indicate that current revenues are not supporting current expenditures and that serious problems may lie ahead.

Capítulo 6

Pelo exposto, conclui-se que o equilíbrio orçamentário não é alcançado entre todas as receitas e todas as despesas, mas entre receitas e despesas específicas. Neste aspecto, a Constituição Federal força a existência de dois tipos de equilíbrio orçamentário ao determinar, no inciso III do artigo 167, que é vedada a realização de operações de crédito que excedam o montante das despesas de capital, isto é, fica estabelecido que despesas correntes não podem ser financiadas com receitas de capital decorrentes de operações de crédito. Assim, há o equilíbrio do orçamento corrente, em que receitas correntes são confrontadas com despesas correntes, e o equilíbrio do orçamento de capital, em que receitas de capital são confrontadas com despesas de capital.

O princípio do equilíbrio orçamentário deve ser observado no longo prazo, tendo como premissas a ordem financeira e o crescimento econômico do país. Desse modo, uma entidade governamental pode apresentar resultados negativos em determinados períodos que serão compensados com resultados positivos de outros períodos. Portanto, os governantes devem denotar atenção permanente a este princípio como forma de se obter equilíbrio orçamentário econômico e dinâmico, abandonando-se a tese do equilíbrio estático em que receitas e despesas representam apenas uma igualdade matemática.

Dafflon (1996, p. 243) opta por uma norma de equilíbrio orçamentário definida sobre o orçamento corrente que distribua, adequadamente, a carga da dívida entre as gerações de contribuintes e que inclua sanções explícitas em caso de descumprimento. Dessa forma, Dafflon e Madiès (2011, p. 59) ressaltam que o equilíbrio do orçamento corrente é alcançado por meio da regra de ouro, isto é, a dívida deve ser destinada somente para investimentos.

Assim, visando evitar o crescimento excessivo do déficit público, a LRF institui algumas regras de restrições orçamentárias com o objetivo de alcançar equilíbrio econômico e dinâmico das contas públicas, conforme destaca o Quadro 6.2.

ANÁLISE DA SOLVÊNCIA ORÇAMENTÁRIA

Quadro 6.2 Normas de equilíbrio orçamentário e redução do déficit introduzidas pela LRF

ITEM	DESCRIÇÃO	DISPOSITIVO LEGAL
1	Equilíbrio entre receitas e despesas na Lei de Diretrizes Orçamentárias (LDO).	Artigo 4º, I, *a*
2	Critérios e formas de limitação de empenhos.	Artigo 4º, I, *b*
3	Controle de custos e avaliação de resultados.	Artigo 4º, I, *e*
4	Projeto de Lei Orçamentária Anual (LOA) contendo medidas de compensação e renúncia de receitas e ao aumento de despesas obrigatórias de caráter continuado.	Artigo 5º, II
5	Reserva de contingência destinada ao atendimento de passivos contingentes e outros riscos fiscais imprevistos.	Artigo 5º, III
6	Inclusão no orçamento de todas as despesas relativas à dívida.	Artigo 5º, § 1º
7	Vedação a consignação de crédito com finalidade imprecisa.	Artigo 5º, § 4º
8	Vedação a autorização de investimento superior a um ano que não esteja previsto no Plano Plurianual (PPA).	Artigo 5º, § 5º
9	Elaboração de programação financeira e cronograma de execução mensal de desembolso.	Artigo 8º
10	Contenção de gastos mediante a limitação de empenhos.	Artigo 9º
11	Avaliação periódica do cumprimento das metas fiscais em audiência pública.	Artigo 9º, § 4º
12	Obrigatoriedade na instituição, previsão e efetiva arrecadação de todos os tributos de competência constitucional do ente da federação.	Artigo 11
13	Vedação quanto às receitas de operações de crédito ultrapassarem as despesas de capital no projeto de lei orçamentária.	Artigo 12, § 2º

》

Capítulo 6

ITEM	DESCRIÇÃO	DISPOSITIVO LEGAL
14	Desdobramento das receitas previstas em metas bimestrais de arrecadação acompanhadas de medidas de combate a evasão e sonegação.	Artigo 13
15	Demonstração do impacto orçamentário-financeiro para a renúncia de receita com as respectivas medidas de compensação.	Artigo 14, *caput*, e incisos I e II
16	Demonstração do impacto orçamentário-financeiro para criação, expansão ou aperfeiçoamento de ação governamental que acarrete aumento de despesas.	Artigo 16
17	Estabelecimento de limites percentuais sobre a Receita Corrente Líquida para as despesas de pessoal.	Artigo 19
18	Vedação a atos que aumentem a despesas de pessoal nos 180 dias anteriores ao final do mandato de titular de poder ou determinados órgãos.	Artigo 21, § único
19	Obrigatoriedade da indicação das fontes de recursos para criação ou aumento de despesas com a seguridade social.	Artigo 24
20	Limitação da dívida por ato emitido pelo Senado Federal.	Artigo 30
21	Exigência de recondução ao limite da dívida quando este for excedido ao final de um quadrimestre.	Artigo 31
22	Proibição de contrair novas dívidas enquanto perdurar o excesso de endividamento.	Artigo 31, § 1º, I
23	Vedação de assunção de obrigações sem autorização orçamentária.	Artigo 37, IV
24	Cobertura de déficit de tesouraria apenas por operações de crédito por antecipação da receita que devem ser liquidadas no exercício.	Artigo 38
25	Proibição de contrair operações de crédito por antecipação da receita enquanto existir operação anterior da mesma natureza não integralmente resgatada.	Artigo 38, IV, *a*

»

ANÁLISE DA SOLVÊNCIA ORÇAMENTÁRIA

ITEM	DESCRIÇÃO	DISPOSITIVO LEGAL
26	Proibição de contrair obrigação de despesa nos dois últimos quadrimestres do mandato de titular de poder e determinados órgãos sem a correspondente disponibilidade de caixa.	Artigo 42
27	Vedação a aplicação da receita proveniente de alienação de bens para o financiamento de despesas correntes.	Artigo 44
28	Obrigatoriedade para inclusão de novos projetos de capital depois de adequadamente atendidos os em andamento e contempladas as despesas de conservação do patrimônio público.	Artigo 45

Fonte: Lei de Responsabilidade Fiscal.

Independentemente do resultado de execução obtido, a entidade deverá buscar explicações, identificando as possíveis causas do superávit e do déficit de execução. O Quadro 6.3 exemplifica as causas possíveis do resultado de execução orçamentária.

Quadro 6.3   Causas possíveis do resultado de execução orçamentária

SUPERÁVIT	DÉFICIT
1. Excesso de Arrecadação • Crescimento da receita em decorrência de variações positivas das variáveis que compõem sua estimativa • Previsão irreal da receita, mediante subestimação • Aumento efetivo da receita em decorrência de melhorias no processo de fiscalização • Aumento da receita em decorrência de tributos que passaram a vigorar após a elaboração do orçamento (contribuições, impostos extraordinários)	1. Insuficiência de Arrecadação • Previsão da receita superior à capacidade de arrecadação com o objetivo de apresentar equilíbrio orçamentário • Não exercício da capacidade tributária plena • Ausência de medidas de combate à evasão e à sonegação • Ausência de ajuizamento de ações para a cobrança da dívida ativa e de medidas para recebimento de créditos passíveis de cobrança administrativa • Impedimentos legais ou judiciais para arrecadar tributos previstos no orçamento anual • Concessão de benefícios fiscais sem as devidas compensações

»

Capítulo 6

2. Economia Orçamentária	2. Excesso de Gastos
• Fixação das despesas em montante superior às reais necessidades • Contenção de gastos como medida para equilibrar o fluxo de caixa da entidade (limitação de empenhos) • Falta de execução de alguns programas por restrições impostas por órgãos de fiscalização, dificuldades momentâneas, inépcia e/ou negligência dos administradores	• Aumento das despesas em decorrência da elevação dos preços dos serviços e produtos • Abertura de créditos adicionais com superávit financeiro apurado no balanço financeiro do exercício anterior • Abertura de créditos adicionais sem recursos para cobertura • Abertura de créditos adicionais com indicação de recursos superestimados • Créditos reabertos sem que houvesse superávit financeiro no período anterior
3. Cumprimento de Metas • Obtenção de resultado primário positivo	

Analisando-se os resultados de execução orçamentária em função das fontes de recursos utilizadas para dar cobertura aos créditos orçamentários e adicionais, é possível identificar fatores positivos e negativos que influenciam ou determinam a ocorrência desses resultados, conforme resume o Quadro 6.4.

Quadro 6.4 Fatores positivos e fatores negativos que influenciam o resultado de execução orçamentária

FATORES POSITIVOS	FATORES NEGATIVOS
1. Saldo do orçamento não utilizado	1. Saldo do orçamento que for irregularmente utilizado a maior
2. Parcela do superávit financeiro não utilizada	2. Parcela do superávit financeiro irregularmente utilizado a maior
3. Parcela do excesso de arrecadação efetivo que exceder o excesso de arrecadação utilizado na abertura de créditos adicionais	3. Parcela do excesso de arrecadação utilizado que exceder o excesso de arrecadação efetivo para abertura de créditos suplementares e especiais
4. Economias orçamentárias ocorridas no exercício (despesa executada menor que a despesa fixada)	4. Ônus transferido do período anterior não coberto pelo superávit financeiro bruto
5. Operações de crédito para consolidação da dívida flutuante	

Fonte: Petri (1987, p. 197).

ANÁLISE DA SOLVÊNCIA ORÇAMENTÁRIA

Logo, o resultado de execução orçamentária pode ser explicado segundo os fatores positivos e negativos, conforme demonstração do Quadro 6.5.

Quadro 6.5   Demonstração do resultado de execução

DEMONSTRAÇÃO DO RESULTADO DE EXECUÇÃO ORÇAMENTÁRIA	
Déficit esperado	
(+) Fatores positivos	
Saldo do orçamento não utilizado Superávit financeiro não utilizado Economias orçamentárias Operações de crédito para consolidação da dívida flutuante Excesso de arrecadação efetivo utilizado a menor	
(–) Fatores negativos	
Excesso de arrecadação efetivo utilizado a maior	
(=) Resultado de execução orçamentária	

Observa-se que a demonstração do resultado de execução inicia com a variável "déficit esperado". Esta variável representa o superávit financeiro do exercício anterior que, uma vez sendo utilizado na autorização de créditos suplementares e especiais no exercício seguinte, contribuirá negativamente para o resultado da execução orçamentária desse exercício. Assim, se a receita prevista fosse integralmente arrecadada (sem excessos) e a despesa fixada fosse totalmente realizada (sem economias orçamentárias), o resultado de execução orçamentária do exercício seria um déficit de execução em valor exatamente igual ao superávit financeiro bruto apurado no balanço patrimonial do exercício anterior.

Para demonstrar que o superávit financeiro do exercício anterior representa um déficit esperado no exercício atual, segue o exemplo: suponha-se que existia um superávit financeiro bruto de 100 no período anterior e que foram reabertos no período créditos especiais e extraordinários no valor de 40, existindo operações de crédito a eles vinculadas de 8. Suponha-se, ainda, que o orçamento foi aprovado equilibradamente com receita e despesa no valor de 500 e que a receita prevista foi integralmente arrecadada e a despesa fixada, inclusive os créditos reabertos e abertos à conta do superávit financeiro foram totalmente executados.

Inicialmente, elabora-se a demonstração do superávit financeiro, conforme evidencia a Tabela 6.1.

Capítulo 6

Tabela 6.1   Demonstração de utilização do superávit financeiro

Superávit financeiro bruto	100
(–) *Ônus líquido transferido*	*(32)*
Créditos reabertos	40
(–) Operações de crédito vinculadas	(8)
(=) **Superávit financeiro utilizável**	**68**
(–) créditos especiais e suplementares abertos à conta do superávit	(68)
(–) saldo	0

Finalmente, obtém-se o resultado de execução orçamentária segundo demonstração apresentada na Tabela 6.2.

Tabela 6.2   Demonstração do resultado de execução

Receita arrecadada	**508**
Receita prevista no orçamento	500
Operações de crédito vinculadas	8
(–) **Despesa realizada**	**(608)**
Créditos orçamentários iniciais	500
Créditos adicionais reabertos	40
Créditos abertos à conta do superávit financeiro utilizável	68
(=) **Déficit de execução orçamentária**	**100**

Como se observa, o resultado de execução do exercício foi um déficit de montante igual ao superávit financeiro bruto apurado em balanço patrimonial do exercício anterior.

6.2.3 Exemplo de análise dos resultados orçamentários

O planejamento orçamentário de um Município para o exercício de X1 aponta os gastos estimados para os programas finalísticos e administrativos na seguinte ordem: R$ 30.000 milhões para despesas correntes com gastos de pessoal e R$ 35.000 milhões para despesas de capital. As receitas correntes estimadas atingem R$ 40.000 milhões, sendo R$ 10.000 milhões provenientes de impostos e R$ 30.000 milhões de transferências correntes. As receitas de capital no valor de R$ 30.000 são representadas por operações de crédito.

ANÁLISE DA SOLVÊNCIA ORÇAMENTÁRIA

A secretaria de planejamento do Município apresentou projeto ao legislativo e este aprovou a Lei 016/2003, dispondo sobre a abertura de crédito adicional datado de 30 de novembro do exercício anterior. Essa lei dispõe sobre a abertura de crédito especial n° 10 para a construção de um hospital no valor estimado de R$ 5.000 milhões com recursos obtidos por meio de empréstimo junto à Caixa Econômica Federal, tendo sido executados apenas R$ 2.000 milhões.

O sistema de contabilidade evidencia as seguintes informações relativas à fixação dos gastos por meio de créditos adicionais:

1. reabertura do crédito especial n° 10, pelo saldo a executar no montante de R$ 3.000 milhões que fora aberto no exercício anterior por força da Lei 016/2003;
2. abertura de créditos adicionais para despesas correntes:
   - crédito especial n° 1 no valor de R$ 5.000 milhões com operações de crédito;
   - crédito especial n° 2 no valor de R$ 7.000 milhões com excesso de arrecadação estimado, sendo R$ 2.000 milhões de receita tributária e R$ 5.000 milhões de transferências correntes;
   - crédito especial n° 3 no valor de R$ 4.000 milhões com superávit financeiro apurado em balanço do exercício anterior;
   - crédito especial n° 4 no valor de R$ 5.000 milhões com saldo do orçamento;
   - crédito extraordinário no valor de R$ 3.000 milhões.

O sistema de contabilidade evidencia, ainda, as seguintes informações financeiras relativas à execução orçamentária da receita e da despesa:

1. quanto à arrecadação da receita orçamentária:
   - receita tributária – R$ 13.000 milhões;
   - transferências correntes – R$ 34.000 milhões;
   - restante das receitas de operações de crédito autorizadas no exercício anterior para lastrear o crédito especial n° 1 aberto mediante a Lei municipal 016/2003 – R$ 1.000 milhão;
   - operação de crédito prevista no orçamento – R$ 25.000 milhões;
   - operações de crédito autorizadas durante o exercício – R$ 5.000 milhões.
2. superávit financeiro apurado em balanço do exercício anterior – R$ 4.000 milhões.
3. quanto à execução da despesa orçamentária:
   - gastos correntes decorrentes dos créditos iniciais empenhados, liquidados e pagos – R$ 28.000 milhões;
   - gastos de capital decorrentes dos créditos iniciais empenhados e liquidados – R$ 35.000 milhões;
   - gastos decorrentes de créditos reabertos totalmente executados, liquidados e pagos;

Capítulo 6

- gastos decorrentes de créditos adicionais totalmente executados, liquidados e pagos.

Diante dos dados apresentados, pede-se analisar os resultados orçamentários de previsão e execução orçamentária.

Inicialmente, elabora-se um quadro contendo informações do sistema orçamentário da entidade sobre a previsão inicial e arrecadação da receita, bem como a fixação e o empenho da despesa, no formato a seguir.

Tabela 6.3   Informações sobre a execução da receita e da despesa orçamentária

RECEITAS ORÇAMENTÁRIAS	ARRECADAÇÃO (A)	PREVISÃO INICIAL (B)	DESEMPENHO DA RECEITA (A – B)
RECEITAS CORRENTES	**47.000**	**40.000**	**7.000**
Receita tributária	13.000	10.000	3.000
Transferências correntes	34.000	30.000	4.000
RECEITAS DE CAPITAL	**31.000**	**30.000**	**1.000**
Operações de Crédito			
Previstas no orçamento	25.000	30.000	(5.000)
Do exercício anterior	1.000	–	1.000
Do exercício atual	5.000	–	5.000
TOTAL	**78.000**	**70.000**	**8.000**

DESPESAS ORÇAMENTÁRIAS	FIXAÇÃO (C)	EMPENHO (D)	DESEMPENHO DA DESPESA (C – D)
DESPESAS CORRENTES	**57.000**	**55.000**	**2.000**
Pessoal	30.000	28.000	2.000
Créditos reabertos			
Crédito especial 10	3.000	3.000	–
Créditos abertos			
Crédito especial 1	5.000	5.000	–
Crédito especial 2	7.000	7.000	–

ANÁLISE DA SOLVÊNCIA ORÇAMENTÁRIA

DESPESAS ORÇAMENTÁRIAS	FIXAÇÃO (C)	EMPENHO (D)	DESEMPENHO DA DESPESA (C – D)
DESPESAS CORRENTES	**57.000**	**55.000**	**2.000**
Crédito especial 3	4.000	4.000	–
Crédito especial 4	5.000	5.000	–
Crédito extraordinário	3.000	3.000	–
DESPESAS DE CAPITAL	**35.000**	**35.000**	**–**
TOTAL	**92.000**	**90.000**	**2.000**

Com base nas informações colhidas do sistema orçamentário, é possível calcular os resultados orçamentários, como segue:

Resultado de previsão = previsão inicial da receita – despesa fixada

(22.000) = 70.000 – 92.000

Resultado de execução = receita arrecadada – despesa empenhada

(12.000) = 78.000 – 90.000

O passo seguinte consiste em explicar os resultados orçamentários encontrados. O resultado de previsão, na maioria dos casos, apresenta-se de forma negativa devido ao confronto do saldo do orçamento com os créditos adicionais abertos e reabertos durante o exercício. O saldo do orçamento é a diferença entre a previsão inicial da receita e a fixação inicial da despesa. Logo, o resultado de previsão também pode ser encontrado da seguinte forma:

Resultado de previsão = saldo do orçamento – créditos adicionais abertos e reabertos

(22.000) = 5.000 – 27.000

Observa-se que o déficit de previsão foi provocado pelos créditos adicionais abertos e reabertos durante o exercício financeiro. Contudo, a princípio, esse déficit não será considerado prejudicial à solvência orçamentária se os créditos tiverem sido executados contando com recursos disponíveis e descomprometidos. Assim, para explicar o resultado de previsão, o desafio consiste em demonstrar as fontes de recursos que deram cobertura aos créditos adicionais.

A demonstração a seguir busca explicar o resultado de previsão negativo de R$ 22.000 milhões segundo os recursos de cobertura. Vale salientar que essa demonstração somente poderá ser produzida pelos usuários externos se a entidade detalhar em nota explicativa os valores referentes aos tipos de créditos adicionais abertos e reabertos e os respectivos recursos de cobertura, bem como o impacto nos resultados orçamentários. Destaque-se que o valor global dos créditos adicionais é encontrado no balanço orçamentário por meio da diferença entre a dotação atualizada e a dotação inicial.

Tabela 6.4   Demonstração do resultado de previsão

SALDO DO ORÇAMENTO	5.000
Previsão inicial da receita	70.000
(–) Dotação inicial	65.000
(–) Créditos adicionais	**(27.000)**
Especiais	24.000
Abertos cobertos com:	
Superávit financeiro	4.000
Excesso de arrecadação	7.000
Operações de crédito	5.000
Saldo do orçamento	5.000
Reabertos cobertos com:	
Superávit financeiro	2.000
Operações de crédito	1.000
Extraordinários	**3.000**
Cobertos com excesso de arrecadação	1.000
Não cobertos com excesso de arrecadação	2.000
(=) RESULTADO DE PREVISÃO	**(22.000)**

O déficit de previsão assim explicado somente provocará impacto negativo no resultado de execução se a entidade executar os créditos adicionais abertos e reabertos contando com fonte de recurso comprometida ou inexistente. Portanto, para explicar o resultado de execução, faz-se necessário analisar cada fonte de recurso individualmente, segundo as demonstrações a seguir.

Demonstração da realização das operações de crédito: essa demonstração evidencia as autorizações e realizações das operações de crédito autorizadas no orçamento inicial e durante a execução orçamentária para dar cobertura aos créditos adicionais abertos e reabertos, conforme mostra a Tabela 6.5.

ANÁLISE DA SOLVÊNCIA ORÇAMENTÁRIA

Tabela 6.5   Demonstração da realização das operações de crédito

ORIGEM	VALOR AUTORIZADO	VALOR REALIZADO	DIFERENÇA
Orçamento	30.000	25.000	(5.000)
Crédito especial reaberto	1.000	1.000	–
Crédito especial aberto	5.000	5.000	–
TOTAIS	37.000	31.000	(5.000)

Observa-se que, das operações de crédito autorizadas, apenas 5.000 milhões não foram arrecadados. Portanto, para evitar déficit de previsão a entidade precisa promover limitação de empenho. Essa insuficiência de arrecadação representa contribuição negativa para o resultado de execução via demonstração do excesso de arrecadação efetivo, visto que a receita arrecadada é inferior à receita prevista.

Demonstração do saldo do orçamento utilizável: essa demonstração evidencia a apuração do saldo do orçamento e sua destinação para cobertura de créditos adicionais abertos durante a execução orçamentária, segundo mostra a Tabela 6.6.

Tabela 6.6   Demonstração do saldo do orçamento utilizável

PREVISÃO INICIAL DA RECEITA	70.000
(–) despesa fixada no orçamento	65.000
(=) Saldo do orçamento	**5.000**
(–) Utilizações Crédito especial nº 4	(5.000)
(=) Saldo utilizável	–

Verifica-se que o saldo do orçamento foi adequadamente utilizado. Assim, essa fonte de recurso somente contribuirá para o déficit de execução se a receita não se comportar tal como inicialmente prevista, isto é, se ocorrer insuficiência de arrecadação e a entidade não promover limitação de empenho.

Demonstração do excesso de arrecadação efetivo: essa demonstração evidencia o excesso de arrecadação efetivamente ocorrido com a execução orçamentária das receitas, separando-se o excesso comprometido do excesso utilizável para cobertura de créditos adicionais. Do confronto entre o excesso utilizável e as utilizações, é possível

Capítulo 6

compreender se a entidade gerenciou adequadamente essa fonte de recursos, conforme mostra a Tabela 6.7.

Tabela 6.7   Demonstração do excesso de arrecadação efetivo

Excesso de arrecadação efetivo	8.000
Receita realizada	78.000
(–) previsão inicial da receita	(70.000)
(–) Excessos já comprometidos:	(6.000)
Operações de crédito vinculadas ao crédito especial nº 10 reaberto no exercício	1.000
Operações de crédito vinculadas ao crédito especial nº 1 aberto no exercício	5.000
(=) Excesso de arrecadação não comprometido	2.000
(–) Crédito extraordinário aberto no exercício	(3.000)
(=) Excesso de arrecadação utilizável	(1.000)
(–) Utilizações Crédito especial nº 2	(7.000)
(=) Excesso de arrecadação utilizado a maior	(8.000)

Observa-se que a entidade gerou um excesso de arrecadação efetivo de 8.000 com um montante descomprometido de 2.000, mas, como existia um crédito extraordinário sem cobertura de 3.000, não era possível obter autorização para abertura de novos créditos adicionais contando com essa fonte de recursos. Entretanto, a entidade abriu um crédito especial contando com o excesso de arrecadação estimado de 7.000 (diferença entre a previsão adicional da receita e a previsão inicial da receita), provocando a execução de despesas sem cobertura e, consequentemente, contribuindo negativamente para o resultado de execução.

Demonstração do superávit financeiro utilizável: essa demonstração evidencia o cálculo do superávit financeiro utilizável, destacando-se o superávit financeiro bruto (ativo financeiro menos passivo financeiro) e o ônus líquido transferido do exercício anterior, isto é, a reabertura no atual exercício dos saldos de créditos adicionais abertos nos últimos quatro meses do exercício anterior, deduzindo-se as parcelas das operações de crédito a eles vinculadas e ainda não arrecadadas. Essa metodologia de cálculo informará o exato montante descomprometido dessa fonte de recurso que poderá ser destinado à cobertura de novos créditos adicionais abertos durante a execução orçamentária.

ANÁLISE DA SOLVÊNCIA ORÇAMENTÁRIA

Tabela 6.8   Demonstração do superávit financeiro utilizável

(=) Superávit Financeiro Bruto	4.000
(−) Ônus líquido transferido	(2.000)
Crédito especial reaberto nº 1	3.000
(−) Operações de crédito vinculadas aos créditos especiais reabertos	(1.000)
(=) Superávit financeiro utilizável	2.000
(−) Utilizações Crédito especial nº 4	(4.000)
(=) Superávit financeiro utilizado a maior	(2.000)

O superávit financeiro apurado no balanço patrimonial do exercício anterior, no montante de 4.000 milhões, quando utilizado no exercício atual para cobertura de créditos adicionais, contribuirá negativamente para o resultado da execução orçamentária, visto que representa reserva financeira formada por receitas não utilizadas de exercícios anteriores e que não são consideradas receitas do exercício atual. Parte dessa fonte de recurso destina-se à cobertura de créditos adicionais reabertos, sendo utilizável apenas a parcela descomprometida. No caso em questão, a entidade deixou de observar que 2.000 milhões encontravam-se comprometidos, provocando impacto negativo de igual valor no resultado de execução.

Demonstração do resultado de execução: analisadas as fontes de recursos individualmente e identificadas as contribuições positivas e negativas de cada uma no resultado de execução, o passo final consiste em explicar detalhadamente o resultado de execução orçamentária do exercício segundo a demonstração a seguir.

Tabela 6.9   Demonstração do resultado de execução

Déficit esperado (I)	**(4.000)**
Fatores Positivos (II)	**2.000**
Saldo do orçamento não utilizado	−
Superávit financeiro não utilizado	−
Economia orçamentária	2.000
Operações de crédito para consolidação da dívida flutuante	−
Fatores Negativos (III)	**(10.000)**
Excesso de arrecadação utilizado a menor	(8.000)
Superávit financeiro utilizado a maior	(2.000)
Resultado de Execução Orçamentária (I + II + III)	**(12.000)**

Capítulo 6

Verifica-se que o déficit de execução de 12.000 milhões tem as seguintes explicações: (*i*) 4.000 milhões provocados pelo uso do superávit financeiro apurado em balanço do exercício anterior (déficit esperado); (*ii*) 2.000 milhões como fator positivo provocado pela economia orçamentária da despesa; e (*iii*) 10.000 milhões referentes a fatores negativos representados por 8.000 milhões de excesso de arrecadação utilizado a maior e 2.000 milhões por parcela do superávit financeiro utilizado a maior.

Resumidamente, o resultado de execução pode ser explicado a partir do resultado de previsão e do desempenho da receita e da despesa orçamentária, conforme cálculo a seguir.

Resultado de Execução	=	resultado de previsão	+	desempenho da receita	+	desempenho da despesa
(12.000)	=	(22.000)	+	8.000	+	2.000

Assim, somente haverá déficit de execução se o somatório do desempenho da receita e da despesa orçamentária for inferior ao valor do déficit de previsão.

6.3 Indicadores de análise da solvência orçamentária

A solvência orçamentária, conforme já destacado, revela o *status* da posição operacional da entidade por meio dos resultados da execução orçamentária. Assim, esses resultados, seja de natureza positiva; seja de natureza negativa, influenciam a condição financeira governamental na medida em que impactam o fluxo de disponibilidades, o nível de liquidez e a solvência de curto prazo do governo.

A análise de indicadores da solvência orçamentária ajudará a detectar as seguintes situações:

1. se o orçamento foi aprovado com equilíbrio e executado com resultado favorável;
2. o desempenho na execução das receitas e despesas;
3. a cobertura dos créditos adicionais;
4. a necessidade de financiamento do governo;
5. a capacidade de geração interna de recursos;
6. a capacidade de pagamento da dívida;
7. o limite de gastos com pessoal.

Os principais indicadores para analisar a solvência orçamentária utilizados pelos analistas e pesquisadores da condição financeira governamental estão classificados em três categorias: (1) indicadores de execução da receita orçamentária; (2) indicadores de execução da despesa orçamentária; e (3) indicadores do desempenho orçamentário.

ANÁLISE DA SOLVÊNCIA ORÇAMENTÁRIA

6.3.1 Indicadores de execução da receita orçamentária

A análise da solvência orçamentária sob o aspecto da receita visa identificar o desempenho da arrecadação da receita, bem como a relevância dos ingressos de recursos operacionais e de capital.

O Quadro 6.6 relaciona os principais indicadores de execução da receita orçamentária utilizados pelos analistas e pesquisadores da condição financeira governamental. Para mais detalhes sobre indicadores de análise da receita orçamentária, especificamente da receita operacional, ver Capítulo 7.

Quadro 6.6   Indicadores de execução da receita orçamentária

REF.	INDICADORES	FÓRMULA	PRINCIPAIS ANALISTAS E PESQUISADORES
a	Desempenho da arrecadação	$\dfrac{\text{Receita realizada}}{\text{Receita prevista}}$	Alijarde (1995); García (2003); Gómez e Fernández (2006); Carmeli (2002)
b	Desempenho relativo da arrecadação	$\dfrac{\text{Receita realizada} - \text{receita prevista}}{\text{Receita corrente}}$	Groves e Valente (2003).
c	Eficiência na arrecadação de impostos	$\dfrac{\text{Receita de impostos arrecadados}}{\text{Receita prevista de impostos}}$	Alijarde (1995); García (2003); Gómez e Fernández (2006); Miller (2001); Carmeli (2002)
d	Participação da receita corrente	$\dfrac{\text{Receita corrente}}{\text{Receita orçamentária total}}$	Alijarde (1995); García (2003); López e Conesa (2002).
e	Participação da receita de capital	$\dfrac{\text{Receita de capital}}{\text{Receita orçamentária total}}$	Alijarde (1995); García (2003); López e Conesa (2002).

a. **Desempenho da arrecadação:** o indicador de desempenho da arrecadação ou eficiência da receita evidencia a relação entre a receita realizada e a receita prevista. Esse indicador revela se o orçamento da receita apresentou excesso de arrecadação efetivo para atender ações inicialmente não autorizadas no orçamento sem comprometer a condição financeira da entidade. Quando a relação apresenta-se acima de 1,0, mostra que houve excesso de arrecadação;

Capítulo 6

quando apresenta-se abaixo de 1,0, mostra que houve insuficiência de arrecadação. Assim, quanto maior o resultado desse indicador, melhor será a condição financeira do governo.

O desempenho da arrecadação também pode ser mensurado em termos absolutos por meio da diferença entre a receita arrecadada e a receita estimada para um exercício financeiro, mostrando o montante do excesso ou insuficiência de arrecadação por meio das seguintes comparações:

Receita prevista = receita arrecadada → equilíbrio de arrecadação

Receita prevista > receita realizada → insuficiência de arrecadação

Receita prevista < receita realizada → excesso de arrecadação

Para o cálculo desse indicador devem ser desconsiderados os excessos ou insuficiências de arrecadação provocados pelas receitas vinculadas controladas via fundos especiais, pois nesse caso não é possível utilizar o excesso de arrecadação para outro fim senão o objeto da vinculação. Dessa forma, somente o excesso ou a insuficiência de arrecadação das receitas descomprometidas devem ser considerados no numerador.

b. **Desempenho relativo da arrecadação:** esse indicador mostra a representatividade do excesso ou insuficiência de arrecadação sobre a receita corrente. Uma relação baixa desse indicador revela ineficiência nos procedimentos de arrecadação da receita orçamentária. Destaque-se que discrepâncias recorrentes verificadas nesse indicador ao longo dos anos revelam mudanças ocorridas na economia ou técnicas de estimação imprecisas.

c. **Eficiência na arrecadação de impostos:** esse indicador mostra o esforço do governo na cobrança dos impostos de sua competência. Carmeli (2002, p. 28) denomina esse indicador de *collecting efficiency ratio* para demonstrar o esforço da administração fazendária em arrecadar todos os tributos de competência do governo previstos no orçamento anual.

Uma relação alta desse indicador sinaliza o trabalho da gestão tributária no sentido de fazer adentrar ao caixa da entidade recursos próprios para atender as necessidades da comunidade, contribuindo, positivamente, para a condição financeira do governo.

d. **Participação da receita corrente:** esse indicador mostra a representatividade das receitas correntes em relação ao total das receitas arrecadadas. Uma relação alta desse indicador revela a capacidade da entidade em autofinanciar suas operações sem recorrer a operações de crédito. O Capítulo 7 – Análise da receita – apresenta informações detalhadas sobre o comportamento de execução das receitas correntes efetivas.

e. **Participação da receita de capital:** esse indicador mostra a participação das receitas de capital em relação à receita total do governo. Uma relação alta desse indicador revela que as ações governamentais estão sendo financiadas por meio do endividamento e/ou por recursos transferidos de esferas superiores. Assim, quanto maior o resultado desse indicador, mais dependente é o governo de recursos externos para investimentos.

Para identificar a dependência pelo governo de diferentes fontes de recursos de capital, recomenda-se avaliar as seguintes participações:

- transferências de capital/receita de capital: uma relação alta desse indicador mostra que o financiamento dos investimentos do governo é feito com recurso a fundo perdido, isto é, sem aumento do nível de endividamento;
- operações de crédito/receita de capital: uma relação alta desse indicador revela que o financiamento dos investimentos do governo foi realizado por meio de empréstimos de longo prazo, que comprometerão a execução de orçamentos futuros. Para mais detalhes sobre esse tipo de financiamento, ver o Capítulo 9 – Análise da dívida.

O resultado desse indicador representa a relação inversa do indicador de participação da receita corrente: [1 – (receita corrente/receita total)]. Assim, quanto maior a participação das receitas correntes, menor será a participação das receitas de capital.

6.3.2 Indicadores de execução da despesa orçamentária

A análise da solvência orçamentária sob o aspecto da despesa visa identificar o desempenho da execução da despesa, a relevância dos dispêndios correntes e de capital e o grau de cobertura dos créditos adicionais.

O Quadro 6.7 relaciona os principais indicadores de execução da despesa orçamentária utilizados pelos analistas e pesquisadores da condição financeira governamental. Para mais detalhes sobre indicadores de análise dos gastos públicos, ver Capítulo 8.

Capítulo 6

Quadro 6.7   Indicadores de execução da despesa orçamentária

REF.	INDICADORES	FÓRMULA	PRINCIPAIS ANALISTAS E PESQUISADORES
a	Desempenho da despesa orçamentária	$\dfrac{\text{Despesa executada}}{\text{Despesa fixada}}$	Alijarde (1995); García (2003); Gómez e Fernández (2006); Martínez (1994).
b	Desempenho relativo da despesa	$\dfrac{\text{Despesa fixada} - \text{despesa executada}}{\text{Despesa total}}$	Martínez (1994).
c	Índice de modificações orçamentárias	$\dfrac{\text{Créditos adicionais}}{\text{Despesas totais}}$	Alijarde (1995); García (2003); López e Conesa (2002); Martínez (1994).
d	Grau de cobertura dos créditos adicionais	$\dfrac{\text{Desempenho relativo da arrecadação}}{\text{Índice de modificações orçamentárias}}$	
e	Participação da despesa corrente	$\dfrac{\text{Despesas correntes}}{\text{Despesa total}}$	Brown (1993, 1996).
f	Participação da despesa de capital	$\dfrac{\text{Despesas de capital}}{\text{Despesa total}}$	Brown (1993, 1996).

a. **Desempenho da despesa orçamentária:** o indicador de desempenho da despesa orçamentária ou eficiência da despesa evidencia a relação entre a despesa executada, isto é, a despesa empenhada, e a despesa fixada (dotação inicial mais créditos adicionais). Resultado menor do que um mostra que houve economia orçamentária; resultado igual a um mostra uma situação de equilíbrio; e resultado acima de um revela que houve execução de despesas sem autorização legal.

O desempenho da despesa orçamentária também pode ser mensurado em termos absolutos por meio da diferença entre a despesa executada e a despesa fixada para um exercício financeiro, mostrando o montante da economia orçamentária ou excesso de execução sem autorização legal por meio das seguintes comparações:

Despesa executada = despesa fixada → equilíbrio na execução da despesa

Despesa executada > despesa fixada → execução sem autorização legal

Despesa executada < despesa fixada → economia orçamentária

ANÁLISE DA SOLVÊNCIA ORÇAMENTÁRIA

b. **Desempenho relativo da despesa:** esse indicador mostra a representatividade da economia orçamentária (despesa fixada – despesa executada), se existente, em relação à despesa orçamentária total. Martínez (1994, p. 420) denomina esse indicador de índice de situação econômica por revelar a proporção do saldo orçamentário sobre o orçamento de gastos.

c. **Índice de modificações orçamentárias:** esse indicador mostra a relação entre os créditos adicionais abertos no exercício e a despesa total para evidenciar o grau de alteração do orçamento. Uma relação muito elevada desse indicador sinaliza que as ações governamentais não foram adequadamente planejadas na Lei Orçamentária Anual.

d. **Grau de cobertura dos créditos adicionais:** esse indicador mostra se os recursos produzidos pela execução orçamentária do exercício foram suficientes para lastrear os créditos adicionais abertos. Assim, se o resultado desse indicador for igual a um, isso significa que o excesso de arrecadação produzido foi suficiente para cobrir os créditos adicionais, caso contrário, significa que a entidade utilizou outras fontes de recursos, como, por exemplo, o superávit financeiro ou, ainda, que executou despesas sem cobertura.

e. **Participação da despesa corrente:** esse indicador mostra a participação da despesa corrente em relação à despesa total, revelando quanto dos gastos totais é representado por despesas operacionais destinadas à manutenção da entidade. As despesas operacionais são representadas por gastos com pessoal e encargos sociais, juros e encargos da dívida e outras despesas correntes.

Uma relação baixa para esse indicador sugere que o governo está priorizando a aplicação de recursos em investimentos de infraestrutura e em bens operacionais. Por outro lado, uma relação alta significa que maior parte dos gastos do governo está relacionada com funcionamento e operacionalização da entidade, evidenciando a necessidade de recursos externos para o financiamento dos investimentos.

f. **Participação da despesa de capital:** esse indicador mostra a participação relativa das despesas de capital em relação à despesa total. Uma relação alta desse indicador sugere alto nível de investimentos realizados pelo governo. Como as despesas de capital incluem, também, gastos com amortização de dívidas, recomenda-se calcular o indicador de participação dos investimentos (investimentos/despesa total) para obter o nível de investimentos realizados em bens de infraestrutura e bens operacionais.

O resultado desse indicador representa a relação inversa do indicador de participação da despesa corrente: [1 – (despesa corrente/despesa total)]. Assim, quanto maior a participação das despesas correntes, menor será a participação das despesas de capital.

6.3.3 Indicadores do desempenho orçamentário

A análise da solvência orçamentária sob a perspectiva do desempenho orçamentário visa demonstrar a participação relativa dos resultados orçamentários, a capacidade de geração de poupança do governo, a capacidade de cobertura dos gastos correntes e os resultados do orçamento corrente e de capital. O Quadro 6.8 relaciona os principais indicadores de execução do desempenho orçamentário utilizados pelos analistas e pesquisadores da condição financeira governamental.

Quadro 6.8   Indicadores do desempenho orçamentário

REF.	INDICADORES	FÓRMULA	PRINCIPAIS ANALISTAS E PESQUISADORES
a	Resultado de previsão orçamentária	$\dfrac{\text{Previsão atualizada}}{\text{Dotação atualizada}}$	Alijarde (1995); García (2003); Miller (2001); Carmeli (2002).
b	Resultado de execução orçamentária	$\dfrac{\text{Receita executada}}{\text{Despesa executada}}$	Alijarde (1995); García (2003); Miller (2001); Carmeli (2002).
c	Cobertura de custeio	$\dfrac{\text{Receita corrente}}{\text{Despesa corrente}}$	Martínez (1994); Howell e Stamm (1979); Miller (2001)
d	Capacidade de geração de poupança	$\dfrac{\text{Receita corrente} - \text{despesa corrente}}{\text{Receita corrente}}$	Groves e Valente (2003); Berne e Schramm (1986); Berne (1992); Mead (2001); Pagano (1993)
e	Resultado do orçamento de capital	$\dfrac{\text{Receita de capital}}{\text{Despesa de capital}}$	
f	Índice de crescimento de receitas e despesas	$\dfrac{\text{Crescimento da receita}}{\text{Crescimento da despesa}}$	Dearborn (1977); Peterson et al. (1978); Groves e Valente (2003); Berne e Schramm (1986)
g	Desempenho orçamentário acumulado	$\dfrac{\text{Superávit financeiro do exercício anterior} +/- \text{resultado orçamentário do exercício}}{\text{Despesa corrente}}$	Pagano (1993)

a. **Resultado de previsão orçamentária:** esse indicador mostra a relação entre a previsão atualizada da receita e a dotação atualizada. A previsão atualizada da

ANÁLISE DA SOLVÊNCIA ORÇAMENTÁRIA

receita envolve a previsão inicial e a previsão adicional. A dotação atualizada representa o montante dos créditos iniciais e adicionais autorizados na LOA e em leis específicas.

Uma relação igual a um indica situação de equilíbrio orçamentário de previsão; relação acima de um revela superávit de previsão orçamentária, mostrando que as receitas previstas foram suficientes para lastrear a despesa orçamentária fixada; e relação abaixo de um mostra que a receita orçamentária prevista não foi suficiente para dar cobertura às despesas, indicando que houve abertura de créditos adicionais com excesso de arrecadação ou superávit financeiro de exercícios anteriores.

A interpretação desse indicador é melhor conduzida com base nos procedimentos apresentados no item 6.3.1.

b. **Resultado de execução orçamentária:** esse indicador mostra a relação entre a receita realizada e a despesa executada. Relação igual a um revela equilíbrio na execução do orçamento; acima de um mostra que houve resultado de execução positivo, ou seja, superávit orçamentário; e menor que um mostra que houve resultado negativo de execução, ou seja, déficit orçamentário.

A interpretação desse indicador é melhor conduzida com base nos procedimentos apresentados no item 6.3.2.

O resultado da execução orçamentária tanto pode ser calculado para o orçamento corrente quanto para o orçamento de capital. Os superávits do orçamento corrente contribuem para aumentar a posição de caixa, melhorando a poupança interna do governo, enquanto que os déficits do orçamento corrente tendem a absorver as reservas de caixa existentes. Peterson et al. (1978, p. 3) afirmam que a existência de superávits orçamentários acumulados implica na probabilidade de redução da tributação local ou no aumento de emprego e de salário. Por outro lado, a existência de déficits orçamentários é o melhor indicador para os gestores financeiros adotarem medidas corretivas e para os usuários externos exigirem ajustamentos orçamentários significantes.

c. **Cobertura de custeio:** o indicador de cobertura de custeio, também conhecido como índice de financiamento dos gastos correntes, revela quanto da receita corrente está comprometida com as despesas correntes. Uma relação baixa desse indicador mostra que o governo tem margem pequena para ampliar os serviços prestados à população, uma vez que a estrutura administrativa consome grande parte da receita disponível, comprometendo a capacidade de investimento do governo. Assim, quanto maior for o resultado desse indicador, melhor será a condição financeira do governo.

Howell e Stamm (1979, p. 100) sugerem que esse indicador seja calculado dividindo-se os gastos correntes *per capita* pelas receitas tributárias *per capita*.

Esse indicador pode ter as despesas correntes totais substituídas pelas despesas fixas. Assim, quanto maior a participação das despesas fixas nas despesas correntes, maior será a dificuldade do governo para ajustar-se a crises financeiras e realizar investimentos com recursos próprios.

d. **Capacidade de geração de poupança:** esse indicador mostra a capacidade do governo em produzir resultado operacional positivo, assumindo uma das seguintes situações no encerramento de cada exercício financeiro: (*i*) superávit do orçamento corrente, quando as receitas correntes foram maiores que as despesas correntes; e (*ii*) déficit do orçamento corrente, quando as receitas correntes forem menores que as despesas correntes.

Esse indicador é mensurado pela divisão do resultado do orçamento corrente pelas receitas correntes. Assim, quanto maior for essa relação, mais o governo apresentará capacidade de geração interna de poupança. Vale destacar que somente integram o montante das receitas correntes os recursos do fundo governamental geral por não estarem vinculados a objetivos predeterminados, uma vez que as receitas correntes vinculadas a órgãos, fundos ou despesas obrigatórias têm destinação específica.

O resultado positivo desse indicador mostra que a entidade produziu poupança interna que contribuirá para o aumento do nível de recursos internos (ver Capítulo 11). Todavia, um resultado negativo não significa que a execução do orçamento foi desfavorável, pois as reservas financeiras acumuladas de exercícios anteriores podem ter sido usadas para financiar parcela das despesas correntes.

e. **Resultado do orçamento de capital:** esse indicador é mensurado pela relação entre a receita de capital e a despesa de capital, revelando a forma de financiamento dos gastos de capital. Assim, relação menor do que um mostra déficit de capital visto que parcela da receita corrente foi destinada à cobertura de investimentos; relação maior do que um revela a existência de superávit de capital em decorrência de parcela da receita corrente não aplicada em despesas de capital; relação igual a um mostra equilíbrio do orçamento de capital. Portanto, quanto menor o resultado desse indicador, melhor a condição financeira do governo.

f. **Índice de crescimento de receitas e despesas:** o indicador de crescimento de receitas comparado com o crescimento de despesas mostra a posição do equilíbrio orçamentário. Tanto o crescimento da receita quanto o crescimento da despesa pode ser calculado para o orçamento corrente e para orçamento de capital, como a diferença absoluta entre o orçamento atual e o orçamento do exercício anterior.

ANÁLISE DA SOLVÊNCIA ORÇAMENTÁRIA

Dearborn (1977, p. 5) ressalta que em condições normais as receitas e despesas deveriam crescer no mesmo patamar. Quando as receitas estão crescendo significativamente aquém das despesas o governo enfrentará dificuldades nas suas decisões políticas para equilibrar o orçamento, pois aumentar tributos e/ou cortar gastos são ações impopulares. Entretanto, a ausência de medidas corretivas sinaliza desequilíbrios orçamentários desagradáveis no futuro.

Berne e Schramm (1986, p. 189), além de examinarem o crescimento das receitas em relação ao crescimento das despesas, como uma relação significativa que contribui para a produção de reservas internas da organização, avaliam o crescimento das despesas em relação ao crescimento da renda da população. Assim, se as despesas crescerem mais rapidamente do que a renda da comunidade, isso significa que a maior parte da renda está direcionada aos gastos governamentais, afetando adversamente a condição financeira do governo.

g. **Desempenho orçamentário acumulado:** esse indicador mostra a participação do resultado orçamentário acumulado em relação à despesa orçamentária corrente, revelando o potencial da entidade em financiar seus gastos operacionais.

O resultado orçamentário acumulado é formado pelas reservas financeiras produzidas pela execução orçamentária de vários exercícios financeiros (superávits financeiros de exercícios anteriores mais o resultado da execução orçamentária do exercício atual). Dessa forma, se a entidade tem potencial para gerar excessos de arrecadação e proporcionar economias orçamentárias em níveis que não comprometam a execução de programas governamentais importantes, sempre manterá reservas financeiras, posicionando-se em uma situação confortável para lidar com contingências financeiras. Assim, quanto maior o resultado desse indicador, melhor será a condição financeira da entidade. Por outro lado, quanto menor o resultado desse indicador, pior será a condição financeira da entidade.

Pagano (1993, p. 23-24) denomina esse indicador de índice de equilíbrio no final do exercício (*Ending Balance Index*), sinalizando que um governo poderá sofrer de crise fiscal moderada quando o resultado do indicador estiver entre 1% e 5% dos gastos correntes e enfrentar uma crise fiscal mais séria quando apresentar resultado abaixo de 1%.

6.4 Indicadores fiscais

A análise da solvência orçamentária por meio de indicadores fiscais visa identificar a necessidade ou capacidade de financiamento, a geração de resultado primário para cobertura do serviço da dívida e as restrições orçamentárias de limitação de gastos públicos (gastos com pessoal e com o Legislativo).

Capítulo 6

O Quadro 6.9 relaciona os principais indicadores fiscais utilizados pelos analistas e pesquisadores da condição financeira governamental.

Quadro 6.9   Indicadores fiscais

REF.	INDICADORES	FÓRMULA	PRINCIPAIS ANALISTAS E PESQUISADORES
a	Resultado nominal	Receita total, exceto operações de crédito – despesa total ou Dívida fiscal líquida do período de referência – dívida fiscal líquida do período anterior	Alijarde (1995); García (2003); Gómez e Fernández (2006); López e Conesa (2002); Martínez (1994)
b	Resultado primário	Receita fiscal líquida – despesa fiscal líquida	Alijarde (1995); García (2003); Gómez e Fernández (2006); López e Conesa (2002); Martínez (1994)
c	Limite de despesa com pessoal	$\dfrac{\text{Despesa com pessoal}}{\text{Receita corrente líquida}}$	Kopits (2001), Llera (2003)
d	Limite legal de endividamento	$\dfrac{\text{Dívida consolidada líquida}}{\text{Receita corrente líquida}}$	Alijarde e López (2001); Ingram, Martin e Petersen (1991); Clark e Chan (1990); Miller (2001); Ammar et al. (2004)
e	Regra de ouro	Operações de crédito – despesas de capital	Musgrave (1959), Howell e Stamm (1979), Hagen e Eichengreen (1996), Ter-Minassian (1997), Kopits (2001), Dafflon e Madiès (2011).
f	Limites de despesas do Legislativo	% da Receita Tributária Ampliada (RTA) segundo o tamanho populacional	

a. **Resultado nominal:** esse indicador, também conhecido como Necessidade de Financiamento do Setor Público (NFSP), tem por objetivo medir, de forma ampla, o resultado fiscal do governo.

ANÁLISE DA SOLVÊNCIA ORÇAMENTÁRIA

Existem dois critérios para apurar o resultado nominal do setor público, denominados de "acima da linha" e "abaixo da linha". O critério "acima da linha" apura o desempenho fiscal do governo levando em consideração o fluxo de receitas e despesas nominais, incluídas as financeiras, e o critério "abaixo da linha" apura o resultado fiscal do governo por intermédio da variação da dívida fiscal líquida.

O Quadro 6.10 demonstra o cálculo do resultado nominal do governo pelo critério "acima da linha" em que se observa a diferença entre receitas totais, exceto as operações de crédito, e as despesas totais. Nesse sentido, Gómez e Fernández (2006, p. 93) alertam que, para o cálculo da necessidade/capacidade de financiamento, somente incluem-se na receita de capital as operações de alienação de bens e as transferências de capital.

Quadro 6.10   Cálculo do resultado nominal com base na diferença entre receitas e despesas

Total das receitas correntes (−) Total das despesas correntes	
(=) **RESULTADO DO ORÇAMENTO CORRENTE**	

(+) **Receitas de capital**
   Alienação de Bens
   Transferências de Capital
(−) **Total das despesas de capital**	

(=) **RESULTADO NOMINAL**	

Quando o resultado dessa variável é positivo a entidade apresenta um superávit nominal ou capacidade de financiamento. Por outro lado, quando o resultado dessa variável é negativo a entidade apresenta um déficit nominal ou necessidade de financiamento, mostrando que o governo não obteve êxito em financiar completamente suas operações com recursos próprios, necessitando recursos de terceiros.

O critério "abaixo da linha" é o procedimento utilizado no Brasil para o cálculo do Resultado Nominal, segundo estabelece o Manual de Demonstrativos Fiscais (BRASIL, 2014), pois leva em consideração a variação da dívida fiscal líquida, conforme exposto no Quadro 6.11.

Quadro 6.11 Cálculo do Resultado Nominal com Base na Variação da DFL

DÍVIDA FISCAL LÍQUIDA	SALDO		
	EM 31 DEZ EXERCÍCIO ANTERIOR (A)	EM (BIMESTRE ANTERIOR) (B)	EM (BIMESTRE) (C)
DÍVIDA CONSOLIDADA DEDUÇÕES Disponibilidade de Caixa Bruta Demais Haveres Financeiros (–) Restos a Pagar Processados = DÍVIDA CONSOLIDADA LÍQUIDA (+) Receitas de Privatizações (–) Passivos Reconhecidos = DÍVIDA FISCAL LÍQUIDA			

RESULTADO NOMINAL	PERÍODO DE REFERÊNCIA	
	No bimestre (c – b)	Até o bimestre (c – a)

De acordo com esse critério, inicialmente, calcula-se a Dívida Consolidada Líquida (DCL), obtida pela diferença entre a Dívida Consolidada (DC) e as Disponibilidades de Caixa Bruta (DCB) e demais Haveres Financeiros (HF), excluídos os Restos a Pagar Processados (RPP).

Finalmente, para obter a Dívida Fiscal Líquida (DFL), somam-se as Receitas de Privatizações (RP) e subtraem-se os Passivos Reconhecidos (PR) (débitos reconhecidos pelo governo, tais como INSS, FGTS, sentenças judiciais etc.). As fórmulas sintetizam esse procedimento de cálculo.

$$DCL = DC - (DCB + HF - RPP)$$
$$DFL = DCL + RP - PR$$

O resultado nominal por essa metodologia pode ser encontrado em dois períodos de referência: no bimestre e no exercício. No bimestre, o resultado nominal corresponde à diferença entre o saldo da DFL ao final do bimestre de referência e o saldo ao final do bimestre anterior. No exercício, o resultado nominal representa a diferença entre o saldo da DFL acumulada até o final do bimestre de referência e o saldo em 31 de dezembro do exercício anterior ao de referência. O exemplo a seguir ilustra esse procedimento de cálculo.

ANÁLISE DA SOLVÊNCIA ORÇAMENTÁRIA

Tabela 6.10   Exemplo de cálculo do resultado nominal segundo a variação da DFL

DÍVIDA FISCAL LÍQUIDA	SALDO		
	EM 31 DEZ EXERCÍCIO ANTERIOR (A)	EM BIMESTRE ANTERIOR (B)	EM BIMESTRE (C)
DÍVIDA CONSOLIDADA	4.260.451	5.117.173	5.485.373
DEDUÇÕES	1.805.232	2.045.219	1.927.541
Disponibilidade de Caixa Bruta	1.507.610	1.805.372	1.570.024
Demais Haveres Financeiros	330.494	320.389	429.208
(–) Restos a Pagar Processados	(32.872)	(80.542)	(71.691)
= DÍVIDA CONSOLIDADA LÍQUIDA	2.455.219	3.071.954	3.557.832
(+) Receitas de Privatizações	–	–	–
(–) Passivos Reconhecidos	–	–	–
= DÍVIDA FISCAL LÍQUIDA	2.455.219	3.071.954	3.557.832

RESULTADO NOMINAL	PERÍODO DE REFERÊNCIA	
	No bimestre (c – b)	Até o bimestre (c – a)

O resultado nominal assim encontrado mostra se a dívida fiscal líquida em determinado período aumentou ou diminuiu. Uma variação positiva ao longo do tempo revela necessidades contínuas de financiamento das ações do governo, podendo comprometer a sua condição financeira, visto que provoca aumento do nível de endividamento. Nesse sentido, López, Alijarde e Julvé (2004, p. 91) afirmam que a variável capacidade/necessidade de financiamento é a chave para se saber se foi cumprido o objetivo de estabilidade orçamentária.

b. **Resultado primário:** o resultado primário serve para indicar se os níveis de gastos orçamentários são compatíveis com a arrecadação. Sob o aspecto financeiro, o resultado primário serve para avaliar se o governo está operando dentro dos limites orçamentários, isto é, se está contribuindo para a redução ou elevação do endividamento público.

Nesse sentido, o resultado primário positivo consiste em manter estável a relação dívida/PIB por possibilitar ao governo pagar, pelo menos, os juros incidentes sobre a dívida pública contraída, impedindo-a de crescer em taxa superior ao crescimento do PIB. Isso significa que o governo deve ser capaz de fornecer bens e serviços à comunidade com recursos obtidos pelo seu próprio esforço e ainda contribuir para o pagamento da dívida (principal + encargos). Assim, quanto maior o nível do resultado primário positivo, melhor será a condição financeira do governo.

Esse indicador é obtido pela diferença entre receitas primárias e despesas primárias, isto é, a diferença entre os ingressos e os dispêndios operacionais totais sem considerar as receitas e despesas financeiras, conforme demonstrativo a seguir determinado pelo Manual de Demonstrativos Fiscais (BRASIL, 2014).

Quadro 6.12   Cálculo do resultado primário

```
TOTAL DAS RECEITAS CORRENTES
(–) Rendimentos de aplicação financeira
(+) TOTAL DAS RECEITAS DE CAPITAL
(–) Operações de crédito
(–) Alienação de bens
(–) Amortização de empréstimos concedidos
= RECEITA FISCAL LÍQUIDA ou RECEITAS PRIMÁRIAS (I)

TOTAL DAS DESPESAS CORRENTES
(–) Juros e encargos da dívida
(+) TOTAL DAS DESPESAS DE CAPITAL
(–) Concessões de empréstimos
(–) Aquisição de títulos de capital integralizado
(–) Amortização da dívida
(+) Reserva de contingência
(+) Reserva do RPPS
= DESPESA FISCAL LÍQUIDA ou DESPESAS PRIMÁRIAS (II)

RESULTADO PRIMÁRIO (I – II)
```

As receitas primárias referem-se às receitas orçamentárias totais excluídas as receitas financeiras com operações de crédito, as provenientes de rendimentos de aplicações financeiras e retorno de operações de crédito (juros e amortizações), o recebimento de recursos oriundos de empréstimos concedidos e as receitas de privatizações.

As despesas primárias correspondem ao total das despesas orçamentárias deduzidas as despesas financeiras com juros e amortização da dívida interna e externa, com a aquisição de títulos de capital integralizado e as despesas com concessão de empréstimos com retorno garantido.

O exemplo a seguir ilustra o cálculo do resultado primário do governo.

ANÁLISE DA SOLVÊNCIA ORÇAMENTÁRIA

Tabela 6.11   Exemplo de cálculo do resultado primário

TOTAL DAS RECEITAS CORRENTES	**7.808.450**
(–) Rendimentos de aplicação financeira	(91.367)
(+) TOTAL DAS RECEITAS DE CAPITAL	**738.618**
(–) Operações de crédito	(355.312)
(–) Alienação de bens	(5.368)
(–) Amortização de empréstimos concedidos	(3.691)
= RECEITA FISCAL LÍQUIDA ou RECEITAS PRIMÁRIAS (I)	**8.091.330**
TOTAL DAS DESPESAS CORRENTES	**7.124.858**
(–) Juros e encargos da dívida	(121.244)
(+) TOTAL DAS DESPESAS DE CAPITAL	**1.228.033**
(–) Concessões de empréstimos	(16.508)
(–) Aquisição de títulos de capital integralizado	–
(–) Amortização da dívida	(252.259)
(+) Reserva de contingência	–
(+) Reserva do RPPS	–
= DESPESA FISCAL LÍQUIDA ou DESPESAS PRIMÁRIAS (II)	**7.962.880**
RESULTADO PRIMÁRIO (I – II)	**128.450**

O resultado primário positivo assim encontrado (superávit primário) mostra o desempenho fiscal do governo quanto à capacidade de pagamento da dívida e seus encargos, contribuindo para a redução do nível de endividamento.

c. **Limite de despesa com pessoal:** as despesas com pessoal são os gastos mais representativos em quase todos os entes públicos, razão pela qual despertam mais atenção da população, do governo e de analistas financeiros.

As regras de restrições orçamentárias sobre os gastos visam reduzir os níveis do déficit orçamentário e da dívida procurando incentivar uma conduta fiscal responsável por parte dos governos subcentrais. Sobre essa limitação, Kopits (2001, p. 12) afirma que o estabelecimento de uma regra sobre os gastos mais representativos das despesas correntes em relação aos gastos totais pode fortalecer o objetivo de crescimento. Llera (2003, p. 35) declara que esse limite pode ser estabelecido em termos percentuais com referência ao crescimento do PIB ou outra magnitude de renda e, em qualquer

Capítulo 6

caso, deve estar suficientemente detalhado em uma norma reguladora demonstrando os procedimentos e as sanções derivadas por seu descumprimento.

Como medida para controlar os gastos com pessoal, a Lei de Responsabilidade Fiscal, no artigo 19, estabeleceu limites com base na Receita Corrente Líquida que cada ente governamental está obrigado a observar, sendo 50% para a União e 60% para Estados e Municípios, devendo observar, ainda, o limite prudencial de 95% sobre esses percentuais conforme estabelece o parágrafo único do artigo 22. Assim, quando as despesas com pessoal atingirem 90% do limite legal, cabe aos Tribunais de Contas alertarem os entes governamentais, consoante determina o § 1º, inciso II, do artigo 59.

O anexo I do Relatório de Gestão Fiscal (RGF) instituído pelo artigo 55, inciso I, alínea *a*, da LRF, mostra como o limite de gasto com pessoal é identificado. A seguir exemplifica-se o cálculo do limite de gasto com pessoal para os poderes Legislativo e Executivo municipais.

Tabela 6.12   Cálculo do limite de gasto com pessoal para os poderes Legislativo e Executivo municipais

DESPESA COM PESSOAL	DESPESAS EXECUTADAS (ÚLTIMOS 12 MESES) LIQUIDADAS (A)	INSCRITAS EM RPNP (B)
DESPESA BRUTA COM PESSOAL (I)	4.327.441	412.020
Pessoal ativo	1.332.851	180.000
Pessoal inativo e pensionistas	2.994.590	232.020
Outras despesas de pessoal decorrentes de contratos de terceirização (§ 1º do artigo 18 da LRF)	–	–
DESPESAS NÃO COMPUTADAS (§ 1º do artigo 19 da LRF) (II)	679.303	–
Indenizações por demissão e incentivos à demissão voluntária	–	–
Decorrentes de decisão judicial	–	–
Despesas de exercícios anteriores	–	–

»

ANÁLISE DA SOLVÊNCIA ORÇAMENTÁRIA

DESPESA COM PESSOAL	DESPESAS EXECUTADAS (ÚLTIMOS 12 MESES)	
	LIQUIDADAS (A)	INSCRITAS EM RPNP (B)
Inativos e pensionistas com recursos vinculados	679.303	–
DESPESA LÍQUIDA COM PESSOAL (III) = (I – II)	3.648.138	412.020
DESPESA TOTAL COM PESSOAL – DTP (IV) = (III a + III b)	4.060.158	

APURAÇÃO DO CUMPRIMENTO DO LIMITE LEGAL	VALOR
RECEITA CORRENTE LÍQUIDA – RCL (V)	8.223.829
% do DESPESA TOTAL COM PESSOAL sobre a RCL (VI) = (IV/V)*100	49,4%
LIMITE MÁXIMO (incisos I, II e III, artigo 20 da LRF) – 60%	4.934.297
LIMITE PRUDENCIAL (parágrafo único, artigo 22 da LRF) – 57%	4.687.582

Observa-se que o percentual de gasto com pessoal para os poderes Legislativo e Executivo do Município ficou abaixo do limite legal de 60%, atingindo o patamar de 49,4%. Esse desempenho revela que o governo ainda dispõe de 10,6 pontos percentuais de margem para incrementar os gastos com pessoal.

Contudo, considerando que as despesas com pessoal representam a maior parcela dos gastos fixos do governo, seu excesso compromete o resultado primário, prejudicando o cumprimento do serviço da dívida e a aplicação de recursos em novos investimentos. Dessa forma, se o ente governamental ultrapassar o limite legal estabelecido provocará problemas financeiros que podem comprometer o nível de serviços oferecidos à comunidade. Logo, quanto maior o resultado desse indicador, pior será a condição financeira do governo.

    d. **Limite legal de endividamento:** como medida para restringir o nível excessivo de endividamento das três esferas de governo, a Lei de Responsabilidade Fiscal instituiu mecanismo de limites da dívida pública e das operações de crédito. Nesse intento, o Senado Federal aprovou as Resoluções 40/2011 e 43/2001, que estabelecem tetos máximos de endividamento com vistas a preservar a condição financeira dos governos. Os detalhes sobre o cálculo e interpretação desse indicador fiscal são apresentados no Capítulo 9 – Análise da dívida.

e. **Regra de ouro:** a regra de ouro visa restringir o endividamento excessivo na medida em que procura evitar que o endividamento seja utilizado para financiar o custeio da entidade, principalmente despesas com pessoal. Essa restrição ao endividamento afigura-se como imposição de teto para a realização de operações de crédito de longo prazo (operação de crédito ≤ despesas de capital), sendo extremamente salutar para o equilíbrio orçamentário na medida em que busca coibir o crescimento injustificado do endividamento público. Para mais informações sobre esse indicador fiscal, ver as discussões relacionadas ao indicador de destinação da dívida no Capítulo 9 – Análise da dívida.

A regra de ouro é estabelecida no artigo 167, inciso III, da Constituição Federal, ao proibir "[...] a realização de operações de créditos que excedam o montante das despesas de capital, ressalvadas as autorizadas mediante créditos suplementares ou especiais com finalidade precisa, aprovados pelo Poder Legislativo por maioria absoluta". Essa regra de limitação ao endividamento foi reforçada pela LRF no § 2º do artigo 12, ao estabelecer que "[...] o montante previsto para as receitas de operações de crédito não poderá ser superior ao das despesas de capital constantes do projeto de lei orçamentária". Esses dispositivos criam, portanto, sério obstáculo à utilização de operações de crédito para financiar despesas correntes, bloqueando a possibilidade de obtenção de financiamentos para essas, mesmo existindo capacidade de endividamento.

A regra de ouro é identificada no balanço orçamentário por meio do confronto entre o montante das receitas de operações de crédito com as despesas de capital. No caso de as receitas de operação de crédito serem superiores às despesas de capital, fica caracterizado o cumprimento dessa restrição orçamentária.

O exemplo a seguir reforça o entendimento da aplicação da regra de ouro. Seja uma entidade governamental que aprove seu orçamento com receitas correntes de 4.000 e despesas correntes de 3.800, gerando um superávit de orçamento corrente de 200; receitas de capital de 400, sendo 100 de operações de crédito e 300 de transferências de capital; e despesas de capital de 600, conforme demonstrado na Tabela 6.13.

ANÁLISE DA SOLVÊNCIA ORÇAMENTÁRIA

Tabela 6.13   Identificação do limite quantitativo do endividamento – regra de ouro

RECEITAS CORRENTES	4.000	DESPESAS CORRENTES	3.800
		Superávit do Orçamento Corrente	*200*
RECEITAS DE CAPITAL	400	DESPESAS DE CAPITAL	600
Operações de crédito	100	Investimentos	600
Transferências de capital	300		
TOTAL	4.400	TOTAL	4.400

Nessas condições, os investimentos foram maiores que as operações de crédito em 500, devido ao financiamento de 200 com superávit corrente e 300 com transferências de capital, logo essa entidade poderá realizar mais 500 de operações de crédito até atingir o limite constitucional (operação de crédito ≤ despesas de capital).

Obedecendo ao preceito constitucional e contraindo operação de crédito no montante de exatamente 500 para cobrir despesas de capital, a situação da entidade ficaria da forma mostrada na Tabela 6.14.

Tabela 6.14   Teto constitucional do endividamento – regra de ouro

RECEITAS CORRENTES	4.000	DESPESAS CORRENTES	3.800
		Superávit do Orçamento Corrente	*200*
RECEITAS DE CAPITAL	900	DESPESAS DE CAPITAL	600
Operações de crédito	600	Investimentos	1.100
Transferências de capital	300		1.100
TOTAL	4.900	TOTAL	4.900

Nessas condições, observa-se que as despesas de capital aumentaram no mesmo valor que as operações de crédito, reconstituindo o teto constitucional. Entretanto, a entidade deve observar o limite de endividamento anual de 16% da Receita Corrente Líquida, estabelecido pelo inciso I, artigo 7º, da Resolução 43/2001 do Senado Federal. Uma vez atingido esse limite, estarão esgotadas as possibilidades de autorização de novas operações de crédito para dar cobertura a despesas de capital, mesmo que estejam abaixo do teto constitucional.

Vale salientar que a exigência para o cumprimento da regra de ouro deve, obrigatoriamente, ser observada quando da elaboração da Lei Orçamentária Anual (LOA), porém, no caso de abertura de créditos suplementares e especiais com finalidade precisa, essa regra não se aplica, conforme se depreende da segunda parte do inciso III do artigo

167 da Constituição Federal. Entretanto, em qualquer caso, os entes federativos devem observar tanto o limite anual quanto o limite global de endividamento.

f. **Limite de despesas do Legislativo:** as despesas orçamentárias do Poder Legislativo municipal são limitadas legalmente pelos valores fixados na Lei Orçamentária Anual. Esse limite, incluídos os subsídios dos vereadores e excluídos os gastos com inativos, deve ser observado também na fase de execução da despesa e não poderá ultrapassar determinado percentual incidente sobre a Receita Tributária Ampliada (RTA), composta pela receita tributária própria, pela receita tributária transferida e pela CIDE, todas efetivamente realizadas no exercício anterior.

De acordo com o disposto nos incisos I a IV do artigo 29-A da Constituição Federal, o limite de gastos do Legislativo municipal adota o critério de proporcionalidade em relação ao número de habitantes do Município, conforme demonstrado na Tabela 6.15.

Tabela 6.15 Limites máximos de gastos com o Poder Legislativo municipal

NÚMERO DE HABITANTES	LIMITE MÁXIMO SOBRE A RTA
até 100.000	8%
de 100.001 a 300.000	7%
de 300.001 a 500.000	6%
acima de 500.000	5%

O Poder Legislativo municipal deverá observar, também, outro limite constitucional previsto no artigo 29-A, § 1°, da Constituição Federal, o qual estabelece que a folha de pagamento do Legislativo (dotações 3.1.90.11 e 3.1.90.04) não poderá superar 70% dos repasses provenientes da prefeitura.

Além dos limites constitucionais, aplica-se, ainda, às despesas de pessoal do Poder Legislativo Municipal o limite de gastos com pessoal estabelecido no artigo 19 da LRF, correspondente a 6% da Receita Corrente Líquida do Município.

6.5 Análise do balanço orçamentário

A análise do balanço orçamentário tem por finalidade evidenciar o *status* da posição operacional do governo ou a solvência orçamentária por meio das seguintes técnicas:

ANÁLISE DA SOLVÊNCIA ORÇAMENTÁRIA

1. avaliação da representatividade e da evolução dos principais itens das receitas e despesas orçamentárias ao longo de vários exercícios (análise temporal do balanço orçamentário);
2. avaliação do desempenho da arrecadação, desempenho do gasto, comportamento do resultado de previsão, desempenho da execução orçamentária e a posição financeira da despesa em determinado exercício (análise pontual do balanço orçamentário); e
3. julgamento de vários indicadores de execução da receita, da despesa e do desempenho orçamentário (análise de indicadores do balanço orçamentário).

É importante destacar que na análise da posição operacional sob o enfoque da solvência orçamentária avalia-se, especificamente, o comportamento das receitas e das despesas orçamentárias sem aprofundar-se nos efeitos da gestão da dívida. Assim, as operações de crédito são excluídas da execução da receita e a amortização da dívida é excluída da execução da despesa. Para mais detalhes sobre a influência da gestão da dívida no desempenho orçamentário, consultar o Capítulo 9 – Análise da dívida.

6.5.1 Análise temporal do balanço orçamentário

A análise ao longo do tempo do comportamento das receitas e das despesas orçamentárias é feita por intermédio da análise horizontal e vertical do balanço orçamentário com o objetivo de compreender a evolução e a representatividade dos itens mais expressivos.

A seguir demonstram-se os balanços orçamentários do Município de Aurora Dourada para os exercícios de 2010, 2011 e 2012 e respectiva análise da solvência orçamentária com o emprego das técnicas da análise horizontal e vertical.

Tabela 6.16 Balanço orçamentário do período de 2010 a 2012 – receitas orçamentárias

RECEITAS REALIZADAS	2010	AV (%)	AH (%)	2011	AV (%)	AH (%)	2012	AV (%)	AH (%)
RECEITAS CORRENTES	65.606.815	94,8	100,0	75.900.841	96,0	15,7	86.105.767	94,7	13,4
RECEITA TRIBUTÁRIA	13.832.015	20,0	100,0	16.435.428	20,8	18,8	19.794.520	21,8	20,4
Impostos	12.839.313	18,5	100,0	15.295.935	19,4	19,1	18.483.269	20,3	20,8
Taxas	959.881	1,4	100,0	1.101.035	1,4	14,7	1.266.872	1,4	15,1
Contribuições de Melhoria	32.821	0,0	100,0	38.458	0,0	17,2	44.379	0,0	15,4
RECEITA DE CONTRIBUIÇÕES	2.024.126	2,9	100,0	2.331.605	2,9	15,2	2.664.884	2,9	14,3
RECEITA PATRIMONIAL	1.766	0,0	100,0	1.852	0,0	4,9	1.592	0,0	–14,0
RECEITA AGROPECUÁRIA	1.606.303	2,3	100,0	2.230.433	2,8	38,9	3.164.027	3,5	41,9
RECEITA INDUSTRIAL	44.419	0,1	100,0	27.794	0,0	–37,4	27.641	0,0	–0,6
RECEITA DE SERVIÇOS	1.631.431	2,4	100,0	1.821.594	2,3	11,7	1.950.864	2,1	7,1
TRANSFERÊNCIAS CORRENTES	43.691.721	63,1	100,0	49.719.258	62,9	13,8	54.692.418	60,1	10,0
OUTRAS RECEITAS CORRENTES	2.775.034	4,0	100,0	3.332.877	4,2	20,1	3.809.821	4,2	14,3

»

ANÁLISE DA SOLVÊNCIA ORÇAMENTÁRIA

Tabela 6.16 Balanço orçamentário do período de 2010 a 2012 – receitas orçamentárias *(continuação)*

RECEITAS REALIZADAS	2010	AV (%)	AH (%)	2011	AV (%)	AH (%)	2012	AV (%)	AH (%)
RECEITAS DE CAPITAL	3.613.013	5,2	100,0	3.140.888	4,0	-13,1	4.830.398	5,3	53,8
OPERAÇÕES DE CRÉDITO	674.226	1,0	100,0	885.106	1,1	31,3	952.162	1,0	7,6
Operações de Crédito Internas	386.235	0,6	100,0	568.599	0,7	47,2	797.357	0,9	40,2
Operações de Crédito Externas	287.991	0,4	100,0	316.507	0,4	9,9	154.805	0,2	-51,1
ALIENAÇÃO DE BENS	272.475	0,4	100,0	141.681	0,2	-48,0	699.878	0,8	394,0
AMORTIZAÇÃO DE EMPRÉSTIMOS	36.924	0,1	100,0	40.190	0,1	8,8	50.369	0,1	25,3
TRANSFERÊNCIAS DE CAPITAL	2.198.035	3,2	100,0	1.913.206	2,4	-13,0	2.940.447	3,2	53,7
OUTRAS RECEITAS DE CAPITAL	431.353	0,6	100,0	160.705	0,2	-62,7	187.542	0,2	16,7
SUBTOTAL	69.219.828	100,0	100,0	79.041.729	100,0	14,2	90.936.165	100,0	15,0
DÉFICIT									
TOTAL	69.219.828	100,0	100,0	79.041.729	100,0	14,2	90.936.165	100,0	15,0

Capítulo 6

Tabela 6.17 Balanço orçamentário do período de 2010 a 2012 – despesas orçamentárias

DESPESAS REALIZADAS	2010	AV (%)	AH (%)	2011	AV (%)	AH (%)	2012	AV (%)	AH (%)
DESPESAS CORRENTES	58.855.499	86,5	100,0	67.088.770	86,5	14,0	77.062.403	86,2	14,9
PESSOAL E ENCARGOS SOCIAIS	29.190.711	42,9	100,0	33.641.899	43,4	15,2	39.301.328	44,0	16,8
JUROS E ENCARGOS DA DÍVIDA	992.940	1,5	100,0	1.101.762	1,4	11,0	1.192.856	1,3	8,3
OUTRAS DESPESAS CORRENTES	28.671.848	42,2	100,0	32.345.109	41,7	12,8	36.568.219	40,9	13,1
DESPESAS DE CAPITAL	9.166.074	13,5	100,0	10.447.966	13,5	14,0	12.342.294	13,8	18,1
INVESTIMENTOS	7.416.222	10,9	100,0	8.589.938	11,1	15,8	10.518.448	11,8	22,5
INVERSÕES FINANCEIRAS	331.637	0,5	100,0	166.956	0,2	–49,7	185.070	0,2	10,8
AMORTIZAÇÃO/ REFINANCIAMENTO DA DÍVIDA	1.418.215	2,1	100,0	1.691.072	2,2	19,2	1.638.776	1,8	–3,1
SUBTOTAL	68.021.573	100,0	100,0	77.536.736	100,0	14,0	89.404.697	100,0	15,3
SUPERÁVIT	1.198.255	1,8	100,0	1.504.993	1,9	25,6	1.531.468	1,7	1,8
TOTAL	69.219.828	–	100,0	79.041.729	–	14,2	90.936.165	–	15,0

ANÁLISE DA SOLVÊNCIA ORÇAMENTÁRIA

A análise vertical do balanço orçamentário revela que as receitas que mais se destacam são aquelas oriundas das transferências intergovernamentais, alcançando 63% em 2010 e mantendo-se em 60% em 2012. Em segunda posição tem-se as receitas tributárias, que alcançaram 21,8% em 2012, e que vêm favoravelmente evoluindo em ritmo mais acelerado. Análise mais detalhada do comportamento fiscal da receita é realizada no Capítulo 7 – Análise da receita.

Essa supremacia das receitas de transferência se justifica pelos termos do pacto federativo em que os governos superiores, principalmente a União, concentram a maior parte da arrecadação e, posteriormente, repassam recursos para os Municípios executarem serviços públicos à população. Ao longo da série estudada verifica-se que as receitas de transferência têm crescido, porém o crescimento de 2011 para 2012 foi de 10%, inferior ao crescimento de 2010 para 2011, que alcançou 13,8%.

Os impostos têm apresentado um crescimento de cerca de 20%, justificado pelo incremento da receita de IPTU, graças à valorização e à construção de imóveis, incentivadas pelas políticas de crédito habitacional do governo federal.

No lado das despesas, verifica-se que, das despesas correntes, as despesas com pessoal são as mais relevantes, representando 42,9% das despesas totais em 2010 e chegando a 44% em 2012, ou seja, um crescimento acumulado de 35% [(39.301.328 – 29.190.711) / 29.190.711]. Observa-se, também, que as outras despesas correntes detêm uma parcela expressiva da despesa total, 40,9% em 2012, atingindo um crescimento acumulado nesse período de 28% [(36.568.219 – 28.671.848) / 28.671.848]. Esse comportamento é bastante comum nos governos locais uma vez que estes são responsáveis por manterem a maior parte do fornecimento de bens e serviços públicos à população.

Os investimentos representam a conta mais significativa das despesas de capital executadas com participação média de 11,27% (10,9 + 11,1 + 11,8%) e crescimento acumulado de 42% [(10.518.448 – 7.416.222 / 7.416.222] no período analisado (2010 a 2012). Esse crescimento acumulado parece seguir uma estratégia bem definida de evolução ao longo dos anos, haja vista que os investimentos cresceram 15,8% em 2011 em relação a 2010 e 22,5% em 2012 em relação a 2011. Análise mais detalhada do comportamento fiscal da despesa é realizada no Capítulo 8 – Análise dos gastos.

6.5.2 Análise pontual do balanço orçamentário

Outra forma de se fazer a análise do balanço orçamentário é definir apenas um exercício e deter-se sobre as variações da previsão e da execução orçamentária. Nesse caso, os principais procedimentos de análise consistem em relacionar as informações constantes nas colunas das receitas com as informações dispostas nas colunas das despesas, identificando-se o desempenho da arrecadação, o desempenho do gasto, o comportamento do resultado de previsão, o desempenho da execução orçamentária e a posição da execução financeira da despesa.

Capítulo 6

Desempenho da arrecadação: comparando-se a coluna da previsão atualizada da receita com a coluna da receita realizada, verificam-se as seguintes situações:

- previsão atualizada > receitas realizadas → demonstra que houve insuficiência de arrecadação;
- previsão atualizada < receitas realizadas → demonstra que houve excesso de arrecadação;
- previsão atualizada = receitas realizadas → demonstra que houve equilíbrio de arrecadação.

Desempenho do gasto: comparando-se a coluna da dotação atualizada com a coluna da despesa empenhada, verificam-se as seguintes situações:

- dotação atualizada > despesas empenhadas → demonstra que houve economia orçamentária;
- dotação atualizada < despesas empenhadas → demonstra que houve excesso de despesas, ou seja, foram realizadas despesas sem autorização legal;
- dotação atualizada = despesas empenhadas → demonstra que houve equilíbrio na execução dos gastos.

Comportamento do resultado de previsão: comparando-se a coluna da receita prevista atualizada com a coluna da dotação atualizada, verificam-se as seguintes situações:

- previsão atualizada > dotação atualizada → demonstra que houve superávit de previsão. Essa situação ocorre quando há excesso estimado de arrecadação não utilizado para a cobertura de créditos adicionais;
- previsão atualizada < dotação atualizada → demonstra que houve déficit de previsão. Essa situação ocorre quando a entidade abre créditos adicionais contando com recursos de cobertura provenientes do superávit financeiro do exercício anterior;
- previsão atualizada = dotação atualizada → demonstra equilíbrio na previsão orçamentária.

Desempenho da execução orçamentária: comparando-se a coluna da receita realizada com a coluna da despesa empenhada, verificam-se as seguintes situações:

- receita realizada > despesa empenhada → demonstra que houve superávit de execução orçamentária;
- receita realizada < despesa empenhada → demonstra que houve déficit de execução orçamentária;

ANÁLISE DA SOLVÊNCIA ORÇAMENTÁRIA

- receita realizada = despesa empenhada → demonstra equilíbrio na execução orçamentária.

Posição da execução financeira da despesa: comparando-se as colunas das despesas empenhadas, liquidadas e pagas, verificam-se as seguintes situações:

- despesas liquidadas − despesas pagas = restos a pagar processados;
- despesas empenhadas − despesas liquidadas = restos a pagar não processados.

Para ilustrar a análise pontual do balanço orçamentário, apresenta-se a seguir a demonstração do balanço orçamentário do Município de Aurora Dourada para o exercício de 2012.

Tabela 6.18   Balanço orçamentário de 2012 − receitas orçamentárias

RECEITA ORÇAMENTÁRIA	PREVISÃO INICIAL	PREVISÃO ATUALIZADA (A)	RECEITAS REALIZADAS (B)	SALDO C = (B − A)
RECEITAS CORRENTES	85.000.066	87.000.066	86.105.767	(894.299)
RECEITA TRIBUTÁRIA	17.823.943	19.823.943	19.794.520	(29.423)
Impostos	16.634.941	18.634.941	18.483.269	(151.672)
Taxas	1.140.185	1.140.185	1.266.872	126.687
Contribuições de Melhoria	48.817	48.817	44.379	(4.438)
RECEITA DE CONTRIBUIÇÕES	2.131.907	2.131.907	2.664.884	532.977
RECEITA PATRIMONIAL	1.910	1.910	1.592	(318)
RECEITA AGROPECUÁRIA	3.796.833	3.796.833	3.164.027	(632.806)
RECEITA INDUSTRIAL	30.405	30.405	27.641	(2.764)
RECEITA DE SERVIÇOS	1.950.864	1.950.864	1.950.864	−
TRANSFERÊNCIAS CORRENTES	54.692.418	54.692.418	54.692.418	−

》

Capítulo 6

Tabela 6.18 Balanço orçamentário de 2012 – receitas orçamentárias *(continuação)*

RECEITA ORÇAMENTÁRIA	PREVISÃO INICIAL	PREVISÃO ATUALIZADA (A)	RECEITAS REALIZADAS (B)	SALDO C = (B A)
OUTRAS RECEITAS CORRENTES	4.571.786	4.571.786	3.809.821	(761.965)
RECEITAS DE CAPITAL	6.096.456	6.233.625	4.830.398	(1.403.227)
OPERAÇÕES DE CRÉDITO	1.587.521	1.587.521	952.162	(635.359)
Operações de Crédito Internas	1.417.236	1.417.236	797.357	(619.879)
Operações de Crédito Externas	170.285	170.285	154.805	(15.480)
ALIENAÇÃO DE BENS	769.865	769.865	699.878	(69.987)
AMORTIZAÇÃO DE EMPRÉSTIMOS	60.500	60.500	50.369	(10.131)
TRANSFERENCIAS DE CAPITAL	3.528.536	3.665.705	2.940.447	(725.258)
OUTRAS RECEITAS DE CAPITAL	150.034	150.034	187.542	37.508
SUBTOTAL	91.096.522	93.233.691	90.936.165	(2.297.526)
DÉFICIT		4.058.253		(4.058.253)
TOTAL	91.096.522	97.291.944	90.936.165	(6.355.779)
SALDO DE EXERCÍCIOS ANTERIORES: superávit financeiro utilizado para		4.058.253		
Abertura de créditos adicionais		3.500.000		
Reabertura de créditos adicionais		558.253		

ANÁLISE DA SOLVÊNCIA ORÇAMENTÁRIA

Tabela 6.19   Balanço orçamentário de 2012 – despesas orçamentárias

DESPESA ORÇAMENTÁRIA	DOTAÇÃO INICIAL (D)	DOTAÇÃO ATUALIZADA (E)	DESPESAS EMPENHADAS (F)	DESPESAS LIQUIDADAS (G)	DESPESAS PAGAS (H)	SALDO DA DOTAÇÃO (I) = (E − F)
DESPESAS CORRENTES	76.515.783	83.203.960	77.062.403	75.124.305	70.172.878	6.141.557
PESSOAL E ENCARGOS SOCIAIS	31.441.064	39.441.064	39.301.328	38.841.063	35.177.671	139.736
JUROS E ENCARGOS DA DÍVIDA	1.192.856	1.192.856	1.192.856	1.192.856	1.192.856	–
OUTRAS DESPESAS CORRENTES	43.881.863	42.570.040	36.568.219	35.090.386	33.802.351	6.001.821
DESPESAS DE CAPITAL	14.566.756	14.075.001	12.342.294	11.089.556	10.051.347	1.732.707
INVESTIMENTOS	12.857.922	12.166.167	10.518.448	9.265.710	8.227.501	1.647.719
INVERSÕES FINANCEIRAS	185.070	185.070	185.070	185.070	185.070	–
AMORTIZAÇÃO DA DÍVIDA	1.523.764	1.723.764	1.638.776	1.638.776	1.638.776	84.988
RESERVA DO RPPS	12.213	12.213				12.213
RESERVA DE CONTINGÊNCIA	1.770	770				770
SUBTOTAL	91.096.522	97.291.944	89.404.697	86.213.861	80.224.225	7.887.247
SUPERÁVIT			1.531.468			(1.531.468)
TOTAL	91.096.524	97.291.946	90.936.165	86.213.861	80.224.225	6.355.779

Capítulo 6

Diante dos dados evidenciados no balanço orçamentário da receita e da despesa para o exercício de 2012, observa-se o seguinte cenário:

Desempenho da arrecadação: verifica-se que a receita realizada foi inferior à previsão atualizada da receita, ocasionando uma insuficiência de arrecadação no montante de R$ 2.297.527. Essa insuficiência de arrecadação representa 2,5% da previsão atualizada da receita. Observa-se que esse desempenho negativo decorreu, principalmente, da frustação das receitas de capital seguida da queda de arrecadação das receitas correntes agropecuárias e tributárias.

Desempenho do gasto: constata-se uma economia orçamentária na ordem de R$ 7.887.257, ou seja, as despesas empenhadas alcançaram 92% da dotação atualizada. Avaliando esse comportamento por meio da análise vertical percebe-se que a economia mais significativa ocorreu no grupo de outras despesas correntes, que representou 76% do total economizado (6.001.821/7.887.257). De forma geral, uma economia orçamentária de 8% (7.887.257/97.291.944) não é muito expressiva, considerando todas as incertezas que se tem no processo de previsão. Assim, conclui-se que a estimativa da despesa orçamentária é compatível com os valores executados.

Comportamento do resultado de previsão orçamentária: observa-se que a previsão orçamentária produziu um déficit (previsão atualizada − dotação atualizada) no valor de R$ 4.058.253 (93.233.691 − 97.291.944), ou um indicador de previsão orçamentária de 0,96 (93.233.691/97.291.944). Contudo, esse déficit de previsão não é prejudicial à condição financeira visto que decorreu de abertura de crédito adicional no valor de R$ 3.500,000 e reabertura de crédito adicional, autorizado no último quadrimestre do exercício anterior, pelo saldo não executado (R$ 558.253), ambos cobertos com recursos do superávit financeiro apurado no balanço patrimonial do exercício de 2011 (R$ 7.299.943).

Informe-se que no período, também, foram abertos outros créditos adicionais contando com outras fontes de recursos, como excesso estimado de arrecadação e anulação parcial de dotações, por exemplo. Todavia, a abertura desses créditos não prejudicou a condição financeira do governo, pois existiam recursos de cobertura disponíveis e descomprometidos. A Tabela 6.20 apresenta informações, divulgadas em notas explicativas, sobre os créditos adicionais abertos e reabertos no exercício com a respectiva fonte de recursos.

ANÁLISE DA SOLVÊNCIA ORÇAMENTÁRIA

Tabela 6.20   Créditos adicionais abertos e reabertos no exercício de 2012 e respectivas fontes de recursos

CRÉDITOS ADICIONAIS/FONTE DE RECURSOS	VALOR
Abertos com superávit financeiro do exercício anterior	3.500.000
Reabertos com superávit financeiro do exercício anterior	558.253
Abertos com excesso de arrecadação estimado	2.137.169
Abertos com anulação parcial de dotações	2.004.578
Total	8.200.000

Essas informações podem, também, ser obtidas no balanço orçamentário por meio das seguintes operações: (*i*) diferença entre previsão atualizada e previsão inicial: evidencia o excesso de arrecadação estimado para abertura de créditos adicionais (93.233.691 − 91.096.522 = 2.137.169); (*ii*) saldo de exercícios anteriores: mostra o montante do superávit do exercício anterior utilizado para abertura de créditos adicionais (3.500.000) e para reabertura de créditos adicionais (558.253); (*iii*) soma das variações negativas entre a dotação atualizada e a dotação inicial: revela o montante de créditos adicionais abertos com anulação de dotações (2.004.578); e (*iv*) diferença entre os valores totais da dotação atualizada e da dotação inicial: revela o total de créditos adicionais abertos e reabertos com todas as fontes de recursos, exceto com anulação parcial ou total de dotações (97.291.944 − 91.096.522 = 6.195.422).

Desempenho da execução orçamentária: constata-se um superávit de execução (receitas realizadas > despesas empenhadas) na ordem de R$ 1.531.468, representando 1,7% das despesas totais empenhadas. Esse superávit deveu-se à superioridade da economia orçamentária de R$ 7.887.250 frente à frustração da arrecadação no valor de R$ 2.297.526 e do déficit de previsão no valor de R$ 4.058.253.

Voltando ao superávit de execução orçamentária. Esse valor é bom? Essa resposta não pode ser dada sem considerar alguns parâmetros. Em tese, o ideal seria que essa diferença fosse zero, ou seja, equilíbrio na execução orçamentária, pois a proposta orçamentária alcançaria o grau pleno de eficácia. O superávit de execução não é, exclusivamente, sinônimo de boa gestão orçamentária, pois o governo pode ter arrecadado receitas acima da capacidade de pagamento dos contribuintes ou realizado redução de gastos em detrimento das necessidades da comunidade. Por outro lado, não é salutar que o resultado da execução orçamentária seja tão hermético, pois em uma crise financeira só resta ao gestor duas medidas extremas: redução de gastos ou aumento de tributos. Em alguns casos o superávit de execução obtido pode representar resultado de uma estratégia de incremento das reservas financeiras (ver Capítulo 11 – Análise da solvência). No caso em tela, pode-se observar que o superávit orçamentário é relativamente pequeno, revelando que a política de execução orçamentária foi bem ajustada.

Posição da execução financeira da despesa: constata-se um montante de R$ 3.190.863 à espera do cumprimento do implemento de condição por parte do credor para que o pagamento seja efetivamente realizado (restos a pagar não processados = despesa empenhada − despesa liquidada). Quanto aos restos a pagar processados, verifica-se o montante de R$ 5.989.636 (despesa liquidada − despesa paga).

6.5.3 Análise de indicadores do balanço orçamentário

A forma mais utilizada pelo setor privado para qualificar seu resultado é a métrica do lucro do exercício e sua relação com vendas, patrimônio líquido e investimentos. No setor público a visão é outra: o foco é averiguar se os recursos que a sociedade disponibiliza para a execução dos serviços públicos estão alcançando seus objetivos. Por conseguinte, no setor público, uma das principais medidas de desempenho da gestão é representada pelo resultado da execução orçamentária. Assim, o resultado positivo da execução orçamentária representa um indicador de solvência de curto prazo, sinalizando a capacidade da entidade em produzir receita suficiente para atender as necessidades da comunidade.

Nesse sentido, com o objetivo de avaliar o comportamento da execução orçamentária, apresenta-se a seguir a análise da solvência orçamentária por meio de indicadores calculados diretamente do balanço orçamentário do Município de Aurora Dourada para o período de 2010-2012, os quais revelam o comportamento de execução da receita orçamentária, comportamento de execução da despesa orçamentária e o desempenho orçamentário.

A análise de indicadores da condição financeira sob a perspectiva da solvência orçamentária, nesse caso, é realizada com base em um conjunto de Municípios semelhantes (grupo de referência) composto de 32 cidades da região central do país com as mesmas características econômicas, sociais e demográficas e com uma população na faixa de 20.000 a 50.000 habitantes. Esse processo de comparação permite efetuar o cálculo de um quociente de localização a partir da divisão do valor do indicador do Município em análise pelo valor médio do indicador do grupo de referência.

Informe-se que a presente análise é feita sob o ponto de vista de um analista externo. Portanto, apresenta algumas restrições informacionais como, por exemplo, a limitação dos dados publicados e ausência de informações sobre fatores importantes da solvência orçamentária que afetam a condição financeira de um Município.

Análise de indicadores de execução da receita orçamentária: essa análise busca revelar o desempenho da arrecadação da receita, bem como a relevância dos ingressos de recursos operacionais e de capital. A Tabela 6.21 evidencia esses indicadores para o Município de Aurora Dourada e a Tabela 6.22 evidencia os quocientes de localização desses mesmos indicadores em relação ao grupo de referência.

ANÁLISE DA SOLVÊNCIA ORÇAMENTÁRIA

Tabela 6.21   Indicadores de execução da receita orçamentária do Município de Aurora Dourada para o período 2010-2012

INDICADORES	FÓRMULA	2010	2011	2012
Desempenho da arrecadação	$\dfrac{\text{Receita realizada}}{\text{Receita prevista}}$	$\dfrac{69.219.828}{68.249.964} = 1,014$	$\dfrac{79.041.729}{76.206.117} = 1,037$	$\dfrac{90.936.165}{93.233.691} = 0,975$
Desempenho relativo da arrecadação	$\dfrac{\text{Receita realizada} - \text{receita prevista}}{\text{Receita corrente}}$	$\dfrac{969.864}{65.606.815} = 0,015$	$\dfrac{2.835.612}{75.900.841} = 0,037$	$\dfrac{(2.297.526)}{86.105.767} = (0,027)$
Eficiência na arrecadação de impostos	$\dfrac{\text{Receita de impostos arrecadados}}{\text{Receita prevista de impostos}}$	$\dfrac{12.839.313}{12.539.297} = 1,024$	$\dfrac{15.295.935}{14.134.941} = 1,082$	$\dfrac{18.483.269}{18.634.941} = 0,992$
Participação da receita corrente	$\dfrac{\text{Receita corrente}}{\text{Receita orçamentária total}}$	$\dfrac{65.606.815}{69.219.828} = 0,948$	$\dfrac{75.900.841}{79.041.729} = 0,960$	$\dfrac{86.105.767}{90.936.165} = 0,947$
Participação da receita de capital	$\dfrac{\text{Receita de capital}}{\text{Receita orçamentária total}}$	$\dfrac{3.613.013}{69.219.828} = 0,052$	$\dfrac{3.140.888}{79.041.729} = 0,040$	$\dfrac{4.830.398}{90.936.165} = 0,053$

Capítulo 6

Tabela 6.22 Quociente de localização dos indicadores de execução da receita orçamentária do Município de Aurora Dourada para o período 2010-2012

INDICADORES	MUNICÍPIO DE AURORA DOURADA 2010	2011	2012	GRUPO DE REFERÊNCIA 2010	2011	2012	QUOCIENTE DE LOCALIZAÇÃO 2010	2011	2012
Desempenho da arrecadação	1,014	1,037	0,975	0,989	1,016	1,018	1,025	1,021	0,958
Desempenho relativo da arrecadação	0,015	0,037	(0,027)	(0,011)	0,017	0,019	(1,363)	2,177	(1,421)
Eficiência na arrecadação de impostos	1,024	1,082	0,992	0,982	1,078	1,139	1,043	1,004	0,871
Participação da receita corrente	0,948	0,960	0,947	0,956	0,974	0,968	0,992	0,986	0,978
Participação da receita de capital	0,052	0,040	0,053	0,044	0,026	0,032	1,182	1,538	1,656

ANÁLISE DA SOLVÊNCIA ORÇAMENTÁRIA

A análise do indicador de desempenho da arrecadação revela que nos exercícios de 2010 e 2011 houve excesso de arrecadação, visto que os resultados foram superiores a 1; contudo, no exercício de 2012 o indicador apontou uma relação de 0,975, sinalizando que nesse período houve uma pequena insuficiência de arrecadação. Esse comportamento é similar ao grupo de referência uma vez que o quociente de localização se aproxima de 1. Tais achados são justificados pelo indicador de desempenho relativo da arrecadação, uma vez que a representatividade do excesso/insuficiência de arrecadação em relação à receita corrente é baixa, revelando que as mudanças na economia que impactaram a arrecadação das receitas foram adequadamente consideradas na estimativa e reestimativa da receita.

É importante ressaltar a eficiência da fazenda pública na arrecadação dos impostos de sua competência, visto que a arrecadação suplantou em 2010 e 2011, respectivamente, o excesso de 2,4% e 8,2%. Porém, em 2012 observou-se uma pequena insuficiência, mas tendente ao equilíbrio na arrecadação. Tal comportamento, similar ao dos Municípios do grupo de referência, revela que o Município de Aurora Dourada respeita dispositivo da LRF que determina a instituição, a previsão e efetiva arrecadação de todos os tributos de sua competência.

Finalmente, a execução das receitas orçamentárias revela que, em média, 95% dos recursos arrecadados são provenientes de receitas correntes e 5% de receitas de capital. Essa condição mostra que as ações do governo são financiadas na sua quase totalidade por recursos próprios, sem depender do endividamento ou de transferências de capital de outras esferas governamentais.

Análise de indicadores de execução da despesa orçamentária: essa análise busca revelar o desempenho da execução da despesa, a relevância dos dispêndios correntes e de capital e o grau de cobertura dos créditos adicionais. A Tabela 6.23 evidencia esses indicadores para o Município de Aurora Dourada e a Tabela 6.24 evidencia os quocientes de localização desses mesmos indicadores em relação ao grupo de referência.

Tabela 6.23   Indicadores de execução da despesa orçamentária do Município de Aurora Dourada para o período 2010-2012

INDICADORES	FÓRMULA	2010	2011	2012
Desempenho da despesa orçamentária	$\dfrac{\text{Despesa executada}}{\text{Despesa fixada}}$	$\dfrac{68.021.573}{68.985.659} = 0,986$	$\dfrac{77.536.736}{78.380.202} = 0,989$	$\dfrac{89.404.697}{97.291.944} = 0,919$
Desempenho relativo da despesa	$\dfrac{\text{Despesa fixada} - \text{despesa executada}}{\text{Despesa total}}$	$\dfrac{964.086}{68.021.573} = 0,0,014$	$\dfrac{843.466}{77.536.736} = 0,011$	$\dfrac{7.887.247}{89.404.697} = 0,088$
Índice de modificações orçamentárias	$\dfrac{\text{Créditos adicionais}}{\text{Despesas totais}}$	$\dfrac{2.538.984}{68.021.573} = 0,037$	$\dfrac{4.021.879}{77.536.736} = 0,052$	$\dfrac{8.200.000}{89.404.697} = 0,092$
Grau de cobertura dos créditos adicionais	$\dfrac{\text{Desempenho relativo da arrecadação}}{\text{Índice de modificações orçamentárias}}$	$\dfrac{0,015}{0,037} = 0,405$	$\dfrac{0,037}{0,052} = 0,712$	$\dfrac{(0,027)}{0,092} = (0,293)$
Participação da despesa corrente	$\dfrac{\text{Despesas correntes}}{\text{Despesa total}}$	$\dfrac{58.855.499}{68.021.573} = 0,865$	$\dfrac{67.088.770}{77.536.736} = 0,865$	$\dfrac{77.062.403}{89.404.697} = 0,862$
Participação da despesa de capital	$\dfrac{\text{Despesas de capital}}{\text{Despesa total}}$	$\dfrac{9.166.074}{68.021.573} = 0,135$	$\dfrac{10.447.966}{77.536.736} = 0,135$	$\dfrac{12.342.294}{89.404.697} = 0,138$

ANÁLISE DA SOLVÊNCIA ORÇAMENTÁRIA

Tabela 6.24 Quociente de localização dos indicadores de execução da despesa orçamentária do Município de Aurora Dourada para o período 2010-2012

INDICADORES	MUNICÍPIO DE AURORA DOURADA 2010	2011	2012	GRUPO DE REFERÊNCIA 2010	2011	2012	QUOCIENTE DE LOCALIZAÇÃO 2010	2011	2012
Desempenho da despesa orçamentária	0,986	0,989	0,919	0,848	0,895	0,870	1,163	1,105	1,056
Desempenho relativo da despesa	0,014	0,011	0,088	0,179	0,118	0,149	0,078	0,093	0,591
Índice de modificações orçamentárias	0,037	0,052	0,092	0,050	0,096	0,133	0,740	0,542	0,692
Grau de cobertura dos créditos adicionais	0,396	0,720	(0,291)	(0,229)	0,173	0,140	(1,729)	4,162	(2,079)
Participação da despesa corrente	0,865	0,865	0,862	0,904	0,910	0,899	0,951	0,951	0,959
Participação da despesa de capital	0,135	0,135	0,138	0,096	0,090	0,101	1,406	1,500	1,366

Capítulo 6

A análise do indicador de desempenho da despesa mostra uma posição próxima de 1 nos exercícios de 2010 e 2011. Isso revela que a entidade praticamente gastou toda a despesa fixada, produzindo inexpressiva economia orçamentária, conforme revela o baixo resultado do indicador de desempenho relativo da despesa nesse mesmo período. Contudo, no exercício de 2012, verifica-se uma economia orçamentária de 8,1% [(1 − 0,919) × 100]. No geral, os resultados indicam que a entidade executou e/ou deu início à execução da quase totalidade dos programas de governo autorizados pela lei orçamentária. Esse comportamento pode ser considerado como um bom desempenho da gestão. Dessa forma, o desempenho da despesa do Município de Aurora Dourada está em uma posição melhor que o dos Municípios do grupo de referência, cujo indicador mostra resultado médio de 0,871.

Quanto às modificações do orçamento durante o exercício, verifica-se que o Município de Aurora Dourada tem um índice de modificações orçamentárias baixo, na média 6%. Isso demonstra que as ações do governo são planejadas adequadamente e que as alterações havidas representam movimentos orçamentários comuns para ajustar a execução orçamentária da despesa às reais necessidades da entidade. Essa prática é também seguida pelos Municípios integrantes do grupo de referência, cujos resultados se aproximam dos resultados do Município em análise.

Destaque-se que os créditos adicionais decorrentes dessas modificações foram cobertos com recursos do excesso de arrecadação (39,6% em 2010 e 72% em 2011) e o restante com recursos de outras fontes, especialmente o superávit financeiro do exercício anterior, conforme atesta o indicador de grau de cobertura dos créditos adicionais. Porém, em 2012, devido à insuficiência de arrecadação, os créditos adicionais obtiveram lastro no superávit financeiro apurado no balanço do exercício anterior e em anulação total ou parcial de dotações.

Finalmente, a execução das despesas orçamentárias revela que, em média, 86,4% do gasto total do governo são representados por gastos destinados à manutenção da entidade e 13,6% são representados por investimentos e outras despesas de capital, como a amortização da dívida. Observando o comportamento dos Municípios do grupo de referência, verifica-se que o Município de Aurora Dourada está em uma posição melhor.

Análise de indicadores do desempenho orçamentário: essa análise visa demonstrar a participação relativa dos resultados orçamentários, a capacidade de geração de poupança do governo, a capacidade de cobertura dos gastos correntes e os resultados do orçamento corrente e de capital. A Tabela 6.25 evidencia esses indicadores para o Município de Aurora Dourada e a Tabela 6.26 evidencia os quocientes de localização desses mesmos indicadores em relação ao grupo de referência.

ANÁLISE DA SOLVÊNCIA ORÇAMENTÁRIA

Tabela 6.25 Indicadores do desempenho orçamentário do Município de Aurora Dourada para o período 2010-2012

INDICADORES	FÓRMULA	2010	2011	2012
Resultado de previsão orçamentária	$\dfrac{\text{Previsão atualizada}}{\text{Dotação atualizada}}$	$\dfrac{68.249.964}{68.985.659} = 0{,}989$	$\dfrac{76.206.117}{78.380.202} = 0{,}972$	$\dfrac{93.233.691}{97.291.944} = 0{,}958$
Cobertura de custeio	$\dfrac{\text{Receita corrente}}{\text{Despesa corrente}}$	$\dfrac{65.606.815}{58.855.499} = 1{,}115$	$\dfrac{75.900.841}{67.088.770} = 1{,}131$	$\dfrac{86.105.767}{77.062.403} = 1{,}117$
Capacidade de geração de poupança	$\dfrac{\text{Receita corrente} - \text{despesa corrente}}{\text{Receita corrente}}$	$\dfrac{6.751.316}{65.606.815} = 0{,}103$	$\dfrac{8.812.071}{75.900.841} = 0{,}116$	$\dfrac{9.043.364}{86.105.767} = 0{,}105$
Resultado do orçamento de capital	$\dfrac{\text{Receita de capital}}{\text{Despesa de capital}}$	$\dfrac{3.613.013}{9.166.077} = 0{,}394$	$\dfrac{3.140.888}{10.447.966} = 0{,}301$	$\dfrac{4.830.398}{12.342.294} = 0{,}391$
Índice de crescimento de receitas e despesas	$\dfrac{\text{Crescimento da receita}}{\text{Crescimento da despesa}}$		$\dfrac{14{,}2\%}{14{,}0\%} = 1{,}014$	$\dfrac{15{,}0\%}{15{,}3\%} = 0{,}980$
Desempenho orçamentário acumulado	$\dfrac{\text{Superávit financeiro do exercício anterior +/− resultado da execução orçamentária do exercício}}{\text{Despesa corrente}}$		$\dfrac{7.299.943}{67.088.770} = 0{,}109$	$\dfrac{8.831.411}{77.062.403} = 0{,}115$
Resultado de execução orçamentária	$\dfrac{\text{Receita executada}}{\text{Despesa executada}}$	$\dfrac{69.219.828}{68.021.573} = 1{,}018$	$\dfrac{79.041.729}{77.536.736} = 1{,}019$	$\dfrac{90.936.165}{89.4014.697} = 1{,}017$

Tabela 6.26 Quociente de localização dos indicadores do desempenho orçamentário do Município de Aurora Dourada para o período 2010-2012

INDICADORES	MUNICÍPIO DE AURORA DOURADA 2010	2011	2012	GRUPO DE REFERÊNCIA 2010	2011	2012	QUOCIENTE DE LOCALIZAÇÃO 2010	2011	2012
Resultado de previsão orçamentária	0,989	0,972	0,958	0,992	0,987	0,983	0,997	0,985	0,975
Cobertura de custeio	1,115	1,131	1,117	1,233	1,216	1,261	0,904	0,930	0,886
Capacidade de geração de poupança	0,103	0,116	0,105	0,189	0,178	0,207	0,545	0,652	0,507
Resultado do orçamento de capital	0,394	0,301	0,391	0,537	0,328	0,368	0,734	0,918	1,063
Índice de crescimento de receitas e despesas	–	1,014	0,980	–	0,620	1,242	–	1,635	0,789
Desempenho orçamentário acumulado	–	0,109	0,115	–	0,300	0,379	–	0,363	0,303
Resultado de execução orçamentária	1,018	1,019	1,017	1,167	1,136	1,170	0,872	0,897	0,869

ANÁLISE DA SOLVÊNCIA ORÇAMENTÁRIA

Detendo-se sobre o indicador de previsão orçamentária, observa-se que a previsão atualizada das receitas apresenta valores inferiores à previsão atualizada das despesas, revelando a produção de déficits orçamentários de previsão. Contudo, esses déficits não foram prejudiciais à condição financeira do governo, visto que o nível de recursos internos disponíveis em todos os exercícios (superávit financeiro) foi suficiente para cobrir os gastos previstos. Por outro lado, o resultado da execução orçamentária apresentou-se positivo em todos os exercícios analisados, pois as receitas realizadas foram superiores às despesas executadas.

O indicador de cobertura de custeio ou índice de financiamento dos gastos correntes revela que, quanto maior a relação entre os gastos de manutenção e as receitas correntes, maior será a dificuldade do governo para ajustar-se a crises financeiras e realizar investimentos com recursos próprios. No caso em tela, as receitas correntes são maiores que as despesas correntes, porém a magnitude dessa supremacia é baixa, alcançando 11,7% em 2012. Esse comportamento permite aferir que o superávit do orçamento corrente é baixo e praticamente constante ao longo do período de 2010 a 2012, revelando baixa capacidade de geração de poupança e pequena folga para investimentos. Destaque-se que o desempenho do grupo de referência apresenta resultados melhores em relação ao Município de Aurora Dourada.

A análise do orçamento de capital revela que as despesas de capital foram maiores que as receitas de capital em todos os anos da série, produzindo uma relação receitas de capital/despesas de capital menor do que 1. Essa posição somente foi alcançada graças ao superávit do orçamento corrente. Analisando, especificamente, o exercício de 2012, observa-se que essa relação alcançou 39,1%, isto é, 60,9% das despesas de capital foram financiadas com recursos provenientes do orçamento corrente, provocando, assim, um déficit de capital. Esse déficit não é considerado prejudicial à condição financeira do governo, visto que parcela da receita corrente foi destinada à cobertura de investimentos. Portanto, quanto menor o resultado desse indicador, melhor a condição financeira do governo, ou seja, o ente não precisa recorrer a capital externo para realizar investimentos. Observa-se que o grupo de referência apresenta resultados maiores, sinalizando a presença de mais receitas de capital, seja por meio de operações de crédito, seja por meio de transferências de capital.

O índice de crescimento das receitas em relação às despesas mostra uma posição de equilíbrio, visto que essas duas grandezas apresentaram, aproximadamente, o mesmo crescimento ao longo da série 2010-2012, razão pela qual o índice apresentou resultados em torno de 1. Esse equilíbrio é muito importante para a condição financeira do governo; contudo, em um cenário iminente de crise financeira torna-se preocupante, haja vista a necessidade de adotar medidas impopulares para equilibrar o orçamento, tais como aumentar tributos e/ou cortar gastos. Verifica-se que o desempenho do grupo de referência em 2012 é melhor que o desempenho do Município de Aurora Dourada, pois as receitas dos Municípios similares, na média, cresceram em proporção maior que as despesas.

O indicador de desempenho orçamentário acumulado mostra a participação da sobra líquida orçamentária (superávit do exercício anterior +/– resultado da execução orçamentária do exercício) em relação à despesa corrente, revelando o potencial da entidade em financiar seus gastos operacionais. Observa-se que ao longo do período de 2011 e 2012 o governo apresentou um resultado médio de 11,2%, muito abaixo do resultado dos Municípios similares, que atingiu a média de 34%. Assim, em ocorrendo uma crise fiscal, o Município de Aurora Dourada com esse nível de desempenho encontra-se numa situação favorável, visto que dispõe de reserva financeira suficiente para enfrentá-la.

Ante o exposto, conclui-se que o desempenho orçamentário geral do governo é equilibrado e constante ao longo do período de 2010 a 2012. Essa posição geral é corroborada pelo resultado do indicador da execução orçamentária, que em todos os exercícios da série está em torno de 1, pois as receitas e as despesas orçamentárias estão balanceadas, com uma leve supremacia das receitas em relação às despesas, tanto do orçamento total quanto do orçamento corrente. Contudo, essa posição de equilíbrio não pode ser classificada como uma situação confortável, posto que a capacidade de geração de poupança é pequena e as despesas crescem nas mesmas proporções das receitas. Assim, em um cenário de crise fiscal, o governo terá pouca flexibilidade para manter esse equilíbrio, tendo que adotar medidas impopulares para aumentar a arrecadação de tributos e/ou realizar corte de gastos. No geral, conclui-se que a condição financeira do governo sob a perspectiva da solvência orçamentária é estável.

ANÁLISE DA SOLVÊNCIA ORÇAMENTÁRIA

QUESTÕES PARA DISCUSSÃO

1. Comente a seguinte afirmação: no setor privado o lucro constitui importante medida de avaliação de desempenho, no setor público a principal medida de desempenho é representada pelo resultado da execução orçamentária.

2. A posição operacional do governo, importante dimensão da condição financeira de curto prazo, é avaliada por meio de três fatores. Explique esses fatores. Que situações essa avaliação pode revelar?

3. A solvência orçamentária revela o status da posição operacional do governo por meio da avaliação do equilíbrio orçamentário segundo a performance dos resultados orçamentários de previsão e execução. Essa afirmação é verdadeira? Discuta.

4. Quais as três posições operacionais reveladas com a mensuração do resultado de previsão? Comente e exemplifique cada uma delas.

5. Quais as situações geradoras de superávit de previsão e de déficit de previsão? Comente.

6. Os créditos adicionais abertos à conta de anulação total ou parcial de dotações provocam déficit de previsão. Essa afirmação é verdadeira? Comente.

7. Quais as três posições operacionais reveladas pelo resultado da execução orçamentária? Comente e exemplifique cada uma delas.

8. Quando o resultado de execução apresenta superávit, fica caracterizado que houve sobra de recursos. Essa situação é boa? Comente.

9. O déficit de execução orçamentária é sempre prejudicial à condição financeira do governo? Discuta.

10. Em tese, a entidade deve sempre perseguir a regra do orçamento equilibrado, pois, dessa forma, o que se arrecada se gasta em bens e serviços públicos para a comunidade. Contudo, a equivalência entre receitas previstas e despesas autorizadas indica apenas um equilíbrio contábil e não um equilíbrio real. Assim, como medir o equilíbrio orçamentário? Discuta.

11. Quais as possíveis causas do superávit e do déficit de execução orçamentária? Exemplifique.

12. Quais os fatores positivos e quais os fatores negativos que influenciam ou determinam a ocorrência dos resultados de execução orçamentária? Comente.

13. Na demonstração do resultado de execução orçamentária, o que significa a variável "déficit esperado"? Exemplifique.

14. Que tipos de situação a análise de indicadores da solvência orçamentária ajuda a detectar?

15. Dentre os diversos indicadores da solvência orçamentária (execução da receita, execução da despesa e desempenho orçamentário), em sua opinião, quais os indicadores que melhor revelam a posição operacional do governo? Explique.

16. Discuta sobre a importância dos indicadores fiscais para a análise da solvência orçamentária do governo.

17. Por que é importante o governo constantemente acompanhar o desempenho dos indicadores de resultado primário, limite legal de endividamento e limite de despesa com pessoal? Comente sobre a posição de cada um desses indicadores.

18. Por que a regra de ouro constitui-se em importante instrumento de restrição orçamentária?

19. A desobediência aos limites de gastos impostos ao Poder Legislativo municipal pode deteriorar a condição financeira do governo? Explique.

20. Qual a finalidade da análise do balanço orçamentário? Comente sobre as três técnicas de análise dessa demonstração contábil.

REFERÊNCIAS

ALIJARDE, María Isabel Brusca. *Un modelo de información contable para el análisis de la viabilidad financiera en la administración local*. 1995. Tese (Doutorado) – Facultad de Ciencias Económicas y Empresariales, Universidad de Zaragoza, Zaragoza.

ALIJARDE, Isabel Brusca; LÓPEZ, Vicente Condor. El análisis financiero en las administraciones locales. *Revista Española de Financiación y Contabilidad*, v. XXX, nº 108, p. 475-503, abr./jun. 2001.

AMMAR, Salwa et al. Constructing a fuzzy-knowledge-based-system: an application for assessing the financial condition of public schools. *Expert Systems with Applications*, v. 27, n. 3, p. 349-364, Sept. 2004.

BENAVENTES, Manuel Matus. *Finanzas públicas*. Santiago: Jurídica de Chile, 1964.

BERNE, Robert. *The relationships between financial reporting and the measurement of financial condition*. Norwalk: GASB, 1992.

_____; SCHRAMM, Richard. *The financial analysis of governments*. New Jersey: Prentice Hall, 1986.

BRASIL. Presidência da República. *Lei Complementar nº 101, de 4 de maio de 2000*. Estabelece normas de finanças públicas voltadas para a responsabilidade na gestão fiscal e dá outras providências. Brasília, 4 maio 2000. Disponível em: <http://www.planalto.gov.br>. Acesso em: 8 abr. 2013.

_____. Secretaria do Tesouro Nacional. *Manual de demonstrativos fiscais*: aplicado à União e aos Estados, Distrito Federal e Municípios. Ministério da Fazenda, Secretaria do Tesouro Nacional. 6. ed. Brasília: Secretaria do Tesouro Nacional, Coordenação Geral de Normas de Contabilidade Aplicadas à Federação, 2014.

_____. *Constituição da República Federativa do Brasil de 1988*. Disponível em: <http://www.planalto.gov.br>. Acesso em: 16 mar. 2013.

BROWN, Ken W. The 10-Point test of financial condition: toward an easy-to-use assessment tool for smaller cities. *Government Finance Review*, v. 9, n. 6, p. 21, Dec. 1993.

_____. Trends in key ratios using the GFOA financial indicators databases 1989-1993. *Government Finance Review*, v. 12, n. 6, p. 30, Dec. 1996.

CARMELI, Abraham. A conceptual and practical framework of measuring performance of local authorities in financial terms: analyzing the case of Israel. *Local Government Studies*, v. 28, n. 1, p. 21-36, 2002.

CLARK, Terry Nichols; CHAN, James L. Monitoring cities: building an indicator system for municipal analysis. In: CLARK, Terry Nichols (Ed.). *Monitoring local government*: how personal computers can help systematize municipal fiscal analysis. Dubuque, Iowa: Kendall/Hunt Publishing Company, 1990.

DAFFLON, Bernard. The requirement of a balanced local budget: theory and evidence from the Swiss experience. In: POLA, Giancarlo; FRANCE, George; LEVAGGI, Rosella (Ed.). *Developments in local government finance*: theory and policy. Cheltenham, UK: Edward Elgar, 1996.

_____; MADIÈS, Thierry. *Decentralization*: a few principles from the theory of fiscal federalism. Paris: Agence Française de Développement, 2011. (Notes and Documents, n. 42)

DEARBORN, Philip M. *Elements of municipal financial analysis*: part II – Budget performance. Boston: First Boston Corporation, 1977.

GARCÍA, Ana Cárcaba. Análisis financiero de las entidades locales mediante el uso de indicadores. *Revista Española de Financiación y Contabilidad*, v. XXXII, n. 118, p. 661-692, jul./sept. 2003.

GÓMEZ, María Belén Morala; FERNÁNDEZ, José Miguel Fernández. Análisis de entidades públicas mediante indicadores: instrumento de rendición de cuentas y demostración de responsabilidades. *Revista de la Facultad de Ciencias Económicas y Empresariales*, n. 2, p. 79-100, 2006.

GROVES, Stanford M.; VALENTE, Maureen Godsey. *Evaluating financial condition*: a handbook for local government. 4. ed. Revised by Karls Nollenberger. Washington: The International City/County Management Association – ICMA, 2003.

Capítulo 6

HAGEN, Jürgen von; EICHENGREEN, Barry. Federalism, fiscal restraints, and European Monetary Union. *American Economic Review*, v. 86, n. 2, p. 134-138, May 1996.

HOWELL, James M.; STAMM, Charles F. *Urban fiscal stress*: a comparative analysis of 66 US cities. Massachusetts: Lexington Books, 1979.

INGRAM, Robert W.; MARTIN, Susan Work; PETERSEN, Russell J. *Accounting and financial reporting for governmental and nonprofit organizations*: basic concepts. New York: McGraw-Hill, 1991.

KOPITS, George. *Fiscal rules*: useful policy framework or unnecessary ornament? International Monetary Fund, Working Paper 01/145, Sept. 2001.

LLERA, Roberto Fernández. *Mercado, reglas fiscales o coordinación?* Una revisión de los mecanismos para contener el endeudamiento de los niveles inferiores de gobierno. Instituto de Estudios Fiscales, 2003.

LÓPEZ, Bernardino Benito; CONESA, Isabel Martínez. Análisis de las administraciones públicas a través de indicadores financieros. *Revista de Contabilidad*, v. 5, nº 9, p. 21-55, ene./jun. 2002.

_____; ALIJARDE, Isabel Brusca; JULVÉ, Vicente Montesinos. Análisis del endeudamiento en las comunidades autónomas. *Revista de Contabilidad*, v. 7, nº 13, p. 85-112, jul/dic. 2004.

MARTÍNEZ, Vicente Pina. Principios de análisis contable en la administración pública. *Revista Española de Financiación y Contabilidad*, v. XXIV, nº 79, p. 379-432, abr./jun. 1994.

MEAD, Dean Michael. *An analyst's guide to government financial statements*. Norwalk: GASB, 2001.

MILLER, Gerald. *Fiscal health in New Jersey's largest cities*. Cornwall Center Publications Series, Department of Public Administration, Faculty of Arts and Sciences, June 2001.

MUSGRAVE, Richard A. *Teoria das finanças públicas*: um estudo de economia governamental, 1959. Tradução de Auriphebo Berrance Simões. São Paulo: Atlas, 1973.

PAGANO, Michael A. Balancing cities' books in 1992: an assessment of city fiscal conditions. *Public Budgeting and Finance*, v. 13, n. 1, p. 19-39, Spring 1993.

PETERSON, George E. et al. Financial monitoring, surplus position, liquidity and cash flow. In: *Urban fiscal monitoring*, Washington: The Urban Institute, p.1-30, Aug. 1978.

PETRI, Nelson. *Análise de resultados no setor público*. 1987. Tese (Doutorado) – Faculdade de Economia, Administração e Contabilidade da Universidade de São Paulo (FEA/USP), São Paulo.

SILVA, José Afonso da. *Orçamento-programa no Brasil*. São Paulo: Revista dos Tribunais, 1973.

TER-MINASSIAN, Teresa. *Fiscal federalism in theory and practice*. Washington: International Monetary Fund, 1997.

7

ANÁLISE DA RECEITA

Capítulo 7

A receita constitui o principal ativo do governo, pois representa recursos externos que garantem o cumprimento de suas obrigações e contribui para a melhoria da sua condição financeira (JACOB; HENDRICK, 2013, p. 20). Por essa razão, a Lei de Responsabilidade Fiscal, no seu artigo 11, prevê que a instituição, a previsão e a efetiva arrecadação de todos os tributos de competência do ente governamental constituem requisitos essenciais da responsabilidade na gestão fiscal. Assim, é dever do gestor explorar adequadamente a base econômica da localidade para manter a condição financeira do governo em situação favorável.

A análise da condição financeira governamental segundo a perspectiva da receita requer a verificação de todo o processo sob o qual o governo explora suas fontes de recursos. O foco é que as receitas determinam a capacidade do governo em fornecer bens e serviços à comunidade.

Assim, o presente capítulo discute as fontes e os componentes da receita operacional do governo como elementos fundamentais à exploração de recursos necessários ao financiamento do gasto. O capítulo discute, também, os principais indicadores de análise da receita operacional, concluindo com um exemplo prático de análise da condição financeira sob a perspectiva da receita com base em indicadores financeiros.

7.1 Propósitos da análise da receita

As receitas operacionais do governo são provenientes de duas fontes principais de recursos: base de receita própria sobre a qual o governo obtém os tributos de sua competência e as transferências intergovernamentais provenientes dos governos estadual e federal. Essas fontes de receita mostram o potencial do governo em obter recursos, sinalizando a sua capacidade em fornecer serviços à comunidade. Por essa razão, a análise da condição financeira requer um exame completo do processo de obtenção de receitas a fim de determinar a saúde financeira do governo e sua capacidade para enfrentar as pressões por gastos.

Berne e Schramm (1986, p. 98) afirmam que "o objetivo da análise da receita é determinar o nível corrente, o crescimento potencial e a estabilidade da receita disponível para um governo".[1] Nesse mesmo sentido, Groves e Valente (2003, p. 15) afirmam que "os pontos importantes a serem considerados na análise da receita são crescimento, flexibilidade, elasticidade, dependência, diversidade e administração".[2]

Desse modo, alguns pressupostos devem ser averiguados no processo de análise da receita:

---

1 *The purpose of revenue analysis is to determine the current level, growth potential, and stability of revenue available to a government.*

2 *Important issues to consider in revenue analysis are growth, flexibility, elasticity, dependability, diversity, and administration.*

1. as receitas devem ser, na maior parte, flexíveis, ou seja, desvinculadas dos gastos para permitir alocações livres aos programas prioritários de governo;
2. deve existir um equilíbrio entre elasticidade e inelasticidade em relação à inflação e à base econômica, isto é, algumas receitas crescem com a inflação e com a base econômica e outras permanecem relativamente constantes;
3. as fontes de receita devem ser diversificadas (receitas tributárias, comerciais, serviços, industriais etc.) de forma que o governo não seja totalmente dependente de transferências de esferas governamentais superiores;
4. os gestores devem instituir mecanismos de controle de arrecadação das receitas e dos créditos tributários a receber, visando administrar adequadamente as fontes de recursos dos gastos públicos.

Adicionalmente, Groves e Valente (2003, p. 15) afirmam que a análise da receita ajudará a identificar os seguintes tipos de problema:

1. deterioração da base de receita;
2. práticas e políticas que afetam adversamente a produção de receita;
3. práticas inadequadas de estimação de receita;
4. ineficiência na arrecadação e administração de receitas;
5. superdependência de recursos intergovernamentais;
6. receitas de taxas que não cobrem o custo dos serviços;
7. mudanças na carga tributária em vários segmentos da população.

7.2 Fontes de receita

O sistema fiscal de um país deve ser concebido estabelecendo-se a definição e a divisão de tarefas nos diferentes níveis de governo, designando quem arrecada cada tipo de tributo e quem é responsável pela prestação dos bens e serviços públicos, posto que essas divisões são cruciais para a maximização da eficiência financeira no setor público (DINIZ, 2012, p. 48).

De forma generalizada, Musgrave e Musgrave (1983) esclarecem que a divisão tributária mais eficiente é aquela em que os tributos de natureza progressiva incidentes sobre a renda ficam a cargo do governo central. Os Estados ficam com os impostos sobre o consumo, enquanto os governos locais arrecadam os impostos imobiliários e as taxas de uso.

Discorrendo sobre as competências de arrecadação tributária, Messere (1993) acentua que seria mais vantajoso para o sistema federado, do ponto de vista econômico, uma concentração arrecadatória no governo central. Caberia, portanto, ao governo nacional a competência tributária para arrecadar impostos cuja base apresentasse alto grau de mobilidade, enquanto os governos locais se encarregariam de gerenciar os tributos

Capítulo 7

sobre as bases totalmente fixas. Assim, os governos regionais e locais recolheriam os impostos incidentes sobre a renda das pessoas físicas, sobre as propriedades e sobre vendas a varejo. Já os impostos que têm base na fonte, como é o caso do imposto sobre o valor agregado, deveriam ser arrecadados pelo governo central.

No Brasil, a competência de arrecadação é definida pela Constituição Federal, que estabelece a responsabilidade de arrecadação dos impostos pelos entes federativos: União, Estados, Distrito Federal e Municípios.

A União é responsável pela arrecadação dos seguintes impostos: (*i*) Imposto sobre Importação (II); (*ii*) Imposto sobre Exportação (IE); (*iii*) Imposto sobre a Renda e Proventos de Qualquer Natureza (IR); (*iv*) Imposto sobre Produtos Industrializados (IPI); (*v*) Imposto sobre Operações de Crédito, Câmbio e Seguro, ou Relativas a Títulos ou Valores Mobiliários (IOF); e (*vi*) Imposto sobre a Propriedade Territorial Rural (ITR). Dos tributos que compõem as fontes de receitas da União, o mais importante em termos de volume de arrecadação é o imposto sobre a renda e provento de qualquer natureza. Contudo, a maior parcela da receita do governo federal é representada pelas contribuições sociais, conforme mostra o Gráfico 7.1. Esse fato pode ser entendido como uma forma de distorção do pacto federativo uma vez que, ao privilegiar a arrecadação de contribuições sociais, o governo central reduz o montante das transferências intergovernamentais, visto que essas contribuições não integram a base de cálculo de repartição de receitas para os Estados e Municípios.

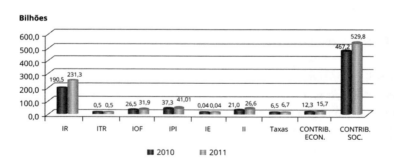

Fonte: Portal da Transparência.[3]

Gráfico 7.1   **Representatividade dos impostos e contribuições federais (2010-2011).**

---

3   Disponível em: <www.portaldatransparencia.gov.br>. Acesso em: 23 jul. 2015.

ANÁLISE DA RECEITA

Os Estados têm as seguintes fontes de receita: (*i*) Imposto sobre Circulação de Mercadorias e sobre Prestação de Serviços de Transporte Interestadual, Intermunicipal e de Comunicações (ICMS); (*ii*) Imposto sobre a Propriedade de Veículos Automotores (IPVA); (*iii*) Imposto sobre Transmissão *Causa Mortis* e Doação (ITCM); (*iv*) contribuição para a seguridade social dos servidores públicos estaduais; e (*v*) as taxas pelo exercício do poder de polícia ou prestação de serviços. Dos tributos que compõem as fontes de receitas dos Estados, o mais importante em termos de volume de arrecadação é o ICMS, representando, em média, 83,16% da arrecadação estadual em 2011, conforme mostra o Gráfico 7.2.

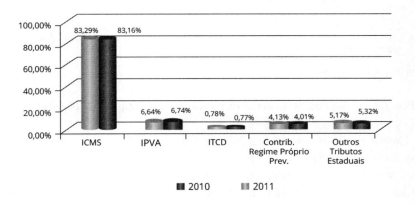

Fonte: Portal da Transparência.[4]

Gráfico 7.2 Representatividade dos impostos estaduais (2010-2011).

Os Municípios têm as seguintes fontes de receitas: (*i*) Imposto sobre a Prestação de Serviços (ISS); (*ii*) Imposto sobre a Propriedade Territorial Urbana (IPTU); (*iii*) Imposto sobre a Transmissão *inter vivos* de Bens Imóveis (ITBI); (*iv*) as taxas; e (*v*) as contribuições de melhorias. Como pode ser visto no Gráfico 7.3, a representatividade da arrecadação municipal concentra-se no ISS e no IPTU, representando, respectivamente, 47,71% e 23,95% em 2011.

---

4 Disponível em: <www.portaldatransparencia.gov.br>. Acesso em: 23 jun. 2015.

Capítulo 7

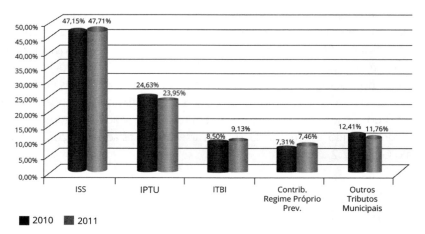

Fonte: Portal da Transparência.[5]

Gráfico 7.3   Representatividade dos impostos municipais (2010-2011).

Contudo, grande parte das receitas municipais provém das transferências intergovernamentais, revelando que os governos locais são dependentes de recursos oriundos das transferências constitucionais ou voluntárias dos governos federal e estadual. Segundo estudo publicado em 2012 pela FIRJAN (Federação das Indústrias do Estado do Rio de Janeiro), com base em dados que vão até 2010, 94% dos mais de 5 mil Municípios brasileiros têm nessas transferências pelo menos 70% de suas receitas correntes.

As transferências fiscais intergovernamentais representam importante instrumento de equilíbrio das finanças dos governos subnacionais, principalmente em países organizados em federação, cuja arrecadação das receitas, em grande parte, é centralizada e a responsabilidade pelos gastos é extremamente descentralizada. No sistema fiscal brasileiro, as transferências constitucionais se desenvolvem conforme exposto na Figura 7.1.

---

5   Disponível em: <www.portaldatransparencia.gov.br>. Acesso em: 25 jun. 2015.

ANÁLISE DA RECEITA

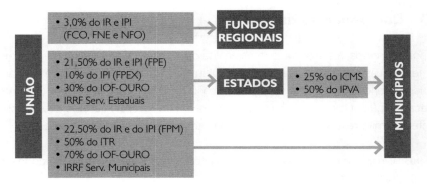

Fonte: Receita Federal do Brasil.[6]

Figura 7.1   Fluxo das transferências constitucionais.

Esses repasses governamentais representam um dos mais importantes instrumentos de análise financeira governamental. Segundo Gramlich (1977, p. 219), sob o aspecto político, as transferências intergovernamentais tornaram-se fundamentais, pois são vistas como um meio pelo qual os governos locais podem expandir os serviços para equalizar a renda local e para fazer um uso mais amplo da base tributária do governo central, sem que este assuma diretamente as responsabilidades de gastos nos governos locais.

De acordo com Shah (2007, p. 225), os objetivos das transferências fiscais são vários, não havendo um padrão uniforme de transferências aceito universalmente. As justificativas para a ocorrência de transferências estão fundamentadas nos seguintes aspectos:

1. os bens e serviços públicos são prestados pelos governos locais, mas estes não têm a capacidade fiscal para financiá-los em padrões considerados adequados;
2. essas transferências devem ser feitas quando existem externalidades associadas aos serviços prestados;
3. são também necessárias quando há diferença fiscal entre os governos regionais.

A experiência internacional sugere que a prestação eficiente dos serviços exige que essas transferências tenham, dentre outros aspectos, regras claras de responsabilidade, recursos suficientes aos propósitos a que se destinam e flexibilidade suficiente para a tomada de decisões.

---

6   Disponível em: <http://www.receita.fazenda.gov.br/Publico/estudotributarios/estatisticas/20SistemaAdministracaoTributaria.pdf>. Acesso em: 23 jul. 2015.

7.3 Componentes da receita

O ponto principal a ser observado na análise da receita é a capacidade do governo de aumentar suas receitas no presente e no futuro. Essa capacidade é avaliada mediante o estudo de cinco componentes: (*i*) a base econômica; (*ii*) a base da receita; (*iii*) a receita arrecadada; (*iv*) a capacidade fiscal; e (*v*) a reserva de receita. A análise desses componentes permite responder, respectivamente, aos seguintes questionamentos:

a. Quais são os recursos ou a base econômica dos quais o governo pode extrair suas receitas?
b. Como o governo explora a base econômica e quais os níveis e as mudanças das bases tributárias e não tributárias das receitas?
c. Qual o nível de arrecadação das receitas e a dependência do governo de diferentes fontes?
d. Qual a capacidade do governo em explorar receita?
e. Em qual extensão a capacidade fiscal está sendo explorada?

7.3.1 Base econômica

A base econômica mede a capacidade dos indivíduos e das empresas localizadas em determinada região de fornecer receita ao governo contribuindo para a solidez da condição financeira. Assim, a análise da receita inicia-se com o conhecimento profundo da base econômica da comunidade.

As seguintes variáveis de natureza econômica são importantes para avaliar a economia de uma região e, por conseguinte, medir a capacidade fiscal do governo: nível de emprego, renda, tendência da população, características socioeconômicas dos residentes, comércio e indústrias locais, condições das moradias, nível de vendas a varejo, número de turistas, permissões para construções etc.

Essas variáveis exercem papel importante na análise da condição financeira de um governo sob a perspectiva da receita, pois, segundo Johnson e Roswick (1991, p. 179), o entendimento do contexto da economia ajuda a compreender a base da receita da qual deriva a capacidade fiscal da comunidade. Assim, na análise da exploração das fontes de receitas, o aspecto principal a ser investigado é o nível de recursos econômicos gerados pela comunidade e suas mudanças ao longo do tempo com o objetivo de destacar, entre esses recursos, aqueles com os quais o governo pode contar para extrair suas receitas.

Nesse sentido, Rosenberg e Stallings (1978, p. 4) afirmam que "nenhuma municipalidade pode evitar dificuldade fiscal no longo prazo se sua vitalidade econômica está deteriorando. Uma economia forte produz receita para apoiar serviços e criar um ambiente comunitário positivo que atraia residentes e empresas".[7]

No Capítulo 5 – Análise dos recursos e necessidades da comunidade – são discutidos os principais indicadores de recursos da comunidade para auxiliar a análise da base econômica de um governo.

7.3.2 Base da receita

A base da receita, também denominada de base tributária, representa o conjunto de todas as fontes de recursos produzidas pela economia que podem ser legalmente exploradas pelo governo para produzir receita. Logo, o montante da base da receita é afetado pelo crescimento da população e pelo desenvolvimento econômico. A base da receita dos governos estaduais e municipais é composta, basicamente, por três fontes: a renda, o consumo e a riqueza da população.

Segundo Berne e Schramm (1986, p. 116), a base da receita refere-se aos métodos utilizados pelo governo para explorar a riqueza e a renda de uma comunidade, os quais são apresentados em um sistema legal que define a base para incidência dos tributos e a base empírica para a cobrança das receitas não tributárias.

Johnson e Roswick (1991, p. 183) destacam que a base da receita representa a fonte direta da capacidade fiscal da jurisdição, ou seja, os recursos potenciais para financiar as necessidades da comunidade. Na visão dos autores, a base da receita é composta por quatro grandes categorias: base do imposto sobre a propriedade, base do imposto sobre as vendas, base do imposto sobre a renda e base sobre as taxas e tarifas.

Nesse sentido, Moak e Hillhouse (1975, p. 395) afirmam que "a base tributária é o objeto determinado, ou fato, no qual a alíquota tributária é aplicada e deve ser conectada com o objeto do tributo".[8] Os autores ilustram como exemplos da base da receita o valor das propriedades, os salários brutos e o valor das vendas a varejo.

Assim, a base da receita constitui-se de alguns fluxos econômicos que serão explorados para gerar receita, tais como:

1. as unidades imobiliárias cadastradas e seus respectivos valores para produzir a receita de imposto predial e territorial urbano;
2. o consumo representado pela receita de vendas para produzir a receita de impostos sobre a circulação de mercadorias;
3. os serviços prestados para produzir a receita de impostos sobre serviços;

---

[7] *No municipality can avoid fiscal difficulty over the long run if its economic vitality is deteriorating. A strong economy produces the revenue to support services and creates a positive community environment which attracts residents and businesses.*

[8] *A tax base is the stipulated object, or fact, to which the tax rate is applied, and must be connected with the subject of the tax.*

4. a fabricação de produtos para gerar a receita de imposto sobre a produção industrial;
5. a renda das pessoas e das empresas para produzir a receita de imposto sobre a renda;
6. os serviços públicos oferecidos para gerar a receita de taxas.

Devido ao fato de a base própria da receita dos governos locais não ser suficiente para atender às demandas da sociedade por bens e serviços públicos, os governos estaduais e federal se veem obrigados a realizar transferências intergovernamentais para suprir as necessidades financeiras dos Municípios.

Contudo, a base da receita de transferências intergovernamentais não é explicitamente identificada, sendo estabelecida por meio de fatores que determinam a forma como as transferências são distribuídas, tais como: fórmulas, tamanho da população, quantidade de alunos, contrapartidas, restrições de uso, condições sociais e econômicas da comunidade e necessidade comprovada de ajuda financeira. Em muitos casos, a condição financeira dos governos locais é levada em consideração como critério para os governos estaduais e federal realizarem transferências voluntárias.

Em suma, a base econômica de uma comunidade favorece a base da receita permitindo ao governo explorar as fontes dessa receita. O *link* estabelecido entre esses dois componentes fornece a base financeira do governo. Portanto, quanto maior a base da receita de uma localidade, mais forte será a condição financeira do governo. Nesse sentido, Peterson et al. (1978, p. 4) afirmam que "a solidez e o crescimento das bases tributárias de uma cidade são talvez os indicadores fundamentais de sua posição fiscal de longo prazo".[9]

7.3.3 Capacidade fiscal

A capacidade fiscal ou capacidade da receita é o montante máximo de recursos que um governo pode obter, acima dos limites atuais de arrecadação, com a exploração plena da sua base de receita. Significa o poder de produzir receita (***revenue-raising power***). Nesses termos, Akin e Auten (1976, p. 453-454) apresentam a seguinte definição para capacidade fiscal:

> A capacidade fiscal, seja para uma nação, seja para jurisdições locais, pode ser definida como o montante máximo de receita alcançável pelos governos. A capacidade fiscal seria então alcançada quando acréscimos adicionais na alíquota tributária admitem suficiente evasão, fuga, emigração de pessoas, riqueza e atividade econômica para que as reduções nas bases tributárias pos-

---

9   The strength and growth of a city's tax base are perhaps the fundamental indicator of its long term fiscal position.

ANÁLISE DA RECEITA

sam compensar ou mais que compensar aumentos nas alíquotas. [...] Assim, a capacidade fiscal pode ser definida como a receita que a jurisdição poderia esperar produzir dada sua relevância fiscal e seus recursos econômicos.[10]

Nesse sentido, Johnson e Roswick (1991, p. 177) afirmam que "a capacidade fiscal pode ser geralmente definida como a competência que uma jurisdição dispõe para gerar tributos e outras receitas a partir de suas fontes próprias".[11] Logo, a capacidade fiscal de um governo depende do perfeito conhecimento da sua base econômica, ou seja, do seu potencial de geração de renda, bem como da sua base da receita, representada pelos métodos de exploração das fontes de recursos.

Peterson et al. (1978, p. 25) assinalam que a competência do governo em diversificar a sua base de receita por meio do uso do imposto sobre as vendas e do imposto sobre a renda, ou mediante maior confiança que depositam nas taxas e tarifas, é um importante elemento da capacidade fiscal. Todavia, na visão de Barro (1978, p. 84) e Berne e Schramm (1986, p. 137), a melhor medida da capacidade fiscal, mais frequentemente usada em estudos econômicos sobre o comportamento dos gastos públicos, é a renda *per capita*, pois representa a capacidade de pagamento dos indivíduos. A lógica que está por trás dessa medida é que todos os tributos devem ser pagos com recursos provenientes da renda, seja pela sua tributação direta, seja pela sua tributação indireta via vendas, folha de pagamento, aquisição de propriedades ou qualquer outra base tributária.

Assim, para que um governo possa obter o máximo de receita, é preciso tirar proveito da realidade econômica da sua região e enfrentar as restrições políticas e legais impostas sobre a incidência dos tributos.

Estudiosos afirmam que ainda não existe uma medida completa para aferir a capacidade fiscal de um governo. Contudo, existem alguns estudos que objetivam obter uma medida útil aproximada, com destaque para as seguintes abordagens: Moak e Hillhouse (1975); Akin e Auten (1976); Berne e Schramm (1986); e Mead (2001).

Moak e Hillhouse (1975, p. 391), partindo do pressuposto de que a "capacidade fiscal pode ser mensurada para o propósito de determinar o máximo de recursos que podem ser alocados para o aperfeiçoamento de programas de capital sem reduzir o

---

10 *Fiscal capacity, either for the nation or for local jurisdictions, could be defined as the maximum amount of revenue attainable by governments. Fiscal capacity would then be reached when further increases in tax rates give rise to sufficient evasion, avoidance, and emigration of people, wealth, and economic activity so that the reduction in tax bases would offset or more than offset rate increases. [...] Thus, fiscal capacity can be defined as the revenue that the jurisdiction could be expected to raise, given its relevant fiscal and economic resources.*

11 *Fiscal capacity can generally be defined as the ability of a jurisdiction to generate taxes and other revenues from its own sources.*

nível do orçamento operacional corrente",[12] desenvolveram uma abordagem com base nas medidas da estrutura econômica da comunidade e nas medidas da base da receita.

As medidas baseadas na estrutura econômica, segundo Moak e Hillhouse (1975, p. 392-395) são classificadas em cinco categorias de indicadores representativas da riqueza da comunidade: (*i*) valor das propriedades *per capita*; (*ii*) recursos financeiros *per capita* dos bancos e outras instituições financeiras, visto vez que estas instituições mobilizam recursos e fornecem créditos; (*iii*) recursos humanos, tais como a população total classificada por idade, nível de escolaridade, emprego e a forma de trabalho classificada por tipo de ocupação e setores; (*iv*) renda pessoal *per capita*; e (*v*) projeções de estabilidade e crescimento econômico.

As medidas relacionadas à base da receita, segundo Moak e Hillhouse (1975, p. 395-396), são compostas pelas seguintes categorias de indicadores: (*i*) produtividade geral do sistema tributário total, tais como arrecadação tributária *per capita* e percentagem dos tributos *per capita* sobre renda *per capita*; (*ii*) limitações sobre a base tributária, tais como limitações legais, administrativas, políticas e competitivas; (*iii*) base do imposto sobre a propriedade; (*iv*) estabilidade do sistema local tributário, tais como percentagem da receita tributária sobre a receita total, percentagem da receita não tributária sobre a receita total, ajuda financeira estadual e federal sobre a receita total; e (*v*) índice de crescimento da base tributária.

Com base nessas medidas, Moak e Hillhouse (1975) desenvolveram um índice composto da capacidade fiscal que envolve um processo para estabelecer o *ranking* dos Municípios, cada qual com um peso relativo estabelecido. O índice é basicamente o somatório da percentagem da mediana de cada medida considerada, multiplicado por cada peso. O Quadro 7.1 mostra a forma de cálculo do índice composto.

---

12 *Fiscal capacity may be measured for the purpose of determining the maximum resources which can be allocated for a new capital improvement program without reducing the present operating budget level.*

ANÁLISE DA RECEITA

Quadro 7.1   Índice composto da capacidade fiscal

MUNICÍPIO	VALOR ESTIMADO DAS PROPRIEDADES TRIBUTÁVEIS PER CAPITA	RENDA PESSOAL PER CAPITA	VENDAS NO VAREJO PER CAPITA	IMPOSTO SOBRE A PROPRIEDADE ARRECADADO PER CAPITA	RECEITA NÃO TRIBUTÁRIA ARRECADADA PER CAPITA	AJUDA ESTADUAL E FEDERAL PER CAPITA	ÍNDICE COMPOSTO PONDERADO
PESOS	3	3	1	1	2	2	
A	% da mediana	% mediana	% mediana	% mediana	% mediana	% mediana	
B							
C							
D							
E							
F							
G							
H							
I							
J							
Média	$	$	$	$	$	$	
(Mediana)	$	$	$	$	$	$	

Fonte: Moak e Hillhouse (1975, p. 397).

Capítulo 7

A abordagem de Akin e Auten (1976, p. 455) é baseada na hipótese de que a capacidade fiscal dos governos é função dos recursos econômicos da comunidade. Assim, utilizando-se da técnica de regressão múltipla, a receita dos governos locais foi relacionada com a renda e com o imposto sobre a propriedade incidente sobre as diversas categorias de imóveis tributáveis (residencial, comercial, industrial, sazonal e outras), tendo encontrado a seguinte função com 99% da variância explicada para 104 distritos de Nova York:

$$R_i = -29.241 + 0,027 MFI_i + 0,028 RP_i + 0,412 CP_i + 0,248 IP_i + 0,159 SP_i + 1,734 OP_i$$

Em que:
R_i = receita *per capita* do governo local no distrito *i*;
MFI_i = renda média familiar no distrito *i*;
RP_i = valor total *per capita* das propriedades residenciais no distrito *i*;
CP_i = valor total *per capita* das propriedades comerciais no distrito *i*;
IP_i = valor total *per capita* das propriedades industriais no distrito *i*;
SP_i = valor total *per capita* das propriedades sazonais no distrito *i*;
OP_i = valor total *per capita* de outros tipos de propriedades no distrito *i*.

Segundo a abordagem apresentada por Berne e Schramm (1986), a capacidade fiscal dos governos é medida observando-se três condições básicas: (*i*) restrições legais; (*ii*) julgamentos; e (*iii*) comparações com um grupo base de referência.

Restrições legais: são os delineamentos óbvios da capacidade fiscal. São limitações impostas em leis que determinam os métodos de exploração de receita, as definições, as restrições de uso das fontes de recursos e as alíquotas máximas a serem aplicadas sobre a base da receita. Por exemplo, em um Município no qual o valor total das propriedades totaliza 100 milhões de reais e a alíquota média do imposto sobre as propriedades é de 1%, a capacidade fiscal, para essa fonte de receita, é de 1 milhão de reais.

Assim, a capacidade fiscal legal pode ser facilmente identificada e comparada entre diferentes Municípios com o objetivo de verificar, entre eles, quais os mais limitados legalmente. A Tabela 7.1 exemplifica esse procedimento a partir dos valores que representam a base de uma receita específica para, em seguida, aplicar a alíquota tributária máxima estabelecida em lei. Presume-se que os Municípios têm a mesma população, caso contrário, os valores da base da receita deveriam ser apresentados em base *per capita*.

ANÁLISE DA RECEITA

Tabela 7.1   Cálculo da capacidade fiscal legal

MUNICÍPIOS	BASE DA RECEITA (EM MILHÕES)		ALÍQUOTA TRIBUTÁRIA		CAPACIDADE FISCAL LEGAL (a × c) + (b × d)
	VALOR DAS PROPRIEDADES (a)	MONTANTE DE SERVIÇOS (b)	IPTU (c)	ISS (d)	
A	1.000	3.000	1%	4%	130
B	800	2.500	1,5%	5%	137
C	1.000	3.000	0,8%	3%	98

Observa-se que os Municípios A e C têm a mesma base de receita, tanto para o valor das propriedades quanto para o montante dos serviços, mas o Município C tem a menor capacidade fiscal legal, pois sofre maiores restrições legais uma vez que apresenta as menores alíquotas tributárias. O Município B, apesar de apresentar menores bases de receita, tem a melhor capacidade fiscal legal, pois sofre menores restrições de alíquotas tributárias.

Vale destacar que as restrições legais, como medida da capacidade fiscal, apresentam limitações, tais como: (i) as restrições legais não são absolutas, pois as leis podem ser mudadas pelo Legislativo a qualquer momento; e (ii) os limites legais não refletem a realidade econômica ou as práticas financeiras desejadas. Todavia, as decisões para alterar as restrições legais, como por exemplo aumentar as alíquotas tributárias para elevar a arrecadação, devem ser tomadas com cautela, pois a atividade econômica pode ser sensível a essa mudança, podendo ser afetada negativamente, visto que os indivíduos e as empresas podem mudar do Município, reduzindo o valor das propriedades e o fluxo econômico de compra e venda de bens e serviços.

Julgamentos: são representados por opiniões de especialistas baseadas em suas experiências ao emitirem julgamentos e "regras de bolso" sobre os limites máximos aceitáveis para o uso de vários métodos de financiamento. Todavia, deve ser levado em consideração que essas opiniões e regras não são absolutas. Essas regras são, frequentemente, empregadas na análise da dívida. No caso da capacidade fiscal, as regras são estabelecidas com base no comportamento médio de um grupo de referência.

Comparações com um grupo base de referência: as comparações do desempenho fiscal de uma organização com outras de um grupo base de referência é o método mais comum de estimar a capacidade fiscal. Esse método utiliza o comportamento médio de um conjunto de jurisdições para determinar a capacidade fiscal de uma organização individual integrante do grupo. As medidas comparativas podem ser simples ou compostas.

As medidas simples comportam uma única variável, como a receita *per capita*. A comparação da receita *per capita* de um Município com a média da receita *per capita* de

Capítulo 7

um grupo de referência fornece uma medida da capacidade fiscal desse Município em elevar a receita por meio da tributação. Outras medidas simples podem ser utilizadas como parâmetro de comparação para avaliar a capacidade fiscal, tais como a renda *per capita*, a população, a riqueza, o valor das propriedades etc.

As medidas compostas ou multifatoriais comportam diversas variáveis. O exemplo a seguir ilustra como medir a capacidade fiscal de um governo utilizando-se de medidas compostas com base em um grupo de referência: ao verificar que um grupo referencial de Municípios tem uma alíquota média do imposto sobre a propriedade de 1% e uma alíquota média do imposto sobre serviços de 5%, e tendo identificada a base da receita desses tributos para um pequeno Município, na ordem de 100 milhões de reais para as propriedades tributáveis e 1 milhão de reais para o montante anual de serviços, então a capacidade fiscal desse Município é de 1 milhão e 50 mil reais [(100 milhões × 1%) + (1 milhão × 5%)].

Mead (2001, p. 120), ao contrário de Berne e Schramm (1986), recomenda que, ao invés de se obter o valor absoluto da capacidade fiscal, seja calculada a taxa efetiva do tributo mediante a divisão de uma receita específica arrecadada pela respectiva base da receita. A taxa efetiva assim obtida ou a carga tributária será comparada com a taxa legal para avaliar se a base da receita está sendo completamente explorada ou se ainda existe reserva de receita. Dessa forma, os seguintes indicadores podem ser construídos:

1. taxa efetiva do imposto sobre a propriedade = receita do IPTU/valor total das propriedades;
2. taxa efetiva do imposto sobre vendas = receita de impostos sobre vendas/valor total de vendas;
3. taxa efetiva do imposto sobre a renda = receita do imposto sobre a renda/total da renda pessoal.

Por exemplo, se um Município arrecada 800 mil de receita do IPTU e o valor das propriedades tributáveis soma 100 milhões, a taxa efetiva de arrecadação é de 0,8% [(800 mil/100 milhões) × 100]. Comparando-se essa taxa com a alíquota legal do tributo, na ordem de 1%, verifica-se que o governo não está utilizando sua capacidade tributária plena, restando uma reserva de receita de 0,2% a ser explorada.

7.3.4 Receita arrecadada

Uma vez tendo conhecido a posição da base econômica de uma localidade e os métodos de exploração da receita, ou seja, a base da receita utilizada pela entidade governamental, o passo seguinte consiste em identificar quanto o governo produziu de receita para cada fonte de recurso, ou seja, quanto de receita efetivamente foi arrecadado.

Conceitualmente, a análise da receita arrecadada é realizada após a análise da base econômica e da base da receita. Todavia, na prática, a análise da receita arrecadada constitui o primeiro passo no processo de avaliação da condição financeira, pois, inicialmente, busca-se conhecer quanto o governo efetivamente arrecadou em cada fonte de receita, avaliando-se as elevações e as quedas na arrecadação para, depois, analisar a base econômica e a base da receita em busca de explicações para as variações observadas.

A análise da receita arrecadada tem por objetivo identificar o comportamento da arrecadação ao longo do tempo, visando verificar o grau de importância de cada espécie de receita, bem como comparar o desempenho do governo com outros similares.

7.3.5 Reserva de receita

O principal objetivo em mensurar a capacidade fiscal de um governo é identificar se a receita arrecadada está acima ou abaixo dessa capacidade, isto é, se o governo está explorando adequadamente sua base de receita. Se a capacidade fiscal é superior à receita arrecadada, tem-se, por diferença, a reserva de receita.

Quanto maior a reserva de receita de um governo, maiores serão as possibilidades de se obterem receitas adicionais para melhorar a condição financeira. Por essa razão, na análise financeira da receita é de fundamental importância obter medidas da capacidade fiscal e da receita arrecadada. Assim, se um determinado governo tem o potencial de arrecadar 500 mil reais em imposto sobre a propriedade, mas está arrecadando apenas 400 mil, apresenta uma reserva de receita a ser explorada no montante de 100 mil reais.

Entretanto, em algumas situações, pode ocorrer de a receita arrecadada ser superior à capacidade fiscal. Essa diferença, denominada de ausência de reserva de receita, mostra a alta carga tributária a que os contribuintes estão submetidos.

A existência de reserva de receita não significa que ela possa ser usada facilmente, pois isso dependerá de políticas financeiras relacionadas ao sistema de arrecadação, tais como melhorar os controles internos existentes relativos a lançamento, cobrança e arrecadação das receitas e implementar medidas de combate à evasão e sonegação de tributos.

A análise da reserva de receita requer a análise simultânea da solvência de caixa (ver Capítulo 11), visto que um governo com considerável reserva de receita pode apresentar necessidades de caixa no curto prazo, pois a entidade, no passado, pode ter contraído dívidas que consomem elevadas parcelas de recursos para atender aos pagamentos dos juros e amortizações. A análise da reserva da receita requer, também, a verificação das necessidades da comunidade não atendidas (ver Capítulo 8 – Análise dos gastos): um governo que enfrenta alta pressão por gastos pode avaliar que a sua reserva de receita é inadequada; por outro lado, um governo com as mesmas demandas por bens e serviços pode avaliar que sua reserva de receita é confortável.

Assim, o conhecimento da reserva de receita é importante para subsidiar decisões sobre a capacidade de endividamento e sobre as necessidades sociais ainda não atendidas. Dessa forma, quanto maior a reserva de receita de um governo, maior a probabilidade de esse governo extrair receitas adicionais de sua base de receita sem provocar consequências adversas (BERNE; SCHRAMM, 1986, p. 376).

Capítulo 7

A reserva de receita tenta medir, sob o ponto de vista do governo, o esforço tributário, e, sob o ponto de vista do contribuinte, a carga tributária. Ambos os termos representam dois lados de uma mesma moeda, expressando o mesmo significado.

Nessa perspectiva, alguns indicadores da receita arrecadada podem ser utilizados para revelar a carga tributária ou o esforço tributário dos contribuintes de uma área geográfica, relacionando-a com a população ou com a renda. Berne e Schramm (1986, p. 145) discutem três medidas da reserva de receita que auxiliam na avaliação da carga tributária:

1. Receita tributária *per capita* = receita tributária arrecadada/população: esse indicador revela o pagamento médio de tributos realizado por um membro da comunidade.
2. Esforço tributário = receita tributária total (ou tributo específico)/renda total: esse é o indicador mais comum para avaliar a carga tributária a que estão sujeitos os membros de uma região, representando a relação entre a receita tributária arrecadada e a medida da capacidade de pagamento dos indivíduos.
3. Alíquota atual para cada tipo de imposto: mostra o quanto cada base de receita está sendo tributada para produzir receita.

Quanto maior o resultado desses indicadores, menores serão as possibilidades do governo em extrair receita adicional acima dos limites atuais de arrecadação.

7.4 Relacionamento dos componentes da receita

Os cinco componentes da receita, quando relacionados, fornecem as seguintes conclusões a respeito da condição financeira de um governo sob a perspectiva da receita:

Base econômica com base da receita: a base econômica, representada pela riqueza da comunidade, comparada com a base da receita, designada pelos métodos para explorar essa base econômica, mostra a base financeira do governo. Assim, quanto melhor a base econômica de uma comunidade e mais bem estruturados forem os métodos para explorar a riqueza da comunidade, mais sadia será a condição financeira governamental.

Base econômica com capacidade fiscal: esse relacionamento representa um indicador que mostra a extensão em que diferentes governos têm capacidade para produzir receita.

Base da receita com capacidade fiscal: se o governo explorar sua base da receita ao máximo, ele obterá receitas anuais no limite da sua capacidade fiscal.

Receita arrecadada com capacidade fiscal: se o governo não explorar ao máximo sua base de receita, ele apresentará parte da capacidade fiscal não explorada, isto é, uma reserva de receita. Dessa forma, a reserva de receita é simplesmente a diferença entre a receita arrecadada e a capacidade fiscal. Esse relacionamento mostra o potencial de receita não explorado e constitui importante indicador da condição financeira governamental.

A Figura 7.2 sintetiza o relacionamento dos componentes da receita.

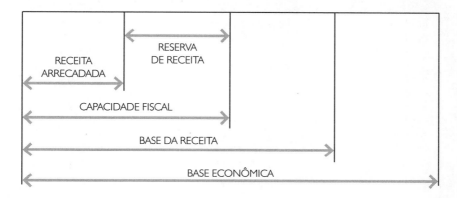

Fonte: Adaptada de Berne e Schramm (1986, p. 99).

Figura 7.2   Relacionamento dos componentes da receita.

7.5 Indicadores de análise da receita operacional

Os indicadores de análise da receita operacional buscam avaliar o crescimento, a flexibilidade, a elasticidade, a dependência, a diversidade e a administração da receita operacional arrecadada.

Entende-se por receita operacional as receitas orçamentárias correntes derivadas e originárias. As receitas derivadas compreendem os impostos, as taxas, as contribuições e as transferências recebidas; as receitas originárias compreendem receita patrimonial, agropecuária, industrial e de serviços.[13]

O Quadro 7.2 relaciona os principais indicadores de análise da receita operacional utilizados pelos analistas e pesquisadores da condição financeira governamental. É importante destacar que a análise da receita tratada neste capítulo é um aprofundamento da análise da receita orçamentária corrente discutida no Capítulo 6 – Análise da solvência orçamentária.

---

13 As **receitas derivadas** são caracterizadas pelo constrangimento legal para sua arrecadação – contam-se os tributos e as penas pecuniárias, em resumo, rendas que o Estado colhe no setor privado, por ato de autoridade. As **receitas originárias** saem do próprio setor público, isto é, do patrimônio do Estado, ao passo que as derivadas são exigidas do patrimônio ou das rendas dos particulares (BALEEIRO, 2001, p. 127).

Capítulo 7

Quadro 7.2   Indicadores de análise da receita operacional

REF.	INDICADORES	DEFINIÇÃO OPERACIONAL	PRINCIPAIS ESTUDOS
a	Receita *per capita*	$\dfrac{\text{Receita operacional}}{\text{População}}$	Groves e Valente (2003); Berne e Schramm (1986); Brown (1993,1996); Berne (1992); Mead (2001); Howell e Stamm (1979); Hendrick (2004); Miller (2001); Carmeli (2002).
b	Esforço tributário	$\dfrac{\text{Receita tributária}}{\text{Renda total da comunidade}}$ ou $\dfrac{\text{Receita tributária}}{\text{PIB}}$	Groves e Valente (2003); Berne e Schramm (1986); Berne (1992); Ammar et. al. (2001); Peterson et al. (1978); Nathan e Adams (1976); Howell e Stamm (1979); Clark e Chan (1990); Hendrick (2004); Miller (2001); Clark e Ferguson (1983).
c	Autonomia financeira	$\dfrac{\text{Tributos diretamente arrecadados + receitas não tributárias + impostos indiretamente arrecadados}}{\text{Receita operacional}}$	Howell e Stamm (1979); Miller (2001).
d	Autossuficiência financeira	$\dfrac{\text{Tributos diretamente arrecadados + receitas não tributárias}}{\text{Receita operacional}}$	Brown (1993, 1996); Hendrick (2004); Miller (2001); Clark e Ferguson (1983); Ammar et al. (2001, 2004); Carmeli (2002).
e	Dependência financeira	$\dfrac{\text{Receitas de transferências correntes − impostos indiretamente arrecadados}}{\text{Receita operacional}}$	Groves e Valente (2003); Brown (1993, 1996); Howell e Stamm (1979); Clark e Chan (1990); Hendrick (2004); Ammar et al. (2001, 2004).
f	Diversificação da receita	IPTU/Receita operacional ISS/ Receita operacional Taxas/Receita operacional	Brown (1993,1996); Hendrick (2004); Miller (2001); Clark e Ferguson (1983); Ammar et al. (2001, 2004); Carmeli (2002).
g	Tendência da receita	$\dfrac{\text{Receita atual − receita anterior}}{\text{Receita anterior}}$	Groves e Valente (2003), Berne e Schramm (1986). 》

ANÁLISE DA RECEITA

REF.	INDICADORES	DEFINIÇÃO OPERACIONAL	PRINCIPAIS ESTUDOS
h	Elasticidade da receita	Receita elástica / Receita operacional	Groves e Valente (2003).
i	Receita tributária a arrecadar	Créditos tributários a receber / Receita tributária arrecadada Créditos do IPTU a receber / IPTU arrecadado	Groves e Valente (2003); Ammar et al. (2001).
j	Cobertura de custos de bens e serviços	Receita de exploração e venda de bens e serviços / Custo dos bens e serviços	Groves e Valente (2003).

a. **Receita *per capita*:** o exame desse indicador mostra as mudanças ocorridas no nível da receita tributária em relação às mudanças no tamanho da população. Assim, quando a população aumenta é esperado que haja um aumento no nível de serviços para atender as necessidades da comunidade. Por outro lado, é esperado, também, um crescimento da receita devido ao aumento da renda em circulação e devido ao aumento do consumo pelos indivíduos.

No processo de análise, o indicador receita *per capita* pode ser calculado considerando a receita por fontes: IPTU *per capita*, ISS *per capita*, transferências correntes *per capita*, taxas *per capita*, receitas tributárias *per capita* etc. A fragmentação do indicador por fontes de receita é importante para revelar qual tipo de receita *per capita* cresce mais rápido. No geral, quanto maior o resultado desse indicador, melhor a condição financeira do governo.

Várias conclusões podem ser extraídas da análise desse indicador. De acordo com Groves e Valente (2003, p. 17), se o resultado é declinante ao longo do tempo podem estar ocorrendo as seguintes situações: (*i*) crise temporária ou permanente na economia; (*ii*) mudanças em determinados grupos da população que historicamente são responsáveis pela maior parte da receita arrecadada; (*iii*) problemas inerentes à estrutura da receita, tais como superdependência à receita inelástica em período de inflação; e (*iv*) existência de limitações tributárias impostas pelo governo local, estadual ou federal.

Todavia, se o resultado do indicador receita *per capita* é crescente ao longo do tempo, o analista deve observar se esse desempenho favorável decorre do aumento da carga tributária ou do declínio da população sem elevação da receita arrecadada. Se a população está declinando, é preciso avaliar se a receita futura sofrerá quedas de arrecadação.

Capítulo 7

Destaque-se que, se o indicador de receita *per capita* apresentar decréscimo ao longo do tempo, isso significa que o governo apresenta dificuldades para manter o nível de serviços existentes. Porém, segundo Brown (1993), uma relação baixa desse indicador sugere maior possibilidade de o governo obter receita adicional dada a possibilidade de existir reserva de receita, isto é, a capacidade fiscal do governo em explorar recursos adicionais.

Para melhorar o desempenho desse indicador recomenda-se aprimorar os procedimentos e controles da arrecadação, reduzir a inadimplência, reavaliar o valor das propriedades, assegurar transferências intergovernamentais etc.

b. **Esforço tributário:** esse indicador relaciona a receita tributária de um governo com a renda total da comunidade para identificar o esforço tributário dos cidadãos face à sua capacidade de pagamento. Clark e Ferguson (1983, p. 54) entendem que a medida do esforço tributário deve ser obtida pela participação da receita tributária na riqueza da comunidade, justificando que a conversão de recursos privados em receita não é automática, pois a avaliação do nível da alíquota tributária depende de decisões políticas. Assim, cidades ricas sofrem de tensão fiscal se seus cidadãos se opõem a alto esforço tributário.

Quanto maior o resultado desse indicador, melhor a condição financeira do governo, apesar da carga tributária a que estão submetidos os contribuintes.

c. **Autonomia financeira:** esse indicador mostra a participação de todos os recursos próprios do Município, arrecadados direta ou indiretamente, em relação à receita operacional. Representa o grau de independência financeira a recursos de transferências intergovernamentais provenientes de esferas superiores de governo. Por esse motivo, esse indicador mede a eficiência da gestão de receitas próprias. Assim, quanto maior o resultado desse indicador, melhor será a condição financeira do governo.

O maior ou menor grau de autonomia financeira do governo é consequência de três fontes de receita própria:

1. tributos diretamente arrecadados, como, por exemplo, IPTU, ISS, taxas e contribuição de melhoria;
2. receitas não tributárias diretamente arrecadadas, como receitas de contribuição, patrimonial, agropecuária, industrial, de serviços e outras receitas correntes; e
3. impostos indiretamente arrecadados por esferas superiores e redistribuídos em relação ao local de origem da arrecadação, tais como cota-parte do IPI, cota--parte do ICMS, cota-parte do IPVA e cota-parte do ITR.

ANÁLISE DA RECEITA

Em relação a essa última fonte de receita própria, a Constituição Federal, no seu artigo 158, considera que a cota-parte do IPI, do ICMS, do IPVA e do ITR pertence aos Municípios. Contudo, por questão de eficiência arrecadatória, esses tributos são coletados por entes superiores. A teoria do federalismo fiscal, ao analisar essa situação, de forma geral, considera o registro desses tributos como transferências intergovernamentais, justificando que se trata de uma devolução da arrecadação feita por outro ente. Contabilmente, o mais correto seria tratá-los como receita tributária, conforme define o artigo 158 da Constituição Federal. Feito esse ajuste na receita própria do Município, tem-se uma visão mais acurada da verdadeira capacidade de geração de receita do ente, uma vez que estão presentes todas as receitas próprias direta e indiretamente arrecadadas.

Assim, quanto maior a autonomia financeira do governo, menor a sua dependência financeira de recursos de esferas superiores. Matematicamente, essa relação opera-se da seguinte forma: 1 − autonomia financeira = dependência financeira.

d. **Autossuficiência financeira (*self-income ratio*)**: esse indicador, diferentemente do indicador de autonomia financeira, considera apenas as receitas próprias diretamente arrecadadas pelo governo em relação à receita operacional. É conhecido, também, como índice de capacidade de geração de receita própria por revelar o esforço do governo local em produzir receitas contando com a base econômica da comunidade.

Esse indicador permite avaliar a eficiência da administração fazendária, isto é, o desempenho do governo em arrecadar diretamente os tributos e demais receitas de sua competência. Um resultado elevado desse indicador torna os governos locais menos vulneráveis às decisões tomadas por essas esferas governamentais superiores, reduzindo o grau de dependência financeira.

e. **Dependência financeira**: esse indicador fornece o grau de dependência financeira do governo de recursos de esferas governamentais superiores mediante a identificação da representatividade das receitas de transferências correntes na receita operacional, exceto as cotas-partes de impostos indiretamente arrecadados. Uma relação alta desse indicador é prejudicial à condição financeira do governo devido à superdependência de recursos dos governos superiores. Assim, em ocorrendo problemas orçamentários e financeiros nessas esferas governamentais, devido a crises econômicas e/ou limitações tributárias, os governos de esferas inferiores se veem obrigados a cortar programas importantes e limitar o nível de serviços essenciais à comunidade. Assim, conforme assinalam Clark e Chan (1990, p. 95), "quanto mais dependente é um governo, mais suscetível ele se torna à volatilidade de mudanças fiscais intergovernamentais como supressão na partição da receita geral e redução nas subvenções."[14]

Howell e Stamm (1979, p. 68-69) afirmam que as transferências intergovernamentais são destinadas a reduzir as disparidades de renda e aliviar os problemas sociais entre os entes governamentais com condições diferentes (equalização). Além disso, os autores destacam que as diferenças mais apreciáveis nas transferências intergovernamentais estão relacionadas com as condições sociais e estruturas desfavoráveis do que com as condições econômicas adversas.

Groves e Valente (2003, p. 23) alertam que a primeira preocupação ao analisar as transferências intergovernamentais é conhecer a vulnerabilidade do governo quanto à redução de tais fontes de receitas, bem como determinar se o governo controla adequadamente o uso desses recursos externos. Em suma, a análise das transferências intergovernamentais busca observar a estabilidade dessa fonte de recurso, por isso é importante segregá-la em transferências constitucionais e legais (obrigatórias) e transferências voluntárias (temporárias).

Ao construir esse indicador o analista necessita de informações sobre os tipos de transferências correntes, devendo discriminá-las em obrigatórias, voluntárias vinculadas e voluntárias temporárias. Se a maior parte das transferências correntes é voluntária vinculada e voluntária temporária, deve-se aprofundar a análise sobre essas fontes de receita.

O indicador de dependência financeira pode, ainda, ser desdobrado em dois para evidenciar a dependência financeira em relação ao governo estadual e a dependência financeira em relação ao governo federal, como segue: (*i*) (transferências correntes recebidas do Estado – impostos indiretamente arrecadados)/receita operacional; e (*ii*) (transferências correntes recebidas da União – impostos indiretamente arrecadados)/receita operacional.

    f. **Diversificação da receita:** no processo de análise da receita operacional é recomendável avaliar o nível de diversidade de receitas do ente governamental, identificando a participação dos variados tipos de impostos e taxas de sua competência, bem como de receitas não tributárias e de transferências intergovernamentais em relação à receita operacional. Os seguintes indicadores podem ser mensurados: (*i*) IPTU/receita operacional; (*ii*) ISS/receita operacional; (*iii*) ICMS/receita operacional; (*iv*) IPVA/receita operacional; (*v*) taxas/receita operacional; (*vi*) receita de serviços/receita operacional; receita de transferências/receita operacional etc.

---

[14] *The more dependent a government is, the more susceptible it becomes to the volatility of changes in intergovernmental fiscal relations, such as abolishment of general revenue sharing, and cutbacks in grants.*

ANÁLISE DA RECEITA

Groves e Valente (2003, p. 32) entendem que uso de informação dessa natureza é mais eficiente quando evidenciado em termos absolutos por espécie de tributos (IPTU, ISS, ICMS etc.) por demonstrar o crescimento ou declínio de cada espécie, conduzindo o analista às causas das variações. Por exemplo, o declínio na arrecadação do IPTU pode ter como causas a redução do valor das propriedades, redução da alíquota, concessão de isenção tributária a famílias carentes, ineficiência na arrecadação, dentre outras.

g. **Tendência da receita:** a análise de tendência da receita revela o crescimento e o declínio das diversas fontes de receita do governo. Na interpretação dos indicadores de tendência da receita o gestor deve buscar as causas dos declínios na arrecadação, especialmente a receita tributária, e identificar os motivos que estão deteriorando a base de receita e a capacidade fiscal. Dentre outras causas do declínio na arrecadação, destacam-se: crises econômicas, medidas adotadas pelos governos estadual, federal ou local, ineficiência na arrecadação e na fiscalização tributária.

h. **Elasticidade da receita:** esse indicador reflete a relação entre as receitas elásticas e a receita operacional. A receita elástica é aquela em que a arrecadação aumenta ou diminui em decorrência de mudanças na base econômica do governo. Assim, à medida que a base econômica se expande ou a inflação se eleva, uma receita elástica aumenta proporcionalmente ou em maior quantidade.

Por exemplo, os tributos sobre vendas podem ser considerados como receitas elásticas, pois se espera um aumento na arrecadação dessas receitas em períodos de crescimento econômico, nos quais há aumento de vendas no comércio. Por outro lado, espera-se redução na arrecadação dessas receitas em períodos de recessão econômica em que o volume de vendas cai. A receita de IPTU pode ser elástica ou inelástica. Se as propriedades tributáveis são reavaliadas frequentemente, então a receita do IPTU pode ser elástica. Porém, se as propriedades tributáveis não são reavaliadas frequentemente ou se o valor do imposto incidente é fixo, a receita de IPTU pode ser inelástica, mesmo diante de crescimento da base econômica.

Em períodos de crescimento econômico, quanto maior o resultado desse indicador, melhor. Contudo, em períodos de recessão, quanto maior o resultado desse indicador, pior. Em períodos de alta inflação, uma elevada participação da receita elástica é preferível porque a inflação eleva a receita arrecadada, compensando os preços dos bens e serviços que o governo adquire. Porém, em um ambiente inflacionário, se a receita elástica diminui, o governo fica mais vulnerável porque os preços de bens e serviços se elevam sem que haja recursos suficientes para compensar. Em suma, é necessário que exista um equilíbrio entre as receitas elásticas e inelásticas para compensar os efeitos da inflação e do crescimento ou declínio da economia.

Capítulo 7

No geral, uma participação alta das receitas elásticas coloca em risco a situação financeira da entidade, pois a falta de estabilidade na arrecadação pode comprometer o nível de serviços essenciais à comunidade.

Segundo Berne e Schramm (1986, p. 124), "uma forma de examinar a conexão entre a base econômica e a base da receita é avaliar a elasticidade de um tributo em particular".[15] A elasticidade da receita pode ser verificada para cada fonte de receita, seja ela própria, seja de transferências intergovernamentais. Há duas formas segundo as quais a arrecadação de uma receita varia: mudança na alíquota tributária e mudança na base da receita. A primeira depende da atuação política do governo, mas a segunda raramente está sob o controle governamental. Assim, para medir esse indicador é necessário que o analista identifique quais receitas são elásticas e quais são inelásticas.

A receita elástica é obtida por um indicador que representa a mudança de uma variável em relação à mudança de outra variável. Assim, para identificar se uma receita é elástica ou não o procedimento recomendável é identificar a mudança percentual em uma categoria particular de receita associada com uma mudança percentual na variável que representa a base para exploração dessa receita.

Por exemplo, considere que em determinado exercício financeiro o imposto incidente sobre a renda tenha crescido de 50 mil reais para 80 mil, enquanto a base dessa receita, representada pela renda total dos trabalhadores, tenha crescido de 110 milhões de reais para 160 milhões. Considere, também, que a alíquota tributária permaneceu constante durante o período. Com base nessas informações, inicialmente, calcula-se a variação do imposto sobre a renda [(80 – 50)/50] × 100 = 60% e a variação da renda dos trabalhadores [(160 – 110)/110] × 100 = 45%, em seguida, divide-se a variação do imposto sobre a renda pela variação da renda dos trabalhadores (60%/45% = 1,33%), encontrando a elasticidade da receita tributária. Esse resultado significa que para cada 1% de variação na renda, a receita de imposto sobre a renda varia 1,33%. Nesse caso, o imposto sobre a renda é considerado uma receita elástica, pois apresentou um resultado maior que 1. Quando o resultado for menor que 1, diz-se que a receita é inelástica.

Vale salientar que o crescimento da receita pode ocorrer tanto pela majoração da alíquota do tributo, quanto pela mudança na base da receita. Assim, no processo de análise fica difícil identificar se a variação da receita é devida à majoração da alíquota tributária ou à variação da base da receita. Por causa disso, Berne e Schramm (1986, p. 125) compreendem que as medidas de elasticidade da base da receita em relação à base econômica são mais confiáveis, pois não sofrem influência da variação da alíquota tributária, além de proporcionar respostas aos seguintes questionamentos: (i) o crescimento na base da receita será mais rápido ou mais lento que o crescimento nas condi-

---

15 *One way of examining the linkages between the economic base and the tax base is to assess the elasticity of a particular tax.*

ANÁLISE DA RECEITA

ções econômicas da região, mensuradas pela renda?; (*ii*) a base da receita flutuará mais ou menos que as condições econômicas da região?

i. **Receita a tributária a arrecadar:** esse indicador mostra o percentual de créditos tributários a receber em relação à receita tributária efetivamente arrecadada. Analiticamente, esse indicador é mensurado segundo cada espécie de tributo, como, por exemplo, receita de IPTU a arrecadar/receita tributária e receita de ISS a arrecadar/receita tributária.

Se esse indicador aumenta ao longo do tempo, isso pode indicar um declínio na saúde financeira do governo. Portanto, se o percentual de tributos não arrecadados aumenta, a liquidez diminui e a entidade terá menos recursos em caixa para pagar as suas contas ou realizar investimentos.

Segundo Groves e Valente (2003, p. 35), as agências de *rating* de crédito assumem que um governo local geralmente não arrecada de 2% a 3% do imposto sobre a propriedade no exercício financeiro. Se esse percentual de imposto não arrecadado sobre a propriedade é maior que 5% a 8%, as agências de *rating* consideram um fator negativo, porque essa situação sinaliza uma instabilidade potencial nessa base de receita.

A mensuração desse indicador por espécies de tributos, como a receita a arrecadar do IPTU, possibilita identificar problemas localizados, tais como: determinar quais classes de contribuintes (renda alta, média ou baixa) apresentam maiores dificuldades no pagamento do tributo; quais tipos de propriedades tributáveis (comerciais, residenciais, industriais, públicas etc.) têm o maior nível de inadimplência. A diversificação do indicador fornece, também, subsídios para decisões políticas, como, por exemplo, verificar a possibilidade de instituir programas de benefícios fiscais para grupos de residentes de baixa renda.

j. **Cobertura de custos de bens e serviços:** esse indicador mostra se os custos dos serviços públicos oferecidos mediante a cobrança de taxas e se os custos da exploração e venda de bens são cobertos pelas receitas obtidas com a exploração dessas atividades. Se o resultado desse indicador apresenta uma relação igual ou superior a 1, isso significa que a receita obtida é suficiente para cobrir os custos incorridos. Contudo, se o resultado é inferior a 1, isso significa que a receita gerada não é suficiente para cobrir os custos de exploração e produção de bens e serviços.

À medida que esse indicador declina ao longo do tempo, a entidade apresenta sinais de dificuldades financeiras para fornecer os serviços, seja pela ausência de revisão das taxas, seja pelo declínio na demanda pelos serviços ou pela falta de um sistema de custos que aloque adequadamente os custos diretos e indiretos.

A precisão desse indicador depende da existência de sistema de custos governamentais que realize a apropriação dos custos diretos e indiretos aos bens e serviços produzidos.

Esse indicador é calculado para avaliar os fundos proprietários (fundos empresariais e de serviços internos), visto que executam atividades geradoras de receita.

7.6 Exemplo de análise da receita por meio de indicadores

Para melhor entendimento e fixação dos conceitos expostos neste capítulo, apresenta-se a seguir um caso prático no qual se avalia por meio de indicadores a condição financeira do Município de Aurora Dourada sob a perspectiva da receita operacional no período de 2010 a 2012.

As principais informações necessárias à avaliação do comportamento da receita operacional são extraídas diretamente do balanço orçamentário e do balanço patrimonial conforme expostos no Capítulo 2. As informações analíticas são extraídas do Relatório Resumido da Execução Orçamentária, especificamente, no Anexo I – Balanço Orçamentário. As informações sobre as variáveis econômicas e demográficas são obtidas nas bases de dados do IBGE.

Os dados foram corrigidos monetariamente a valores constantes de 2012, utilizando-se como indexador o IGP-DI da Fundação Getulio Vargas. A Tabela 7.2 sintetiza esses dados.

Tabela 7.2 Informações para análise da receita operacional do Município de Aurora Dourada

INFORMAÇÕES FINANCEIRAS	2010	2011	2012
Créditos tributários a receber (CP)	2.125.799	2.655.361	3.524.997
RECEITA OPERACIONAL	**65.606.815**	**75.900.841**	**86.105.767**
RECEITA TRIBUTÁRIA DIRETAMENTE ARRECADADA	**13.832.015**	**16.435.428**	**19.794.520**
Impostos	*12.839.313*	*15.295.935*	*18.483.269*
IPTU	3.209.828	4.193.012	4.854.179
IRRF	1.283.931	1.519.247	1.884.469
ITBI	2.569.716	1.537.092	1.841.935
ISS	5.775.838	8.046.584	9.902.686
Taxas	959.881	1.101.035	1.266.872
Contribuições de melhoria	32.821	38.458	44.379

»

ANÁLISE DA RECEITA

INFORMAÇÕES FINANCEIRAS	2010	2011	2012
RECEITA NÃO TRIBUTÁRIA DIRETAMENTE ARRECADADA	**8.033.079**	**9.746.155**	**11.618.829**
Receita de contribuição	2.024.126	2.331.605	2.664.884
Receita patrimonial	1.766	1.852	1.592
Receita agropecuária	1.606.303	2.230.433	3.164.027
Receita industrial	44.419	27.794	27.641
Receita de serviços	1.631.431	1.821.594	1.950.864
Outras receitas correntes	2.775.034	3.332.877	3.809.821
TRANSFERÊNCIAS CORRENTES	**43.691.721**	**49.719.258**	**54.692.418**
Impostos indiretamente arrecadados	*14.645.052*	*16.665.426*	*18.332.382*
Cota-parte do ICMS	12.210.051	13.894.501	15.284.296
Cota-parte do IPVA	2.201.449	2.505.152	2.755.729
Cota-parte do ITR	82.332	93.690	103.061
Cota-parte do IPI exportação	151.220	172.083	189.296
Transferências obrigatórias	*25.387.448*	*29.398.954*	*33.080.096*
Transferências voluntárias	*3.659.221*	*3.654.878*	*3.279.940*
INFORMAÇÕES ECONÔMICAS E DEMOGRÁFICAS	2010	2011	2012
População	35.250	35.795	36.326
Renda total da comunidade	350.172.090	379.979.675	416.465.966
PIB	593.094.000	598.042.000	601.087.000

Com base nas informações evidenciadas na Tabela 7.2, apresentam-se na Tabela 7.3 os principais indicadores de análise da receita operacional do Município de Aurora Dourada para o período de 2010 a 2012.

A análise da condição financeira sob a perspectiva da receita operacional, nesse caso, é realizada, também, com base em um conjunto de Municípios semelhantes (grupo de referência) composto de 32 cidades da região central do país com as mesmas características econômicas, sociais e demográficas e com população na faixa de 20.000 e 50.000 habitantes. Esse processo de comparação permite efetuar o cálculo de um quociente de localização a partir da divisão do valor do indicador do Município em análise pelo valor médio do indicador do grupo de referência, conforme mostra a Tabela 7.4.

Informe-se que a presente análise é feita sob o ponto de vista de um analista externo. Portanto, apresenta algumas restrições informacionais, como limitação dos dados publicados e ausência de informações sobre fatores importantes da receita operacional que afetam a condição financeira de um Município.

Capítulo 7

Tabela 7.3 Indicadores da receita operacional do Município de Aurora Dourada para o período 2010-2012

INDICADORES	FÓRMULA	2010
Tendência da receita	$\dfrac{\text{Receita atual} - \text{receita anterior}}{\text{Receita anterior}}$	
Receita *per capita*	$\dfrac{\text{Receita operacional}}{\text{População}}$	$\dfrac{65.606.815}{35.250} = 1.861,19$
Esforço tributário	$\dfrac{\text{Receita tributária}}{\text{Renda total da comunidade}}$	$\dfrac{13.832.015}{350.172.090} = 0,040$
	$\dfrac{\text{Receita tributária}}{\text{PIB}}$	$\dfrac{13.832.015}{593.094.000} = 0,023$
Autossuficiência financeira	$\dfrac{\text{Tributos arrecadados diretamente} + \text{receitas não tributárias}}{\text{Receita operacional}}$	$\dfrac{21.915.094}{65.606.815} = 0,334$
Autonomia financeira	$\dfrac{\text{(Tributos arrecadados diretamente} + \text{receitas não tributárias} + \text{impostos arrecadados indiretamente)}}{\text{Receita operacional}}$	$\dfrac{36.560.146}{65.606.815} = 0,557$
Dependência financeira	$\dfrac{\text{Receita de capital}}{\text{Despesa de capital}}$	$\dfrac{3.613.013}{9.166.077} = 0,394$
Diversificação da receita	Receita tributária/receita operacional	13.832.015/65.606.815 = 0,211
	Receita de contribuição/ receita operacional	2.024.126/65.606.815 = 0,031
	Receita agropecuária/ receita operacional	1.606.303/65.606.815 = 0,024
	Receita de serviços/ receita operacional	1.631.431/65.606.815 = 0,025
	Transferências correntes/ receita operacional	43.691.721/65.606.815 = 0,666
Elasticidade da receita	$\dfrac{\text{Receita tributária elástica}}{\text{Despesa operacional}}$	$\dfrac{21.622.489}{65.606.815} = 0,330$
Receita tributária a arrecadar	$\dfrac{\text{Créditos tributários a receber}}{\text{Receita tributária}}$	$\dfrac{2.125.799}{13.832.015} = 0,154$

»

ANÁLISE DA RECEITA

INDICADORES	2011	2012
Tendência da receita	$\dfrac{75.900.841 - 65.606.815}{65.606.815} = 0,157$	$\dfrac{86.105.767 - 75.900.841}{75.900.841} = 0,134$
Receita per capita	$\dfrac{75.900.841}{35.795} = 2.120,43$	$\dfrac{86.105.767}{36.326} = 2.370,36$
Esforço tributário	$\dfrac{16.435.428}{379.979.675} = 0,043$ $\dfrac{16.435.428}{598.042.000} = 0,027$	$\dfrac{19.794.520}{416.465.966} = 0,048$ $\dfrac{19.794.520}{601.087.000} = 0,033$
Autossuficiência financeira	$\dfrac{26.181.583}{75.900.841} = 0,345$	$\dfrac{31.413.349}{86.105.767} = 0,365$
Autonomia financeira	$\dfrac{42.847.009}{75.900.841} = 0,565$	$\dfrac{49.745.731}{86.105.767} = 0,578$
Dependência financeira	$\dfrac{33.053.832}{75.900.841} = 0,435$	$\dfrac{36.360.036}{86.105.767} = 0,422$
Diversificação da receita	16.435.428/75.900.841 = 0,217 2.331.605/75.900.841 = 0,031 2.230.433/75.900.841 = 0,029 1.821.594/75.900.841 = 0,024 49.719.258/75.900.841 = 0,655	19.794.520/86.105.767 = 0,230 2.664.884/86.105.767 = 0,031 3.164.027/86.105.767 = 0,037 1.950.864/86.105.767 = 0,023 54.692.418/86.105.767 = 0,635
Elasticidade da receita	$\dfrac{26.137.568}{75.900.841} = 0,344$	$\dfrac{30.016.476}{86.105.767} = 0,349$
Receita tributária a arrecadar	$\dfrac{2.125.361}{16.435.428} = 0,162$	$\dfrac{90.936.165}{19.794.520} = 0,178$

Capítulo 7

Tabela 7.4 Quociente de localização dos indicadores da receita operacional do Município de Aurora Dourada no período 2010-2012

INDICADORES	MUNICÍPIO AURORA DOURADA 2010	2011	2012	GRUPO DE REFERÊNCIA 2010	2011	2012	QUOCIENTE DE LOCALIZAÇÃO 2010	2011	2012
Receita per capita	1.861,19	2.120,43	2.370,36	1.822,16	1.994,87	2.209,56	1,021	1,063	1,073
ESFORÇO TRIBUTÁRIO									
Em relação à renda da comunidade	0,040	0,043	0,048	0,014	0,014	0,015	2,857	3,071	3,200
Em relação ao PIB	0,023	0,027	0,033	0,009	0,009	0,009	2,556	3,000	3,667
Autonomia financeira	0,557	0,565	0,578	0,439	0,434	0,454	1,269	1,302	1,273
Autossuficiência financeira	0,334	0,345	0,365	0,194	0,183	0,192	1,722	1,885	1,901
Dependência financeira	0,443	0,435	0,422	0,561	0,566	0,546	0,790	0,769	0,773
DIVERSIFICAÇÃO DA RECEITA									
Receita tributária/receita operacional	0,211	0,217	0,230	0,105	0,103	0,100	2,010	2,107	2,300
Receita de contribuição/ receita operacional	0,031	0,031	0,031	0,040	0,031	0,028	0,755	1,000	1,107
Receita agropecuária/ receita operacional	0,024	0,029	0,037	0,000	0,000	0,000	–	–	–
Receita de serviços/ receita operacional	0,025	0,024	0,023	0,013	0,009	0,016	1,923	2,667	1,438
Transferências correntes/ receita operacional	0,666	0,655	0,635	0,806	0,817	0,808	0,826	0,807	0,786
Tendência da receita		0,157	0,134		0,111	0,129	–	1,414	1,039
Elasticidade da receita	0,330	0,344	0,349	0,295	0,296	0,314	1,119	1,162	1,111
Receita tributária a arrecadar	0,154	0,162	0,178	0,180	0,208	0,249	0,856	0,779	0,715

ANÁLISE DA RECEITA

De acordo com os indicadores de receita calculados para o Município de Aurora Dourada e para o grupo de referência no período 2010-2012, é possível extrair as informações a seguir sobre o desempenho financeiro do governo.

A princípio, destaque-se o crescimento relevante da receita operacional em relação ao exercício imediatamente anterior, sendo 15,7% em 2011 e 13,4% em 2012. Essa tendência positiva da receita reflete o crescimento econômico do Município, visto que a renda da comunidade e o PIB apresentaram incremento importante nesse período.

Assim, diante do incremento positivo no nível da receita operacional, superior ao crescimento populacional, o Município obteve acréscimos contínuos na receita *per capita* ao longo da série analisada. Em 2010, a geração de receita por habitante atingiu R$ 1.861,19, passando para R$ 2.370,36 em 2012 (aumento de 27,4%). Dessa forma, pode-se inferir que o Município está explorado melhor suas bases de arrecadação, seja por meio da eficiência na arrecadação, seja por aumento eventual da carga tributária, apresentando desempenho superior ao grupo de referência.

Esse incremento da arrecadação mostra o esforço tributário da comunidade, ou seja, a parcela da renda da população destinada ao governo por meio das receitas tributárias. Em todos os exercícios analisados, o esforço tributário em relação à renda total da comunidade é de 4,4%, alcançando quase o triplo do desempenho do grupo de referência. Em relação ao PIB, o esforço tributário passou de 2,7% para 3,3% nos exercícios de 2011 e 2012. Assim, conclui-se que o incremento da arrecadação é decorrente, principalmente, do crescimento econômico da localidade.[16]

Diante desses resultados positivos, é importante compreender o desempenho financeiro do governo sob a perspectiva da receita arrecadada, avaliando-se o grau de autonomia, de autossuficiência e de dependência financeira, bem como o comportamento da diversidade, da elasticidade e da cobrança da receita tributária a arrecadar.

A autonomia financeira expressa a capacidade do governo local em produzir receita contando com a base econômica da comunidade. Essa capacidade é expressa pelos recursos diretamente arrecadados mais as cotas de impostos arrecadados por outras esferas de governo que pertencem ao governo local. Assim, quanto maior a participação desses recursos em relação à receita operacional, maior a autonomia financeira do governo. No caso em estudo, observa-se que o Município de Aurora Dourada tem um desempenho melhor que o grupo de referência, atingindo 0,578 em 2012. Isso significa que 57,8% dos recursos do governo são obtidos por esforço próprio e 42,2%

---

16 Segundo dados da Secretaria da Receita Federal, de toda a riqueza produzida no Brasil, cerca de 35% foram pagos em impostos, sendo que a maior parte dos tributos foi arrecadada pelo governo federal. A União obteve cerca R$ 1,2 trilhão, o correspondente a 68,9% da receita total. Ao mesmo tempo, os Estados foram responsáveis pela arrecadação de R$ 440 bilhões (9% do total) e os Municípios responderam pela arrecadação de R$ 100,9 bilhões, o equivalente a 5,79% do total arrecadado. Disponível em: <http://www.receita.fazenda.gov.br/Historico/Arrecadacao/ResultadoArrec/default.htm>. Acesso em: 15 jul. 2015.

Capítulo 7

dos recursos (1 − 0,578 = 0,422) provêm de outras esferas de governo por meio de transferências intergovenamentais.

O desempenho do governo de Aurora Dourada quanto à autonomia financeira pode ser classificado segundo a escala a seguir, definida a partir de uma amostra de 973 Municípios brasileiros com população entre 20 e 50 mil habitantes.

Tabela 7.5   Grau de desempenho de autonomia financeira para Municípios com população na faixa de 20 a 50 mil habitantes

DESEMPENHO	AUTONOMIA FINANCEIRA
Fraco	Até 0,30
Razoável	Entre 0,30 e 0,40
Bom	Entre 0,40 e 0,50
Muito bom	Entre 0,50 e 0,60
Excelente	Acima de 0,60

Tomando como referência os resultados obtidos no exercício de 2012 para a autonomia financeira, no qual o Município de Aurora Dourada obteve o escore de 0,578, e comparando-os com os padrões estabelecidos na Tabela 7.5, pode-se concluir que a edilidade apresenta um desempenho muito bom.

A autossuficiência financeira é representada pela participação dos recursos próprios diretamente arrecadados (receita tributária mais receita não tributária) em relação à receita operacional. No caso em análise, observa-se que o Município de Aurora Dourada apresenta, para esse indicador, resultados crescentes ao longo dos anos, e quando se compara com os Municípios de referência verifica-se um desempenho melhor, atingindo 0,36 em 2012, contra 0,19 do grupo de referência. Esse desempenho ocorreu, principalmente, pela arrecadação das receitas não tributárias, do ISS e do IPTU. Assim, para cada R$ 1,00 da receita operacional arrecadada, R$ 0,36 provêm de recursos próprios diretamente arrecadados pelo ente governamental. São esperados para o conjunto dos Municípios brasileiros resultados modestos para esse indicador devido ao efeito do pacto federativo que atribui ao governo federal a responsabilidade pela arrecadação da maior parte dos impostos.

O indicador de dependência financeira mostra o grau de vulnerabilidade do governo devido à sujeição a recursos provenientes de outras esferas governamentais. No caso em análise, observa-se que o grau de dependência financeira do Município de Aurora Dourada atingiu 0,422 em 2012 contra o desempenho de 0,546 apresentado pelo grupo de referência. Resultados nessa magnitude tornam vulneráveis as decisões

ANÁLISE DA RECEITA

de investimentos dos governos locais, haja vista dependerem de recursos de outras esferas de governo. Aliás, são esperados para o conjunto dos Municípios brasileiros resultados expressivos para esse indicador devido ao efeito do pacto federativo que atribui ao governo federal a responsabilidade pela arrecadação da maior parte dos impostos.

Analisando-se a receita operacional pela ótica da diversidade, verifica-se que as maiores fontes provêm das receitas de transferência (média de 65,2%) e das receitas tributárias (média de 21,9%). Quanto às receitas de transferência, observa-se maior participação das transferências obrigatórias para manutenção e desenvolvimento do ensino, representando 38,4% em 2012 (33.080.096/86.105.767), seguidas pelas transferências constitucionais referentes à cota-parte de impostos pertencente ao Município, que atingiu 21,3% em 2012 (18.332.382/86.105.767). Quanto às receitas tributárias, constata-se que o ISS é a fonte mais expressiva da receita operacional, representando 11,5% em 2012 (9.902.686/86.105.767); em segundo lugar destaca-se a receita de IPTU, representando 5,6% em 2012 (4.854.179/86.105.767). Em suma, devido ao pacto federativo, a diversidade de receita do Município e do grupo de referência tem forte concentração nas transferências intergovernamentais.

Quanto à mensuração do indicador de elasticidade da receita, observou-se que apenas os tributos IRRF, ISS e cota-parte do ICMS, IPVA e IPI exportação são elásticos, uma vez que a arrecadação desses tributos aumenta ou diminui em decorrência de mudanças na base econômica do governo. Para o caso em análise, a receita do IPTU é praticamente fixa, visto que os valores das propriedades não são frequentemente atualizados, sendo, portanto, considerada inelástica. Assim, observa-se que, em média, 34% da receita operacional do Município é elástica. Entretanto, esse resultado não prejudica a estabilidade de maior parte da arrecadação do governo, que se constitui de transferências intergovernamentais, o que garante a manutenção do nível de serviços essenciais à comunidade.

O indicador de receita tributária a arrecadar revela que a participação dos créditos tributários a receber em relação à receita operacional vem crescendo ao longo do tempo, passando de 15,4% em 2010 para 17,8% em 2012. Esse comportamento pode vir a comprometer a saúde financeira do governo, pois reduz as disponibilidades de caixa para pagar as obrigações de curto prazo e compromete a manutenção do nível de serviços essenciais à comunidade. Essa situação é crítica nos Municípios similares, uma vez que o crescimento da receita tributária a arrecadar em relação aos créditos tributários a receber alcançou 24,9% em 2012.

Em suma, a análise da condição financeira sob a perspectiva da receita revela que os recursos arrecadados pelo governo apresentaram crescimento ao longo dos anos devido ao crescimento econômico do Município e à eficiência da arrecadação, refletindo na evolução positiva da receita *per capita*. Essa situação contribuiu para um desempenho muito bom da autonomia financeira. Contudo, há uma forte dependência de recursos de outras esferas de governo, especificamente do governo federal, devido às

Capítulo 7

restrições legais instituídas pelo pacto federativo. A capacidade de arrecadação da receita tributária tem melhorado; porém, a cobrança dos créditos tributários a receber tem declinado, tornando-se um ponto de preocupação na gestão financeira do Município. No geral, esse diagnóstico credencia o governo à posição estável de condição financeira, capacitando-o a enfrentar as pressões por gastos.

ANÁLISE DA RECEITA

QUESTÕES PARA DISCUSSÃO

1. Comente esta afirmação: "a instituição, a previsão e a efetiva arrecadação de todos os tributos de competência do ente governamental constituem requisitos essenciais da responsabilidade na gestão fiscal".

2. Quais as principais fontes de receita do governo local? Comente.

3. Quais os objetivos de análise da receita e que tipos de problema o analista pode detectar ao analisar a receita do governo?

4. Comente esta afirmação: "o governo nacional tem a competência de arrecadar impostos cuja base apresente alto grau de mobilidade, enquanto os governos locais têm a competência de arrecadar impostos sobre as bases totalmente fixas".

5. Quais as principais formas de o governo obter receita? Como elas se apresentam nos governos federal, estadual e municipal? Quais as principais preocupações do governo ao decidir usar cada uma dessas fontes de receita?

6. No processo de análise da receita, por que é importante o analista conhecer o comportamento da base econômica da comunidade? Como essa base econômica é associada à receita do governo?

7. Uma economia forte produz receita para apoiar serviços e criar um ambiente comunitário positivo, que atraia residentes e empresas. Essa afirmação é verdadeira? Comente.

8. Reveja os pontos fortes e fracos do desempenho econômico de uma comunidade discutidos na questão 8 do Capítulo 5. Como esses pontos fortes e fracos afetam o nível, o crescimento e a elasticidade da base de receita do governo local?

9. Um governo local conta com grande parte da sua receita composta por impostos sobre a propriedade, impostos sobre serviços, taxas de fornecimento de água e saneamento e transferências voluntárias realizadas de acordo com a condição fiscal do governo. Quais as bases da receita desse governo?

10. Existem limites legais e constitucionais instituídos para a arrecadação de tributos nos governos municipais, estaduais e federal. Apresente exemplo desses limites segundo os tipos de tributo.

Capítulo 7

11. Comente sobre as principais bases da receita dos governos municipais, estaduais e federal.

12. O que significa capacidade fiscal do governo e quais são os diferentes métodos desenvolvidos para medi-la?

13. Por que a renda total e a renda *per capita* são frequentemente usadas como medidas de capacidade fiscal do governo?

14. O que significa reserva de receita e como ela é identificada?

15. A reserva de receita tenta medir, sob o ponto de vista do governo, o esforço tributário e, sob o ponto de vista do contribuinte, a carga tributária. Essa afirmação é verdadeira? Discuta.

16. Quais indicadores da receita arrecadada relacionados com a renda ou a população podem ser utilizados para revelar a carga tributária ou o esforço tributário dos contribuintes de uma área geográfica? Discuta.

17. Comente a seguinte afirmação: "o conhecimento da reserva de receita é importante para subsidiar decisões sobre a capacidade de endividamento e sobre as necessidades sociais ainda não atendidas".

18. Explique o relacionamento dos componentes da receita: base econômica com base da receita; base econômica com capacidade fiscal; base da receita com capacidade fiscal; e receita arrecadada com capacidade fiscal.

19. Analise os indicadores da receita operacional arrecadada e classifique-os quantos aos seus objetivos de análise da condição financeira nas seguintes categorias: crescimento, flexibilidade, elasticidade, dependência, diversidade e administração. Quais desses indicadores, em sua opinião, melhor revelam a condição financeira do governo sob a perspectiva da receita?

20. Qual a relação existente entre os indicadores de autonomia, autossuficiência e dependência financeira?

REFERÊNCIAS

AKIN, John S.; AUTEN, Gerald E. City schools and suburban schools: a fiscal comparison. *Land Economics*, v. 52, n. 4, p. 452-466, Nov. 1976.

AMMAR, Salwa et al. Using fuzzy rule-based systems to evaluate overall financial performance of governments: an enhancement to the bond rating process. *Public Budgeting and Finance*, v. 21, n. 4, p. 91-110, Winter 2001.

_____. Constructing a fuzzy-knowledge-based-system: an application for assessing the financial condition of public schools. *Expert Systems with Applications*, v. 27, n. 3, p. 349-364, Sept. 2004.

BALEEIRO, Aliomar. *Uma introdução à ciência das finanças*. 15. ed. Revista e atualizada por Dejalma de Campos. Rio de Janeiro: Forense, 2001.

BARRO, Stephen M. *The urban impacts of federal policies*: fiscal conditions. Santa Monica, CA: The Rand Corporation, 1978. v. 3.

BERNE, Robert. *The relationships between financial reporting and the measurement of financial condition*. Norwalk: GASB, 1992.

_____; SCHRAMM, Richard. *The financial analysis of governments*. New Jersey: Prentice-Hall, 1986.

BOADWAY, Robin. The vertical fiscal gap: conceptions and misconceptions. In: LAZAR, Harvey (Org.). *Canadian fiscal arrangements*: what works, what might work better. Montreal; Kingston: McGill-Queen's Press, 2005. p. 51-80.

BRASIL. Ministério da Fazenda. Secretaria da Receita Federal. Coordenação Geral de Política Tributária. *Sistema e administração tributária*: uma visão geral. Estudo Tributário 08. Disponível em: <http://www.receita.fazenda.gov.br/Publico/estudotributarios/estatisticas/20SistemaAdministracaoTributaria.pdf>. Acesso em: 23 jul. 2015.

BROWN, Ken W. The 10-Point test of financial condition: toward an easy-to-use assessment tool for smaller cities. *Government Finance Review*, v. 9, n. 6, p. 21, Dec. 1993.

_____. Trends in key ratios using the GFOA financial indicators databases 1989-1993. *Government Finance Review*, v. 12, n. 6, p. 30, Dec. 1996.

CARMELI, Abraham. A conceptual and practical framework of measuring performance of local authorities in financial terms: analyzing the case of Israel. *Local Government Studies*, v. 28, n. 1, p. 21-36, 2002.

CLARK, Terry Nichols; FERGUSON, Lorna Crowley. *City money*: political process, fiscal strain and retrenchment. New York: Columbia University Press, 1983.

_____; CHAN, James L. Monitoring cities: building an indicator system for municipal analysis. In: CLARK, Terry Nichols et al. *Monitoring local government*: how personal computers can help systematize municipal fiscal analysis. Dubuque, Iowa: Kendall/Hunt, 1990.

DINIZ, Josedilton Alves. *Eficiência das transferências intergovernamentais para a educação fundamental de municípios brasileiros*. 2012. Tese (Doutorado em Ciências Contábeis) – Faculdade de Economia, Administração e Contabilidade da Universidade de São Paulo, São Paulo.

FEDERAÇÃO DAS INDÚSTRIAS DO RIO DE JANEIRO (FIRJAN). Índice FIRJAN de desenvolvimento municipal. Disponível em: <http://www.firjan.org.br/ifdm>. Acesso em: jul. 2013.

GRAMLICH, E. Intergovernmental grants: a review of the empirical literature. In: OATES, W. *The political economy of fiscal federalism*. Lexington: Lexington Books, 1977. p. 219-239.

Capítulo 7

GROVES, Sanford M.; VALENTE, Maureen Godsey. *Evaluating financial condition*: a handbook for local government. 4. ed. Washington: The International City/County Management Association – ICMA, 1986.

HENDRICK, Rebecca. Assessing and measuring the fiscal health of local governments: focus on Chicago suburban municipalities. *Urban Affairs Review*, v. 40, n. 1, p. 78-114, Sept. 2004.

HOWELL, James M.; STAMM, Charles F. *Urban fiscal stress*: a comparative analysis of 66 US cities. Massachusetts: Lexington Books, 1979.

JACOB, Benoy; HENDRICK, Rebecca. Assessing the financial condition of local governments: what is financial condition and how is it measured? In: LEVINE, Helisse et al. *Handbook of local government fiscal health*. Burlington: Jones & Bartlett Learning, 2013.

JOHNSON, Freda S.; ROSWICK, Diana L. Local fiscal capacity. In: PERTESEN, John E.; STRACHOTA, Dennis R. *Local government finance*: concepts and practices. Chicago: Government Finance Officers Association of The United States and Canada, 1991.

MEAD, Dean Michael. *An analyst's guide to government financial statements*. Norwalk: GASB, 2001.

MESSERE, K. C. Tax policy in *OECD countries*: choices and conflicts. IBFD Publications, 1993.

MILLER, Gerald. Fiscal health in *New Jersey's largest cities*. Cornwall Center Publications Series, Department of Public Administration, Faculty of Arts and Sciences, June 2001.

MOAK, Lennox L.; HILLHOUSE, Albert M. *Concepts and practices in local government finance*. Chicago: Municipal Finance Officers Association, 1975.

MUSGRAVE, R. A.; MUSGRAVE, P. B. *Finanças públicas*: teoria e prática. São Paulo: Atlas, 1983.

NATHAN, Richard P.; ADAMS, Charles. Understanding central city hardship. *Political Science Quarterly*, v. 91, n. 1, p. 47-62, Spring 1976.

PETERSON, George E. et al. Tax capacity, expenditure and employment. *Urban Fiscal Monitoring*, Washington: The Urban Institute, p. 1-72, Aug. 1978.

ROSENBERG, Philip; STALLINGS, C. Wayne. *Is your city heading for financial difficulty?* A guidebook for small cities and other governmental units. Chicago: Municipal Finance Officers Association, 1978.

SHAH, A. A practitioner's guide to intergovernmental fiscal transfers. In: BOADWAY, R.; SHAH, A. *Intergovernmental fiscal transfers*: principles and practice. Washington: World Bank, 2007.

ANÁLISE DOS GASTOS

Capítulo 8

Enquanto a condição financeira sob a perspectiva da receita é avaliada pela reserva de receita, que resulta da diferença entre a capacidade fiscal do governo e a receita arrecadada, a condição financeira sob a perspectiva dos gastos públicos é avaliada pela pressão por gastos.

O grau da pressão por gastos depende de como as necessidades da comunidade estão sendo satisfeitas. Assim, para realizar a análise dos gastos públicos é preciso estabelecer a correlação entre satisfação das necessidades da comunidade e o montante de recursos efetivamente destinado ao financiamento dos gastos do governo.

Nesse sentido, para identificar a pressão por gastos, é preciso analisar os fatores determinantes dos gastos públicos, tais como quantidade e qualidade dos *outputs*, preço dos *inputs*, condições para prestação de serviços públicos, capacidade fiscal da comunidade, preferências e necessidades da comunidade, transferências intergovernamentais, crescimento populacional, fatores políticos, bem como o próprio montante de gastos realizados. Cada um desses fatores será discutido neste capítulo, ressaltando aspectos importantes para a avaliação da qualidade do gasto público.

É importante destacar que os gastos públicos tratados neste capítulo representam um detalhamento das despesas orçamentárias discutidas no Capítulo 6 – Análise da solvência orçamentária, compreendendo as despesas de manutenção da entidade governamental, as despesas com o serviço da dívida e os investimentos em bens administrativos e de infraestrutura.

8.1 Propósitos da análise dos gastos públicos

A análise econômica tradicional dos gastos públicos busca identificar se os recursos aplicados maximizaram os benefícios públicos (eficiência) e se esses benefícios foram distribuídos igualitariamente, baseados nas necessidades econômicas dos indivíduos (equidade).

Sob o ponto de vista da condição financeira governamental, a análise dos gastos públicos busca identificar a relação entre esses aspectos e a saúde financeira do governo, pois ineficiências e iniquidades podem aumentar a pressão por gastos e afetar negativamente a condição financeira do governo. Em suma, a análise da condição financeira sob o enfoque da eficiência, da equidade e da situação financeira do governo contribui para a avaliação da qualidade do gasto público.

A análise da condição financeira, sob a perspectiva dos gastos públicos, inicia-se pelo entendimento da conexão entre gastos e satisfação das necessidades básicas da população. Essa conexão, segundo Berne e Schramm (1986, p. 164), ocorre em uma cadeia de quatro passos.

Primeiro passo – identificar e organizar os dados: o governo gasta recursos em vários elementos de gastos para realizar as atividades governamentais, como despesas com pessoal, materiais, suprimento, equipamento etc. Esses gastos são evidenciados nos relatórios de execução orçamentária, nos relatórios de gestão fiscal e nos balanços

ANÁLISE DOS GASTOS

orçamentários e financeiros. Assim, é importante que o analista identifique e organize esses dados tanto para o governo em análise quanto para um grupo de referência.

Segundo passo – determinar os efeitos dos preços dos *inputs* no nível de gastos: o montante dos gastos realizados constitui o produto dos recursos físicos, isto é, os bens e serviços adquiridos (*inputs* físicos) pelos seus respectivos preços ou custos unitários (*inputs* de preço), como, por exemplo, horas efetivas de trabalho dos servidores vezes a taxa média de salário, diferentes tipos de materiais vezes seus respectivos preços etc. Como os preços variam ao longo do tempo devido à inflação e entre as jurisdições, devido ao custo de vida, é recomendável que essas variações sejam expurgadas dos gastos para obter os valores reais.

Terceiro passo – explorar as atividades produtivas do governo: são os *outputs* resultantes dos gastos públicos que atendem as necessidades da comunidade. Esses *outputs* são produzidos pelos *inputs* (servidores, materiais, serviços, equipamentos etc.). Assim, é importante que o analista identifique as relações entre os *inputs* e os *outputs* visando avaliar o potencial da entidade em fornecer serviços essenciais à população (educação, saúde, segurança, coleta de lixo etc.). Todavia, estabelecer essa relação não é tarefa fácil porque as medidas de *outputs* são, na maioria das vezes, inadequadas ou os dados são difíceis de obter.

Destaque-se que a conversão dos recursos físicos (*inputs*) em serviços fornecidos à comunidade (*outputs*) depende da produtividade dos *inputs*, ou seja, da forma como as atividades governamentais são conduzidas, bem como das condições para prestação de serviços enfrentadas pelo governo. Assim, a qualidade dos equipamentos e materiais, a capacidade profissional dos servidores e gestores, as condições climáticas da região, a densidade populacional, o tamanho da população, o crescimento populacional etc. determinam o nível de *outputs* fornecidos à comunidade.

Quarto passo – verificar o relacionamento do nível de gastos com a condição financeira: o passo final consiste em reunir as informações obtidas nos passos anteriores para, finalmente, avaliar a condição financeira do governo. Nesse ponto da análise, verifica-se a adequação dos gastos para atender as necessidades da comunidade, observando se há pressão por gastos para serem satisfeitas e se há reservas de receita para atender demandas futuras.

A verificação desses quatro passos faz com que a análise dos gastos públicos seja uma tarefa extremamente complexa, visto que a simples análise do montante financeiro dos gastos executados fornece informações limitadas sobre o crescimento ou declínio da pressão para fornecer serviços públicos.

Em suma, a análise completa dos gastos públicos deve envolver, além da verificação monetária dos gastos executados, outros elementos, tais como preços dos *inputs*, determinantes dos gastos, estimativa da pressão por gastos e eficiência dos gastos, objetivando:

1. determinar a pressão por gastos adicionais;
2. identificar até que ponto as necessidades básicas da população estão sendo atendidas pelo governo; e
3. avaliar o estado da situação financeira da entidade, pois quanto maior a pressão por gastos, mais ameaçada encontra-se a condição financeira do governo.

Segundo Groves e Valente (2003, p. 44), os principais tópicos na análise dos gastos públicos a serem considerados são: (*i*) verificar o crescimento das despesas para determinar se o governo está gastando dentro do limite de sua receita; e (*ii*) analisar a flexibilidade das despesas operacionais e das aplicações em investimentos. Os autores afirmam, ainda, que a análise da estrutura dos gastos públicos ajudará a identificar os seguintes tipos de problema:

1. crescimento excessivo de todos os gastos quando comparado com o crescimento da receita ou com o crescimento da riqueza da comunidade (renda dos munícipes e renda das empresas);
2. crescimento indesejável dos custos fixos;
3. controle orçamentário ineficiente;
4. declínio na produtividade dos servidores; e
5. crescimento excessivo em programas que criam obrigações futuras.

8.2 Procedimentos de análise dos gastos públicos

A análise dos gastos públicos de um governo deve ser realizada com base em um padrão, formado com dados de um grupo de referência, para oferecer uma ideia aproximada de quais necessidades o governo estava esforçando-se para atender, onde ele estava canalizando seus esforços e como as prioridades e esforços foram mudando ao longo do tempo (BERNE; SCHRAMM, 1986, p. 190).

Em consonância com os passos apresentados no item anterior, a análise financeira dos gastos governamentais é realizada mediante a execução dos seguintes procedimentos:

1. discriminação dos gastos do governo e do grupo de referência atinentes às despesas operacionais, às despesas financeiras e aos gastos com investimentos;
2. eliminação dos efeitos da inflação presentes nos gastos totais realizados para permitir a relação entre gastos reais e *inputs*;
3. identificação dos determinantes dos gastos públicos;
4. estimativa da pressão por gastos; e
5. avaliação da eficiência dos gastos públicos.

Ademais, segundo Berne e Schramm (1986, p. 211), a análise dos gastos públicos, para ser completa, deve incluir: o entendimento do porquê da existência da organização; por que os gastos realizados pelo governo são necessários para a comunidade; e como os gastos satisfazem ou não as necessidades da comunidade.

8.2.1 Discriminação dos gastos do governo e do grupo de referência

A discriminação do montante total dos gastos por categorias possibilita a análise individual e comparada. Esse procedimento representa uma avaliação parcial dos gastos, permitindo adquirir conhecimentos iniciais para responder a seguinte questão: em que tipos de gasto estão sendo aplicados os recursos arrecadados?

Os gastos públicos surgem em consequência do atendimento das necessidades da comunidade, sendo representados por três categorias: (*i*) despesas de manutenção da entidade (despesas operacionais); (*ii*) despesas para atendimento ao serviço da dívida (despesas financeiras); e (*iii*) aquisição de bens permanentes para a produção de bens e serviços públicos (investimentos).

a. **Despesas operacionais:** esses tipos de gasto são representados pelas despesas com o custeio do governo. A análise financeira desses itens permite obter informações sobre o crescimento e a estabilidade dos gastos do governo no tempo e em relação ao grupo de referência, demonstrando o impacto na posição financeira da entidade.

Esses gastos são representados por dois grandes grupos de despesas do orçamento, conforme relata o *Manual de contabilidade aplicada ao setor público – Parte I: Procedimentos contábeis orçamentários* (STN, 2014, p. 72):

a1. **Pessoal e encargos sociais:** despesas orçamentárias com pessoal ativo e inativo e pensionistas, relativas a mandatos eletivos, cargos, funções ou empregos civis, militares e de membros de Poder, com quaisquer espécies remuneratórias, tais como vencimentos e vantagens, fixas e variáveis, subsídios, proventos da aposentadoria, reformas e pensões, inclusive adicionais, gratificações, horas extras e vantagens pessoais de qualquer natureza, bem como encargos sociais e contribuições recolhidas pelo ente às entidades de previdência, conforme estabelece o *caput* do artigo 18 da Lei Complementar 101/2000.

a2. **Outras despesas correntes:** despesas orçamentárias com aquisição de material de consumo, pagamento de diárias, contribuições, subvenções, auxílio-alimentação, auxílio-transporte, além de outras despesas da cate-

goria econômica "despesas correntes" não classificáveis nos demais grupos de natureza de despesa.
b. **Despesas com o serviço da dívida:** esse tipo de gasto é representado pela carga financeira da dívida referente ao pagamento de juros e amortização de empréstimos e financiamentos. A análise financeira desse item permite obter informações sobre o crescimento e a estabilidade dos gastos do governo com o serviço da dívida no tempo e em relação ao grupo de referência, demonstrando o impacto na posição financeira da entidade (para mais detalhes, ver Capítulo 9 – Análise da dívida).

Esses gastos são representados por dois grandes grupos de despesas do orçamento, conforme relata o *Manual de contabilidade aplicada ao setor público* – Parte I: Procedimentos contábeis orçamentários (STN, 2014, p. 72):

b1. **Juros e encargos da dívida:** despesas orçamentárias com o pagamento de juros, comissões e outros encargos de operações de crédito internas e externas contratadas, bem como da dívida pública mobiliária.

b2. **Amortização da dívida:** despesas orçamentárias com o pagamento e/ou refinanciamento do principal e da atualização monetária ou cambial da dívida pública interna e externa, contratual ou mobiliária.

c. **Gastos de capital:** esses tipos de gasto são decorrentes de transações no setor público, que alteram a composição dos elementos patrimoniais, sem afetar o patrimônio líquido. Esses gastos representam as variações patrimoniais qualitativas, evidenciadas na Demonstração das Variações Patrimoniais, sob o título "incorporação de ativos".

Os gastos de capital realizados pelo governo são representados pela aquisição ou produção de bens permanentes de infraestrutura, tais como pontes, praças públicas, rodovias, sistemas de água e esgoto, sistema rodoviário etc., bem como pela aquisição ou produção de bens do patrimônio administrativo, tais como terrenos, edifícios, máquinas, equipamentos, mobiliário, veículos etc. Incluem-se, também, como gastos de capital aqueles incorridos com a manutenção de bens tendentes a conservar ou aumentar a capacidade potencial de geração de serviços (manutenção capitalizada). O detalhamento dos bens patrimoniais adquiridos ou produzidos é evidenciado em notas explicativas às demonstrações contábeis.

A análise financeira desses gastos permite obter informações sobre o nível de investimentos do governo ao longo do tempo e em relação ao grupo de referência, demonstrando o esforço do governo em aprimorar a sua capacidade de prestar bens e serviços públicos aos cidadãos.

Esses gastos são representados por dois grandes grupos de despesas do orçamento, conforme relata o *Manual de contabilidade aplicada ao setor público* – Parte I: Procedimentos contábeis orçamentários (STN, 2014, p. 72):

- **c1. Investimentos:** despesas orçamentárias com *software* e com o planejamento e a execução de obras, inclusive com a aquisição de imóveis considerados necessários à realização destas últimas, e com a aquisição de instalações, equipamentos e material permanente.
- **c2. Inversões financeiras:** despesas orçamentárias com a aquisição de imóveis ou bens de capital já em utilização; aquisição de títulos representativos do capital de empresas ou entidades de qualquer espécie, já constituídas, quando a operação não importe aumento do capital; e com a constituição ou aumento do capital de empresas, além de outras despesas classificáveis neste grupo.

8.2.2 Eliminação dos efeitos da inflação nos gastos públicos

O exame do nível de gastos de um governo é um passo extremamente importante na análise da condição financeira governamental. Por conseguinte, para que se obtenham dados mais precisos e confiáveis, é necessário que os gastos expressem, separadamente, as variações decorrentes de preços e as variações decorrentes de quantidades de insumos consumidas.

Os insumos ou *inputs* utilizados pelo governo para produzir serviços públicos, necessários ao atendimento das necessidades da comunidade, são representados por números de horas de trabalho de pessoal, quantidade de materiais empregados, máquinas e equipamentos utilizados, dentre outros. A multiplicação da quantidade desses *inputs* pelo preço de aquisição fornece o total de gastos do governo expresso em moeda. Assim, a primeira suposição que se apresenta é que o montante de gastos públicos representa uma *proxy* para os *inputs* usados pelo governo no processo de prestação de serviços à comunidade.

Os *inputs* são formados por uma parte física (*input* físico) e uma parte monetária (*input* preço). A parte física representa a quantidade de insumos utilizada pelo governo para produzir serviços públicos e a parte monetária representa o preço pago por cada unidade de insumo consumida. Desse modo, as mudanças ocorridas no nível dos gastos públicos decorrem tanto de variações de quantidade quanto de variações de preços.

A grande contribuição na análise dos gastos públicos é saber se a mudança nos seus níveis decorre de aumento no consumo de insumos, o que equivale a supor que houve aumento de serviços prestados à comunidade. Assim, o efeito da inflação deve ser expurgado dos gastos totais para que seja possível identificar, separadamente, as variações decorrentes de mudanças no preço específico de cada insumo e variações de quantidade de insumos utilizada. Para realizar essa separação é preciso o emprego de um índice de preço apropriado que reflita a inflação de determinado período, como o IGP-DI[1] da Fundação Getulio Vargas.

8.2.3 Identificação dos determinantes dos gastos públicos

Os gastos públicos são determinados por um conjunto de fatores sociais, econômicos, políticos, geográficos e demográficos relacionados com a oferta e a demanda por bens e serviços públicos. Vários estudos foram realizados no intuito de encontrar os fatores que determinam o surgimento dos gastos no setor governamental: alguns relacionados com os gastos gerais e outros relacionados com funções específicas de governo. A seguir são apresentados os estudos clássicos que se tornaram referências para o desenvolvimento de pesquisas nessa área.

Fabricant (1952) foi o pioneiro em relacionar fatores socioeconômicos com os gastos públicos. O estudo desse autor, fundado sobre os enunciados da teoria da escolha pública, contribuiu para a teoria dos determinantes dos gastos públicos ao observar empiricamente que a renda, a urbanização e a densidade populacional têm implicações no volume de gastos *per capita* dos governos estaduais americanos. Correlações significantes foram encontradas entre essas variáveis e os gastos públicos nos serviços de educação, rodovias, assistência social, saúde, segurança, proteção contra incêndios e administração geral.

Fabricant (1952, p. 128-129) concluiu que, a um dado nível de renda e densidade populacional, a urbanização teria pouco mas positivo efeito nos gastos, uma vez que o diferencial de gastos, dado o tamanho da comunidade, seria largamente eliminado por meio do fator renda. Assim, quanto maior uma cidade (medida pelo tamanho da população), maior tende a ser seu gasto *per capita*. Por outro lado, o aumento da densidade populacional, a um dado nível de renda e urbanização, ajuda a reduzir os gastos.

Mulford Jr. (1978) afirma que Fabricant, apesar de ser considerado o pai da teoria dos determinantes dos gastos públicos sob o aspecto socioeconômico, formulou a questão de pesquisa e construiu a estrutura teórica do seu estudo com base em três estudos anteriores: Brecht (1941), Edelberg et al. (1936) e Berolzheimer (1947).

O estudo de Brecht (1941), segundo Mulford Jr. (1978, p. 19-20), observou que os gastos públicos são causados por vários fatores que pouco têm a ver com a eficiência administrativa e que a densidade populacional causa aumento nos gastos públicos, tendo suportado sua hipótese com base em dados dos Estados Unidos e da Alemanha.

Mulford Jr. (1978, p. 20) relata, ainda, que Edelberg *et al.* (1936), ao estudar os gastos de 48 Estados e governos locais dos Estados Unidos, observando o comportamento

---

[1] O Índice Geral de Preços – Disponibilidade Interna (IGP-DI) mede a variação de preços no mercado de atacado, de consumo e construção civil. Este índice é formado pela soma ponderada de outros 3 índices: IPA – Índice de Preços ao Atacado, com peso de 60%; IPC – Índice de Preços ao Consumidor, com peso de 30%; e INCC – Índice Nacional da Construção Civil, com peso de 10%. O IGP-DI exclui os produtos importados, considerando apenas o que é produzido internamente.

ANÁLISE DOS GASTOS

dos seguintes fatores ambientais: densidade populacional, urbanização, industrialização e a renda *per capita*, não apresentaram conclusões definitivas, mas classificaram seus achados como "tendências" dentro de uma estrutura que classifica os determinantes dos gastos públicos em quatro categorias:

1. **necessidades básicas:** áreas industrializadas e urbanizadas precisam de mais serviços que as áreas rurais;
2. **desejo por qualidade superior:** o aumento da riqueza causa demanda por serviços de melhor qualidade, como, por exemplo, parques de diversão;
3. **recursos disponíveis para financiar serviços:** aumento da riqueza e da indústria fornece aumento nos recursos, bem como aumenta a demanda por bens e serviços públicos; e
4. **fatores de custo:** o aumento da densidade populacional causa redução de custos para fornecer uma unidade padrão de serviço.

Quanto ao trabalho de Berholheimer (1947), Mulford Jr. (1978, p. 21) afirma que a principal conclusão desse estudo é que a capacidade fiscal de um governo, mensurada pela renda *per capita*, determina os limites em que o governo pode gastar, mas que outros fatores, tais como o tamanho da população, a densidade populacional e a urbanização, determinam onde atuar dentro desses limites.

Fisher (1964, p. 61) categorizou os determinantes dos gastos públicos em três grupos de variáveis: variáveis econômicas, variáveis demográficas e variáveis sociopolíticas. O Quadro 8.1 relaciona as variáveis utilizadas no estudo de Fisher (1964).

Quadro 8.1   Categorias dos determinantes dos gastos públicos

VARIÁVEIS ECONÔMICAS	VARIÁVEIS DEMOGRÁFICAS	VARIÁVEIS SOCIOPOLÍTICAS
Renda pessoal *per capita*	Densidade populacional	Índice de competição entre dois partidos
Renda familiar média	Urbanização	Percentual da população acima de 25 anos com menos de 5 anos de escolaridade
Percentual de famílias com renda abaixo de $ 2.000	Crescimento percentual da população	
Receita *per capita* do imposto sobre a propriedade		
Receita *per capita* dos demais impostos do sistema tributário		

Capítulo 8

Ainda sobre os determinantes socioeconômicos dos gastos públicos, destaca-se o estudo de Vernez (1976), que serve de apoio para o desenvolvimento de estudos empíricos nessa área. Vernez (1976, p. 42-45) realizou um levantamento em estudos que receberam suporte empírico na literatura sobre os determinantes dos gastos relacionados aos serviços de saneamento, segurança e combate a incêndios, tendo identificado 54 fatores que provocam o surgimento dos gastos públicos. Esses fatores foram organizados em dois blocos: (1) lado da demanda por bens e serviços; e (2) lado da oferta de bens e serviços. Cada um desses blocos foi organizado em categorias. No lado da oferta o autor estabeleceu as seguintes categorias: (a) quantidade de *outputs* de serviços; (b) qualidade de *outputs* de serviços; (c) fator preço dos insumos; e (c) condições para prestação de serviços. No lado da demanda o autor estabeleceu as seguintes categorias: (a) capacidade fiscal da comunidade; (b) preferências e necessidades da comunidade; (c) receitas intergovernamentais; (d) índice de crescimento populacional; e (e) fatores políticos e fragmentação.

O Quadro 8.2 apresenta esses fatores com as respectivas variáveis e os sinais de relacionamento com os gastos públicos. Em seguida, cada um desses fatores é discutido detalhadamente.

Quadro 8.2   Determinantes dos gastos públicos e seus impactos nos gastos de serviços de combate a incêndios, segurança e saneamento

FATORES	SERV. CONTRA INCÊNDIOS	SERVIÇOS DE SEGURANÇA	SERVIÇOS DE SANEAMENTO
LADO DA OFERTA			
Quantidade dos Outputs de Serviços			
1. População total 2. População noturna 3. Índice de serviços 4. Escala de projetos [a, b]	NS f não linear i ND	NS f não linear i ND	NS f não linear i ND
Qualidade dos Outputs de Serviços			
5. Frequência de coleta [c] 6. Localização de coletores [d] 7. Índice de seguros contra incêndio 8. Policiamento *per capita* 9. Índice de esclarecimento[e]	+	+ +	+ +

»

ANÁLISE DOS GASTOS

FATORES	SERV. CONTRA INCÊNDIOS	SERVIÇOS DE SEGURANÇA	SERVIÇOS DE SANEAMENTO
Fator Preço dos Insumos	+		
10. Índice de salários dos empregados que fornecem serviços estaduais e locais	+	+	+
11. Índice médio de pagamentos a recrutas	ND	+	ND
Condições para Prestação de Serviços	RC		
12. População por metro quadrado	+	RC	RC
13. Área de terreno por metro quadrado	+	NS	NS
14. Densidade de moradia por metro quadrado	+	NS	NS
15. Percentual de residências unifamiliares	+	ND	ND
16. Número médio de pessoas por residência	+	+	NS
17. Percentual de moradias com mais de uma pessoa por quarto	NS	+	NS
18. Percentual de moradias construídas antes de 1930	+	NS	+
19. Percentual de unidades residenciais dilapidadas	ND^f	NS	NS
20. Índice de urbanização	ND^f	ND^f	ND^f
21. Percentual da população residindo em áreas não metropolitanas ao não incorporadas	NS	ND^f	ND^f
22. Média de temperatura em janeiro		NS	NS
LADO DA DEMANDA			
Capacidade Fiscal da Comunidade	RC		
23. Renda mediana familiar	RC	RC	
24. Renda pessoal *per capita*	+	RC	RC
25. Tributação *per capita* das avaliações	+	+	+
26. Valor de mercado das propriedades pessoais	+	+	+
27. Valor de mercado das propriedades industriais	+	+	+

»

Capítulo 8

FATORES	SERV. CONTRA INCÊNDIOS	SERVIÇOS DE SEGURANÇA	SERVIÇOS DE SANEAMENTO
LADO DA DEMANDA			
Capacidade Fiscal da Comunidade	RC		
28. Participação da receita tributária sobre a propriedade em relação à receita total		+	+
29. Montante das vendas a varejo *per capita*	+	+	NS
30. Número de estabelecimentos industriais	+	NS	NS
31. Índice de industrialização	NS	+	NS
32. Percentual de famílias com renda inferior a $ 3.000	NS	NS	NS
33. Percentual de famílias com renda superior a $ 10.000	+		
34. Percentual de pessoas trabalhando 26 semanas ou menos	+	+	NS
35. Percentual da força de trabalho desempregada	+		
Preferências e Necessidades da Comunidade	RC	+	NS
36. Percentual da população de origem estrangeira	–	+	+
37. Percentual da população não branca	RC	–	NS
38. Percentual da população abaixo de 21 anos	RC	RC	NS
39. Percentual da população acima de 65 anos		RC	NS
40. Média de anos de escolaridade para indivíduos com 25 anos ou mais	–		
41. Percentual da população acima de 25 anos com menos de 5 anos de escolaridade	–	NS	NS
42. Percentual da população acima de 25 anos que não é graduada	NS		
43. Percentual de cidades com empregos na indústria	–	–	NS
44. Número de empregados por estabelecimento industrial	–		
45. Montante de vendas a varejo por estabelecimento comercial		NS	NS

»

292

ANÁLISE DOS GASTOS

FATORES	SERV. CONTRA INCÊNDIOS	SERVIÇOS DE SEGURANÇA	SERVIÇOS DE SANEAMENTO
Receitas Intergovernamentais	+		
46. Transferências intergovernamentais per capita	k		
Índice de Crescimento Populacional		k	k
47. Índice anual de crescimento populacional da área geográfica	k		
48. População total no tempo t sobre população total no tempo $^{t+n}$	ND		
49. Índice de migração	–	ND	ND
Fatores Políticos e Fragmentação	+	–	NA
50. Percentual de pessoas com casa própria		+	+
51. Trabalhadores que viajam entre duas comunidades para o local de trabalho	+		
52. Montante de vendas para residentes suburbanos	–	+	+
53. População do centro da cidade sobre população da área urbanizada		–	k
54. Emprego na indústria do centro da cidade sobre emprego da indústria do SMSA	+	+	NS

Fonte: Vernez (1976, p. 42-45).

NOTAS:

NS significa que o determinante é não estatisticamente significante associado ao gasto público *per capita*. O sinal + indica um relacionamento positivo e significativo e o sinal – indica um relacionamento negativo e significativo.

RC significa resultado contraditório, portanto, inconclusivo.

ND significa não disponível.

[a] Índice de serviço computado com base em análise de serviços municipais dentro de 550 subfunções. O índice é determinado pela soma do número de atividades realizadas pelo Município.
[b] Usado em análise de gastos de capital.
[c] Número de coletas semanal.
[d] Coleta na calçada *versus* coleta no quintal da casa.
[e] O índice de esclarecimento é um índice de delitos resolvidos mediante prisão sobre delitos denunciados.
[f] Weicher (1970) *apud* Vernez (1976) encontrou uma associação positiva e significante.
[g] Gabler (1971) *apud* Vernez (1976) encontrou uma associação positiva e significante.

Capítulo 8

[h] Gabler (1971) apud Vernez (1976) encontrou uma associação positiva e significante para cidades que variam entre 25.000 e 250.000 no Estado de Nova Jersey.
[i] Por causa de uma correlação positiva encontrada entre o índice de serviço e o tamanho da população, foi concluído que economias de escala foram possíveis apesar de ter-se encontrado que o tamanho da população não estava associado com os gastos *per capita* para esses serviços.
[j] Usado somente para o total de gastos *per capita* por Estado.
[k] Os achados sugerem, entretanto, que isto é verdadeiro somente em cidades onde o crescimento é rápido ou não devido a anexação.

8.2.3.1 Quantidade dos *outputs* de serviços

Os *outputs* no setor público são expressos por unidades físicas de bens e serviços resultantes do processo de produção. Contudo, identificar as unidades físicas de *outputs* não é tarefa fácil.

As unidades de *outputs* de bens públicos são mais fáceis de serem identificadas, pois são representadas por características físicas e podem ser contadas – por exemplo, número de alunos atendidos pelas escolas, quantidade de pessoas atendidas no posto de saúde, praças públicas mantidas, escolas mantidas ou construídas, número de alunos atendidos, população carente assistida etc.

A identificação dos *outputs* de serviços é mais complexa, exigindo-se que haja, inicialmente, a definição de uma unidade básica de medida para cada tipo de serviço público ofertado à população (toneladas, km, m^2, m^3 etc.), bem como a estimativa do número de unidades a serem produzidas em determinado período. Como exemplo de *outputs* de serviços têm-se: quilômetros de ruas pavimentadas, quilômetros de estradas asfaltadas, toneladas de lixo coletadas, quilômetros de ruas limpas, quilômetros de ruas iluminadas, quadras de um bairro protegidas contra o crime etc.

A quantidade produzida dos *outputs* afeta os gastos públicos na medida em que a expansão da escala de produção pode aumentar ou diminuir os custos, provocando economia ou deseconomia de escala. Assim, uma grande jurisdição tem maior flexibilidade em fornecer uma quantidade maior de serviços públicos aproveitando ao máximo a mão de obra disponível e, consequentemente, reduzindo seus custos operacionais.

Destaque-se que a quantidade ofertada de *outputs* de bens e serviços à comunidade também é influenciada pela capacidade do governo em obter receita. Assim, os governos com baixo índice de arrecadação tendem a ofertar quantidade reduzida de bens e serviços e/ou, em algumas situações, deixar de oferecer serviços essenciais à população.

8.2.3.2 Qualidade dos **outputs** de serviços

A qualidade dos *outputs* de serviços refere-se a determinadas características presentes tanto no processo de produção quanto no processo de distribuição que permitem medir o desempenho na prestação de serviços à comunidade em termos de satisfação dos beneficiários. Um bom exemplo de qualidade dos *outputs* de serviços pode ser observado em uma biblioteca pública quando esta dispõe de boas salas de leitura, localização central das estantes, guias de referência que facilitem a localização dos livros, quantidade e condições dos livros etc.

As dimensões de qualidade dos serviços de coleta de lixo, por exemplo, são compostas pelas seguintes características: frequência de coleta do lixo, localização dos coletores, tratamento do lixo etc. Os serviços de segurança têm as seguintes características de qualidade: tempo de atendimento das chamadas, frequência de patrulhamento, índice de solução de casos, número de postos policiais em áreas estratégicas etc. Os serviços na área de educação têm os seguintes atributos de qualidade: número de professores graduados, alunos por turma, laboratórios de ciências, ginásios poliesportivos, dentre outros. Os serviços de saúde sob a ótica da qualidade podem ser avaliados pelas seguintes dimensões: infraestrutura das unidades de saúde, suficiência de médicos nas diversas especialidades, quantidade de leitos por habitantes, tempo de espera para ser atendido em um ambulatório, tempo de espera para marcar consulta médica ou realizar exames especializados etc.

8.2.3.3 Fator preço dos insumos

Os insumos ou *inputs*, tais como materiais, equipamentos, salários dos servidores, serviços de terceiros etc., são utilizados para a produção de *outputs*. Assim, o preço desses insumos afeta diretamente os gastos governamentais.

Os preços dos insumos são dependentes da economia local, regional ou nacional, bem como da variação de salários dos servidores. Uma análise dos determinantes dos gastos públicos que não leva em consideração o preço dos insumos parte do pressuposto de que não houve variação de preços no período e que o custo dos insumos das várias jurisdições analisadas é igual. Assim, as variáveis desse fator são representadas pelos índices de preços apropriados que reflitam a inflação de determinado período, índice de preço dos salários que pode ser representado pelo salário médio dos servidores etc.

8.2.3.4 Condições para prestação de serviços

No processo de produção de bens e serviços para a população ocorrem fatores humanos, financeiros, legais e políticos que dificultam ou facilitam a prestação de serviços em quantidade e qualidade requeridas, fazendo com que o governo use diferentes tipos de *inputs*, além dos ordinariamente empregados. Os *inputs* das condições para prestação dos serviços possuem efeitos negativos e diferem dos *inputs* ordinários uma vez que os gestores não detêm o controle sobre eles (HIRSCH, 1973, p. 158).

Os fatores das condições para a prestação de serviços, na maioria das jurisdições, são representados por exigências no processo de fornecimento de bens e serviços públicos, podendo ser classificados nas categorias a seguir.

Fator demográfico: esse fator representa a maior categoria que influencia tanto a demanda por bens e serviços quanto as dificuldades para fornecê-los. As variáveis utilizadas para medir esse fator são o tamanho e as características da população e a densidade populacional. Características específicas da população, como a idade, refletem necessidades de determinados grupos. Por exemplo, os idosos demandam mais serviços de saúde, os jovens demandam mais serviços de educação e lazer. A densidade populacional é a variável mais utilizada nos estudos de determinantes dos gastos públicos. É esperado que uma jurisdição com alta densidade populacional aumente a demanda por bens e serviços tais como saneamento, segurança, tráfego urbano etc., além de tornar mais difícil a provisão desses bens e serviços, elevando o nível de gastos. Por outro lado, uma área com alta densidade populacional pode permitir o aproveitamento máximo dos materiais, equipamentos e servidores, reduzindo o nível de gastos.

Fator habitação: as condições estruturais das moradias, a idade e intensidade de uso das moradias e a existência de favelas demandam mais serviços e bens públicos, especialmente de combate a incêndios e defesa civil. Além disso, essas condições tornam a prestação de serviços mais difícil, provocando gastos adicionais.

Fator urbanização: a urbanização é caracterizada pelo conjunto de serviços de infraestrutura, como saneamento, fornecimento de água tratada, tratamento de resíduos sólidos, eletricidade etc., bem como de serviços urbanos de transporte, educação, saúde, limpeza pública etc. Assim, a maior concentração da população na área urbana da jurisdição em relação à área rural faz com que a demanda por bens e serviços aumente, elevando, por conseguinte, o nível de gastos do governo.

Fator ambiental: o nível de gastos públicos varia entre as jurisdições dependendo das condições atmosféricas. Uma jurisdição que enfrenta secas prolongadas exige atenção especial do governo para fornecer bens e serviços essenciais à sobrevivência da população. Igualmente, as regiões de chuvas intensas exigem níveis de gastos elevados para manutenção de ruas, de galerias pluviais e de estradas danificadas.

Na contramão dos *inputs* das condições para a prestação dos serviços atuam os *inputs* de tecnologia que facilitam a produção de serviços públicos, como, por exemplo, o uso de helicópteros para fazer o policiamento das cidades; o uso de sistema de incineração do lixo ao invés do uso de aterros sanitários; o emprego de equipamentos de informática nos departamentos policiais, nos hospitais e nos diversos setores da administração etc.

8.2.3.5 Capacidade fiscal da comunidade

Conforme discutido no Capítulo 7 – Análise da receita, a capacidade fiscal representa o potencial de uma comunidade em produzir receita para o governo dadas a riqueza e a renda dos seus cidadãos. Assim, quanto mais rica for uma comunidade, espera-se que a demanda por bens e serviços públicos seja mais elevada, pois uma comunidade com renda e riqueza fortes exige variados serviços com alta qualidade, tais como lazer, segurança, coleta de lixo, saneamento etc.

Ressalte-se que em uma comunidade com baixíssima capacidade fiscal, onde predomina a população pobre, a pressão por gastos é muito mais elevada dada a insuficiência de reserva de receita para atender às demandas presentes e de longo prazo.

ANÁLISE DOS GASTOS

Nesse caso, os governos de esferas superiores precisam implementar programas de distribuição de renda.

O Quadro 8.2 evidencia 13 variáveis que podem ser usadas como *proxy* da capacidade fiscal, sendo as seis primeiras indicadores de riqueza da comunidade; as três seguintes, indicadores da base econômica; e as quatro últimas, indicadores de distribuição de riqueza no âmbito da jurisdição.

Segundo Vernez (1976, p. 69), vários estudos empíricos encontraram uma associação positiva e significativa entre as medidas de riqueza da comunidade e os gastos *per capita*, bem como entre as medidas da base econômica e os gastos *per capita*, revelando que a capacidade fiscal tem uma relação positiva com os gastos públicos.

Com relação às medidas de distribuição de renda, Vernez (1976, p. 70-71) assinala que o nível de gastos depende não somente da renda, mas também da forma como essa renda é distribuída dentro da jurisdição, pois os fatores de distribuição refletem necessidades diferenciais por serviços. Por exemplo, disparidades extremas entre grupos de renda em determinada jurisdição podem incentivar o crime e, por conseguinte, aumentar a demanda por serviços de segurança.

8.2.3.6 Preferências e necessidades da comunidade

Conforme visto no Capítulo 5, as necessidades da comunidade constituem importante fator que determina maior parcela dos gastos do governo. Assim, por exemplo, uma comunidade que apresenta maior taxa de pobreza exigirá maior quantidade de bens e serviços e, por conseguinte, enfrentará maior pressão por gastos.

Todavia, é complexo estabelecer a conexão entre as necessidades da comunidade e os gastos públicos; primeiro, porque as necessidades da comunidade não são fáceis de definir ou determinar, pois o governo precisa decidir quais serviços oferecer, como produzi-los e distribuí-los à comunidade, quais são os recursos necessários e qual o nível e tipo de gastos; e, segundo, porque são difíceis de mensurar.

Apesar dessas dificuldades, o processo de identificação das necessidades da comunidade e dos gastos deve ser simultâneo. No geral, conforme destacado no Capítulo 5, as necessidades da comunidade são determinadas e, por conseguinte, a pressão por gastos é aferida, com base na demanda efetiva da comunidade por bens e serviços, no sistema de informação gerencial do governo e na avaliação de indicadores sociais, demográficos e estruturais, tais como: população com baixa renda, condições paupérrimas de moradia, altos índices de mortalidade infantil, altos índices de analfabetismo, elevado índice de criminalidade, localização do Município etc.

No Capítulo 5 – Análise dos recursos e necessidades da comunidade, são discutidos os principais indicadores de necessidades da comunidade para auxiliar na análise dos gastos do governo.

8.2.3.7 Transferências intergovernamentais

As transferências fiscais intergovernamentais representam importante instrumento de equilíbrio das finanças dos governos subnacionais, principalmente em países organizados em federação nos quais a arrecadação das receitas, em grande parte, é concentrada no governo federal e a responsabilidade pelos gastos é concentrada nos governos locais.

Nesse sentido, do ponto de vista econômico, os mecanismos de transferências fiscais de níveis superiores para os governos subnacionais são extremamente relevantes a fim de suprir o desequilíbrio financeiro provocado pela incompatibilidade entre receitas diretamente arrecadadas e os gastos realizados (*vertical fiscal gap*), bem como corrigir os desequilíbrios horizontais (*horizontal fiscal imbalance*).

Não obstante esses benefícios, as transferências intergovernamentais produzem efeitos colaterais adversos induzindo a expansão do gasto, desestimulando a exploração da base tributária própria e minando os efeitos positivos das regras de disciplina fiscal, podendo provocar aumento do nível de endividamento desses governos.

Autores como Oates (1979) e Fisher (1982) sugerem que a prática das transferências intergovernamentais produz problemas de assimetria de informação entre o governo concedente, os governos receptores e os eleitores, gerando ilusão fiscal (*fiscal illusion*),[2] fazendo com que os eleitores percam a conexão entre os tributos pagos e os bens públicos locais ofertados, pois cidadãos de outras localidades estão financiando parte desses bens. Cossio (1998, p. 19), citando Niskanen (1978), sublinha que essa ilusão fiscal provocada pelas transferências intergovernamentais promove a subvalorização dos custos de fornecimento de bens públicos locais, provocando provisão excessiva em relação ao que seria produzido com recursos provenientes dos impostos locais.

Assim, a ilusão fiscal é responsável em grande parte pela expansão do gasto público. Por isso, Gramlich (1977, p. 281) acentua que as transferências incondicionais e sem contrapartida provocam o fenômeno conhecido como *flypaper effect* para refletir a ideia de que "*Money sticks where it hits*".[3] Sobre esse fenômeno, Shah (2007, p. 3) afirma que estudos empíricos mostram que os recursos recebidos pela comunidade em forma de transferências incondicionais tendem a aumentar os gastos públicos mais do que o aumento provocado na renda dos residentes, isto é, "a parcela das transferências

---

[2] A ilusão fiscal fundamenta-se na assimetria da informação, ou seja, o eleitor mediano não consegue separar do total dos gastos públicos qual parcela foi financiada com recursos próprios e qual parcela foi financiada com recursos advindos de transferências fiscais. Aproveitando-se dessa desinformação do eleitor, o gestor executa despesas de forma pródiga ou desvia parte dos recursos em benefício próprio.

[3] O dinheiro gruda onde ele bate. O termo *flypaper* é pertinente, pois o dinheiro gruda onde bate. Se o aumento de recursos é derivado de transferência, ele fica no governo. Por outro lado, se o incremento desses recursos tem origem no aumento da renda do eleitor, esse acréscimo é repassado para o cidadão, mediante redução de imposto. Dessa forma, de acordo com a teoria positiva do federalismo fiscal, as transferências incondicionais e sem contrapartida geram um comportamento perdulário.

destinada ao financiamento dos gastos locais tende a exceder a taxa efetiva de imposto instituída pelos governos locais sobre os rendimentos dos residentes".[4]

O *flypaper effect* também é explicado pelo poder de barganha. Segundo Mendes (2004, p. 451), o poder de barganha consiste no duelo entre o contribuinte e o gestor público. Quando há um aumento na renda e, por conseguinte, um incremento nas receitas próprias, o contribuinte exerce o direito de exigir do gestor que os recursos sejam gastos de forma adequada. O gestor, por sua vez, com a preocupação de evitar a mobilidade do contribuinte para outra jurisdição, é mais comedido na execução orçamentária. Por outro lado, quando há um aumento nas receitas provenientes de transferências, o eleitor não demonstra a ameaça da mobilidade, uma vez que ele não leva consigo a parcela das transferências, motivo pelo qual gera um relaxamento na eficiência do gasto público.

Posto isso, conclui-se que as transferências intergovernamentais afetam o volume de gastos por meio do seu impacto nas restrições orçamentárias sob as quais opera o governo.

8.2.3.8 Índice de crescimento populacional

É esperado que o crescimento da população de determinada jurisdição provoque aumento na demanda por bens e serviços públicos. Todavia, segundo Vernez (1976, p. 79), as evidências indicam que pode ocorrer tanto relacionamento negativo quanto relacionamento positivo entre crescimento populacional e os gastos *per capita*. Além disso, o índice de crescimento populacional exerce influência significativa nos níveis dos gastos públicos somente em jurisdições com mais rápido crescimento.

Quando a população cresce rapidamente é necessária a realização de gastos elevados de capital para a construção de escolas, hospitais, redes de saneamento básico etc., mas, por outro lado, o rápido crescimento populacional pode estar associado a menores gastos operacionais devidos à economia de escala na prestação de serviços.

8.2.3.9 Fatores políticos e fragmentação

A fragmentação política e as atividades geográficas de uma jurisdição podem ocasionar impacto na demanda por bens e serviços. As cidades desenvolvidas, as áreas centrais e as áreas comerciais e industriais têm população flutuante elevada, grande número de visitantes e compradores que exigem determinados tipos de serviços públicos. Assim, quanto mais fragmentada politicamente for uma jurisdição, maior será o nível de gastos públicos.

Quanto aos fatores políticos, Davis e Haines (1966) foram os pioneiros em estudar os determinantes dos gastos públicos por meio de duas proposições: (1) um cidadão

---

4   *The portion of grants retained for local spending tends to exceed the effective tax rate imposed by local governments on resident's income.*

Capítulo 8

desejará mais um bem ou serviço público quanto menor for a parte da conta que ele tem de pagar (*taste-determining*); (2) se um cidadão pode entrar em uma coalizão e forçar outros a pagarem a conta por meio do poder de tributação do governo, então ela buscará constituir grupos de coalizões (*interest groups*).

Os autores, então, identificaram quatro variáveis de **taste-determing**: densidade populacional, renda, valor de mercado das propriedades pessoais e valor de mercado das propriedades industriais; e uma variável de *interest group*: percentagem dos eleitores que possuem propriedades. Os achados revelaram que o valor de mercado das propriedades pessoais e industriais está associado positivamente com os gastos públicos. O raciocínio que fundamenta este achado é que muitos bens e serviços públicos afetam o valor das propriedades e que esses bens e serviços são desejados pelas pessoas que usam as propriedades, independentemente da posse. Por outro lado, os autores encontraram que a percentagem dos eleitores que possuem propriedades tem relação negativa e significativa com os gastos de segurança.

8.2.4 Estimativa da pressão por gastos

Quando as necessidades da comunidade não são plenamente satisfeitas, independentemente da disponibilidade de reservas financeiras, surgem pressões por gastos adicionais que comprometem a condição financeira do governo. Esse componente da condição financeira não é divulgado nas demonstrações contábeis, mas é tão importante quanto os demais componentes: a reserva da receita, a capacidade de endividamento, a solvência de caixa e a solvência orçamentária.

Segundo Berne e Schramm (1986, p. 219-220), existem vários fatores que contribuem para aumentar a pressão por gastos e, como consequência, piorar a condição financeira do governo, tais como preço alto dos *inputs*, ineficiência no processo de produção de bens e serviços, as condições para prestação de serviços e as necessidades da comunidade. Assim:

1. quanto maior o preço dos *inputs*, maior a pressão por gastos, pois a organização comprometerá mais recursos para adquirir insumos;
2. quanto maior a ineficiência no processo de produção de bens e serviços públicos, maior a pressão por gastos, pois mais *inputs* e mais custos por *input* são necessários para produzir um dado nível de *output*;
3. quanto mais severas são as condições para produção de serviços, maior a pressão por gastos, dado que mais gastos são necessários para fornecer um dado nível de *output*;
4. quanto maiores as necessidades da comunidade, maior será a pressão por gastos, visto que exigem mais *outputs* e, consequentemente, mais *inputs* no processo de produção.

ANÁLISE DOS GASTOS

Portanto, o grande desafio da análise da condição financeira sob a perspectiva do gasto público consiste em prever a pressão por gastos a partir das condições específicas de cada jurisdição, obtendo uma medida que combine os gastos atuais com uma composição de variáveis representativas dos fatores determinantes desses gastos.

Todavia, conforme destacado por Berne e Schramm (1986, p. 378), isso não é uma tarefa fácil em decorrência de três problemas: (*i*) os fatores determinantes dos gastos precisam ser identificados mediante o desenvolvimento de estudos empíricos; (*ii*) os fatores identificados precisam ser mensurados com dados disponíveis nos sistemas de informações da organização e de institutos governamentais de pesquisa; e (*iii*) esses fatores precisam ser incluídos sistematicamente no processo de análise financeira dos gastos com o uso de métodos que incluam a construção de índices ou a utilização de regressão múltipla.

Superadas essas limitações, a pressão por gastos pode ser estimada mediante as seguintes abordagens propostas por Berne e Schramm (1986, p. 221-222):

1) Comparar os gastos reais de uma jurisdição com um grupo de referência com necessidades e condições para prestação de serviços similares: nesse caso, se os gastos reais de um governo são altos em relação ao grupo de referência, pode-se presumir que existe baixa pressão por gastos ou que o governo está operando com ineficiência. Por outro lado, se os gastos reais são baixos em relação ao grupo de referência, pode-se presumir que os gastos estão abaixo do nível adequado e que pode existir pressão por gastos adicionais ou, ainda, que o governo opera com eficiência permitindo produzir *outputs* com baixo nível de gastos.

2) Construir um indicador que reúna necessidades da comunidade e condições para prestação de serviços: esse indicador será, então, combinado com os gastos reais *per capita* para diferentes jurisdições. O resultado do indicador e os gastos *per capita* podem ser classificados em nível alto, baixo e médio, conforme mostra a matriz de mensuração apresentada no Quadro 8.3. A combinação do indicador com os gastos *per capita* permitirá localizar cada jurisdição em uma das nove categorias apresentadas na matriz para expressar o nível de pressão por gastos. As jurisdições que forem classificadas nas três categorias na diagonal ou acima da diagonal da matriz apresentarão pouca ou nenhuma pressão por gastos e as jurisdições que forem classificadas em uma das três categorias abaixo da diagonal da matriz apresentarão pressão por gastos. Observe que as jurisdições nas três categorias acima da diagonal da matriz estão gastando mais que o seu indicador mostra, podendo reduzir seus gastos sem criar pressões.

Capítulo 8

Quadro 8.3 Mensuração da pressão por gastos

RESULTADO DO INDICADOR	GASTOS *PER CAPITA*		
	BAIXO	MÉDIO	ALTO
BAIXO	Não há pressão por gastos	Não há pressão por gastos. Os gastos podem ser reduzidos	Não há pressão por gastos. Os gastos podem ser reduzidos
MÉDIO	Alguma pressão por gastos	Não há pressão por gastos	Não há pressão por gastos. Os gastos podem ser reduzidos
ALTO	Alta pressão por gastos	Alguma pressão por gastos	Não há pressão por gastos

Fonte: Berne e Schramm (1986, p. 221).

3) Obter uma função de regressão múltipla: essa função deve ser construída tendo como variável dependente os gastos realizados e como variáveis independentes, medidas dos determinantes dos gastos públicos, especialmente as medidas das necessidades da comunidade e das condições para prestação de serviços. A função de regressão pode ser expressa de forma agregada (gastos totais) ou em forma de função de gastos do governo: gastos com saúde, educação, segurança etc., podendo ser assim formulada:

$$G = \alpha_i + \beta_1 x_1 + \beta_2 x_2 + \ldots \beta_n x_n + u^u \cong N(0,\sigma)$$

Em que:
G = gastos totais ou gastos por função de governo, podendo ser expressos em termos *per capita*;
$x_1 \ldots x_n$ = determinantes dos gastos públicos; e
u = termo de erro.

Com base na função de regressão, os gastos para determinada jurisdição podem ser estimados e, quando comparados com os gastos realizados, a pressão por gastos será aferida. Se os gastos previstos forem maiores que os gastos realizados, isso significa que o governo está gastando abaixo do nível exigido e, portanto, tem pressão por gastos. Por outro lado, se os gastos previstos forem menores que os gastos realizados, isso significa que o governo está gastando acima do nível exigido e, teoricamente, não tem pressão por gastos.

Quando os dados sobre as variáveis representativas dos determinantes dos gastos públicos não são disponíveis, a forma alternativa para estimar a pressão por gastos consiste em comparar os gastos *per capita* ao longo do tempo e entre organizações similares.

Os gastos *per capita* podem ser idênticos para duas cidades; entretanto, uma delas pode pagar salários mais altos para seus funcionários, ter mais obstáculos na produção dos serviços e ainda ter mais necessidades da comunidade para atender. Se os gastos reais de uma cidade forem maiores em relação a outra cidade, com necessidades e condições para prestação de serviços similares, pode-se presumir que esta cidade está gastando mais do que o necessário, ou não tem pressão por gastos, ou, ainda, está operando com ineficiência (nesse caso, os gastos podem ser reduzidos para melhorar a eficiência). Por outro lado, se os gastos de uma cidade forem mais baixos em relação a outra cidade, pode-se presumir que os gastos estão abaixo do nível adequado, que há pressão por gastos adicionais ou, ainda, que a eficiência do governo permite produzir *outputs* suficientes para atender as necessidades da comunidade a um nível de gastos baixo (BERNE; SCHRAMM, 1986, p. 220).

8.2.5 Avaliação da eficiência dos gastos públicos

A eficiência dos gastos públicos é avaliada mediante a exploração das atividades produtivas do governo, estabelecendo-se relações entre *inputs* e *outputs*. Os *inputs* são os insumos consumidos para produzir bens e serviços públicos, tais como salários dos servidores, materiais, equipamentos etc. Hirsch (1973, p. 156-157) afirma que os fatores de *inputs* são divididos em trabalho, capital, recursos ou materiais e fator gerencial; este último dividido em gestão dos serviços e capacidade empreendedora para expressar, respectivamente, a coordenação e a tomada de decisão no processo de produção de bens e serviços.

Os *outputs* representam os bens e serviços efetivamente produzidos, como praças públicas mantidas, escolas construídas ou mantidas, número de alunos atendidos, população carente assistida, km de ruas pavimentadas, km de estradas asfaltadas, toneladas de lixo coletadas, km de ruas limpas e iluminadas etc. Quanto aos *outputs* de serviços públicos, Hirsch (1973, p. 159) declara que eles são uma combinação de quantidade e qualidade e são determinados pelos *inputs*, pelas condições para prestação dos serviços e pela tecnologia.

A relação entre *inputs* e *outputs* revela se o processo de produção de bens e serviços ofertados pelo governo está sendo conduzido de forma eficiente com o consumo ideal de determinadas quantidades físicas de insumos (eficiência técnica) e com o uso adequado do montante de custo (eficiência de custo). Essa relação permite aferir até que ponto o governo pode aumentar a sua eficiência e reduzir a pressão por gastos, afetando de forma positiva a sua condição financeira.

O desafio do analista consiste em combinar os conceitos da análise financeira com os conceitos de mensuração da eficiência dos gastos públicos. Assim, é fundamental

Capítulo 8

associar a noção de pressão por gastos com as técnicas de mensuração da eficiência dos gastos públicos.

Mensurar a eficiência dos gastos públicos não é um trabalho fácil, contudo existem mecanismos que podem ser empregados para aproximar uma avaliação do processo *input-output*, dentre eles: a função de eficiência técnica, a função de eficiência de custo e o modelo DEA (*Data Envelopment Analysis*), a seguir brevemente descritos.

Função de eficiência técnica: relaciona unidades físicas de *inputs* e unidades físicas de *outputs*. A função de eficiência técnica determina o máximo de *outputs* obtido por meio da combinação quantitativa de vários *inputs* ou fatores físicos. De acordo com Vernez (1976, p. 106), a função de eficiência técnica é representada pela seguinte função de produção:

$$Q = f(A, I, S, T)$$

Em que:
Q = quantidade máxima de *output* produzida dado determinado nível de *inputs*;
A = vetor de medidas de qualidade dos *outputs*;
I = vetor de quantidade de vários recursos usados (*inputs*);
S = vetor de medidas das condições para prestação de serviços que facilitam ou dificultam a produção e distribuição dos *outputs*; e
T = medida da tecnologia utilizada pela organização que facilita a produção de *outputs*.

Essa função de produção pode ser usada para avaliar a eficiência técnica de variados bens e serviços produzidos pelo governo, tais como saúde, educação, saneamento etc. Assim, um governo que produz o máximo de *outputs* (Q) diante das condições A, I, S e T é considerado tecnicamente eficiente. Contudo, um governo que apresenta baixa eficiência técnica somente reduzirá sua pressão por gastos se produzir, eficientemente, mais *outputs* com o mesmo nível de *inputs*.

Função de eficiência de custo: relaciona o custo médio unitário dos *outputs* e unidades monetárias de *inputs*, fornecendo a base para desenvolver estimativa da eficiência de custo ou do custo por unidade de *output*. De acordo com Vernez (1976, p. 123), a função de eficiência de custo é representada pela seguinte função de produção:

$$CMU = f(Q, A, I, S, T, P)$$

Em que:
CMU = custo médio unitário dos *outputs* (custo total dividido pelo nível de *outputs*);
Q = quantidade de *outputs*;

ANÁLISE DOS GASTOS

A = vetor de medidas de qualidade dos *outputs*;
I = vetor de quantidade de vários recursos usados (*inputs*);
S = vetor de medidas das condições para prestação de serviços que facilitam ou dificultam a produção e distribuição dos *outputs*;
T = medida da tecnologia utilizada pela organização que facilita a produção de *outputs*;
P = vetor do fator preço dos *inputs*.

Uma vez encontrada a função de custo de um determinado serviço público, é possível encontrar o montante do custo médio unitário em que um governo deveria incorrer para produzir um *output* em particular, bastando, para isso, introduzir na função os valores atuais de Q, A, I, S, T e P. Assim, pode-se determinar quão eficiente é um governo comparando-se o custo que deveria ser com o custo atual incorrido.

Se o custo por unidade de *output* for reduzido, mantendo-se constantes as condições para prestação dos serviços, presume-se que houve melhorias na tecnologia e/ou aumento de produtividade dos *inputs*. Dessa forma, a redução do custo por unidade de *output* diminui a pressão por gastos, visto que serão necessários menos gastos para atender as necessidades da comunidade.

Essa função de produção nem sempre é fácil de mensurar para todos os serviços oferecidos pelo governo. Maiores esforços, utilizando-se da técnica de regressão, foram dirigidos à estimativa da função de produção educacional, como se observa nos estudos de Chalos (1997); Engert (1996); Ruggiero, Duncombe e Miner (1995); Duncombe *et al.* (1997); Miranda (2006); Delgado e Machado (2007); Cordero *et al.* (2008); Faria, Jannuzzi e Silva (2008) e Meyer (2010); e à estimativa da função de produção dos serviços de saúde, conforme estudos de Marinho (2003); Castro (2003); Varela (2008); Cesconetto, Lapa e Calvo (2008); Fonseca e Ferreira (2009); Hollingsworth e Wildman (2003); Cunha (2011); Scaratti e Calvo (2012); e Pedroso *et al.* (2012).

Não se deve confundir a função de eficiência de custo com a função dos determinantes dos gastos públicos. Enquanto a primeira permite encontrar o custo por unidade de *output*, a segunda permite aferir os gastos totais *per capita* ou os gastos por função de governo *per capita*.

***Data Envelopment Analysis* (DEA):** essa técnica permite avaliar a eficiência de uma entidade governamental por meio do relacionamento entre múltiplos *outputs* e múltiplos *inputs*. Essa relação é expressa sob a forma de um indicador de eficiência.

O conceito mais elementar de eficiência é encontrado na análise de um simples índice de desempenho em que é produzida informação sobre o relacionamento entre um *output* e um *input*. Assim, a eficiência é definida matematicamente pela relação *output/input* e reflete o uso de um insumo ou recurso para obter a maior quantidade de produto ou resultado, como, por exemplo, total de alunos atendidos/quantidade de professores. Entretanto, esse simples indicador oferece uma medida de produtividade parcial, pois os gestores comumente avaliam o desempenho de determinados serviços públicos levando em consideração múltiplos *inputs* e múltiplos *outputs*, sendo necessária a obtenção de uma medida total de fatores de produtividade.

A DEA é uma técnica não paramétrica, baseada em programação linear, para encontrar uma função de produção expressa em uma medida de eficiência relativa de unidades tomadoras de decisões (*Decision Making Units* – DMUs), tais como empresas privadas, instituições públicas, instituições financeiras, instituições sem fins lucrativos, departamentos internos etc. A DEA é uma técnica apropriada quando a função de produção é desconhecida. Recomenda-se ao leitor que tem interesse em aprofundar o conhecimento sobre essa técnica consultar as seguintes referências: Farrell (1957); Klopp (1985); Coelli et al. (1998); Dyson et al. (2001); Zhu (2002); Ramanathan (2003); Sousa, Cribari-Neto e Stosic (2005); Cooper et al. (2007); Thanassoulis, Portela e Despic (2008); e Ferreira e Gomes (2009).

A DEA permite avaliar o desempenho de uma entidade governamental em comparação com um grupo de referência (*peer group*) formado por entidades similares em que se estabelece uma unidade de referência (*benchmarking*). O desempenho tanto pode ser avaliado em um período específico de tempo (DEA estática) quanto ao longo de vários exercícios (DEA dinâmica), apontando os governos que precisam melhorar a eficiência e, como consequência, reduzir a pressão por gastos.

A DEA, de forma simplificada, pode ser apresentada por meio da notação matemática proposta por Ramanathan (2003), calculando-se a razão entre produto (y_i) e insumo (x_i).

$$ET = \frac{P_i}{P^*} = \frac{\left(\frac{y_i}{x_i}\right)}{\left(\frac{Y}{X}\right)^*}$$

Em que:
ET = eficiência técnica;
y_i = produto (bens ou serviços públicos);
x_i = insumos (gastos incorridos no processo produtivo);
P_i = produtividade de uma DMU *i*;
P^* = produtividade da DMU de referência.

O exemplo da Tabela 8.1 ilustra a aplicação da técnica DEA para medir a eficiência dos serviços de educação em cinco Municípios. Os dados hipotéticos permitem estabelecer a relação entre um *input* (gasto em educação) e um *output* (quantidade de alunos aprovados), permitindo encontrar a produtividade média do gasto em educação para cada Município e encontrar a DMU de referência. O indicador de eficiência individual

ANÁLISE DOS GASTOS

será, então, calculado com base nessa DMU, possibilitando identificar o Município que apresenta a melhor eficiência técnica no uso dos gastos em educação.

Tabela 8.1   Mensuração da eficiência dos serviços de educação com o emprego da técnica DEA

Gastos em R$ 1.000

MUNICÍPIO DMU	GASTO NA EDUCAÇÃO INSUMO (XI)	ALUNOS APROVADOS PRODUTO (YI)	PRODUTIVIDADE MÉDIA	EFICIÊNCIA	FOLGA
A	1,00	38	38	88%	0,12
B	1,50	33	22	51%	0,73
C	2,00	37	18,5	43%	1,14
D	1,00	43	43	100%	–
E	2,00	40	20	47%	1,07

$$IS_i = x_i(1 - ET_i)$$

Como se observa, o Município D alcançou a maior produtividade média (43), ou seja, ele conseguiu obter o maior número de alunos aprovados como menor volume de gasto. Logo, o Município D será referência para os demais Municípios a fim de definir a eficiência. Por definição será atribuída ao Município D uma eficiência técnica (ET) igual a 100%.

O escore de eficiência gerado pela DEA é um indicador relativo obtido por meio da comparação da eficiência de cada DMU em relação à melhor DMU. Assim, por exemplo, o Município C apresentou a menor eficiência técnica (43%); isso significa que sua eficiência representa 43% do Município mais eficiente, no caso o Município D.

A metodologia DEA trabalha com outra abordagem que permite analisar a magnitude da ineficiência: a folga do insumo. Ramanathan (2003) argumenta que para as unidades ineficientes o conceito de folga de insumo (*input slack* – IS) é muito relevante, ou seja, é possível identificar quanto dos insumos está sendo alocado de forma ineficiente em relação à unidade mais eficiente. O conceito básico de folga de insumo para a *i-ésima* DMU pode ser apresentado como segue:

$$IS_i = x_i(1 - ET_i)$$

No exemplo proposto, a folga do Município C pode ser calculada da seguinte forma:

Capítulo 8

$$IS_i = 2{,}0(1 - 0{,}43) = 1{,}14$$

Assim, conforme os cálculos acima revelam, o Município C apresenta um desperdício de R$ 1.140,00 (1,14 × R$ 1.000,00), isto é, dado o produto gerado pela DMU C, a mesma desperdiça R$ 1.140,00. Esse raciocínio pode ser estendido para os demais Municípios que apresentam um escore de eficiência menor do que um (ET<1), como visto na Tabela 8.1.

8.3 Indicadores de análise dos gastos públicos

Os gastos públicos envolvem despesas operacionais para manutenção e operacionalização das atividades do governo; despesas financeiras decorrentes do pagamento de juros e amortização de dívidas; e aplicações de recursos em bens de capital administrativo e de infraestrutura para fornecimento de serviços à população. Logo, o montante dos gastos representa os insumos empregados no processo de produção e dimensiona o nível de *outputs* de bens e serviços oferecidos pelo governo à comunidade. Assim, depreende-se que, em tese, quanto mais o governo gasta, mais bens e serviços são oferecidos à população.

Nessa direção, a análise de indicadores do gasto público busca revelar o dimensionamento, o crescimento, a elasticidade, a flexibilidade e a prioridade dos gastos governamentais. Os principais indicadores utilizados pelos analistas e pesquisadores da condição financeira governamental estão discriminados no Quadro 8.4.

Quadro 8.4 Indicadores de análise dos gastos públicos

REF.	INDICADORES	DEFINIÇÃO OPERACIONAL	PRINCIPAIS ESTUDOS
a	Gasto *per capita*	$\dfrac{\text{Gasto total}}{\text{População}}$	Groves e Valente (2003); Berne e Schramm (1986); Berne (1992); Mead (2001); Howell e Stamm (1979); Clark e Chan (1990); Hendrick (2004); Carmeli (2002); Peterson et al. (1978b)
b	Elasticidade do gasto	$\dfrac{\text{Variação do gasto}}{\text{Variação da renda}}$	Berne e Schramm (1986); Groves e Valente (2003); Steiss (1975); Peterson et al. (1978b)

ANÁLISE DOS GASTOS

REF.	INDICADORES	DEFINIÇÃO OPERACIONAL	PRINCIPAIS ESTUDOS
c	Crescimento do gasto	$\dfrac{\text{Gasto atual} - \text{gasto anterior}}{\text{Gasto anterior}}$	Berne e Schramm (1986); Groves e Valente (2003); Peterson et al. (1978b)
d	Tamanho do setor público	$\dfrac{\text{Gasto total}}{\text{PIB}}$	Musgrave e Musgrave (1980)
e	Participação dos gastos operacionais	$\dfrac{\text{Gastos operacionais}}{\text{Gasto total}}$	Brown (1993, 1996); Hendrick (2004); Peterson et al. (1978b)
f	Participação dos gastos de capital	$\dfrac{\text{Investimentos} + \text{inversões financeiras}}{\text{Gasto total}}$	Brown (1993, 1996); Hendrick (2004); Peterson et al. (1978b)
g	Representatividade do serviço da dívida	$\dfrac{\text{Juros} + \text{amortização}}{\text{Gasto total}}$	Alijarde (1995); Garcia (2003); Dearborn (1977); Peterson et al. (1978a); Clark e Chan (1990); Hendrick (2004); Miller (2001); Ammar et al. (2001, 2004), Miranda e Picur (2000)
h	Flexibilidade dos gastos	$\dfrac{\text{Gastos fixos}}{\text{Gasto total}}$ $\dfrac{\text{Despesas não relacionadas a gastos com pessoal}}{\text{Despesas com pessoal}}$	Groves e Valente (2003); Berne e Schramm (1986); Brown (1993, 1996); Berne (1992); Peterson et al. (1978b)
i	Prioridade dos gastos	$\dfrac{\text{Gastos por função de governo (saúde, educação etc.)}}{\text{Gasto total}}$	Groves e Valente (2003); Berne e Schramm (1986); Mead (2001); Howell e Stamm (1979); Clark e Ferguson (1983); Clark e Chan (1990); Peterson et al. (1978b)
j	Participação de gastos com pessoal	$\dfrac{\text{Gastos com pessoal}}{\text{Gastos totais}}$	Alijarde (1995); Garcia (2003); Gómez e Fernández (2006); López e Conesa (2002); Martínez (1994); Peterson et al. (1978b).

Capítulo 8

REF.	INDICADORES	DEFINIÇÃO OPERACIONAL	PRINCIPAIS ESTUDOS
k	Participação dos benefícios previdenciários	Benefícios previdenciários / Gastos com pessoal	Groves e Valente (2003); Berne e Schramm (1986); Peterson et al. (1978b)
l	Servidores *per capita*	Qtd. de servidores públicos / População	Groves e Valente (2003); Berne (1992); Peterson et al. (1978b).
m	Participação dos gastos extraordinários	Gastos extraordinários / Gastos totais	López e Conesa (2002)

a) Gasto *per capita*: o exame desse indicador mostra as mudanças ocorridas no nível dos gastos em relação às mudanças no tamanho da população. Segundo Groves e Valente (2003, p. 45), um aumento no gasto *per capita* pode indicar que o custo para fornecer os serviços públicos ultrapassa a capacidade de pagamento da população, especialmente se o gasto público está aumentando mais rápido que a renda pessoal. Por outro lado, se o aumento dos gastos for maior que a inflação do período, sem que haja aumento do nível de serviços, há indicação de queda de produtividade, pois o governo está gastando mais para oferecer a mesma quantidade de serviços à população.

Nesse sentido, Moak e Hillhouse (1975, p. 398) afirmam que o método mais simples e limitado para determinar se um governo local está gastando muito ou pouco é comparar os gastos *per capita* ao longo do tempo e entre organizações similares.

b) Elasticidade do gasto: esse indicador mostra se o gasto está crescendo mais rapidamente que a renda pessoal ou o PIB, prejudicando a capacidade de pagamento dos contribuintes e revelando problemas financeiros do governo.

Por exemplo, considere que em determinado exercício financeiro os gastos públicos tenham crescido 31% e a renda dos indivíduos tenha crescido 19%. Considere, também, que esse crescimento é real, depois de expurgados os efeitos da inflação do período. Assim, a elasticidade do gasto em relação à renda é de 1,63 (31%/19%). Esse resultado significa que, para cada 1% de variação na renda, o gasto varia 1,63%, revelando que o gasto público está crescendo mais que a renda, podendo comprometer a condição financeira do governo.

No processo de análise, recomenda-se que seja feita a comparação do indicador da elasticidade do gasto com o indicador de elasticidade da receita (ver Capítulo 7 – Análise da receita). Assim, elasticidade do gasto maior que a elasticidade da receita significa que os dispêndios do governo crescem mais rapidamente que seus recursos

ANÁLISE DOS GASTOS

de origem própria, podendo ele enfrentar sérios problemas financeiros se não obtiver transferências intergovernamentais em montante suficiente para financiar a parcela dos gastos a descoberto.

c) Crescimento do gasto: esse indicador mostra a evolução real do gasto ao longo do tempo. O indicador de crescimento do gasto ganha importância quando tem seu resultado comparado com o crescimento da receita. Quando o crescimento do gasto é superior ao crescimento da receita, cria-se a necessidade por recursos de outras esferas governamentais para equacionar o *gap* entre necessidades de gastos e as receitas próprias. Porém, o socorro financeiro nem sempre é possível, por diversos fatores. Assim, essa abordagem, segundo Berne e Schramm (1986, p. 181), é muito importante, pois permite identificar "quão fácil e rapidamente o nível de gastos pode ser mudado em face dos declínios da receita ou de necessidades de recursos não planejadas".[5]

Assim, quanto maior o resultado desse indicador em comparação ao crescimento da receita (crescimento do gasto/crescimento da receita), menor será a capacidade do governo em produzir reservas financeiras, podendo vir a prejudicar a capacidade de pagamento do governo (ver indicador de flexibilidade financeira no Capítulo 11 – Análise da solvência de caixa).

Portanto, no processo de análise dos gastos públicos, recomenda-se que o analista observe se o gasto *per capita* está aumentando mais rápido que a receita *per capita*, identificando as principais causas. Nesse sentido, Groves e Valente (2003, p. 46) recomendam que o analista realize as seguintes providências:

1. verificar se o aumento dos gastos foi causado por aumento no nível de serviços existentes e se há aumento suficiente de receita para pagar por esse aumento de serviços. Verificar, ainda, se o nível de serviços pode ser reduzido sem comprometer o atendimento das necessidades da população;
2. verificar se o aumento dos gastos pode ser explicado por aumento no nível de serviços. Caso contrário, verificar se houve declínio de produtividade do pessoal ou redução da eficiência na prestação dos serviços;
3. verificar se o aumento dos gastos é decorrente de aumento nos custos fixos ou se é devido a aumento de programas que podem ser cortados sem prejudicar a população;
4. observar se o aumento de gastos é decorrente de programas financiados com recursos externos e se o governo assumirá obrigações futuras com a execução desses programas;

---

5 *How easily and quickly expenditure levels can be changed in the face of revenue declines or unplanned needs for resources-shifts".*

Capítulo 8

5. observar se o aumento de gastos decorreu de aumento de determinados serviços por determinação judicial e legal e se a implantação desses serviços previa a fonte de recursos; e
6. investigar se o aumento de gastos decorreu de investimentos em infraestrutura financiados com capital de terceiros, cuja amortização da dívida decorrente provocará aumento de gastos em períodos futuros (serviço da dívida).

Existem outros fatores que podem influenciar o aumento dos gastos, como, por exemplo: (*i*) a melhoria na qualidade do serviço público pode aumentar a demanda da população por esses serviços; e (*ii*) a diminuição na renda da população pode conduzir os cidadãos a buscarem mais serviços públicos ou depender de ajuda financeira do governo.

Uma vez identificado que os gastos cresceram mais que as receitas, o governo pode adotar uma das seguintes medidas de contenção:

1. utilizar os servidores para executar suas atividades na prestação de vários serviços de natureza similar visando a obtenção de economia de escala;
2. desenvolver programas de treinamento de pessoal com o objetivo de evitar retrabalho e aproveitar as horas ociosas;
3. adotar práticas gerenciais de controle, sistemas de informações e tecnologias mais avançadas;
4. transferir funções para outros níveis de governo;
5. eliminar programas que não são mais importantes; e
6. estabelecer cooperação com outras jurisdições para a prestação conjunta de serviços de saúde, segurança, educação, estradas e rodovias, abastecimento de água, saneamento, tratamento de resíduos sólidos etc.

Esse indicador pode ser obtido tanto para os gastos operacionais quanto para os gastos de capital a fim de revelar se o aumento de gastos é decorrente da variação das despesas de manutenção da entidade ou da política de investimentos do governo em bens de infraestrutura. Destaque-se que a comparação das despesas operacionais entre jurisdições similares revela quais jurisdições enfrentam os maiores custos para a prestação de serviços à comunidade.

d) Tamanho do setor público: segundo Musgrave e Musgrave (1980, p. 140), o tamanho do setor público pode ser medido de várias formas, relacionando as atividades orçamentárias com diferentes componentes da riqueza nacional, tais como o PIB, a renda nacional e a renda pessoal. Uma boa medida do tamanho do governo é representada pela relação gasto total/PIB, representando a contribuição do setor público por meio da compra de bens e serviços. Outra forma de evidenciar esse indicador é representar o gasto por função de governo, como, por exemplo, gasto com educação/PIB, gasto com saúde/PIB, gasto com assistência social/PIB etc.

ANÁLISE DOS GASTOS

e) Participação dos gastos operacionais: esse indicador mostra quanto dos gastos totais é representado por despesas operacionais destinadas à manutenção da entidade. As despesas operacionais são compostas de despesas com pessoal e encargos, benefícios sociais, aquisição de materiais e serviços etc., exceto as despesas financeiras.

Uma relação baixa desse indicador sugere que o governo está priorizando a aplicação de recursos em investimentos de infraestrutura e em bens administrativos. Por outro lado, alta relação desse indicador significa que a maior parte dos gastos do governo está relacionada com funcionamento e operacionalização da entidade, evidenciando a necessidade de recursos externos para o financiamento dos investimentos.

f) Participação dos gastos de capital: esse indicador mostra a participação relativa dos gastos de capital em relação aos gastos totais. Uma relação alta desse indicador sugere alto nível de investimentos realizados pelo governo. O resultado desse indicador representa a relação inversa do indicador de participação das despesas operacionais. Assim, no curto prazo, quanto maior a participação dos gastos com investimentos, em tese, menor será a participação dos gastos operacionais.

g) Representatividade do serviço da dívida: esse indicador revela a participação dos juros mais amortização de empréstimos e financiamentos em relação ao volume total de gastos do governo. Uma relação alta desse indicador revela restrições de recursos para manter as ações operacionais do governo e aumentar o nível de investimento. O Capítulo 9 – Análise da dívida – aprofunda as discussões sobre esse indicador.

h) Flexibilidade dos gastos: a flexibilidade dos gastos mostra a capacidade do governo em mudar a magnitude de saídas de caixa, isto é, a capacidade para cortar gastos diante de uma dificuldade financeira. Assim, no processo de análise, recomenda-se segregar os dados em gastos fixos e gastos variáveis, visto que as mudanças no grau de fixidez dos gastos podem afetar a condição financeira do governo.

Esse indicador adquire relevância quando tem seu resultado comparado com o crescimento do gasto, na medida em que revela se o crescimento futuro dos dispêndios pode ser controlado ou evitado.

Parte dos gastos dos governos é composta por despesas fixas determinadas em lei ou em contratos, sobre as quais o gestor tem pouco controle para reduzi-las, tais como despesas com pessoal, benefícios definidos em lei, juros da dívida, contratos de duração continuada, serviços determinados por decisão judicial etc. Berne e Schramm (1986, p. 181) afirmam que a condição financeira de uma entidade pública depende em parte da fixidez dos gastos. Assim, quanto maior o nível de despesas fixas, menor será a flexibilidade do governo para cortar gastos diante de dificuldades financeiras.

Nesse sentido, recomenda-se que os gastos sejam analisados quanto à sua evolução ao longo de vários exercícios para verificar quais elementos de despesas fixas

Capítulo 8

vêm crescendo, em termos reais, mais rapidamente que as despesas operacionais. Um crescimento mais rápido das despesas fixas em relação ao crescimento das receitas operacionais sinaliza redução da condição financeira do governo.

A precisão desse indicador depende da capacidade do analista em identificar as despesas fixas na execução orçamentária. Um governo com alta carga de endividamento pode apresentar pouca flexibilidade financeira, devido à elevada participação de despesas com o serviço da dívida. A fixidez desse tipo de despesa vai depender da natureza e maturidade da dívida pendente, das condições de amortização e da capacidade de pagamento do governo (ver Capítulo 9 – Análise da dívida).

As despesas com pessoal e encargos são fixas por natureza, sendo representadas pelo quantitativo de servidores, seus salários e encargos sociais. Os governos têm flexibilidade em determinar o número de servidores, mas pouca flexibilidade sobre os salários e encargos, pois estes são determinados em leis e convenções de trabalho.

Os gastos com benefícios previdenciários e assistenciais, também, são altamente fixos, pois determinados em leis, restando pouca ou nenhuma flexibilidade financeira do governo para reduzir esses gastos (ver Capítulo 10 – Análise do regime próprio de previdência).

As despesas com diárias, serviços e materiais são, em grande parte, variáveis. Assim, a redução dessas despesas pode representar alto grau de eficiência. Todavia, uma redução no nível desses dispêndios pode significar redução de serviços e estoques de materiais para atender emergências, revelando pouca flexibilidade do governo em cortar gastos dessa natureza.

Somente os itens variáveis de gastos permitem flexibilidade para os gestores públicos exercerem um controle de contenção. Mas nem sempre é fácil identificar, precisamente, quais gastos são fixos e quais são variáveis. Visando contornar essa dificuldade, Berne e Schramm (1986, p. 342) sugerem um indicador que mede, de forma geral, o nível de fixidez dos gastos por meio da divisão das despesas não relacionadas a pessoal pelas despesas com pessoal. Os autores utilizam as despesas com pessoal no denominador por ser esse elemento de gasto o item mais representativo na execução orçamentária dos governos. Assim, quanto maior o resultado desse indicador, menor o nível de fixidez dos gastos e, portanto, maior a flexibilidade do governo na gestão dos gastos. Por outro lado, quanto menor o resultado desse indicador, maior o nível de fixidez dos gastos e, por conseguinte, menor a liberdade dos gestores em ajustar o nível de dispêndios diante de declínios econômicos.

A Tabela 8.2 mostra três Municípios com a mesma despesa total, mas com estruturas diferentes de gastos. O Município A tem o maior nível de fixidez e, portanto, menor liberdade para ajustar seus gastos diante de dificuldades financeiras. Por outro lado, o Município C apresenta o menor nível de fixidez e, portanto, dispõe de maior flexibilidade financeira para cortar gastos diante de declínios econômicos.

ANÁLISE DOS GASTOS

Tabela 8.2 Índice de flexibilidade do gasto

VARIÁVEIS	MUNICÍPIO A	MUNICÍPIO B	MUNICÍPIO C
Despesas não relacionadas a gastos com pessoal (I)	40	50	60
Despesa com pessoal (II)	60	50	40
Despesa total (III) = (I + II)	100	100	100
Índice de flexibilidade do gasto – IFG = (I/II)	0,67	1,00	1,50

Além desse indicador, os autores apresentam as seguintes relações como medidas do nível de fixidez dos gastos públicos: (i) pagamento do serviço da dívida pela receita total: quanto maior esse indicador, menor a flexibilidade para reduzir despesas; e (ii) endividamento de curto prazo pelo endividamento total: quanto maior esse indicador, mais vulnerável encontra-se a organização para mudar as condições dos empréstimos, incorrendo em juros mais altos.

i) Prioridade dos gastos: a análise desse indicador possibilita o conhecimento sobre crescimento e estabilidade dos gastos públicos segundo as funções governamentais (saúde, educação, segurança, assistência social etc.) que estão sendo executadas para atender as necessidades da comunidade. A verificação do crescimento do gasto segundo as funções de governo tem a vantagem de conduzir a atenção do gestor para áreas específicas, revelando quais áreas merecem maior controle, além de ajudar a responder os seguintes questionamentos:

1. Quais as prioridades de gastos do governo?
2. Quais funções governamentais estão sendo executadas para atender as necessidades da comunidade?

Além disso, a análise dos gastos por funções em relação aos gastos totais ajuda o analista a melhor identificar as causas do crescimento dos dispêndios do governo. Assim, o crescimento verificado nos gastos associados à função saúde ajuda a inspecionar se houve aumento do nível de serviços nessa área, bem como se houve aumento de receita para financiar o crescimento do nível desses serviços. Caso o aumento no nível de serviços não seja verificado, cabe ao analista averiguar se houve queda de produtividade do pessoal de saúde ou declínio da eficiência na prestação dos serviços.

No contexto da análise dos gastos por funções de governo, Clark e Ferguson (1983) desenvolveram um Indicador de Desempenho Funcional (IDF) para uma cidade

Capítulo 8

como método de ajustamento da dívida, das receitas e dos gastos relacionados às funções não comuns a fim de permitir comparações entre cidades. Os autores (1983, p. 48) afirmam que "as finanças de uma cidade têm duas dimensões: a extensão das funções desempenhadas e o nível dos gastos. O IDF mede justamente a extensão".[6] Esse indicador mede a extensão dos gastos pelo fato de algumas funções serem expressivas, inexistentes ou modestas. Especificamente, esse indicador é formado pela seguinte equação:

$$IDF = \sum (F_i W_i) = F_1 W_1 + F_2 W_2 \ldots + F_n W_n$$

Em que:
IDF = Índice de desempenho funcional da cidade;
$W_i = E_i/N_i$ = peso da função i, em que: Ei = gasto *per capita* em todas as cidades que executam a função e N_i = número de cidades que executam a função i; e
Fi = execução da função i, onde 1 se a cidade executa a função i e 0 se a cidade não executa a função i.

Clark e Chan (1990, p. 98) reforçam a metodologia de cálculo do IDF, demonstrando que, segundo essa abordagem, o peso de cada função de governo é calculado tendo por base o gasto médio *per capita* por função para as cidades a serem comparadas. Assim, se o gasto médio em educação para três cidades a serem comparadas é $ 219 e o gasto médio em saúde é $ 79, obtêm-se os seguintes escores de IDF para cada cidade: para a cidade 1, que tem tanto escolas como hospitais, o IDF é de 298 (219 + 79); para a cidade 2, que tem somente escolas, o IDF é de 219; e para a cidade 3, que não tem nem escolas nem hospitais, o IDF é 0.

Clark e Chan (1990, p. 99) lembram que o IDF pode ser usado como variável independente em uma equação de regressão tendo como variáveis dependentes a dívida, a receita, os gastos ou outras variáveis cujos efeitos são importantes para a análise.

j) Participação de gastos com pessoal: esse indicador mostra a representatividade dos gastos com pessoal em relação ao volume de gastos totais. Uma relação alta desse indicador mostra que o governo procura manter o nível de serviços existentes sem, contudo, ter condições para expandi-lo mediante aporte de recursos para novos investimentos. A análise dos gastos com pessoal sob o enfoque fiscal, ressaltando o limite de gasto de pessoal em relação à Receita Corrente Líquida, é discutido no Capítulo 6 – Análise da solvência orçamentária.

---

6 *City finances have two dimensions: the range of functions performed and the level of expenditure. The FP Index measure just the range.*

k) Participação dos benefícios previdenciários: os benefícios previdenciários representam uma expressiva participação dos gastos com pessoal com o objetivo de atender aos segurados do RPPS em caso de doença, acidente e gravidez, bem como prover subsistência em caso de aposentadoria e pensão por morte aos dependentes. Uma relação alta desse indicador pode prejudicar a condição financeira da entidade, conduzindo o analista a investigar a origem do crescimento desses gastos e a disponibilidade de fonte de receita própria para financiá-los. O Capítulo 10 aprofunda a análise de benefícios previdenciários concedidos aos servidores e dependentes por meio do regime próprio de previdência.

l) Servidores *per capita*: os gastos com pessoal representam a maior porção das despesas operacionais fixas das entidades públicas. Por essa razão, o indicador "servidores *per capita*" representa uma boa medida para avaliar as mudanças ocorridas no montante dos gastos públicos. Assim, aumento dos servidores *per capita* indica um dos motivos do aumento dos dispêndios do governo. Esse aumento pode ocorrer em decorrência do crescimento da população que exige mais serviços e, por conseguinte, mais servidores públicos para atender às demandas da comunidade.

Outro aspecto importante a ser avaliado com uso desse indicador diz respeito à produtividade de pessoal. Dessa forma, recomenda-se que esse indicador seja calculado por categoria de servidores públicos (professores, médicos, engenheiros, técnicos administrativos, administradores etc.) e por setores ou áreas de lotação (saúde, educação, administração etc.).

Berne e Schramm (1986, p. 197) recomendam usar esse indicador como *proxy* para os gastos *per capita*, em termos reais, uma vez que a quantidade de servidores não é afetada pelos efeitos da inflação. Assim, se o valor monetário dos gastos triplicou em determinado período e a quantidade de servidores apenas dobrou, pode-se assumir que apenas um terço do aumento do valor monetário dos gastos é decorrente de variação de preço e dois terços estão relacionados à variação real dos *inputs*.

m) Participação dos gastos extraordinários: esse indicador mostra a representatividade dos gastos extraordinários em relação aos gastos totais. Uma relação alta desse indicador revela que a entidade pode estar enfrentando limitações de recursos financeiros para atender as necessidades imediatas. Os gastos extraordinários referem-se ao atendimento de serviços especiais determinados por decisão judicial ou incorridos por necessidades emergenciais e de calamidade pública.

8.4 Exemplo de análise dos gastos por meio de indicadores

Para melhor entendimento e fixação dos conceitos expostos neste capítulo, apresenta-se a seguir um caso prático no qual se avalia por meio de indicadores a condição financeira do Município de Aurora Dourada sob a perspectiva dos gastos públicos,

Capítulo 8

compreendendo as despesas operacionais com o custeio do governo, as despesas com o serviço da dívida e os investimentos para o período de 2010 a 2012.

As principais informações necessárias à avaliação do comportamento dos gastos públicos são extraídas diretamente do balanço orçamentário conforme exposto no Capítulo 2. As informações analíticas são extraídas do Relatório Resumido da Execução Orçamentária, especificamente no Anexo I – Balanço Orçamentário. As informações sobre as variáveis econômicas, demográficas e operacionais são obtidas nas bases de dados do IBGE.

Os dados foram corrigidos monetariamente a valores constantes de 2012, utilizando-se como indexador o IGP-DI da Fundação Getulio Vargas. A Tabela 8.3 sintetiza esses dados.

Tabela 8.3 Informações para análise dos gastos do Município de Aurora Dourada

INFORMAÇÕES FINANCEIRAS	2010	2011	2012
Gasto total	68.021.573	77.536.736	89.404.697
Gasto operacional	58.855.499	67.088.770	77.062.403
Investimentos	7.416.222	8.589.938	10.518.448
Inversão financeira	331.637	166.956	185.070
Juros e encargos da dívida	992.940	1.101.762	1.192.856
Amortização da dívida	1.418.215	1.691.072	1.638.776
Despesas com pessoal	29.190.711	33.641.899	39.301.328
Despesas não relacionadas a gastos com pessoal	38.830.862	43.894.837	50.103.369
Despesas com a função educação	17.566.398	19.560.008	22.792.353
Despesas com a função saúde	11.913.295	12.156.795	14.648.542
Benefícios previdenciários	2.709.113	3.844.958	4.486.957
Gastos extraordinários	180.054	289.056	345.096
Receita corrente líquida	63.582.689	73.569.236	83.440.883

INFORMAÇÕES ECONÔMICAS, DEMOGRÁFICAS E OPERACIONAIS	2010	2011	2012
População	35.250	35.795	36.326
Renda	350.172.090	379.979.675	416.465.966
Crescimento da renda	–	8,5%	9,6%
PIB	593.094.000	598.042.000	601.087.000
Número de funcionários	1.320	1.356	1.405

ANÁLISE DOS GASTOS

Com base nas informações evidenciadas na Tabela 8.3, apresentam-se na Tabela 8.4 os principais indicadores de análise dos gastos do Município de Aurora Dourada para o período de 2010 a 2012.

A análise da condição financeira sob a perspectiva dos gastos públicos, nesse caso, é realizada com base em um conjunto de Municípios semelhantes (grupo de referência) composto de 32 cidades da região central do país com as mesmas características econômicas, sociais e demográficas e com população na faixa de 20.000 a 50.000 habitantes. Esse processo de comparação permite efetuar o cálculo de um quociente de localização a partir da divisão do valor do indicador do Município em análise pelo valor médio do indicador do grupo de referência, conforme mostra a Tabela 8.5.

Informe-se que a presente análise é feita sob o ponto de vista de um analista externo. Portanto, apresenta algumas restrições informacionais, como limitação dos dados publicados e ausência de informações sobre fatores importantes dos gastos que afetam a condição financeira de um Município.

Tabela 8.4   Indicadores dos gastos do Município de Aurora Dourada para o período 2010-2012

INDICADORES	FÓRMULA	2010
Crescimento do gasto	$\dfrac{\text{Gasto atual} - \text{gasto anterior}}{\text{Gasto anterior}}$	
Gasto per capita	$\dfrac{\text{Gasto total}}{\text{População}}$	$\dfrac{68.021.573}{35.250} = 1.929,69$
Elasticidade do gasto	$\dfrac{\text{Variação dos gastos}}{\text{Variação da renda}}$	—
Tamanho do setor público	$\dfrac{\text{Gasto total}}{\text{PIB}}$	$\dfrac{68.021.573}{593.094.000} = 0,115$
Participação dos gastos operacionais	$\dfrac{\text{Gasto operacional}}{\text{Gasto total}}$	$\dfrac{58.855.499}{68.021.573} = 0,865$
Participação dos gastos de capital	$\dfrac{\text{Investimentos + inversões financeiras}}{\text{Gasto total}}$	$\dfrac{7.747.859}{68.021.573} = 0,114$
Representatividade do serviço da dívida	$\dfrac{\text{Juros + amortização}}{\text{Gasto total}}$	$\dfrac{2.411.155}{68.021.573} = 0,035$

»

Capítulo 8

INDICADORES	FÓRMULA	2010
Flexibilidade do gasto	$\dfrac{\text{Despesas não relacionadas a gastos com pessoal}}{\text{Despesas com pessoal}}$	$\dfrac{38.830.862}{29.190.711} = 1,330$
Prioridade dos gastos	$\dfrac{\text{Despesas com funções prioritárias}}{\text{Gasto total}}$	$\dfrac{29.479.693}{68.021.573} = 0,433$
Servidores *per capita* (por 1.000 hab.)	$\dfrac{\text{Número de servidores}}{\text{População}}$	$\dfrac{1.320}{32.250} = 37$
Participação dos benefícios previdenciários	$\dfrac{\text{Benefícios previdenciários}}{\text{Despesas com pessoal}}$	$\dfrac{5.254.328}{29.190.711} = 0,180$
Participação dos gastos com pessoal	$\dfrac{\text{Gastos com pessoal}}{\text{Gasto total}}$	$\dfrac{29.190.711}{68.021.573} = 0,429$
Participação dos gastos extraordinários	$\dfrac{\text{Gastos extraordinários}}{\text{Gasto total}}$	$\dfrac{180.054}{68.021.573} = 0,003$

Tabela 8.4 Indicadores dos gastos do Município de Aurora Dourada para o período 2010-2012 *(continuação)*

INDICADORES	FÓRMULA	2011
Crescimento do gasto	$\dfrac{\text{Gasto atual — gasto anterior}}{\text{Gasto anterior}}$	$\dfrac{9.515.163}{68.021.573} = 0,140$
Gasto *per capita*	$\dfrac{\text{Gasto total}}{\text{População}}$	$\dfrac{77.536.736}{35.795} = 2.166,13$
Elasticidade do gasto	$\dfrac{\text{Variação dos gastos}}{\text{Variação da renda}}$	$\dfrac{0,140}{0,085} = 1,647$
Tamanho do setor público	$\dfrac{\text{Gasto total}}{\text{PIB}}$	$\dfrac{77.536.736}{598.042.000} = 0,130$
Participação dos gastos operacionais	$\dfrac{\text{Gasto operacional}}{\text{Gasto total}}$	$\dfrac{67.088.770}{77.536.736} = 0,865$

»

ANÁLISE DOS GASTOS

Indicador	Fórmula	Cálculo	Resultado
Participação dos gastos de capital	$\dfrac{\text{Investimentos + inversões financeiras}}{\text{Gasto total}}$	$\dfrac{8.756.894}{77.536.736}$	= 0,113
Representatividade do serviço da dívida	$\dfrac{\text{Juros + amortização}}{\text{Gasto total}}$	$\dfrac{2.792.834}{77.536.736}$	= 0,036
Flexibilidade do gasto	$\dfrac{\text{Despesas não relacionadas a gastos com pessoal}}{\text{Despesas com pessoal}}$	$\dfrac{43.894.837}{33.641.899}$	= 1,305
Prioridade dos gastos	$\dfrac{\text{Despesas com funções prioritárias}}{\text{Gasto total}}$	$\dfrac{31.716.803}{77.536.736}$	= 0,409
Servidores *per capita* (por 1.000 hab.)	$\dfrac{\text{Número de servidores}}{\text{População}}$	$\dfrac{1.356}{35.795}$	= 38
Participação dos benefícios previdenciários	$\dfrac{\text{Benefícios previdenciários}}{\text{Despesas com pessoal}}$	$\dfrac{6.055.542}{33.641.899}$	= 0,180
Participação dos gastos com pessoal	$\dfrac{\text{Gastos com pessoal}}{\text{Gasto total}}$	$\dfrac{33.641.899}{77.536.736}$	= 0,434
Participação dos gastos extraordinários	$\dfrac{\text{Gastos extraordinários}}{\text{Gasto total}}$	$\dfrac{289.056}{77.536.736}$	= 0,004

Tabela 8.4   Indicadores dos gastos do Município de Aurora Dourada para o período 2010-2012 *(continuação)*

INDICADORES	FÓRMULA	2012	
Crescimento do gasto	$\dfrac{\text{Gasto atual — gasto anterior}}{\text{Gasto anterior}}$	$\dfrac{11.867.961}{77.536.736}$	= 0,153
Gasto *per capita*	$\dfrac{\text{Gasto total}}{\text{População}}$	$\dfrac{89.404.697}{36.326}$	= 2.461,18
Elasticidade do gasto	$\dfrac{\text{Variação dos gastos}}{\text{Variação da renda}}$	$\dfrac{0,153}{0,096}$	= 1,594
Tamanho do setor público	$\dfrac{\text{Gasto total}}{\text{PIB}}$	$\dfrac{89.404.697}{601.087.000}$	= 0,149

»

Capítulo 8

Tabela 8.4   Indicadores dos gastos do Município de Aurora Dourada para o período 2010-2012 *(continuação)*

INDICADORES	FÓRMULA	2012
Participação dos gastos operacionais	$\dfrac{\text{Gasto operacional}}{\text{Gasto total}}$	$\dfrac{77.062.403}{89.404.697} = 0,862$
Participação dos gastos de capital	$\dfrac{\text{Investimentos + inversões financeiras}}{\text{Gasto total}}$	$\dfrac{10.703.518}{89.404.697} = 0,120$
Representatividade do serviço da dívida	$\dfrac{\text{Juros + amortização}}{\text{Gasto total}}$	$\dfrac{2.831.632}{89.404.697} = 0,032$
Flexibilidade do gasto	$\dfrac{\text{Despesas não relacionadas a gastos com pessoal}}{\text{Despesas com pessoal}}$	$\dfrac{50.103.369}{39.301.328} = 1,275$
Prioridade dos gastos	$\dfrac{\text{Despesas com funções prioritárias}}{\text{Gasto total}}$	$\dfrac{37.440.895}{89.404.697} = 0,419$
Servidores *per capita* (por 1.000 hab.)	$\dfrac{\text{Número de servidores}}{\text{População}}$	$\dfrac{1.405}{36.326} = 39$
Participação dos benefícios previdenciários	$\dfrac{\text{Benefícios previdenciários}}{\text{Despesas com pessoal}}$	$\dfrac{6.991.391}{39.301.328} = 0,178$
Participação dos gastos com pessoal	$\dfrac{\text{Gastos com pessoal}}{\text{Gasto total}}$	$\dfrac{39.301.328}{89.404.697} = 0,440$
Participação dos gastos extraordinários	$\dfrac{\text{Gastos extraordinários}}{\text{Gasto total}}$	$\dfrac{345.096}{89.404.697} = 0,004$

ANÁLISE DOS GASTOS

Tabela 8.5 Quociente de localização dos indicadores dos gastos do Município de Aurora Dourada no período 2010-2012

INDICADOR	MUNICÍPIO DE AURORA DOURADA 2010	2011	2012	GRUPO DE REFERÊNCIA 2010	2011	2012	QUOCIENTE DE LOCALIZAÇÃO 2010	2011	2012
Crescimento do gasto	–	0,140	0,153	–	0,134	0,138	–	1,045	1,109
Gasto per capita	1.929,69	2.166,13	2.461,18	1.377,18	1.537,74	1.858,09	1,401	1,409	1,325
Elasticidade do gasto	–	1,647	1,594	–	2,144	9,392	–	0,768	0,170
Tamanho do setor público	0,115	0,130	0,149	0,062	0,066	0,073	1,855	1,970	2,041
Participação dos gastos operacionais	0,865	0,865	0,862	0,904	0,910	0,899	0,957	0,951	0,959
Participação dos gastos de capital	0,114	0,113	0,120	0,085	0,078	0,078	1,341	1,449	1,538
Representatividade do serviço da dívida	0,035	0,036	0,032	0,021	0,018	0,018	1,667	2,000	1,778
Flexibilidade do gasto	1,330	1,305	1,275	1,402	1,451	1,417	0,949	0,899	0,900
Prioridade dos gastos	0,433	0,409	0,419	0,439	0,414	0,404	0,986	0,988	1,037
Servidores *per capita* (por 1.000 hab.)	37	38	39	45	44	45	0,822	0,864	0,867
Participação dos benefícios previdenciários	0,180	0,180	0,178	0,120	0,125	0,130	1,500	1,440	1,369
Participação de gastos com pessoal	0,429	0,434	0,440	0,416	0,408	0,414	1,031	1,064	1,063
Participação dos gastos extraordinários	0,003	0,004	0,004	0,009	0,008	0,008	0,333	0,500	0,500

Capítulo 8

De acordo com os indicadores de gastos calculados para o Município de Aurora Dourada e para o grupo de referência no período 2010 a 2012, é possível extrair as informações a seguir sobre o desempenho financeiro do governo.

A princípio, é importante destacar que o gasto público apresentou crescimento de 14% em 2011 e 15,3% em 2012. Por esse motivo, o gasto *per capita* também apresentou crescimento relevante, em proporção mais elevada do que o gasto *per capita* dos Municípios do grupo de referência, visto que o coeficiente de localização situa-se acima de 1 em todos os exercícios da série analisada. Diante desse desempenho, presume-se que o Município de Aurora Dourada apresenta menor pressão por gastos em relação aos Municípios similares.

Ademais, esse comportamento não foi suficiente para prejudicar a capacidade de pagamento do governo, pois, além de dispor de reservas financeiras, os gastos e as receitas do Município apresentaram, em média, o mesmo crescimento (as receitas cresceram 15,7% em 2011 e 13,4% em 2012, conforme pode ser visto no Capítulo 7 – Análise da receita).

Por outro lado, é importante avaliar o comprometimento da capacidade de pagamento da população por meio da comparação do crescimento do gasto com o crescimento da renda da comunidade. Em 2011, enquanto os gastos cresceram 14%, a renda cresceu apenas 8,5%, provocando uma elasticidade do gasto de 1,647, isto é, para cada 1% de variação da renda, o gasto variou 1,65%. Esse comportamento revela que o custo para fornecer os serviços públicos, nesse exercício, ultrapassou a capacidade de pagamento da população. De fato, em 2011 ocorreram problemas econômicos que estagnaram o crescimento da renda brasileira, principalmente no Município de Aurora Dourada. Comportamento idêntico pode ser observado no exercício de 2012. Contudo, o Município apresenta melhor posição em relação ao grupo de referência.

Apesar do relevante crescimento dos gastos, observa-se que a renda também cresceu, impulsionada pelo crescimento das atividades econômicas nesse período, puxado pelo incremento dos negócios empresariais (em 2010 o Município sediava 783 empresas e em 2012 esse número passou para 938 empresas, conforme mostra a Tabela 5.1 do Capítulo 5 – Análise de recursos e necessidades da comunidade).

O crescimento econômico ocorrido em 2012, tanto na renda da comunidade quanto no PIB local, possibilitou o incremento da arrecadação do Município e, por conseguinte, o aumento do gasto público. Nesse sentido, observa-se que o tamanho do setor público do Município de Aurora Dourada supera a média dos Municípios integrantes do grupo de referência em todos os exercícios da série analisada, conforme atestam os quocientes de localização. Em 2012, a relação gasto/PIB do Município alcançou o resultado de 14,9%, enquanto o grupo de referência atingiu apenas 7,3% (quociente de localização de 2,041).

Diante desse cenário, é importante compreender, também, o comportamento do gasto público por meio da participação de cada um dos principais componentes: gasto

ANÁLISE DOS GASTOS

operacional total, despesa com pessoal, gastos com saúde e educação; gastos com o serviço da dívida; e gastos com investimentos.

Os gastos operacionais da entidade representam, em média, 86,4% do total dos gastos. Esse comportamento é inferior à média dos Municípios de referência, que alcançou 90,4%. Apesar da alta participação dos gastos com funcionamento e operacionalização da entidade, os gastos de capital, compostos por investimentos e inversões financeiras, representam, em média, 11,6% dos gastos totais, enquanto o grupo de referência detém a participação média de 8%.

A elevada participação dos gastos operacionais justifica-se, especialmente, pela significativa participação da despesa com pessoal, que atingiu a média de 43,4% dos gastos totais contra a média de 41,3% do grupo de referência. Esse comportamento é comum na maioria dos Municípios brasileiros, visto que o grande empregador é o poder público municipal. Incluída na despesa com pessoal, há uma parcela considerável de dispêndios com benefícios previdenciários, representando, em média, 17,9% contra 12,5% do grupo de referência (para mais detalhes sobre os gastos previdenciários, ver Capítulo 10 – Análise do regime próprio de previdência).

Vale salientar que a elevada participação de despesas com pessoal do Município de Aurora Dourada no gasto total no exercício de 2012 obedece ao limite legal instituído pela LRF, uma vez que é menor do que 54% da Receita Corrente Líquida (39.301.328/83.440.883 = 47,1%), mas bem próxima do limite prudencial (95% × 54% = 51,3%).

A elevada e crescente participação dos gastos com pessoal, por compreender gastos fixos, reduz a flexibilidade do governo para cortar gastos diante de dificuldades financeiras. No presente caso, observa-se que o indicador de flexibilidade do gasto para o Município de Aurora Dourada, em todos os exercícios analisados, situa-se acima de 1, porém abaixo do desempenho médio do grupo de referência. Isso significa que, diante de crises financeiras, o governo dispõe de flexibilidade para ajustar sua estrutura de gastos variáveis.

Contudo, o gasto total com pessoal não é, por si só, uma boa medida para avaliar a magnitude e a variação de dispêndios dessa natureza. Assim, alternativamente, é recomendável observar a evolução do número de servidores contratados para prestar serviços públicos à população em relação ao número de habitantes. No caso do Município de Aurora Dourada, a relação servidores *per capita* revela que para cada 1.000 habitantes o Município tem cerca de 39 servidores, enquanto o grupo de referência dispõe, em média, de 45 servidores. Observa-se que o Município tem uma proporção menor de servidores em relação ao grupo de referência, porém os gastos com pessoal são maiores. Isso ocorre porque o Município remunera melhor seus servidores, especialmente aqueles das áreas de saúde e educação.

Quanto à prioridade dos gastos, na maioria dos Municípios brasileiros, destacam-se aqueles relacionados com as funções de educação, saúde, assistência social e administração.

Capítulo 8

Dentre essas funções, sobressaem os serviços públicos com saúde e educação visto que dispõem de determinação legal impondo o limite mínimo de recursos a serem aplicados: 25% da Receita de Impostos e Transferências (RIT) para a educação e 15% da RIT para saúde. No caso em análise, observa-se que os gastos com essas duas funções prioritárias, tanto para o Município, quanto para o grupo de referência, atendem aos limites legais de aplicação e representam, em média, 42% dos gastos totais.

Outra relação importante na análise dos gastos diz respeito ao serviço da dívida em relação aos gastos totais. Esse indicador revela se há restrições de recursos para manter as ações operacionais do governo e aumentar o nível de investimentos, especialmente quando a carga financeira da dívida apresenta alta participação nos gastos totais. No caso em tela, apenas 3,4%, em média, das despesas do Município estão representados pelo serviço da dívida. Essa baixa participação não é suficiente para restringir a flexibilidade financeira do governo para ajustar seus gastos diante de uma crise financeira. No Capítulo 9 – Análise da dívida – essas discussões são aprofundadas.

Os gastos extraordinários referem-se ao atendimento de serviços especiais determinados por decisão judicial ou incorridos por necessidades emergenciais e de calamidade pública. No caso do Município de Aurora Dourada, a participação dos gastos extraordinários em relação aos gastos totais é ínfima; portanto, não ocasiona impactos relevantes na condição financeira do Município.

Em suma, a análise da condição financeira do Município sob a perspectiva dos gastos públicos revela que os dispêndios do governo apresentaram crescimento ao longo dos anos, refletindo na evolução crescente do gasto *per capita*. Contudo, esse crescimento não foi suficiente para prejudicar a capacidade de pagamento do governo, visto que as receitas cresceram na mesma proporção. Com relação à estrutura de gastos, destacam-se os gastos operacionais, especialmente os gastos com pessoal. Esses gastos são maiores que a média do grupo de referência, não obstante o Município detenha a menor relação servidores/população, revelando que a edilidade remunera melhor seus servidores, especialmente aqueles da área de saúde e educação. No geral, esse diagnóstico credencia o governo à posição estável de condição financeira.

ANÁLISE DOS GASTOS

QUESTÕES PARA DISCUSSÃO

1. Discuta por que a condição financeira sob a perspectiva da receita é avaliada pela reserva de receita e a condição financeira sob a perspectiva dos gastos é avaliada pela pressão por gastos.

2. Discuta a seguinte afirmação: "para realizar a análise dos gastos públicos é preciso estabelecer a correlação entre satisfação das necessidades da comunidade e o montante de recursos efetivamente destinado ao financiamento dos gastos do governo".

3. Descreva os passos da análise dos gastos públicos.

4. Quais os objetivos da análise dos gastos públicos? Que tipos de problema essa análise ajuda a identificar?

5. O que pode ser identificado sobre a condição financeira do governo por meio da análise dos gastos realizados? Que categorias de gastos devem ser analisadas?

6. Qual a maior limitação da análise da condição financeira sob a perspectiva dos gastos que utilizam apenas informações financeiras provenientes dos gastos efetivamente realizados?

7. Discuta a seguinte afirmação: "a grande contribuição na análise dos gastos públicos é saber se a mudança nos seus níveis decorre de aumento no consumo de insumos, o que equivale supor que houve aumento de serviços prestados à comunidade".

8. Como o conhecimento dos gastos efetivamente realizados ajuda a avaliar o nível de satisfação das necessidades da comunidade? Essa avaliação seria mais bem obtida se o analista utilizasse informações não financeiras? Comente.

9. Que tipos de informações sobre a condição financeira do governo podem ser reveladas com a comparação entre jurisdições de gastos *per capita*, gastos totais e gastos por função?

10. Por que há a crença de que os gastos públicos são determinados por um conjunto de fatores sociais, econômicos, políticos, geográficos e demográficos relacionados com a oferta e a demanda por bens e serviços públicos?

Capítulo 8

11. Discuta os principais fatores que determinam o surgimento dos gastos públicos. Relacione as variáveis vinculadas a cada um dos fatores.

12. Discuta a seguinte afirmação: "no processo de produção de bens e serviços para a população ocorrem fatores humanos, financeiros, legais e políticos que dificultam ou facilitam a prestação de serviços em quantidade e qualidade requeridas".

13. Discuta o impacto na condição financeira de cada uma das seguintes situações que contribuem para aumentar a pressão por gastos: aumento do preço dos *inputs*, ineficiência no processo de produção de bens e serviços públicos, dificuldades nas condições para prestação dos serviços e crescimento das necessidades da comunidade.

14. Como a pressão por gastos públicos deve ser estimada? Por que esse processo não é fácil de ser realizado? Quais as abordagens desenvolvidas para auxiliar nesse processo?

15. O que significam eficiência técnica e eficiência de custo no processo de transformação de *inputs* em *outputs*?

16. Como a análise das condições enfrentadas pelo governo na produção de bens e serviços públicos e a análise das necessidades da comunidade podem ser usadas para avaliar a eficiência do governo e a pressão por gastos?

17. O que significa os gastos do governo serem altos ou baixos em relação às necessidades da comunidade?

18. Como os vários fatores que afetam o nível de gastos podem ser combinados para estimar a pressão por gastos?

19. Em tese, quanto mais o governo gasta, mais bens e serviços são oferecidos à população. Essa afirmação é verdadeira? Discuta.

20. Dentre os diversos indicadores de análise dos gastos públicos, em sua opinião, quais os indicadores que melhor revelam a condição financeira do governo sob a perspectiva dos gastos? Explique.

21. Qual a importância de se comparar o crescimento do gasto com o crescimento da receita? Quais as causas possíveis de um crescimento do gasto mais elevado

que o crescimento da receita? Que medidas o governo deve adotar quando o gasto cresce mais rapidamente que a receita?

22. O que você entende por elasticidade e flexibilidade do gasto?

23. Como as prioridades do governo em relação aos gastos são identificadas?

24. Diante do conteúdo apresentado neste capítulo, discuta como cada um dos seguintes tópicos pode ser utilizado para avaliar a qualidade do gasto público: (a) nível da pressão por gastos; (b) necessidades da comunidade; (c) eficiência do gasto público; (d) fatores econômicos; (e) fatores sociais; (f) condições para prestação de serviços; (g) nível de investimentos; (h) crescimento e prioridade dos gastos.

REFERÊNCIAS

ALIJARDE, Maria Isabel Brusca. *Un modelo de información contable para el análisis de la viabilidad financiera en la administración local*. 1995. Tese (Doutorado) – Faculdad de Ciencias Económicas y Empresariales, Universidad de Zaragoza.

AMMAR, Salwa et al. Using fuzzy rule-based systems to evaluate overall financial performance of governments: an enhancement to the bond rating process. *Public Budgeting and Finance*, v. 21, n. 4, p. 91-110, Winter 2001.

_____. Constructing a fuzzy-knowledge-based-system: an application for assessing the financial condition of public schools. *Expert Systems with Applications*, v. 27, n. 3, p. 349-364. Sept. 2004.

BERNE, Robert. *The relationships between financial reporting and the measurement of financial condition*. Norwalk: GASB, 1992.

_____; SCHRAMM, Richard. *The financial analysis of governments*. New Jersey: Prentice-Hall, 1986.

BRASIL. Secretaria do Tesouro Nacional. *Manual de contabilidade aplicado ao setor público*: aplicado à União, aos Estados, ao Distrito Federal e aos Municípios. Ministério da Fazenda, Secretaria do Tesouro Nacional, Ministério do Orçamento e Gestão, Secretaria de Orçamento Federal. 6. ed. Brasília: Secretaria do Tesouro Nacional, Coordenação-Geral de Contabilidade, 2014.

BEROLZHEIMER, Josef. Influences shaping expenditures for operation of state and local governments. *Bulletin of National Tax Association*. 3 parts, p. 170-177; 213-219; 237-244, March/April/May, 1947 apud MULFORD JR., John E. *A public choice model of revenue-expenditure process in local government*. 1978. Tese (Ph.D) – Faculty of the Graduate School of Cornell University, Ithaca.

BRECHT, Arnold. Three topics in comparative administration: organization of government departments, government corporations, expenditures in relation to population. Public Policy 2, p. 289-317, 1941 apud MULFORD JR., John E. *A public choice model of revenue-expenditure process in local government*. 1978. Tese (Ph.D) – Faculty of the Graduate School of Cornell University, Ithaca.

Capítulo 8

BROWN, Ken W. The 10-Point test of financial condition: toward an easy-to-use assessment tool for smaller cities. *Government Finance Review*, v. 9, n. 6, p. 21, Dec. 1993.

_____. Trends in key ratios using the GFOA financial indicators data bases 1989-1993. *Government Finance Review*, v. 12, n. 6, p. 30, Dec. 1996.

CARMELI, Abraham. A conceptual and practical framework of measuring performance of local authorities in financial terms: analyzing the case of Israel. *Local Government Studies*, v. 28, n. 1, p. 21-36, 2002.

CASTRO, C. E. T. *Avaliação da eficiência gerencial de empresas de água e esgotos brasileiras por meio da envoltória de dados (DEA)*. 2003. Dissertação (Mestrado) – Pontifícia Universidade Católica do Rio de Janeiro, Rio de Janeiro.

CESCONETTO, André; LAPA, Jair dos Santos; CALVO, Maria Cristina Marino. Avaliação da eficiência produtiva de hospitais do SUS de Santa Catarina, Brasil. *Cadernos de Saúde Pública*, Rio de Janeiro, v. 24, n. 10, Out. 2008.

CHALOS, Peter. An examination of budgetary inefficiency in education using data envelopment analysis. *Financial Accountability and Management*, Oxford, v. 13, n. 1, p. 55-69, Feb. 1997.

CLARK, Terry Nichols; FERGUSON, Lorna Crowley. *City money*: political process, fiscal strain and retrenchment. New York: Columbia University Press, 1983.

_____; CHAN, James L. Monitoring cities: building an indicator system for municipal analysis. In: CLARK, Terry Nichols et al. *Monitoring local government*: how personal computers can help systematize municipal fiscal analysis. Dubuque, Iowa: Kendall/Hunt, 1990.

CORDERO, J. M. et al. Measuring efficiency in education: an analysis of different approaches for incorporating non-discretionary *inputs. Applied Economics*, London, v. 40, n. 10, p. 1323-1339, 2008.

COSSIO, Fernando Andrés Blanco. *Disparidades econômicas inter-regionais, capacidade de obtenção de recursos tributários, esforço fiscal e gasto público no federalismo brasileiro*. 1998. Dissertação (Mestrado em Economia) – Programa de Pós-Graduação em Economia, Departamento de Economia da Pontifícia Universidade Católica do Rio de Janeiro, Rio de Janeiro.

COELLI, Tim et al. *An introduction to efficiency and productivity analysis*. Boston: Kluwer Academic Publishers, 1998.

COOPER, William W. et al. *Data envelopment analysis*: a comprehensive text with models, applications, references and DEA-solver software. New York: Springer Science, 2007.

CUNHA, Júlio Araújo Carneiro da. *Avaliação de desempenho e eficiência em organizações de saúde*: um estudo em hospitais filantrópicos. 2011. Tese (Doutorado em Administração) – Faculdade de Economia, Administração e Contabilidade, Universidade de São Paulo, São Paulo. Disponível em: <http://www.teses.usp.br/teses/disponiveis/12/12139/tde-01092011-190122/>. Acesso em: 26 fev. 2013.

DAVIS, Otto A.; HAINES JR., George H. A political approach to a theory of public expenditure: the case of municipalities. *National Tax Journal*, v. 19, n. 3, p. 259-275, Sept. 1966.

DEARBORN, Philip M. *Elements of municipal financial analysis*: part III – payment of debt service. Boston: First Boston Corporation, 1977.

DELGADO, V. M. S.; MACHADO, Ana Flávia. Eficiência das escolas públicas estaduais de Minas Gerais: considerações acerca da dualidade do ensino. In: ENCONTRO NACIONAL DE ECONOMIA, ANPEC – Associação Nacional dos Centros de Pós-Graduação em Economia, Rio de Janeiro, ANPEC, 2007. Anais...

DUNCOMBE, William et al. Empirical evaluation of bureaucratic models of inefficiency. *Public Choice*, Leiden, v. 93, n. 1/2, p. 1-18, 1997.

DYSON, R. G. et al. Pitfalls and protocols in DEA. *European Journal of Operational Research*, Amsterdam, v. 132, p. 245-259, 2001.

EDELBERG, Lucy et al. Public expenditures and economic structure in the United States: results of 1934-35. Seminar at the new school for social research under Gehard Colm. Social Research 3, p. 55-77, 1936 apud MULFORD JR., John E. *A public choice model of revenue-expenditure process in local government*. 1978. Tese (Ph.D) – Faculty of the Graduate School of Cornell University, Ithaca.

ENGERT, F. The reporting of school district efficiency: the adequacy of ratio measures. *Public Budgeting and Financial Management*, Boca Raton, v. 8, p. 247-271, 1996.

FABRICANT, Solomon. *The trend of government activity in the United States since 1900*. New York: National Bureau of Economic Research, 1952.

FARIA, Flavia Peixoto; JANNUZZI, Paulo de Martino; SILVA, Silvano José da. Efficiency of municipal expenditure in health and education: an investigation using data envelopment analysis in the state of Rio de Janeiro, Brazil. *Revista da Administração Pública*, Rio de Janeiro, v. 42, n. 1, p.155-177, jan./fev. 2008.

FARRELL, M. J. The measurement of productive efficiency. *Journal of the Royal Statistical Society*, London, Series A, v. 120, n. 3, p. 253-281, 1957.

FERREIRA, Carlos Mauricio de Carvalho; GOMES, Adriano Provezano. *Introdução à análise envoltória de dados*. Viçosa: Editora UFV, 2009.

FISHER, Glenn W. Interstate variation in state and local government expenditure. *National Tax Journal*, v. 17, n. 1, p. 57-74, March 1964.

FISHER, R. C. Income and grants effects on local expenditure: the flypaper effect and other difficulties. *Journal of Urban Economics*, v. 12, n. 3, p. 324-345, 1982.

FONSECA, P. C.; FERREIRA, M. A. M. Investigação dos níveis de eficiência na utilização de recursos no setor de saúde: uma análise das microrregiões de Minas Gerais. *Saúde & Sociedade*, v. 18, n. 2, p. 199-213, 2009.

GARCIA, Ana Cárcaba. Análisis financiero de las entidades locales mediante el uso de indicadores. *Revista Española de Financiación y Contabilidad*, v. XXXII, n. 118, p. 661-692, jul./sep. 2003.

GÓMEZ, Maria Belén Morala; FERNÁNDEZ, José Miguel Fernández. Análisis de entidades públicas mediante indicadores: instrumento de rendición de cuentas y demostración de responsabilidades. *Revista de La Facultad de Ciencias Económicas y Empresariales*, n.2, p. 79-100, 2006.

GRAMLICH, Edward M. Intergovernmental grants: a review of the empirical literature (1977). In: OATES, Wallace E. (Ed.). *The economics of fiscal federalism and local finance*. Cheltenham, UK: Edward Elgar, 1998.

GROVES, Stanford M.; VALENTE, Godsey. *Evaluating financial condition*: a handbook for local government. 4. ed. Revised by Karls Nollenberger. Washington: The International City/County Management Association – ICMA, 2003.

HENDRICK, Rebecca. Assessing and measuring the fiscal health of local governments: focus on Chicago suburban municipalities. *Urban Affairs Review*, v. 40, n. 1, p. 78-114, Sept. 2004.

HIRSCH, Werner Z. *Urban economic analysis*. MacGraw-Hill: New York, 1973.

HOLLINGSWORTH, Bruce; WILDMAN, John. The efficiency of health production: re estimating the WHO panel data using parametric and non parametric approaches to provide additional information. *Health Economics*, v. 12, n. 6, p. 493-504, 2003.

HOWELL, James M.; STAMM, Charles F. *Urban fiscal stress*: a comparative analysis of 66 US cities. Massachusetts: Lexington Books, 1979. Tese (Ph.D) – University of Illinois, Chicago.

LÓPÉZ, Bernardino Benito; CONESA, Isabel Martínez. Análisis de las administraciones públicas a través de indicadores financieros. *Revista de Contabilidad*, v. 5, n.9, p. 21-55, ene./jun. 2002.

MARINHO, Alexandre. Avaliação da eficiência técnica nos serviços de saúde nos municípios do Estado do Rio de Janeiro. *Revista Brasileira de Economia*, v. 57, n.3 p. 515-534, 2003.

MARTÍNEZ, Vicente Pina. Principios de análisis contable em la administración pública. *Revista Española de Financiación y Contabilidad*, v. XXIV, n.79, p. 379-432, abr./jun. 1994.

MEAD, Dean Michael. *An analyst's guide to government financial statements*. Norwalk: GASB, 2001.

MENDES, M. Federalismo fiscal. In: ARVATE, Paulo Roberto; BIDERMAN, Ciro (Org.). *Economia do setor público no Brasil*. Rio de Janeiro: Campus/Elsevier, 2004.

MEYER, Jerome Jay. *Efficiency of fiscal allocations in site-based empowered schools*. 2010. Tese (PhD – Education in Educational Leadership) – University of Nevada, Las Vegas.

MILLER, Gerald. *Fiscal health in New Jersey's largest cities*. Cornwall Center Publications Series, Department of Public Administration, Faculty of Arts and Sciences, June 2001.

MIRANDA, R. B. Uma avaliação da eficiência dos municípios brasileiros na provisão de serviços públicos usando data envelopment analysis. *Boletim de Desenvolvimento Fiscal*, São Paulo: IPEA, v. 3, 2006.

MIRANDA, Rowan A.; PICUR, Ronald D. *Benchmarking and measuring debt capacity*. Chicago: Government Finance Officers Association – GFOA, 2000.

MOAK, Lennox L.; HILLHOUSE, Albert M. *Concepts and practices in local government finance*. Chicago: Municipal Finance Officers Association, 1975.

MULFORD JR., John E. *A public choice model of revenue-expenditure process in local government*. 1978. Tese (Ph.D) – Faculty of the Graduate School of Cornell University, Ithaca.

MUSGRAVE, Richard A; MUSGRAVE, Peggy B. *Public finance in theory and practice*. 3. ed. United States: McGraw-Hill, 1980.

NISKANEN, W. A. Deficits, government spendings and inflation: what is the evidence? *Journal of Monetary Economics*, n. 4, 591-602, Sept. 1978 apud COSSIO, Fernando Andrés Blanco. *Disparidades econômicas inter-regionais, capacidade de obtenção de recursos tributários, esforço fiscal e gasto público no federalismo brasileiro*. 1998. Dissertação (Mestrado em Economia) – Programa de Pós-Graduação em Economia, Departamento de Economia da Pontifícia Universidade Católica do Rio de Janeiro, Rio de Janeiro.

OATES, Wallace. Lump-sum intergovernmental grants have price effects. In: MIESZKOWSKI, P.; OAKLAND, W. H. (Org.). *Fiscal federalism and grants-in-aid*. Washington: Urban Institute, 1979.

PEDROSO, Marcel de Moraes et al. Eficiência relativa da política nacional de procedimentos cirúrgicos eletivos de média complexidade. *Revista de Administração Contemporânea*, Curitiba, v. 16, n. 2, abr. 2012.

PETERSON, George E. et al. Debt. *Urban fiscal monitoring*, Washington: The Urban Institute, p. 1-72, Aug. 1978a.

_____. Tax capacity, expenditure and employment. *Urban Fiscal Monitoring*, Washington: The Urban Institute, p. 1-72, Aug. 1978b.

RAMANATHAN, R. *An introduction to data envelopment analysis*: a tool for performance measurement. New Delhi: Sage Publications, 2003.

RUGGIERO, John.; DUNCOMBE, W.; MINER, J. On the measurement and causes of technical inefficiency in local public services: with an application to public education. *Journal of Public Administration Research & Theory*, Oxford, v. 5, n. 4, p. 403-428, Oct. 1995.

SCARATTI, Dirceu; CALVO, Maria Cristina Marino. Indicador sintético para avaliar a qualidade da gestão municipal da atenção básica à saúde. *Revista de Saúde Pública*, São Paulo, v. 46, n. 3, jun. 2012.

SHAH, Anwar. A practitioner's guide to intergovernmental fiscal transfers. In: BOADWAY, Robin; SHAH, Anwar (Org.). *Intergovernmental fiscal transfers*: principles and practice. Washington: World Bank, 2007.

SOUSA, M. C. S.; CRIBARI-NETO, F.; STOSIC, Borko D. Explaining DEA technical efficiency scores in an outlier corrected environment: the case of public services in Brazilian municipalities. *Brazilian Review of Econometrics*, 2005.

STN, *Manual de contabilidade aplicada ao setor público*: parte I: procedimentos contábeis orçamentários, 6. ed., 2014.

STEISS, Alan Walter. *Local government finance*. Massachusetts: Lexington Books, 1975.

THANASSOULIS, Emmanuel; PORTELA, Maria Conceição A. Silva; DESPIC, Ozren. DEA: The mathematical programming approach to efficiency analysis. In: FRIED, Harold O.; LOVELL, C.A. Kanox; SCHMIDT, Shelton S. (Org.). *The measurement of productive efficiency and productivity growth*. Oxford University Press, 2008.

UNIVERSIDADE FEDERAL DA PARAÍBA – UFPB. Indicadores do desempenho dos gastos públicos (IDGPB), 2014. Disponível em: <http://portal.tce.pb.gov.br/acesso_a_informacao/publicacoes/>. Acesso em: 26 dez. 2014.

VARELA, P. S. *Financiamento e controladoria dos municípios paulistas no setor saúde*: uma avaliação de eficiência. 2008. Tese (Doutorado em Ciências Contábeis) – Pós-Graduação em Ciências Contábeis, Faculdade de Economia, Administração e Contabilidade da Universidade de São Paulo, São Paulo.

Capítulo 8

VERNEZ, Georges. *Delivery of urban public services*: production, cost and demand functions, and determinants of public expenditures for fire, police, and sanitation services. Santa Monica, California: The Rand Corporation, 1976.

ZHU, J. *Quantitative models for performance evaluation and benchmarking*: data envelopment analysis with spreadsheets and DEA Excel Solver. Springer, 2002.

ANÁLISE DA DÍVIDA

Capítulo 9

A análise da dívida dos governos é realizada mediante o exame do fluxo fiscal da receita e do gasto. Logo, se o volume de gastos excede o volume das receitas surge um déficit orçamentário. Esse déficit, segundo argumentos de Herber (1983, p. 437), fornece a precondição fundamental para a criação do fenômeno da dívida na medida em que se constitui em fonte de recurso necessária para atender essa situação orçamentária desfavorável.

Assim, o governo é obrigado a compatibilizar o nível de gastos à capacidade de arrecadação visando manter a dívida em níveis suportáveis, isto é, dar especial atenção às fontes potenciais de recursos para o financiamento do gasto, incluindo o serviço da dívida (amortização da dívida mais juros).

Sob este fundamento, o presente capítulo discute os propósitos da análise da dívida, as finalidades ou razões da dívida, os argumentos teóricos para o surgimento da dívida e a análise do desempenho fiscal da dívida sob o enfoque de três abordagens na literatura atual: abordagem da capacidade de endividamento, abordagem da associação e abordagem comparativa.

9.1 Propósitos da análise da dívida

O propósito da análise do endividamento consiste em determinar o impacto da dívida sobre a condição financeira do governo e a extensão na qual novas dívidas podem ser contraídas, revelando a composição, o nível, a carga, a capacidade, a variação, o limite e a margem da dívida. Assim, a análise da condição financeira sob a perspectiva do endividamento permite responder aos seguintes questionamentos:

    a. qual a capacidade de endividamento do governo?
    b. quanto de endividamento um governo pode suportar?
    c. quanto da capacidade de endividamento do governo está sendo utilizada?
    d. quanto da capacidade de endividamento está reservada para operações de crédito futuras ou qual é a margem da dívida?

Os procedimentos de análise da dívida podem revelar, também, as seguintes situações:

1. inadequações nos procedimentos de gestão do caixa ou controle de gastos;
2. redução da flexibilidade dos gastos devido ao aumento do serviço da dívida;
3. uso de dívida de longo prazo para financiar as operações correntes;
4. aumento ou crescimento inesperado do serviço da dívida;
5. capacidade de endividamento dos governos;
6. margem da dívida ou montante adicional de endividamento que a comunidade pode absorver.

9.2 Finalidades da dívida pública

As fontes de recursos para financiar os gastos dos governos provêm, essencialmente, dos tributos pagos pelos cidadãos. Quando esses recursos não são suficientes para manter a estrutura administrativa do governo e realizar investimentos de infraestrutura, inevitavelmente, o governo se vê obrigado a buscar novas fontes de recursos, inclusive antecipar receitas futuras, ou seja, contrair dívidas para manter o nível de serviços públicos prestados à comunidade.

Dessa forma, a dívida do setor público depende do fluxo de receitas correntes e do tamanho dos gastos do governo. Entretanto, com raras exceções, o déficit orçamentário obtido pelo excesso de gastos em relação às receitas correntes é coberto com fontes provenientes de recursos internos gerados por superávits produzidos em exercícios anteriores. Se, ainda assim, o déficit não for coberto, o gestor poderá buscar recursos com terceiros, dentro dos limites estabelecidos por lei, para financiar a parcela da despesa não coberta, produzindo o endividamento público.

Esse déficit orçamentário não coberto pelas receitas e pelos resultados acumulados provoca necessidades de financiamento que são satisfeitas com operações de crédito a serem contraídas de forma criteriosa para não comprometer a condição financeira do governo. Nesse sentido, Jensen (1939, p. 482) assinala que os empréstimos públicos são benéficos ou prejudiciais de acordo com o uso a que se propõem e somente são justificados diante dos benefícios que produzem. Assim, os planos de financiamento do déficit orçamentário com endividamento devem ser tratados com reservas, porém os planos de financiamento de investimentos com dívidas são considerados relevantes por alavancar a economia local, gerando emprego e renda.

Hayes (1990, p. 47) afirma que o uso da dívida tem importante papel nas finanças públicas modernas, pois pode reduzir o *stress* fiscal dos governos; pode permitir que projetos importantes de capital sejam realizados mais rapidamente; pode proporcionar maior flexibilidade na forma de atender as necessidades públicas; além de fornecer alternativa para atender as demandas por gastos públicos sem aumentar a tributação. Na visão de Jarach (1999, p. 185-197), o endividamento público é um importante mecanismo de financiamento dos gastos do governo destinados à produção de bens e serviços, à redistribuição da renda, à estabilização econômica e ao desenvolvimento econômico e social.

Pelo exposto, a dívida pública está relacionada com o fluxo básico da tributação e do gasto. Logo, se o volume de gastos excede o volume das receitas surge um déficit orçamentário. Tal déficit fornece a precondição fundamental para a criação do fenômeno da dívida. Todavia, enquanto a tributação e o gasto são o núcleo do processo fiscal ou orçamentário, a dívida é simplesmente um meio de atender uma situação orçamentária, denominada de déficit orçamentário. Tanto o fluxo de receitas e gastos, quanto o fluxo da dívida causam efeitos nas funções econômicas básicas de distribuição, estabilização e alocação de diferentes formas, pois são fenômenos essencialmente diferentes, embora inter-relacionados (HERBER, 1983, p. 436-437).

A dívida constitui uma das fontes de recursos fundamentais para o setor público, especialmente quando destinada a investimentos para promover o desenvolvimento econômico. Llera (2003, p. 5) afirma que o endividamento contraído pelos governos é justificado como meio de suficiência financeira e eficiência econômica por garantir a sincronia dos fluxos dos custos com os benefícios, assegurar a equidade na repartição da carga da dívida entre as gerações de contribuintes e conduzir uma política de estabilização com efeito nas taxas de juros, taxas de inflação e crescimento econômico. O autor destaca, ainda, que o endividamento também é utilizado como variável estratégica por parte dos governos, especialmente durante os períodos pré-eleitorais, com o objetivo de maximizar suas possibilidades de reeleição.

Assim, as razões para que os governos incorram em dívidas assentam-se nos propósitos relacionados a seguir.

a. **Cobrir o déficit orçamentário:** esse propósito é visto como uso impróprio da dívida porque receitas futuras são usadas para financiar déficits operacionais, significando que o governo não tem capacidade financeira para autofinanciar suas atividades operacionais. Essa condição somente é aceitável em situações temporárias e emergenciais com o objetivo de estabilizar a condição financeira do governo.

b. **Financiar investimentos de capital:** esse é o propósito principal do endividamento, pois busca proporcionar o desenvolvimento econômico. A dívida contraída para financiar bens de capital proporciona o link entre os benefícios futuros e os custos futuros da dívida, isto é, os custos financeiros da dívida são distribuídos entre as diversas gerações de forma proporcional ao desfrute de bens e serviços.

c. **Financiar gastos emergenciais:** a dívida contraída para financiar gastos emergenciais, como os causados por catástrofes naturais: enchentes, terremotos, seca etc., é justificada porque a receita corrente é insuficiente para financiar a totalidade dos gastos necessários para reparar o estado de calamidade pública declarado.

d. **Financiar atividades geradoras de receita do governo:** certas operações do governo podem produzir receitas, cujos recursos são destinados para a própria manutenção das atividades, como, por exemplo, exploração de atividades econômicas desenvolvidas por empresas públicas. A dívida, nesse caso, pode constituir uma fonte de recurso para projetos de investimentos lucrativos e as receitas provenientes desses projetos são usadas para o pagamento do principal e dos encargos financeiros. Esse tipo de dívida, conhecida como dívida autossustentável (*self-supporting debt*) ou dívida de receita (*revenue debt*), tem tratamento diferenciado em relação aos outros tipos de dívida no momento da análise da condição financeira do governo.

e. **Cobrir temporariamente o desequilíbrio entre receitas e despesas correntes:** os governos, visando suprir insuficiência momentânea de caixa durante o exercício financeiro, podem realizar operações de crédito por Antecipação de Receita Orçamentária (ARO), que serão liquidadas quando efetivada a entrada dessas receitas no caixa da entidade. Destaque-se que, segundo o artigo 38, II, da LRF, o saldo desse tipo de dívida deve ser liquidado até dia 10 de dezembro de cada ano, inclusive juros e outros encargos incidentes.

f. **Refinanciar dívidas pendentes:** o refinanciamento de dívidas contraídas no passado visa mudar as características iniciais dos empréstimos, como reduzir taxas de juros e aumentar a maturidade da dívida por meio de um número maior de parcelas de amortização do principal. Esse tipo de operação é realizado quando estão presentes vantagens para o governo ou quando o bem-estar da condição financeira está ameaçado.

9.3 Argumentos teóricos para o surgimento da dívida

Os motivos que capacitam os governos a fazerem uso da dívida, sob o ponto de vista teórico, têm seus pilares no trabalho de Musgrave (1959), que apresenta os aspectos clássicos da teoria da dívida segundo as funções de alocação, distribuição e estabilização.

Esses três objetivos fiscais são discutidos por Oates (1972), no âmbito da teoria normativa do federalismo fiscal, sob o enfoque da eficiência da centralização ou descentralização do setor público. O autor (1972, p. xiv) inicia sua análise sintetizando que:

> O setor público tem três problemas econômicos primários para resolver se o sistema deve conduzir a um bem-estar ótimo: a realização de melhor distribuição equitativa de renda (o problema da distribuição); a manutenção de altas taxas de emprego com preços estáveis (o problema da estabilização); e o estabelecimento de um padrão eficiente de uso de recursos (o problema da alocação). Esse último problema, a propósito, inclui assegurar que a economia alcance uma alocação eficiente de recursos por meio do tempo ou, em outras palavras, taxa e padrão eficientes de crescimento.[1]

---

[1] *The public sector has three primary economic problems to resolve if the system is to approach a welfare optimum: the attainment of the most equitable distribution of income (the distribution problem); the maintenance of high employment with stable prices (the stabilization problem); and the establishment of an efficient pattern of resource use (the allocation problem). This last problem, incidentally, includes ensuring that the economy achieves an efficient allocation of resources through time or, in other words, an efficient rate and pattern of growth.*

Capítulo 9

Desse modo, a teoria normativa do federalismo fiscal afirma que as funções de estabilização e distribuição atingirão com mais eficiência seus objetivos se forem centralizadas pelo governo nacional, pois somente esse nível de governo tem maior capacidade para produzir nível satisfatório de emprego, manter a estabilidade de preços e realizar melhor distribuição igualitária de renda. Por outro lado, a função de alocação de bens e serviços públicos será mais eficiente se realizada pelo nível de governo mais próximo dos cidadãos que irão se beneficiar desses bens, porque é mais fácil identificar as preferências dos indivíduos e porque as decisões de gastos estão mais correlacionadas com os custos reais.

Destarte, os motivos que habilitam os governos a contraírem endividamento, sob o ponto de vista da teoria clássica, têm propósitos diferentes, segundo as funções de distribuição, estabilização e alocação. Porém, conforme assegura Musgrave (1959, p. 689), a política da dívida pública é vista como dispositivo de estabilização e, em situação mais realística, os objetivos de alocação e distribuição não podem estar divorciados da função de estabilização sob pena de causar problemas.

Nesse sentido, Oates (1972, p. 153) assinala que os empréstimos do governo federal têm propósitos diferentes dos empréstimos dos governos locais. Enquanto o governo federal contrai dívida para ajudar a regular a demanda agregada do setor público, contribuindo para estabilizar a economia em um alto nível de emprego e preços estáveis, os governos locais incorrem em dívida para fornecer bens e serviços de acordo com as preferências dos seus residentes.

Assim, por questão de eficiência na provisão de bens públicos, os governos locais se preocupam fundamentalmente com a função de alocação, deixando para o governo central as políticas fiscais de estabilização e distribuição por envolverem objetivos macroeconômicos. Entretanto, a eficiência da função de alocação exige que se mantenha o equilíbrio econômico. Logo, a escolha dos governos locais em financiar os gastos públicos com tributação ou com empréstimos deve levar em consideração os objetivos da política fiscal do governo central.

Dessa forma, o pressuposto básico da teoria clássica da dívida apoia-se no equilíbrio orçamentário em que o financiamento por tributação é uma fonte necessária para gastos correntes, bem como para investimentos de curta durabilidade, enquanto o financiamento por empréstimo é uma fonte destinada à cobertura de investimentos de longo prazo em que os benefícios se estendem por várias gerações.

Essa regra de equilíbrio, denominada de regra de ouro, é aceita por um amplo consenso na literatura normativa e positiva do endividamento, em torno da convenção de que a carga dos gastos correntes deve ser suportada pela geração presente com o uso da tributação e a carga dos gastos de capital deve ser partilhada pela geração atual e pelas gerações futuras com o uso do endividamento. Assim, para evitar um endividamento excessivo, os gestores precisam atender a regra do orçamento corrente equilibrado, buscando o financiamento por empréstimos apenas para o orçamento de capital. Nessa lógica, surge uma evidente conexão entre os gastos de capital e o endividamento e entre os gastos correntes e a tributação.

Ainda sobre a importância da regra de ouro como instrumento de equidade entre as gerações e de equilíbrio financeiro, Musgrave (1959, p. 691-707) apresenta as seguintes vantagens do financiamento dos investimentos públicos por empréstimos (*pay-as-you-use finance principle* ou simplesmente *PAYUSE*)[2] ao invés de financiá-los integralmente por tributos arrecadados no exercício (*pay-as-you-go finance principle* ou simplesmente *PAYGO*):[3]

a. **Princípio do financiamento por pagamento conforme o uso (*pay-as-you--use*)**: por esse princípio a dívida contraída permite distribuir os custos dos bens adquiridos ao longo de sua vida útil, facilitando a realização de projetos de alto custo e o seu pagamento conforme os benefícios gerados. Nesse caso, os bens adquiridos são de consumo duradouro, como escolas, autoestradas, pontes, praças públicas etc., ou serviços que aumentem a produtividade, como investimento em educação. Assim, como os desembolsos iniciais são altos, os gestores preferem adquirir esses bens por meio de endividamento e resgatar a dívida à medida que a população for usufruindo dos benefícios produzidos ao longo da vida útil dos bens.

b. **Princípio da equidade entre gerações**: de acordo com esse princípio, o pagamento do custo dos bens de capital adquiridos é distribuído entre várias gerações de contribuintes segundo o benefício desfrutado por cada uma delas. O princípio da equidade entre gerações atribui importância e legitimidade ao princípio do financiamento por pagamento conforme o uso. Nesse caso, o endividamento é uma forma de distribuir os custos financeiros entre as diversas gerações de forma proporcional ao desfrute de bens e serviços postos à disposição. Assim, a carga financeira derivada do gasto corrente financiado por tributação é custeada integralmente pela geração presente e a carga financeira dos gastos de capital financiados por endividamento se distribui entre a geração presente e as gerações futuras.

c. **Princípio da redução da fricção tributária**: esse princípio complementa o princípio da equidade entre gerações e apregoa que o financiamento por empréstimos minimiza as flutuações no nível de taxas tributárias decorrentes de flutuações no nível dos gastos públicos, ou seja, o endividamento é preferível

---

[2] *Pay-as-you-use finance principle (PAYUSE)* – princípio do financiamento conforme o uso: refere-se à modalidade de financiamento com o uso de recursos de terceiros em que o governo vai amortizando o principal conforme a vida útil do bem adquirido de acordo com a proporção dos anos de benefícios produzidos para a comunidade.

[3] *Pay-as-you-go finance principle (PAYGO)* – princípio do financiamento com pagamento imediato: refere-se à modalidade de financiamento com base na receita arrecadada durante o exercício. Por esse princípio a geração atual de contribuintes paga integralmente por um bem que será usufruído também pela geração futura sem que esta tenha contribuído com o pagamento das parcelas do custo de aquisição desse bem.

quando a elevação da carga tributária acarreta redução e não aumento na receita do governo (*curva de Laffer*). O'Connor (1977, *passim*), nesse sentido, afirma que o aumento das despesas públicas exige ampliação da base tributária, mas o Estado é obrigado a aumentar os tributos até o limite em que a população suporta pagar, pois um aumento tributário acima da capacidade de pagamento da população provocará evasões tributárias cada vez maiores, oposições políticas organizadas ou outras formas de revoltas tributárias. A partir desse limite de tributação, o desenvolvimento econômico terá que ser financiado por meio da ampliação do endividamento público.

d. **Projetos autoliquidáveis:** por essa abordagem o endividamento é contraído para financiar aqueles bens que autofinanciam a carga financeira da dívida (juros e amortização) sem necessidade de acréscimo considerável no nível futuro das taxas tributárias. Esses projetos autoliquidáveis podem ser definidos de duas formas: (1º) em sentido estrito, como investimentos em empresas públicas que proporcionam um retorno mediante receitas de vendas suficientes para pagar o serviço da dívida; e (2º) em sentido amplo, como projetos de dispêndios que incrementam a produção, o emprego, a renda futura e a base tributária.

e. **Abordagem da formação de capital:** essa abordagem está relacionada com o orçamento de capital e concentra-se na contribuição da política fiscal à formação de capital público e privado na economia. Assim, uma política que visa ao desenvolvimento busca financiar os gastos com impostos arrecadados no exercício (*pay-as-you-go*), por outro lado, uma política que visa fomentar o consumo presente busca financiar os gastos por meio do endividamento (*pay-as-you-use*). Para que haja formação de capital, é necessário que o orçamento corrente seja financiado por impostos, que incidam sobre o consumo presente e produzam uma adição líquida (*superávit*). Além disso, existem vantagens em financiar os gastos com tributos, dentre elas: beneficiar a geração presente, pois foi ela quem pagou os tributos atuais arrecadados; atribuir maior autonomia financeira ao ente governamental; e produzir superávit financeiro.

9.4 Análise do desempenho fiscal da dívida

A análise do desempenho da dívida dos governos, tradicionalmente, de acordo com Wassmer e Fisher (2010, p. 9-10), operacionaliza-se mediante a comparação do estoque ou nível da dívida com várias medidas da situação fiscal e econômica do governo. Nesse intuito, a literatura sugere três abordagens alternativas para a análise do desempenho da dívida:

1. **capacidade de endividamento (*debt affordability*):** a operacionalização dessa abordagem busca responder se existem ou existirão recursos suficientes para

pagar o custo da dívida. Nesse intuito, devem-se avaliar dois importantes fatores: o nível de recursos disponíveis ou a reserva de receita e a pressão por gastos ou necessidades da comunidade;
2. **comparação do endividamento (*debt comparability*)**: essa abordagem avalia a magnitude da dívida por meio da comparação de várias medidas da dívida de um governo com outros governos que possuam características econômicas, políticas, geográficas e populacionais similares, ou seja, compara os resultados de indicadores obtidos com o uso da abordagem da capacidade de endividamento de uma jurisdição com os resultados de indicadores de diversas jurisdições visando estabelecer um *benchmarking*; e
3. **otimização da dívida (*debt optimality*)**: essa abordagem busca encontrar um *mix* ótimo entre tributação e dívida de modo a atender a demanda dos cidadãos por serviços públicos e financiar os custos desses serviços com um nível apropriado de endividamento.

Estudos com enfoque nessas abordagens vêm sendo desenvolvidos. Na abordagem da capacidade de endividamento, destacam-se os trabalhos de Mitchell (1967), Berne e Schramm (1986); Ramsey *et al.* (1988); Groves e Valente (2003); Brecher et al. (2003); Hildreth (2005); Wang (2009); Kriz (2010). Sobre a abordagem da otimização, a literatura mostra os trabalhos de Rolph (1957); Wagner (1970); Collins (1977); Breton (1977); Barro (1979); Sullivan (1979); Temple (1994); Brooks (2005). Quanto à abordagem da comparação do endividamento, destacam-se os estudos de Miranda e Picur (2000); Hildreth e Miller (2002).

9.4.1 Abordagem da capacidade de endividamento

A capacidade de endividamento (*debt capacity* ou *debt affordability*) representa o limite máximo de endividamento que um governo pode, prudentemente, suportar sem provocar aumento da carga tributária, corte de gastos e inadimplemento (*default*) no pagamento do serviço da dívida.

Assim, conforme esclarecem Brecher et al. (2003, p. 75), a capacidade de endividamento deve ser julgada no contexto dos recursos disponíveis na economia para servir à dívida, destacando a renda e a população. Nessa mesma direção, Somers (1952, p. 434-438) reconhece que para estimar a capacidade de endividamento de um governo é necessário levar em consideração alguns conceitos econômicos fundamentais, como: a riqueza dos indivíduos, a população e a renda da comunidade.

Wassmer e Fisher (2010, p. 10) ensinam que a mensuração da capacidade de endividamento deve ser realizada sob o ponto de vista dos residentes da localidade e sob o ponto de vista do governo. Sob a perspectiva dos residentes de uma jurisdição, busca-se saber se a carga dos tributos que eles estão dispostos a pagar é suficiente para cobrir os custos que a dívida provoca. Já sob o ponto de vista do governo, a questão é saber se os recursos remanescentes, depois de retirada a parcela para servir os custos da dívida, é suficiente para atender as demandas por serviços públicos.

Dessa forma, a capacidade de endividamento de um governo é medida pelos recursos potenciais da comunidade e pela condição financeira do governo. Entretanto, determinar precisamente a capacidade de endividamento não é uma tarefa fácil uma vez que ela varia de acordo com certas características do governo, tais como: a capacidade fiscal, o potencial de crescimento dos recursos, as condições econômicas, os recursos disponíveis para amortizar a dívida, a pressão por gastos e a disposição das instituições financeiras em emprestar dinheiro para o governo. Porém, mesmo diante dessa dificuldade, a capacidade de endividamento pode ser aproximada mediante identificação e incorporação dessas características dentro de modelos quantitativos de mensuração (BERNE; SCHRAMM, 1986, p. 230).

Silva (1976, p. 161) conceitua a capacidade de endividamento segundo o limite legal de endividamento. Na concepção da autora, "a capacidade de endividamento de um governo refere-se à sua capacidade político-financeira de contrair novo endividamento face ao já existente, de modo que a sua dívida não ultrapasse a limites preestabelecidos".

Nessa mesma linha de entendimento, Ramsey e Hackbart (1996 *apud* DENISON; HACKBART, 2006, p. 318) afirmam que:

> A capacidade de endividamento pode ser entendida como o nível de endividamento e/ou nível do serviço da dívida em relação às receitas correntes (ou limite da dívida) que uma entidade emitente poderá suportar sem criar restrições orçamentárias indevidas que impeçam sua habilidade em atender aos pagamentos do serviço da dívida em tempo hábil.[4]

Nesse sentido, Hildreth (2005, p. 17) afirma que a capacidade de endividamento representa o montante de financiamento que o Estado pode obter segundo certas restrições legais sem estender além dos limites usuais o prazo de pagamento de suas obrigações. A autora acrescenta que a capacidade de endividamento é uma medida da extensão da dívida adicional que o governo pode obter no futuro dado o atual nível de endividamento.

Todavia, a capacidade de endividamento e o limite legal de endividamento diferem por estar a primeira relacionada com a solvência do governo e o segundo com restrições legais mediante a fixação de um teto estabelecido por lei. A respeito dessa distinção, Denison et al. (2006, p. 23-24) afirmam que o limite de endividamento prescreve o montante máximo de dívida que o governo pode obter, enquanto a capacidade de

---

4 *Debt capacity can be conceived of as the level of debt and/or debt service relative to current (or debt ceiling) that an issuing entity could support without create undo budgetary constraints that might impair the ability of the issuer to repay bonds outstanding or make timely debt service payments.*

endividamento está relacionada com a habilidade do governo em sustentar alto nível de dívida no longo prazo sem que haja impacto negativo no *rating* de crédito e no custo dos empréstimos.

Assim, conforme complementam os autores, não há um *link* direto entre limite da dívida e capacidade da dívida. O limite pessoal de cartão de crédito de um indivíduo e a capacidade pessoal para o crédito são boas analogias para entender o limite legal de endividamento e a capacidade de endividamento. O limite pessoal de cartão de crédito é determinado pela companhia de cartão de crédito que não é necessariamente igual à capacidade do indivíduo em obter empréstimos. Logo, o montante que um indivíduo pode prudentemente tomar emprestado pode ser maior ou menor que o limite imposto.

Nesse sentido, Berne e Schramm (1986, p. 230-231) supõem que, se existisse um governo com recursos ilimitados à sua disposição para atender suas obrigações financeiras e se existisse um número ilimitado de potenciais emprestadores, então o governo teria capacidade ilimitada de endividamento e capacidade ilimitada para obter empréstimos. Todavia, essa situação não constitui uma realidade, pois os governos enfrentam capacidade limitada para contrair dívidas, uma vez que dependem da capacidade de pagamento, do montante da dívida corrente e da disposição das instituições financeiras em emprestar. Assim, quanto maior a parcela de recursos disponíveis para liquidar a dívida, maior a capacidade de endividamento. Por outro lado, quanto maior a parcela de recursos destinada ao pagamento das despesas correntes, menor a capacidade de endividamento.

Desse modo, o desafio do governo central consiste em projetar e implementar políticas de gerenciamento da dívida, bem como estabelecer procedimentos para auxiliar nas decisões de financiamento, a fim de assegurar que as dívidas existentes e as que venham a ser contraídas no futuro sejam vistas pelas agências de rating e pelo mercado financeiro como suportáveis pelo governo (DENISON; HACKBART, 2006, p. 318).

Conforme visto em Ramsey *et al.* (1988) e Kriz (2010), a literatura empírica mostra que a abordagem da capacidade de endividamento pode ser analisada, basicamente, por três enfoques: (*i*) abordagem do teto da dívida (*debt ceiling approach*); (*ii*) abordagem da associação (*regression approach*); e (*iii*) abordagem comparativa (*benchmarking approach*).

A seguir serão discutidos mecanismos de análise da capacidade de endividamento tendo por base os fundamentos da abordagem do teto da dívida. Essa abordagem é operacionalizada com o uso de indicadores da dívida que, em seguida, são comparados com padrões ou sinais de alerta estabelecidos empiricamente. Assim, o desempenho da dívida é avaliado da forma mais simples, relacionando apenas duas informações: uma medida da dívida como numerador e alguma medida da situação econômica e fiscal como denominador.

Capítulo 9

Essa abordagem de análise da dívida, segundo Berne e Schramm (1986, p 380), pode ser operacionalizada por meio de dois grupos de indicadores: (1) indicadores com base em estoques financeiros e (2) indicadores com base em fluxos financeiros. O primeiro grupo compara o nível da dívida pendente com variáveis de recursos da comunidade, tais como valor das propriedades tributáveis, população, renda pessoal, PIB e capacidade fiscal. O segundo grupo compara o serviço da dívida com diferentes medidas da receita: receita total, receita própria e receita de imposto sobre a propriedade.

Na visão de Kavanagh (2007, p. 146), esses dois grupos de indicadores permitem avaliar o desempenho da dívida sob duas perspectivas: (i) perspectiva do impacto orçamentário e (ii) perspectiva da capacidade de pagamento da comunidade. A primeira perspectiva está relacionada com os indicadores de estoques financeiros e ajuda a determinar o impacto da dívida nos recursos orçamentários operacionais disponíveis, sendo focada dentro da organização, pois é centrada na capacidade do governo em manter os níveis de serviços ano a ano. A segunda perspectiva está relacionada com os indicadores de fluxos financeiros e considera a aptidão da comunidade para suportar mais endividamento, sendo voltada para fora da organização para captar a capacidade da comunidade em suportar carga adicional de endividamento.

De acordo com a abordagem do teto da dívida, os procedimentos de análise do desempenho fiscal da dívida segundo a capacidade de endividamento consistem em quatro passos:

1. identificar o *status quo* da dívida;
2. calcular os indicadores da dívida com base em estoques financeiros ou de capacidade de pagamento;
3. calcular os indicadores da dívida com base em fluxos financeiros ou de impacto orçamentário; e
4. comparar os indicadores com padrões estabelecidos.

9.4.1.1 Identificar o *status quo* da dívida

Identificar o *status quo* da dívida significa determinar o estado atual da dívida quanto à natureza, à maturidade e ao nível.

Sobre a natureza da dívida, Kavanagh (2007, p. 147), bem como Groves e Valente (2003, p. 79), afirma que é importante separar a dívida total do governo em duas partes: a dívida do governo (*net direct debt* ou *current general debt*)[5] e a dívida autogarantida (*self-supporting debt* ou *revenue debt*).[6] A primeira está relacionada com os fundos governamentais, cuja amortização depende de fontes obtidas por meio da arrecadação de tributos e transferências governamentais correntes. A segunda está relacionada com

---

5   Dívida direta líquida ou dívida corrente geral.
6   Dívida autogarantida ou dívida com garantia da receita.

ANÁLISE DA DÍVIDA

os fundos proprietários (fundos empresariais e de serviços internos) que obtêm receita própria por meio de atividades econômicas desenvolvidas pelo governo.

Ainda sobre a natureza da dívida, é fundamental identificar que tipos de operação de crédito com terceiros devem ser considerados no seu montante. Nesse aspecto, o artigo 29, inciso III, da LRF especifica as operações de crédito que compõem a dívida consolidada do governo, *in verbis*:

> Art. 29. Para os efeitos desta Lei Complementar, são adotadas as seguintes definições:
>
> [...]
>
> III – operação de crédito: compromisso financeiro assumido em razão de mútuo, abertura de crédito, emissão e aceite de título, aquisição financiada de bens, recebimento antecipado de valores provenientes da venda a termo de bens e serviços, arrendamento mercantil e outras operações assemelhadas, inclusive com o uso de derivativos financeiros.

Quanto à maturidade da dívida, Berne e Schramm (1986, p. 240) destacam que é importante segregar a dívida de curto prazo da dívida de longo prazo.

A dívida de curto prazo ou dívida flutuante é aquela contraída pelo governo por um breve período de tempo para prover necessidades momentâneas de caixa para atender gastos imprevistos ou atraso no recebimento das receitas correntes. Integram a dívida flutuante:

a. **os restos a pagar:** representam o montante das despesas empenhadas e liquidadas, mas não pagas até 31/12;
b. **os serviços da dívida a pagar:** refletem o montante a pagar dos juros e principal da dívida fundada ou consolidada vencido no exercício;
c. **os débitos de tesouraria:** referem-se a compromissos financeiros assumidos por empréstimos tomados por Antecipação da Receita Orçamentária (ARO) para atender ao descompasso entre a arrecadação das receitas e a exigência para pagamento das despesas;
d. **os depósitos:** compostos de recursos recebidos de terceiros por meio de cauções, fianças ou consignações.

A dívida de longo prazo, conhecida como dívida fundada ou consolidada, representa obrigações exigíveis acima de 12 meses e que dependem de autorização legislativa para amortização e resgate. Essas dívidas são contraídas no país (dívida interna) ou nas

Capítulo 9

instituições financeiras no exterior (dívida externa), especialmente para o financiamento de bens de infraestrutura ou para cobertura de déficits orçamentários.

A LRF, no seu artigo 29, inciso I, conceitua dívida pública consolidada ou fundada como "montante total, apurado sem duplicidade, das obrigações financeiras do ente da Federação, assumidas em virtude de leis, contratos, convênios ou tratados e da realização de operações de crédito, para amortização em prazo superior a doze meses". O § 3º do referido artigo declara que "também integram a dívida pública consolidada as operações de crédito de prazo inferior a doze meses cujas receitas tenham constado do orçamento".

O Senado Federal, por meio do artigo 1º, inciso III, da Resolução 40/2001, adota o conceito de dívida pública consolidada como:

> Montante total, apurado sem duplicidade, das obrigações financeiras, inclusive as decorrentes de emissão de títulos, do Estado, do Distrito Federal, ou do Município, assumidas em virtude de leis, contratos, convênios ou tratados e da realização de operações de crédito para amortização em prazo superior a 12 (doze) meses, dos precatórios judiciais emitidos a partir de 5 de maio de 2000 e não pagos durante a execução do orçamento em que houverem sido incluídos, e das operações de crédito, que, embora de prazo inferior a 12 (doze) meses, tenham constado como receitas no orçamento.

Outro importante conceito apresentado pela LRF diz respeito à Dívida Consolidada Líquida (DCL) representada pela Dívida Consolidada (DC) deduzidos as disponibilidades de caixa, as aplicações financeiras e os demais haveres financeiros. A DCL é utilizada como parâmetro de controle para o limite legal de endividamento.

Finalmente, o nível da dívida representa a magnitude da dívida fundada ou consolidada, também denominada de estoque da dívida ou dívida pendente (*outstanding debt*). Assim, logo que o exercício financeiro é concluído, os serviços de contabilidade apuram o montante da dívida fundada ou consolidada e o inscrevem no passivo não circulante, reconhecendo o nível da dívida de longo prazo. Esse montante levantado e consolidado reflete a capacidade de endividamento utilizada, decorrente de decisões de financiamento dos gastos públicos.

9.4.1.2 Indicadores com base em estoques financeiros

Esses indicadores, também denominados de indicadores da capacidade de pagamento da dívida, buscam relacionar o nível da dívida com alguma medida que represente a capacidade de pagamento do governo, tais como: a população, a renda pessoal total, o valor das propriedades tributáveis, a receita corrente, o PIB e a capacidade fiscal. Os principais indicadores dessa categoria, encontrados na literatura, são demonstrados no Quadro 9.1.

ANÁLISE DA DÍVIDA

Quadro 9.1   Indicadores da dívida com base em estoques financeiros ou de capacidade de pagamento

REF.	INDICADORES	FÓRMULA	PRINCIPAIS ESTUDOS
a	CARGA DA DÍVIDA		Aronson e Schwartz (1976); Groves e Valente (2003); Berne e Schramm (1986); Berne (1992); Mead (2001); García (2003); Brown (1993, 1996); López e Conesa (2002); Alijarde e López (2001), López et al. (2004); Peterson et al. (1978); Bowman e Calia (1997); Howell e Stamm (1979); Clark e Chan (1990); Miller (2001); Ammar et al. (2001, 2004); Miranda e Picur (2000); Alijarde (1995); Zehms (1991).
a1	Dívida per capita	$\dfrac{\text{Dívida consolidada}}{\text{População}}$	
a2	Juros per capita	$\dfrac{\text{Juros da dívida}}{\text{População}}$	
a3	Serviço da dívida per capita	$\dfrac{\text{Amortização + juros da dívida}}{\text{População}}$	
a4	Peso relativo da dívida	$\dfrac{\text{Dívida consolidada}}{\text{PIB, ou renda da comunidade, ou valor das propriedades}}$	
b	COBERTURA DA DÍVIDA	$\dfrac{\text{Dívida consolidada}}{\text{Resultado primário}}$	
c	GRAU DE ENDIVIDAMENTO	$\dfrac{\text{Dívida consolidada}}{\text{Receita Corrente Líquida}}$	Groves e Valente (2003); Berne e Schramm (1986); Berne (1992); Mead (2001); García (2003); López e Conesa (2002); Alijarde e López (2001); Ingram et al. (1991); Gómez e Fernández (2006).
d	VARIAÇÃO DA DÍVIDA	Dívida do exercício atual – dívida do exercício anterior/ dívida do exercício anterior	Aronson e Schwartz (1976); López et al. (2004); Bowman e Calia (1997); Aronson e King (1978)
e	DESTINAÇÃO DA DÍVIDA	$\dfrac{\text{Investimentos no exercício}}{\text{Dívida do exercício}}$	Aronson e Schwartz (1976); Alijarde (1995); García (2003); Howell e Stamm (1979)

a. **Carga da dívida:** a carga da dívida é uma medida da capacidade de endividamento utilizada para quantificar o uso da dívida. Assim, se os indicadores da carga da dívida apresentam resultados muito altos, isso significa que o governo é avaliado com alta carga de endividamento, indicando que ele terá problemas para obter novos empréstimos e/ou liquidar os existentes.

Todavia, Howell e Stamm (1979, p. 70) asseveram que carga alta da dívida não necessariamente pode ser considerada como adversa à estabilidade financeira de uma cidade porque, quando um endividamento alto está relacionado diretamente com importantes investimentos públicos de infraestrutura, os investimentos privados, também, devem crescer e como resultado há o crescimento da economia (alavancagem financeira). Os autores afirmam, ainda, que em cidades com população superdependente (indivíduos abaixo de 18 anos e acima de 65 anos) e alta densidade populacional, os gastos de capital são maiores, seguidos por rápido crescimento do endividamento. Entretanto, quando a condição econômica piora em cidades com poucos problemas sociais e baixa densidade populacional, o endividamento tende a se reduzir.

Assim, quanto de endividamento pode, prudentemente, um governo contrair? Como o governo pode detectar o ponto no qual a carga de sua dívida se torna indesejável? Respondendo a esses questionamentos, Studensky (1937, p. 72-73) afirma que a capacidade de os governos suportarem suas cargas de endividamento dependerá da distribuição de riqueza entre a população, da natureza e eficácia do sistema tributário e da qualidade do governo em geral. O autor, analisando a experiência comparada entre Municípios e Estados do mesmo tamanho com variados indicadores de dívida *per capita*, dívida/valor das propriedades e dívida/receita, concluiu que a carga máxima da dívida suportável deve ser próxima de 10 por cento do valor das propriedades.

Logo, a carga da dívida dos governos deve fundamentar-se naturalmente pelas condições econômicas da localidade. Assim, a carga da dívida suportável de um governo é aquela que estabelece relação com a riqueza da comunidade, mantendo estável a sua solvência financeira.

Pelo exposto, o atributo com o qual a dívida deva ser comparada para medir sua carga sempre traz relação com os recursos garantidores do seu pagamento. No setor privado, o atributo representativo do pagamento da dívida é o valor dos ativos respaldado pelo imobilizado e pelos benefícios que eles produzem, daí o uso da relação dívida/ativo total ou dívida/patrimônio líquido para representar a carga da dívida de uma empresa. Todavia, no setor público a garantia da dívida está relacionada com a capacidade de pagamento do governo que se traduz por meio dos seus recursos potenciais, daí o uso das relações dívida/receita corrente, dívida/renda, dívida/valor das propriedades tributáveis, dívida/população e dívida/PIB. Sobre esse assunto, destaque-se o entendimento de Musgrave (1959, p. 696):

> A finalidade das finanças empresariais é elevar o valor líquido, mas tal não é o caso quanto às finanças governamentais. Os bens de uma empresa constituem a garantia para o pagamento de suas dívidas, porém esse raciocínio não se aplica aos bens do governo. A solvência governamental depende dos poderes produtivos da economia e da capacidade tributável que abrangem. Os bens de posse do governo têm pouco, se realmente tiverem, a ver com o assunto.

Nessa mesma linha de entendimento, O'Connor (1977, p. 191) esclarece que enquanto o capital privado toma empréstimos para aumentar seus lucros e, portanto,

ANÁLISE DA DÍVIDA

pagar a dívida diretamente, o Estado toma empréstimos para aumentar o capital social, exercendo influência sobre a sua capacidade de pagar as dívidas indiretamente na medida em que o crescimento do capital social acelera a acumulação privada, o emprego, os salários, os lucros e a base tributária. De fato, a garantia dos empréstimos estatais está no poder tributário e na capacidade de ampliar a base tributária mediante o crescimento do Produto Interno Bruto.

Enfim, a carga da dívida de um governo somente pode ser mensurada quando se compara o montante da dívida com algum atributo, como a riqueza ou a renda da população, o tamanho do orçamento do governo ou outros fatores correlatos, pois o tamanho da dívida, por si só, não indica sua carga.

Os principais indicadores para medir a carga da dívida são: dívida *per capita*, juros *per capita*, serviço da dívida *per capita*, peso relativo da dívida e cobertura do serviço da dívida.

a1. **Dívida *per capita*:** esse indicador mede o tamanho da dívida relativamente ao tamanho do governo, expressando a dívida que corresponde a cada um dos cidadãos. Traz a ideia de que a capacidade do governo para gerar receita e pagar a dívida está relacionada com o tamanho da população, representando o montante de impostos que cada um dos cidadãos terá que pagar no futuro para liquidar a dívida contraída. Clark e Chan (1990, p. 121), nesse sentido, explicam que quanto maior a população, maior o montante da renda pessoal e da riqueza sujeita a tributação para pagar o serviço da dívida. Assim, se a população se estabiliza ou declina enquanto o endividamento aumenta, a capacidade de pagamento do governo torna-se insuficiente para liquidar a dívida. Bernstein (1996, p. 652) considera que uma dívida *per capita* igual ou inferior a 400 dólares é considerada baixa, mas uma dívida *per capita* em torno de 900 a 1.000 dólares é considerada excessiva e, portanto, um fator negativo.

a2. **Juros *per capita*:** esse indicador mostra quanto dos juros da dívida corresponde a cada um dos cidadãos. Expressa a mesma ideia do indicador da dívida *per capita*.

a3. **Serviço da dívida *per capita*:** esse indicador revela quanto de juros mais as parcelas de amortização da dívida correspondem a cada um dos cidadãos, expressando o mesmo sentido do indicador da dívida *per capita*.

a4. **Peso relativo da dívida:** esse indicador permite conhecer o esforço que uma economia realiza para atender ao pagamento da dívida, expressando a ideia de que a riqueza produzida pela economia, a renda gerada pela população, o potencial do governo em explorar receita adicional e os tributos sobre a propriedade e sobre os serviços são fontes de recursos potenciais com os quais contam os governos para pagar a dívida pública.

Capítulo 9

Bahl e Duncombe (1993, p. 31) ensinam que o denominador do indicador da carga da dívida é o recurso disponível para o governo pagar o principal e os juros da sua dívida, sendo de concordância geral que a medida usada deve refletir a capacidade fiscal ou capacidade de receita da comunidade. Assim, é possível construir indicadores do peso relativo da dívida tendo como denominadores: (i) o valor das propriedades tributáveis; (ii) as receitas; (iii) a renda da comunidade representada pelo PIB ou pela renda pessoal; e (iv) outros fatores que sejam considerados como representantes da carga máxima da dívida que os governos, com as mesmas características e do mesmo tamanho, possam suportar.

Aronson e King (1978, p. 154-155) declaram que, com o objetivo de mensurar a tensão fiscal dos governos, o serviço da dívida deve estar relacionado com as medidas de capacidade de pagamento do governo, tais como a receita total, a receita própria e a renda pessoal.

Contudo, a relação dívida/PIB é o indicador mais utilizado para medir a carga da dívida. Uma relação elevada e crescente da dívida em relação ao PIB indica que o governo terá dificuldades para pagar o estoque da dívida no futuro ou mesmo refinanciá-la. Para manter essa relação estável o governo precisa gerar superávits primários ao longo dos anos a fim de pagar, pelo menos, os juros incidentes sobre a dívida pública contraída.

Groves e Valente (2003, p. 80) e Aronson e Schwartz (1976, p. 409), ao tratar dos indicadores da carga da dívida, relacionam os seguintes sinais de alerta para que os gestores reavaliem o montante da dívida pendente:

a. quando o endividamento geral ultrapassar 10% do valor das propriedades;
b. quando houver um aumento de 20% do endividamento do ano anterior como percentagem do valor de mercado das propriedades;
c. quando a dívida *per capita* superar 15% da renda pessoal *per capita*;
d. quando o endividamento exceder 90% do montante da dívida autorizado por lei.

Bernstein (1996, p. 652) considera que a dívida como percentagem do valor de mercado das propriedades tributáveis é um indicador importante e que um resultado de 10% é percentual alto, sendo um percentual de 3% a 5% considerado baixo.

b. **Cobertura da dívida:** esse indicador mostra a relação entre a dívida consolidada do governo e o resultado primário, expressando o número de anos que deverá transcorrer para que a entidade pague todo o estoque da dívida. Uma relação muito alta desse indicador indica que os orçamentos da entidade serão sobrecarregados por vários anos com uma carga financeira relativa à amortização e juros da dívida.

López e Conesa (2002, p. 31) afirmam que esse indicador é fundamental para analisar a sustentabilidade das finanças públicas na medida em que expressa o prazo médio

ANÁLISE DA DÍVIDA

da dívida viva, o qual deverá ser igual ou maior que os anos que teoricamente se necessitam para fazer frente à liquidação de toda a dívida pendente com o resultado primário.

c. **Grau de endividamento:** o grau de endividamento mostra o comprometimento da arrecadação operacional do governo para com o pagamento da dívida, relacionando o saldo da dívida pendente (dívida consolidada) com a Receita Corrente Líquida do exercício, permitindo determinar quantas vezes a entidade deve utilizar essa fonte de recursos para devolver todo estoque da dívida de curto e longo prazo.

Ao tratar desse indicador, Ingram et al. (1991, p. 78) afirmam que o tamanho da dívida em relação à base de recursos do governo é uma medida relevante para avaliar a magnitude do endividamento. Assim, quanto maior o resultado desse indicador, maior é o nível de endividamento em relação à capacidade da entidade em obter recursos operacionais e, portanto, mais anos serão necessários para amortizar a dívida. Nesse sentido, quanto maior o nível de endividamento, maiores restrições a entidade terá no futuro diante de novas necessidades de endividamento.

No setor privado, o grau de endividamento é obtido dividindo-se o montante da dívida pelo ativo total, uma vez que as dívidas estão respaldadas pelo imobilizado e pelos benefícios que os ativos produzem. Entretanto, no setor público, especialmente nas atividades dos fundos governamentais, apenas as receitas correntes garantem as dívidas contraídas, visto que os bens públicos não geram benefícios financeiros e não podem ser dados como garantia por estarem afetados à prestação de serviços à comunidade (LÓPEZ; CONESA, 2002, p. 53). Nesse sentido, Martínez (1994, p. 396) já afirmava que a forma mais eficaz de avaliar a solvência de uma entidade pública consiste em analisar a composição de seus gastos e ingressos orçamentários em vez de estudar a estrutura do passivo em relação aos itens patrimoniais, como é de costume no setor privado.

d. **Variação da dívida:** esse indicador mostra a evolução da dívida ao longo dos anos, revelando o crescimento ou declínio do endividamento do governo. Essa variação pode ser explicada por vários fatores, dentre eles o déficit orçamentário e a necessidade de financiamento.

Peterson et al. (1978, p. 24) afirmam que um dos indicadores mais seguros para mensurar problemas fiscais é o forte crescimento no volume dos empréstimos de curto prazo a liquidar. Já um forte crescimento contínuo do endividamento de longo prazo revela a possibilidade de a dívida estar sendo usada no lugar da receita tributária para equilibrar o orçamento corrente. Assim, uma avaliação da tendência da dívida deve revelar muito mais sobre o endividamento do que apenas a análise da posição da dívida de um único exercício.

Capítulo 9

A tendência crescente da dívida de curto prazo é considerada por muitos *experts* como o melhor indicador de previsão de problemas financeiros (ARONSON; KING, 1978; BOWMAN; CALIA, 1997).

e. **Destinação da dívida:** esse indicador mede em termos relativos a destinação da dívida do exercício para a realização dos investimentos. Uma relação investimentos/dívida do exercício menor do que 1 significa que o endividamento de longo prazo foi utilizado para financiar atividades operacionais, podendo comprometer a condição financeira do governo. Uma relação maior do que 1 significa que a entidade realizou investimentos com dívida e recursos próprios.

Esse indicador, segundo Howell e Stamm (1979, p. 70), representa o grau de alavancagem que os gastos de capital realizados pelo setor público com assunção de dívida provocam no nível de investimento realizado pelo setor privado. Em outras palavras, a estabilidade financeira de um governo não é afetada diante de um endividamento alto quando destinado a importantes investimentos públicos de infraestrutura, pois os investimentos privados, também, devem crescer e como resultado há o crescimento da economia, isto é, os gastos de capital no setor público podem estimular ou alavancar os investimentos do setor privado.

A destinação da dívida para propósito específico, especialmente para projetos de investimentos, é conhecida na literatura do endividamento público como regra de ouro. Esse controle quantitativo exerce uma posição fundamental como regra restritiva ao endividamento excessivo, na medida em que procura evitar que o endividamento seja utilizado para pagar despesas de custeio, principalmente despesas com pessoal.

Kopits (2001, p. 12) conceitua a regra de ouro sob a perspectiva do princípio da equidade entre as gerações, como um equilíbrio operacional para que os contribuintes em cada período de tempo paguem pelos custos (depreciação mais juros) dos ativos de capital dos quais eles obtêm benefícios em cada período. Assim, os governos somente devem contrair empréstimos para pagar investimentos que beneficiarão futuras gerações e não para financiar despesas correntes.

Conforme Ter-Minassian (1997, p. 11), a regra de ouro é comum em países industrializados como Alemanha, Suíça e a maioria dos Estados americanos. Contudo, Hagen e Eichengreen (1996, p. 135) esclarecem que, dependendo do país, essa regra pode ser fraca ou forte. Segundo os autores, a regra de ouro é fraca quando, simplesmente, exige que o déficit produzido não seja maior que os investimentos; por outro lado, a regra de ouro é forte quando reforça que o déficit não supere os investimentos, separando formalmente o déficit do orçamento corrente do déficit do orçamento de capital e limitando a fungibilidade dos recursos, ou seja, que recursos de capital não sejam destinados para financiar os gastos correntes.

Dafflon e Madiès (2011, p. 58) entendem que a regra de ouro envolve não somente a premissa de que a dívida seja destinada a investimentos, mas também aos gastos futuros que uma decisão de endividamento provoca, como, por exemplo, gastos com juros e amortização dos empréstimos, gastos com manutenção dos bens de capital produzidos e custos operacionais com novas funções de governo. Esse conceito, segundo os autores, é articulado pelas seguintes fórmulas em que realça o propósito da regra de ouro e do equilíbrio orçamentário:

$$\Delta I = \Delta B + F$$

$$\Delta B = \frac{S - [(M + E) - (R + O)] \times 100}{i + d}$$

Em que:
ΔI – novo investimento;
ΔB – capacidade de empréstimos para o novo investimento;
F – outros fundos de recursos adicionais possíveis para o investimento;
S – orçamento corrente equilibrado;
M – custos operacionais do novo investimento;
E – gasto anual futuro por função de governo;
R – receita possível a ser obtida com o novo investimento;
O – transferências correntes de outras esferas de governo;
i – taxa de juros do empréstimo;
d – taxa de amortização do empréstimo.

No Brasil, a regra de ouro é estabelecida no artigo 167, inciso III, da Constituição Federal, ao proibir "a realização de operações de créditos que excedam o montante das despesas de capital, ressalvadas as autorizadas mediante créditos suplementares ou especiais com finalidade precisa, aprovados pelo Poder Legislativo por maioria absoluta". Essa regra de limitação ao endividamento foi reforçada pela LRF no § 2º do artigo 12, ao estabelecer que "o montante previsto para as receitas de operações de crédito não poderá ser superior ao das despesas de capital constantes do projeto de lei orçamentária". Esses dispositivos criam, portanto, sério obstáculo à utilização de operações de crédito para financiar despesas correntes, bloqueando a possibilidade de obtenção de financiamentos para essas, mesmo existindo capacidade de endividamento.

Assim, essa restrição ao endividamento afigura-se como imposição de teto para a realização de operações de crédito de longo prazo (operação de crédito ≤ despesas de capital), sendo extremamente salutar para o equilíbrio orçamentário na medida em que busca coibir o crescimento injustificado do endividamento público.

Capítulo 9

Destaque-se que, no processo de identificação do valor total dos investimentos, deve ser eliminada a parcela financiada com recursos a fundo perdido, provenientes de outras entidades e/ou esferas governamentais a título de transferências de capital.

9.4.1.3 Indicadores com base em fluxos financeiros

Esses indicadores, também denominados de indicadores de impacto orçamentário, segundo destaca Kavanagh (2007, p. 149), mostram o efeito que a dívida provoca nos recursos orçamentários disponíveis, relacionando o serviço da dívida como percentagem dos gastos correntes, o serviço da dívida em relação ao fundo geral de receitas e a comparação da dívida com o limite legal de endividamento. Os principais indicadores dessa categoria, encontrados na literatura, são demonstrados no Quadro 9.2.

Quadro 9.2 Indicadores com base em fluxos financeiros ou de impacto orçamentário

REF.	INDICADORES	FÓRMULA	PRINCIPAIS ESTUDOS
a	REPRESENTATIVIDADE DO SERVIÇO DA DÍVIDA	$\dfrac{\text{Amortização} + \text{juros da dívida}}{\text{Despesas totais}}$	Alijarde (1995); García (2003); Dearborn (1977); Peterson et al. (1978); Clark e Chan (1990); Hendrick (2004); Miller (2001); Ammar et al. (2001, 2004), Miranda e Picur (2000)
b	COBERTURA DO SERVIÇO DA DÍVIDA	$\dfrac{\text{Resultado primário}}{\text{Amortização} + \text{juros da dívida}}$ $\dfrac{\text{Amortização} + \text{juros da dívida}}{\text{Receita corrente líquida}}$	Groves e Valente (2003); Berne e Schramm (1986); Berne (1992); Mead (2001); García (2003); Brown (1993,1996); López e Conesa (2002); Alijarde e López (2001), López et al. (2004); Peterson et al. (1978); Bowman e Calia (1997); Howell e Stamm (1979); Clark e Chan (1990); Miller (2001); Ammar et al. (2001, 2004); Miranda e Picur (2000); Martínez (1994); Alijarde (1995).

»

ANÁLISE DA DÍVIDA

REF.	INDICADORES	FÓRMULA	PRINCIPAIS ESTUDOS
c	LIMITE LEGAL DE ENDIVIDAMENTO (LLE)		
c1	Limite global de endividamento (LGE)	RCL × 1,2 (para Municípios) e RCL × 2,0 (para Estados)	Alijarde e López (2001); Ingram et al. (1991); Clark e Chan (1990); Miller (2001); Ammar et al. (2004)
c2	Limite anual de endividamento (LAE)	RCL × 0,16 (para Estados e Municípios)	
c3	Limite anual do serviço da dívida (LASD)	RCL × 0,115 (para Estados e Municípios)	
c4	Limite da dívida flutuante (LDF)	Restos a pagar ≤ disponibilidades de caixa	
d	MARGEM DA DÍVIDA		
d1	Margem legal de endividamento (MLE)	MLE = LGE − DCL ou MLE% = 1 − (DCL/LGE) ou MLE/LGE	Berne e Schramm (1986); Berne (1992); Alijarde e López (2001); Ingram et al. (1991); Clark e Chan (1990); Zehms (1991).
d2	Margem do serviço da dívida	MGSD = LLSD − DSD	

a. **Representatividade do serviço da dívida:** também denominada de representatividade da carga financeira, revela a participação dos juros e amortização da dívida em relação ao volume total de gastos do governo. Uma relação alta desse indicador sinaliza restrições de recursos para manter as ações operacionais do governo e aumentar o nível de investimentos.

Dearborn (1977, p. 4) afirma que o serviço da dívida representa um custo não controlável que não pode ser facilmente reduzido em uma crise fiscal. Portanto, quanto maior o serviço da dívida em relação às despesas totais, menor será a oportunidade para a redução orçamentária e maior o risco de não pagamento dos juros e principal durante o exercício. O autor apresenta a seguinte regra de bolso para avaliar a flexibilidade do governo em ajustar outras despesas operacionais para acomodar o pagamento do serviço da dívida: se o serviço da dívida representa 25% dos gastos totais, pode ser impossível proceder a um ajustamento; se o serviço da dívida representa apenas 5%, a entidade terá uma maior flexibilidade política e financeira para fazer os ajustes necessários.

Peterson et al. (1978, p. 29-30) afirmam que a carga do endividamento ameaça a estabilidade financeira quando os custos fixos do serviço da dívida excedem a capacidade de pagamento do governo. Assim, quando o indicador de participação do serviço da dívida nas despesas totais apresenta um resultado entre 20% e 25%, há um sinal para preocupação; quando o resultado é maior que 25%, presumem-se sérios problemas financeiros; quando o indicador é menor que 10%, indica margem orçamentária relativamente confortável.

b. **Cobertura do serviço da dívida:** a literatura internacional trata a cobertura do serviço da dívida como a relação da carga financeira com a receita da entidade (CLARK; CHAN, 1990; MARTÍNEZ, 1994; ALIJARDE, 1995; GARCÍA, 2003; MIRANDA; PICUR 2000). Dessa forma, quanto maior a proporção do serviço da dívida na receita total da entidade, menores serão os recursos financeiros disponíveis para financiar os serviços públicos.

Groves e Valente (2003, p. 83) ressaltam que as instituições de crédito consideram que o governo apresentará problemas potenciais quando o serviço da dívida exceder a 20% da receita corrente, sendo de 10% o limite considerado aceitável.

A comissão consultiva de política de endividamento do Estado americano do Oregon estabeleceu padrões de análise da capacidade de endividamento com base nesse indicador, que vai de 0% a 10%, conforme destaca o Quadro 9.3.

Quadro 9.3 Padrões de alerta para análise da cobertura do serviço da dívida

VALOR DO INDICADOR	ZONA DE ALERTA	SIGNIFICADO
0% a 5%	zona verde	Indica que a jurisdição tem ampla capacidade de endividamento

»

ANÁLISE DA DÍVIDA

VALOR DO INDICADOR	ZONA DE ALERTA	SIGNIFICADO
6% a 7%	zona amarela	Coloca a jurisdição em uma situação que excede o limite prudencial da sua capacidade de endividamento
7% até 10%	zona vermelha	Mostra que o limite máximo da capacidade de endividamento foi alcançado

Fonte: *State Debt Policy Advisory Commission* (2010, p. 21).

No Brasil, esse indicador é calculado pela relação entre o resultado primário e o serviço da dívida do exercício, representando a capacidade corrente da entidade em pagar a parcela da dívida vencida após a cobertura dos gastos operacionais necessários à prestação de serviços à comunidade, sem comprometer seu fluxo de caixa. Quanto maior o resultado desse indicador, melhor será para a condição financeira do governo.

    c. **Limite legal de endividamento (LLE):** o limite legal de endividamento refere-se a um teto estabelecido por lei com a finalidade de restringir o uso excessivo de capital de terceiros para o financiamento das ações públicas que venham a prejudicar a condição financeira do ente governamental. Assim, o limite legal constitui a capacidade legal de endividamento.

Segundo Studensky (1937, p. 58), a história do endividamento público, tanto em períodos de prosperidade quanto em períodos de depressão, revela que as autoridades sempre se preocuparam com o limite do endividamento que cada governo federal, estadual ou municipal deveria respeitar, pois, quando esse limite era ultrapassado, o governo se tornava incapaz de atender suas obrigações, seu crédito desaparecia e o bem-estar da comunidade era severamente afetado.

Assim, é extremamente importante que os governos vigiem seus limites de endividamento com o objetivo de regular o volume de operações de crédito quando a carga da dívida apresentar-se demasiadamente pesada. Peterson *et al.* (1978, p. 7) informam que a maioria dos Municípios nos Estados Unidos opera com algum tipo de restrição sobre o montante da dívida. Essa restrição ou limite de endividamento é expresso como a percentagem do valor das propriedades que formam a base do imposto incidente sobre esses bens imobiliários, tendo por fundamento que a receita de tributos sobre o valor das propriedades é que garantirá o pagamento da dívida.

Clark e Chan (1990, p. 119) justificam que o entendimento que está por trás desse indicador (dívida/valor das propriedades) envolve a seguinte cadeia de raciocínio: o serviço da dívida de longo prazo é atendido pela receita geral da cidade; a receita geral da cidade provém, em grande parte, do imposto sobre a propriedade; e o montante desse

Capítulo 9

imposto arrecadado é igual à aplicação de uma alíquota sobre o valor das propriedades oferecido à tributação.

A limitação do valor absoluto do endividamento, geralmente, é instituída pela constituição federal do governo central ou por leis específicas, as quais estabelecem regras predeterminadas tanto sobre o estoque da dívida (dívida viva ou saldo da dívida) quanto sobre o serviço da dívida (fluxo da dívida). Ambas as limitações se complementam, servindo como medidas de prudência financeira, pois evitam sobrecarregar as gerações futuras com obrigações contraídas no presente.

Quanto às limitações sobre o estoque da dívida, Bowmar (1966, p. 866) enfatiza que para os governos locais o padrão constitucional mais comum é o indicador dívida/ valor das propriedades, geralmente articulado por um percentual fixo sobre o valor de avaliação das propriedades tributáveis. Entretanto, Studensky (1937, p. 69) afirma que "uma das melhores medidas da carga da dívida é encontrada nos indicadores nos quais a dívida e os pagamentos anuais tenham suporte na renda nacional".[7] Essa opinião é corroborada com o entendimento de Gardner (1978, p. 426), ao destacar que é a renda ou a tributação das vendas que adiciona capacidade financeira ao governo para suportar o endividamento. Assim, o limite de endividamento com base somente no valor das propriedades não representa a capacidade do governo local para servir à dívida.

Quanto às limitações sobre o fluxo da dívida (pagamentos do principal e juros), as regras predeterminadas estabelecem percentuais fixos sobre a capacidade atual de receita, buscando ajustar os pagamentos periódicos à capacidade de pagamento do governo. Todavia, para manter o serviço da dívida dentro de limites razoáveis, é necessário evitar a ocorrência de novos empréstimos.

Diferentemente dos Estados e governos locais americanos, no Brasil a base de recursos para garantir a dívida contraída é composta por todas as receitas correntes do governo. Assim, o limite legal de endividamento é fixado sobre a Receita Corrente Líquida (RCL).

O Senado Federal, por determinação do artigo 52, inciso VI, da Constituição Federal, fixou três tipos de limites ao endividamento: (1) limite global de endividamento ou limite sobre o estoque da dívida; (2) limite anual de endividamento ou limite sobre as operações de crédito anuais; e (3) limite anual do serviço da dívida ou limite sobre o fluxo da dívida.

    c1. **Limite global de endividamento (LGE):** o artigo 3º da Resolução do Senado Federal 40/2001 estabelece que a Dívida Consolidada Líquida (DCL)[8] dos Estados, do Distrito Federal e dos Municípios, ao fim do décimo quinto exercício financeiro, contado a partir do encerramento do ano de publicação

---

7   *One of the best measures of the burdens of a debt is found in the ratios which the debt and the annual payments thereon bear to the national income.*

8   De acordo com o inciso V, artigo 2º, da Resolução 43/2001 do Senado Federal, a Dívida Consolidada Líquida é obtida a partir da Dívida Consolidada deduzidos as disponibilidades de caixa, as aplicações financeiras e os demais haveres financeiros.

ANÁLISE DA DÍVIDA

dessa Resolução, não poderá exceder a: (I) no caso dos Estados e do Distrito Federal: 2 (duas) vezes a Receita Corrente Líquida e (II) no caso dos Municípios: a 1,2 (um inteiro e dois décimos) vezes a RCL.

Os entes federativos que apresentaram estoque da dívida (Dívida Consolidada Líquida) além dos limites estabelecidos pelo artigo 3º da Resolução 40/2001, apurado no final do exercício da publicação dessa Resolução, deverão reduzir esse excesso à razão de 1/15 (um quinze avos) a cada exercício financeiro até o fim do décimo quinto exercício financeiro (art. 4º, I). Entretanto, os entes federativos que não apresentaram excesso de endividamento na data da publicação da Resolução 40/2001 deverão, a cada exercício financeiro, respeitar os limites estabelecidos pelo artigo 3º (art. 4º, IV, *a*).

Segundo o Anexo 2 do Relatório de Gestão Fiscal (BRASIL, 2013), a DCL é obtida conforme o Quadro 9.4, na página seguinte.

- **c2. Limite anual de endividamento (LAE):** esse limite é destinado às novas operações de crédito realizadas no exercício. Segundo o artigo 7º, inciso I, da Resolução 43/2001 do Senado Federal, esse limite não poderá exceder 16% da Receita Corrente Líquida.
- **c3. Limite anual do serviço da dívida (LASD):** esse limite é destinado ao comprometimento anual com amortização, juros e demais encargos da dívida consolidada inclusive para os encargos relativos a valores a desembolsar de operações de crédito já contratadas e a contratar. Segundo o artigo 7º, inciso II, da Resolução 43/2001 do Senado Federal, esse limite não poderá exceder a 11,5% da Receita Corrente Líquida.
- **c4. Limite da dívida flutuante (LDF):** destaque-se que os limites de endividamento fixados por meio de regras predeterminadas são aplicáveis apenas à dívida pública consolidada ou fundada. Quanto à dívida flutuante, constituída por créditos de funcionamento, que incluem todos os restos a pagar de fornecedores de materiais e serviços, salários de servidores e outras contas a pagar, é limitada pelas disponibilidades de caixa, ou seja, essas obrigações somente devem ser incorridas até o limite dos recursos financeiros disponíveis, conforme artigo 55, inciso III, alínea *b* da LRF.
- **d. Margem da dívida:** a margem da dívida ou reserva da dívida refere-se à parcela não utilizada da capacidade de endividamento do governo. A capacidade de endividamento representa o limite máximo de endividamento que um governo pode suportar sem comprometer sua situação financeira. Essa capacidade pode ser representada de duas formas: (1) capacidade legal de endividamento; e (2) capacidade potencial de endividamento. Logo, a margem da dívida pode ser, também, representada de duas formas: (1) margem legal de endividamento e (2) margem potencial de endividamento.

Capítulo 9

Quadro 9.4   Demonstrativo da dívida consolidada líquida

	SALDO DO EXERCÍCIO ANTERIOR	SALDO DO EXERCÍCIO DE <EXERCÍCIO>		
		ATÉ O 1º QUADRIMESTRE	ATÉ O 2º QUADRIMESTRE	ATÉ O 2º QUADRIMESTRE
DÍVIDA CONSOLIDADA – DC (I)				
Dívida mobiliária				
Dívida contratual				
Interna				
Externa				
Precatórios posteriores a 05/05/2000 (inclusive) – vencidos e não pagos				
Outras dívidas				
DEDUÇÕES (II)				
Disponibilidade de caixa bruta				
Demais haveres financeiros				
(–) Restos a pagar (processados 9exceto precatórios)				
(=) DÍVIDA CONSOLIDADA LÍQUIDA – DCL (III) = (I – II)				
RECEITA CORRENTE LÍQUIDA – RCL				
% DA DC SOBRE A RCL (I/RCL)				
% DA DCL SOBRE A RCL (III/RCL)				

ANÁLISE DA DÍVIDA

d1. Margem legal de endividamento (MLE): a margem legal de endividamento representa quanto de endividamento a entidade legalmente ainda pode contrair. É obtida pela diferença entre o Limite Geral de Endividamento (LGE), em termos absolutos, e o montante da Dívida Consolidada Líquida (DCL). A seguinte fórmula mostra como se realiza o cálculo da margem legal da dívida:

$$MLE = LGE - DCL$$

Em que:
MLE = margem legal de endividamento;
LGE = limite global de endividamento;
DCL = dívida consolidada líquida.

A margem legal da dívida, também, pode ser expressa em forma de índice. Ingram et al. (1991, p. 78) e Clark e Chan (1990, p. 122) recomendam o cálculo do indicador dívida/limite legal de endividamento, ou seja, DCL/LGE, para expressar a capacidade do governo em contrair endividamento adicional. Dessa forma, basta subtrair o resultado dessa relação de 1 para encontrar, em termos percentuais, a capacidade legal do governo em contrair endividamento adicional. Nesse mesmo sentido, Zehms (1991, p. 83) propõe o indicador margem legal de endividamento/limite global de endividamento (MLE/LGE). Assim, quanto maior o resultado desses indicadores, maior a capacidade legal do governo em obter endividamento adicional.

d2. Margem do serviço da dívida: representa quanto em termos absolutos a entidade ainda pode pagar de juros e amortização da dívida para respeitar o limite legal instituído. O limite legal para o serviço da dívida representa 11,5% da RCL, conforme estabelece o artigo 7º, inciso II, da Resolução 43/2001 do Senado Federal. A fórmula a seguir mostra como se realiza o cálculo da margem legal do serviço da dívida.

$$MGSD = LLSD - DSD$$

Em que:
MGSD = margem do serviço da dívida;
LLSD = limite legal para o serviço da dívida que é igual a 11,5% da RCL;
DSD = despesa com o serviço da dívida que representa quanto foi apropriado de juros e amortização do principal da dívida.

9.4.1.4 Comparar os indicadores com padrões estabelecidos

Segundo Galgano (2001, p. 1), quando os governos decidem obter operações de crédito, os credores buscam avaliar a capacidade de endividamento desses governos por meio da análise de indicadores que incorporem os componentes demográficos, econômicos e gerenciais. Em outras palavras, os autores enfatizam que, para avaliar o desempenho fiscal da dívida, o cálculo de indicadores é uma ferramenta bastante útil.

Nesse sentido, Aronson e Schwartz (1976, p. 1) ensinam que, para analisar a capacidade de endividamento de um governo, deve-se focar a evolução do perfil da dívida (dívida de longo e curto prazo) por meio do cálculo de vários indicadores para em seguida rever qual é o montante considerado apropriado.

Esse procedimento ganha eficiência quando os indicadores calculados são comparados com padrões ou quando comparados com Municípios similares. Para isso, Aronson e Schwartz (1976, p. 1) declaram que "embora seja impossível determinar exatamente a quantidade ideal de dívida para uma cidade, longa experiência forneceu regras de gestão financeira prudente, permitindo sugerir diretrizes para o uso apropriado da dívida".[9] Assim, os autores, ao desenvolverem vários estudos empíricos, conseguiram identificar algumas regras de bolso para alertar contra os perigos de um endividamento excessivo, conforme discriminadas no Quadro 9.5.

9.4.1.5 Modelos teóricos da capacidade de endividamento

A literatura sobre a análise do desempenho fiscal da dívida mostra, também, modelos teóricos que informam medidas de mensuração da capacidade de endividamento. Berne e Schramm (1986, p. 232), partindo de um modelo para medir a condição financeira dos governos, entendem que a capacidade de endividamento é obtida a partir da diferença entre a reserva de receita e a pressão por gastos. Assim, quanto maiores os recursos disponíveis, maior a capacidade de endividamento, e quanto maior a necessidade de gastos, menor a capacidade de endividamento.

Segundo esse modelo, a capacidade de endividamento (CE) pode ser encontrada por meio da seguinte equação:

$$CE = \text{reserva de receita} - \text{pressão por gastos}$$

O seguinte exemplo ilustra como obter a CE: suponha um Município de porte médio com capacidade de receita na ordem de 10 milhões de reais por ano, dos quais 5 milhões são usados para financiar os gastos públicos e 1 milhão é destinado ao serviço da dívida, resultando em uma reserva de receita de 4 milhões. Além disso, o Município enfrenta alta pressão por gastos, estimada em 3 milhões com o uso da técnica de regressão para um grupo de referência composto de Municípios do mesmo porte. Assim,

---

9 *Although it is impossible to determine exactly what might be called the optimal amount of debt for a city, long experience has yielded rules for prudent financial management and thus it is possible to suggest guidelines for the proper use of debt.*

subtraindo-se a pressão por gastos de 3 milhões da reserva de receita de 4 milhões, obtém-se a capacidade de endividamento de 1 milhão.

Quadro 9.5   Regras para a determinação de sinais de perigo da dívida

INDICADORES	REGRAS
Dívida/valor das propriedades	Menor que 5% é bom. Acima de 10% sinaliza problemas fiscais.
Índice de crescimento da dívida	Não deve exceder o crescimento da base tributária.
Dívida *per capita*	Menor que 400 dólares é bom. Acima de 1.000 dólares sinaliza possíveis problemas.
Crescimento regional da renda total dos indivíduos	Deve ter crescimento próximo ao crescimento do PIB nacional.
Ativos líquidos (caixa + realizáveis)/dívida de curto prazo	Quanto maior, melhor a posição financeira do governo, sendo 5 o valor médio.
Dívida de curto prazo	Deve ser liquidada até o fim do exercício fiscal. A rolagem dessa dívida ao longo dos anos sinaliza problemas.
Serviço da dívida/receita própria	Até 10% a 15% é considerado muito bom. Acima de 20% a 25% sinaliza preocupação.
Serviço da dívida/receita total	Acima de 10% sinaliza problemas fiscais.
(Serviço da dívida + dívida de curto prazo)/receita própria	Deve ser inferior a 40%.

Fonte: Adaptado de Aronson e Schwartz (1976, p. 14).

Capítulo 9

Subtraindo-se da capacidade de endividamento a dívida de longo prazo em uso, conforme expressa a fórmula a seguir, obtém-se a margem de endividamento, ou seja, quanto de dívida o governo ainda pode contrair sem comprometer sua condição financeira.

$$ME = CPE - DLP$$

Em que:
ME = margem de endividamento;
CPE = capacidade endividamento; e
DLP = dívida de longo prazo.

Seguindo o exemplo apresentado acima e considerando que o governo dispõe de um saldo de dívida de longo prazo no montante de 400 mil, a margem da dívida é de 600 mil (1 milhão − 400 mil).

Nessa perspectiva, Hayes (1990) desenvolveu uma estrutura para avaliar a dívida pendente do governo da Califórnia, conforme mostra a Figura 9.1.

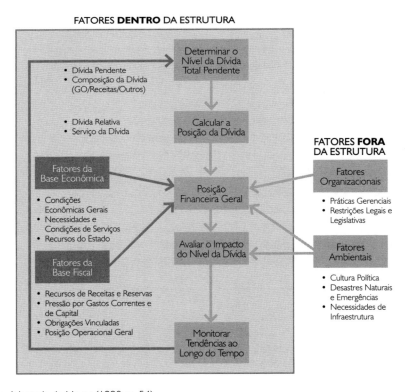

Fonte: Adaptada de Hayes (1990, p. 54).

Figura 9.1 Estrutura para avaliar a dívida pública pendente.

ANÁLISE DA DÍVIDA

Segundo essa estrutura, o processo de mensuração da capacidade de endividamento inicia-se com o levantamento da posição da dívida para, em seguida, colocá-la no contexto da condição financeira. Assim, a estrutura teórica mostrada pela Figura 9.1 consiste de três passos:

1. identificar o saldo da dívida pendente (*total debt outstanding*);
2. calcular os indicadores de endividamento para identificar a extensão da dívida do governo (*debt position*), revelando se ela é excessiva ou não e em qual extensão o governo tem mais espaço para adicionar novas dívidas; e
3. avaliar os indicadores da posição da dívida em termos da posição financeira geral do governo (*overall financial position*).

Dessa forma, a estrutura teórica desenvolvida por Hayes (1990) reconhece que a posição financeira geral do governo é função da sua posição de endividamento e de quatro importantes fatores da condição financeira: base econômica, base fiscal, fator ambiental e fator organizacional (HAYES, 1990, p. 53-56).

9.4.2 Abordagem da associação

Segundo a abordagem da associação, medidas de carga da dívida de diferentes jurisdições são associadas com diversos fatores explicativos com o emprego da técnica de regressão. Sob essa abordagem, alguns modelos foram desenvolvidos. Ramsey et al. (1988) desenvolveram um modelo no qual associam o saldo da dívida ou o pagamento anual do serviço da dívida, como variáveis dependentes, com o valor das propriedades, com a receita, com a renda *per capita* e com a população, como variáveis independentes, e, em seguida, calculam a capacidade de endividamento para o Estado americano do Kentucky, revelando que a capacidade de endividamento é superior à dívida atual daquele Estado.

Kriz (2010) desenvolveu um modelo analítico no qual mostra que o valor máximo do indicador da dívida pela base tributária é função da taxa de juros, da base tributária, da alíquota tributária e das mudanças na base tributária, na alíquota tributária e nos gastos correntes entre períodos considerados na análise.

Mitchell (1967, p. 34), partindo da premissa de que os Estados mais populosos e mais ricos têm mais necessidades e especialmente mais capacidade para obter empréstimos, identificou duas variáveis relevantes para medir a capacidade de endividamento: a renda dos munícipes e o tamanho populacional. Assim, ele construiu um indicador da capacidade de endividamento (CE) em função da dívida pendente (D) e da renda dos munícipes (R) neutralizada pelo tamanho da população (P), representando-o pela seguinte relação: *CE = (D/R)/(R/P)*.

Esse indicador representa o percentual da renda dos munícipes comprometido com a dívida em relação à capacidade para suportar essa dívida, expressa pela renda *per capita*. Por exemplo, se determinado Município com 500 mil habitantes tem uma dívida de 400 milhões e uma renda de 900 milhões, isso significa que a renda *per capita* está comprometida em 24% com o pagamento da dívida [(400/900)/(900/500)]. Quanto menor esse indicador, maior a capacidade de endividamento do governo.

Mitchell (1967, p. 34-35) afirma que esse indicador pondera a renda com um peso maior que a população por meio do quadrado da renda, colocando os governos na mesma base de comparação. Assim, comparando dois governos com o mesmo nível de população e renda, aquele que tiver maior dívida terá um índice de capacidade de endividamento maior. Entretanto, comparando-se dois governos com níveis idênticos de dívida e renda, aquele com a maior população terá maior índice. Finalmente, para dois governos com níveis iguais de dívida e população, aquele com a menor renda terá um índice maior.

Qualquer que seja a abordagem adotada, a capacidade de endividamento deve ser avaliada como o relacionamento entre o montante da dívida e os recursos potenciais para o seu pagamento. Nesse sentido, Brecher et al. (2003, p. 68) observaram que os Estados maiores e mais ricos podem suportar maior carga da dívida do que os Estados menores e mais pobres.

9.4.3 Abordagem comparativa

Sob essa abordagem, os gestores devem monitorar a tendência do endividamento e continuamente comparar com outras unidades governamentais de características e tamanhos similares, além de examinar o montante de sua dívida em relação à própria capacidade fiscal (ARONSON; SCHWARTZ, 1976, p. 2).

Assim, o desempenho da dívida do governo é identificado mediante o cálculo de indicadores financeiros, relacionando-se o montante da dívida com alguma medida que represente a capacidade de pagamento do governo ou a fonte potencial de recursos para o pagamento da dívida. Em seguida, esses indicadores são comparados entre jurisdições similares (*peer group*). Esse procedimento foi formalizado pela *Government Finance Officers Association* (GFOA) mediante o estabelecimento das seguintes diretrizes demonstradas no estudo de Miranda e Picur (2000, p. 11):

a. definir o objetivo do estudo;
b. coletar os dados;
c. construir os indicadores;
d. definir o grupo de comparação;
e. comparar indicadores-chave com o grupo de comparação;
f. estabelecer cenário de captação de dívida;
g. utilizar a metodologia do ano de equilíbrio (***break-even year***);
h. desenvolver ou revisar a política formal da dívida.

ANÁLISE DA DÍVIDA

Ainda sob o enfoque dessa abordagem, Brecher et al. (2003) desenvolveram um modelo para estimar a capacidade de endividamento dos Estados americanos, que contempla seis passos:

a. identificar o montante da dívida de longo prazo;
b. ajustar a dívida de longo prazo para incluir as obrigações com o fundo de previdência;
c. identificar os recursos disponíveis para o pagamento da dívida;
d. ajustar os recursos disponíveis para levar em consideração a divisão de responsabilidades entre os Estados e os seus governos locais;
e. calcular o indicador da dívida ajustada pelos recursos ajustados, comparando com outras jurisdições para identificar os pontos que constituem zonas de perigo;
f. ajustar-se aos limites das zonas de perigo para fornecer uma margem de segurança em períodos de declínio da economia.

O uso dessa abordagem para analisar o desempenho da dívida apresenta resultados mais completos com o emprego de análise multinível quando se compara o desempenho de várias jurisdições para obter uma unidade de referência (benchmarking) ao longo do tempo. Esse tipo de resultado pode ser obtido com a aplicação dos modelos em painéis da Data Envelopment Analysis (DEA), uma vez que os métodos estáticos ou de nível single apresentam o status do desempenho da dívida para um único período de tempo.

9.5 Exemplo de análise da dívida por meio de indicadores

Para melhor entendimento e fixação dos conceitos expostos neste capítulo, apresenta-se a seguir um caso prático no qual se avalia por meio de indicadores a condição financeira do Município de Aurora Dourada sob a perspectiva da dívida para o período de 2010 a 2012.

As principais informações necessárias à avaliação do comportamento da dívida são extraídas diretamente do balanço orçamentário conforme exposto no Capítulo 2. As informações analíticas são extraídas do Anexo II do Relatório de Gestão Fiscal e do Anexo I do Relatório Resumido da Execução Orçamentária. As informações sobre as variáveis econômicas e demográficas são obtidas nas bases de dados do IBGE.

Os dados foram corrigidos monetariamente a valores constantes de 2012, utilizando-se como indexador o IGP-DI da Fundação Getulio Vargas. A Tabela 9.1 sintetiza esses dados.

Capítulo 9

Tabela 9.1   Informações para análise da dívida do Município de Aurora Dourada

INFORMAÇÕES FINANCEIRAS	2010	2011	2012
Dívida consolidada	14.647.983	13.842.017	13.155.403
Juros da dívida	992.940	1.101.762	1.192.856
Amortização	1.418.215	1.691.072	1.638.776
Serviços da dívida (juros + amortização)	2.411.155	2.792.834	2.831.632
Receita Corrente Líquida (RCL)	63.582.689	73.569.236	83.440.883
Investimentos no exercício	7.416.222	8.589.938	10.518.448
Resultado primário	2.625.785	3.230.850	2.660.691
Dívida Consolidada Líquida (DCL)	6.801.123	3.679.869	(2.156.879)
Restos a pagar	8.584.099	6.011.290	7.180.926
Disponibilidade de caixa	16.430.959	16.173.438	22.493.208
Dívida do exercício	674.226	885.106	952.162
Despesas totais	68.021.573	77.536.736	89.404.697

INFORMAÇÕES ECONÔMICAS E DEMOGRÁFICAS	2010	2011	2012
População	35.250	35.795	36.326
PIB	593.094.000	598.042.000	601.087.000

Diante das informações evidenciadas na Tabela 9.1, apresenta-se a seguir a análise da dívida do Município de Aurora Dourada para o período de 2010 a 2012 com base em indicadores de estoques financeiros e com base em indicadores de fluxos financeiros.

A análise da condição financeira sob a perspectiva da dívida, nesse caso, é realizada com base em um conjunto de Municípios semelhantes (grupo de referência) composto de 32 cidades da região central do país com as mesmas características econômicas, sociais e demográficas e com população na faixa de 20.000 a 50.000 habitantes. Esse processo de comparação permite efetuar o cálculo de um quociente de localização a partir da divisão do valor do indicador do Município em análise pelo valor médio do indicador do grupo de referência.

»

ANÁLISE DA DÍVIDA

Informe-se que a presente análise é feita sob o ponto de vista de um analista externo. Portanto, apresenta algumas restrições informacionais, como, por exemplo, a limitação dos dados publicados e ausência de informações sobre fatores importantes da dívida que afetam a condição financeira de um Município.

Análise da dívida por meio de indicadores de estoques financeiros: também denominada de análise da capacidade de pagamento da dívida, busca avaliar, principalmente, a carga da dívida em relação aos recursos potenciais de cobertura. As Tabelas 9.2 e 9.3 evidenciam, respectivamente, esses indicadores para o Município de Aurora Dourada e para o grupo de referência no período de 2010 a 2012.

Capítulo 9

Tabela 9.2 Indicadores da dívida com base em estoques financeiros do Município de Aurora Dourada para o período 2010-2012

INDICADORES	FÓRMULA	2010	2011	2012
Dívida per capita	$\dfrac{\text{Dívida consolidada}}{\text{População}}$	$\dfrac{14.647.983}{35.250} = 415,55$	$\dfrac{13.842.017}{35.795} = 386,70$	$\dfrac{13.155.403}{36.326} = 362,15$
Juros per capita	$\dfrac{\text{Juros da dívida}}{\text{População}}$	$\dfrac{992.940}{35.250} = 28,17$	$\dfrac{1.101.762}{35.795} = 30,78$	$\dfrac{1.192.856}{36.326} = 32,84$
Serviços da dívida per capita	$\dfrac{\text{Amortização + juros da dívida}}{\text{População}}$	$\dfrac{2.411.155}{35.250} = 68,40$	$\dfrac{2.792.834}{35.795} = 78,02$	$\dfrac{2.831.632}{36.326} = 77,95$
Peso relativo da dívida	$\dfrac{\text{Dívida consolidada}}{\text{PIB}}$	$\dfrac{14.647.983}{593.094.000} = 0,025$	$\dfrac{13.842.017}{598.042.000} = 0,023$	$\dfrac{13.155.403}{601.087.000} = 0,022$
Cobertura da dívida	$\dfrac{\text{Dívida consolidada}}{\text{Resultado primário}}$	$\dfrac{14.647.983}{2.625.785} = 5,579$	$\dfrac{13.842.017}{3.230.850} = 4,284$	$\dfrac{13.155.403}{2.660.691} = 4,944$
Grau de endividamento	$\dfrac{\text{Dívida consolidada}}{\text{RCL}}$	$\dfrac{14.647.983}{63.582.689} = 0,230$	$\dfrac{13.842.017}{73.569.236} = 0,188$	$\dfrac{13.155.403}{83.440.883} = 0,158$
Variação da dívida	$\dfrac{\text{Dívida do exercício atual} - \text{dívida do exercício anterior}}{\text{Dívida do exercício anterior}}$		$\dfrac{(805.966)}{14.647.983} = (0,055)$	$\dfrac{(686.614)}{13.842.017} = (0,050)$
Destinação da dívida	$\dfrac{\text{Investimentos no exercício}}{\text{Dívida do exercício}}$	$\dfrac{7.416.222}{674.226} = 11,00$	$\dfrac{8.589.938}{885.106} = 9,705$	$\dfrac{10.518.448}{952.162} = 11,047$

ANÁLISE DA DÍVIDA

Tabela 9.3   Quociente de localização dos indicadores da dívida com base em estoques financeiros do Município de Aurora Dourada para o período 2010-2012

INDICADORES	MUNICÍPIO DE AURORA DOURADA 2010	2011	2012	GRUPO DE REFERÊNCIA 2010	2011	2012	QUOCIENTE DE LOCALIZAÇÃO 2010	2011	2012
Dívida per capita	415,55	386,70	362,15	635,24	703,87	736,16	0,654	0,549	0,492
Juros per capita	28,17	30,78	32,84	48,77	57,67	61,08	0,578	0,534	0,538
Serviços da dívida per capita	68,40	78,02	77,95	58,74	61,30	63,12	1,164	1,273	1,235
Peso relativo da dívida	0,025	0,023	0,022	0,028	0,030	0,031	0,893	0,767	0,710
Cobertura da dívida	5,579	4,284	4,944	6,393	7,072	6,387	0,873	0,606	0,774
Grau de endividamento	0,230	0,188	0,158	0,363	0,364	0,343	0,634	0,516	0,461
Variação da dívida	–	(0,055)	(0,050)	–	0,125	0,066	–	(0,440)	(0,758)
Destinação da dívida	11,00	9,705	11,047	2,800	1,416	1,633	3,929	6,854	6,765

Capítulo 9

De acordo com os indicadores da dívida com base em estoques financeiros, evidenciados nas Tabelas 9.2 e 9.3 para o período 2010-2012, é possível extrair as informações a seguir sobre o desempenho financeiro do governo.

A princípio, ressalte-se que a capacidade de endividamento do Município de Aurora Dourada é melhor que a capacidade de endividamento do grupo de referência. Tal desempenho é observado quando se analisa a carga da dívida por meio dos indicadores de dívida *per capita*, serviço da dívida *per capita* e peso da dívida.

A dívida *per capita* do Município no exercício de 2012 é de R$ 362,15, representando 49,2% da dívida *per capita* do grupo de referência, que alcançou a média de R$ 736,16 para cada habitante nesse mesmo período. Esse desempenho sinaliza que a capacidade de pagamento da dívida melhorou por duas razões: primeiro porque houve a expansão do tamanho populacional do Município; segundo porque houve excelente crescimento econômico da localidade expresso pelo PIB e pela renda da comunidade, proporcionando o aumento da arrecadação e a consequente geração de resultado primário em montante suficiente para atender ao pagamento dos juros e das parcelas de amortização da dívida. Essa evidência é corroborada quando se verifica que o grau de endividamento, expresso pela relação dívida consolidada/RCL, vem diminuindo ao longo tempo.

Analisando-se os indicadores de serviço da dívida *per capita* e juros *per capita*, verifica-se que essas duas medidas apresentam resultados estáveis, não obstante um pequeno crescimento e um diferencial em relação ao grupo de referência: o Município de Aurora Dourada apresenta montante de amortização *per capita* maior em relação à média do grupo de referência, revelando que o Município, apesar de ter um estoque de dívida menor, produz melhor resultado primário para liquidá-la.

A excelente capacidade de endividamento do Município de Aurora Dourada é verificada, também, quando se observa a baixa representatividade da dívida em relação ao PIB. No caso em análise, verifica-se que o peso da dívida, expresso pela relação dívida/PIB é em média 2,3%, enquanto o grupo de referência detém a média de 3%.

A cobertura da dívida, expressa pela relação dívida consolidada/resultado primário, atesta que a entidade demorará aproximadamente 5 anos para pagar todo estoque da dívida. Esse resultado é melhor que o do grupo de referência, que aponta 6 anos para extinguir toda a dívida pendente. Esse comportamento reforça a evidência de que o Município de Aurora Dourada dispõe de melhor capacidade de endividamento, visto que tem menor montante de dívida de longo prazo e melhor condição econômica.

Na realidade, a dívida do Município tem diminuído ao longo da série analisada, visto que a amortização tem sido maior que as novas operações de crédito contraídas. Em direção contrária encontram-se os Municípios integrantes do grupo de referência, que, em média, apresentaram crescimento da dívida na ordem de 9,5%.

Quanto ao destino das novas operações de crédito, observa-se que as mesmas foram integralmente aplicadas em investimentos uma vez que a relação investimentos/

ANÁLISE DA DÍVIDA

dívida do exercício é maior do que 1 em todos os exercícios da série analisada, tanto para o Município quanto para o grupo de referência. Contudo, observa-se que a magnitude do indicador é expressivamente mais elevada no Município de Aurora Dourada, revelando que o governo realiza investimentos contando, principalmente, com recursos próprios, sendo as operações de crédito fontes secundárias de recursos.

Análise da dívida por meio de indicadores de fluxos financeiros: também denominada de análise de impacto orçamentário, busca avaliar o efeito que a dívida provoca nos recursos orçamentários disponíveis. As Tabelas 9.4 e 9.5 evidenciam, respectivamente, esses indicadores para o Município de Aurora Dourada e para o grupo de referência no período de 2010 a 2012.

Capítulo 9

Tabela 9.4 Indicadores da dívida com base em fluxos financeiros do Município de Aurora Dourada para o período 2010-2012

INDICADORES	FÓRMULA	2010	2011	2012
Representatividade do serviço da dívida	$\dfrac{\text{Amortização + juros da dívida}}{\text{Despesas totais}}$	$\dfrac{2.411.155}{68.021.573} = 0,035$	$\dfrac{2.792.834}{77.536.736} = 0,036$	$\dfrac{2.831.632}{89.404.697} = 0,032$
Cobertura do serviço da dívida	$\dfrac{\text{Amortização + juros da dívida}}{\text{Receita corrente líquida}}$	$\dfrac{2.411.155}{63.582.689} = 0,038$	$\dfrac{2.792.834}{73.569.236} = 0,038$	$\dfrac{2.831.632}{83.440.883} = 0,034$
	$\dfrac{\text{Resultado primário}}{\text{Amortização + juros da dívida}}$	$\dfrac{2.625.785}{2.411.155} = 1,089$	$\dfrac{3.230.850}{2.792.834} = 1,157$	$\dfrac{2.660.691}{2.831.632} = 0,940$
Limite global de endividamento (LGE)	RCL × 1,2	$\dfrac{63.582.689}{\times 1,2} = 76.299.227$	$\dfrac{73.569.236}{\times 1,2} = 88.283.083$	$\dfrac{83.440.883}{\times 1,2} = 100.129.060$
Limite anual de endividamento (LAE)	RCL × 0,16	$\dfrac{63.582.689}{\times 0,16} = 10.173.230$	$\dfrac{73.569.236}{\times 0,16} = 11.771.078$	$\dfrac{83.440.883}{\times 0,16} = 13.350.541$
Limite anual do serviço da dívida (LASD)	RCL × 0,115	$\dfrac{63.582.689}{\times 0,115} = 7.312.009$	$\dfrac{73.569.236}{\times 0,115} = 8.460.462$	$\dfrac{83.440.883}{\times 0,115} = 9.595.702$
Limite da dívida flutuante (LDF)	Disponibilidades — restos a pagar	$\dfrac{16.430.959}{-8.584.099} = 7.846.860$	$\dfrac{16.173.438}{-6.011.290} = 10.162.148$	$\dfrac{22.493.208}{-7.180.926} = 15.312.282$
Margem Legal do endividamento (MLE)	LGE – DCL	$\dfrac{76.299.227}{-6.801.123} = 69.498.104$	$\dfrac{88.283.083}{-3.679.869} = 84.603.214$	$\dfrac{100.129.060}{-(2.156.879)} = 102.285.939$
Margem legal do endividamento (%)	$\dfrac{\text{MLE}}{\text{LGE}}$	$\dfrac{69.498.104}{76.299.227} = 0,911$	$\dfrac{84.603.214}{88.283.083} = 0,958$	$\dfrac{102.285.939}{100.129.060} = 1,022$
Margem do serviço da dívida (MGSD)	LASD – DSD	$\dfrac{7.312.009}{-2.411.155} = 4.900.854$	$\dfrac{8.460.462}{-2.792.834} = 5.667.628$	$\dfrac{9.595.702}{-2.831.632} = 6.764.070$

• DSD = despesas com o serviço da dívida (juros + amortização)

ANÁLISE DA DÍVIDA

Tabela 9.5   Quociente de localização dos indicadores da dívida com base em fluxos financeiros do Município de Aurora Dourada para o período 2010-2012

INDICADORES	MUNICÍPIO DE AURORA DOURADA 2010	2011	2012	GRUPO DE REFERÊNCIA 2010	2011	2012	QUOCIENTE DE LOCALIZAÇÃO 2010	2011	2012
Representatividade do Serviço da Dívida	0,035	0,036	0,032	0,043	0,040	0,034	0,814	0,900	0,941
Cobertura do serviço da dívida									
Em relação à receita corrente líquida	0,038	0,038	0,034	0,034	0,032	0,029	1,118	1,188	1,172
Em relação ao resultado primário	1,089	1,157	0,940	1,691	1,624	1,826	0,644	0,712	0,515
Limite global de endividamento	76.299.227	88.283.083	100.129.060	64.561.755	72.468.778	82.123.038	1,182	1,218	1,219
Limite anual de endividamento	10.173.230	11.771.078	13.350.541	8.608.234	9.662.504	10.949.738	1,182	1,218	1,219
Limite anual do serviço da dívida (LASD)	7.312.009	8.460.462	9.595.702	6.187.168	6.944.925	7.870.124	1,182	1,218	1,219
Limite da dívida flutuante (LDF)	7.846.860	10.162.148	15.312.282	3.367.669	5.102.000	5.319.377	2,330	1,992	2,879
Margem legal do endividamento (MLE)	69.498.104	84.603.214	102.285.939	48.385.659	55.586.215	63.996.428	1,436	1,522	1,598
Percentual da margem legal de endividamento (% MLE)	0,911	0,958	1,022	0,749	0,767	0,779	1,216	1,249	1,312
Margem do serviço da dívida (MGSD)	4.900.854	5.667.628	6.764.070	4.379.827	5.030.356	5.859.779	1,119	1,127	1,154

Capítulo 9

De acordo com os indicadores da dívida com base em fluxos financeiros, evidenciados nas Tabelas 9.4 e 9.5 para o período 2010-2012, é possível extrair as informações a seguir sobre o desempenho financeiro do governo.

De início, cabe salientar que os dados descrevem uma situação de endividamento que não ameaça a estabilidade financeira do governo, visto que os recursos financeiros do Município são suficientes para custear os serviços da dívida e para manter o nível dos serviços públicos.

A representatividade do serviço da dívida, também denominada de representatividade da carga financeira, mostra que a participação dos juros e amortização da dívida em relação ao volume total de gastos do governo do Município alcançou a média de 3,4% e o grupo de referência alcançou a média de 3,9%. Essa participação quando considerada abaixo de 5%, conforme regra de bolso estabelecida por Dearborn (1977, p. 4), denota que a entidade tem maior flexibilidade política e financeira para realizar ajustes de gastos diante de crises financeiras.

A cobertura do serviço da dívida, calculada pela relação entre o resultado primário e o serviço da dívida do exercício, representa a capacidade da entidade em pagar a parcela da dívida vencida mais os juros após a cobertura dos gastos operacionais, sem comprometer seu fluxo de caixa. No caso em análise, o resultado primário foi suficiente para atender ao pagamento dos juros e amortização da dívida em 2010 e 2011 e quase suficiente em 2012, uma vez que alcançou o resultado de 0,94 nesse ano. No geral, o desempenho do Município é melhor do que o desempenho do grupo de referência.

Adicionalmente, a cobertura do serviço da dívida pode ser aferida por meio da relação (amortização + juros)/receita corrente líquida. No caso em análise, observa-se que essa relação alcançou 3,4% em 2012. Esse limite, segundo regra de bolso estabelecida por Groves e Valente (2003, p. 83), é considerado aceitável, uma vez que representa menos de 10%.

Os resultados favoráveis obtidos pela entidade, devidos à excelente capacidade de endividamento e de pagamento, conduziram ao cumprimento de todos os limites de endividamento instituídos pela LRF: limite global de endividamento (LGE), limite anual de endividamento (LAE) e limite anual do serviço da dívida (LASD). Assim, conclui-se que o Município de Aurora Dourada, além de possuir capacidade de pagamento, tem elevada capacidade de endividamento, pois a margem de endividamento global atingiu 102% do limite legal de endividamento em 2012.

Ademais, o governo possui margem do serviço da dívida para atender aos pagamentos de juros e amortização de novas operações de crédito. Isso significa que o governo pode legalmente contrair mais dívidas sem comprometer sua capacidade de pagamento.

É importante explicar o motivo pelo qual margem legal de endividamento (MLE) representou 102% do limite global de endividamento (LGE) em 2012. O LGE é obtido por meio da aplicação de 1,2 sobre a receita corrente líquida ($1,2 \times 83.440.883 = 100.129.60$) e a MLE é obtida por meio da diferença entre esse resultado e a dívida consolidada líquida

ANÁLISE DA DÍVIDA

[(100.129.60 – (2.156.879) = 102.285.939]. Como a dívida consolidada líquida (DCL) foi negativa, conforme mostra a Tabela 9.6, haja vista as disponibilidades financeiras serem maiores que o montante de restos a pagar, a MLE foi superior ao LGE, resultando em uma relação MLE/LGE maior que 100% (102.285.939/100.129.060 = 1,02). É comum essa situação ocorrer em Municípios pequenos, cuja disponibilidade líquida de caixa é maior que a dívida consolidada.

Tabela 9.6 Cálculo da dívida consolidada líquida do Município de Aurora Dourada

	2010	2011	2012
Dívida Consolidada	14.647.983	13.842.017	13.155.403
(–) Deduções	7.846.860	10.162.148	15.312.282
Disponibilidade bruta	16.430.959	16.173.438	22.493.208
(–) Restos a pagar	8.584.099	6.011.290	7.180.926
(=) Dívida Consolidada Líquida	6.801.123	3.679.869	(2.156.879)

Ante ao exposto, a análise da dívida do Município de Aurora Dourada revela uma situação confortável, posto que a entidade dispõe de capacidade de endividamento e capacidade de pagamento. A dívida do Município é relativamente pequena e decrescente ao longo dos anos. A cobertura dos serviços da dívida tem sido feita com folga pelo resultado primário obtido em cada exercício. Os investimentos têm sido feitos contando, principalmente, com recursos do orçamento corrente. Em suma, o Município cumpre as metas fiscais estabelecidas para a gestão da dívida, respeitando as determinações da Lei de Responsabilidade Fiscal.

Não obstante o alcance desse desempenho, a análise da dívida não pode ser desprovida de críticas. A despeito do que muitos pensam, contrair dívidas não é algo necessariamente ruim, exceto quando comprometem severamente a gestão orçamentária e financeira do governo.

No Município em análise observou-se que os investimentos são, na sua maior parte, realizados com recursos do orçamento corrente. Essa estratégia governamental é de certa forma preocupante, pois pode ocasionar uma das seguintes situações:

1. o Município tem necessidade de fazer obras estruturantes e não está fazendo. Essa medida é ruim para a população, pois o governo está deixando de realizar investimentos que melhorem a prestação de serviços à comunidade. Ademais,

Capítulo 9

os investimentos públicos podem induzir os investimentos privados e, por conseguinte, melhorar a riqueza do Município e a receita do governo;
2. os investimentos são realizados em medida adequada, mas estão sendo suportados pela geração presente com recursos do orçamento corrente, que, possivelmente, não utilizará em toda plenitude os benefícios produzidos. Em outras palavras, a geração presente está pagando a conta sozinha e deixando os benefícios para a geração futura, violando o princípio da equidade entre as gerações.

ANÁLISE DA DÍVIDA

QUESTÕES PARA DISCUSSÃO

1. Qual o propósito da análise da dívida? Quais questões podem ser respondidas com a análise da dívida? Comente.

2. Como a análise da dívida é relacionada com a análise dos outros componentes da condição financeira?

3. Que situações podem ser reveladas por meio da análise da condição financeira sob a perspectiva da dívida?

4. É correto afirmar que todo déficit orçamentário provoca crescimento do nível de endividamento do governo? Comente.

5. Contrair dívida para cobrir o déficit orçamentário é prejudicial à condição financeira? Comente.

6. Toda dívida pública é prejudicial à condição financeira do governo? Discuta esse questionamento descrevendo as razões pelas quais os governos contraem dívida.

7. Comente a seguinte afirmação: "os motivos que habilitam os governos a contraírem endividamento, sob o ponto de vista da teoria clássica, têm propósitos diferentes, segundo as funções de distribuição, estabilização e alocação".

8. Explique por que a condição financeira de um governo tanto afeta como é afetada pelo custo da dívida.

9. Comente a seguinte afirmação: "a carga dos gastos correntes deve ser suportada pela geração presente com o uso da tributação e a carga dos gastos de capital deve ser partilhada pela geração atual e pelas gerações futuras com o uso do endividamento".

10. Qual a importância da regra de ouro no processo de análise da dívida? Discuta essa importância segundo os princípios de financiamento dos gastos (*PAYUSE* e *PAYGO*).

11. Como é realizada a análise do desempenho da dívida? Comente as abordagens existentes na literatura para conduzir essa análise.

12. O que é capacidade de endividamento e como ela pode ser medida?

Capítulo 9

13. Quais fatores influenciam a capacidade de endividamento e qual deles o governo pode controlar?

14. Qual a diferença entre capacidade de endividamento e limite de endividamento? Essa diferença é importante na análise da condição financeira?

15. Quão importante é o limite legal de endividamento para a condição financeira do governo? Investigue se existem premissas econômicas para o Senado Federal ter fixado o limite global de endividamento para Estados e Municípios na Resolução 40/2001.

16. Descreva os principais indicadores recomendados pela literatura para avaliar a capacidade de endividamento segundo a abordagem do teto da dívida.

17. Como é tratada a dívida de curto prazo na análise da condição financeira?

18. O que é carga da dívida segundo a capacidade de endividamento? Quais os principais indicadores utilizados para mensurar a carga da dívida e como eles são interpretados?

19. Existe diferença entre carga da dívida e peso da dívida? Como o peso da dívida é mensurado?

20. Por que o resultado primário é considerado importante fonte de recurso para cobertura da dívida?

21. Discuta a importância do indicador de destinação da dívida.

22. Verdadeiro ou falso: "um governo com baixa carga de dívida pode facilmente obter novas operações de crédito"? Explique.

23. O que é margem da dívida e como ela pode ser identificada?

24. Demonstre os principais padrões usados para sinalizar os perigos da dívida na condição financeira do governo.

25. Segundo o modelo desenvolvido por Berne e Schramm, por que a capacidade de endividamento é medida pela diferença entre a reserva de receita e a pressão por gastos?

26. Discuta se as seguintes afirmações são falsas ou verdadeiras: (1) "os Estados mais populosos e mais ricos têm mais necessidades e especialmente mais capacidade para obter empréstimos" e (2) "os Estados maiores e mais ricos podem suportar maior carga da dívida do que os Estados menores e mais pobres".

27. Julgue a seguinte afirmativa: "um governo pouco endividado pode facilmente contrair novos empréstimos. Por outro lado, não é aconselhável um governo com elevado nível de endividamento contrair novos empréstimos".

REFERÊNCIAS

ALIJARDE, Isabel Brusca; LÓPEZ, Vicente Condor. El análisis financiero en las administraciones locales. *Revista Española de Financiación y Contabilidad*, v. XXX, n.108, p. 475-503, abr./jun. 2001.

ALIJARDE, María Isabel Brusca. *Un modelo de información contable para el análisis de la viabilidad financiera en la administracióon local*. 1995. Tese (Doutorado) – Facultad de Ciencias Económicas y Empresariales, Universidad de Zaragoza, Zaragoza.

AMMAR, Salwa et al. Using fuzzy rule-based systems to evaluate overall financial performance of governments: an enhancement to the bond rating process. *Public Budgeting and Finance*, v. 21, n. 4, p. 91-110, Winter 2001.

_____. Constructing a fuzzy-knowledge-based-system: an application for assessing the financial condition of public schools. *Expert Systems with Applications*, v. 27, n. 3, p. 349-364. Sept. 2004.

ARONSON, Richard J.; KING, Arthur E. Is there a fiscal crisis outside of New York? *National Tax Journal*, v. 31, n. 2, p. 153-162, June 1978.

_____; SCHWARTZ, Eli. Determining debt's danger signals. *Management Information Service*, International City Management Association, v. 8, n. 12, 1976.

BAHL, Roy; DUNCOMBE, William. State and local debt burdens in the 1980s: a study in contrast. *Public Administration Review*, v. 53, n. 1, p. 31-40, Jan./Feb. 1993.

BARRO, Robert J. On the determination of the public debt. *The Journal of Political Economy*, v. 87, n. 5, p. 940-971, Oct. 1979.

BERNE, Robert. *The relationships between financial reporting and the measurement of financial condition*. Norwalk: GASB, 1992.

_____; SCHRAMM, Richard. *The financial analysis of governments*. New Jersey: Prentice Hall, 1986.

BERNSTEIN, Leopold A. *Análisis de estados financieros*: teoría, aplicación e interpretación. Tradução de María Teresa de los Rios. Espanha: Irwin, 1996.

BOWMAN, Woods; CALIA, Roland. *Evaluating local government financial health*: financial indicators for Cook, DuPage, Kane, Lake, McHenry e Will Counties. Chicago: The Civic Federation, 1997.

Capítulo 9

BOWMAR, Robert H. The anachronism called debt limitation. *Iowa Law Review*, v. 52, n. 1, p. 863-873, Aug. 1966.

BRASIL. *Lei Complementar nº 101, de 4 de maio de 2000*: Lei de Responsabilidade Fiscal. Disponível em: <http://www.planalto.gov.br/ccivil_03/Leis/LCP/Lcp101.htm>. Acesso em: 26 set. 2011.

_____. Senado Federal. *Resolução nº 40, de dezembro de 2001*. Disponível em: <http://www6.senado.gov.br/legislacao/ListaPublicacoes.action?id=234173&tipoDocumento=RSF&tipoTexto=ATU>. Acesso em: 26 set. 2011.

_____. Senado Federal. *Resolução nº 43, de 2001*. Disponível em: <http://www6.senado.gov.br/legislacao/ListaPublicacoes.action?id=234195&tipoDocumento=RSF&tipoTexto=ATU>. Acesso em: 26 set. 2011.

_____. Secretaria do Tesouro Nacional. *Manual de demonstrativos fiscais*: aplicado à União e aos Estados, Distrito Federal e Municípios. Ministério da Fazenda, Secretaria do Tesouro Nacional. 5. ed. Brasília: Secretaria do Tesouro Nacional, Coordenação-Geral de Normas de Contabilidade Aplicadas à Federação, 2013.

BRECHER, Charles et al. An approach to measuring the affordability of state debt. *Public Budgeting and Finance*, v. 23, n. 4, p. 65-85, Dec. 2003.

BRETON, Albert. The theory of local government finance and the debt regulation of local governments. *Public Finance*, v. XXXII, n. 1, 1977.

BROOKS, Robert. A surplus optimization approach to managing municipal debt. Public Finance Review, v. 33, n. 2, p. 236-254, Mar. 2005.

BROWN, Ken W. The 10-Point test of financial condition: toward an easy-to-use assessment tool for smaller cities. *Government Finance Review*, v. 9, n. 6, p. 21, Dec. 1993.

_____. Trends in key ratios using the GFOA financial indicators databases 1989-1993. *Government Finance Review*, v. 12, n. 6, p. 30, Dec. 1996.

CLARK, Terry Nichols; CHAN, James L. Monitoring cities: building an indicator system for municipal analysis. In: CLARK, Terry Nichols (Ed.). *Monitoring local government*: how personal computers can help systematize municipal fiscal analysis. Dubuque, Iowa: Kendall/Hunt, 1990.

COLLINS, Robert A. Optimality in municipal debt. *Public Finance Quaterly*, v. 5, n. 1, p. 117-127, Jan. 1977.

DAFFLON, Bernard; MADIÈS, Thierry. *Decentralization*: a few principles from the theory of fiscal federalism. Paris: Agence Française de Développement, 2011. (Notes and Documents, n. 42)

DEARBORN, Philip M. *Elements of municipal financial analysis*: part III – payment of debt service. Boston: First Boston Corporation, 1977.

DENISON, Dwight V.; HACKBART, Merl. State debt capacity and debt limits: theory and practice. In: FRANK, Howard A. *Public financial management*. Miami: Taylor & Francis Group, 2006.

_____ et al. State debt limits: how many are enough? *Public Budgeting and Finance*, v. 26, n. 4, p. 22-39, Winter 2006.

GALGANO, Ted. Financial management: improving municipal debt efficiency. *American City & County*, Aug. 2001. Disponível em: <http://americancityandcounty.com/mag/government_financial_managementimproving_municipal/ >. Acesso em: 11 abr. 2011.

GARCÍA, Ana Cárcaba. Análisis financiero de las entidades locales mediante el uso de indicadores. *Revista Española de Financiación y Contabilidad*, v. XXXII, n.118, p. 661-692, July/Sept. 2003.

GARDNER, Wayland D. *Government finance*: national, state and local. New Jersey: Prentice Hall, 1978.

GÓMEZ, María Belén Morala; FERNÁNDEZ, José Miguel Fernández. Análisis de entidades públicas mediante indicadores: instrumento de rendición de cuentas y demostración de responsabilidades. *Revista de la Facultad de Ciencias Económicas y Empresariales*, n.2, p. 79-100, 2006.

GROVES, Stanford M.; VALENTE, Maureen Godsey. *Evaluating financial condition*: a handbook for local government. 4. ed. Revised by Karl Nollenberger. Washington: The International City/County Management Association – ICMA, 2003.

HAGEN, Jürgen von; EICHENGREEN, Barry. Federalism, fiscal restraints, and European Monetary Union. *American Economic Review*, v. 86, n. 2, p. 134-138, May 1996.

HAYES, Thomas W. *Debt indicators and criteria for the assessment of California's total outstanding public debt*. California: California Debt Advisory Commission, 1990.

HENDRICK, Rebecca. Assessing and measuring the fiscal heath of local governments: focus on Chicago suburban municipalities. *Urban Affairs Review*, v. 40, n. 1, p. 78-114, Sept. 2004.

HERBER, Bernard P. *Modern public finance*. 5. ed. Homewood, Illinois: Richard D. Irwin, 1983.

HILDRETH, W. Bartley; MILLER, Gerald J. Debt and the local economy: problems in benchmarking local government debt affordability. *Public Budgeting & Finance*, v. 22, n. 4, p. 99-113 Winter 2002.

_____. *State of Kansas 2005 debt affordability report*. Kansas Public Finance Center, Hugo Wall School of Urban and Public Affairs, Wichita State University, Sept. 2005. Disponível em: <http://hws.wichita.edu/docs/Affordabilitystudy.v1.2.pdf>. Acesso em: 17 dez. 2010.

HOWELL, James M.; STAMM, Charles F. *Urban fiscal stress*: a comparative analysis of 66 US cities. Massachusetts: Lexington Books, 1979.

INGRAM, Robert W. et al. *Accounting and financial reporting for governmental and nonprofit organizations*: basic concepts. New York: McGraw-Hill, 1991.

JARACH, Dino. *Finanzas públicas y derecho tributário*. 3. ed. Buenos Aires: Artes Gráficas Candil, 1999.

JENSEN, Jens P. *Government finance*. 3. ed. Seba Eldridge, New York: University of Kansas, 1939. (Crowell's Social Science Series).

KAVANAGH, Shayne C. *Financing the future*: long-term financial planning for local government. Chicago: Government Finance Officers Association – GFOA, 2007.

KOPITS, George. *Fiscal rules*: useful policy framework or unnecessary ornament? International Monetary Fund, Working Paper 01/145, Sept. 2001.

Capítulo 9

KRIZ, Kenneth A. *Debt affordability*: a stochastic model. Draft for conferences. Disponível em: <https://www.appam.org/conferences/fall/boston2010/sessions/downloads/1001.4.pdf>. Acesso em: 17 dez. 2010.

LLERA, Roberto Fernández. *Mercado, reglas fiscales o coordinación?* Una revisión de los mecanismos para contener el edeudamiento de los niveles inferiores de gobierno. Instituto de Estudios Fiscales, 2003.

LÓPÉZ, Bernardino Benito; ALIJARDE, Isabel Brusca; JULVÉ, Vicente Montesinos. Análisis del endeudamiento en las comunidades autónomas. *Revista de Contabilidad*, v. 7, nº 13, p 85-112, jul./dic. 2004.

_____; CONESA, Isabel Martínez. Análisis de las administraciones públicas através de indicadores financieros. *Revista de Contabilidad*, v. 5, n. 9, p 21-55, ene./jun. 2002.

MARTÍNEZ, Vicente Pina. Principios de análisis contable en la administración pública. *Revista Española de Financiación y Contabilidad*, v. XXIV, n. 79, p. 379-432, abr./jun. 1994.

MEAD, Dean Michael. *An analyst's guide to government financial statements*. Norwalk: GASB, 2001.

MILLER, Gerald. *Fiscal health in New Jersey's largest cities*. Department of Public Administration, Faculty of Arts and Sciences, June 2001. (Cornwall Center Publications Series.)

MIRANDA, Rowan A.; PICUR, Ronald D. *Benchmarking and measuring debt capacity*. Chicago: Government Finance Officers Association – GFOA, 2000.

MITCHELL, William E. The effectiveness of debt limits on state and local government borrowing. *The Bulletin*, Institute of Finance. New York University, n. 45, Oct. 1967.

MUSGRAVE, Richard A. *Teoria das finanças públicas*: um estudo de economia governamental [1959]. Tradução de Auriphebo Berrance Simões. São Paulo: Atlas, 1973.

OATES, Wallace. *Fiscal federalism*. New York: Harcourt Brace Jovanovich, 1972.

O'CONNOR, James. *USA*: a crise do estado capitalista. Tradução de João Maia. Rio de Janeiro: Paz e Terra, 1977.

PETERSON, George E. et al. Debt. *Urban fiscal monitoring*, Washington: The Urban Institute, p. 1-34, Aug. 1978.

RAMSEY James R.; HACKBART, Merlin M. State and local debt policy and management. In: MILLER, G. (Ed.). *Handbook of debt management*. New York: Marcel Dekker, 1996.

_____ et al. State approaches to debt capacity assessment: a further evaluation. *International Journal of Public Administration*, v. 11, n. 2, p. 227-238, 1988.

ROLPH, Earl R. Principles of debt management. *The American Economic* Review, American Economic Association, v. 47, n. 3, p. 302-320, June 1957.

SILVA, Maria da Conceição. *A dívida do setor público brasileiro*: seu papel no financiamento dos investimentos públicos. Relatório de Pesquisa nº 32. Rio de Janeiro: IPEA/INPES, 1976.

SOMERS, Harold M. *Finanzas públicas e ingreso nacional*. México: Fondo de Cultura Económica, 1952.

STATE DEBT POLICY ADVISORY COMMISSION. *SDPAC annual report*. Debt Management Division, Legislative Update, 2010. Disponível em: <http://www.ost.state.or.us/about/SDPAC>. Acesso em: 17 dez. 2010.

SULLIVAN, Patrick J. Optimality in municipal debt: a comment and respecification. *Public Finance Quarterly*, v. 7, n. 3, p. 352-363, July 1979.

STUDENSKY, Paul. The limits to possible debt burdens: federal, state, and local. *American Economic Review*, v. 37, Supplement, p. 58-74, Mar. 1937.

TEMPLE, Judy. The debt/tax choice in the financing of state and local capital expenditures. *Journal of Regional Science*, v. 34, n. 4, p. 529-547, 1994.

TER-MINASSIAN, Teresa. *Fiscal federalism in theory and practice*. Washington: International Monetary Fund, 1997.

WAGNER, Richard E. Optimality in local debt limitation. *National Tax Journal*, v. 23, n. 3, p. 297-305, Sept. 1970.

WANG, Qiushi. *The effect of public debt on state and local economic growth and its implication for measuring debt capacity*: a simultaneous equations approach. 2009. Tese (Doctor of Philosophy in Public Administration) – Graduate College at the University of Nebraska, Omaha.

WASSMER, Robert W.; FISHER, Ronald C. *Analyzing and evaluating changes in state and local government debt*. Annual APPAM, Nov. 2010. Disponível em: <https://www.appam.org/conferences/fall/boston2010/sessions/downloads/4039.1.pdf>. Acesso em: 3 mar. 2010.

ZEHMS, Karl M. Proposed financial ratios for use in analysis of municipal annual financial reports. *The Government Accountants Journal*, v. 40, n. 3, p. 79-85, Fall 1991.

10
ANÁLISE DO REGIME PRÓPRIO DE PREVIDÊNCIA

Capítulo 10

Previdência social é um seguro constituído por meio de contribuições financeiras dos empregados e empregadores com o objetivo de proteger o segurado em caso de doença, desemprego, acidente e gravidez; prover subsistência em caso de aposentadoria; e garantir auxílio-reclusão e pensão por morte aos dependentes. Desse modo, conforme anota Konkel Junior (2005, p. 27), "previdência social é, verdadeiramente, um modelo de estrutura social e concretiza um conjunto de medidas destinadas a proteger os indivíduos contra os riscos dos infortúnios, tendo como objetivo final a proteção social".

O sistema previdenciário brasileiro, conforme definido pela Constituição Federal, é formado por três regimes: Regime Geral de Previdência Social (RGPS), de caráter contributivo e filiação obrigatória, gerido pelo Instituto Nacional do Seguro Social (INSS) e destinado à grande maioria dos trabalhadores brasileiros (art. 201); Regime Próprio de Previdência dos Servidores (RPPS), de caráter contributivo e solidário, criado para atender aos servidores titulares de cargos efetivos da União, dos Estados, do Distrito Federal e dos Municípios (art. 40); e Regime de Previdência Privada (RPP), de caráter complementar e facultativo, organizado de forma autônoma em relação à previdência social (art. 202).

Em qualquer dos casos, a essência dos regimes previdenciários é a gestão do patrimônio coletivo dos segurados, sob a tutela do Estado, para transformar a poupança presente em benefícios futuros, quando os trabalhadores deixarem de ser ativos (BRASIL, 2012).

Destaque-se que os direitos previdenciários dos servidores públicos municipais podem ser garantidos mediante filiação ao RGPS, gerido pelo INSS, nos termos das Leis 8.212/91 e 8.213/91, ou mediante a constituição de um RPPS, com fundamento na Lei Geral da Previdência do Setor Público (Lei 9.717/98). No caso da constituição de um regime próprio, deverá ser observada a quantidade mínima de participantes que possa garantir diretamente a totalidade dos riscos cobertos no plano de benefícios, preservando o equilíbrio atuarial, sem necessidade de resseguro (art. 1º, IV, da Lei 9.717/98). Assim, cabe aos gestores locais decidirem pela alternativa que garanta a manutenção favorável da condição financeira do governo. Atualmente, segundo o Ministério do Trabalho e da Previdência Social, no Brasil existem 2.030 RPPS.[1]

Facultativamente, os servidores públicos podem contribuir para um RPP visando garantir a complementação de sua renda na fase de aposentadoria. Esse segmento previdenciário é organizado de forma autônoma em relação à previdência social, sendo constituído por dois segmentos: as Entidades Fechadas de Previdência Complementar (EFPC), amplamente conhecidas como fundos de pensão, e as Entidades Abertas de Previdência Complementar (EAPC), como as seguradoras autorizadas a oferecer planos de benefícios.

---

[1] Disponível em: <http://www.previdencia.gov.br/estatsticas-2/>. Acesso em: 6 maio 2014.

ANÁLISE DO REGIME PRÓPRIO DE PREVIDÊNCIA

Este capítulo tem por objetivo fornecer subsídios para análise da condição financeira do governo sob a perspectiva do equilíbrio financeiro e atuarial dos RPPS. Inicialmente, serão discutidos os propósitos de análise dos regimes próprios de previdência. Nas seções seguintes, serão apresentados os aspectos conceituais básicos relacionados aos regimes financeiros, planos de benefícios, ativos garantidores, passivos atuariais, resultados atuariais, modelo contábil e os principais indicadores financeiros de análise do RPPS. O capítulo conclui com a apresentação de um exemplo prático de análise do RPPS.

10.1 Propósitos da análise do regime próprio de previdência

Uma das áreas da administração pública que merecem especial atenção dos gestores é o regime próprio de previdência dos servidores, pois os desequilíbrios financeiros porventura produzidos podem inviabilizar toda a gestão com o comprometimento de expressiva parcela de receitas para o seu financiamento, reduzindo, consequentemente, os recursos destinados a investimentos para atender as necessidades da comunidade.

Com essa preocupação, o artigo 69 da Lei de Responsabilidade Fiscal determina que o ente da Federação que mantiver ou vier a instituir regime próprio de previdência para seus servidores conferir-lhe-á caráter contributivo e o organizará com base em normas de contabilidade e atuária que preservem seu equilíbrio financeiro e atuarial.

Assim, o desafio do gestor consiste na atuação incessante com vistas a compatibilizar o plano de benefícios com o plano de custeio. Nesse sentido, como regra de prudência financeira, o gestor deve avaliar constantemente a condição financeira do regime previdenciário com o objetivo de corrigir rumos diante de resultados fiscais desequilibrados e tomar decisões tempestivas sobre a aplicação dos ativos garantidores.

Sob essa ótica, a análise da condição financeira dos RPPS consiste, essencialmente, em comparar as obrigações previdenciárias com as reservas financeiras a fim de estimar a pressão por gastos no presente e no futuro. Todavia, conforme assinalam Berne e Schramm (1986, p. 280), tal tarefa não é fácil de ser operacionalizada devido às incertezas (nível de benefícios, nível de contribuições, retorno dos investimentos etc.) e as diferenças de *timing* (anos de contribuição, datas de aposentadoria, anos de benefícios etc.).

Muito embora os cálculos atuariais mitiguem esses riscos e incertezas, é importante destacar que a condição financeira dos RPPS também sofre impactos causados pelas mudanças das variáveis de mercado, especificamente as variáveis relacionadas a inflação e remuneração dos recursos aplicados. Além disso, a melhoria da condição de vida das pessoas, proporcionada pelos avanços na ciência, tem garantido maior longevidade à população e, por conseguinte, elevando os custos previdenciários dos RPPS. Por essas razões, a análise da condição financeira dos RPPS, além de focar nos aspectos puramente financeiros, requer o acompanhamento periódico via avaliação e reavaliação dos estudos atuariais, a fim de que as projeções de longo prazo sejam oportunamente revistas para melhor lidar com as incertezas e com as estimativas da pressão por gastos.

Portanto, a análise da condição financeira sob a perspectiva do regime de previdência inclui, também, o exame da razoabilidade das estimativas atuariais para que as medidas focadas em ativos e passivos atuariais retratem com confiabilidade o *status* financeiro do RPPS.

10.2 Regimes de financiamento

Os regimes de financiamento de um sistema previdenciário referem-se aos mecanismos de determinação do montante e do momento de captação das contribuições financeiras para o pagamento dos benefícios prometidos. Segundo Gushiken et al. (2002, p. 119), o regime de financiamento é o mecanismo ou método que permitirá o cálculo da contribuição necessária para dar plena cobertura financeira ao valor atual dos benefícios futuros do plano, isto é, o método que tornará possível a determinação de quanto deverá ser vertido ao plano para o completo financiamento do custo previdenciário.

A literatura aponta três regimes clássicos de financiamento que podem ser utilizados para definir as contribuições previdenciárias a serem pagas pelos participantes do plano: regime financeiro de repartição simples, regime financeiro de capitalização e regime financeiro de repartição de capitais de cobertura.

Regime financeiro de repartição simples (*pay as you go financing*): de acordo com esse regime de financiamento, as contribuições financeiras são determinadas para um período em montante suficiente para dar cobertura aos benefícios dos participantes do plano, nesse mesmo período, sem se preocupar com a acumulação de recursos financeiros. De acordo com essa lógica de financiamento, Gushiken et al. (2002, p. 164), denominam esse método de "regime orçamentário" porque, fazendo-se o orçamento das despesas referente aos pagamentos de benefícios para um determinado período, facilmente identifica-se o montante necessário e suficiente das contribuições a serem arrecadadas nesse mesmo período para suportar aquelas despesas. Em suma, o regime de repartição simples apresenta características de solidariedade visto que os servidores ativos (geração atual) pagam os benefícios dos servidores inativos (geração passada) na esperança de que a geração futura (novos servidores ativos) pague os seus benefícios quando se aposentar.

Rabelo (2001, p. 10) afirma que um sistema de previdência operando com esse tipo de regime é extremamente sensível às variáveis demográficas (natalidade e longevidade), pois uma alteração desfavorável dessas variáveis pode comprometer a sua saúde financeira. Assim, segundo o autor, em um sistema que opera sob o regime de repartição simples, um aumento do quociente de servidores inativos e pensionistas sobre servidores ativos; um aumento da expectativa de vida dos participantes; uma queda no salário real de contribuição dos participantes ativos; ou uma modificação na forma de cálculo dos benefícios podem exigir aumento das alíquotas de contribuição ou redução dos benefícios prometidos. É justamente a ausência de revisões automáticas das alíquotas de contribuição ou da forma de cálculo dos benefícios que compromete a viabilidade de longo prazo dos sistemas que operam em regime financeiro de repartição.

Regime financeiro de capitalização (*advance funding*): também conhecido como regime de pré-pagamento ou pré-financiamento, preocupa-se com a formação de recursos garantidores para dar cobertura aos compromissos futuros do plano. Assim, esse tipo de regime preocupa-se com a constituição de reservas matemáticas ou provisões matemáticas que garantam a cobertura dos benefícios concedidos e a conceder a todos os participantes do plano.

O sistema de previdência que opera segundo as regras do regime financeiro de capitalização possui um fundo de ativos constituído pelas contribuições dos participantes ao longo da sua vida laboral capaz de garantir o pagamento dos seus próprios benefícios. De acordo com Rabelo (2001, p. 10), a capitalização evita, em parte, que os sistemas públicos de previdência incorram em déficits muito elevados, mas a sua introdução exige hoje um esforço contributivo maior das partes envolvidas (servidores e entes públicos).

Em suma, no regime de capitalização a principal característica é a individualidade visto que cada segurado contribui para seu próprio benefício no futuro na forma de aposentadoria, formando uma poupança individual, cujos recursos serão gerenciados pelo regime de previdência.

Regime financeiro de repartição de capital de cobertura: esse regime de financiamento apresenta características mistas do regime de repartição simples e do regime de capitalização. Nesse regime, são determinadas contribuições necessárias para pagamento dos benefícios de determinado período mais a constituição de reservas financeiras para garantir o pagamento futuro dos benefícios que se iniciam no período, isto é, para os participantes em gozo de benefícios. Assim, conforme concluem Gushiken et al. (2002, p. 169), esse regime apresenta características solidárias como no regime de repartição simples e constitui reservas como no regime de capitalização.

No Brasil, conforme dispõe a Portaria MPS 403/2008, os RPPS poderão adotar os três regimes financeiros, segundo a natureza dos benefícios oferecidos: (*i*) o regime financeiro de capitalização será utilizado como o mínimo aplicável para o financiamento das aposentadorias programadas e pensões por morte de aposentado (art. 4°, § 1°); (*ii*) o regime financeiro de repartição de capital de cobertura será utilizado como o mínimo aplicável para o financiamento dos benefícios não programáveis de aposentadoria por invalidez e pensão por morte de segurados em atividade (art. 4°, § 2°); e (*iii*) o regime financeiro de repartição simples será utilizado como o mínimo aplicável para o financiamento dos benefícios de auxílio-doença, salário-maternidade, auxílio-reclusão e salário-família (art. 4°, § 3°).

Cabe informar que a Lei Geral da Previdência do Setor Público (Lei 9.717/98) introduziu certo grau de capitalização aos RPPS na medida em que o artigo 6° faculta à União, aos Estados, ao Distrito Federal e aos Municípios constituírem fundos integrados de bens, direitos e ativos com finalidade previdenciária. O desafio consiste em manter uma gerência financeira eficaz dos recursos do fundo, protegendo-os e destinando-os, exclusivamente, a finalidades previdenciárias.

10.3 Planos de benefícios

Enquanto os regimes de financiamento tratam dos mecanismos de determinação das contribuições para financiar os benefícios previdenciários, os planos de benefícios tratam da forma como os planos previdenciários são estabelecidos. Existem, basicamente, dois tipos de planos de benefícios, dependendo da natureza econômica do plano: Benefício Definido (BD) e Contribuição Definida (CD).

Plano de benefício definido (BD): é aquele que possui uma fórmula de cálculo que permite ao participante saber previamente qual será o valor da aposentadoria em função do tempo de contribuição, da evolução salarial e de algumas premissas atuariais, como taxa de juros, tábua biométrica e índice de atualização dos benefícios.

De acordo com a IPSAS 25 – Benefícios a empregados –, nos planos de benefício definido, a obrigação da entidade é prover os benefícios acordados com os empregados atuais e antigos, e o risco atuarial (risco de que os benefícios custem mais do que o esperado) e o risco de investimento recaem inteiramente sobre o órgão público.

Assim, caso as contribuições efetuadas por todos os participantes sejam insuficientes para pagar os benefícios, a entidade patrocinadora, no caso o ente público, assumirá o risco, vertendo contribuições adicionais para o RPPS. Nesse sentido, de acordo com Rabelo (2001, p. 11), "o fundamental nos planos de previdência de benefício definido, capitalizados ou em regime de repartição, é que as taxas de contribuição cobradas das partes estejam atuarialmente compatíveis com os benefícios prometidos". Contudo, em havendo incompatibilidade, o sistema produzirá déficits que terão de ser assumidos pelo ente público.

No Brasil, o RPPS é um modelo previdenciário do tipo benefício definido, cujo cálculo dos proventos de aposentadoria é assegurado na Constituição Federal (§ 3º, art. 40) e disciplinado pela Lei 10.887/2004, correspondendo a 80% de todo período contributivo. Além disso, o ente público instituidor do RPPS será responsável pela cobertura de eventuais insuficiências financeiras decorrentes do pagamento de benefícios previdenciários (art. 1º-A, § 1º, Lei 9.717/98).

Plano de contribuição definida (CD): é um plano de benefício pós-emprego no qual o valor do benefício não é conhecido *a priori*, como ocorre com os planos de benefício definido. Logo, o valor do benefício é determinado em função das contribuições realizadas pelo participante, do tempo de contribuição e da rentabilidade obtida. Nesse caso, é o participante que assume todos os riscos atuariais, e não o ente público.

Segundo Gushiken *et al.* (2002, p. 181), na modelagem CD não existe qualquer mutualismo, já que as reservas são individualizadas, cada segurado tem sua própria conta. Entretanto, uma eventual queda na rentabilidade, se não for acompanhada de ajustes nas contribuições, implicará em redução das metas almejadas (benefícios projetados, mas não contratados); ou, ao contrário, se houver excelente desempenho financeiro, os benefícios projetados serão aumentados.

De acordo com a IPSAS 25 – Benefícios a empregados –, nos planos de contribuição definida, a obrigação legal ou construtiva do órgão público está limitada à quantia destinada à contribuição para o fundo. Assim, o valor do benefício pós-emprego recebido pelo empregado é determinado pelo montante das contribuições pagas pela entidade e, em alguns casos, também pelo empregado, para um plano de benefício pós-emprego ou para uma empresa de seguros, juntamente com o retorno dos investimentos provenientes das contribuições. Em consequência disso, o risco atuarial (risco de que os benefícios sejam inferiores ao esperado) e o risco de investimento (risco de que os ativos investidos sejam insuficientes para cobrir os benefícios esperados) são assumidos pelo empregado.

O conhecimento de como opera o plano de contribuição definida é importante para os servidores que optarem pelo regime de previdência complementar instituído pelo ente público, por intermédio de entidades fechadas de previdência complementar, visto que o § 15 do artigo 40 da Constituição Federal determina que essas entidades ofereçam planos de benefícios aos participantes somente na modalidade de contribuição definida.

Resumidamente, as diferenças básicas entre os planos de benefício definido e contribuição definida são apresentadas no Quadro 10.1.

Quadro 10.1   Diferenças entre os planos de benefícios BD e CD

BENEFÍCIO DEFINIDO (BD)	CONTRIBUIÇÃO DEFINIDA (CD)
O valor do benefício é definido a *priori*.	O valor do benefício é determinado a *posteriori*.
O valor do benefício não sofre interferência de eventuais variações das reservas.	O valor do benefício será obtido em função das reservas que se acumulam até a data da concessão do benefício.
O resultado positivo do plano é prontamente identificado e absorvido, tendo em vista seu caráter mutualista.	O resultado positivo do plano pertence integralmente aos segurados e somente será aferido no momento da concessão do benefício.
Se as contribuições forem estabelecidas abaixo do necessário para cobrir o custo previdenciário, o sistema identificará prontamente e imputará ao plano, tendo em vista seu caráter mutualista.	Se as reservas forem baixas no final do período de contribuição, o impacto recairá integralmente sobre o segurado, que terá um benefício menor, visto que esse tipo de plano é de caráter individualista.

BENEFÍCIO DEFINIDO (BD)	CONTRIBUIÇÃO DEFINIDA (CD)
A entidade pública instituidora do RPPS assume todos os riscos atuariais e de investimento.	O segurado assume todos os riscos atuariais e de investimento.
O órgão público tem obrigação de prover os benefícios acordados com os empregados atuais e antigos.	A obrigação legal do órgão público está limitada à quantia destinada à contribuição para o fundo.
O ente público é responsável pela cobertura de eventuais insuficiências financeiras decorrentes do pagamento de benefícios previdenciários.	No caso de insuficiência financeira, o impacto recairá integralmente sobre o segurado, que terá um benefício menor.

10.4 Equilíbrio financeiro e atuarial

De acordo com o artigo 8º da Portaria MPS 402/2008, ao RPPS deverá ser garantido o equilíbrio financeiro e atuarial em conformidade com a avaliação atuarial inicial e as reavaliações realizadas em cada exercício financeiro para organização e revisão do plano de custeio e de benefícios. A avaliação e a reavaliação atuarial deverão observar os parâmetros técnicos definidos pela Portaria MPS 403/2008.

O equilíbrio financeiro, segundo o artigo 2º, inciso I, da Portaria MPS 403/2008, representa a garantia de equivalência entre as receitas auferidas e as obrigações dos RPPS em cada exercício financeiro. Dessa forma, o equilíbrio financeiro será alcançado quando o montante arrecadado dos participantes do sistema previdenciário for suficiente para custear os benefícios previdenciários e os gastos com administração.

O equilíbrio atuarial, de acordo com o artigo 2º, inciso II, da Portaria MPS 403/2008, representa a garantia de equivalência, a valor presente, entre o fluxo das receitas estimadas e o das obrigações projetadas, apuradas atuarialmente a longo prazo. Assim, as alíquotas da contribuição financeira dos segurados e os compromissos futuros do RPPS devem ser definidos a partir de cálculo atuarial que leve em consideração hipóteses biométricas, demográficas, econômicas e financeiras adequadas às características da massa de segurados e de seus dependentes.

A sustentabilidade financeira do RPPS deve ser alcançada por meio da contribuição dos segurados ativos e inativos que recebem benefícios acima do teto do RGPS, da contribuição patronal do ente da Federação, dos rendimentos auferidos pela aplicação dos ativos e outros aportes para cobertura de insuficiências financeiras e para a formação de reservas. Desta forma, o ente governamental e os segurados respondem solidariamente pela manutenção do equilíbrio financeiro e atuarial do sistema.

O equilíbrio financeiro e atuarial do RPPS precisa ser perseguido continuamente, devendo ser (re)avaliado tanto na fase de elaboração dos orçamentos quanto na fase de execução orçamentária. Na fase de elaboração dos orçamentos, o Anexo de Metas

ANÁLISE DO REGIME PRÓPRIO DE PREVIDÊNCIA

Fiscais, integrante da LDO, deve contemplar a avaliação da situação financeira e atuarial do RPPS (art. 4º, § 2º, IV, da LRF). Na fase de execução orçamentária, o RREO deve conter demonstrativo financeiro e orçamentário específico, evidenciando as receitas e despesas previdenciárias (art. 50, IV, da LRF), bem como demonstrativo da projeção atuarial do RPPS (art. 53, § 1º, II, da LRF).

10.5 Ativos garantidores

O RPPS, além dos recursos provenientes das contribuições previdenciárias, poderá possuir outros ativos por meio da constituição de um fundo integrado de bens, direitos e ativos, com finalidade previdenciária, conforme faculta o artigo 6º da Lei Geral da Previdência do Setor Público.

As fontes de recursos mais utilizadas para a formação do fundo previdenciário são representadas pelos recursos oriundos de privatização de empresas públicas, *royalties* decorrentes de exploração de recursos naturais, destinação de parcela da dívida ativa, imóveis de propriedade do ente público, recursos financeiros transferidos pelo ente instituidor para a formação de reservas etc.

Assim, os ativos garantidores do RPPS são compostos pelas seguintes categorias de recursos, conforme estabelece o artigo 3º da Resolução CMN 3.922/2010:

1. as disponibilidades oriundas das receitas correntes e de capital;
2. os demais ingressos financeiros auferidos pelo regime próprio de previdência social;
3. as aplicações financeiras;
4. os títulos e os valores mobiliários;
5. os ativos vinculados por lei ao regime próprio de previdência social; e
6. demais bens, direitos e ativos com finalidade previdenciária do regime próprio de previdência social.

É importante ressaltar que a aplicação dos recursos do RPPS precisa ser realizada de forma estratégica visando reduzir fatores de risco que podem afetar adversamente a rentabilidade dos investimentos. Para tanto, conforme determina o artigo 1º da Portaria MPS 519/2011, o RPPS precisa definir anualmente uma política de investimentos, que demonstrará: (*i*) o modelo de gestão a ser adotado, que pode ser por gestão própria ou por uma entidade credenciada; (*ii*) a estratégia de alocação dos recursos entre os diversos segmentos de aplicação e as respectivas carteiras de investimentos; (*iii*) os limites utilizados para investimentos em títulos e valores mobiliários e emissão ou coobrigação de uma mesma pessoa jurídica; e (*iv*) os parâmetros de rentabilidade perseguidos tendo em vista a necessidade de busca e manutenção do equilíbrio financeiro e atuarial e o atendimento aos limites de diversificação e concentração.

Capítulo 10

A política anual de investimentos visa garantir as condições de segurança, rentabilidade, solvência, liquidez e transparência do RPPS.

A segurança dos investimentos está relacionada com o gerenciamento dos riscos de liquidez, de mercado e de crédito envolvidos nas oportunidades de investimentos em cada segmento de aplicação. A rentabilidade refere-se ao retorno dos investimentos a ser auferido no processo de diversificação de alocação dos recursos entre os diversos segmentos de aplicação. A solvência tem relação com a capacidade de a entidade cumprir com suas obrigações financeiras regulares no momento em que vencem; no caso da gestão de ativos do RPPS, a solvência refere-se ao casamento dos ativos financeiros com os passivos atuariais. A liquidez diz respeito à facilidade e à rapidez com que as aplicações dos recursos do fundo serão convertidas em moeda corrente. A transparência busca assegurar visibilidade da gestão financeira dos recursos do RPPS mediante pleno acesso às informações por parte dos segurados.

Importa afirmar que as disponibilidades de caixa do RPPS, ainda que vinculadas a fundos específicos, como por exemplo o fundo previdenciário, ficarão depositadas em conta separada das demais disponibilidades do ente público e aplicadas nas condições de mercado, com observância dos limites e condições de proteção e prudência financeira (§ 1º, art. 49, da LRF).

Esses limites e condições estão previstos nos artigos 7º e 8º da Resolução CMN 3.922/2010 por meio de tetos máximos de aplicação nos segmentos de renda fixa e renda variável. Assim, o RPPS pode formar carteiras diversificadas de investimentos contendo aplicações de até 30% dos seus recursos em renda variável e até 100% dos seus recursos em renda fixa, observando-se os limites de concentração resumidos no Quadro 10.2.

Quadro 10.2   Limites e condições para aplicação em ativos garantidores

SEGMENTOS DE APLICAÇÃO	RESOLUÇÃO CMN 3.922/10	LIMITE MÁXIMO
RENDA FIXA	Art. 7º	100%
Títulos do Tesouro Nacional – SELIC.	Art. 7º, I, a	100%
Fundos de Investimento (FI) condomínio aberto.	Art. 7º, I, b	100%
Operações compromissadas rastreadas exclusivamente por títulos de emissão do Tesouro Nacional registrados no sistema SELIC.	Art. 7º, II	15% »

ANÁLISE DO REGIME PRÓPRIO DE PREVIDÊNCIA

SEGMENTOS DE APLICAÇÃO	RESOLUÇÃO CMN 3.922/10	LIMITE MÁXIMO
FI de renda fixa, referenciados em renda fixa, com retorno em subíndices IMA (Índice de Mercado Anbima) ou IDkA (Índice de Duração Constante Anbima).	Art. 7º, III	80%
FI de renda fixa referenciados em renda fixa, constituídos como condomínio aberto.	Art. 7º, IV	30%
Poupança em instituição financeira de baixo risco.	Art. 7º, V	20%
FI em direitos creditórios constituídos como condomínio aberto.	Art. 7º, VI	15%
FI em direitos creditórios constituídos como condomínio fechado.	Art. 7º, VII, a	5%
FI renda fixa com a denominação de crédito privado.	Art. 7º, VII, b	5%
RENDA VARIÁVEL	Art. 8º	30%
FI referenciados, constituídos como condomínio aberto, com desempenho vinculado ao índice Ibovespa, IBrX ou IBrX-50.	Art. 8º, I	30%
Fundos de índices referenciados em ações negociadas em bolsas de valores.	Art. 8º, II	20%
FI em Ações constituídos como condomínio aberto.	Art. 8º, III	15%
FI Multimercado constituídos como condomínio aberto.	Art. 8º, IV	5%
FI em Participações constituídos como condomínio fechado.	Art. 8º, V	5%
FI Imobiliários com cotas negociadas em bolsa de valores.	Art. 8º, VI	5%

Segundo dados do Ministério da Previdência Social (2013), os limites de concentração nos segmentos de aplicação vêm sendo respeitados pelos RPPS estaduais e municipais, conforme evidencia o Quadro 10.3. Observa-se que grande parte dos recursos dos RPPS estaduais é representada por ativos vinculados por lei (77,06%), ao passo que a maior parte dos recursos dos RPPS municipais está concentrada no segmento de renda fixa (85,15%).

Capítulo 10

Quadro 10.3 Segmentos de aplicação em ativos garantidores dos RPPS por Estados e Municípios brasileiros

SEGMENTOS DE APLICAÇÃO	RPPS ESTADUAIS	AV (%)	RPPS MUNICIPAIS	AV (%)
Disponibilidades financeiras	245.191.335,88	0,21	1.706.858.310,06	2,99
Renda fixa	23.830.326.015,26	20,21	48.537.865.862,01	85,15
Renda variável	2.051.687.105,25	1,74	4.560.924.750,49	8,00
Imóveis	24.684.185,10	0,02	4.183.290,00	0,01
Ativos em enquadramento	41.420.207,34	0,04	397.125.103,44	0,70
Ativos vinculados por lei ao RPPS	90.860.625.836,64	77,06	1.752.030.454,00	3,07
Demais bens, direitos e ativos	847.467.444,52	0,72	42.340.544,78	0,07
Total	117.901.402.129,99	100,00	57.001.328.314,78	100,00

Fonte: Ministério da Previdência Social (setembro/outubro/2013).[2]

Ademais, como medida de prudência financeira, o § 2º, do artigo 49 da LRF veda a aplicação das disponibilidades de caixa do RPPS em títulos da dívida pública estadual e municipal; em ações e outros papéis relativos às empresas controladas pelo respectivo ente da Federação; e em empréstimos, de qualquer natureza, aos segurados e ao poder público, inclusive a suas empresas controladas.

Outro aspecto de fundamental importância que deve ser observado pelos RPPS no momento da mensuração dos ativos garantidores diz respeito aos critérios de avaliação. Segundo o artigo 25, III, da Portaria MPS 403/2008, na apuração dos resultados atuariais, os bens, direitos e demais ativos considerados devem ser avaliados a valor de mercado. A IPSAS 25 – Benefícios a empregados – afirma que quando não há valor de mercado disponível, o valor justo dos ativos do plano é estimado, por exemplo, descontando os fluxos de caixa futuros, utilizando a taxa de desconto que reflita não só o risco associado aos ativos do plano, mas também a maturidade ou a data de alienação esperada desses ativos.

---

2   Disponível em: <http://www.previdencia.gov.br/estatsticas-2/>. Acesso em: 23 jun. 2014.

10.6 Passivos atuariais

O passivo atuarial do RPPS é representado, basicamente, por provisões matemáticas que correspondem aos compromissos líquidos do plano de benefícios para com os seus segurados. Integra, também, o passivo atuarial, quando devidamente constituído, o fundo previdencial para oscilação de risco (art. 17, §§ 1º e 2º, da Portaria MPS 403/2008).

Cabe destacar que a gestão do passivo atuarial opera no processo de concessão dos benefícios previdenciários e na regularização dos pagamentos aos segurados. Assim, em um plano de benefício definido, o RPPS, para cumprir adequadamente com as suas obrigações previdenciárias, deverá constituir em determinado período, com base nas premissas atuariais definidas, provisão matemática com o objetivo de evidenciar o *status* da posição financeira do RPPS e, se necessário, realizar ajustes no plano de benefícios.

Nesse sentido, Lima e Guimarães (2009, p. 51) afirmam que a constituição de provisões matemáticas previdenciárias tem como objetivo tratar contabilmente as informações atuariais dos RPPS e representa o ponto principal da Contabilidade Previdenciária Pública.

Segundo o Pronunciamento Técnico CPC 25 e a Resolução CFC 1.180/2009, provisão é um passivo de prazo ou de valor incertos e somente deverá ser reconhecida como passivo se puder ser feita uma estimativa confiável do valor da obrigação. Ademais, as provisões são obrigações presentes, sendo provável que uma saída de recursos que incorporam benefícios econômicos seja necessária para liquidar essas obrigações.

Assim, para que a provisão matemática do RPPS seja constituída com base em uma estimativa confiável é necessário que se fundamente em premissas atuariais a fim de representar aproximadamente as obrigações de longo prazo para com os segurados.

Segundo a IPSAS 25 – Benefícios a empregados –, as premissas atuariais são as melhores estimativas que a entidade pode obter para as variáveis que determinarão o custo final para proporcionar a concessão de benefícios pós-emprego, compreendendo:

1. **Premissas demográficas:** tratam das características futuras de empregados atuais e antigos e de seus dependentes que sejam elegíveis aos benefícios, envolvendo tópicos como: (*i*) mortalidade, tanto durante como após o emprego; (*ii*) taxas de rotatividade, de invalidez e de aposentadoria antecipada dos empregados; e (*iii*) proporção dos participantes do plano com dependentes que serão elegíveis aos benefícios.
2. **Premissas financeiras:** abordam tópicos como: (*i*) a taxa de desconto; (*ii*) níveis futuros de salários e de benefícios; e (*iii*) taxa esperada de retorno dos ativos do plano.

É importante frisar que as premissas atuariais são importantes para definir cenários futuros, fundamentar as projeções atuariais, definir os benefícios e determinar se

Capítulo 10

as contribuições dos segurados serão aumentadas ou reduzidas. Quanto às projeções atuariais, o *Manual de demonstrativos fiscais*, instituído pela Secretaria do Tesouro Nacional, informa que elas devem abranger o horizonte temporal de pelo menos 75 anos (BRASIL, 2012, p. 106).

A provisão matemática representa uma obrigação do RPPS que deverá ser reconhecida no passivo exigível a longo prazo, sendo calculada pela diferença entre o valor presente das obrigações futuras para com os segurados (custo previdenciário) e o valor presente das contribuições estimadas (obrigações dos segurados solidários). Destarte, a provisão matemática será obtida segundo fórmula a seguir, tendo como taxa de desconto a taxa real de juros estabelecida como meta para as aplicações dos recursos do RPPS na política de investimentos, limitada ao máximo de 6% ao ano (art. 9° da Portaria 403/2008).[3]

$$VPPA = \frac{BF}{(1+i)^t} = \frac{RF}{(1+i)^t}$$

Em que:
VPPA – valor presente do passivo atuarial;
BF – benefícios futuros; e
RF – receitas futuras.

Esse cálculo deve ser realizado tanto para atender aos benefícios concedidos quanto para atender aos benefícios a conceder. Assim, a provisão matemática divide-se em:

- provisão matemática de benefícios concedidos: corresponde ao valor atual líquido dos benefícios já concedidos a serem pagos no futuro;
- provisão matemática de benefícios a conceder: corresponde ao valor atual líquido dos benefícios futuros a serem concedidos aos segurados.

A constituição de provisão matemática é necessária nos sistemas de previdência que utilizam o regime financeiro de capitalização como o mínimo aplicável para o financiamento das aposentadorias programadas e pensões por morte de aposentado, pois nesses sistemas há a preocupação com o equilíbrio atuarial, isto é, a equivalência a valor presente entre o fluxo das receitas estimadas e o fluxo das obrigações projetadas.

---

3   Informe-se que essa determinação vai ao encontro da abordagem estabelecida pelo GASB (*Governmental Accounting Standards Board*), que estabelece como taxa de desconto a taxa esperada de retorno dos ativos (*Statement of Financial Accounting Standards* n° 157 – *Fair Value Measurement*). Ver também Russek (2011).

10.7 Resultados atuariais

Conforme visto, os ativos garantidores do RPPS são formados pela constituição de bens e direitos mediante a aplicação das contribuições financeiras vertidas ao plano, bem como por meio da constituição de um fundo integrado de bens, direitos e ativos; e os passivos atuariais são constituídos, basicamente, pelas provisões matemáticas de benefícios concedidos e a conceder, representando a totalidade das obrigações líquidas do plano para com os seus segurados.

Assim, conhecendo-se a totalidade desses itens patrimoniais, o resultado atuarial pode ser obtido mediante a diferença entre os ativos líquidos e a provisão matemática, encontrando-se uma das seguintes situações financeiras:

Ativos líquidos = provisão matemática → resultado equilibrado
Ativos líquidos > provisão matemática → resultado superavitário
Ativos líquidos < provisão matemática → resultado deficitário

Portanto, o plano se encontra equilibrado quando o total dos ativos garantidores líquidos iguala-se à provisão matemática, sinalizando que existem bens e direitos em montante suficiente para garantir o pagamento das obrigações atuariais futuras, sem sobras financeiras. Quando o total dos ativos garantidores líquidos é maior que a provisão matemática, tem-se uma posição financeira superavitária, revelando que os ativos disponíveis são mais que suficientes para cobrir as obrigações de longo prazo para com os segurados. Por outro lado, quando o total dos ativos garantidores líquidos é menor que a provisão matemática, tem-se uma posição financeira deficitária ou um passivo atuarial a descoberto.

De acordo com Gushiken et al. (2002, p. 198), a situação deficitária significa que, se as hipóteses atuariais adotadas em relação ao futuro estiverem corretas e atendendo aos critérios de razoabilidade em relação ao que se espera, haverá insuficiência patrimonial para o cumprimento dos compromissos do RPPS e, nesse caso, só resta majorar as contribuições para recompor o patrimônio necessário. Ao contrário, se a situação se mostrar superavitária, o ajuste necessário deverá consubstanciar-se na redução das contribuições.

Destaque-se que a ocorrência de déficit em um período não significa que houve desestruturação do plano ou má gestão financeira. Aliás, em períodos com resultados superavitários deve-se constituir reserva de contingência para cobrir eventuais déficits futuros. Entretanto, se os resultados deficitários são persistentes, faz-se necessário reavaliar as hipóteses atuariais, realizar ajustes nas contribuições ou nos benefícios do plano, reestruturar a administração ou obter aportes financeiros do ente instituidor.

A respeito do déficit previdenciário, o *Livro branco da previdência social* (BRASIL, 2002, p. 40) assinala que os RPPS, apesar de todos os avanços alcançados com a reforma da previdência, ainda convivem com dispositivos fáticos e normativos que impedem a obtenção do equilíbrio desejado. O déficit atuarial decorre da aplicação de normas ultrapassadas e da dificuldade de se obterem novas fontes de custeio, o que impede a estabilização das contas previdenciárias dos entes federados.

Além dos resultados atuariais, o RPPS deve demonstrar o *status* da situação líquida patrimonial por meio da diferença entre os ativos líquidos o passivo total. É importante informar que o passivo total do RPPS é constituído tanto pelo passivo atuarial (obrigações para com os segurados) quanto pelo passivo operacional ou não atuarial (obrigações para com terceiros), tais como salários a pagar, fornecedores a pagar, contas a pagar etc.

Contudo, na apuração dos resultados atuariais apenas os ativos e passivos atuariais devem ser levados em consideração. Nesse sentido, a IPSAS 25 – Benefícios a empregados – alerta que "os ativos do plano são reduzidos pelos passivos do fundo que não estão relacionados com os Benefícios a Empregados, por exemplo, contas a pagar e outros exigíveis e passivos resultantes de instrumentos financeiros derivativos".

10.8 Modelo contábil

Os RPPS, de acordo com o artigo 1º da Lei 9.717/98 e ratificado pelo artigo 69 da LRF, deverão ser organizados com base em normas gerais de contabilidade e atuária, de modo a garantir o seu equilíbrio financeiro e atuarial. Isso implica na manutenção de contabilidade própria para permitir o conhecimento, a qualquer momento, da situação orçamentária, financeira e patrimonial.

Com relação às normas gerais de contabilidade, a Portaria MPS 509/2013 determina que os RPPS devem adotar procedimentos contábeis previstos no *Manual de contabilidade aplicada ao setor público* (MCASP), aprovado pela Secretaria do Tesouro Nacional. Assim, os RPPS ficam obrigados a adotar plano de contas segundo estrutura estabelecida no Plano de Contas Aplicado ao Setor Público (PCASP) e as suas demonstrações contábeis devem seguir as mesmas regras e modelos das Demonstrações Contábeis do Setor Público (DCASP).

Contudo, nada impede que o RPPS tenha uma contabilidade gerencial por atividades, segundo o modelo contábil dos fundos de pensão instituído pela Resolução do Conselho de Gestão da Previdência Complementar (CGPC) 28/2009, com o objetivo de melhor informar sobre os resultados obtidos nos programas previdencial, assistencial, administrativo e de investimentos.

Além de elaborar as demonstrações contábeis com base nos princípios fundamentais de contabilidade e nos procedimentos estabelecidos no MCASP, o ente governamental instituidor do RPPS é obrigado a preparar, no encerramento de cada bimestre, demonstrativo financeiro e orçamentário específico, evidenciando as receitas e despesas previdenciárias, consoante determina o artigo 50, inciso IV, c/c artigo 52, ambos da LRF.

ANÁLISE DO REGIME PRÓPRIO DE PREVIDÊNCIA

Tal demonstrativo é útil para proporcionar a análise do equilíbrio financeiro do RPPS e integra o RREO (Anexo 4), conforme modelo instituído pela Secretaria do Tesouro Nacional no *Manual de demonstrativos fiscais* (BRASIL, 2012), como segue.

Quadro 10.4 Demonstrativo das receitas e despesas previdenciárias do Regime Próprio de Previdência dos Servidores

RREO – ANEXO 4 (LRF, Art. 53, inciso II) R$ milhares

RECEITAS	PREVISÃO INICIAL	PREVISÃO ATUALIZADA	DESPESAS LIQUIDADAS		
			No Bimestre	Até o Bimestre / <Exercício>	Até o Bimestre/ <Exercício Anterior>
RECEITAS PREVIDENCIÁRIAS (EXCETO INTRAORÇAMENTÁRIAS) (I)					
RECEITAS CORRENTES					
Receitas de Contribuições					
Dos empregadores					
Dos trabalhadores e dos demais segurados					
Outras Receitas Correntes					
Compensação Previdenciária do RPPS para o RGPS					
Demais Receitas Correntes					
RECEITAS DE CAPITAL					
Alienação de Bens, Direitos e Ativos					
Outras Receitas de Capital					
(–) DEDUÇÕES DA RECEITA					
RECEITAS PREVIDENCIÁRIAS (INTRAORÇAMENTÁRIAS) (II)					
TOTAL DAS RECEITAS PREVIDENCIÁRIAS – RGPS (III) = (I + II)					

»

Capítulo 10

Quadro 10.4   Demonstrativo das receitas e despesas previdenciárias do Regime Próprio de Previdência dos Servidores *(continuação)*

DESPESAS	DOTAÇÃO INICIAL	DOTAÇÃO ATUALIZADA	DESPESAS LIQUIDADAS		
			No Bimestre	Até o Bimestre / <Exercício>	Até o Bimestre/ <Exercício Anterior>
DESPESAS PREVIDENCIÁRIAS (EXCETO INTRAORÇAMENTÁRIAS) (IV)					
Benefícios Previdenciários do Governo Federal					
Aposentadorias					
Pensões					
Outros Benefícios					
Outras Despesas					
Compensação Previdenciária do RGPS para o RPPS					
Demais Despesas					
DESPESAS PREVIDENCIÁRIAS (INTRAORÇAMENTÁRIAS) (V)					
TOTAL DAS DESPESAS PREVIDENCIÁRIAS – RGPS (VI) = (IV + V)					

»

ANÁLISE DO REGIME PRÓPRIO DE PREVIDÊNCIA

Quadro 10.4   Demonstrativo das receitas e despesas previdenciárias do Regime Próprio de Previdência dos Servidores *(continuação)*

APORTES DE RECURSOS PARA O REGIME GERAL DE PREVIDÊNCIA SOCIAL	PREVISÃO INICIAL	PREVISÃO ATUALIZADA	RECEITAS REALIZADAS		
			No Bim.	Até o Bimestre / <Exercício>	Até o Bimestre / <Exercício Anterior>
TOTAL DOS APORTES PARA O RGPS (PLANO FINANCEIRO)					
Recursos para Cobertura de Insuficiências Financeiras					
Provenientes do Orçamento da Seguridade Social					
Provenientes do Orçamento Fiscal					
Recursos para Formação de Reserva					
Outros Aportes para o RGPS					

RESERVA ORÇAMENTÁRIA DO RGPS	PREVISÃO ORÇAMENTÁRIA	
VALOR		

»

Capítulo 10

Quadro 10.4 Demonstrativo das receitas e despesas previdenciárias do Regime Próprio de Previdência dos Servidores *(continuação)*

BENS E DIREITOS DO RGPS	<MÊS ANTERIOR>	PERÍODO DE REFERÊNCIA	
		<Exercício>	<Exercício Anterior>
CAIXA			
BANCOS CONTA MOVIMENTO			
INVESTIMENTOS			
OUTROS BENS E DIREITOS			

RECEITAS INTRAORÇAMENTÁRIAS – RPPS	PREVISÃO INICIAL	PREVISÃO ATUALIZADA	RECEITAS REALIZADAS		
			No Bimestre	Até o Bimestre / <Exercício>	Até o Bimestre/ <Exercício Anterior>
RECEITAS CORRENTES (VIII)					
Receita de Contribuições					
Patronal					
Pessoal Civil					
Ativo					
Inativo					
Pensionista					
Pessoal Militar					
Ativo					
Inativo					
Militar					
Para Cobertura de Déficit Atuarial					
Em Regime de Débitos e Parcelamentos					
Receita Patrimonial					
Receita de Serviços					
Outras Receitas Correntes					

»

ANÁLISE DO REGIME PRÓPRIO DE PREVIDÊNCIA

RECEITAS INTRAORÇAMENTÁRIAS – RPPS	PREVISÃO INICIAL	PREVISÃO ATUALIZADA	RECEITAS REALIZADAS		
			No Bimestre	Até o Bimestre / <Exercício>	Até o Bimestre/ <Exercício Anterior>
RECEITAS DE CAPITAL (IX)					
Alienação de Bens					
Amortização de Empréstimos					
Outras Receitas de Capital					
DEDUÇÕES DA RECEITA (X)					
TOTAL DAS RECEITAS PREVIDENCIÁRIAS INTRAORÇAMENTÁRIAS (XI) = (VIII + IX – X)					

DESPESAS INTRAORÇAMENTÁRIAS – RPPS	DOTAÇÃO INICIAL	DOTAÇÃO ATUALIZADA	DESPESAS LIQUIDADAS		
			No Bimestre	Até o Bimestre / <Exercício>	Até o Bimestre/ <Exercício Anterior>
ADMINISTRAÇÃO (XII)					
Despesas Correntes					
Despesas de Capital					
TOTAL DAS DESPESAS PREVIDENCIÁRIAS INTRAORÇAMENTÁRIAS (XIII) = (XII)					

Acompanhará também o RREO do último bimestre de cada exercício demonstrativo da projeção atuarial do RPPS (Anexo 10), para cumprir determinação contida no artigo 53, § 1º, II, da LRF, conforme modelo a seguir instituído pelo *Manual de demonstrativos fiscais* (BRASIL, 2012). Esse demonstrativo busca oferecer transparência à projeção atuarial do regime de previdência no longo prazo a fim de proporcionar análises do equilíbrio atuarial do plano.

Capítulo 10

Quadro 10.5 Demonstrativo da projeção atuarial do Regime Geral de Previdência Social

RREO – ANEXO 10 (LRF, Art. 53, § 1º, inciso II)

EXERCÍCIO	RECEITAS PREVIDENCIÁRIAS		DESPESAS PREVIDENCIÁRIAS		RESULTADO PREVIDENCIÁRIO	
	VALOR (A)	% EM RELAÇÃO AO PIB	VALOR (B)	% EM RELAÇÃO AO PIB	VALOR (A – B)	% EM RELAÇÃO AO PIB

TABELA DE HIPÓTESES

EXERCÍCIO	MASSA SALARIAL %	CRESCIMENTO VEGETATIVO %	TAXA DE INFLAÇÃO ANUAL (IGP-DI) MÉDIA%	VARIAÇÃO REAL DO PIB%	REAJUSTE DO SALÁRIO-MÍNIMO%	REAJUSTE DOS DEMAIS BENEFÍCIOS%

Apesar de as demonstrações contábeis e os relatórios orçamentários e financeiros do RPPS serem divulgados de forma consolidada com os relatórios e demonstrações contábeis do ente governamental, é importante frisar que a escrituração contábil do RPPS deve ser realizada de forma segregada, constituindo-se em uma entidade contábil autônoma, independentemente de ter sido constituída como fundo especial, autarquia ou fundação pública.

Além de observarem as normas gerais de contabilidade, bem como as regras e os limites instituídos pela LRF, os RPPS devem atender a determinados procedimentos de natureza financeira, contábil e administrativa previstos na Lei Geral da Previdência, a saber:

1. realização de avaliação atuarial inicial e em cada balanço utilizando-se parâmetros gerais, para organização e revisão do plano de custeio e benefícios;
2. financiamento mediante recursos provenientes da União, dos Estados, do Distrito Federal e dos Municípios e das contribuições do pessoal civil e militar, ativo, inativo e dos pensionistas, para os seus respectivos regimes;

3. as contribuições e os recursos vinculados ao Fundo Previdenciário da União, dos Estados, do Distrito Federal e dos Municípios e as contribuições do pessoal civil e militar, ativo, inativo e dos pensionistas somente poderão ser utilizadas para pagamento de benefícios previdenciários dos respectivos regimes, ressalvadas as despesas administrativas com taxa de administração;
4. registro contábil individualizado das contribuições de cada servidor e dos entes estatais, conforme diretrizes gerais;
5. identificação e consolidação em demonstrativos financeiros e orçamentários de todas as despesas fixas e variáveis com pessoal inativo civil, militar e pensionistas, bem como dos encargos incidentes sobre os proventos e pensões pagos;
6. sujeição às inspeções e auditorias de natureza atuarial, contábil, financeira, orçamentária e patrimonial dos órgãos de controle interno e externo;
7. a União, os Estados, o Distrito Federal e os Municípios são responsáveis pela cobertura de eventuais insuficiências financeiras do respectivo regime próprio, decorrentes do pagamento de benefícios previdenciários.

10.9 Indicadores de análise da condição financeira do RPPS

O *status* da condição financeira dos RPPS constitui a maior preocupação dos gestores públicos devido aos recorrentes resultados atuariais deficitários que impedem a estabilização das contas previdenciárias dos entes federados. Nesse sentido, a condição financeira dos RPPS é determinada pela capacidade da entidade de cumprir com o pagamento dos benefícios correntes e futuros dos segurados, mantendo o equilíbrio financeiro e atuarial do sistema previdenciário.

Destarte, o conhecimento do *status* da condição financeira de um regime de previdência transcende a simples análise das informações apresentadas nas demonstrações contábeis, sendo necessário o cotejo de informações financeiras com dados atuariais a fim de considerar no processo de análise os riscos e incertezas que envolvem um plano de previdência.

Assim, a análise da condição financeira dos RPPS deve considerar a mensuração de duas categorias de indicadores: (*i*) indicadores baseados em ativos e passivos atuariais; e (*ii*) indicadores baseados no fluxo de recursos.

10.9.1 Indicadores baseados em ativos e passivos atuariais

Os indicadores baseados em ativos e passivos atuariais buscam capturar o *status* de financiamento do regime previdenciário. Todavia, a mensuração desses indicadores é complexa, pois depende do método de financiamento adotado, do plano de benefício dos segurados e de estimativas fundadas em premissas atuariais.

Assim, se o RPPS adota o regime financeiro de capitalização e o plano de benefício definido, fatalmente enfrentará complexidades operacionais para estimar os ativos

Capítulo 10

e passivos atuarias e, por conseguinte, avaliar sua condição financeira, uma vez que as informações necessárias não são produzidas diretamente pelo sistema contábil, carecendo do desenvolvimento de estudos atuariais.

Portanto, a análise da condição financeira por meio da avaliação de ativos e passivos atuariais foca, principalmente, as obrigações e os ativos do plano. Quanto às obrigações, a análise revela se houve crescimento, redução, estabilidade e se existe parcela sem cobertura. No tocante aos ativos, a análise mostra o crescimento, o retorno dos investimentos e a contribuição desses elementos patrimoniais para a sustentabilidade financeira do plano.

O Quadro 10.6 relaciona os principais indicadores de análise da condição financeira baseados em ativos e passivos atuariais, comumente utilizados pelos analistas e pesquisadores da condição financeira governamental.

Quadro 10.6 Indicadores baseados em ativos e passivos atuaria

REF.	INDICADORES	DEFINIÇÃO OPERACIONAL	PRINCIPAIS ESTUDOS
a	Indicador de equilíbrio atuarial	$\dfrac{\text{VP valor esperado das contribuições}}{\text{VP das obrigações futuras de benefícios concedidos e a conceder}}$	Berne e Schramm (1986); Groves e Valente (2003).
b	CONTRIBUIÇÃO DOS ATIVOS GARANTIDORES		
b1	Indicador de proteção dos benefícios	$\dfrac{\text{Ativos garantidores}}{\text{VP das obrigações futuras de benefícios concedidos e a conceder}}$	Committee on Education and Labor (1978); Clark e Ferguson (1983); Berne e Schramm (1986); Mead (2001); Groves e Valente (2003); Petersen (2004).
b2	Indicador de reserva	$\dfrac{\text{Ativos garantidores}}{\text{VP das obrigações futuras de benefícios concedidos}}$	
b3	Ativos/benefícios anuais pagos	$\dfrac{\text{Ativos garantidores}}{\text{Benefícios anuais pagos}}$	
c	AVALIAÇÃO DO PASSIVO ATUARIAL		

»

ANÁLISE DO REGIME PRÓPRIO DE PREVIDÊNCIA

REF.	INDICADORES	DEFINIÇÃO OPERACIONAL	PRINCIPAIS ESTUDOS
c1	Passivo atuarial a descoberto	Passivo atuarial > ativos garantidores	Committee on Education and Labor (1978); Jump (1976); Victor (1980); Berne e Schramm (1986); Mead (2001); Groves e Valente (2003); Petersen (2004); Russek (2011).
c2	Passivo atuarial a descoberto *per capita*	$\dfrac{\text{Passivo atuarial a descoberto}}{\text{População}}$	
c3	Peso relativo do passivo atuarial a descoberto	$\dfrac{\text{Passivo atuarial a descoberto}}{\text{Riqueza da comunidade (renda ou PIB)}}$	
c4	Indicador de cobertura do passivo atuarial	$\dfrac{\text{Ativos garantidores}}{\text{Passivo atuarial}}$	Jump (1976); Tilove (1976); Berne e Schramm (1986); Mead (2001); Groves e Valente (2003); Petersen (2004).
c5	Relação déficit atuarial/RCL	$\dfrac{\text{Déficit atuarial}}{\text{Receita corrente líquida}}$	Nogueira (2012)

(a) **Indicador de equilíbrio atuarial:** esse indicador mostra se o fluxo projetado, a valor presente, das contribuições dos segurados é suficiente para financiar o fluxo das obrigações previdenciárias estimadas, também a valor presente.

$$IEA = \frac{VPCP}{VPOP}$$

Em que:
IEA – indicador de equilíbrio atuarial;
VPCP – valor presente das contribuições previdenciárias esperadas;
VPOP – valor presente das obrigações previdenciárias projetadas.

As contribuições previdenciárias esperadas mostram a projeção das receitas de contribuições dos segurados e do governo a serem vertidas ao plano, trazidas a valor presente pela taxa real de juros. As obrigações previdenciárias projetadas representam os compromissos futuros do plano para com os seus segurados decorrentes de benefícios concedidos e a conceder (custo previdenciário), trazidas a valor presente pela taxa real de juros. Segundo o *Manual de demonstrativos fiscais*, instituído pela Secretaria do Tesouro Nacional, essas projeções devem abranger o horizonte temporal de pelo menos 75 anos (BRASIL, 2012, p. 106).

Capítulo 10

O cálculo do valor presente das contribuições e das obrigações previdenciárias projetadas é realizado por meio das fórmulas a seguir, cujos valores são obtidos no Demonstrativo 6 – Tabela 6.1 – do Anexo das Metas Fiscais, da LDO. A taxa real de juros utilizada refere-se à taxa estabelecida no plano anual de investimentos como meta para as aplicações dos recursos do RPPS, limitada ao máximo de 6% ao ano (art. 9º da Portaria 403/2008).

$$VPCP = \frac{CP}{(1+i)^t} \text{ e } VPPO = \frac{OP}{(1+i)^t}$$

O Quadro 10.7 exemplifica o cálculo do indicador de equilíbrio atuarial do RPPS, ao mesmo tempo em que evidencia os valores esperados das contribuições previdenciárias e os valores das obrigações previdenciárias projetadas, todos a valores históricos e a valores presentes.

Quadro 10.7   Cálculo do indicador de equilíbrio atuarial

ANO	CONTRIBUIÇÕES PREVIDENCIÁRIAS		OBRIGAÇÕES PREVIDENCIÁRIAS		EQUILÍBRIO ATUARIAL (E) = (B)/(D)
	VALOR HISTÓRICO (A)	VALOR PRESENTE (B)	VALOR HISTÓRICO (C)	VALOR PRESENTE (D)	
1					
2					
3					
4					
5					

Diante dos resultados obtidos, o indicador de equilíbrio atuarial pode revelar três situações atuariais do RPPS:

1. **equilíbrio atuarial** – quando o resultado do indicador for igual a 1, mostrando que as contribuições a serem vertidas ao plano são suficientes para atender aos benefícios prometidos;
2. **situação superavitária** – quando o resultado do indicador for acima de 1, indicando que o plano é autossuficiente financeiramente para cumprir com os benefícios prometidos; e

ANÁLISE DO REGIME PRÓPRIO DE PREVIDÊNCIA

3. **situação deficitária** – quando o resultado do indicador for inferior a 1, revelando que as contribuições previdenciárias, isoladamente, não são suficientes para garantir a sustentabilidade financeira ao plano. Nesse caso, o RPPS precisa dispor de um fundo de ativos em montante suficiente e constituir anualmente provisão matemática, visando garantir o cumprimento dos compromissos do RPPS.

É importante esclarecer que os componentes de cálculo desse indicador devem ser reavaliados anualmente com o objetivo de confrontar os eventos ocorridos com as hipóteses atuariais adotadas, bem como identificar as necessidades de custeio do plano. Assim, uma vez verificado que os recursos arrecadados são insuficientes para atender aos benefícios prometidos, o RPPS poderá solicitar aportes financeiros do governo ou adotar medidas no sentido de rever as alíquotas de contribuição ou a forma de cálculo dos benefícios.

b. **Contribuição dos ativos atuariais (*pension plan assets*):** conforme anteriormente ressaltado, os ativos atuariais têm por objetivo lastrear o passivo atuarial, daí serem denominados de ativos garantidores. Portanto, a equação patrimonial do RPPS reflete no ativo seu passivo mais crítico. Por esse motivo, esses ativos precisam ser gerenciados de forma estratégica, visando reduzir fatores de risco que podem afetar adversamente a rentabilidade dos investimentos, caso contrário o plano não disporá de recursos para garantir o cumprimento dos benefícios previdenciários prometidos.

A avaliação do comportamento dos ativos garantidores ao longo do tempo operacionaliza-se por meio da análise vertical e da análise de tendência com o objetivo de aferir a magnitude dos ativos, a composição, os percentuais de aplicação e as taxas de retorno em cada segmento de aplicação, comparando-as com as metas estabelecidas no plano anual de investimentos.

Adicionalmente, a literatura da condição financeira apresenta algumas medidas da contribuição dos ativos para a cobertura de benefícios previdenciários com a finalidade de permitir a avaliação da situação financeira dos RPPS, conforme destacadas a seguir (COMMITTEE ON EDUCATION AND LABOR, 1978; CLARK; FERGUSON, 1983; BERNE; SCHRAMM, 1986; GROVES; VALENTE, 2003).

b1. **Indicador de proteção dos benefícios (*benefit security ratio*):** esse indicador é medido pela relação entre os ativos garantidores e o valor presente de todas as obrigações futuras do plano referente aos benefícios concedidos e a conceder.

b2. **Indicador de reserva (*reserve ratio*):** também denominado de obrigações previdenciárias imediatas (*quick pension liability*), esse indicador expressa a relação entre os ativos garantidores e o valor presente das obrigações futuras do plano referente apenas aos benefícios já concedidos.

    b3. Ativos garantidores/benefícios anuais pagos: esse indicador mostra o número de anos de pagamento de benefícios que serão cobertos pelos ativos garantidores. Na visão de Groves e Valente (2003, p. 93), o declínio desse indicador ao longo do tempo demonstra sérios problemas de gerenciamento do plano de previdência.

c. **Avaliação do passivo atuarial:** conforme já ressaltado, o passivo atuarial corresponde aos compromissos líquidos do plano de benefícios para com os seus segurados, cujos recursos de cobertura são representados pelos ativos garantidores, pela capacidade fiscal do governo e pela riqueza da comunidade expressa pela renda ou pelo PIB. As principais medidas de avaliação do passivo atuarial são apresentadas a seguir:

    c1. Passivo atuarial a descoberto (*unfunded pension liability*): esse indicador é a medida mais utilizada em estudos relacionados à condição financeira dos regimes de previdência, pois sinaliza a presença de tensão financeira, visto que os ativos são insuficientes para garantir o pagamento do passivo atuarial.

O passivo atuarial a descoberto representa o montante de obrigações que não possuem ativos correspondentes para garantir seu resgate (passivo atuarial > ativos garantidores). Essa posição patrimonial ocorre quando a provisão matemática registrada no passivo exigível a longo prazo é superior ao valor dos ativos. Assim, esse indicador é calculado em termos absolutos mediante a diferença entre o passivo atuarial e o valor dos ativos garantidores.

$$PAD = PA - AG$$

ou

$$PAD\% = \frac{PA - AG}{AG}$$

Em que:
PAD – passivo atuarial a descoberto;
PA – valor do passivo atuarial; e
AG – valor dos ativos garantidores.

O resultado desse indicador comparado ao longo do tempo entre diversos RPPS pode apresentar diferentes níveis de passivo atuarial a descoberto, visto que a estimativa do valor futuro dos benefícios e das contribuições depende do regime de financiamento adotado e das hipóteses atuariais estabelecidas. Assim, devido às diferentes magnitudes

ANÁLISE DO REGIME PRÓPRIO DE PREVIDÊNCIA

e às peculiaridades de cada RPPS, a interpretação uniforme desse indicador deve ser realizada em função de certas características do governo, como o tamanho populacional e a riqueza da comunidade medida pelo PIB, pelo valor das propriedades, pela renda dos munícipes, pela capacidade fiscal do governo etc. estabelecendo-se as seguintes relações:

    c2. **Passivo atuarial a descoberto *per capita*:** esse indicador mostra a representatividade do passivo atuarial a descoberto relativamente ao tamanho da comunidade, expressando a obrigação que corresponde a cada um dos cidadãos (passivo atuarial a descoberto/população).

A lógica que está por trás desse indicador é similar à lógica dos indicadores da carga da dívida, discutidos no Capítulo 9, uma vez que o passivo atuarial tem natureza de endividamento, pois representa obrigações de longo prazo que deverão ser pagas via previsão orçamentária. Nesse sentido, a ACIR (1973, p. 56) declara que a comparação entre o passivo atuarial a descoberto e a dívida mobiliária é bastante apropriada, visto que representam obrigações contratuais para as quais o governo garante pagamento em anos futuros.

Todavia, apesar dessa similaridade, não há determinação legal para que o passivo atuarial a descoberto seja imputado ao limite legal de endividamento. Observa-se que o *Manual de demonstrativos fiscais*, instituído pela Secretaria do Tesouro Nacional, no Relatório de Gestão Fiscal, apresenta o Anexo 2 – Demonstrativo da Dívida Consolidada Líquida – contendo um quadro específico para apurar, em separado, a Dívida Consolidada Previdenciária, não integrando, portanto, o cálculo do limite de endividamento (BRASIL, 2012, p. 571).

    c3. **Peso relativo do passivo atuarial a descoberto:** esse indicador mostra a contribuição da comunidade para amortizar o passivo atuarial a descoberto, expressando a ideia de que a riqueza produzida pela economia, a renda gerada pela população, o potencial do governo em explorar receita adicional e os tributos sobre a propriedade e sobre os serviços são fontes de recursos potenciais com os quais contam os governos para financiar obrigações atuariais sem lastro.

Não obstante o uso desses indicadores, com o objetivo de tornar a medida absoluta do passivo atuarial comparável entre os RPPS, a literatura da condição financeira aponta o indicador de cobertura do passivo atuarial (***funded ratio***) como a melhor medida para avaliar a capacidade de financiamento do RPPS, conforme demonstrado a seguir (JUMP, 1976; TILOVE, 1976; BERNE; SCHRAMM, 1986).

Capítulo 10

c4. **Indicador de cobertura do passivo atuarial (*funded ratio*)**: esse indicador revela a capacidade do RPPS em cumprir com os benefícios prometidos, comparando-se os recursos garantidores com as obrigações de longo prazo. Logo, o cálculo do indicador de cobertura do passivo atuarial será obtido por meio da relação entre os ativos garantidores e o passivo atuarial, de acordo com a fórmula a seguir.

$$ICP = \frac{AG}{PA}$$

Em que:
IC – indicador de cobertura;
AG – ativos garantidores; e
PA – passivo atuarial.

O resultado do indicador de cobertura do passivo atuarial pode revelar três posições financeiras do RPPS:

1. **posição equilibrada (*fully funded*)** – quando o resultado do indicador for igual a 1, mostrando que os ativos garantidores são iguais ao passivo atuarial, ou seja, que todas as obrigações decorrentes de benefícios concedidos e a conceder podem ser integralmente liquidadas;
2. **posição superavitária (*overfunded plan*)** – quando o resultado do indicador for acima de 1, indicando que os ativos garantidores são mais que suficientes para garantir o passivo atuarial; e
3. **posição deficitária (*underfunded plan*)** – quando o resultado do indicador for inferior a 1, isto é, quando o montante dos ativos garantidores não forem suficientes para garantir o passivo atuarial, revelando a existência de passivo atuarial a descoberto.

Berne e Schramm (1986, p. 293) afirmam que a interpretação desse indicador depende das características do plano. Assim, para um plano muito novo deve ser esperado baixo índice, visto que ainda não há substancial formação de ativos e expressiva parcela de pagamento de benefícios. Por outro lado, se um plano mais maduro, com significativo número de segurados recebendo benefícios, apresentar um índice muito baixo, isso deve ser sinal de perigo financeiro.

Em clássico estudo desenvolvido nos sistemas públicos de previdência nos Estados Unidos pelo *Committee on Education and Labor da House of Representatives* (1978, p. 164), foi detectado que um plano com o indicador de cobertura de 0,40 ou mais pode ser considerado um plano com acumulação de ativos suficientes para cobrir o valor presente dos benefícios já concedidos. Todavia, não há um acordo geral entre os *experts* definindo qual o resultado mínimo do indicador de cobertura necessário para considerar um plano de previdência adequadamente financiado.

A análise do indicador de cobertura não deve ser feita com base em apenas um exercício financeiro. Um analista cuidadoso buscará realizar análises de tendência. Assim, se a série temporal demonstrar aumentos contínuos e poucos declínios, o RPPS apresentará sustentabilidade financeira. Por outro lado, se a tendência demonstrar que o indicador vem se deteriorando continuamente, isso é motivo para preocupações, ensejando a adoção de enérgicas medidas de gestão financeira.

É importante informar que o artigo 25 da Portaria MPS 403/2008 estabelece que nas revisões dos planos de custeio, com implicações na redução das alíquotas ou aportes destinados ao RPPS, deve ser observado como um dos parâmetros o indicador de cobertura igual ou superior a 1,25 em, no mínimo, cinco exercícios consecutivos para os planos superavitários.

    c5. **Relação déficit atuarial/RCL:** esse indicador foi apresentado por Nogueira (2012, p. 223-224), tendo por objetivo fazer uma comparação entre o déficit atuarial do RPPS e a Receita Corrente Líquida anual do Estado ou Município. Assim, quanto mais representativo é o déficit atuarial do RPPS em relação à Receita Corrente Líquida, mais grave é a situação, pois indica que parcelas expressivas do orçamento do Estado ou Município terão de ser destinadas para a cobertura desse desequilíbrio nos próximos anos.

Visando avaliar a posição financeira e atuarial do RPPS com base nesse indicador, Nogueira (2012, p. 224) criou cinco faixas de situação, como segue:

a. crítica (mais de 300%): o déficit atuarial do RPPS é 3 vezes superior à RCL;
b. preocupante (mais de 200% até 300%): o déficit atuarial do RPPS situa-se entre 2 e 3 vezes a RCL;
c. razoável (mais de 100% até 200%): o déficit atuarial do RPPS situa-se entre 1 e 2 vezes a RCL;
d. confortável (até 100%): o déficit atuarial do RPPS é igual ou inferior a 1 vez a RCL;
e. superavitária: o RPPS não possui déficit atuarial.

10.9.2 Indicadores baseados no fluxo de recursos

Os indicadores baseados em fluxo de recursos, diferentemente dos indicadores baseados em ativos e passivos atuariais, são mais fáceis de calcular visto que independem de estimativas atuariais e são obtidos diretamente do fluxo de entradas e saídas de caixa.

O conjunto de indicadores de fluxo de recursos revela apenas o *status* atual da posição financeira do RPPS. Assim, para uma avaliação geral da condição financeira dos

Capítulo 10

regimes de previdência, é recomendável que esses indicadores sejam interpretados conjuntamente com as medidas relacionadas aos ativos e passivos atuariais.

Portanto, a análise da condição financeira por meio da avaliação do fluxo de recursos focaliza, nas entradas e saídas de caixa, o retorno dos investimentos, as receitas de contribuições arrecadadas no exercício e os benefícios anuais pagos.

O Quadro 10.8 apresenta os principais indicadores de fluxo de recursos propostos por Berne e Schramm (1986, p. 300-304) para avaliar a condição financeira dos regimes de previdência dos servidores. Adicionalmente, recomenda-se a análise de indicadores baseados no nível dos recursos internos, conforme apresentados no Capítulo 11 – Análise da solvência de caixa.

Quadro 10.8 Indicadores baseados no fluxo de recursos

REF.	INDICADORES	DEFINIÇÃO OPERACIONAL
a	Indicador de equilíbrio financeiro	$\dfrac{\text{Receitas totais}}{\text{Pagamentos totais}}$
b	Relação retorno dos investimentos/ benefícios anuais pagos	$\dfrac{\text{Receita de aplicação}}{\text{Benefícios anuais}}$
c	Relação receita de contribuição/ benefícios anuais pagos	$\dfrac{\text{Receita de contribuição}}{\text{Benefícios anuais}}$

a. **Indicador de equilíbrio financeiro:** esse indicador captura a capacidade financeira do RPPS em atender aos pagamentos anuais, contando com o fluxo anual de receitas. Assim, o propósito desse indicador consiste em avaliar se as receitas auferidas durante o exercício financeiro, representadas pelas contribuições dos segurados e do governo e pelos rendimentos de aplicações financeiras, são suficientes para pagar todos os benefícios previdenciários já concedidos e demais obrigações decorrentes de gastos administrativos.

$$IQF = \frac{RT}{PT}$$

Em que:
IQF – indicador de equilíbrio financeiro;
RT – receitas totais;
PT – pagamentos totais.

ANÁLISE DO REGIME PRÓPRIO DE PREVIDÊNCIA

O resultado desse indicador pode revelar três *status* de financiamento: situação de equilíbrio financeiro, quando os recebimentos de caixa forem iguais aos pagamentos; folga de caixa, quando os recebimentos de caixa forem maiores que os pagamentos; e insuficiência de caixa, quando as entradas de caixa forem inferiores aos pagamentos.

A interpretação do *status* financeiro do RPPS, diante dos resultados apresentados por esse indicador, deve ser realizada ao longo do tempo e sempre em comparação com um grupo de referência. Assim, um resultado relativamente baixo em relação à média do grupo é um indicativo de *status* de financiamento inadequado.

b. **Relação retorno dos investimentos/benefícios anuais pagos:** esse indicador mostra a contribuição atual dos ativos garantidores ao financiamento do plano por intermédio da relação entre a receita de aplicação dos recursos financeiros disponíveis e os benefícios previdenciários pagos durante o exercício. Ademais, a análise desse indicador pode revelar o tamanho do retorno real dos investimentos ao longo do tempo, permitindo extrair informações sobre o desempenho da gestão financeira dos ativos garantidores.

Os sistemas de previdência que apresentam indicador de cobertura superavitário ou equilibrado dispõem de expressivo estoque de ativos garantidores, produzindo, por conseguinte, significativa relação entre o retorno dos investimentos e os benefícios pagos aos segurados durante o exercício financeiro. Logo, quanto maior essa relação, melhor a condição financeira previdenciária do governo.

c. **Relação receita de contribuição/benefícios anuais pagos:** esse indicador evidencia se o volume de arrecadação de receitas de contribuições dos segurados e do governo é suficiente para garantir o pagamento dos benefícios já concedidos. Uma relação baixa desse indicador ao longo do tempo e em comparação com um grupo de referência sinaliza problemas de cobertura financeira. Por outro lado, uma relação alta revela que as contribuições correntes são mais que suficientes para garantir o pagamento dos benefícios. Assim, quanto maior o resultado desse indicador, melhor a condição financeira do regime de previdência.

10.10 Exemplo de análise da condição financeira do RPPS

Para melhor entendimento e fixação dos conceitos expostos neste capítulo, apresenta-se a seguir um caso prático no qual se avalia a condição financeira do regime de previdência dos servidores do Município de Aurora Dourada, denominado de Doraprev, para os exercícios financeiros de 2010 a 2012.

O Doraprev é um regime de previdência constituído em 2005 com base na Lei Geral da Previdência do Setor Público (Lei 9.717/98). A quantidade de aposentados e

Capítulo 10

pensionistas representa 30% dos servidores ativos, sendo considerada satisfatória para garantir a cobertura dos riscos do plano de benefícios e preservar o equilíbrio atuarial. As alíquotas de contribuição previdenciária patronal e dos segurados são, respectivamente, 21% e 11%. A Tabela 10.1 mostra as estatísticas do Doraprev sobre a quantidade de servidores ativos, aposentados/pensionistas, idade média, remuneração e proventos médios.

Tabela 10.1   Estatísticas por sexo do RPPS do Município de Aurora Dourada – Doraprev no exercício de 2012

GRUPO	MASC.	FEM.	GERAL
SERVIDORES ATIVOS			
Quantidade	857	548	1.405
Remuneração média mensal (R$)	1.633	1.456	1.842
Idade média (anos)	45,4	42,3	43,9
APOSENTADOS/ PENSIONISTAS			
Quantidade	147	275	422
Provento médio mensal (R$)	1.106	1.240	1.382
Idade média (anos)	69,2	66,1	67,7

As principais informações necessárias à avaliação da condição financeira do RPPS são extraídas diretamente das demonstrações contábeis, do Anexo 4 do Relatório Resumido da Execução Orçamentária (RREO) – demonstrativo das receitas e despesas previdenciárias e do Anexo 10 do RREO – demonstrativo da projeção atuarial.

A seguir são apresentadas as demonstrações contábeis e o balanço atuarial do regime de previdência dos servidores do Município de Aurora Dourada.

Tabela 10.2   Balanço orçamentário do RPPS do Município de Aurora Dourada para o período 2010-2012

RECEITA REALIZADA	2010	2011	2012
RECEITAS CORRENTES	5.554.126	6.314.625	7.405.077
RECEITA DE CONTRIBUIÇÕES	2.024.126	2.331.605	2.664.884
Contribuições do segurado ao RPPS	2.024.126	2.331.605	2.664.884

»

ANÁLISE DO REGIME PRÓPRIO DE PREVIDÊNCIA

RECEITA CORRENTE INTRAORÇAMENTÁRIA	3.530.000	3.983.020	4.740.193
Contribuições patronais ao RPPS	3.530.000	3.983.020	4.740.193
Subtotal	5.554.126	6.314.625	7.405.077
DÉFICIT	492.870	488.895	292.810
TOTAL	6.046.996	6.803.520	7.697.887

DESPESA REALIZADA	2010	2011	2012
DESPESAS CORRENTES	5.864.387	6.675.962	7.654.227
PESSOAL E ENCARGOS SOCIAIS	610.059	620.420	662.836
OUTRAS DESPESAS CORRENTES	5.254.328	6.055.542	6.991.391
Benefícios previdenciários	5.254.328	6.055.542	6.991.391
DESPESAS DE CAPITAL	182.609	127.558	43.660
Investimentos	182.609	127.558	43.660
Subtotal	6.046.996	6.803.520	7.697.887
SUPERÁVIT	–	–	–
TOTAL	6.046.996	6.803.520	7.697.887

Tabela 10.3   Balanço financeiro do RPPS do Município de Aurora Dourada para o período 2010-2012

INGRESSOS	2010	2011	2012
Receita Orçamentária	**5.554.126**	**6.314.625**	**7.405.077**
Contribuições Patronais	3.530.000	3.683.020	4.740.193
Contribuições do Segurado	2.024.126	2.331.605	2.664.884
Transferências Financeiras Recebidas	**450.030**	**350.000**	**300.000**
Contribuição para cobertura de déficit	450.030	350.000	300.000
Recebimentos Extraorçamentários	**834.004**	**432.665**	**542.761**
Inscrição de Restos a Pagar	834.004	432.665	542.761
Saldo do Período Anterior	*915.305*	*941.240*	*401.006*
TOTAL	**7.753.465**	**8.038.530**	**8.648.844**

Capítulo 10

DISPÊNDIOS	2010	2011	2012
Despesa Orçamentária	6.046.996	6.803.520	7.697.887
Benefícios Previdenciários	5.254.328	6.055.542	6.991.391
Pessoal e encargos	610.059	620.420	662.836
Investimentos	182.609	127.558	43.660
Transferências Financeiras Concedidas	–	–	–
Pagamentos Extraorçamentários	765.229	834.004	432.665
Pagamentos de Restos a Pagar	765.229	834.004	432.665
Saldo para o exercício seguinte	941.240	401.006	518.292
TOTAL	7.753.465	8.038.530	8.648.844

Tabela 10.4   Demonstração das variações patrimoniais do RPPS do Município de Aurora Douradapara o período 2010-2012

VARIAÇÕES PATRIMONIAIS AUMENTATIVAS – VPA	2010	2011	2012
Contribuições do segurado ao RPPS	2.024.126	2.331.605	2.664.884
Contribuições patronais ao RPPS	3.530.000	3.983.020	4.740.193
Contribuição previdenciária para amortização do déficit	450.030	350.000	300.000
TOTAL DAS VPA	6.004.156	6.664.625	7.705.077

VARIAÇÕES PATRIMONIAIS DIMINUTIVAS – VPD	2010	2011	2012
Pessoal e encargos	610.059	620.420	662.836
Benefícios previdenciários	5.254.328	6.055.542	6.991.391
Uso de bens, serviços e consumo de capital fixo	34.000	36.400	39.030
Provisões matemáticas previdenciárias	532.875	310.772	610.130
TOTAL DAS VPD	6.431.262	7.023.134	8.303.387
RESULTADO PATRIMONIAL DEFICITÁRIO	(427.106)	(358.509)	(598.310)

ANÁLISE DO REGIME PRÓPRIO DE PREVIDÊNCIA

Tabela 10.5   Balanço patrimonial do RPPS do Município de Aurora Dourada para o período 2010-2012

ATIVO	2010	2011	2012
ATIVO CIRCULANTE	3.387.551	3.116.411	3.478.083
Caixa e equivalentes de caixa	941.240	401.006	518.292
Investimentos do RPPS	2.446.311	2.715.405	2.959.791
ATIVO NÃO CIRCULANTE	1.067.586	1.158.744	1.163.374
Bens móveis	328.294	455.852	499.512
Bens imóveis	1.168.357	1.168.357	1.168.357
(–) Depreciação acumulada	(429.065)	(465.465)	(504.495)
TOTAL DOS ATIVOS	4.455.137	4.275.155	4.641.457

PASSIVO	2010	2011	2.012
PASSIVO CIRCULANTE	834.004	432.665	542.761
Obrigações trabalhistas, previdenciárias e assistenciais	834.004	432.665	542.761
Benefícios previdenciários a pagar	784.974	381.643	509.012
Pessoal a pagar	49.030	51.022	33.749
PASSIVO NÃO CIRCULANTE	3.911.158	4.221.930	4.832.060
Provisões matemáticas previdenciárias	3.911.158	4.221.930	4.832.060
PATRIMÔNIO LÍQUIDO	(290.025)	(379.440)	(733.364)
Patrimônio social	428.000	428.000	428.000
Ajustes de avaliação patrimonial	553.301	822.395	1.066.781
Resultados acumulados	(1.271.326)	(1.629.835)	(2.228.145)
TOTAL DOS PASSIVOS	4.455.137	4.275.155	4.641.457

Tabela 10.6   Balanço atuarial do RPPS do Município de Aurora Dourada para o período 2010-2012

DESCRIÇÃO	2009	2010	2011	2012
ATIVO	425.366.114	446.998.381	473.894.386	500.336.501
VP atuarial das contribuições previdenciárias	421.987.831	443.087.223	469.672.456	495.504.441
Déficit atuarial	3.378.283	3.911.158	4.221.930	4.832.060

Capítulo 10

DESCRIÇÃO	2009	2010	2011	2012
PASSIVO	425.366.114	446.998.381	473.894.386	500.336.501
VP atuarial dos benefícios concedidos	297.756.280	134.099.514	142.168.316	150.100.950
VP atuarial dos benefícios a conceder	127.609.834	312.898.867	331.726.070	350.235.551

Avaliação da condição financeira do regime de previdência por meio da análise das demonstrações contábeis: procedendo-se à leitura das demonstrações contábeis do Doraprev é possível, mesmo sem o auxílio do cálculo da análise vertical e horizontal, obter algumas conclusões sobre os aspectos orçamentário, financeiro e econômico.

Constata-se no balanço orçamentário do exercício de 2012 que 64% (4.740.193/7.405.077) das receitas previdenciárias são provenientes das contribuições patronais e 36% provenientes das contribuições dos segurados (2.664.884/7.405.077). Observa-se, também, que essas receitas são suficientes para custear os benefícios concedidos nesse período (6.991.391). Contudo, quando se computam as despesas com a administração do regime previdenciário, o resultado orçamentário de execução é um déficit de R$ 292.810. Destaque-se que esse déficit não é relevante para prejudicar a condição financeira do RPPS, pois representa apenas 4% das receitas previdenciárias. Ademais, observa-se que está havendo gestão no sentido de superar esse resultado desfavorável, visto que o déficit vem decrescendo ao longo dos anos.

Vale ressaltar que as despesas administrativas, basicamente compostas por despesas com pessoal e encargos, totalizou, em 2012, R$ 662.836, representando 9,9% do valor total das remunerações, proventos e pensões dos segurados vinculados ao RPPS relativo ao exercício financeiro anterior (662.836/6.675.962). Tal comportamento afronta o artigo 1°, III, da Lei Geral da Previdência (Lei 9.717/98), combinado com o artigo 15 da Portaria MPS 402/2008, que determina como parâmetro geral para as despesas administrativas do RPPS o limite máximo de 2% do valor total do *mix* de despesas mencionadas.

O balanço financeiro, além de refletir a execução orçamentária do regime de previdência, mostra o esforço do governo para cobrir o déficit orçamentário por meio dos aportes de recursos financeiros. Essa ajuda financeira proporcionou uma reserva financeira em 2012 na ordem de R$ 518.292, representando 7% do total dos ingressos financeiros (518.292/7.405.077).

O balanço patrimonial, como esperado para os regimes de previdência, apresenta os ativos concentrados em investimentos financeiros, representando 85,1% do total dos ativos em 2012. No lado do passivo, verifica-se que a conta mais representativa é a provisão matemática previdenciária. Contudo, os ativos garantidores, representados pelos investimentos do RPPS e pelos bens móveis e imóveis, são insuficientes para cobrir esse passivo atuarial revelando que o sistema apresenta déficit atuarial.

ANÁLISE DO REGIME PRÓPRIO DE PREVIDÊNCIA

Pelo que se depreende na demonstração das variações patrimoniais, as provisões matemáticas previdenciárias têm sido responsáveis pelos resultados patrimoniais deficitários, acumulados ao longo dos anos. Aliás, observa-se no balanço atuarial que o déficit atuarial vem crescendo na série analisada que vai de 2009 a 2012.

Destaque-se que a análise do déficit atuarial deve ser vista por outra lente, posto que a natureza das operações que envolvem um RPPS tem um fator muito importante: o horizonte temporal. Então, para clarear essa situação é necessário recorrer às projeções atuariais do Doraprev que, muito embora não constem nesse texto, apontam que em 2023 o cenário atual começará a ser revertido, desde que o gestor municipal realinhe as alíquotas de contribuição.

Avaliação da condição financeira do regime de previdência por meio da análise de indicadores: diante dos demonstrativos contábeis e dos relatórios resumidos da execução orçamentária, foram extraídas as informações a seguir para a análise da condição financeira do regime de previdência dos servidores com base em indicadores. Os dados foram corrigidos monetariamente a valores constantes de 2012, utilizando-se como indexador o IGP-DI da Fundação Getulio Vargas.

Tabela 10.7   Informações para análise da condição financeira do RPPS do Município de Aurora Dourada no período de 2010-2012

INFORMAÇÕES FINANCEIRAS	2010	2011	2012
Ativos garantidores	3.621.133	3.842.490	4.098.696
Receita de contribuição do período (receitas totais)	6.004.156	6.664.625	7.705.077
Benefícios anuais pagos	5.254.328	6.055.542	6.991.391
Passivo não circulante (passivo atuarial)	3.911.158	4.221.930	4.832.060
Passivo atuarial a descoberto (déficit atuarial)	(290.025)	(379.440)	(733.364)
Pagamentos totais	6.046.996	6.803.520	7.697.887

INFORMAÇÕES ECONÔMICAS E DEMOGRÁFICAS	2010	2011	2012
População	35.250	35.795	36.326
Renda da comunidade	350.172.090	379.979.675	416.465.966
PIB	593.094.000	598.042.000	601.087.000

Capítulo 10

INFORMAÇÕES ATUARIAIS	2010	2011	2012
VP das contribuições previdenciárias futuras	443.087.223	469.672.456	495.504.441
VP obrigações futuras de benefícios a conceder	312.898.867	331.726.070	350.235.551
VP obrigações futuras de benefícios concedidos	134.099.514	142.168.316	150.100.950
VP obrigações futuras de benefícios concedidos e a conceder	446.998.381	473.894.386	500.336.501
Déficit atuarial	3.911.158	4.221.930	4.832.060
Número de servidores ativos	1.320	1.356	1.405
Número de servidores inativos	396	407	422
Remuneração média mensal	1.456	1.633	1.842
Provento médio mensal	1.106	1.240	1.382

INFORMAÇÕES FISCAIS CONSOLIDADAS	2010	2011	2012
Receita Corrente Líquida (RCL)	63.582.689	73.569.236	83.440.883
Despesas com pessoal	29.190.711	33.641.899	39.301.328
Investimentos no exercício	7.416.222	8.589.938	10.518.448

Com base nas informações evidenciadas na Tabela 10.7, apresentam-se na Tabela 10.8 os principais indicadores de análise da condição financeira do RPPS do Município de Aurora Dourada para o período de 2010 a 2012.

A análise da condição financeira do RPPS, nesse caso, é realizada, também, com base em um grupo de referência composto por regimes de previdência com as mesmas características financeiras e atuariais. Esse processo de comparação permite efetuar o cálculo de um quociente de localização a partir da divisão do valor do indicador do RPPS do Município em análise pelo valor médio do indicador do grupo de referência, conforme mostra a Tabela 10.9.

Informe-se que a presente análise é feita sob o ponto de vista de um analista externo. Portanto, apresenta algumas restrições informacionais, como, por exemplo, a limitação dos dados publicados e ausência de informações sobre fatores importantes do RPPS que afetam a sua condição financeira.

ANÁLISE DO REGIME PRÓPRIO DE PREVIDÊNCIA

Tabela 10.8   Indicadores de análise da condição financeira do RPPS do Município de Aurora Dourada no período de 2010-2012

INDICADORES	FÓRMULA	2010	2011	2012
Indicador de equilíbrio atuarial	VP valor esperado das contribuições / VP das obrigações futuras de benefícios concedidos e a conceder	$\frac{443.087.223}{446.998.381} = 0{,}991$	$\frac{469.672.456}{473.894.386} = 0{,}991$	$\frac{495.504.441}{500.336.501} = 0{,}990$
Indicador de proteção dos benefícios	Ativos garantidores / VP das obrigações futuras de benefícios concedidos e a conceder	$\frac{3.621.133}{446.998.381} = 0{,}008$	$\frac{3.842.490}{473.894.386} = 0{,}008$	$\frac{4.098.696}{500.336.501} = 0{,}008$
Indicador de reserva	Ativos garantidores / VP das obrigações futuras de benefícios concedidos	$\frac{3.621.133}{134.099.514} = 0{,}027$	$\frac{3.842.490}{142.168.316} = 0{,}027$	$\frac{4.098.696}{150.100.950} = 0{,}027$
Ativos/benefícios anuais pagos	Ativos garantidores / Benefícios anuais pagos	$\frac{3.621.133}{5.254.328} = 0{,}689$	$\frac{3.842.490}{6.055.542} = 0{,}635$	$\frac{4.098.696}{6.991.391} = 0{,}586$
Passivo atuarial a descoberto	Passivo atuarial / ativos garantidores	$\frac{3.911.158}{-3.621.133} = 290{,}025$	$\frac{4.221.930}{-3.842.490} = 379{,}440$	$\frac{4.832.060}{-4.098.696} = 733{,}364$
Passivo atuarial a descoberto per capita	Passivo atuarial a descoberto / População	$\frac{290.025}{35.250} = 8{,}23$	$\frac{379.440}{35.795} = 10{,}60$	$\frac{733.364}{36.326} = 20{,}19$
Peso relativo do passivo atuarial a descoberto (renda)	Passivo atuarial a descoberto / Renda da comunidade	$\frac{290.025}{350.172.090} = 0{,}08\%$	$\frac{379.440}{379.979.675} = 0{,}10\%$	$\frac{733.364}{416.465.966} = 0{,}18\%$
Indicadores de cobertura do passivo atuarial (ativos garantidores)	Ativos garantidores / Passivo atuarial	$\frac{3.621.133}{3.911.158} = 0{,}926$	$\frac{3.842.490}{4.221.930} = 0{,}910$	$\frac{4.098.696}{4.832.060} = 0{,}848$
Relação déficit atuarial/RCL	Déficit atuarial / Receita corrente líquida	$\frac{290.025}{63.582.689} = 0{,}46\%$	$\frac{370.440}{73.569.236} = 0{,}50\%$	$\frac{733.364}{83.440.883} = 0{,}88\%$
Indicador de equilíbrio financeiro	Receitas totais / Pagamentos totais	$\frac{6.004.156}{6.046.996} = 0{,}993$	$\frac{6.664.625}{6.803.520} = 0{,}980$	$\frac{7.705.077}{7.697.887} = 1{,}001$

Capítulo 10

Tabela 10.9   Quociente de localização dos indicadores da condição financeira do RPPS do Município de Aurora Dourada no período de 2010-2012

INDICADOR	MUNICÍPIO AURORA DOURADA 2010	2011	2012	GRUPO DE REFERÊNCIA 2010	2011	2012	QUOCIENTE DE LOCALIZAÇÃO 2010	2011	2012
Indicador de equilíbrio atuarial	0,991	0,991	0,990	0,894	0,563	0,804	1,109	1,760	1,231
Indicador de proteção dos benefícios	0,008	0,008	0,008	0,006	0,074	0,145	1,333	0,108	0,055
Indicador de reserva	0,027	0,027	0,027	0,469	0,588	0,516	0,058	0,046	0,052
Ativos/benefícios anuais pagos	0,689	0,635	0,586	0,465	0,594	0,559	1,482	1,069	1,048
Passivo atuarial a descoberto	290.025	379.440	733.364	446.124	388.522	815.953	0,650	0,977	0,899
Passivo atuarial a descoberto per capita	8,23	10,60	20,19	14,50	12,44	25,62	0,568	0,852	0,788
Peso relativo do passivo atuarial a descoberto (renda)	0,08%	0,10%	0,18%	0,11%	0,09%	0,18%	0,727	1,111	1,000
Indicador de cobertura do passivo atuarial (ativos garantidores)	0,926	0,910	0,848	0,864	0,910	0,827	1,072	1,000	1,025
Relação déficit atuarial/RCL	0,46%	0,50%	0,88%	0,83%	0,64%	1,19%	0,554	0,781	0,739
Indicador de equilíbrio financeiro	0,993	0,980	1,001	0,801	0,893	0,896	1,240	1,097	1,117

ANÁLISE DO REGIME PRÓPRIO DE PREVIDÊNCIA

De acordo com os indicadores da condição financeira do RPPS do Município de Aurora Dourada – Doraprev, evidenciados na Tabela 10.8 para o período 2010-2012, é possível extrair as informações a seguir sobre o desempenho financeiro.

A princípio, ressalte-se que a condição financeira do Doraprev é melhor que a condição financeira dos regimes de previdência dos servidores do grupo de referência. Tal desempenho é observado quando se analisam os indicadores de equilíbrio financeiro e atuarial, o passivo atuarial a descoberto e a relação déficit atuarial/RCL.

O indicador de equilíbrio atuarial revela a magnitude da relação entre o fluxo projetado a valor presente das contribuições dos segurados e o fluxo projetado a valor presente dos benefícios previdenciários concedidos e a conceder. No caso em análise, verifica-se que 99% das obrigações futuras trazidas a valor presente são cobertas pelas contribuições previdenciárias esperadas. Dessa forma, pode-se inferir que o Doraprev apresenta equilíbrio atuarial, ou seja, as contribuições a serem vertidas ao plano são suficientes para atender aos benefícios prometidos. Comparando-se o Doraprev com o grupo de referência constata-se que o equilíbrio atuarial é bem mais confortável, uma vez que em 2012 essa relação é 23% maior.

Adicionalmente, verifica-se que o Doraprev possui equilíbrio financeiro, visto que as receitas auferidas cobrem exatamente o montante dos gastos com os benefícios e administração do RPPS. Esse equilíbrio somente foi alcançado graças a aportes de recursos transferidos pelo governo municipal para cobrir os déficits orçamentários produzidos a cada ano, conforme mostra a análise do balanço orçamentário.

Não obstante o equilíbrio financeiro do Doraprev, o RPPS não está produzindo reservas financeiras para aplicar em ativos garantidores. Por esse motivo, o indicador de proteção dos benefícios é extremamente baixo, revelando que os ativos do RPPS garantem, em média, apenas 0,8% das obrigações decorrentes dos benefícios concedidos e a conceder. Esse percentual também é baixo para os RPPS integrantes do grupo de referência, revelando que os regimes de previdência próprios dos servidores não dispõem de recursos internos, representados por investimentos em ativos, que garantam condição financeira estável no longo prazo.

Destaque-se que o Doraprev foi instituído há pouco tempo, logo é de se esperar baixo volume de ativos garantidores. Daí o indicador de proteção dos benefícios concedidos e a conceder ser extremamente baixo. Considerando apenas os benefícios concedidos, essa relação se eleva para 2,7%, como pode ser averiguado pelo resultado do indicador de reserva. Sob esse aspecto, observa-se que o grupo de referência apresenta pequena superioridade.

Avaliando-se o montante dos ativos garantidores em relação aos benefícios anuais pagos observa-se que em 2012 essa relação alcançou 58,6%, revelando que os ativos garantidores dariam para custear os benefícios de apenas 7 meses, caso não fossem repassadas as contribuições previdenciárias ao Doraprev. Essa é uma relação que enseja cuidados, pois, conforme já ressaltado, a equação patrimonial dos RPPS reflete no ativo seu passivo mais crítico.

Essa situação reflete-se no resultado do indicador de cobertura do passivo atuarial, revelando que, em 2012, os ativos garantidores existentes financiam apenas 85% do passivo atuarial, sinalizando a existência de passivo atuarial a descoberto. Esse comportamento é praticamente semelhante ao desempenho médio do grupo de referência. Contudo, esse indicador apresenta comportamento decrescente no período de 2009 a 2012. Essa deterioração é motivo para preocupações, ensejando a adoção de medidas enérgicas de gestão financeira.

A existência de passivo atuarial a descoberto nos RPPS sinaliza tensão financeira, visto que os ativos são insuficientes para garantir o pagamento das obrigações futuras para com os segurados. No caso em análise, verifica-se que a existência de passivo atuarial a descoberto é crescente ao longo dos anos, atingindo o valor per capita de R$ 20,19 em 2012. Esse comportamento do Doraprev encontra-se numa posição inferior ao do grupo de referência, que alcançou R$ 25,62 por habitante nesse mesmo período.

O questionamento que se levanta nesse tipo de situação é se o passivo atuarial a descoberto ou déficit atuarial é elevado, mediano ou baixo. Assim, é preciso buscar parâmetros para avaliar o peso relativo do passivo atuarial em relação à renda da comunidade, ao PIB local ou à Receita Corrente Líquida.

A participação do passivo atuarial em relação à renda da comunidade é muito pequena, representado 0,18% em 2012. Assim, em situações extremas, o governo municipal poderia explorar suas bases de receita sem produzir medidas impopulares. Quanto à relação déficit atuarial/RCL observa-se resultado inexpressivo, alcançando 0,88% em 2012, revelando uma situação confortável. Fazendo-se o comparativo desses resultados com o grupo de referência, verifica-se comportamento similar.

Ante o exposto, a análise do RPPS do Município de Aurora Dourada revela uma situação confortável pelas seguintes razões: (i) o RPPS possui equilíbrio atuarial com passivo atuarial relativamente baixo, porém deve o gestor tomar o devido cuidado de realinhar as estimativas atuariais, visto que há uma tendência de aumento do déficit atuarial; (ii) o RPPS possui equilíbrio financeiro graças aos aportes adicionais de recursos do governo municipal; e (iii) o déficit atuarial do RPPS é baixo relativamente à Receita Corrente Líquida. Não obstante esses aspectos positivos, observou-se que o montante dos ativos garantidores é muito baixo, sendo suficiente para custear por apenas sete meses o pagamento dos benefícios previdenciários já concedidos.

ANÁLISE DO REGIME PRÓPRIO DE PREVIDÊNCIA

QUESTÕES PARA DISCUSSÃO

1. O que é previdência social e como o regime previdenciário brasileiro é organizado?

2. Qual o propósito da análise do RPPS? Como a análise do RPPS é relacionada com a análise dos outros componentes da condição financeira? Comente.

3. Por que os gestores se preocupam tanto com o *status* da condição financeira do RPPS?

4. Comente a seguinte afirmação: "a análise da condição financeira do RPPS consiste, essencialmente, em comparar as obrigações previdenciárias com as reservas financeiras a fim de estimar a pressão por gastos no presente e no futuro. Todavia, tal tarefa não é fácil de ser operacionalizada devido às incertezas e às diferenças de *timing*".

5. Comente sobre as variáveis financeiras, atuariais e de mercado utilizadas na análise da condição financeira dos RPPS.

6. Discuta a diferença entre os regimes de financiamento por repartição simples (*pay-as-you-go*) e por capitalização (*advance funded*). Qual a implicação desta diferença para a análise da condição financeira do RPPS?

7. Quais os argumentos em favor do regime de capitalização *versus* o regime de repartição simples?

8. De que forma os regimes de financiamento são utilizados no Brasil?

9. O que são planos de benefício definido e planos de contribuição definida? Quais as principais diferenças entre essas modalidades de planos previdenciários? Sobre a perspectiva da condição financeira do governo, por que essas diferenças são importantes?

10. Quais são os principais fluxos de entrada e saída de recursos do RPPS?

11. O que você entende por equilíbrio financeiro e atuarial do RPPS?

12. Qual a importância de estudar o orçamento da seguridade social quando se pretende analisar a condição financeira do RPPS? Quais as consequências para a condição financeira quando esse orçamento apresenta desequilíbrios?

Capítulo 10

13. O que são ativos garantidores e como o RPPS deve gerenciá-los?

14. Comente a seguinte afirmação: "a política anual de investimentos visa garantir as condições de segurança, rentabilidade, solvência, liquidez e transparência do RPPS".

15. Por que existem limites e condições para aplicação dos recursos do RPPS nos segmentos de renda fixa e renda variável?

16. O que é passivo atuarial? Como ele é calculado e evidenciado no balanço?

17. Comente sobre os resultados atuariais: equilíbrio, superávit e déficit.

18. Que ações devem ser adotadas quando o resultado deficitário persiste ao longo do tempo?

19. Por que o conceito de valor presente é importante na análise da condição financeira do RPPS?

20. Visto que o conhecimento do *status* da condição financeira de um regime de previdência transcende a simples análise das informações apresentadas nas demonstrações contábeis, quais informações você precisará para realizar a análise da condição financeira do RPPS?

21. Descreva os principais indicadores baseados em ativos e passivos atuariais utilizados para avaliar a condição financeira do RPPS. Em sua opinião, quais desses indicadores melhor revelam a condição financeira do RPPS? Explique.

22. Por que os indicadores baseados em fluxos de recursos são mais fáceis de calcular? O que esses indicadores revelam sobre a análise da condição financeira do RPPS?

23. Falso ou verdadeiro: "um RPPS que apresenta passivo atuarial a descoberto tem sérios problemas financeiros"?

24. Como a relação déficit atuarial/RCL pode ser interpretada? Existe relação entre essa medida e o indicador de cobertura do passivo atuarial?

25. Explique por que o passivo atuarial a descoberto é uma medida largamente utilizada em estudos de sustentabilidade financeira dos RPPS.

REFERÊNCIAS

Advisory Commission on Intergovernmental Relation (ACIR). *City financial emergencies*: the intergovernmental dimension. Washington, July, 1973.

BERNE, Robert; SCHRAMM, Richard. *The financial analysis of governments*. New Jersey: Prentice Hall, 1986.

BRASIL. Conselho Monetário Nacional. *Resolução CMN nº 3.790, de 24 de setembro de 2009*. Dispõe sobre as aplicações dos recursos em moeda corrente dos regimes próprios de previdência social instituídos pela União, Estados, Distrito Federal e Municípios.

_____. Ministério da Previdência Social. *Livro branco da previdência social*. Brasília: MPS/GM, 2002.

_____. Ministério da Previdência Social. *Portaria MPS nº 402, de 10 de dezembro de 2008*. Disciplina os parâmetros e as diretrizes gerais para organização e funcionamento dos regimes próprios de previdência social dos servidores públicos ocupantes de cargos efetivos da União, dos Estados, do Distrito Federal e dos Municípios, em cumprimento das Leis nº 9.717, de 1998 e nº 10.887, de 2004.

_____. Ministério da Previdência Social. *Portaria MPS nº 403, de 10 de dezembro de 2008*. Dispõe sobre as normas aplicáveis às avaliações e reavaliações atuariais dos Regimes Próprios de Previdência Social – RPPS da União, dos Estados, do Distrito Federal e dos Municípios, define parâmetros para a segregação da massa e dá outras providências.

_____. Ministério da Previdência Social. *Portaria MPS nº 509, de 12 de dezembro de 2013*. Dispõe sobre a adoção do Plano de Contas Aplicado ao Setor Público e das Demonstrações Contábeis Aplicadas ao Setor Público definidos no Manual de Contabilidade Aplicada ao Setor Público da Secretaria do Tesouro Nacional no âmbito dos Regimes Próprios de Previdência Social – RPPS.

_____. Ministério da Previdência Social. *Portaria MPS nº 519, de 24 de agosto de 2011*. Dispõe sobre as aplicações dos recursos financeiros dos Regimes Próprios de Previdência Social instituídos pela União, Estados, Distrito Federal e Municípios, altera redação da Portaria MPS nº 204, de 10 de julho de 2008 e da Portaria MPS nº 402, de 10 de dezembro de 2008; e dá outras providências.

_____. Ministério da Previdência Social. Conselho de Gestão da Previdência Complementar. *Resolução CGPC nº 28/2009, de 26 de janeiro de 2009*. Dispõe sobre os procedimentos contábeis das entidades fechadas de previdência complementar, e dá outras providências.

_____. *Lei nº 9.717/98*. Dispõe sobre regras gerais para a organização e o funcionamento dos regimes próprios de previdência social dos servidores públicos da União, dos Estados, do Distrito Federal e dos Municípios, dos militares dos Estados e do Distrito Federal e dá outras providências. Disponível em: <http://www.planalto.gov.br>. Acesso em: 8 abr. 2013.

_____. *Lei Complementar nº 101, de 4 de maio de 2000*. Estabelece normas de finanças públicas voltadas para a responsabilidade na gestão fiscal e dá outras providências. Brasília: 4 maio 2000. Disponível em: <http://www.planalto.gov.br. Acesso em: 8 abr. 2013>.

_____. Secretaria do Tesouro Nacional. *Manual de demonstrativos fiscais*: aplicado à União e aos Estados, Distrito Federal e Municípios. Ministério da Fazenda, Secretaria do Tesouro Nacional. 5. ed. Brasília: Secretaria do Tesouro Nacional, Coordenação-Geral de Normas de Contabilidade Aplicadas à Federação, 2012.

Capítulo 10

CLARK, Terry Nichols; FERGUSON, Lorna Crowley. *City money*: political process, fiscal strain and retrenchment. New York: Columbia University Press, 1983.

COMITÊ DE PRONUNCIAMENTOS CONTÁBEIS. *CPC 25*: provisões, passivos contingentes e ativos contingentes. Brasília, 2009.

COMMITTEE ON EDUCATION AND LABOR. *Pension task force report on public employee retirement systems*. 2. ed. Washington, 1978.

CONSELHO FEDERAL DE CONTABILIDADE. *Resolução CFC 1180/2009*: aprova a NBC TG 25 – provisões, passivos contingentes e ativos contingentes.

GOVERNMENTAL ACCOUNTING STANDARDS BOARD. *Statement of financial Accounting Standards*, n° 157: Fair Value Measurement, Sept. 2006.

GROVES, Sanford; VALENTE, Maureen Godsey. *Evaluating financial condition*: a handbook for local government. 4. ed. Revised by Karl Nollenberger. Washington: The International City/County Management Association – ICMA, 2003.

GUSHIKEN, Luiz et al. *Regime próprio de previdência dos servidores*: como implementar? – uma visão prática e teórica. Brasília: MPAS, SPS, 2002. (Coleção Previdência Social, Série Estudos, v. 17.)

INTERNATIONAL FEDERATION OF ACCOUNTANTS (IFAC). *Normas internacionais de contabilidade para o setor público (International Public Sector Accounting Standards – IPSAS). IPSAS 25 – benefícios a empregados*. Tradução do Conselho Federal de Contabilidade. Brasília: CFC, 2010. Disponível em: <http:// portalcfc.org.br/wordpress/wp-content/uploads/2013/01/ipsas2010_web.pdf>.

JUMP JR., Bernard. Compensating city government employees: pension benefit objectives, cost measurement, and financing. National Tax Journal, v. 29, n. , Sept. 1976.

KONKEL JUNIOR, Nicolau. *Contribuições sociais*. São Paulo: Quartier Latin, 2005.

LIMA, Diana Vaz de; GUIMARÃES, Otoni Gonçalves. *Contabilidade aplicada aos regimes próprios de previdência social*. Brasília: MPAS, SPS, 2009. (Coleção Previdência Social, Série Estudos, v. 29.)

MEAD, Dean Michael. An analyst's guide to government financial statements. Norwalk: GASB, 2001.

NOGUEIRA, Narlon Gutierre. *O equilíbrio financeiro e atuarial dos RPPS: de princípio constitucional a política pública de Estado*. Brasília: MPS, 2012. (Coleção Previdência Social, Série Estudos, v. 34.)

PETERSEN, John E. Public employee pension funds. In: ARASON, J. Richard; SCHWARTZ, Eli. *Management policies in local government finance*. 5.ed. USA: International City/County Management Association (ICMA), 2004.

RABELO, Flávio Marcílio. *Regimes próprios de previdência*: modelo organizacional, legal e de gestão de investimentos. Brasília: MPAS, SPS, 2001. (Coleção Previdência Social, Série Estudos, v.11.)

RUSSEK, Frank. *The underfunding of state and local pension plans*. Congressional Budget Office (CBO), 2011. Disponível em: <http:// www.cbo.gov/sites/default/files/cbofiles/ftpdocs/120xx/doc12084/05-04-pensions.pdf>. Acesso em: 23 jun. 2014.

TILOVE, Robert. *Public employee pension funds*: a twentieth century fund report. New York: Columbia University Press, 1976.

VICTOR, Richard B. *The financial condition of teacher retirement systems*. Santa Monica: National Institute of Education: Rand Corporation, 1980.

ANÁLISE DA SOLVÊNCIA DE CAIXA

Capítulo 11

Durante a execução financeira do orçamento o governo arrecada receitas e realiza pagamentos de obrigações assumidas no presente ou no passado, isto é, executa atos de gestão financeira com o propósito de alcançar o equilíbrio financeiro e, consequentemente, manter a solvência de caixa.

Assim, a solvência de caixa é alcançada na medida em que o governo dispõe de fluxo de caixa suficiente para atender suas obrigações financeiras correntes, evitando tornar-se inadimplente e permitindo enfrentar dificuldades financeiras. Para atingir esse objetivo, o governo precisa estabelecer uma programação financeira e um cronograma de execução mensal de desembolso (art. 8º da LRF), bem como promover limitação de empenho e movimentação financeira quando as receitas não se comportarem de acordo com as metas de resultado primário e nominal (art. 9º da LRF).

A solvência de caixa, diferentemente dos demais componentes da condição financeira, refere-se à condição financeira de curto prazo visto que depende do nível e da liquidez dos recursos internos disponíveis, bem como da capacidade do governo de produzir rapidamente recursos em caixa para atender as obrigações financeiras imediatas.

O presente capítulo aborda aspectos que permitem avaliar a capacidade do governo em produzir recursos internos, discutindo-se os seguintes tópicos: dimensão temporal e geração de caixa, nível e liquidez dos recursos internos; posição de caixa do governo; principais fatores determinantes dos recursos internos; indicadores básicos de análise da solvência de caixa; e análise das demonstrações da solvência de caixa.

11.1 Propósitos da análise da solvência de caixa

O propósito da análise da solvência de caixa consiste em verificar a capacidade do governo em produzir e manter um nível de recursos internos para atender as obrigações imediatas e enfrentar emergências financeiras, isto é, visa avaliar a capacidade de geração de caixa operacional do governo.

Mais precisamente, a análise da solvência de caixa busca avaliar o nível e a liquidez dos recursos internos, tomando por base os resultados financeiros (superávit e déficit financeiros), os resultados da execução orçamentária (superávit e déficit de execução) e o comportamento dos fluxos de caixa da entidade.

11.2 Recursos internos

Conforme visto no Capítulo 7 – Análise da receita –, os recursos externos dependem da forma pela qual o governo explora sua capacidade fiscal. Assim, os estoques de riqueza de uma comunidade expressos pelas propriedades, pela renda dos munícipes e pela renda das empresas compõem recursos externos potenciais sobre os quais o governo obtém receitas mediante exploração das bases de arrecadação. Por outro lado, os recursos internos são formados pelo fluxo de receitas que adentram o caixa do governo para atender ao pagamento de suas obrigações financeiras.

Seja, por exemplo, uma comunidade que dispõe de uma riqueza acumulada em 500 milhões e uma base de receita que permite ao governo explorar 150 milhões em forma de receita (capacidade fiscal), mas somente arrecada 100 milhões; logo, essa comunidade dispõe de reserva de receita, ou seja, de recursos externos a serem explorados na ordem de 50 milhões. O montante de 100 milhões proveniente da arrecadação das receitas constitui, portanto, fonte dos recursos internos do governo.

É importante destacar que a avaliação da condição financeira sob a perspectiva da solvência de caixa compreende os recursos internos pelo montante disponível, ou seja, o nível dos recursos internos (ativos financeiros menos passivos financeiros), uma vez que o fator tempo exerce, concomitantemente, influência nas transações de recebimentos e pagamentos de recursos financeiros com reflexos imediatos no saldo de caixa.

Em suma, enquanto os recursos externos são avaliados pela capacidade do governo em produzir receitas, os recursos internos são avaliados pela sua capacidade de produzir caixa a fim de atender as necessidades financeiras da organização.

11.2.1 Dimensão temporal e geração de caixa

A dimensão temporal é extremamente importante para a formação dos recursos internos, pois as origens e aplicações de caixa dependem do horizonte de tempo envolvido nas transações de recebimentos e pagamentos. Assim, o atendimento das necessidades imediatas de caixa depende da capacidade do governo de obter recursos financeiros rapidamente.

Para ilustrar esse entendimento, o Quadro 11.1 mostra alguns fatores que afetam as fontes e usos de caixa e, por conseguinte, a condição financeira de curto e longo prazo da entidade. A parte de cima da linha tracejada mostra fatores relacionados à condição financeira de curto prazo e a parte de baixo mostra fatores relacionados à condição financeira de longo prazo.

Observa-se que a dimensão temporal é responsável por vários fatores de curto e longo prazo que influenciam a geração de caixa do governo. No curtíssimo prazo, um dia, por exemplo, as necessidades de caixa somente podem ser atendidas com o saldo de caixa disponível. Diante de um prazo maior, dois ou três dias, por exemplo, as necessidades de caixa podem ser atendidas pela conversão de ativos de curto prazo em dinheiro e a folga financeira resultante pode ser aplicada em títulos de rendimento de curto prazo ou em contas remuneradas.

Em uma dimensão temporal maior, uma semana ou um mês, por exemplo, as obrigações de curto prazo podem ser aumentadas ou diminuídas, provocando aumentos ou reduções de caixa, bem como receitas operacionais são obtidas e gastos incorridos ou novas formas de obter e usar recursos de caixa podem ser desenvolvidas. Tudo isso revela a condição financeira de curto prazo do governo, isto é, a capacidade do governo em produzir recursos internos para atender as necessidades imediatas de caixa.

Quadro 11.1 Fontes e usos de caixa do governo

TEMPO	FONTES DE CAIXA	USOS DE CAIXA
Curto Prazo	**Disponibilidades de caixa**	**Usar disponibilidades de caixa**
	Disponibilidades de caixa	Usar disponibilidades de caixa
	Converter ativos de curto prazo em caixa (créditos a receber de contribuintes, vender títulos, vender estoques).	Converter caixa em outros ativos de curto prazo (comprar títulos, armazenar estoques).
	Incorrer em obrigações de curto prazo para obter caixa (obter empréstimos de curto prazo, obter aumento de prazo de pagamento de obrigações).	Usar caixa para reduzir obrigações de curto prazo (liquidar endividamento de curto prazo, acelerar o pagamento de obrigações).
	Aumentar as receitas operacionais (imposto sobre propriedade, imposto sobre vendas, transferências intergovernamentais).	Aumentar gastos operacionais ou reduzir receitas operacionais.
	Aumentar os empréstimos de longo prazo ou cortar gastos de capital.	Aumentar gastos de capital ou pagar empréstimos de longo prazo.
Longo Prazo	Obter novas fontes de receitas.	Gastar fundos em novos projetos e programas.

Fonte: Adaptado de Berne e Scramm (1986, p. 316).

No longo prazo, as fontes e os usos de caixa são afetados pela reserva de receita e pela pressão por gastos. Podem ocorrer mudanças no ambiente externo, tais como variação na base econômica e necessidade de gastos com influência na condição financeira de longo prazo sem, necessariamente, impactar a condição financeira de curto prazo. Contudo, os fatores de longo prazo (receita, gastos e dívida) podem afetar a capacidade do governo em obter recursos internos.

É possível que um governo tenha boa condição financeira mesmo que opere com níveis inadequados de recursos internos e que tenha dificuldades em converter ativos de curto prazo em caixa. Por essa razão, Berne e Schramm (1986, p. 330-331) recomendam que a condição financeira de longo prazo seja analisada simultaneamente com as medidas dos recursos internos:

> A condição financeira de longo prazo do governo, mensurada pela análise da receita, dos gastos, da dívida e dos benefícios previdenciários, deve também ser examinada simultaneamente com as medidas dos recursos internos. Em muitos casos uma organização que tem melhor perspectiva de longo prazo pode operar com níveis mais baixos de reservas financeiras e vice-versa. Isso porque o governo que tem uma condição financeira de longo prazo mais forte

tem melhor acesso a recursos de curto prazo provenientes de dívida de curto prazo ou pela obtenção de crédito de fornecedores, por exemplo.[1]

Pelo exposto, depreende-se que a condição financeira de longo prazo depende da reserva de receita e da pressão por gastos, enquanto que a condição financeira de curto prazo depende do nível e da liquidez dos recursos internos. Por sua vez, o nível e a liquidez dos recursos internos dependem das forças de longo prazo e da capacidade do governo em gerar receitas superiores às despesas.

11.2.2 Nível dos recursos internos

O nível dos recursos internos representa o montante de recursos mantido pela organização em determinado momento, livre de quaisquer reclamações de terceiros. Portanto, o nível dos recursos internos representa fundos financeiros que podem ser utilizados instantaneamente sem exigir do governo medidas tendentes a aumentar a arrecadação ou reduzir gastos. Assim, quanto maior o nível de recursos internos mantido pelo governo, maior a sua condição financeira de curto prazo. Contudo, se esses recursos estão ociosos ou empregados inadequadamente, isso significa que a gestão financeira é ineficiente.

O objetivo de uma organização em manter um nível adequado de recursos internos consiste em: (*i*) atender tempestivamente ao pagamento das obrigações de curto prazo; (*ii*) suprir insuficiências financeiras devido ao descasamento temporal das entradas e saídas de caixa; e (*iii*) manter reservas financeiras para equilibrar o caixa nos períodos em que houver queda inesperada na arrecadação ou excesso de gastos.

A medida mais conhecida do nível de recursos internos de uma organização pública é representada pelo superávit financeiro, obtido pela diferença entre o montante dos recursos que o governo dispõe e o montante dos recursos que o governo deve a terceiros, ou seja, a diferença entre ativos e passivos financeiros.[2]

---

[1] *The long-term financial condition of government, measured by the analyses of revenues, expenditures, debt, and pensions, should also be examined simultaneously with the measures of internal resources. In many cases an organization that has better long-term prospects can operate with lower levels of internal resources and vice versa. This is because the government that has a stronger longer-term financial condition has better access to resources in the short run, from short-term debt or by obtaining credit from suppliers, for example.*

[2] Compreende o **ativo financeiro** os valores numerários e os créditos e valores realizáveis independentemente de autorização orçamentária, isto é, não precisam constar do orçamento da entidade. Os grupos de contas representativas do ativo financeiro são caixa e equivalentes de caixa. Compreendem o **passivo financeiro** as dívidas de curto prazo ou dívida flutuante e outros compromissos exigíveis cujo pagamento independa de autorização orçamentária, isto é, não precisam constar do orçamento da entidade para serem pagas. Os grupos de contas representativas do passivo financeiro são obrigações trabalhistas, previdenciárias e assistenciais, empréstimos e financiamentos de curto prazo, fornecedores e contas a pagar etc.

Capítulo 11

O superávit financeiro representa a folga financeira do governo livre de quaisquer obrigações para com terceiros. Constitui uma reserva financeira a ser utilizada no financiamento de novos projetos e atividades governamentais ou a reforçar os já existentes sem, contudo, exigir o surgimento de novas receitas ou a contenção de gastos já comprometidos. Para mais detalhes sobre o superávit financeiro, ver o item 4.5.3 – Superávit financeiro – do Capítulo 4 – Fundamentos da execução orçamentária e financeira.

Apesar da utilidade do superávit financeiro como medida do nível dos recursos internos, Berne e Schramm (1986, p. 326) entendem que "os recursos internos devem frequentemente ser mensurados mais pelas mudanças do que pelos níveis".[3] Esse entendimento baseia-se na condição de que o nível dos recursos internos constantemente se altera com as mudanças nos níveis de receitas e gastos. Assim, o resultado orçamentário de execução (superávit ou déficit de execução), ao longo do tempo, fornece a melhor medida do declínio ou crescimento do nível dos recursos internos da organização.

11.2.3 Liquidez dos recursos internos

A liquidez dos recursos internos refere-se à capacidade do governo de cumprir com suas obrigações de curtíssimo prazo contando com os recursos existentes em caixa. Portanto, para se avaliar a posição de liquidez dos recursos internos de um governo é necessário compreender como se comportam os fluxos operacionais de entrada e saída de caixa da entidade, observando-se a magnitude e o *timing* entre essas duas grandezas.

A melhor fonte de informação para analisar o comportamento dos recursos internos é o orçamento de caixa, pois os fluxos projetados de entradas e saídas de recursos operacionais podem revelar se a organização está enfrentando ou não problemas de liquidez. A Tabela 11.1 evidencia um modelo exemplificativo do orçamento de caixa das operações do governo com o propósito de demonstrar como a liquidez dos recursos internos é analisada.

---

3   *Internal resources may often be measured more precisely by changes rather than by levels.*

ANÁLISE DA SOLVÊNCIA DE CAIXA

Tabela 11.1 Fluxo de caixa projetado

	JAN	FEV	MAR	ABR	MAIO	JUN	JUL	AGO	SET	OUT	NOV	DEZ	TOTAL
ENTRADAS													
IPTU	1.739	1.933	1.980	1.790	1.630	1.210	920	733	641	610	232	123	13.541
ISS	331	332	444	530	644	650	671	793	835	746	833	823	7.632
Taxas	122	128	131	131	133	135	134	223	225	227	229	228	2.046
Receita de contribuições	310	310	310	311	311	312	315	315	317	318	319	319	3.767
Receita de serviços	33	34	37	36	35	44	43	45	46	48	50	51	502
Receita patrimonial	15	16	16	19	19	21	23	24	24	26	26	26	255
Dívida ativa	53	65	76	85	76	65	69	54	46	38	23	19	669
Transferências correntes	2.030	2.020	2.123	2.080	2.081	2.121	2.100	2.100	2.228	2.233	2.345	2.456	25.917
Total das entradas	**4.633**	**4.838**	**5.117**	**4.982**	**4.929**	**4.558**	**4.275**	**4.287**	**4.362**	**4.246**	**4.057**	**4.045**	**54.329**

»

Capítulo 11

Tabela 11.1   Fluxo de caixa projetado *(continuação)*

	JAN	FEV	MAR	ABR	MAIO	JUN	JUL	AGO	SET	OUT	NOV	DEZ	TOTAL
(−) SAÍDAS													
Pessoal e encargos sociais	2.630	2.720	2.721	2.733	2.740	4.090	2.718	2.720	2.740	2.841	4.103	2.720	35.476
Juros e encargos da dívida	56	57	59	61	61	62	63	63	66	67	67	68	750
Outras despesas correntes	1.700	1.960	1.810	1.933	2.123	1.921	1.330	990	783	993	980	933	17.456
Amortização da dívida	129	129	129	129	129	129	129	129	129	129	129	129	1.548
Total das saídas	4.515	4.866	4.719	4.856	5.053	6.202	4.240	3.902	3.718	4.030	5.279	3.850	55.230
(=) FLUXO LÍQUIDO DE CAIXA	118	(28)	398	126	(124)	(1.644)	35	385	644	216	(1.222)	195	(901)
(+) SALDO INICIAL DE CAIXA	1.033	1.151	1.123	1.521	1.647	1.523	(121)	(86)	299	943	1.159	(63)	1.033
(=) SALDO FINAL DE CAIXA	1.151	1.123	1.521	1.647	1.523	(121)	(86)	299	943	1.159	(63)	132	132

ANÁLISE DA SOLVÊNCIA DE CAIXA

A posição de liquidez com base no orçamento de caixa é avaliada por meio da relação entre as entradas e saídas de recursos projetados. Quando as entradas de caixa suplantarem as saídas de caixa, a liquidez dos recursos internos estará em boa posição. Mas a entidade pode apresentar boa liquidez de recursos internos mesmo quando as entradas estiverem aquém das saídas de caixa devido às reservas financeiras de períodos anteriores.

Observando-se o orçamento de caixa, inicialmente, verifica-se que no final do exercício a que se refere a projeção, as entradas totais de recursos (R$ 54.329) são menores que as saídas totais de recursos (R$ 55.230), provocando desequilíbrio de caixa no montante de R$ 901. Esse déficit de caixa pode ser superado com as reservas financeiras provenientes do saldo inicial de caixa.

Analisando-se o comportamento mensal do orçamento de caixa, consta-se que na maior parte dos meses do ano o governo apresenta superávit de caixa visto que as entradas superam as saídas de recursos. Todavia, nem sempre há sincronia entre os fluxos de entradas e saídas de recursos durante os meses do ano devido ao descasamento entre a arrecadação das receitas e o pagamento das obrigações imediatas, provocando déficit de caixa, como se observa nos meses de fevereiro, maio, junho e novembro.

Nos meses de fevereiro e maio, o déficit de caixa foi coberto com o saldo de caixa de períodos anteriores, mas, no mês de junho e novembro, o déficit de caixa ficou sem cobertura. Quando esses déficits de caixa são recorrentes, o governo precisa adotar medidas para enfrentar os problemas financeiros e criar liquidez para os recursos internos, como, por exemplo, promover limitação de empenho e movimentação financeira, mudar a magnitude das entradas e saídas de caixa e gerenciar o *timing* do fluxo de caixa.

A limitação de empenho e movimentação financeira refere-se ao procedimento de corte de gastos com o objetivo de evitar desequilíbrio financeiro, buscando garantir que a arrecadação das receitas seja suficiente para preservar a capacidade de pagamento do governo.

A mudança da magnitude das entradas e saídas de caixa decorre da primeira medida, visto que focaliza também as situações de corte de gastos e a ampliação de receitas. Para tanto, recomenda-se analisar cada origem de receita para certificar qual delas pode ser incrementada e analisar cada elemento de despesa para identificar quais deles podem ser reduzidos. Somente os itens variáveis de receitas têm a flexibilidade de serem incrementados sem acarretar aumento da carga tributária (ver o indicador de elasticidade da receita no Capítulo 7 – Análise da receita). No caso dos gastos, o gestor precisa distinguir os itens fixos dos itens variáveis para poder atuar de forma eficiente em um processo de contenção de gastos (ver o indicador de flexibilidade dos gastos no Capítulo 8 – Análise dos gastos).

O *timing* do fluxo de caixa é alcançado mediante o casamento dos prazos de arrecadação das receitas e o prazo de vencimento das obrigações imediatas. Em situações em que esse intento não é alcançado, a entidade pode realizar operações de crédito por antecipação da receita orçamentária, visando ajustar, temporariamente, o desequilíbrio entre receitas e despesas. Essas operações de crédito deverão ser liquidadas imediatamente tão logo haja a efetiva arrecadação de receitas. Destaque-se que, segundo o artigo 38, inciso II, da LRF, o saldo desse tipo de dívida deve ser liquidado até dia 10 de dezembro de cada ano, inclusive juros e outros encargos incidentes.

Vale salientar que nem sempre os orçamentos de caixa são facilmente acessíveis ao usuário externo para que a magnitude e o *timing* do fluxo de caixa sejam avaliados. Nesse caso, o analista pode utilizar mecanismos alternativos de análise, conforme orientam Berne e Schramm (1986, p. 339-341):

1. **analisar o nível de endividamento de curto prazo:** se o endividamento de curto prazo é sempre crescente, significa que o governo enfrenta dificuldades de caixa devido ao descasamento entre receitas e gastos já que constantemente realiza empréstimos por antecipação da receita orçamentária;
2. **examinar os fluxos de caixa passados:** o comportamento dos fluxos de caixa mensais, quadrimestrais ou anuais fornecem indícios sobre a magnitude das entradas e saídas de caixa;
3. **analisar a probabilidade de as entradas de caixa serem maiores que as saídas de caixa:** a probabilidade de que as entradas de caixa sejam maiores que as saídas de caixa aumenta à medida que o superávit do orçamento corrente (receitas menos despesas correntes), verificado ao longo do tempo, também aumenta;
4. **analisar indicadores de liquidez do balanço:** a análise de medidas convencionais da posição de liquidez, que envolve relações entre ativos e passivos de curto prazo, fornece indícios sobre o nível aproximado e o *timing* das entradas e saídas de caixa, bem como a capacidade do governo em atender as suas necessidades de caixa. As principais medidas são: (*i*) capital circulante líquido (ativo circulante menos passivo circulante), indicando o nível de liquidez; (*ii*) liquidez corrente (ativo circulante/passivo circulante), indicando a magnitude de caixa; (*iii*) liquidez imediata (disponibilidades/passivo circulante), indicando o *timing* entre ativos e passivos. Esses indicadores são discutidos com mais detalhes no Capítulo 12 – Análise da posição financeira e patrimonial.

Os problemas de caixa podem ser antecipados avaliando-se algumas medidas financeiras, como, por exemplo:

1. serviço da dívida (juros mais amortização do principal) em relação às receitas operacionais ou em relação aos gastos. Quanto maior for essa relação, mas restrições terá o governo para solucionar as necessidades de caixa; e
2. endividamento de curto prazo em relação ao endividamento total. Uma relação alta desse indicador significa que a entidade tem dívidas de curto prazo a serem liquidadas no exercício corrente, restringindo a flexibilidade financeira do governo.

Em suma, se a entidade tem um substancial saldo de caixa e um fluxo de entrada maior que o fluxo de saída e, ainda, se tem capacidade para adequar a magnitude e o *timing* do seu fluxo de caixa, apresenta posição favorável de liquidez de recursos internos. Contudo, se a entidade tem inexpressivo saldo de caixa, combinado com desempenho de caixa negativo na maior parte dos meses do ano, bem como apresenta dificuldades para adequar a magnitude e o *timing* do seu fluxo de caixa, apresenta posição desfavorável de liquidez de recursos internos.

11.2.4 Posição de caixa

A posição de caixa refere-se ao montante de recursos disponível em caixa e equivalente de caixa em determinada data, geralmente no final do exercício financeiro. A posição de caixa de uma entidade governamental é uma medida de avaliação da condição financeira de curto prazo, revelando a capacidade do governo em resistir a dificuldades fiscais futuras.

No setor governamental, a posição de caixa é avaliada por meio de duas medidas fundamentais: (*i*) posição geral de caixa; e (*ii*) posição operacional de caixa. Essas medidas são mensuradas por meio do movimento dos fluxos de disponibilidades evidenciados na demonstração dos fluxos de caixa, conforme estrutura mostrada no Capítulo 2 – Informação financeira governamental.

A posição geral de caixa, ou simplesmente posição de caixa, mostra o saldo das disponibilidades no final do exercício. Por sua vez, a posição operacional de caixa mostra o saldo das disponibilidades gerado pelas atividades operacionais do governo, isto é, o saldo resultante da diferença entre a soma das receitas originárias, derivadas e de transferências intergovernamentais e os desembolsos relacionados com a ação pública.

Quando a posição operacional de caixa é positiva, isso significa que as receitas operacionais arrecadadas pelo governo foram suficientes para custear suas atividades de manutenção e destinar parte para pagamento de obrigações relacionadas às atividades de investimento e financiamento.

Quando a posição operacional de caixa é negativa, depreende-se que as receitas operacionais auferidas pelo governo foram insuficientes para cumprir com o pagamento das obrigações relacionadas à sua manutenção.

A posição operacional de caixa negativa ao longo de vários exercícios é um indicador de risco financeiro ou de vulnerabilidade financeira do governo. Uma medida relativa para avaliar o tamanho da posição operacional de caixa consiste em dividir o saldo de caixa gerado pelas operações pelas despesas operacionais. Assim, quanto maior essa relação, menor o risco financeiro e maior a capacidade do governo em resistir a crises financeiras.

11.2.5 Fatores determinantes dos recursos internos

Os fatores que determinam o nível de recursos internos de uma organização pública constituem os principais pontos de atenção na análise da solvência de caixa, uma vez

Capítulo 11

que esses fatores afetam as mudanças no nível do resultado financeiro, isto é, determinam o superávit ou déficit financeiros do exercício corrente.

O nível dos recursos internos é determinado, principalmente, por decisões passadas e presentes, relacionadas com gastos e receitas, que são responsáveis pelo resultado financeiro do exercício corrente. São decisões racionais tendentes a incentivar o aumento da arrecadação ou a contenção de gastos, visando a reduzir déficits ou produzir superávits financeiros. Superestimativas ou subestimativas de receitas e despesas orçamentárias são, também, importantes determinantes do nível dos recursos internos.

Segundo Greenblatt (1976 apud Berne; Schramm, 1986, p. 327), o nível dos recursos internos é afetado por fatores ambientais (nível de atividade econômica, desemprego, renda, índice de pobreza etc.); por fatores que influenciam o custo de produção e fornecimento dos serviços públicos (salário dos servidores, preço dos materiais etc.); por fatores relacionados com a pressão criada por decisões passadas de endividamento e gastos de capital; e por fatores relacionados com a ajuda financeira intergovernamental.

11.3 Indicadores da solvência de caixa

A solvência de caixa das entidades públicas, conforme visto, é avaliada pelo nível e pela liquidez dos recursos internos. Quando o nível dos recursos internos se reduz e a liquidez se deteriora, o fluxo de caixa apresenta problemas e a posição financeira do governo entra em declínio. Por outro lado, quando a organização tem elevado nível de recursos internos e bons índices de liquidez, o governo tem adequada ou substancial solvência de caixa e condição financeira de curto prazo saudável.

Esses aspectos são verificados por meio da mensuração de indicadores financeiros da solvência de caixa. O Quadro 11.2 relaciona os principais indicadores utilizados pelos analistas e pesquisadores da condição financeira governamental.

Quadro 11.2 Indicadores de solvência de caixa

REF.	INDICADORES	FÓRMULA	PRINCIPAIS ESTUDOS
a	NÍVEL DOS RECURSOS INTERNOS		Berne e Schramm (1986); Berne (1992); Mead (2001); Bowman e Calia (1997); Clark e Chan (1990); Hendrick (2004); Miller (2001); Ammar et al. (2001, 2004); Carmeli (2002); Groves e Valente (2003).
a1	Flexibilidade financeira	$\dfrac{\text{Crescimento real das receitas}}{\text{Crescimento real das despesas}}$	
a2	Superávit financeiro	Ativo financeiro − Passivo financeiro	

»

ANÁLISE DA SOLVÊNCIA DE CAIXA

REF.	INDICADORES	FÓRMULA	PRINCIPAIS ESTUDOS
a3	Representatividade do superávit financeiro	$\dfrac{\text{Ativo financeiro} - \text{Passivo financeiro}}{\text{Despesas orçamentárias totais}}$	Berne e Schramm (1986); Berne (1992); Mead (2001); Bowman e Calia (1997); Clark e Chan (1990); Hendrick (2004); Miller (2001); Ammar et al. (2001, 2004); Carmeli (2002); Groves e Valente (2003)
a4	Stress test	$\dfrac{\text{Variação do superávit financeiro}}{\text{Variação das despesas operacionais}}$	
a5	Necessidade de recursos internos	$\dfrac{\text{Passivo financeiro a descoberto}}{\text{Receita operacional}}$	
b	**LIQUIDEZ DOS RECURSOS INTERNOS**		Berne e Schramm (1986); Groves e Valente (2003)
b1	Relação entre ativos e passivos financeiros	$\dfrac{\text{Ativo financeiro}}{\text{Passivo financeiro}}$	
b2	Posição operacional de caixa	$\dfrac{\text{Entradas operacionais de caixa}}{\text{Saídas operacionais de caixa}}$	
c	***TIMING* DO FLUXO DE CAIXA**		Berne e Schramm (1986); Mead (2001); Gómez e Fernández (2006)
c1	Prazo médio de recebimento de tributos	$\dfrac{\text{Média dos créditos tributários a receber}}{\text{Receita tributária arrecadada}/365}$	
c2	Prazo médio de pagamento	$\dfrac{\text{Média das obrigações a pagar}}{\text{Despesas liquidadas}/365}$	

a. **Nível dos recursos internos:** os indicadores de avaliação do nível dos recursos internos objetivam demonstrar a flexibilidade do governo para enfrentar necessidades de caixa. Assim, a magnitude do nível dos recursos internos é um referencial para avaliar a capacidade do governo em resistir a emergências financeiras. Os seguintes indicadores são recomendados para avaliar o nível dos recursos internos sob vários aspectos:

a1. **Flexibilidade financeira:** esse indicador, mensurado pela relação entre o crescimento real da receita e o crescimento real da despesa, revela a capacidade do governo em atender seus programas de trabalho e, também, produzir saldo positivo de caixa. Assim, quanto maior o resultado desse indicador, melhor a flexibilidade financeira do governo para enfrentar crises fiscais e, consequentemente, maior o nível dos recursos internos visto que as despesas crescem menos rapidamente que as receitas.

a2. **Superávit financeiro:** representa o resultado financeiro acumulado da entidade (*fund balance*) ou posição financeira, obtido pela diferença positiva entre os ativos e passivos financeiros, revelando o nível de recursos internos da organização em termos monetários.

Dearborn (1977, p. 3) salienta que a diferença positiva entre os ativos e passivos financeiros representa uma boa medida de liquidez. Por isso, muitos Municípios esforçam-se por produzir superávit financeiro com o intuito de manter reservas para enfrentar deficiências orçamentárias inesperadas e para evitar problemas de caixa.

Nesse sentido, Clark e Chan (1990, p. 90) afirmam que o superávit financeiro atua como uma memória de longo prazo da condição financeira de uma entidade, sendo sempre atualizado pelo desempenho financeiro do último período.

O superávit financeiro, além de ser formado pelo excesso de arrecadação e economias orçamentárias, pode ser reforçado com a fixação de determinado percentual incidente sobre a receita orçamentária. Nesse aspecto, a reserva de contingência, conforme visto no item 4.5.7 – Reserva de contingência – do Capítulo 4 – Fundamentos da execução orçamentária e financeira, é uma estratégia orçamentária que visa destinar parcela da receita orçamentária à formação de um fundo financeiro para permitir ao governo atender necessidades financeiras futuras. A literatura internacional, conforme estudos de Sobel e Holcombe (1996), Douglas e Gaddie (2002) e Hou (2003), denomina essa estratégia financeira de fundo financeiro emergencial (*rainy day fund*), visto que é formado para atender necessidades financeiras imprevistas e imprevisíveis.

A existência de superávit financeiro, além de favorecer o enfrentamento de emergências financeiras, possibilita a cobertura de gastos de capital sem a necessidade de empréstimos ou aumento de tributos. Para tanto, é necessário que o superávit financeiro seja calculado para cada fundo, identificando-se a parcela vinculada e a parcela livre, que pode ser destinada à cobertura de créditos adicionais ou déficits orçamentários.

a3. **Representatividade do superávit financeiro:** o superávit financeiro também fornece a medida da queda ou do crescimento do nível dos recursos internos da organização. Assim, para determinar se o nível de recursos internos é alto ou baixo, divide-se o superávit financeiro pelo total das despesas operacionais do exercício corrente (BOWMAN; CALIA, 1997, p. 3-4).

Berne e Schramm (1986, p. 329) destacam que um índice de representatividade do superávit financeiro alto e crescente em relação às despesas totais ou às receitas totais ao longo do tempo, comparado com outras organizações similares, sinaliza fundos internos excessivos. Ao passo que um índice baixo e decrescente de representatividade do superávit financeiro pelas despesas totais pode ser um indicativo de fundos inadequados.

Nesse sentido, Bowman e Calia (1997, p. 4) classificam o resultado desse indicador nas seguintes condições:

1. **resultado menor do que 10%:** o governo tem baixa solvência de caixa;
2. **resultado com pelo menos 10% e menos que 25%:** o governo tem solvência de caixa adequada;
3. **resultado maior que 25% e menor que 50%:** o governo tem solvência de caixa substancial; e
4. **resultado maior que 50%:** o governo tem alta solvência de caixa.

Observa-se a importância de os governos manterem adequado nível de superávit financeiro visando à manutenção do equilíbrio orçamentário e a preservação da flexibilidade financeira. Nesse sentido, Poterba (1996) demonstra que os governos que dispõem de alto nível de superávit financeiro absorvem melhor choques fiscais do que os governos que apresentam baixo nível de superávit financeiro. Em suma, quanto maior a participação do superávit financeiro nas despesas totais ou nas receitas totais, melhor será a condição financeira do governo.

> **a4.** *Stress test:* essa medida mensura o quão rápido o superávit financeiro cresceu em relação ao crescimento das despesas operacionais, mostrando se a entidade está em tensão ou em recuperação financeira.

Segundo Bowman e Calia (1997, p. 4), o indicador de *stress test* é uma medida do superávit financeiro que revela a solvência orçamentária do governo. Assim, as seguintes condições de solvência orçamentária podem ser encontradas com a aplicação desse indicador:

Quadro 11.3 Condições de solvência orçamentária pela aplicação do *stress test*

RESULTADO	DESPESAS CRESCENTES	DESPESAS DECRESCENTES
stress test ≤ 1,0	**Tensão financeira** As receitas são insuficientes para recompor os ativos consumidos pelas despesas.	**Recuperação financeira** As receitas são suficientes para recompor os ativos consumidos pelas despesas.
stress test > 1,0	**Recuperação financeira** As receitas são suficientes para recompor os ativos consumidos pelas despesas.	**Tensão financeira** As receitas são insuficientes para recompor os ativos consumidos pelas despesas.

Fonte: Bowman e Calia (1997, p. 4).

a5. Necessidade de recursos internos: quando o resultado financeiro acumulado é negativo, tem-se a presença de passivo financeiro a descoberto ou déficit financeiro, isto é, insuficiência de recursos para atender as obrigações de curto prazo. Esse indicador pode ser mensurado estabelecendo-se a relação entre o déficit financeiro e a receita operacional, evidenciando a necessidade de geração de caixa para atender as obrigações de curto prazo. Assim, quanto maior for o resultado desse indicador, pior será a condição financeira do governo.

Sobre essa condição, Dearborn (1977, p. 3) alerta que déficits financeiros substanciais, além de revelarem desequilíbrios orçamentários, sinalizam a necessidade de obtenção de empréstimos de curto prazo, muitas vezes sem a integral liquidação até o final do exercício fiscal.

b. Liquidez dos recursos internos: a liquidez dos recursos internos, diferentemente dos índices tradicionais de liquidez, refere-se a medidas de posição de caixa que incluem a relação entre ativos e passivos financeiros e a relação entre os fluxos de entradas e saídas operacionais de caixa.

b1. Relação entre ativos e passivos financeiros: esse indicador mostra o comportamento da posição de liquidez dos recursos internos do governo. Três situações podem ser identificadas: (*i*) resultado acima de 1 indica liquidez positiva ou a existência de superávit financeiro; (*ii*) resultado abaixo de 1 indica a presença de déficit financeiro ou ausência de liquidez; e (*iii*) resultado nulo revela posição de equilíbrio financeiro.

É importante ressaltar que quando o governo apresentar, recorrentemente, situação de déficit financeiro, o efeito imediato será a insolvência de caixa, ou seja, a incapacidade em pagar suas obrigações de curto prazo.

b2 Posição operacional de caixa: esse indicador mostra se os recursos operacionais disponíveis no caixa do governo são suficientes para atender aos pagamentos das obrigações operacionais. Três situações podem ser detectadas: (*i*) superávit de caixa, quando as entradas operacionais suplantarem as saídas operacionais; (*ii*) déficit de caixa, quando as entradas operacionais forem inferiores às saídas operacionais; e (*iii*) situação de equilíbrio de caixa, quando as entradas operacionais forem iguais às saídas operacionais.

Quando o governo apresenta continuamente posição operacional de caixa positiva, demonstra capacidade para resistir a adversidades fiscais no futuro. Contudo, quando

ANÁLISE DA SOLVÊNCIA DE CAIXA

a posição operacional de caixa do governo apresenta-se, recorrentemente, de forma negativa, há sinais de problemas de vulnerabilidade ou risco financeiro.

c. *Timing* do fluxo de caixa: a posição de liquidez dos recursos internos de uma organização pode ser melhorada mudando o *timing* do fluxo de caixa, isto é, acelerando o recebimento de receitas e obtendo prazos mais longos para o pagamento das obrigações.

Para medir o *timing* do fluxo de caixa, tanto para o recebimento de receitas quanto para o pagamento de obrigações, Berne e Schramm (1986, p. 343) sugerem as seguintes medidas de eficiência de recebimentos e pagamentos:

c1. **Prazo médio de recebimento de tributos:** esse indicador revela o período médio de recebimento dos tributos de competência do governo. É medido pela relação entre a média dos créditos tributários a receber e o fluxo anual de receitas tributárias por dia do ano [média dos créditos tributários a receber/(receita tributária arrecadada/dias do ano)]. A média dos créditos tributários a receber é obtida pela média aritmética simples dos saldos no início e no fim do exercício fiscal e o fluxo anual de receitas tributárias representa a arrecadação efetiva dos tributos durante o exercício fiscal.

O conhecimento do prazo médio de recebimento de tributos permite ao gestor realizar com mais eficiência o gerenciamento do caixa da organização, além de permitir comparações ao longo dos anos com outras organizações similares visando à avaliação de desempenho. Redução do prazo de recebimento de tributos é uma importante medida administrativa para melhorar a posição de liquidez da entidade.

c2. **Prazo médio de pagamento:** esse indicador revela o período médio de pagamento das obrigações do governo. O prazo médio de pagamento é medido pela relação entre a média das obrigações de curto prazo e o fluxo de despesas orçamentárias dividido por 365. A média das obrigações de curto prazo é obtida pela média aritmética simples das obrigações a pagar no início e no fim do exercício financeiro e o fluxo de despesas orçamentárias representa o total das despesas liquidadas no exercício.

O conhecimento do prazo médio de pagamento das obrigações do governo é importante para o gestor realizar com mais eficiência o gerenciamento do caixa da organização, além de permitir comparações ao longo dos anos com outras organizações similares visando à avaliação de desempenho.

A conjunção dos prazos médios de recebimento e de pagamento permite ao gestor avaliar o ciclo de caixa ou ciclo financeiro da entidade governamental. Assim, se o prazo médio de pagamento é inferior ao prazo médio de recebimento, o governo necessita obter operações de crédito por antecipação da receita orçamentária para financiar suas operações, caso contrário apresentará sérios problemas de solvência de caixa, visto que não há sincronia entre as entradas e saídas de caixa.

Por outro lado, se o prazo médio de pagamento é superior ao prazo médio de recebimento, o governo não necessita de capital de terceiros para cumprir com suas obrigações de curto prazo, visto que as receitas adentram ao caixa antes que as obrigações atinjam o prazo de vencimento. Essa situação revela boa posição de liquidez do governo.

11.4 Análise das demonstrações da solvência de caixa

As informações para avaliar a solvência de caixa são extraídas, basicamente, do demonstrativo do superávit/déficit financeiro em anexo ao balanço patrimonial, do balanço financeiro e da demonstração dos fluxos de caixa.

O demonstrativo do superávit/déficit fornece informações sobre ativos e passivos financeiros que impactam diretamente a posição financeira do governo; o balanço financeiro fornece informações sobre o resultado da gestão de caixa formado pelos fluxos de ingressos e dispêndios de recursos financeiros; e a demonstração dos fluxos de caixa proporciona uma base para avaliar a capacidade do governo de gerar caixa e equivalentes de caixa.

11.4.1 Análise do demonstrativo do superávit/déficit financeiro

O demonstrativo do superávit/déficit financeiro mostra o nível dos recursos internos segregado em duas categorias de destinação: ordinária e vinculada. Tal evidenciação é realizada para atender determinações do artigo 8º e do inciso I do artigo 50 da LRF, os quais estabelecem que os recursos legalmente vinculados a finalidade específica deverão ser identificados e escriturados de forma individualizada. Assim, é possível identificar a parcela que está comprometida e a parcela livre, que pode ser destinada para o financiamento de novas ações de governo ou reforço das ações já existentes.

A seguir são apresentadas informações sobre nível dos recursos internos (superávit financeiro) extraídas do quadro do superávit/déficit financeiro anexado ao balanço patrimonial do Município de Aurora Dourada, segundo a destinação ordinária e vinculada.

ANÁLISE DA SOLVÊNCIA DE CAIXA

Tabela 11.2   Demonstrativo do superávit/déficit financeiro

CONTAS	2010	2011	2012
Ordinários	3.833.330	5.141.619	5.588.258
Vinculados	1.961.620	2.158.324	3.243.153
Previdência social	107.236	(31.659)	(24.469)
Convênios	579.495	583.995	1.324.712
Recursos Próprios diretamente arrecadados	637.445	802.994	1.059.769
Operações de crédito	463.596	656.995	706.513
Alienação de bens	173.848	145.999	176.628
Superávit Financeiro	5.794.950	7.299.943	8.831.411

Observa-se que o superávit financeiro evoluiu ao longo dos três exercícios, sendo a maior parcela formada por recursos que permitem ao gestor utilizá-los livremente (destinação ordinária). Observa-se que o regime previdenciário do servidor apresentou menor resultado financeiro, inclusive com a produção de déficits nos exercícios de 2011 e 2012 (sobre esse assunto, ver o Capítulo 10 – Análise do regime próprio de previdência).

É importante destacar que o crescimento do superávit financeiro ao longo dos exercícios é reflexo do comportamento das receitas e despesas orçamentárias. A Tabela 11.3 comprova essa constatação por meio do cálculo da variação do superávit financeiro e respectivo confronto com o resultado de execução orçamentária do Município de Aurora Dourada (ver resultados da execução orçamentária evidenciados nos balanços orçamentários apresentados no item 2.6 – Exemplo de demonstrações contábeis: o caso do Município de Aurora Dourada – do Capítulo 2 – Informação financeira governamental).

Tabela 11.3   Resultado orçamentário *versus* variação do superávit financeiro

	2009	2010	2011	2012
Ativo financeiro	12.011.775	16.430.959	16.173.438	22.493.208
(–) Passivo financeiro	7.415.080	10.636.009	8.873.495	13.661.797
(=) Superávit financeiro	4.596.695	5.794.950	7.299.943	8.831.411
Δ Superávit financeiro		1.198.255	1.504.993	1.531.468
Resultado orçamentário		1.198.255	1.504.993	1.531.468

11.4.2 Análise do balanço financeiro

A análise do balanço financeiro tem por objetivo demonstrar o comportamento dos fluxos de recursos das disponibilidades e sua contribuição para a geração líquida de caixa ou resultado da gestão de caixa. Especificamente, a análise desse demonstrativo pode ser realizada por meio de duas técnicas: (*i*) análise dos valores absolutos dos componentes dos fluxos de disponibilidades; e (*ii*) análise vertical e horizontal com o objetivo de revelar a participação e evolução dos componentes dos fluxos de disponibilidades.

A análise dos valores absolutos dos componentes dos fluxos de disponibilidades tem por objetivo demonstrar a contribuição dos ingressos e dispêndios de recursos orçamentários (resultado financeiro do exercício) e extraorçamentários (saldo de disponibilidades de terceiros) para a geração líquida de caixa ou resultado da gestão de caixa.

Matematicamente, o resultado da gestão de caixa (RGC) pode ser obtido de três formas a partir do balanço financeiro:[4] (i) cálculo da variação das disponibilidades; (ii) diferença entre os fluxos de ingressos e dispêndios de recursos; e (iii) soma do resultado financeiro gerado pelas operações orçamentárias com o saldo de disponibilidades de terceiros produzido pelas operações extraorçamentárias, conforme demonstram as seguintes equações:

$$RGC = \text{disponibilidade final} - \text{disponibilidade inicial}$$
$$RGC = \text{ingressos} - \text{dispêndios}$$
$$RGC = \text{superávit/déficit de execução orçamentária} + \text{saldo positivo/negativo das operações extraorçamentárias}$$

Três condições podem ser encontradas na apuração do resultado da gestão de caixa:

1. **Superávit de caixa:** representa um indicador de excedente de tesouraria, sendo obtido quando a movimentação de ingressos for maior que a movimentação dos dispêndios realizados no período. Todavia, um superávit de caixa não necessariamente representa bom desempenho na gestão de receitas e despesas correntes, pois esse resultado pode ser decorrente da elevação do endividamento.
2. **Déficit de caixa:** representa um indicador de desequilíbrio de tesouraria, sendo obtido quando a movimentação de ingressos for menor que a movimentação dos dispêndios realizados no período. Contudo, um déficit de caixa não necessariamente representa desempenho desfavorável na gestão de receitas e despesas correntes, pois esse resultado pode ser decorrente da redução do endividamento.

---

4 O resultado da gestão de caixa também pode ser encontrado por meio do cálculo da geração líquida de caixa e equivalente de caixa evidenciado na demonstração dos fluxos de caixa.

ANÁLISE DA SOLVÊNCIA DE CAIXA

3. **Equilíbrio de caixa:** representa um indicador de equilíbrio de tesouraria, demonstrado pela igualdade da movimentação de ingressos com a movimentação de dispêndios.

Diante dos dados evidenciados no balanço financeiro do Município de Aurora Dourada, apresentado no item 2.6 do Capítulo 2, é possível compreender como o resultado da gestão de caixa foi formado em cada exercício, conforme mostra a Tabela 11.4.

Tabela 11.4   Resultado da gestão de caixa

	2010	2011	2012
VARIAÇÃO DE DISPONIBILIDADES			
Disponibilidades no fim do Exercício	16.430.959	16.173.438	22.493.208
(–) disponibilidades no início do exercício	12.011.775	16.430.959	16.173.438
= Resultado da gestão de caixa	**4.419.184**	**(257.521)**	**6.319.770**
FLUXO DE RECURSOS			
Ingressos	81.652.431	87.673.740	103.140.530
(–) dispêndios	77.233.247	87.931.261	96.820.760
= Resultado da gestão de caixa	**4.419.184**	**(257.521)**	**6.319.770**
RESULTADOS ORÇAMENTÁRIOS E EXTRAORÇAMENTÁRIOS			
Superávit/déficit orçamentário	1.198.255	1.504.993	1.531.468
(+/–) saldo das operações extraorçamentárias	3.220.929	(1.762.514)	4.788.302
= Resultado da gestão de caixa	**4.419.184**	**(257.521)**	**6.319.770**

Observa-se que os fluxos de ingressos de recursos foram superiores aos dispêndios nos exercícios de 2010 e 2012, contribuindo positivamente para a posição final de caixa. Essa contribuição foi proporcionada, especialmente, pelo saldo das operações extraorçamentárias, visto que o resultado orçamentário foi pouco expressivo.

Contudo, no exercício de 2011, esse comportamento se inverteu, uma vez que, para o pagamento dos dispêndios, o governo consumiu reservas de recursos em caixa provenientes do exercício anterior. Porém, essa situação desfavorável não comprometeu o desempenho do caixa operacional, visto que o resultado da execução do orçamento corrente foi positivo.

O comportamento dos componentes dos fluxos de disponibilidades pode ser compreendido, também, por meio da análise vertical e horizontal do balanço financeiro, conforme demonstradas nas Tabelas 11.5 e 11.6.

Tabela 11.5 Análises vertical e horizontal do balanço financeiro – ingressos de recursos

ESPECIFICAÇÃO	2010	AV (%)	AH (%)	2011	AV (%)	AH (%)	2012	AV (%)	AH (%)
Receita Orçamentária	**69.219.828**	**73,9**	**100,0**	**79.041.729**	**75,9**	**14,2**	**90.936.165**	**76,2**	**15,0**
Ordinária	37.202.332	39,7	100,0	42.629.505	40,9	14,6	50.259.206	42,1	17,9
Vinculada	32.017.496	34,2	100,0	36.412.224	35,0	13,7	40.676.959	34,1	11,7
Previdência Social	2.024.126	2,2	100,0	2.331.605	2,2	15,2	2.664.884	2,2	14,3
Convênios	3.659.221	3,9	100,0	3.654.878	3,5	– 0,1	3.279.940	2,7	– 10,3
Transferência obrigatória de outro ente	25.387.448	27,1	100,0	29.398.954	28,2	15,8	33.080.096	27,7	12,5
Operações de Crédito	674.226	0,7	100,0	885.106	0,9	31,3	952.161	0,8	7,6
Alienação de Bens	272.475	0,3	100,0	141.681	0,1	– 48,0	699.878	0,6	394,0
Recebimentos Extraorçamentários	**12.432.603**	**13,3**	**100,0**	**8.632.011**	**8,3**	**– 30,6**	**12.204.365**	**10,2**	**41,4**
Inscrição de Restos a Pagar	8.584.099	9,2	100,0	6.011.290	5,8	– 30,0	9.180.472	7,7	52,7
Valores Restituíveis	3.848.504	4,1	100,0	2.620.721	2,5	– 31,9	3.023.893	2,5	15,4
Saldo do Período Anterior	12.011.775	12,8	100,0	16.430.959	15,8	36,8	16.173.438	13,6	– 1,6
TOTAL DOS RECURSOS DISPONÍVEIS	**93.664.206**	**100,0**	**100,0**	**104.104.699**	**100,0**	**11,1**	**119.313.968**	**100,0**	**14,6**

ANÁLISE DA SOLVÊNCIA DE CAIXA

Tabela 11.6   Análises vertical e horizontal do balanço financeiro – dispêndios de recursos

ESPECIFICAÇÃO	2010	AV (%)	AH (%)	2011	AV (%)	AH (%)	2012	AV (%)	AH (%)
Despesa Orçamentária	**68.021.573**	**72,6**	**100,0**	**77.536.736**	**74,5**	**14,0**	**89.404.697**	**74,9**	**15,3**
Ordinária	36.516.451	39,0	100,0	41.817.874	40,2	14,5	49.725.794	41,7	18,9
Vinculada	31.505.122	33,6	100,0	35.718.862	34,3	13,4	39.678.903	33,3	11,1
Previdência Social	5.254.328	5,6	100,0	6.055.542	5,8	15,2	6.991.391	5,9	15,5
Convênios	1.830.963	2,0	100,0	1.593.701	1,5	– 13,0	2.449.392	2,1	53,7
Recursos Próprios Diretamente Arrecadados	23.531.927	25,1	100,0	27.109.218	26,0	15,2	28.684.869	24,0	5,8
Operações de Crédito	629.053	0,7	100,0	825.804	0,8	31,3	888.367	0,7	7,6
Alienação de Bens	258.851	0,3	100,0	134.597	0,1	– 48,0	664.884	0,6	394,0
Pagamentos Extraorçamentários	**9.211.674**	**9,8**	**100,0**	**10.394.525**	**10,0**	**12,8**	**7.416.063**	**6,2**	**– 28,7**
Pagamentos de Restos a Pagar	7.415.080	7,9	100,0	8.584.099	8,2	15,8	4.820.000	4,0	– 43,8
Valores Restituíveis	1.796.594	1,9	100,0	1.810.426	1,7	0,8	2.596.063	2,2	43,4
Saldo para o exercício seguinte	**16.430.959**	**17,5**	**100,0**	**16.173.438**	**15,5**	**– 1,6**	**22.493.208**	**18,9**	**39,1**
TOTAL DOS RECURSOS DISPONÍVEIS	**93.664.206**	**100,0**	**100,0**	**104.104.699**	**100,0**	**11,1**	**119.313.968**	**100,0**	**14,6**

A análise vertical do balanço financeiro mostra a representatividade dos itens que compõem o fluxo de entradas e saídas de recursos, identificando-se a participação de cada elemento em relação ao total dos recursos disponíveis (análise vertical), como, por exemplo, determinar a participação das receitas orçamentárias no total dos recursos disponíveis, revelando sua contribuição para a formação do caixa, bem como a representatividade do saldo das disponibilidades no início e no fim do exercício em relação ao total dos recursos disponíveis.

Desse modo, é possível avaliar a representatividade dos fluxos de entradas e saídas das operações orçamentárias e extraorçamentárias e sua contribuição para o resultado da gestão de caixa no exercício. No presente caso, observa-se que as receitas orçamentárias contribuem, em média, com 75,3% para o total dos recursos disponíveis e as despesas orçamentárias consomem, em média, 74% desses recursos. Esse comportamento é sempre esperado uma vez que esses itens constituem os principais componentes do fluxo financeiro do exercício.

Detendo-se sobre o fluxo de ingressos, observa-se que os recursos vinculados alcançaram, nos três exercícios analisados, a média de 34,4% dos recursos disponíveis e os recursos para livre aplicação alcançaram a média de 40,1%.

A movimentação extraorçamentária revela que, em média, os recebimentos representam 10,6% e os pagamentos 8,7% do total dos recursos disponíveis. Esse comportamento mostra que o resultado extraorçamentário exerceu influência na posição final do caixa nos três exercícios da série analisada, visto que a maior parcela dos recursos que o compõem é representada por restos a pagar e valores restituíveis, cujos montantes inscritos no exercício anterior não foram integralmente pagos no exercício seguinte.

A análise horizontal do balanço financeiro mostra a tendência dos itens que compõem o fluxo de entradas e saídas de recursos, bem como o crescimento do resultado da gestão de caixa por meio da variação do saldo de caixa. Relativamente às receitas orçamentárias, conforme já observado na análise do balanço orçamentário no Capítulo 6, observa-se um crescimento de 14,2%, de 2010 para 2011, e um crescimento de 15% de 2011 para 2012. Tendência similar observa-se no lado das despesas orçamentárias. Esse comportamento mostra que o resultado da execução orçamentária apresentou baixa contribuição para a variação do saldo final do caixa.

Um fato que chama a atenção é o crescimento das receitas derivadas de alienação de bens, cujo crescimento de 2011 para 2012 é de 394%. Porém, observa-se que a representatividade dessa fonte de recurso ao longo dos anos é pequena, uma vez que constitui receita atípica e de baixa expressividade.

Finalmente, o comportamento dos fluxos de disponibilidades pode ser avaliado por meio da evolução do saldo final de caixa. Observa-se que o saldo de caixa no fim do exercício de 2012 cresceu 39,1%, em relação a 2011. Essa evolução é reflexo da contribuição dos fluxos de recursos orçamentários e extraorçamentários (ver Tabela 11.4). Adicionalmente, o saldo inicial de caixa nesse período, que representa 13,6% do total dos recursos disponíveis, exerceu grande contribuição para a evolução da posição final de caixa. O crescimento da posição do caixa no final do exercício ao longo da série analisada sinaliza que o governo dispõe de capacidade financeira para cumprir com suas obrigações de curto prazo.

11.4.3 Análise da demonstração dos fluxos de caixa

A análise da DFC deve ser realizada de forma integrada com as demais demonstrações contábeis para permitir ao analista identificar as variações ocorridas no patrimônio líquido, bem como na liquidez e na solvência da entidade.

É recomendável a análise da DFC em série histórica para revelar se a entidade, ao longo do tempo, apresenta capacidade de autofinanciamento ou se tem dependência de financiamentos externos, isto é, revelar se há vulnerabilidade financeira ou risco financeiro do governo.

As informações geradas pela DFC, segundo o Manual de Contabilidade Aplicado ao Setor Público (MCASP), propiciam uma visão acerca da análise do desempenho financeiro, permitindo que o usuário da informação compreenda o fluxo de caixa no sentido de:

a. ter visão da situação das finanças públicas, possibilitando efetuar comparações entre ingressos e desembolsos por tipos de atividade (operacionais, de investimento e de financiamento), e avaliar as decisões de investimento e financiamento público;
b. avaliar a situação presente e futura do caixa da entidade, permitindo análise de liquidez;
c. conhecer a capacidade de expansão das despesas com recursos próprios gerados pelas operações;
d. fazer a análise imediata da disponibilidade e do impacto da mesma nas finanças da entidade, quando da inserção de nova despesa na programação;
e. avaliar a previsão de quando é possível contrair novas despesas sem que isso comprometa as finanças públicas.

Além disso, analisando a DFC com foco em cada fluxo de caixa líquido é possível extrair as seguintes informações:

1. **análise do fluxo de caixa líquido decorrente das operações:** fornece informações sobre o financiamento das ações governamentais por meio de tributos e pelo recebimento de receita de bens e serviços explorados pela entidade; sobre a capacidade de amortizar empréstimos e, sobretudo, sobre a capacidade de autofinanciar suas operações sem recorrer a operações de crédito;
2. **análise do fluxo de caixa liquido decorrente das atividades de investimento:** mostra o potencial da entidade em contribuir para a produção futura de bens e serviços públicos visto que revela, em termos financeiros, a política de expansão da infraestrutura do governo;
3. **análise do fluxo de caixa liquido decorrente das atividades de financiamento:** provê informações sobre o nível de recursos de terceiros captados e

amortizados, permitindo a previsão de futuros desembolsos para pagamento aos fornecedores de capital à entidade.

A análise da DFC pode ser realizada por meio de análise vertical, análise horizontal e análise de tendência, conforme descrito no Capítulo 2, bem como por meio de indicadores que apresentam a magnitude e o direcionamento da posição operacional de caixa, conforme destacados a seguir.

1. **Representatividade do caixa operacional (RCO):** esse indicador evidencia a relação entre o Caixa Gerado pelas Operações (CGP) e as Despesas Operacionais (DO), revelando o potencial do governo em financiar suas atividades. Quanto maior essa relação, menor o risco financeiro e maior a capacidade do governo em resistir a crises financeiras.

$$RCO = \frac{CGP}{DO}$$

2. **Indicador de amortização de dívida (IAD):** esse indicador revela a parcela dos recursos gerados pela entidade para pagamento da dívida, sendo resultante da relação entre o Passivo Total (PT) e Caixa Gerado pelas Operações (CGP).

$$IAD = \frac{PT}{CGP}$$

Quanto maior o resultado desse indicador, pior o desempenho financeiro da entidade, pois revela a necessidade de geração operacional de caixa para atender as obrigações da entidade.

3. **Indicador da atividade operacional (IAO):** mostra a parcela da geração líquida de caixa proporcionada pelas atividades operacionais do governo, sendo obtido pela relação entre o Caixa Gerado pelas Operações (CGP) e a Geração Líquida de Caixa Total (GLCT).

$$IAO = \frac{CGP}{GLCT}$$

Quanto maior o resultado desse indicador, melhor o desempenho financeiro do governo, pois revela a capacidade da entidade em gerar resultado operacional. Contudo, se esse indicador apresenta uma baixa participação, mostra a dependência da entidade a recursos de terceiros.

A seguir apresenta-se a análise vertical e horizontal da demonstração dos fluxos de caixa do Município de Aurora Dourada para o período de 2010 a 2012.

ANÁLISE DA SOLVÊNCIA DE CAIXA

Tabela 11.7 Análises vertical e horizontal da demonstração dos fluxos de caixa

FLUXOS DE CAIXA	2010	AV (%)	AH (%)	2011	AV (%)	AH (%)	2012	AV (%)	AH (%)
FLUXOS DE CAIXA DAS ATIVIDADES DAS OPERAÇÕES									
INGRESSOS (I) = (II + III + IV)	69.455.319	100,0	100,0	78.521.562	100,0	13,1	89.129.660	100,0	13,5
RECEITAS DERIVADAS (II)	18.631.175	26,8	100,0	22.099.910	28,1	18,6	26.269.225	29,5	18,9
Receita Tributária	13.832.015	19,9	100,0	16.435.428	20,9	18,8	19.794.520	22,2	20,4
Receita de Contribuições	2.024.126	2,9	100,0	2.331.605	3,0	15,2	2.664.884	3,0	14,3
Outras Receitas Derivadas	2.775.034	4,0	100,0	3.332.877	4,2	20,1	3.809.821	4,3	14,3
RECEITAS ORIGINÁRIAS (III)	3.283.919	4,7	100,0	4.081.673	5,2	24,3	5.144.124	5,8	26,0
Receita Patrimonial	1.766	0,0	100,0	1.852	0,0	4,9	1.592	0,0	–14,0
Receita Agropecuária	1.606.303	2,3	100,0	2.230.433	2,8	38,9	3.164.027	3,5	41,9
Receita Industrial	44.419	0,1	100,0	27.794	0,0	–37,4	27.641	0,0	–0,6
Receita de Serviços	1.631.431	2,3	100,0	1.821.594	2,3	11,7	1.950.864	2,2	7,1
TRANSFERÊNCIAS (IV)	43.691.721	62,9	100,0	49.719.258	63,3	13,8	54.692.418	61,4	10,0
Intergovernamentais	43.691.721	62,9	100,0	49.719.258	63,3	13,8	54.692.418	61,4	10,0
da União	34.953.377	50,3	100,0	39.775.406	50,7	13,8	43.753.934	49,1	10,0
do Estado	8.738.344	12,6	100,0	9.943.852	12,7	13,8	10.938.484	12,3	10,0
INGRESSOS EXTRAORÇAMENTÁRIOS	3.848.504	5,5	100,0	2.620.721	3,3	–31,9	3.023.893	3,4	15,4
DESEMBOLSOS (V) = (VI + VII)	60.809.537	87,6	100,0	74.122.216	94,4	21,9	77.588.941	87,1	4,7
PESSOAL E OUTRAS DESPESAS CORRENTES POR FUNÇÃO (VI)	50.604.923	72,9	100,0	62.625.929	79,8	23,8	68.980.022	77,4	10,1
Legislativa	2.530.246	3,6	100,0	3.131.296	4,0	23,8	3.449.001	3,9	10,1

»

Capítulo 11

Tabela 11.7　Análises vertical e horizontal da demonstração dos fluxos de caixa
(continuação)

FLUXOS DE CAIXA	2010	AV (%)	AH (%)	2011	AV (%)	AH (%)	2012	AV (%)	AH (%)
Administração	11.798.934	17,0	100,0	16.579.555	21,1	40,5	17.636.140	19,8	6,4
Assistência Social	4.554.443	6,6	100,0	5.636.334	7,2	23,8	6.208.202	7,0	10,1
Previdência Social	7.590.738	10,9	100,0	9.393.889	12,0	23,8	10.347.003	11,6	10,1
Saúde	8.479.655	12,2	100,0	9.752.279	12,4	15,0	10.976.353	12,3	12,6
Educação	14.132.759	20,3	100,0	16.253.798	20,7	15,0	18.293.922	20,5	12,6
Cultura	1.518.148	2,2	100,0	1.878.778	2,4	23,8	2.069.401	2,3	10,1
JUROS E ENCARGOS DA DÍVIDA (VII)	992.940	1,4	100,0	1.101.762	1,4	11,0	1.192.856	1,3	8,3
Juros e Correção Monetária da Dívida Interna	992.940	1,4	100,0	1.101.762	1,4	11,0	1.192.856	1,3	8,3
DESEMBOLSOS EXTRAORÇAMENTÁRIOS	9.211.674	13,3		10.394.525	13,2	12,8	7.416.063	8,3	−28,7
FLUXO DE CAIXA LÍQUIDO DAS ATIVIDADES DAS OPERAÇÕES (IX) = (I − V)	8.645.782	12,4	100,0	4.399.346	5,6	−49,1	11.540.719	12,9	162,3
FLUXOS DE CAIXA DAS ATIVIDADES DE INVESTIMENTO									
INGRESSOS (X)	2.938.787	100,0	100,0	2.255.782	100,0	−23,2	3.878.236	100,0	71,9
Alienação de Bens	272.475	9,3	100,0	141.681	6,3	−48,0	699.878	18,0	394,0
Amortização de Empréstimos e Financiamentos Concedidos	36.924	1,3	100,0	40.190	1,8	8,8	50.369	1,3	25,3
Transferência de Capital	2.198.035	74,8	100,0	1.913.206	84,8	−13,0	2.940.447	75,8	53,7

»

464

ANÁLISE DA SOLVÊNCIA DE CAIXA

Tabela 11.7 Análises vertical e horizontal da demonstração dos fluxos de caixa *(continuação)*

FLUXOS DE CAIXA	2010	AV (%)	AH (%)	2011	AV (%)	AH (%)	2012	AV (%)	AH (%)
Integralização do Capital Social de Empresas Estatais Dependentes	431.353	14,7	100,0	160.705	7,1	-62,7	187.542	4,8	16,7
DESEMBOLSOS (XI)	6.421.396	-218,5	100,0	6.106.684	-270,7	-4,9	8.412.571	-216,9	37,8
Aquisição de Ativo Não Circulante	6.421.396	-218,5	100,0	6.106.684	-270,7	-4,9	8.412.571	-216,9	37,8
FLUXO DE CAIXA LÍQUIDO DAS ATIVIDADES DE INVESTIMENTO (XII) = (X – XI)	(3.482.609)	-118,5	100,0	(3.850.902)	-170,7	10,6	(4.534.335)	-116,9	17,7
FLUXOS DE CAIXA DAS ATIVIDADES DE FINANCIAMENTO									
INGRESSOS (XIII)	674.226	100,0	100,0	885.106	100,0	31,3	952.162	100,0	7,6
Operações de Crédito	674.226	100,0	100,0	885.106	100,0	31,3	952.162	100,0	7,6
DESEMBOLSOS (XIV)	1.418.215	-210,3	100,0	1.691.072	-191,1	19,2	1.638.776	-172,1	-3,1
Amortização/Refinanciamento da Dívida	1.418.215	-210,3	100,0	1.691.072	-191,1	19,2	1.638.776	-172,1	-3,1
FLUXO DE CAIXA LÍQUIDO DAS ATIVIDADES DE FINANCIAMENTO (XV) = (XIII – XIV)	(743.989)	-110,3	100,0	(805.966)	-91,1	8,3	(686.614)	-72,1	-14,8
APURAÇÃO DO FLUXO DE CAIXA DO PERÍODO									

»

Tabela 11.7 Análises vertical e horizontal da demonstração dos fluxos de caixa *(continuação)*

FLUXOS DE CAIXA	2010	AV (%)	AH (%)	2011	AV (%)	AH (%)	2012	AV (%)	AH (%)
GERAÇÃO LÍQUIDA DE CAIXA E EQUIVALENTE DE CAIXA (XVI) = (IX + XII + XV)	4.419.184	26,9	100,0	(257.522)	−1,6	−105,8	6.319.770	28,1	2454,1
CAIXA E EQUIVALENTE DE CAIXA INICIAL (XVII)	12.011.775	73,1	100,0	16.430.959	101,6	36,8	16.173.438	71,9	−1,6
CAIXA E EQUIVALENTE DE CAIXA FINAL (XVIII) = (XVI + XVII)	16.430.959	100,0	100,0	16.173.438	100,0	−1,6	22.493.208	100,0	39,1

ANÁLISE DA SOLVÊNCIA DE CAIXA

O fluxo de caixa líquido gerando operações revela se as receitas operacionais do governo, especialmente as receitas tributárias e de transferências, foram suficientes para financiar as atividades operacionais do governo. Analisando o comportamento do caixa operacional líquido ao longo dos três exercícios, observa-se que o mesmo representou, em 2010 e 2012 cerca de 12% dos ingressos operacionais, ou seja, do total de todas as entradas de caixa operacional o Município conseguiu pagar todas os gastos operacionais e sobraram aproximadamente 12% dos recursos para serem destinados às atividades de investimentos e financiamentos.

No que se refere ao exercício de 2011, essa relação alcançou 5,6%, ensejando numa redução de 49,1% quando comparado ao exercício de 2010. Essa inflexão ocorreu devido ao aumento dos desembolsos de 21,9%, enquanto as entradas de recursos aumentaram apenas 13,1%. Contudo, observa-se uma recuperação no exercício de 2012 voltando ao patamar de 2010. Ressalte-se, por oportuno, que os valores estão corrigidos monetariamente a valores de 2012.

Quando se analisa o fluxo de caixa líquido das atividades de investimento verifica-se que ele foi negativo em todos os exercícios. Esse resultado revela que os investimentos do governo são realizados com recursos próprios produzidos pelo caixa operacional ou com recursos de terceiros representados pelas operações de crédito.

No fluxo de caixa das atividades de financiamento, os gastos com a amortização da dívida foram superiores aos ingressos originários de operação de crédito. Observa-se que no exercício de 2011 o déficit foi maior, seguindo o mesmo comportamento do fluxo de caixa de investimento. Isso revela que os investimentos do governo foram alavancados com recursos próprios produzidos pelo caixa operacional e, além disso, produziram resultado suficiente para amortizar a dívida.

Quanto à geração líquida de caixa, observam-se resultados positivos nos exercícios de 2010 e 2012. No exercício de 2011, como já se apontava nas análises procedidas, o caixa gerado não foi suficiente para contrabalancear os desembolsos realizados, ou seja, o Município teve que fazer uso de 257.522 do saldo de caixa de 2010 para honrar com os compromissos assumidos.

De forma geral, a DFC demonstra que a posição geral de caixa foi favorável, posto que se verifica um saldo final de caixa estável nos exercícios de 2010 e 2011 e um crescimento de 40% em 2012.

A análise vertical e horizontal da DFC pode ser melhor complementada com a interpretação de indicadores que apresentam a magnitude e o direcionamento da posição de caixa, conforme destacados na Tabela 11.6. Essa análise, dentre outros objetivos, tem por finalidade contribuir com a gestão pública na medida em que permite ter-se uma visão da capacidade da entidade de gerar caixa e equivalentes de caixa, bem como suas necessidades de liquidez.

Capítulo 11

Tabela 11.6   Indicadores da posição caixa

INDICADOR	FÓRMULA	2010		2011		2012	
Representatividade do caixa operacional (RCO)	$RCO = \dfrac{CGP}{DO}$	$\dfrac{8.645.782}{60.809.537}$	0,14	$\dfrac{4.399.346}{74.122.216}$	0,06	$\dfrac{11.540.719}{77.588.941}$	0,15
Indicador de amortização de dívida (IAD)	$IAD = \dfrac{PT}{CGP}$	$\dfrac{29.710.339}{8.645.782}$	3,44	$\dfrac{27.821.273}{4.399.346}$	6,32	$\dfrac{29.830.520}{11.540.719}$	2,58
Indicador da atividade operacional (IAO)	$IAO = \dfrac{CGP}{GLCT}$	$\dfrac{8.645.782}{4.419.184}$	1,96	$\dfrac{4.399.346}{-257.522}$	–	$\dfrac{11.540.719}{6.319.770}$	1,83

*Os valores do passivo total de curto e longo prazo foram extraídos do balanço patrimonial do Município apresentados no item 2.6 do Capítulo 2.

A representatividade do caixa operacional (RCO) evidencia a que o caixa gerado pelas operações (CGP) em relação às despesas operacionais (DO) atinge 14% em 2010, 6% em 2011 e 15% em 2012. Esse comportamento revela que o fluxo de entrada de recursos operacionais é suficiente para o governo financiar seus gastos operacionais e ainda sobra parcela relevante para fazer frente às atividades de investimento e financiamento, bem como para reservar caixa para os exercícios subsequentes a fim de dotar o Município de maior capacidade para resistir a futuras crises financeiras.

O indicador de amortização de dívida (IAD) revela que a dívida total do Município representa 3,44, 6,32 e 2,58 vezes o caixa gerado pelas operações (CGP), respectivamente, em 2010, 2011 e 2012. Isso significa que em 2012 o Município precisaria gerar um caixa operacional equivalente a 2 vezes e meia o total da dívida pendente para liquidá-la completamente.

Naturalmente, existe um descompasso temporal entre o caixa operacional e os prazos dos passivos. Assim, é recomendável calcular esse indicador segregando a dívida em curto e longo prazo. Por exemplo, no exercício de 2010, a dívida é mais concentrada no longo prazo, assim, a relação entre dívida de curto prazo e caixa operacional passa a ser de 1,28, quase um equilíbrio. Considerando, também, a existência de saldo acumulado de caixa proveniente de exercícios anteriores, o Município não teria dificuldade de cumprir com suas obrigações de curto prazo para com os seus credores.

No exercício 2011 a situação é mais desfavorável quando comparado com os demais exercícios em análise, uma vez que a dívida de curto e longo prazo representa, respectivamente, 6,32 e 2,57 do caixa operacional. Por sua vez, no exercício de 2012, essa relação cai para 2,58 e 1,03; logo, conclui-se que se o desempenho financeiro da entidade continuar nesse ritmo, a entidade terá pouca dificuldade para cumprir com suas obrigações de curto e longo prazo.

ANÁLISE DA SOLVÊNCIA DE CAIXA

Quanto ao indicador da atividade operacional (IAO), observa-se que a parcela da geração líquida de caixa proporcionada pelas atividades operacionais do governo (CGP) é maior do que a geração líquida de caixa total (GLCT) em todos os exercícios. Isso significa que o caixa operacional foi suficiente para fazer frente aos desembolsos operacionais, de investimento e de financiamento e ainda sobraram recursos para serem usados nos exercícios seguintes. Essa situação somente foi adversa no exercício de 2011, em que o Município obteve um saldo negativo na geração de caixa, que foi suprido pelo saldo de caixa advindo do exercício de 2010.

11.5 Exemplo de análise da solvência de caixa por meio de indicadores

Para melhor entendimento e fixação dos conceitos expostos neste capítulo, apresenta-se a seguir um caso prático no qual se avalia por meio de indicadores a condição financeira do Município de Aurora Dourada sob a perspectiva da solvência de caixa no período de 2010 a 2012.

As principais informações necessárias à avaliação do comportamento da solvência de caixa são extraídas diretamente do balanço financeiro, do balanço patrimonial e da demonstração dos fluxos de caixa conforme expostos no Capítulo 2.

Os dados foram corrigidos monetariamente a valores constantes de 2012, utilizando-se como indexador o IGP-DI da Fundação Getulio Vargas. A Tabela 11.7 sintetiza esses dados.

Tabela 11.7   Informações para análise solvência de caixa do Município Aurora Dourada no período de 2010 - 2012

INFORMAÇÕES FINANCEIRAS	2010	2011	2012
Receitas totais	69.219.828	79.041.729	90.936.165
Despesas totais	68.021.573	77.536.736	89.404.697
Ativo financeiro	16.430.959	16.173.438	22.493.208
Passivo financeiro	10.636.009	8.873.495	13.661.797
Despesas operacionais (despesas correntes)	58.855.499	67.088.770	77.062.403
Receita operacional (receitas correntes)	65.606.815	75.900.841	86.105.767
Entradas operacionais de caixa	69.455.319	78.521.562	89.129.660
Saídas operacionais de caixa	60.809.537	74.122.216	77.588.941
Créditos tributários a receber	2.125.799	2.655.361	3.524.997

»

Capítulo 11

Receita tributária arrecadada	13.832.015	16.435.428	19.794.520
Obrigações a pagar	11.151.198	9.757.326	11.843.057
Despesas liquidadas	68.021.573	77.536.736	86.213.861

Com base nas informações evidenciadas na Tabela 11.7, apresentam-se na Tabela 11.8 a seguir os principais indicadores de análise da solvência de caixa do Município de Aurora Dourada para o período de 2010 a 2012.

A análise da condição financeira sob a perspectiva da solvência de caixa, nesse caso, é realizada, também, com base em um conjunto de Municípios semelhantes (grupo de referência) composto de 32 cidades da região central do país com as mesmas características econômicas, sociais e demográficas e com população na faixa de 20.000 a 50.000 habitantes. Esse processo de comparação permite efetuar o cálculo de um quociente de localização a partir da divisão do valor do indicador do Município em análise pelo valor médio do indicador do grupo de referência, conforme mostra a Tabela 11.9.

Informe-se que a presente análise é feita sob o ponto de vista de um analista externo. Portanto, apresenta algumas restrições informacionais, como a limitação dos dados publicados e ausência de informações sobre fatores importantes da solvência de caixa que afetam a condição financeira de um Município.

Tabela 11.8 Indicadores da solvência de caixa do Município Aurora Dourada para o período 2010-2012

INDICADORES	FÓRMULA	2010
NÍVEL DOS RECURSOS INTERNOS		
Flexibilidade financeira	Crescimento real das receitas / Crescimento real das despesas	
Superávit financeiro	Ativo financeiro – passivo financeiro	16.430.959 – 10.636.009 = 5.794.950
Representatividade do superávit financeiro	(Ativo financeiro – passivo financeiro) / Despesas totais	(16.430.959 – 10.636.009) / 68.021.573 = 0,085
Stress test	Variação do superávit financeiro / Variação das despesas operacionais	
Necessidade de recursos internos	Passivo financeiro a descoberto / Receita operacional	Não aplicável

»

ANÁLISE DA SOLVÊNCIA DE CAIXA

LIQUIDEZ DOS RECURSOS INTERNOS			
Relação entre ativos e passivos financeiros	Ativo financeiro / Passivo financeiro	16.430.959 / 10.636.009	= 1,545
Posição operacional de Caixa	Entradas operacionais de caixa / Saídas operacionais de caixa	69.455.319 / 60.809.537	= 1,142
TIMING DO FLUXO DE CAIXA			
Prazo médio de Recebimento de tributos	Média dos créditos tributários a receber / Receita tributária arrecadada/365		
Prazo médio de Pagamento	Média das obrigações a pagar / Despesas liquidadas/365		
Flexibilidade financeira	Crescimento real das receitas / Crescimento real das despesas	14,19% / 13,99%	= 1,014
Superávit financeiro	Ativo financeiro – passivo financeiro	16.173.438 – 8.873.495	= 7.299.943
Representatividade do superávit financeiro	Ativo financeiro – passivo financeiro / Despesas totais	(16.173.438 – 8.873.495) / 77.536.736	= 0,094
Stress test	Variação do superávit financeiro / Variação das despesas operacionais	(7.299.943 – 5.794.950)/5.794.950 / (67.088.770 – 58.855.499)/58.855.499	= 1,857
Necessidade de recursos internos	Passivo financeiro a descoberto / Receita operacional	Não aplicável	
LIQUIDEZ DOS RECURSOS INTERNOS			
Relação entre ativos e passivos financeiros	Ativo financeiro / Passivo financeiro	16.173.438 / 8.873.495	= 1,823
Posição operacional de Caixa	Entradas operacionais de caixa / Saídas operacionais de caixa	78.521.562 / 74.122.216	= 1,059
TIMING DO FLUXO DE CAIXA			
Prazo médio de Recebimento de tributos	Média dos créditos tributários a receber / Receita tributária arrecadada/365	[(2.655.361 + 2.125.799)/2] × 365 / 16.435.428	= 53
Prazo médio de Pagamento	Média das obrigações a pagar / Despesas liquidadas/365	[(9.757.326 + 11.151.198)/2] × 365 / 77.536.737	= 49

»

Capítulo 11

INDICADORES	FÓRMULA	2012
NÍVEL DOS RECURSOS INTERNOS		
Flexibilidade financeira	Crescimento real das receitas / Crescimento real das despesas	15.05% / 15,31% = 0,983
Superávit financeiro	Ativo financeiro – passivo financeiro	22.493.208 – 13.661.797 = 8.831.411
Representatividade do superávit financeiro	(Ativo financeiro – passivo financeiro) / Despesas totais	(22.493.208 – 13.661.797) / 89.404.697 = 0,099
Stress test	Variação do superávit financeiro / Variação das despesas operacionais	(8.831.411 – 7.299.943)/7.299.943 / (77.062.403 – 67.088.770)/67.088.770 = 1,411
Necessidade de recursos internos	Passivo financeiro a descoberto / Receita operacional	Não aplicável
LIQUIDEZ DOS RECURSOS INTERNOS		
Relação entre ativos e passivos financeiros	Ativo financeiro / Passivo financeiro	22.493.208 / 13.661.797 = 1,646
Posição operacional de Caixa	Entradas operacionais de caixa / Saídas operacionais de caixa	89.129.660 / 77.588.941 = 1,149
TIMING DO FLUXO DE CAIXA		
Prazo médio de Recebimento de tributos	Média dos créditos tributários a receber / (Receita tributária arrecadada/365)	[(3.524.997 + 2.655.361)/2] × 365 / 19.794.520 = 57
Prazo médio de Pagamento	Média das obrigações a pagar / (Despesas liquidadas/365)	[(11.843.057 + 9.757.326)/2] × 365 / 86.213.861 = 46

ANÁLISE DA SOLVÊNCIA DE CAIXA

Tabela 11.9   Quociente de localização dos indicadores da solvência de caixa do Município de Aurora Dourada no período 2010-2012

INDICADOR	MUNICÍPIO DE AURORA DOURADA 2010	2011	2012	GRUPO DE REFERÊNCIA 2010	2011	2012	QUOCIENTE DE LOCALIZAÇÃO 2010	2011	2012
NÍVEL DOS RECURSOS INTERNOS									
Flexibilidade financeira	–	1,014	0,983	–	0,620	1,242	–	1,635	0,791
Superávit financeiro	5.794.950	7.299.943	8.831.411	3.628.346	3.970.923	4.923.173	1,597	1,838	1,794
Representatividade do superávit financeiro	0,085	0,094	0,099	0,075	0,077	0,083	1,133	1,221	1,193
Stress test	–	1,857	1,411	–	1,292	1,703	–	1,437	0,829
LIQUIDEZ DOS RECURSOS INTERNOS									
Relação entre ativos e passivos financeiros	1,545	1,823	1,646	1,660	1,493	1,599	0,931	1,221	1,029
Posição operacional de caixa	1,142	1,059	1,149	1,190	1,207	1,218	0,960	0,877	0,943
TIMING DO FLUXO DE CAIXA									
Prazo médio de recebimento de tributos		53	57		51	59	–	1,039	0,966
Prazo médio de pagamento	49	49	46		49	51	–	1,000	0,902

Capítulo 11

Nível dos recursos internos: revela a flexibilidade financeira do governo para enfrentar as necessidades de caixa e, por conseguinte, a capacidade do governo em resistir a emergências financeiras. Portanto, é recomendável avaliar os indicadores de flexibilidade financeira, de representatividade do superávit financeiro e do *stress test*.

A flexibilidade financeira revela a relação entre o crescimento real da receita e o crescimento real da despesa. No caso em tela, verifica-se que há relação igual ou próxima de 1 (1,014 e 0,983), revelando que há equilíbrio entre o crescimento das receitas e o crescimento das despesas. Esse resultado de equilíbrio pontual é uma situação boa, porém o governo apresenta baixa flexibilidade financeira. Nesse caso, para que o governo tenha capacidade de enfrentar problemas financeiros, é recomendável que haja sobras de caixa a fim de compensar eventuais déficits em exercícios subsequentes. Pelo que se depreende da análise da DFC, o saldo de caixa de 2012 é de aproximadamente 25% do total das despesas totais do Município devido ao saldo de caixa acumulado ao longo do tempo. Comparando o Município de Aurora Dourada com o grupo de referência, observa-se que em 2011 o Município apresentava desempenho melhor, contudo, em 2012, essa posição se inverteu.

O superávit financeiro, calculado pela diferença positiva entre os ativos e passivos financeiros, apresentou valores positivos e crescentes em todos os exercícios em análise, inclusive no grupo de referência, mas com magnitude menor. Esses valores revelam que o nível de recursos internos da organização pode ser entendido com uma boa medida de liquidez, posto que o Município mantém reservas financeiras para enfrentar deficiências orçamentárias inesperadas e para evitar problemas de caixa em exercícios vindouros em posição mais saudável que os Municípios similares.

A representatividade do superávit financeiro em relação às despesas totais apresentou os seguintes resultados: 8,5%, 9,4% e 9,9%, respectivamente, nos exercícios de 2010, 2011 e 2012. Já o grupo de referência apresentou, respectivamente, para esse mesmo período os seguintes resultados: 7,5%, 7,6% e 8,3%. Esses valores, de acordo com estudos de Bowman e Calia (1997, p. 4), evidenciam que tanto o Município de Aurora Dourada quanto a média dos Municípios do grupo de referência apresentam baixa solvência de caixa, uma vez que todos os resultados da representatividade do superávit financeiro situam-se abaixo de 10%.

O indicador de *stress test* mede a rapidez com que o superávit financeiro cresceu em relação ao crescimento das despesas operacionais, mostrando se o governo está em tensão ou recuperação financeira. No caso em análise, os resultados do indicador foram todos maiores que 1 para os três exercícios em análise, inclusive a média do grupo de referência. Adicionalmente, verificou-se que as despesas cresceram ao longo da série analisada, mas as receitas foram suficientes para recompor os ativos consumidos pelas despesas. Logo, o governo encontra-se em *status* de recuperação financeira.

Liquidez dos recursos internos: a liquidez dos recursos internos inclui medidas que estabelecem a relação entre ativos e passivos financeiros e entre os fluxos de entradas e saídas operacionais de caixa.

ANÁLISE DA SOLVÊNCIA DE CAIXA

A relação entre ativos e passivos financeiros mostra o comportamento da posição de liquidez dos recursos internos do governo. No caso em análise, a liquidez é sempre maior que 1 para todos os exercícios, inclusive para o grupo de referência, confirmando a existência de superávit financeiro.

Quanto à posição operacional de caixa, os dados mostram resultados acima de 1 para os três exercícios em análise, inclusive para o grupo de referência, revelando a existência de superávit de caixa, ou seja, que os recursos operacionais que adentraram no caixa do governo foram suficientes para atender aos pagamentos das obrigações operacionais.

Timing **do fluxo de caixa:** mostra em que medida a liquidez dos recursos internos pode ser melhorada por meio da sincronia entre o prazo médio de recebimento de tributos e o prazo médio de pagamento das obrigações. Os dados de 2012 mostram que o Município demora em média 57 dias para receber os tributos. Todavia, o prazo médio de pagamento das obrigações de curto prazo para esse mesmo período é de 46 dias. Observa-se que o grupo de referência apresenta uma situação pouco mais confortável, visto que, para esse mesmo período, o prazo médio de recebimento é de 59 dias e o prazo médio de pagamento é de 51 dias. Pelo exposto, verifica-se que o prazo médio de recebimento do Município é maior que o prazo médio de pagamento, revelando que o governo vem utilizado o saldo de caixa gerado em exercícios anteriores para cumprir, tempestivamente, com suas obrigações financeiras.

Em suma, a condição financeira sob a perspectiva dos recursos internos revela que o governo apresenta baixa flexibilidade financeira, mas, devido ao crescimento do superávit financeiro, graças à contribuição positiva da execução orçamentária, situa-se em *status* de recuperação financeira. Ademais, o governo apresentou boa liquidez dos recursos internos e posição de caixa favorável, muito embora não haja sincronia entre os prazos médios de recebimentos e pagamentos de obrigações financeiras. No geral, esse diagnóstico credencia o governo à posição estável de condição financeira de curto prazo.

Capítulo 11

QUESTÕES PARA DISCUSSÃO

1. O que é solvência de caixa? Explique como o gestor deve proceder para alcançá-la.

2. Qual o propósito da análise da solvência de caixa? Como ela se relaciona com os demais componentes de análise da condição financeira?

3. Qual a diferença entre recursos externos e recursos internos? Como eles são relacionados?

4. Como são tratados os recursos internos na análise da solvência de caixa?

5. Por que é importante o governo manter um nível adequado de recursos internos?

6. Qual a principal medida dos recursos internos?

7. Discuta a seguinte afirmação: o superávit financeiro é igual ao caixa. Em que circunstância essa afirmação pode ser verdadeira?

8. Comente as seguintes afirmações: (1) quanto maior o nível de recursos internos mantido pelo governo, maior a sua condição financeira de curto prazo; e (2) os recursos internos devem frequentemente ser mensurados mais pelas mudanças do que pelos níveis.

9. Qual a diferença entre nível dos recursos internos e liquidez dos recursos internos?

10. Pode um governo ao mesmo tempo ter problemas de liquidez e alto nível de recursos internos? Explique.

11. Pode um governo ter baixo nível de recursos internos sem ter problemas de liquidez? Explique.

12. Qual a melhor medida para se avaliar a posição de liquidez do governo? Justifique.

13. Falso ou verdadeiro: "sempre que as saídas de caixa superarem as entradas de caixa, a liquidez do governo apresentará problemas"? Justifique sua resposta.

14. Como os problemas de caixa podem ser antecipados? Quando o governo antecipar desequilíbrio financeiro, que medida deve ser adotada? Explique.

ANÁLISE DA SOLVÊNCIA DE CAIXA

15. Que mecanismos alternativos de análise devem ser adotados pelo analista externo, que não dispõe do orçamento de caixa, para avaliar a magnitude e o *timing* do fluxo de caixa?

16. Comente a seguinte afirmação: "a posição operacional de caixa negativa ao longo de vários exercícios é um indicador de risco financeiro ou de vulnerabilidade financeira do governo".

17. Quais as principais medidas do nível dos recursos internos? Comente.

18. Pode-se afirmar que um governo que apresenta crescimento real das receitas maior que o crescimento real das despesas possui boa flexibilidade financeira? Explique.

19. Qual o impacto na solvência de caixa do governo diante de diferentes resultados da relação superávit financeiro/despesas operacionais?

20. Comente sobre a importância do indicador de stress test na avaliação da solvência de caixa do governo.

21. Quais as principais medidas da liquidez dos recursos internos? Comente.

22. Verdadeiro ou falso: "um governo que não tem liquidez apresenta péssima condição financeira"? Justifique sua resposta.

23. Quais as principais demonstrações contábeis responsáveis pela divulgação de informações essenciais à análise da solvência de caixa do governo? Comente.

24. Por que a variação do superávit financeiro ao longo dos exercícios é reflexo do comportamento das receitas e despesas orçamentárias? Exemplifique.

25. Demonstre as diferentes formas para obter o resultado da gestão de caixa evidenciado no balanço financeiro. Comente sobre as três posições desse resultado: superávit, déficit e equilíbrio de caixa.

26. Qual a importância da análise da demonstração do fluxo de caixa ao longo do tempo? Que tipos de informação podem ser extraídas dessa demonstração?

REFERÊNCIAS

AMMAR, Salwa et al. Using fuzzy rule-based systems to evaluate overall financial performance of governments: an enhancement to the bond rating process. *Public Budgeting and Finance*, v. 21, n. 4, p. 91-110, Winter 2001.

_____. Constructing a fuzzy-knowledge-based-system: an application for assessing the financial condition of public schools. *Expert Systems with Applications*, v. 27, n. 3, p. 349-364. Sept. 2004.

BERNE, Robert. *The relationships between financial reporting and the measurement of financial condition*. Norwalk: GASB, 1992.

_____; SCHRAMM, Richard. *The financial analysis of governments*. New Jersey: Prentice Hall, 1986.

BOWMAN, Woods; CALIA, Roland. *Evaluating local government financial health*: financial indicators for Cook, DuPage, Kane, Lake, McHenry e Will Counties. Chicago: The Civic Federation, 1997.

BRASIL. Lei Complementar nº 101, de 4 de maio de 2000: Lei de Responsabilidade Fiscal. Disponível em: <http://www.planalto.gov.br/ccivil_03/Leis/LCP/Lcp101.htm>. Acesso em: 20 mar. 2013.

CARMELI, Abraham. A conceptual and practical framework of measuring performance of local authorities in financial terms: analyzing the case of Israel. *Local Government Studies*, v 28, n. 1, p. 21-36, 2002.

CLARK, Terry Nichols; CHAN, James L. Monitoring cities: building an indicator system for municipal analysis. In: CLARK, Terry Nichols (Ed.). *Monitoring local government*: how personal computers can help systematize municipal fiscal analysis. Dubuque, Iowa: Kendall/Hunt, 1990.

DEARBORN, Philip M. *Elements of municipal financial analysis*: part I: measuring liquidity. Boston: First Boston Corporation, 1977.

DOUGLAS, James W.; GADDIE, Ronald Keith. State rainy day funds and fiscal crises: rainy day funds and the 1990-1991 recession revisited. *Public Budgeting and Finance*, v. 22, n. 1, p. 19-30, Spring 2002.

GÓMEZ, María Belén Morala; FERNÁNDEZ, José Miguel Fernández. Análisis de entidades públicas mediante indicadores: instrumento de rendición de cuentas y demostración de responsabilidades. *Revista de la Facultad de Ciencias Económicas y Empresariales*, nº 2, p. 79-100, 2006.

GROVES, Stanford M.; VALENTE, Maureen Godsey. *Evaluating financial condition*: a handbook for local government. 4. ed. Revised by Karl Nollenberger. Washington: The International City/County Management Association – ICMA, 2003.

GREENBLATT, Jean. *The determinants of urban operating deficits*. 1976. Tese (PhD) – Department of City and Regional Planning, Cornell University, Ithaca.

HENDRICK, Rebecca. Assessing and measuring the fiscal health of local governments: focus on Chicago suburban municipalities. *Urban Affairs Review*, v. 40, n. 1, p. 78-114, Sept. 2004.

HOU, Yilin. What stabilizes state general fund expenditures in downturn years-budget stabilization fund or general fund unreserved undesignated balance? *Public Budgeting and Finance*, v. 23, n. 3, p. 64-91, Sept. 2003.

MEAD, Dean Michael. *An analyst's guide to government financial statements*. Norwalk: GASB, 2001.

MILLER, Gerald. *Fiscal health in New Jersey's largest cities*. Department of Public Administration, Faculty of Arts and Sciences, June 2001. (Cornwall Center Publications Series.)

PETERSON, George E. et al. Financial monitoring: surplus position, liquidity and cash flow. *Urban Fiscal Monitoring*, Washington: The Urban Institute, p. 1-72, Aug. 1978.

POTERBA, James M. *Do budget rules work?* National Bureau of Economic Research. Working Paper 5550. Cambridge, Apr. 1996.

SOBEL, Russell S.; HOLCOMBE, Randall G. The impact of state rainy day funds in easing state fiscal crises during the 1990-1991 recession. *Public Budgeting and Finance*, v. 16, n. 3, p. 28-48, Fall 1996.

12

ANÁLISE DA POSIÇÃO FINANCEIRA E PATRIMONIAL

Capítulo 12

Conforme discutido no Capítulo 3, a condição financeira e a posição financeira são dois conceitos distintos, mas relacionados. O primeiro refere-se à capacidade do governo em prestar serviços de forma contínua e cumprir com suas obrigações financeiras; o segundo refere-se ao *status* financeiro do governo em determinada data expresso no balanço patrimonial. A análise da condição financeira leva em consideração fatores socioeconômicos e organizacionais, e a análise da posição financeira focaliza, exclusivamente, a informação financeira extraída, principalmente, do balanço patrimonial.

Portanto, o presente capítulo discute mecanismos de avaliação da posição financeira e patrimonial por meio da análise do balanço patrimonial e das mutações patrimoniais evidenciadas na demonstração das variações patrimoniais e na demonstração das mutações do patrimônio líquido. Vale salientar que as informações contidas nas demonstrações contábeis aplicadas ao setor público devem ser inter-relacionadas, visto que refletem diferentes aspectos das mesmas transações. Assim, as evidências obtidas na análise do balanço financeiro devem ser correlacionadas com as evidências extraídas do balanço orçamentário, da demonstração dos fluxos de caixa e do balanço patrimonial para, finalmente, obter um retrato completo do desempenho financeiro e patrimonial da entidade.

12.1 Propósitos da análise da posição financeira e patrimonial

A análise da posição financeira mostra o *status* financeiro do governo por meio do confronto entre ativos e passivos financeiros evidenciados, respectivamente, nos grupos de contas dos ativos e passivos circulantes do balanço patrimonial. Esse confronto revela o nível de recursos internos representado pelo superávit ou déficit financeiro do exercício. O item 11.4.1 – Análise do demonstrativo do superávit/déficit financeiro – do Capítulo 11 - Análise da solvência de caixa – mostra como a posição financeira do governo é identificada com o auxílio do demonstrativo do superávit/déficit financeiro em anexo ao balanço patrimonial.

A posição patrimonial é obtida por meio do confronto entre ativos e passivos totais, que resulta na situação líquida patrimonial ou patrimônio líquido. Deste modo, a posição patrimonial é mais abrangente que a posição financeira, pois no cálculo da situação líquida patrimonial os ativos e passivos financeiros são, também, considerados.

Pelo exposto, a análise da posição financeira e patrimonial visa identificar o *status* financeiro e a situação patrimonial do governo em um dado momento, bem como revelar o seu desempenho financeiro e patrimonial durante o exercício.

12.2 Análise das demonstrações da posição financeira e patrimonial

Para realizar a análise da posição financeira e patrimonial o analista precisa entender o modelo contábil aplicado ao setor público, a estrutura das demonstrações contábeis e todas as informações que lhes são subjacentes.

ANÁLISE DA POSIÇÃO FINANCEIRA E PATRIMONIAL

O processo de análise inicia-se com a compreensão das demonstrações contábeis e não se restringe apenas a uma técnica, como, por exemplo, análise de índices. Segundo Martins, Diniz e Miranda (2012), esse processo começa com uma boa leitura dos relatórios contábeis e de suas notas explicativas a fim de apreender as atividades da administração pública, a política econômica, o modelo contábil utilizado e os itens que compõem os índices financeiros, que pode ser feita a partir de várias formas e fontes de comparação.

Para melhor entendimento e fixação dos conceitos expostos neste livro foram simuladas as demonstrações contábeis para o Município de Aurora Dourada, conforme expostas no Capítulo 2 – Informação financeira governamental. Essas demonstrações contábeis são abrangentes, visto que consideram informações contábeis produzidas pelo Poder Executivo, Poder Legislativo, as autarquias, as fundações, a empresa dependente de saneamento básico, o RPPS e os demais fundos. Os valores dos demonstrativos estão expressos em moeda de 2012, corrigidos pelo IGP-DI (FGV).

12.2.1 Análise do balanço patrimonial

O balanço patrimonial tem por finalidade apresentar a posição financeira e patrimonial do governo em determinada data. Dessa forma, sua análise revela as seguintes informações gerais:

a. **a liquidez:** a capacidade para fazer frente às obrigações de curto prazo;
b. **a solvência:** a capacidade para fazer frente às obrigações de longo prazo;
c. **o *status* financeiro e patrimonial:** mostra a composição dos ativos e passivos de curto e longo prazo e o patrimônio líquido;
d. **a estrutura financeira:** a forma como os recursos econômicos têm sido financiados (capital de terceiros de curto e longo prazo e capital próprio). Essa informação é útil para previsão da necessidade de endividamento, distribuição do fluxo de caixa e possibilidade de obter financiamento adicional.

Vale ressaltar que os balanços consolidados evidenciam informações provenientes de três grupos de fundos especiais: fundos governamentais, fundos proprietários (fundos empresariais e de serviços internos) e fundos fiduciários (Regime Próprio de Previdência dos Servidores – RPPS). Assim, a análise de rentabilidade ou da posição econômica (giro do ativo, margem líquida, rentabilidade do ativo e do PL) somente é possível quando feita isoladamente para as empresas do governo.

Os procedimentos de análise do balanço patrimonial consistem no exame da composição patrimonial por meio da verificação dos valores absolutos e relativos dos itens do patrimônio. Os valores absolutos são analisados pelo método das diferenças, por exemplo: ativo total menos passivo não circulante igual ao patrimônio líquido; ativo circulante menos passivo circulante igual ao capital circulante líquido; ativo financeiro menos passivo financeiro igual ao superávit/déficit financeiro.

Capítulo 12

Os valores relativos são analisados pelo método dos coeficientes ou método das percentagens, com o qual se calculam relações verticais e horizontais (análise vertical e horizontal), como, por exemplo, a participação dos créditos tributários a receber no ativo circulante ou a evolução do disponível da entidade ao longo dos anos.

A análise do balanço patrimonial também pode ser feita por meio do exame de indicadores de liquidez, de endividamento e de solvência, conforme mostra o Quadro 12.1.

Quadro 12.1   Indicadores de análise do balanço patrimonial

REF.	INDICADORES	FÓRMULA
a	**LIQUIDEZ**	
a1	Capital circulante líquido	(ativo circulante − almoxarifado − VPDs antecipadas − investimentos do RPPS) − passivo circulante
a2	Liquidez corrente	$\dfrac{\text{(ativo circulante − almoxarifado − VPDs antecipadas − investimentos do RPPS)}}{\text{Passivo circulante}}$
a3	Liquidez imediata	$\dfrac{\text{Disponibilidades}}{\text{Passivo circulante}}$
a4	Liquidez seca	$\dfrac{\text{(ativo circulante − almoxarifado − VPDs antecipadas − investimentos do RPPS − estoques)}}{\text{Passivo circulante}}$
b	**ENDIVIDAMENTO**	
b1	Participação de capitais de terceiros	$\dfrac{\text{Passivo circulante + passivo não circulante}}{\text{Patrimônio líquido}}$
b2	Composição do endividamento	$\dfrac{\text{Passivo circulante}}{\text{Passivo circulante + passivo não circulante}}$ ou $\dfrac{\text{Passivo não circulante}}{\text{Passivo circulante + passivo não circulante}}$
c	**SOLVÊNCIA**	
c1	Solvência de longo prazo	$\dfrac{\text{(ativo circulante − almoxarifado − VPDs antecipadas) + ativo RLP}}{\text{Passivo circulante + passivo não circulante}}$

»

ANÁLISE DA POSIÇÃO FINANCEIRA E PATRIMONIAL

REF.	INDICADORES	FÓRMULA
c2	Solvência do nível de serviços	$\dfrac{\text{Patrimônio líquido}}{\text{População}}$ ou $\dfrac{\text{Dívida de longo prazo}}{\text{População}}$

a. **Liquidez:** a liquidez refere-se à capacidade potencial de pagamento do governo no curto e longo prazo. Assim, a posição de liquidez depende da capacidade do governo em obter receitas, da pressão por gastos e do nível dos recursos internos. É importante esclarecer que os índices de liquidez do balanço ou da posição financeira e patrimonial não devem ser confundidos com os índices de liquidez dos recursos internos, pois estes revelam, exclusivamente, o comportamento do fluxo de caixa (ver Capítulo 11 – Análise da solvência de caixa).

As medidas de liquidez da posição financeira e patrimonial do governo podem ser obtidas por meio dos seguintes indicadores: Capital Circulante Líquido (CCL), liquidez corrente, liquidez imediata, liquidez seca e liquidez geral.

É importante ressaltar que essas medidas são similares às medidas utilizadas no setor privado com algumas adequações aos dados que pertencem exclusivamente a determinado fundo especial (governamental, proprietário e fiduciário). Assim, na análise de indicadores de liquidez dos fundos governamentais recomenda-se excluir do cálculo dessas medidas os itens do ativo circulante não conversíveis em caixa, como o montante do almoxarifado e das VPDs pagas antecipadamente. Quando há a utilização de informações de balanços consolidados que incorporam dados do Regime Próprio de Previdência dos Servidores – RPPS (fundo fiduciário), recomenda-se excluir do cálculo dos indicadores os investimentos do RPPS, pois esses recursos destinam-se exclusivamente à cobertura de benefícios previdenciários.

  a1. **Capital circulante líquido:** o CCL é a folga financeira de curto prazo em termos absolutos. Indica, pois, o nível de liquidez ou a capacidade financeira do governo em cumprir com suas obrigações de curto prazo (ativo circulante menos passivo circulante). Essa medida fornece uma estimativa da magnitude relativa do caixa [(saldo de caixa existente + entradas futuras de caixa)/saídas futuras de caixa]. Assim, se o CCL é positivo infere-se que o governo tem potencial de geração de caixa, isto é, o saldo de caixa existente mais as entradas futuras de caixa será maior que as saídas futuras de caixa para atender as obrigações de curto prazo.

  a2. **Liquidez corrente:** a liquidez corrente, também, evidencia a magnitude relativa do caixa uma vez que apresenta a mesma informação do capital circulante líquido em forma de indicador. Se o resultado desse indicador for maior que 1,

Capítulo 12

indica a presença de CCL; se o indicador apresentar resultado menor do que 1, indica ausência de CCL; e se o indicador for igual a 1, o CCL é nulo.

Quando o resultado desse indicador for maior do que um, há evidências de que a posição operacional do caixa do governo é boa. Contudo, se ao longo do tempo os resultados desse indicador apresentarem-se, recorrentemente, menores do que um, há evidências de que a entidade apresenta uma posição de caixa deficitária, revelando dificuldades para sustentar uma posição financeira sadia. Contudo, Groves e Valente (2003, p. 71) afirmam que a liquidez corrente é um indicador controverso porque o índice modifica-se constantemente dependendo do tempo para receber receitas em cada ano e da necessidade para realizar gastos.

- **a3. Liquidez imediata:** a liquidez imediata revela o *timing* entre ativos e passivos, indicando se o montante de recursos disponível no caixa é suficiente para atender imediatamente as obrigações de curto prazo do governo.
- **a4. Liquidez seca:** esse indicador também mostra a magnitude relativa do caixa, mas sem levar em consideração os itens não monetários, como os estoques para venda, os itens em almoxarifado e as VPDs pagas antecipadamente. É um indicador de excelência financeira do setor governo, pois revela se a entidade é capaz de atender as obrigações de curto prazo contando apenas com itens monetários de maior liquidez, especialmente, em se tratando de fundos governamentais e fiduciários, uma vez que a venda de estoques não constitui transação típica desses fundos.

b. **Endividamento:** os indicadores de endividamento extraídos do balanço patrimonial revelam a forma de financiamento das atividades do governo aferindo a composição da estrutura de capital (recursos próprios × recursos de terceiros). A seguir são discutidos dois indicadores de endividamento que podem ser extraídos do balanço patrimonial. No Capítulo 9 foram discutidos outros indicadores da dívida do governo sob o enfoque fiscal.

- **b1. Participação de capitais de terceiros:** esse indicador relaciona as duas grandes fontes de recursos da entidade: capitais próprios e capitais de terceiros, mostrando a proporção entre o passivo exigível e o patrimônio líquido da entidade. Esse indicador revela o risco financeiro da entidade ou a dependência a capitais de terceiros. Assim, quanto maior o resultado desse indicador, maior o risco financeiro e menor a liberdade do governo em conduzir suas decisões financeiras.
- **b2. Composição do endividamento:** os indicadores da composição da dívida mostram as características do endividamento do governo em relação ao seu vencimento, representando quanto da dívida total deverá ser pago a curto e longo prazo. Bernstein (1996, p. 625) afirma que a relação da dívida de curto

prazo com a dívida total é um indicador importante de tesouraria e necessidade de financiamento de curto prazo, sendo, portanto, um indicador de confiança da entidade. Assim, quanto maior a dívida de curto prazo, pior para o governo, pois maior será a pressão para produzir receitas imediatamente a fim de honrar seus compromissos correntes.

Martínez (1994, p. 397) assegura que a análise da composição do endividamento é de máximo interesse para os cidadãos, posto que um crescimento excessivo da dívida em relação ao volume de ingressos implica renunciar a um conjunto de prestações de serviços.

c. **Solvência:** os indicadores de solvência utilizados no setor governamental fornecem duas informações importantes: a capacidade de pagamento de longo prazo e o nível de serviços ofertados à população.
   c1. **Solvência de longo prazo:** esse indicador, também conhecido como indicador de liquidez geral, revela a posição financeira do governo no longo prazo, atuando como uma medida de segurança financeira, pois demonstra a capacidade do governo em pagar todas as suas dívidas de curto e longo prazo contando com os ativos circulantes e realizáveis a longo prazo. Ademais, para a avaliação da solvência de longo prazo, recomenda-se analisar a flexibilidade financeira do governo e sua capacidade para obter novas operações de crédito.
   c2. **Solvência do nível de serviços:** refere-se à capacidade do governo em oferecer serviços públicos de qualidade, ou seja, a capacidade do governo em manter a máquina estatal em funcionamento, mediante sua estrutura, para prestar serviços no nível e na qualidade que são necessários para a saúde, a educação, a segurança e o bem-estar exigidos pelos cidadãos.

Medidas do nível de serviços são desenvolvidas, especificamente, para cada tipo de serviços públicos. Uma medida geral sugerida por Wang (2014, p. 151) consiste na relação entre ativos líquidos ou patrimônio líquido (*net assets*) e o tamanho populacional do governo. Assim, um resultado elevado desse indicador sugere que o governo tem a capacidade de oferecer bom nível de serviços à população. Uma contramedida apresentada pelo autor refere-se ao indicador da dívida *per capita*. Assim, uma relação alta desse indicador sugere deterioração do nível de serviços oferecido pelo governo (ver discussão sobre esse indicador no Capítulo 9 – Análise da dívida).

12.2.1.1 Análise horizontal e vertical do balanço patrimonial

A análise vertical e horizontal do balanço patrimonial mostra a representatividade e a evolução dos itens patrimoniais, permitindo conhecimento a respeito da posição financeira e patrimonial. A seguir são apresentados os balanços patrimoniais do Município de Aurora Dourada para o período 2010-2012 e respectiva análise vertical e horizontal.

Capítulo 12

Tabela 12.1 Análise vertical e horizontal do balanço patrimonial do Município de Aurora Dourada para o período 2010-2012 – contas do ativo

ATIVO	2010	AV (%)	AH (%)	2011	AV (%)	AH (%)	2012	AV (%)	AH (%)
ATIVO CIRCULANTE	**22.019.180**	**26,8**	**100,0**	**22.606.785**	**26,7**	**2,7**	**30.065.688**	**31,8**	**33,0**
Caixa e equivalentes de caixa (F)	16.430.959	20,0	100,0	16.173.438	19,1	–1,6	22.493.208	23,8	39,1
Créditos tributários a receber (P)	2.125.799	2,6	100,0	2.655.361	3,1	24,9	3.524.997	3,7	32,8
Crédito de transferências a receber (P)	161.952	0,2	100,0	216.266	0,3	33,5	186.332	0,2	–13,8
Duplicatas a receber (P)	7.585	0,0	100,0	15.119	0,0	99,3	16.175	0,0	7,0
Empréstimos concedidos (P)	164.456	0,2	100,0	124.266	0,1	–24,4	73.897	0,1	–40,5
Estoques (P)	*682.118*	*0,8*	*100,0*	*706.930*	*0,8*	*3,6*	*811.288*	*0,9*	*14,8*
Produtos acabados	478.671	0,6	100,0	483.137	0,6	0,9	503.965	0,5	4,3
Almoxarifado	203.447	0,2	100,0	223.793	0,3	10,0	307.323	0,3	37,3
Investimentos do RPPS (P)	2.446.311	3,0	100,0	2.715.405	3,2	11,0	2.959.791	3,1	9,0
ATIVO NÃO CIRCULANTE (P)	**60.213.450**	**73,2**	**100,0**	**61.967.563**	**73,3**	**2,9**	**64.434.952**	**68,2**	**4,0**
ATIVO REALIZÁVEL A LP	20.221.122	24,6	100,0	20.001.892	23,7	–1,1	19.869.435	21,0	–0,7
Dívida ativa tributária	20.221.122	24,6	100,0	20.001.892	23,7	–1,1	19.869.435	21,0	–0,7
INVESTIMENTOS	1.560.194	1,9	100,0	1.770.619	2,1	13,5	2.026.819	2,1	14,5

»

ANÁLISE DA POSIÇÃO FINANCEIRA E PATRIMONIAL

ATIVO	2010	AV (%)	AH (%)	2011	AV (%)	AH (%)	2012	AV (%)	AH (%)
Participações permanentes	1.387.240	1,7	100,0	1.608.379	1,9	15,9	1.880.242	2,0	16,9
Demais investimentos permanentes	189.169	0,2	100,0	178.709	0,2	−5,5	163.499	0,2	−8,5
(−) Redução ao valor recuperável e investimentos	(16.215)	0,0	100,0	(16.469)	0,0	1,6	(16.922)	0,0	2,8
IMOBILIZADO	38.357.697	46,6	100,0	40.158.184	47,5	4,7	42.530.804	45,0	5,9
Bens móveis	14.528.294	17,7	100,0	17.655.852	20,9	21,5	22.099.512	23,4	25,2
Bens imóveis	37.358.469	45,4	100,0	41.196.989	48,7	10,3	44.868.705	47,5	8,9
(−) Depreciação acumulada	(13.529.066)	−16,5	100,0	(18.694.657)	−22,1	38,2	(24.437.413)	−25,9	30,7
INTANGÍVEL	74.437	0,1	100,0	36.868	0,0	−50,5	7.894	0,0	−78,6
Bens intangíveis	108.963	0,1	100,0	76.843	0,1	−29,5	51.711	0,1	−32,7
(−) Amortização acumulada	(34.527)			(39.975)	0,0		(43.817)	0,0	9,6
TOTAL DOS ATIVOS	82.232.630	100,0	100,0	84.574.349	100,0	2,8	94.500.640	100,0	11,7

Capítulo 12

Tabela 12.2 Análise vertical e horizontal do balanço patrimonial do Município de Aurora Dourada para o período 2010-2012 – contas do passivo

PASSIVO	2010	AV (%)	AH (%)	2011	AV (%)	AH (%)	2012	AV (%)	AH (%)
PASSIVO CIRCULANTE	11.151.198	13,6%	100,0%	9.757.326	11,5%	–12,5%	11.843.057	12,5%	21,4%
Obrigações trabalhistas, previdenciárias e assistenciais (F)	2.944.823	3,6%	100,0%	2.067.275	2,4%	–29,8%	2.986.015	3,2%	44,4%
Pessoal a pagar	880.235	1,1%	100,0%	336.075	0,4%	–61,8%	482.978	0,5%	43,7%
Encargos sociais a pagar	1.059.555	1,3%	100,0%	1.265.637	1,5%	19,4%	1.866.772	2,0%	47,5%
Benefícios previdenciários a pagar	784.974	1,0%	0,0%	381.643	0,5%	–51,4%	509.012	0,5%	33,4%
Benefícios assistenciais a pagar	220.059	0,3%	0,0%	83.920	0,1%	–61,9%	127.253	0,1%	51,6%
Fornecedores e contas a pagar (F)	5.639.276	6,9%	100,0%	3.944.015	4,7%	–30,1%	4.194.911	4,4%	6,4%
Fornecedores nacionais	4.793.385	5,8%	100,0%	3.155.212	3,7%	–34,2%	3.146.183	3,3%	–0,3%
Contas a pagar credores nacionais	845.891	1,0%	100,0%	788.803	0,9%	–6,7%	1.048.728	1,1%	33,0%
Obrigações fiscais a pagar (P)	515.189	0,6%	100,0%	883.831	1,0%	71,6%	1.372.096	1,5%	55,2%
Valores restituíveis (F)	2.051.910	2,5%	100,0%	2.862.205	3,4%	39,5%	3.290.035	3,5%	14,9%
Consignações	1.223.427	1,5%	100,0%	2.306.123	2,7%	88,5%	2.807.908	3,0%	21,8%
Depósitos	828.483	1,0%	100,0%	556.082	0,7%	–32,9%	482.127	0,0%	0,0%

»

ANÁLISE DA POSIÇÃO FINANCEIRA E PATRIMONIAL

PASSIVO	2010	AV (%)	AH (%)	2011	AV (%)	AH (%)	2012	AV (%)	AH (%)
PASSIVO NÃO CIRCULANTE (P)	18.559.141	22,6%	100,0%	18.063.947	21,4%	-2,7%	17.987.463	19,0%	-0,4%
Empréstimos a longo prazo – interno	14.647.983	17,8%	100,0%	13.842.017	16,4%	-5,5%	13.155.403	13,9%	-5,0%
Provisões matemáticas previdenciárias	3.911.158	4,8%	100,0%	4.221.930	5,0%	7,9%	4.832.060	5,1%	14,5%
PATRIMÔNIO LÍQUIDO	52.522.291	63,9%	100,0%	56.753.076	67,1%	8,1%	64.670.121	68,4%	13,9%
Patrimônio social/Capital social	31.731.989	38,6%	100,0%	31.892.694	37,7%	0,5%	32.080.236	33,9%	0,6%
Ajustes de avaliação patrimonial	2.498.908	3,0%	100,0%	2.768.002	3,3%	10,8%	3.012.388	3,2%	8,8%
Reservas de capital	251.320	0,3%	100,0%	251.320	0,3%	0,0%	251.320	0,3%	0,0%
Reservas de lucros	4.325.606	5,3%	100,0%	5.748.671	6,8%	32,9%	5.748.671	6,1%	0,0%
Resultados acumulados	13.714.468	16,7%	100,0%	16.092.389	19,0%	17,3%	23.577.506	24,9%	46,5%
TOTAL DOS PASSIVOS	82.232.630	100,0%	100,0%	84.574.349	100,0%	2,8%	94.500.640	100,0%	11,7%

Capítulo 12

O comportamento dos ativos totais do governo revela um crescimento de 2,8%, de 2010 para 2011, e crescimento de 11,7%, de 2011 para 2012. Em todo período analisado verifica-se um crescimento real acumulado de 14.9% visto que os valores do balanço estão apresentados a preços de 2012.

A análise vertical, de forma geral, mostra que a estrutura patrimonial não sofreu alterações significativas, porém a análise horizontal revela algumas variações patrimoniais importantes, tanto nos itens circulantes como nos itens não circulantes.

No ativo circulante, a conta mais expressiva é o caixa e equivalente de caixa, representando 23,8% dos ativos totais em 2012. A evolução do caixa de 2011 para 2012 alcançou 39,1% devido ao crescimento dos ingressos extraorçamentários em 41,4% e redução dos dispêndios extraorçamentários em 28,7%. O crescimento da receita operacional pouco contribuiu para o incremento dos recursos em caixa, visto que as despesas operacionais cresceram na mesma proporção (ver Capítulo 11 – Análise da solvência de caixa).

A relevância da conta caixa e equivalente de caixa pode ser melhor compreendida analisando-se o comportamento da execução orçamentária e financeira no mês de dezembro. Nesse período a maior parte dos Municípios emite grande quantidade de notas de empenhos sem tempo hábil para liquidação e pagamento, contribuindo para a inscrição de parcela expressiva de restos a pagar com o respectivo lastro financeiro.[1] Assim, parcela relevante da dívida flutuante é acompanhada de disponibilidade financeira representada por saldo elevado da conta caixa e equivalente de caixa.

Ainda no ativo circulante observa-se o crescimento expressivo dos créditos tributários a receber, representando 24,9% em 2011, em relação a 2010 e 32,8% em 2012, em relação a 2011. Esse comportamento sinaliza ineficiências nos sistemas de arrecadação do Município visto que os tributos apropriados não vêm sendo arrecadados oportunamente.

A conta estoques é o terceiro item do ativo circulante que apresenta crescimento satisfatório (14,2% em 2012, em relação a 2011), puxado pelo crescimento expressivo do almoxarifado (37,3% em 2012, em relação a 2011). Essa posição é sempre esperada no setor público devido à exigência de manutenção de estoque mínimo de materiais visando garantir a prestação de serviços públicos à comunidade.

O ativo não circulante, como esperado, é o grupo de contas mais representativo do ativo, alcançando a média de 72%. Essa participação elevada é justificada por dois componentes patrimoniais típicos do setor público: a dívida ativa tributária e o imobilizado representado por bens administrativos e de infraestrutura.

A dívida ativa representa 21% dos ativos em 2012 com crescimento de 23,7% em 2011, em relação a 2010, e queda de 0,7% em 2012, em relação a 2011. Esse

---

[1] Essa situação é mais evidente no final do mandato do chefe do poder Executivo devido à vedação prevista no artigo 42 da LRF: "É vedado ao titular de Poder ou órgão referido no art. 20, nos últimos dois quadrimestres do seu mandato, contrair obrigação de despesa que não possa ser cumprida integralmente dentro dele, ou que tenha parcelas a serem pagas no exercício seguinte sem que haja suficiente disponibilidade de caixa para este efeito."

ANÁLISE DA POSIÇÃO FINANCEIRA E PATRIMONIAL

comportamento revela dois aspectos: primeiro, os instrumentos operacionais e legais para o recebimento dos créditos da fazenda pública inscritos em dívida ativa não estão sendo utilizados de forma eficaz, posto que o estoque da dívida ativa tem crescido; segundo, o Município tem sido implacável na inscrição dos créditos tributários, exigíveis por transcurso do prazo para pagamento, em dívida ativa.

O imobilizado representa 45% dos ativos em 2012, com um crescimento médio de 5,3% no período analisado. Esse crescimento é considerado baixo diante da necessidade de o setor público realizar investimentos em bens de infraestrutura do Município a fim de aprimorar o processo de produção de serviços públicos. Ademais, a depreciação desses bens vem crescendo de forma mais acelerada do que as aplicações em bens para repor o imobilizado, contribuindo para a redução da eficiência no processo de prestação de serviços públicos à comunidade, visto que cresceu 38,2% em 2011, em relação a 2010, e 30,7% em 2012, em relação a 2011.

Em relação aos passivos, observa-se que os itens não circulantes são os mais representativos (19% do passivo total em 2012), constituídos por empréstimos de longo prazo e provisões matemáticas do regime próprio de previdência dos servidores. Os empréstimos de longo prazo representam cerca de 13,9% do passivo total em 2012 e as provisões matemáticas previdenciárias (passivo atuarial) representam nos dois últimos exercícios cerca de 5% do total do passivo com um crescimento de 14,5% em 2012. Esses valores serão mais bem interpretados quando comparados com os indicadores de liquidez e estrutura de capital, adiante apresentados.

Os passivos circulantes representam 13,5% do passivo total em 2012, com destaque para conta fornecedores, representado em média 5,3% do total do passivo, seguido pelas obrigações trabalhistas, previdenciárias e assistenciais. Esse último grupo de contas apresentou um crescimento expressivo de 44,4% em 2012, em relação a 2011. Tal comportamento é bastante comum na área governamental, especialmente no final do exercício quando os serviços de contabilidade inscrevem parcela expressiva de restos a pagar processados no passivo financeiro.

Finalmente, o patrimônio líquido apresentou um crescimento de 13,9% em 2012, em relação a 2011, graças à contribuição do resultado patrimonial do exercício e aos ajustes de avaliação patrimonial.

Destaque-se que as informações apresentadas sobre representatividade e evolução dos componentes dos ativos e passivos ao longo do tempo não encerram todas as possibilidades de entendimento dos itens patrimoniais e suas relações. As análises expostas nesse tópico objetivam estimular a busca de novas interpretações.

12.2.1.2 Análise de indicadores do balanço patrimonial

A análise de indicadores extraídos do balanço patrimonial pode ser realizada por meio do exame de indicadores de liquidez, de endividamento e de solvência. A Tabela 12.3 mostra o cálculo desses indicadores para o Município de Aurora Dourada no período 2010-2012.

Capítulo 12

Tabela 12.3   Indicadores de análise do balanço patrimonial

INDICADORES	FÓRMULA	2010	2011	2012
LIQUIDEZ				
Capital circulante líquido	Ativo circulante − almoxarifado − passivo circulante	10.664.535	12.625.666	17.915.308
Liquidez corrente	(Ativo circulante − almoxarifado) / Passivo circulante	1,96	2,29	2,51
Liquidez imediata	Disponibilidades / Passivo circulante	1,47	1,66	1,90
Liquidez seca	(Ativo circulante − estoques) / Passivo circulante	1,91	2,24	2,47
ENDIVIDAMENTO				
Participação de capitais de terceiros	(Passivo circulante + passivo não circulante) / Patrimônio líquido	56,6%	49,0%	46,1%
Composição do endividamento	Passivo circulante / (Passivo circulante + passivo não circulante) ou Passivo não circulante / (Passivo circulante + passivo não circulante)	37,5% 62,5%	35,1% 64,9%	39,7% 60,3%
SOLVÊNCIA				
Solvência de longo prazo	(Ativo circulante + ativo RLP) / (Passivo circulante + passivo não circulante)	1,42	1,53	1,67
Solvência do nível de serviços	Patrimônio líquido / População ou Dívida de longo prazo / População	1.489,99 526,50	1.585,50 504,65	1.780,27 495,17

Liquidez: no grupo de indicadores de liquidez, a primeira referência de análise que se observa é o capital circulante líquido (CCL), visto que a sua magnitude fornece a capacidade financeira do governo em cumprir com suas obrigações de curto prazo.

ANÁLISE DA POSIÇÃO FINANCEIRA E PATRIMONIAL

Vale lembrar que no cálculo dessa medida, conforme já ressaltado, não se computam os itens do ativo circulante que não conversíveis em caixa (almoxarifado e VPD paga antecipadamente) e os investimentos do RPPS.

No caso em análise, verifica-se que o CCL é bastante expressivo. O comportamento dessa medida de desempenho nos exercícios de 2010 e 2011 é, em primeiro lugar, reflexo da contribuição positiva da posição financeira do governo, pois o superávit financeiro apurado em balanço representa, respectivamente, 54% e 58% do CCL; em segundo lugar, verifica-se a contribuição das transações que representam potencial de geração de caixa para o governo, conforme mostra o Quadro 12.2. Em 2012, verifica-se uma ligeira inversão desse *status*. Em suma, a análise do CCL revela que, em média, o governo apresenta um potencial de geração de caixa de 46% (46% + 42% + 51%/3).

Tabela 12.4 Relações entre o CCL e o superávit financeiro

	2010		2011		2012	
Capital circulante líquido	10.664.535	100%	12625.666	100%	17.915.308	100%
(–) Superávit financeiro	5.794.950	54%	7.299.943	58%	8.831.411	49%
= Potencial de caixa	4.869.585	46%	5.325.723	42%	9.083.897	51%

Diante da existência de folga financeira revelada pelo CCL, conclui-se que a liquidez corrente do governo é positiva. Nesse sentido, durante a série analisada, verificou-se que a liquidez corrente foi, respectivamente, 1,96, 2,29 e 2,51. Esse resultado está dentro de padrões aceitáveis, demonstrando que para cada R$ 1,00 de dívida de curto prazo, o governo dispõe, como garantia, de R$ 2,51, em 2012, de ativos de curto prazo conversíveis em moeda.

Observa-se que a liquidez seca apresenta resultados próximos daqueles encontrados para a liquidez corrente. Isso ocorre devido à baixa representatividade dos itens não monetários, especialmente, os estoques para venda, visto que no setor público a maior parte das transações é realizada pelos fundos governamentais e fiduciários, que não adotam a venda de mercadorias e de produtos em estoque como atividade principal, tal como ocorre com os fundos empresariais.

A liquidez imediata apresentou valores superiores a um em todos os exercícios da série analisada. Esse resultado, sob o ponto de vista de análise do desempenho das empresas privadas, é bastante elevado; porém, em se tratando do setor público, esse resultado é razoável devido às restrições orçamentárias e legais impostas ao gestor para alcançar o equilíbrio das contas públicas, como, por exemplo, a inscrição de restos a pagar acompanhada da verificação do respectivo lastro financeiro para honrá-las (outras regras de restrições orçamentárias e legais são apontadas no Quadro 6.2 do Capítulo

6 – Análise da solvência orçamentária). A liquidez imediata tem relação direta com a posição financeira do governo. Assim, quando a entidade apresentar superávit financeiro, ou boa liquidez dos recursos internos, fatalmente, apresentará liquidez imediata próxima ou acima de um.

Endividamento: os indicadores de endividamento extraídos do balanço patrimonial complementam as informações sobre a análise fiscal da dívida apresentada no Capítulo 9. Dois indicadores podem ser extraídos do balanço patrimonial: a participação do capital de terceiros e a composição do endividamento.

A participação do capital de terceiros mostra a dependência do governo em relação a capitais de terceiros ou o risco financeiro. No caso em análise, verifica-se que o governo, em 2012, tem uma estrutura de capital composta de 46,1% de capital de terceiros e 53,9% de capital próprio (100% – 46,1%).

Quanto à composição do endividamento, verifica-se que a dívida se concentra no longo prazo, representando, no exercício de 2012, 60,3% contra 39,7% de dívida flutuante. Ademais, observa-se que a dívida de longo prazo vem declinando ano após ano. Isso ocorreu devido à estabilidade do endividamento de longo prazo e, principalmente, ao crescimento dos resultados acumulados, que alcançaram, aproximadamente, 47% em 2012.

Essa situação não é preocupante, uma vez que a entidade dispõe de expressivo montante de capital circulante líquido e as dívidas de longo prazo só comprometem cerca de 20% da receita corrente líquida do governo. Um aspecto importante que deve ser observado diz respeito ao volume de obrigações de longo prazo que será convertido em curto prazo nos próximos anos, devendo o governo ficar atento à administração da política de liquidez.

Solvência: a solvência será analisada sob dois enfoques: a capacidade de pagamento de longo prazo ou solvência de longo prazo e o nível de serviços ofertados à população ou solvência do nível de serviços.

A solvência de longo prazo revela que o governo dispõe de ativos circulantes e de longo prazo em montante suficiente para pagar todas as obrigações de curto e longo prazo, pois, em todos os anos da série analisada, os resultados obtidos foram acima de um. Todavia, com relação aos ativos de longo prazo, representados pela dívida ativa tributária, o governo precisa adotar medidas mais agressivas para possibilitar a cobrança desses créditos, sem os quais a segurança financeira do governo pode vir a ser comprometida.

A solvência do nível de serviços, no caso em análise, é medida por meio de dois indicadores que revelam a capacidade potencial do governo de continuar prestando serviços à comunidade: ativos líquidos *per capita* e dívida *per capita*. Observa-se que os ativos líquidos *per capita* têm aumentado ao longo desses três períodos, alcançando R$ 1.780,27 em 2012. Comparando esse resultado com a média de Municípios similares, verifica-se que o Município de Aurora Dourada situa-se acima do intervalo de 1.172,84 a 1.517,16.[2] Assim, conclui-se que o Município apresenta bom potencial de prestação de serviços à comunidade. Em contraposição, verifica-se que a dívida *per capita* representa aproximadamente um terço dos ativos líquidos *per capita*, o que pode vir a reduzir o nível de serviços a ser prestado à comunidade.

12.2.2 Análise da demonstração das variações patrimoniais

A premissa para o entendimento do conteúdo informativo da demonstração das variações patrimoniais (DVP) é realizar uma análise pela ótica do resultado patrimonial, que é afetado tanto por fatos orçamentários quanto por fatos independentes da execução orçamentária, observando-se os itens mais relevantes que interferiram no superávit ou déficit patrimonial.

Conforme sublinha o Manual de Contabilidade Aplicado ao Setor Público (MCASP), o resultado patrimonial é um importante indicador de gestão fiscal, já que é o principal item que influencia a evolução do patrimônio líquido de um período, objeto de análise do anexo de metas fiscais, integrante da Lei de Diretrizes Orçamentárias. Assim, a avaliação da gestão governamental por meio da DVP tem o objetivo de verificar como e quanto as atividades operacionais da entidade governamental influenciaram o resultado patrimonial.

Essa avaliação opera-se por meio da análise vertical, da análise horizontal ou pelo estabelecimento de relações percentuais entre as contas que compõem a DVP.

A análise vertical é realizada mediante a extração de relacionamentos percentuais entre itens da DVP de um mesmo período, tomando-se por base um valor referencial, geralmente, o valor total das Variações Patrimoniais Aumentativas (VPA), para analisar a representatividade dos itens que compõem cada um desses grupos.

A análise horizontal revela o comportamento ou a tendência dos itens da DVP ao longo do tempo, permitindo detectar a evolução das variações aumentativas, das variações diminutivas e do resultado patrimonial. A seguir apresenta-se a análise vertical e horizontal da demonstração das variações patrimoniais do Município de Aurora Dourada para o período de 2010 a 2012.

---

2 A partir de uma amostra de 32 Municípios com população entre 20.000 e 50.000 habitantes, obteve-se o seguinte intervalo de confiança para média dos ativos líquidos *per capita*:

$$\mu \pm Z \frac{\sigma}{\sqrt{n}}$$ Em que:

μ = média;
σ = desvio-padrão;
Z = coeficiente de confiança;
n = tamanho da amostra.

$$\mu \pm Z \frac{\sigma}{\sqrt{n}} = 1.345 \pm 1,96 \cdot \frac{172,16}{\sqrt{32}} = 39$$

Capítulo 12

Tabela 12.5 Análise vertical e horizontal da demonstração das variações patrimoniais do Município de Aurora Dourada para o período 2010-2012

VARIAÇÕES PATRIMONIAIS AUMENTATIVAS – VPA	2010	AV (%)	AH (%)	2011	AV (%)	AH (%)	2012	AV (%)	AH (%)
Impostos, taxas e contribuições de melhoria	15.596.428	22,4	100	18.665.629	23,6	19,7	22.788.445	25,1	22,1
Contribuições	2.024.126	2,9	100	2.331.605	2,9	15,2	2.664.884	2,9	14,3
Exploração e venda de bens, serviços e direitos	3.282.175	4,7	100	4.089.207	5,2	24,6	5.145.180	5,7	25,8
Transferências intergovernamentais	45.898.688	66,0	100	51.686.778	65,3	12,6	57.602.931	63,5	11,4
Valorização e ganhos com ativos	246.075	0,4	100	79.266	0,1	–67,8	423.206	0,5	433,9
Outras variações patrimoniais aumentativas	2.469.400	3,6	100	2.286.751	2,9	–7,4	2.044.681	2,3	–10,6
TOTAL DAS VPA	69.516.892	100	100	79.139.236	100	13,8	90.669.327	100	14,6

ANÁLISE DA POSIÇÃO FINANCEIRA E PATRIMONIAL

VARIAÇÕES PATRIMONIAIS DIMINUTIVAS – VPD	2010	AV (%)	AH (%)	2011	AV (%)	AH (%)	2012	AV (%)	AH (%)
Pessoal e encargos	22.768.736	32,8	100	26.240.681	33,2	15,2	30.296.029	33,4	15,5
Benefícios previdenciários	5.254.328	7,6	100	6.055.542	7,7	15,2	6.991.391	7,7	15,5
Benefícios assistenciais	1.167.647	1,7	100	1.345.676	1,7	15,2	1.553.643	1,7	15,5
Uso de bens, serviços e consumo de capital fixo	33.189.564	47,7	100	37.514.421	47,7	13,0	40.875.154	45,1	9,0
Variações patrimoniais diminutivas financeiras	992.940	1,4	100	1.101.762	1,4	11,0	1.192.856	1,3	8,3
Desvalorização e perda de ativos	1.947.175	2,8	100	2.400.754	3,0	23,3	1.176.742	1,3	–51,0
Tributárias	256.159	0,4	100	368.642	0,5	43,9	488.265	0,5	32,4
Outras variações patrimoniais diminutivas	532.875	0,8	100	310.772	0,4	–41,7	610.130	0,7	96,3
TOTAL DAS VPD	66.109.424	95,1	100	75.338.250	95,2	14,0	83.184.210	91,7	10,4
RESULTADO PATRIMONIAL SUPERAVITÁRIO	3.407.468	4,9	100	3.800.986	4,8	11,5	7.485.117	8,3	96,9

VARIAÇÕES PATRIMONIAIS QUALITATIVAS	2010	AV (%)	AH (%)	2011	AV (%)	AH (%)	2012	AV (%)	AH (%)
Incorporações de ativos	7.747.859	11,1	100	8.756.894	11,1	13,0	9.450.780	10,4	7,9
Desincorporações de passivos	1.418.215	2,0	100	1.691.072	2,1	19,2	1.638.776	1,8	–3,1
Incorporações de passivos	674.226	1,0	100	885.106	1,1	31,3	952.162	1,1	7,6
Desincorporações de ativos	33.000	0,0	100	85.500	0,1	159,1	419.200	0,5	390,3

Capítulo 12

Analisando-se as variações patrimoniais aumentativas, observa-se que apenas dois itens influenciam positivamente o resultado patrimonial do exercício: as receitas derivadas de arrecadação de tributos, que representam 25,1% das VPAs em 2012, e as receitas de transferências, que alcançaram no período em análise uma média de 65% das VPAs. Isso ocorre porque o pacto federativo concentra a arrecadação de receitas nos entes estadual e federal. Um fato que merece destaque é a redução da representatividade das receitas de transferências no período em análise. Em 2010 elas representavam 66% e em 2012 alcançaram 63,5% do total das receitas. Possíveis explicações para esse fato seriam os benefícios fiscais do governo federal, que reduziu a alíquota de IPI numa tentativa de incentivar o consumo interno, afastar a ameaça de recessão e manter a taxa prevista de crescimento da economia.

Analisando-se as variações patrimoniais diminutivas, observa-se que o gasto mais representativo foi o uso de bens, serviços e consumo de capital fixo, que representa 45,1% em 2012, seguido pelos gastos com pessoal e encargos, que alcançou, no exercício de 2012, 33,4% das VPDs e crescimento em relação ao exercício anterior de 15,5%. Tal fenômeno é característico da atividade pública, visto que os Municípios são responsáveis por oferecer maior parte de serviços públicos à comunidade, incorrendo em gastos com servidores e com a aquisição de materiais e serviços de terceiros.

O resultado patrimonial cresceu significativamente em 2012, em relação a 2011, cerca de 97%. Esse fato se explica pelo aumento das VPAs em 14,6%, comparado com o crescimento de apenas 10,4% das VPDs.

Quanto às variações qualitativas, observa-se ao longo dos anos maior participação na incorporação de ativos em decorrência dos investimentos realizados. Em segundo lugar, aparece a desincorporação de passivos relacionada ao pagamento da dívida de longo prazo.

12.2.3 Análise da demonstração das mutações do patrimônio líquido

A análise da demonstração das mutações do patrimônio líquido (DMPL) deve ser feita em conjunto com o balanço patrimonial e a demonstração das variações patrimoniais, uma vez que a DMPL é um detalhamento das variações das contas que compõem o patrimônio líquido.

Uma forma bastante útil para a análise da DMPL é a utilização das técnicas de análise vertical e horizontal. Dessa forma, é possível identificar a representatividade e o comportamento ao longo do tempo dos itens que afetam o patrimônio líquido, seja por afetação conjunta do ativo e passivo, seja por mutações internas no patrimônio líquido.

A análise dos itens que afetam o patrimônio líquido, alterando conjuntamente o ativo e o passivo, pode identificar:

1. o acréscimo do patrimônio líquido no exercício pelo resultado patrimonial positivo ou redução pelo resultado patrimonial negativo, permitindo saber quanto do patrimônio líquido foi gerado ou consumido de um exercício para outro;

ANÁLISE DA POSIÇÃO FINANCEIRA E PATRIMONIAL

2. quanto do resultado líquido foi distribuído na forma de dividendos. Para tanto, basta dividir a distribuição de dividendos pelo resultado do exercício;
3. o acréscimo por doações e subvenções para investimentos recebidos, acréscimo por subscrição e integralização de capital, acréscimo ou redução por ajuste de exercícios anteriores.

A análise das mutações internas do patrimônio líquido pode revelar quanto do resultado foi utilizado para aumentar o capital da entidade ou para compensar prejuízo e quanto foi destinado para constituir ou reverter reservas.

A seguir apresenta-se a análise vertical e horizontal da demonstração das mutações do patrimônio líquido do Município de Aurora Dourada para o período de 2010 a 2012.

Tabela 12.7 Análise vertical e horizontal da demonstração das mutações do patrimônio líquido do Município de Aurora Dourada para o período 2010-2012

ESPECIFIC.	SALDO EM 31.12.2009	AV	AH	SALDO EM 31.12.2010	AV	AH
Patrimônio Social/ Capital Social	31.300.636	64,6%	100%	31.731.989	60,4%	1,4%
Reservas de Capital	251.320	0,5%	100%	251.320	0,5%	0,0%
Ajustes de Avaliação Patrimonial	2.275.607	4,7%	100%	2.498.908	4,8%	9,8%
Reservas de Lucros	1.473.910	3,0%	100%	4.325.606	8,2%	193,5%
Resultados Acumulados	13.158.696	27,2%	100%	13.714.468	26,1%	4,2%
TOTAL	48.460.169	100,0%	100%	52.522.291	100,0%	8,4%

ESPECIFIC.	SALDO EM 31.12.2011	AV	AH	SALDO EM 31.12.2012	AV	AH
Patrimônio Social/ Capital Social	31.892.694	56,2%	0,5%	32.080.236	49,6%	0,6%
Reservas de Capital	251.320	0,4%	0,0%	251.320	0,4%	0,0%
Ajustes de Avaliação Patrimonial	2.768.002	4,9%	10,8%	3.012.388	4,7%	8,8%
Reservas de Lucros	5.748.671	10,1%	32,9%	5.748.671	8,9%	0,0%
Resultados Acumulados	16.092.389	28,4%	17,3%	23.577.506	36,5%	46,5%
TOTAL	56.753.076	100,0%	8,1%	64.670.121	100,0%	13,9%

Capítulo 12

Os dados evidenciados na DMPL revelam que o patrimônio líquido apresentou crescimento de 8,4%, 8,1% e 13,9%, respectivamente, em 2010, 2011 e 2012. Esse crescimento é justificado pela evolução positiva do resultado patrimonial durante o período analisado.

As contas mais representativas do patrimônio líquido são o patrimônio social/capital social e o resultado patrimonial acumulado. O patrimônio social/capital social representa 49,6% do patrimônio líquido, em 2012, com um comportamento praticamente estável ao longo do tempo, pois essa é a característica típica dessa conta no setor público.

Quanto ao resultado patrimonial acumulado, verifica-se uma participação significativa em relação ao patrimônio líquido. Em 2012, o resultado patrimonial acumulado alcançou 36,5% do PL, com crescimento de 46,5%. Essa evolução, como foi vista na DVP, decorre do crescimento do superávit patrimonial ao longo do período analisado.

12.3 Posição financeira e resultado financeiro

A posição financeira do governo é representada pelo resultado financeiro acumulado, sendo identificada por meio da diferença entre ativos e passivos financeiros em determinado período. Quando os ativos financeiros suplantam os passivos financeiros, tem-se posição financeira positiva ou superávit financeiro; por outro lado, quando os ativos financeiros são inferiores aos passivos financeiros, tem-se posição financeira negativa ou déficit financeiro.

A posição financeira é modificada pelo resultado financeiro do exercício, que resulta dos fluxos de receitas e despesas orçamentárias. Assim, o resultado financeiro é reflexo do resultado da execução orçamentária.

Pelo exposto, a avaliação da posição financeira e do resultado financeiro pode ser realizada por meio da seguinte demonstração:

Quadro 12.2   Demonstração simplificada da posição financeira

Posição financeira inicial (ativos menos passivos financeiros iniciais)	
(+/−) resultado financeiro do exercício (resultado da execução orçamentária)	
(+/−) eventuais ajustes de ativos e passivos financeiros	
= posição financeira final (ativos menos passivos financeiros finais)	

ANÁLISE DA POSIÇÃO FINANCEIRA E PATRIMONIAL

Coletando-se os dados do balanço patrimonial e do balanço orçamentário do Município de Aurora Dourada para o período 2010-2012, tem-se as seguintes informações sobre a posição financeira e o resultado financeiro.

Tabela 12.7   Posição financeira do Município de Aurora Dourada no período 2010-2012

	2010	2011	2012
Ativo financeiro	16.430.959	16.173.438	22.493.208
(−) Passivo financeiro	10.636.009	8.873.495	13.661.797
(=) Posição financeira no fim do exercício	5.794.950	7.299.943	8.831.411

Observa-se que a posição financeira do Município apresenta crescimento absoluto ao longo dos exercícios. Esse crescimento é reflexo do resultado financeiro positivo (superávit financeiro) provocado pelo resultado positivo da execução orçamentária, conforme mostra a Tabela 12.8.

Tabela 12.8   Posição financeira e resultado financeiro do Município de Aurora Dourada no período 2010-2012

	2010	2011	2012
Posição financeira inicial	4.596.695	5.794.950	7.299.943
(+) resultado financeiro do exercício	1.198.255	1.504.993	1.531.468
Posição financeira final	5.794.950	7.299.943	8.831.411

É imprescindível a necessidade de a entidade manter sua posição financeira em situação favorável (superávit financeiro) ou equilibrada, sob pena de conduzir-se ao endividamento. A aplicação desse princípio depende da adequada execução orçamentária, pois despesas orçamentárias realizadas acima das receitas orçamentárias arrecadadas provocam déficits financeiros que absorvem superávits gerados em períodos anteriores e, inclusive, podem contribuir para a geração de déficits permanentes.

12.4 Posição patrimonial e resultado patrimonial

A posição patrimonial é representada pelo patrimônio líquido, que é afetado pelo resultado patrimonial do exercício e por outras mutações evidenciadas na DMPL. Resumidamente, a posição patrimonial é obtida por meio da demonstração apresentada no Quadro 12.3.

Capítulo 12

Quadro 12.3   Demonstração simplificada da posição patrimonial

Posição patrimonial inicial (ativos menos passivos exigíveis iniciais)	
(+/–) resultado patrimonial do exercício	
(+/–) outras mutações do patrimônio líquido	
= Posição patrimonial final (ativos menos passivos exigíveis finais)	

Coletando-se os dados do balanço patrimonial, da demonstração das variações patrimoniais e da demonstração das mutações do patrimônio líquido do Município de Aurora Dourada para o período 2010-2012, tem-se as seguintes informações sobre a posição patrimonial e o resultado patrimonial:

Tabela 12.9   Posição patrimonial e resultado patrimonial do Município de Aurora Dourada no período 2010-2012

	2010	2011	2012
Posição patrimonial inicial (patrimônio líquido inicial)	48.460.169	52.522.291	56.753.076
(+) resultado patrimonial do exercício	3.407.468	3.800.986	7.485.117
(+) outras mutações do patrimônio líquido	654.654	429.799	431.928
= Posição patrimonial final (patrimônio líquido final)	52.522.291	56.753.076	64.670.121

O resultado patrimonial do exercício é formado por fluxos financeiros e econômicos. Os fluxos financeiros são representados pelas receitas e despesas correntes provenientes da execução orçamentária e que são apropriadas, respectivamente, em variações patrimoniais aumentativas e variações patrimoniais diminutivas. Os fluxos econômicos são decorrentes de operações independentes da execução orçamentária que afetam a situação líquida patrimonial, sejam variações aumentativas, sejam variações diminutivas.

Pelo exposto, depreende-se que o resultado patrimonial é formado por operações do orçamento corrente, que afetam diretamente o caixa, e por operações independentes da execução orçamentária, que são reconhecidas segundo o regime de competência e, por conseguinte, não afetam o caixa.

Os fluxos financeiros e econômicos relacionados entre si fornecem informações a respeito do comportamento do resultado patrimonial do exercício por meio de dois quocientes: índice de *accruals* e indicador de resultado das variações patrimoniais.

Índice de *accruals*: é uma *proxy* que revela quanto do resultado patrimonial se converteu em caixa no exercício devido aos efeitos do regime de competência sobre as

ANÁLISE DA POSIÇÃO FINANCEIRA E PATRIMONIAL

transações governamentais. Para tanto, basta dividir o resultado patrimonial evidenciado na demonstração das variações patrimoniais pelo resultado do orçamento corrente evidenciado no balanço orçamentário, conforme mostra a fórmula a seguir.

Assim, quanto maior o valor das operações apropriadas no sistema patrimonial por força do regime de competência, maior será a diferença entre o resultado patrimonial e o resultado do orçamento corrente. Índice de *accruals* igual a um revela que no exercício financeiro o resultado patrimonial se converteu totalmente em caixa ou equivalente de caixa. Contudo, espera-se que esse resultado seja sempre menor do que um devido ao efeito conjunto do registro de receitas públicas a receber e de despesas provisionadas no sistema patrimonial que independem da execução orçamentária. A diferença, portanto, irá depender do grau de aplicação do regime de competência às transações governamentais no sistema patrimonial.

Indicador de resultado das variações patrimoniais (RVP): esse indicador relaciona o total das VPAs com o total das VPDs:
(Equação 12.1)

$$RVP = \frac{VPA}{VPD}$$

A interpretação desse indicador revela a natureza do resultado patrimonial (superávit ou déficit patrimonial) da seguinte forma:

1. se RVP > 1, tem-se superávit patrimonial, nesse caso a VPA é maior do que a VPD;
2. se RVP < 1, tem-se déficit patrimonial, nesse caso a VPA é menor do que a VPD;
3. se RVP = 1, tem-se resultado patrimonial nulo, nesse caso a VPA é igual à VPD.

A Tabela 12.10 apresenta os resultados para esses dois indicadores ao longo do período de 2010 a 2012.

Tabela 12.10 Análise de quocientes da DVP

DESCRIÇÃO	FÓRMULA	2010	2011	2012
Resultado das variações patrimoniais	$\dfrac{VPA}{VPD}$	$\dfrac{69.516.892}{1,05} = 66.109.424$	$\dfrac{79.139.236}{1,05} = 75.338.250$	$\dfrac{90.669.327}{1,09} = 83.184.210$
Índice de *accruals*	$\dfrac{\text{Resultado patrimonial}}{\text{Resultado orç. corrente}}$	$\dfrac{3.407.468}{0,50} = 6.751.316$	$\dfrac{3.800.986}{0,43} = 8.812.071$	$\dfrac{7.485.117}{0,83} = 9.043.364$

Pelo que se depreende dos dados evidenciados na Tabela 12.10, o resultado das variações patrimoniais foi maior do que um em todos os exercícios, revelando a presença de superávit patrimonial. Todavia, esse resultado não se converteu totalmente em caixa, uma vez que representa, em 2012, apenas 83% do resultado do orçamento corrente, conforme revela o índice de *accruals*. Em outras palavras, 83% do resultado patrimonial é formado por fluxos financeiros e 17% é formado por fluxos econômicos.

O comportamento da posição patrimonial pode ser avaliado detalhadamente por meio da análise da demonstração das mutações do patrimônio líquido (DMPL), conforme demonstrado no item 12.2.3.

ANÁLISE DA POSIÇÃO FINANCEIRA E PATRIMONIAL

QUESTÕES PARA DISCUSSÃO

1. Qual a relação entre posição financeira e condição financeira? Qual o foco de análise de cada uma dessas dimensões?

2. Como a posição financeira e a posição patrimonial são mensuradas? Qual a importância dessas medidas para análise da condição financeira do governo?

3. Qual a natureza das informações evidenciadas no balanço patrimonial? Informe como cada uma dessas informações contribui para a avaliação da condição financeira do governo.

4. Comente a seguinte afirmação: a análise das demonstrações contábeis aplicadas ao setor público melhor fornece informações sobre a condição financeira do governo quando apresentada segundo os fundos especiais: fundos governamentais, fundos proprietários e fundos fiduciários.

5. Falso ou verdadeiro: "a análise de rentabilidade no setor governo somente é possível quando realizada isoladamente para as empresas com finalidades lucrativas"? Comente sua resposta.

6. Em que consiste a análise de liquidez com base em informações evidenciadas no balanço patrimonial do governo? Quais indicadores são mensurados? Quais as diferenças e similaridades dos indicadores de liquidez do setor público e do setor privado?

7. Comente sobre os seguintes tipos de solvência do governo: solvência de longo prazo e solvência do nível de serviços.

8. As informações obtidas pelos indicadores de endividamento utilizados no setor privado são suficientes para revelar a magnitude ou o nível de endividamento do governo? Justifique.

9. Falso ou verdadeiro: "não há relação conceitual entre a estrutura de capital do setor privado e a estrutura de capital do setor governo"? Justifique sua resposta.

10. São as técnicas de análise das demonstrações contábeis do setor privado suficientes para revelar a posição financeira e patrimonial do governo? Você concorda que são necessárias técnicas específicas para concluir sobre a condição financeira do governo?

11. Qual o reflexo do resultado financeiro do exercício na posição financeira do governo?

12. Como é possível aproximar o resultado patrimonial do exercício ao caixa do governo considerando que na mensuração desse resultado há o efeito do regime de competência nas transações governamentais?

13. De que forma o resultado patrimonial no setor governo é afetado por fluxos financeiros e por fluxos econômicos?

14. Você concorda que é importante para a análise da condição financeira do governo produzir informações sobre superávit e déficit patrimonial do exercício? Justifique sua resposta.

15. Falso ou verdadeiro: "as transações do orçamento de capital constituem as principais variações patrimoniais quantitativas"? Justifique sua resposta.

REFERÊNCIAS

BERNSTEIN, Leopold A. *Análisis de estados financieros*: teoría, aplicación e interpretación. Tradução de María Teresa de los Rios. Espanha: Irwin, 1996.

GROVES, Sanford M.; VALENTE, Godsey. *Evaluating financial condition*: a handbook for local government. 4. ed. Revised by Karls Nollenberger. Washington: The International City/County Management Association – ICMA, 2003.

MARTÍNEZ, Vicente Pina. Principios de análisis contable en la administración pública. *Revista Española de Financiación y Contabilidad*, v. XXIV, n. 79, p. 379-432, abr./jun. 1994.

MARTINS, Eliseu; DINIZ, Josedilton Alves; MIRANDA, Gilberto José. *Análise avançada das demonstrações contábeis*: uma abordagem crítica. São Paulo: Atlas, 2012.

WANG, Xiao Hu. *Financial management in the public sector*: tools, applications, and cases. 3. ed. USA: ME Sharp, 2014.

13
MODELOS DE AVALIAÇÃO DA CONDIÇÃO FINANCEIRA

Capítulo 13

13.1 Importância e limitações dos modelos

Os modelos de mensuração da condição financeira têm por objetivo fornecer informações sobre o *status* financeiro dos governos, ajudando os usuários da informação contábil governamental a preverem e se prevenirem contra tensões fiscais antes que elas ocorram, bem como intervirem em situações de emergência fiscal, declínio fiscal ou crises fiscais agudas. Além disso, os modelos da condição financeira são úteis no meio acadêmico por auxiliarem o desenvolvimento de estudos e pesquisas no campo da análise financeira dos governos.

É importante destacar que a condição financeira governamental é um constructo conceitual difícil de ser mensurado isoladamente, pois depende de vários fatores e variáveis. Assim, os modelos desenvolvidos por estudiosos e pesquisadores desse campo de conhecimento apresentam características diversificadas: alguns modelos envolvem apenas variáveis financeiras produzidas pela organização, outros incluem variáveis externas à organização para captar a influência do ambiente no desempenho financeiro do governo.

Associadas a essa complexidade, existem outras condições que limitam a eficiência dos modelos, como: (*i*) a ausência de publicação de dados pelos governos nos relatórios fiscais, nas demonstrações contábeis e nas notas explicativas; (*ii*) restrições de acesso ou ausência de dados importantes, especialmente dados de variáveis sociais e econômicas, produzidos e/ou consolidados por organizações governamentais; (*iii*) dificuldades para quantificar alguns fatores; (*iv*) excesso de variáveis incluídas no modelo; (*v*) exclusão de variáveis-chaves importantes; e (*vi*) inclusão de variáveis não apropriadas para captar o *status* da condição financeira.

Além disso, para obter um diagnóstico completo da condição financeira, os modelos devem ser capazes de capturar não somente a dimensão temporal de curto prazo (solvência de caixa e solvência orçamentária), mas, também, a dimensão de longo prazo (solvência de longo prazo e solvência do nível de serviços). Essa necessidade gera obstáculos operacionais que tornam a tarefa de mensuração difícil de ser realizada, mas não impossível.

Nesse sentido, Groves e Valente (2003, p. 2) afirmam que os obstáculos para medir a condição financeira irão depender da definição escolhida. Se a definição envolver apenas a solvência de caixa e a solvência orçamentária as dificuldades serão menores, pois os dados estão quase na sua totalidade disponíveis nas demonstrações contábeis da entidade, entretanto somente pode-se concluir sobre a condição financeira de curto prazo. Por outro lado, quando a definição envolver a solvência de longo prazo e a solvência no nível de serviços, a medida da condição financeira será mais acurada e completa, mas o analista se deparará com alguns problemas relacionados à natureza da entidade pública, à condição das análises financeiras municipais e às práticas contábeis adotadas pelos governos locais.

Quanto à natureza da existência das entidades, verifica-se que as organizações privadas têm como principal propósito aumentar a riqueza líquida dos proprietários, tendo o lucro como a medida mais objetiva do bom desempenho gerencial e, por conseguinte, da boa condição financeira. Entretanto, as entidades governamentais têm outra razão de existir, visto que os benefícios gerados por suas atividades financeiras são direcionados para o bem-estar da população. O bem-estar da população constitui medida subjetiva, exigindo do analista a adoção de *proxies* para incorporá-las no processo de mensuração, gerando uma medida menos exata da condição financeira. Por essa razão, muitos pesquisadores focam seus estudos apenas na solvência de caixa e na solvência orçamentária, dando pouca atenção à solvência de longo prazo e à solvência do nível de serviços.

O problema relacionado à condição das análises financeiras municipais refere-se à falta de publicação de dados de natureza social e econômica para a mensuração da solvência de longo prazo e da solvência do nível de serviços. As demonstrações contábeis publicadas não relatam mudanças econômicas e demográficas que impactam o nível de receitas e despesas. Além disso, elas não evidenciam informações sobre os serviços não oferecidos à população, as erosões de estradas, ruas, edifícios públicos e outros ativos fixos necessários à avaliação da condição financeira de longo prazo. Esse obstáculo somente será superado quando as autoridades governamentais instituírem banco de dados consolidado, contendo dados históricos e estimados de variáveis econômicas, sociais e demográficas para todos os Municípios.

Quanto às práticas contábeis, o problema principal refere-se à falta de padronização de procedimentos que prejudicam a uniformidade e a comparabilidade das informações entre Municípios. No Brasil, esse problema encontra-se quase que superado devido às ações realizadas para cumprir a determinação do artigo 50, § 2º, da LRF, ao estabelecer que a edição de normas gerais para consolidação das contas públicas caberá ao órgão central de contabilidade da União. Atualmente, foram emitidas pela Secretaria do Tesouro Nacional e pelo Conselho Federal de Contabilidade normas de padronização de procedimentos contábeis, padronização de plano de contas, estruturação uniforme das demonstrações contábeis, dentre outras. Resta, porém, o empenho dos profissionais de contabilidade pública em elaborar orçamentos, balanços, notas explicativas e relatórios complementares que reflitam a fiel condição financeira da entidade.

Apesar desses obstáculos, muitos estudos foram desenvolvidos com o objetivo de se obterem modelos ou estruturas de mensuração da condição financeira dos governos que reflitam os fatores financeiro, ambiental e organizacional. Entretanto, a maior limitação desses modelos consiste no fato de que a maioria só mede cada um dos fatores isoladamente, sem estabelecer uma conexão entre os demais. Assim, o maior desafio para superar esse problema é combinar várias medidas em uma única medida com o objetivo de se obter um indicador composto da condição financeira, pautando-se em uma estrutura conceitual bem definida e em um conjunto de indicadores capaz de captar a realidade financeira do governo.

13.2 Classificação dos modelos quanto à abordagem sistêmica

A literatura da condição financeira dispõe de diferentes abordagens para medir o *status* financeiro dos governos, combinando um conjunto de indicadores que representam características e fatores que influenciam a condição financeira, especialmente receitas, gastos, estrutura de endividamento e posição operacional.

Essas diferentes abordagens são retratadas por modelos preditivos da condição financeira que auxiliam os governos a monitorar a saúde fiscal, bem como detectar sinais de alerta para impedir a ocorrência de crises financeiras.

Os modelos preditivos da condição financeira existentes na literatura foram classificados por Ramsey (2013) em três orientações sistêmicas:

1. **modelos fechados:** destinam-se a identificar a saúde financeira do governo e as dificuldades fiscais baseando-se em dados financeiros produzidos pela organização e coletados ao longo do tempo;
2. **modelos abertos:** incorporam variáveis ambientais externas à organização que continuamente afetam a condição financeira governamental; e
3. **modelos quase abertos** *(pseudo abertos)*: acomodam características dos modelos abertos e fechados, isto é, dispõem de dados financeiros produzidos internamente pela organização e variáveis ambientais que continuamente afetam o desempenho financeiro da organização.

O Quadro 13.1, adaptado e aprimorado de Ramsey (2013, p. 24-25), resume os principais modelos preditivos e as respectivas características em termos de orientação sistêmica, abordagem teórica e técnicas de análise.

13.2.1 Modelos fechados

Os modelos fechados têm por orientação a teoria de sistemas fechados e utilizam na sua constituição, marcadamente, os fundamentos da teoria de finanças. O objetivo desses modelos consiste em fornecer informações sobre a condição financeira das entidades governamentais, revelando o *status* da saúde financeira e grau de dificuldades fiscais dos governos.

A operacionalização dos modelos fechados se dá por meio da interpretação de dados financeiros extraídos diretamente do sistema contábil das organizações ao longo de vários exercícios, empregando as seguintes técnicas de análise: análise de indicadores, comparações entre jurisdições, *ranking* com base em índices compostos e análise bivariada.

Os principais modelos fechados para avaliar a condição financeira encontrados na literatura são: Berne e Schramm (1986), Brown (1993), Alter et al. (1995), CICA (1997), Chaney et al. (2002), Wang et al. (2007) e Sohl et al. (2009).

MODELOS DE AVALIAÇÃO DA CONDIÇÃO FINANCEIRA

Quadro 13.1   Modelos preditivos da condição financeira

AUTORES	ORIENTAÇÃO SISTÊMICA	ABORDAGEM TEÓRICA	ANÁLISE DE INDICADORES	COMPARAÇÃO ENTRE JURISDIÇÕES	RANKING COM BASE EM ÍNDICES COMPOSTOS	ANÁLISE DE TENDÊNCIA	ANÁLISE BIVARIADA	ANÁLISE DE REGRESSÃO	EQUAÇÕES SIMULTÂNEAS	ANÁLISE DO AMBIENTE FISCAL
Berne e Schramm (1986)	Fechado	Finanças	X	X						
Brown (1993)	Fechado	Finanças	X	X	X					
Alter et al. (1995)	Fechado	Finanças	X			X				
CICA (1997)	Fechado	Finanças	X							
Chaney et al. (2002)	Fechado	Finanças	X							
Wang et al. (2007)	Fechado	Finanças	X	X			X			
Sohl et al. (2009)	Fechado	Finanças	X	X	X					
STN (2012)	Fechado	Finanças	X		X	X				
Hughes e Laverdiere (1986)	Quase aberto	Multidisciplinar	X	X	X	X				
Campbell (1990)	Quase aberto	Multidisciplinar	X	X						
Kleine et al. (2003)	Quase aberto	Finanças	X	X		X				
Groves e Valente (2003)	Quase aberto	Multidisciplinar	X			X				
Hendrick (2004)	Aberto	Teoria organizacional	X		X		X	X		
Kavanagh (2007)	Aberto	Teoria organizacional e teoria da gestão estratégica	X			X	X	X		X
Krishnakumar et al. (2010)	Aberto	Teoria macroeconômica					X		X	

513

13.2.1.1 Modelo de Berne e Schramm

Berne e Schramm (1986) propuseram uma estrutura para medir a condição financeira dos governos (framework for measuring financial condition), cujo propósito consiste em organizar e interpretar uma variedade de indicadores financeiros por meio da comparação, ao longo do tempo, de jurisdições componentes de um grupo de referência via cálculo de quocientes de localização.

O modelo pressupõe que a condição financeira reflete a diferença entre dois ingredientes: recursos disponíveis e a pressão por gastos, conforme demonstrado na Figura 13.1.

Fonte: Berne e Schramm (1986, p. 72).

Figura 13.1 Ingredientes da condição financeira.

Os recursos disponíveis podem provir de fontes externas e internas. Os recursos de fontes externas dependem do uso que o governo faz da sua capacidade fiscal, já os recursos de fontes internas dependem do nível dos diferentes ativos da organização e da facilidade que esses recursos têm em ser convertidos em caixa.

A pressão por gastos resulta da demanda por maior quantidade e/ou melhor qualidade dos serviços, bem como do aumento de custos para fornecer o nível corrente desses serviços. A pressão por gastos depende, também, de compromissos assumidos no passado para atender necessidades essenciais da comunidade, tais como endividamento e gastos com regime de previdência dos servidores.

O gap entre a demanda por gastos e o total de recursos disponíveis para atender essa demanda representa a condição financeira do governo. Assim, um governo que enfrenta pouca pressão para aumentar seus gastos e tem capacidade substancial para obter receitas adicionais apresenta boa condição financeira, por outro lado um governo com considerável pressão para aumentar seus gastos e baixo uso de sua capacidade fiscal possui condição financeira fraca.

Em resumo, o modelo de Berne e Schramm (1986) apresenta as seguintes características:

1. A mensuração da condição financeira não consiste de uma única medida ou fórmula, ao contrário, representa uma estrutura para organizar e interpretar várias medidas que precisam ser vistas juntas para demonstrar se a condição

MODELOS DE AVALIAÇÃO DA CONDIÇÃO FINANCEIRA

financeira da organização é forte ou fraca e não somente determinar se a organização está com boa ou má saúde financeira.
2. Os indicadores são formados por um conjunto de variáveis que reconhece diferentes dimensões da condição financeira, bem como uma variedade de fatores que influenciam a condição financeira, incluindo fatores de curto e longo prazo (medidas de liquidez e capacidade fiscal); variáveis financeiras e não financeiras para incorporar características da comunidade; e medidas que representam obrigações explícitas e implícitas das necessidades da comunidade.
3. A medida da condição financeira deve ser comparada com um padrão formado por jurisdições similares, com vistas a fornecer referências de análise, pois pressão por gastos, recursos disponíveis e condição financeira são conceitos relativos.
4. Os ingredientes da condição financeira (recursos disponíveis e pressão por gastos) são associados a quatro componentes da condição financeira, conforme ilustra a Figura 13.2.

Fonte: Berne e Schramm (1986, p. 74).

Figura 13.2   Componentes de análise da condição financeira.

Assim, a análise dos ingredientes da condição financeira combinados com componentes de análise da condição financeira fornece as seguintes informações (BERNE; SCHRAMM, 1986, p 73):

1. Os **recursos externos disponíveis** são avaliados por meio da análise da receita visando determinar a capacidade dos governos em aumentar a arrecadação das fontes de receitas. A análise da receita mostra, também, o potencial da base econômica, os recursos que podem ser explorados, a capacidade dos governos em gerar receitas e a receita atual produzida.
2. Os **recursos internos disponíveis** podem ser estudados por intermédio da análise das reservas financeiras para determinar a capacidade dos governos em dispor de liquidez em função das disponibilidades, dos resultados patrimoniais (superávits e déficits) e do nível de diferentes ativos e obrigações de curto prazo.

3. A **pressão por gastos correntes** pode ser estudada por meio da análise dos gastos com a finalidade de determinar a necessidade da comunidade por bens e serviços públicos, bem como as condições para produção e oferta desses bens e serviços à população.
4. A **pressão por gastos de compromissos assumidos no passado** pode ser avaliada pela análise da dívida e pela análise do regime de previdência dos servidores, objetivando determinar a pressão imposta pelo endividamento e pelos benefícios concedidos a título de aposentadorias e pensões, bem como avaliar a capacidade do governo em contrair novas dívidas e manter o sistema de previdência.

Cada um desses componentes de análise da condição financeira tem associada uma variedade de fatores, muito deles específicos a cada componente, cuja análise financeira pode ser realizada separadamente ou em conjunto para demonstrar uma avaliação geral da condição financeira da entidade governamental.

Na visão de Berne e Schramm (1986, p 73), a aplicação do modelo pode fornecer as seguintes conclusões sobre a condição financeira:

1. um governo que tem dificuldades em obter receitas adicionais, que não atende satisfatoriamente suas necessidades por gastos correntes, que apresenta limitações para contrair endividamento adicional e financiar os gastos com a previdência e que enfrenta problemas com seu fluxo de caixa está diante de uma condição financeira muito pobre;
2. um governo que tem a capacidade para obter receitas adicionais, que possui capacidade para atender os gastos correntes e futuros, que não apresenta dificuldades em contrair novos empréstimos e financiar satisfatoriamente seus gastos com a previdência e que tem uma posição de caixa adequada apresenta condição financeira muito boa.

13.2.1.2 Modelo de Brown

O modelo de mensuração da condição financeira desenvolvido por Brown (1993), denominado de "teste dos dez pontos da condição financeira" (*ten-point test of financial condition*), contém um conjunto de 10 indicadores enfocando os principais determinantes da condição financeira: receitas, despesas, estrutura de endividamento e posição operacional. Consiste em um método simples de operacionalização por requerer a mensuração de indicadores básicos, cujos dados na sua totalidade estão disponíveis nas demonstrações contábeis.

O teste de Brown (1993) é destinado à avaliação da condição financeira de curto prazo para pequenos Municípios, como uma fotografia em determinado momento do tempo, consistindo dos seguintes passos:

MODELOS DE AVALIAÇÃO DA CONDIÇÃO FINANCEIRA

1. **Cálculo dos indicadores:** o primeiro passo consiste em calcular os 10 indicadores para cada Município em análise com base nas informações coletadas das demonstrações contábeis.
2. **Atribuição de notas a cada Município:** nesse passo o analista precisa organizar os indicadores calculados em uma ordem – do maior para o menor ou do menor para o maior – de acordo com uma classificação atribuída pelo analista segundo o valor preferido para cada um dos indicadores. Por exemplo, o resultado preferido para o indicador de endividamento é "quanto menor, melhor", assim esse indicador deverá ter seus valores organizados do "maior para o menor"; o resultado preferido para o indicador de receita é "quanto maior, melhor", dessa forma os valores encontrados para esse indicador devem ser organizados do "menor para o maior". Essa organização permite a identificação de valores de corte com base no cálculo de quartis de modo que o 1º quartil vai até o percentil 25; o 2º quartil inicia-se logo após o percentil 25 e vai até o percentil 50; o 3º quartil inicia-se logo após o percentil 50 e vai até o percentil 75; e o 4º quartil fica representado acima do percentil 75.
3. **Atribuição de nota à condição financeira do Município:** a organização dos dados em quartis permite ao analista estabelecer valores de corte, possibilitando a atribuição de uma nota ao Município em análise, tendo por base os seguintes escores:

- escore – 1 para indicadores do quartil 1 (valores abaixo do percentil 25);
- escore 0 para indicadores do quartil 2 (valores entre os percentis 25 e 50);
- escore + 1 para indicadores do quartil 3 (valores entre os percentis 50 e 75);
- escore + 2 para indicadores do quartil 4 (valores acima do percentil 75).

Assim, se um Município que tem sua condição financeira avaliada posicionar todos os seus 10 indicadores no quartil 3, obterá um escore positivo de 10 pontos. Por outro lado, se esse mesmo Município posicionar todos os seus 10 indicadores no quartil 1, obterá um escore negativo de 10 pontos.

O Quadro 13.2 apresenta os 10 indicadores utilizados no modelo de Brown (1993). O modelo assume que todos os indicadores têm o mesmo grau de importância, pois sem essa suposição os escores atribuídos deveriam estar associados a um peso que representasse o grau de importância de cada indicador.

Quadro 13.2   Indicadores do modelo de Brown (1993)

INDICADOR		RESULTADO ESPERADO
DESCRIÇÃO	FÓRMULA	
Receita *per capita*	$\dfrac{\text{Receita total}}{\text{População}}$	Quanto maior, melhor
Representatividade da receita própria	$\dfrac{\text{Receita corrente total menos Transferências correntes}}{\text{Receita total}}$	Quanto maior, melhor
Participação das receitas de transferências	$\dfrac{\text{Receita de transferências correntes}}{\text{Receita total}}$	Quanto menor, melhor
Participação dos gastos operacionais	$\dfrac{\text{Despesa corrente}}{\text{Despesa total}}$	Quanto menor, melhor
Cobertura de despesas	$\dfrac{\text{Receita total}}{\text{Despesa total}}$	Quanto maior, melhor
Recursos para cobertura de queda de arrecadação	$\dfrac{\text{Superávit financeiro}}{\text{Receita total}}$	Quanto maior, melhor
Recursos para cobertura de obrigações de CP	$\dfrac{\text{Disponibilidades}}{\text{Obrigações correntes}}$	Quanto maior, melhor
Comprometimento das receitas correntes com as obrigações de CP	$\dfrac{\text{Obrigações de CP}}{\text{Receita Corrente Líquida}}$	Quanto menor, melhor
Dívida *per capita*	$\dfrac{\text{Dívida consolidada}}{\text{População}}$	Quanto menor, melhor
Comprometimento das receitas correntes com o endividamento	$\dfrac{\text{Dívida consolidada}}{\text{Receita Corrente Líquida}}$	Quanto menor, melhor

O Quadro 13.3 mostra um exemplo, desenvolvido por Brown (1993), para ilustrar a aplicação do modelo de avaliação da condição financeira em um pequeno Município. Os escores foram atribuídos comparando o valor de cada indicador calculado para o Município em análise com o respectivo valor de corte do quartil em que está posicionado. É importante destacar que o valor de corte para cada um dos quartis foi encontrado por meio da análise de dados de todos os Municípios similares que compuseram uma amostra. Assim, para o indicador receita *per capita* foram encontrados os seguintes pontos de corte: Q1 = $ 714 ou mais; Q2 = $ 714 a $ 532; Q3 = $ 532 a $ 429; e Q4 = $ 429 ou menos. Logo, o valor desse indicador ($ 445) para o Município

MODELOS DE AVALIAÇÃO DA CONDIÇÃO FINANCEIRA

em análise será posicionado no quartil 3, obtendo o escore + 1. Por fim, a soma dos escores de todos os indicadores representa o escore geral da condição financeira do Município em análise.

Quadro 13.3   Exemplo de aplicação do modelo de Brown (1993)

INDICADORES	VALOR OBTIDO	QUARTIL 1	QUARTIL 2	QUARTIL 3	QUARTIL 4	ESCORE
Receita total / População	$445	–1	0	(+1)	+2	+1
Receita corrente total menos Transf. correntes / Receita total	89,9%	–1	0	(+1)	+2	+1
Receita de transferências correntes / Receita total	6,59%	(–1)	0	+1	+2	–1
Despesa corrente / Despesa total	80,5%	–1	0	(+1)	+2	+1
Receita total / Despesa total	1,04	–1	0	+1	(+1)	+2
Superávit financeiro / Receita total	0,26	–1	0	(+1)	+2	+1
Disponibilidades / Obrigações correntes	1,97	–1	0	(+1)	+2	+1
Obrigações de CP / RCL	0,15	–1	(0)	+1	+2	0
Dívida consolidada / População	$182	–1	(0)	+1	+2	0
Dívida consolidada / RCL	0,17	(–1)	0	+1	+2	–1
Escore da condição financeira do Município em análise						+5

Fonte: Brown (1993).

Para possibilitar a avaliação geral da condição financeira, Brown (1993) estabeleceu a seguinte escala relativa:

Tabela 13.1   Escala de avaliação da condição financeira

ESCORE GERAL	CONDIÇÃO FINANCEIRA
10 ou mais	Entre as melhores
5 a 9	Melhor que a maioria
1 a 4	Na média
0 a – 4	Pior que a maioria
– 5 ou menos	Entre as piores

Fonte: Brown (1993).

Assim, como o Município em análise obteve um escore + 5, conclui-se que ele apresenta uma condição financeira melhor que a maioria dos Municípios da amostra.

Baseado no modelo de Brown (1993), Maher e Nollenberger (2009) construíram um modelo próprio, substituindo três indicadores considerados não essenciais, eliminando a necessidade de atribuição de nota geral à condição financeira do Município e realizando análises ao longo de três anos.

13.2.1.3 Modelo de Alter et al.

O modelo de Alter et al. (1995) surgiu com a publicação do trabalho *Analyzing local government fiscal capacity*. Esse modelo, diferentemente do modelo de Brown (1993), não examina a condição financeira como uma fotografia em determinado momento, ao contrário, objetiva avaliar a tendência de cinco anos da capacidade fiscal para projetar receitas e despesas de pequenos governos locais. O modelo foi desenvolvido partindo da premissa fundamental de que os pequenos governos locais geralmente têm maior necessidade de assistência para o gerenciamento financeiro. Os autores (1995, p. 1) afirmam que esse modelo fornece informações necessárias para lidar com problemas de déficits orçamentários, para estimar os efeitos das mudanças na economia local nas receitas e despesas e determinar o montante de recursos para a manutenção dos bens de capital.

Para analisar a capacidade fiscal futura dos governos, o modelo envolve cinco passos:

- 1º passo – preparar uma série histórica de receitas e despesas: os autores recomendam uma série histórica de cinco anos, segundo as principais categorias

MODELOS DE AVALIAÇÃO DA CONDIÇÃO FINANCEIRA

de receitas e despesas, em níveis que possibilitem identificar fatores que afetam cada uma dessas categorias. Os pressupostos do modelo recomendam que dados históricos sejam ajustados para expurgar os efeitos da inflação com o objetivo de refletir apenas as mudanças discricionárias e que cada categoria de receita e despesa represente pelo menos 5% do valor total a fim de permitir a identificação de mudanças no nível dessas duas categorias.

- 2º passo – projetar receitas e despesas: tendo como referência o desempenho de cada uma das categorias de receitas e despesas ao longo do tempo, o analista realiza projeções com base nas tendências fiscais significativas e nos eventos que provavelmente ocasionaram as mudanças mais expressivas, tais como: alteração da alíquota de impostos, mudanças no número de servidores aumentando ou diminuindo a quantidade de serviços, nova medida de fiscalização e arrecadação de tributos etc.
- 3º passo – comparar as receitas projetadas com as despesas projetadas: essa providência permite identificar a capacidade fiscal futura do governo local, fornecendo uma base para determinar se um déficit orçamentário ocorrerá com o objetivo de avaliar o nível de recursos necessários para a manutenção dos bens de capital e avaliar o impacto das mudanças econômicas no governo local.
- 4º passo – analisar a capacidade fiscal: essa análise é empregada por meio do *gap* orçamentário, isto é, do excesso de receitas projetadas em relação às despesas projetadas visando identificar o impacto financeiro e examinar o surgimento de potenciais déficits. Nessa fase, o analista busca avaliar a capacidade fiscal do governo focando na capacidade de investimentos em bens de capital; e
- 5º passo – revisar e manter a análise: essa providência é essencial para manter a utilidade do modelo, sendo atualizado anualmente diante da realização das receitas e despesas.

13.2.1.4 Modelo do Canadian Institute of Chartered Accountants (CICA)

O modelo do CICA (1997), denominado de Indicadores da Condição Financeira Governamental (*Indicators of Government Financial Condition*), foi desenvolvido por um grupo de estudo constituído pelo *Canadian Institute of Chartered Accountnts* (CICA), tendo por objetivo desenvolver um conjunto de indicadores para mensurar a condição financeira das Províncias e do Governo Federal do Canadá.

Segundo esse modelo, a condição financeira dos governos é mensurada com base em indicadores associados a três grandes fatores: sustentabilidade, flexibilidade e vulnerabilidade, considerando ainda o contexto econômico e o ambiente organizacional em que as entidades governamentais estão inseridas.

1. **Sustentabilidade:** é definida como o grau no qual um governo pode manter os programas existentes e atender as suas obrigações correntes para

com credores, empregados, população, entre outros entes, sem aumentar o limite de endividamento e o nível da dívida. O CICA (1997) argumenta que quando o aumento dos gastos se apresenta em níveis superiores ao aumento das receitas e/ou quando o governo não consegue estabilizar sua carga de endividamento no longo prazo, fazendo com que o serviço da dívida consuma parcela considerável da receita, o governo tem dificuldades de se autossustentar no futuro, reduzindo o volume de serviços públicos necessários ao bem-estar da população. Assim, a sustentabilidade representa a principal prioridade na mensuração da condição financeira governamental. A mensuração da sustentabilidade indica a condição financeira governamental de curto prazo em determinado período. A comparação da tendência da sustentabilidade dos governos ao longo de vários períodos levanta discussões sobre as políticas governamentais adotadas e as suas eventuais consequências.

2. **Flexibilidade:** é definida como o grau no qual um governo pode mudar seu endividamento ou a carga tributária com o objetivo de atender suas obrigações financeiras para com credores, empregados, população etc. De acordo com o grupo de estudo do CICA (1997), a flexibilidade fornece *insights* sobre como os governos gerenciam suas finanças: governos que aumentam o nível de empréstimos no presente reduzem a sua flexibilidade futura para responder às circunstâncias adversas da economia; e governos que aumentam a tributação no presente reduzem a sua capacidade para adotar essa mesma medida no futuro.

3. **Vulnerabilidade:** é definida como o grau no qual um governo é dependente de recursos de outras esferas governamentais, expondo a entidade a riscos que poderão prejudicar sua capacidade em atender suas obrigações financeiras em relação à prestação de serviços à comunidade, credores e empregados. Assim, quanto menor o grau de controle de um governo sobre as suas fontes de receita, maior a sua vulnerabilidade. O CICA (1997) assinala que a mensuração da vulnerabilidade fornece *insights* sobre a confiança do governo em relação às fontes externas de recursos fora do seu controle ou influência.

De acordo com o *Public Sector Accounting Board* – PSAB (2007, p. 7), o modelo do CICA (1997) apresenta as seguintes características:

1. ajuda a reduzir o risco do processo subjetivo de avaliação da condição financeira em excluir dados importantes que poderia influenciar materialmente a percepção dos usuários sobre o desempenho financeiro dos governos;
2. proporciona estrutura para suportar uma variedade de estratégias e discussões políticas, como, por exemplo: (*i*) a avaliação suficiente e apropriada de políticas governamentais sobre receitas e gerenciamento de dívidas; (*ii*) a variação do

nível de serviços prestados; e (*iii*) a avaliação da *accountability* dos recursos confiados ao governo;
3. os fatores de sustentabilidade, flexibilidade e vulnerabilidade são inter-relacionados, por exemplo: um governo cuja condição financeira é forte poderá debilitá-la no longo prazo se o nível corrente ou a qualidade de seus serviços tornarem-se baixos. Por outro lado, se o governo decidir aumentar o nível de serviços prestados à comunidade ou a qualidade desses serviços, incorrerá em custos financeiros que reduzirão a flexibilidade e/ou aumentarão a vulnerabilidade, podendo impactar negativamente a sustentabilidade de longo prazo;
4. não há um resultado ótimo ou correto para a condição financeira. A sua determinação varia de acordo com vários fatores, como escala/escopo dos serviços fornecidos, padrões dos serviços locais, políticas de gerenciamento financeiro etc. Durante o processo de planejamento esses fatores devem ser considerados quando o governo for estabelecer uma meta para a sua condição financeira.

Os indicadores empregados no modelo do CICA (1997), de acordo com o PSAB (2007, p. 10-13), estão demonstrados no Quadro 13.4, segundo os fatores de sustentabilidade, flexibilidade e vulnerabilidade e segundo as classes de indicadores específicos do governo e indicadores relacionados ao governo.

Quadro 13.4   Indicadores do modelo do CICA (1997)

FATORES INDICADORES	INDICADORES ESPECÍFICOS DO GOVERNO	INDICADORES RELACIONADOS AO GOVERNO
Sustentabilidade	Ativo total/passivo total	Dívida/PIB
	Ativo financeiro/passivo total	
	Dívida líquida/receita anual	Déficit/PIB
Flexibilidade	Carga da dívida/receita	Receita própria/PIB
	Valor líquido dos ativos de capital/custo dos ativos de capital	Receita própria/base tributária
Vulnerabilidade	Receita de transferência/receita total	
	Dívida externa/dívida líquida	

Fonte: Public Sector Accounting Board – PSAB (2007, p. 10-13).

13.2.1.5 Modelo de Chaney et al.

O modelo de Chaney et al. (2002) apresenta um conjunto de indicadores consistente com as regras instituídas pelo pronunciamento GASB 34 (*Government-wide financial statements*), no qual estabelece o regime de competência como fundamento para todas as atividades governamentais, bem como o registro dos ativos e passivos de longo prazo, incluindo o registro dos bens de infraestrutura e a dívida geral. Além disso, esse pronunciamento determina o reconhecimento da depreciação dos ativos de capital e o reconhecimento de obrigações de longo prazo relacionadas com esses bens, razão pela qual as demonstrações contábeis do ente governamental fornecem *status* mais acurado para a condição financeira.

Na visão de Chaney et al. (2002, p. 28), há um consenso de que a condição financeira inclui quatro dimensões: posição financeira, desempenho financeiro, liquidez e solvência. Todavia, não há acordo sobre quais indicadores melhor medem a condição financeira governamental. Contudo, os autores recomendam o uso de cinco indicadores conforme discriminado no Quadro 13.5.

Quadro 13.5   Indicadores do modelo de Chaney et al. (2002)

DIMENSÃO	INDICADOR
Posição financeira	Ativos líquidos não restritos/gastos totais
Desempenho financeiro	Variação dos ativos líquidos/ativos líquidos totais
Liquidez	(Caixa + investimentos correntes + recebíveis)/obrigações correntes
Solvência	Dívida de longo prazo/ativos totais
	(Variação nos ativos líquidos + despesas com juros)/despesas com juros

13.2.1.6   Modelo de Wang et al.

O modelo de Wang et al. (2007) fundamenta-se no ciclo de relacionamento estabelecido entre condição socioeconômica condição financeira do governo capacidade financeira do governo condição socioeconômica. Assim, uma economia forte proporciona condição financeira e capacidade financeira do governo saudáveis, que, por sua vez, resultam no aperfeiçoamento da condição socioeconômica (WANG et al., 2007, p. 11).

Com base nesse fundamento, os autores utilizaram 11 indicadores para medir a condição financeira, adotando como referência as quatro dimensões de solvência financeira apresentadas por Groves e Valente (2003): solvência de caixa, solvência orçamentária, solvência de longo prazo e solvência do nível de serviços, conforme mostra o Quadro 13.6.

MODELOS DE AVALIAÇÃO DA CONDIÇÃO FINANCEIRA

Quadro 13.6   Indicadores do modelo de Wang et al. (2007)

DIMENSÃO	INDICADOR	DEFINIÇÃO
Solvência de caixa	Posição de caixa	(Caixa + equivalente de caixa + investimentos de curto prazo)/ obrigações de curto prazo
	Liquidez imediata	(Caixa + equivalente de caixa + investimentos de curto prazo + recebíveis)/obrigações de curto prazo
	Liquidez corrente	Ativos de curto prazo/obrigações de curto prazo
Solvência orçamentária	Posição operacional	Receita total/despesa total
	Superávit/déficit per capita	Total superávit (déficit)/população
Solvência de longo prazo	Índice de ativos líquidos	Ativos líquidos restritos e não restritos/ ativos totais
	Indicador de obrigações de longo prazo	Obrigações de longo prazo/ativos totais
	Obrigações de longo prazo per capita	Obrigações de longo prazo/população
Solvência do nível de serviços	Tributos per capita	Total da receita tributária/população
	Receita per capita	Total da receita/população
	Gastos per capita	Total dos gastos/população

A operacionalização do modelo de Wang et al. (2007) consiste, inicialmente, em mensurar os indicadores com base em dados produzidos pelos governos segundo a estrutura conceitual instituída pelo GASB 34 (*Government-wide financial statements*). O segundo estágio consiste no desenvolvimento de análise bivariada visando verificar a correlação entre os indicadores de cada dimensão para proporcionar a construção de quatro índices compostos segundo cada dimensão de solvência financeira. No terceiro estágio, ao verificarem que as quatro dimensões de solvência financeira são fortemente correlacionadas, os autores desenvolveram um indicador geral da condição financeira. Por fim, os autores, ao verificarem correlação significativa entre o indicador geral da condição financeira e variáveis socioeconômicas (população, renda pessoal per capita, PIB per capita, índice de desemprego, dentre outras), concluíram que essas variáveis são relevantes para prever a condição financeira dos governos.

O indicador geral da condição financeira obtido com o modelo de Wang et al. (2007) pode ser utilizado como uma variável dependente em estudos que objetivam identificar os fatores que impactam a condição financeira, buscando responder as seguintes questões: quais os fatores que afetam a condição financeira? Como eles afetam a condição financeira? Por que alguns governos apresentam condição financeira melhor que outros? Como a condição financeira afeta a capacidade da organização de fornecer serviços públicos?

A aplicação do modelo de Wang et al. (2007) aos Estados americanos permitiu concluir que o desenvolvimento socioeconômico está associado com condição financeira saudável e o declínio socioeconômico está associado com condição financeira deteriorada.

13.2.1.7 Modelo de Sohl et al.

O modelo de Sohl et al. (2009) apresenta uma abordagem metodológica com o objetivo de formar grupos similares de jurisdições governamentais para possibilitar comparações entre si, estabelecendo-se um *benchmark* sobre a posição financeira para, então, formar uma base de avaliação da condição financeira. Esse estudo expande o trabalho de Berne e Schramm (1986) e de Campbell (1990) ao empregar técnicas de análise de comparações entre jurisdições (***cross-jurisdictional comparisons***), tendo como principal diferença a forma como as unidades de análise são identificadas e selecionadas.

O processo de análise inicia-se com a identificação e a seleção das jurisdições que comporão o grupo de análise para, em seguida, selecionar medidas apropriadas, tendo por referência os indicadores do *Financial Trend Monitoring System* (FTMS) desenvolvido por Groves e Valente (2003).

No processo de identificação e seleção das jurisdições, Sohl et al. (2009) seguiram uma metodologia de classificação orientada (***rank-driven methodology***) em três fases. A primeira fase (***screening analysis***) consistiu em selecionar uma boa amostra de cidades que possibilitasse a formação de um grupo homogêneo com base em variáveis socioeconômicas e organizacionais, distribuídas em seis dimensões: tamanho da comunidade (população); tamanho organizacional e escopo dos serviços (tamanho do orçamento, receitas do fundo geral); tamanho do território atendido pelos serviços (área territorial); base tributária/atividade econômica (renda *per capita*, valor médio das propriedades); característica da comunidade (realizações na área de educação, densidade, serviços aeroportuários, tempo de escolaridade da população, maior atividade econômica); e receitas e gastos (total das receitas e total dos gastos). Na segunda fase (***focused-fit analysis***), os autores focaram o ajuste da amostra visando aumentar o processo de comparação entre as cidades, acrescentando cinco características da comunidade: escore dos crimes contra a propriedade, leitos hospitalares e respectivo quadro de funcionários, força de trabalho da cidade, taxa de pobreza e forma de governo. Finalmente, para refinar a seleção dos indivíduos do grupo, foi inserida a variável geográfica de localização.

13.2.1.8 Modelo da STN

O modelo desenvolvido pela Secretaria do Tesouro Nacional – STN (2012) tem por finalidade analisar a capacidade de pagamento e a contrapartida para a concessão de aval e garantia ao Estado, ao Distrito Federal e ao Município. A referida análise indicará a classificação da situação fiscal do ente para fins de concessão de operação de crédito interna ou externa.

A metodologia da análise da capacidade de pagamento está estruturada em duas etapas:

a. classificação da situação fiscal associada ao risco de crédito, tendo como parâmetros indicadores econômico-financeiros; e
b. enquadramento da operação pleiteada em sua correspondente situação fiscal, tendo como parâmetros o indicador de endividamento e o indicador de serviço da dívida.

A situação fiscal do ente será determinada pela pontuação resultante da média ponderada obtida pela forma a seguir:

$$Pontuação = \frac{\sum_{i=1}^{8} p_i \overline{NA}_t}{\sum_{i=1}^{8} p_i}$$

Em que:
Pontuação – resultado das notas médias atribuídas aos indicadores econômico-financeiros ponderados pelo peso do correspondente indicador;

$\overline{NA}_t$ – nota média atribuída ao i-ésimo indicador econômico-financeiro;
p_i – corresponde ao peso de cada indicador econômico-financeiro; e
i – corresponde a cada um dos oito indicadores econômico-financeiros.

A nota média atribuída a cada indicador econômico-financeiro é obtida pela seguinte fórmula:

$$\overline{NA}_t = \sum_{t=1}^{3} b_t NA_{i,t}$$

Em que:
$\overline{NA}_t$ – nota média atribuída ao i-ésimo indicador econômico-financeiro;
$NA_{i,t}$ – corresponde à nota atribuída ao resultado do *i-ésimo* indicador econômico-financeiro em cada exercício; e
b_t – corresponde ao peso atribuído a cada exercício;

Capítulo 13

T	t – 1	t – 2	t – 3	TOTAL
Peso (b_t)	0,5	0,3	0,2	1

t – corresponde a cada um dos três últimos anos de balanços publicados, sendo t = 1 o ano do balanço mais recente; e

i – corresponde a cada um dos oito indicadores econômico-financeiros.

Os oito indicadores utilizados no modelo definido pela STN (2012) são apresentados no Quadro 13.7.

Quadro 13.7 Indicadores do modelo da capacidade de pagamento

DESCRIÇÃO	FÓRMULA	PESO
Endividamento (End)	$\dfrac{\text{Dívida pública consolidada}}{\text{Receita corrente líquida}}$	10
Serviço da dívida na receita corrente líquida (SDrcl)	$\dfrac{\text{Serviço da dívida}}{\text{Receita corrente líquida}} \times 100$	9
Resultado primário servindo a dívida (RPsd)	$\dfrac{\text{Resultado primário}}{\text{Serviço da dívida}}$	8
Despesa com pessoal e encargos sociais na receita corrente líquida (DPrcl)	$\dfrac{\text{Despesa com pessoal e encargos sociais}}{\text{Receita corrente líquida}} \times 100$	7
Capacidade de geração de poupança própria (CGPP)	$\dfrac{\text{Receitas correntes} - \text{despesas correntes}}{\text{Receitas correntes}} \times 100$	4
Participação dos investimentos na despesa total (PIdt)	$\dfrac{\text{Investimentos}}{\text{Despesa total}} \times 100$	3
Participação das contribuições e remunerações do RPPS nas despesas previdenciárias (PCRdp)	$\dfrac{\text{Contribuições} + \text{remunerações do RPPS}}{\text{Despesas previdenciárias}} \times 100$	2
Receitas tributárias nas despesas de custeio (RTdc)	$\dfrac{\text{Receitas tributárias}}{\text{Despesas de custeio}} \times 100$	1

Fonte: Adaptado de STN (2012).

MODELOS DE AVALIAÇÃO DA CONDIÇÃO FINANCEIRA

A nota atribuída ($NA_{i,t}$) ao *i-ésimo* indicador econômico-financeiro em cada exercício é obtida utilizando intervalos relativos que variarão de 0 (zero) a 6 (seis) e corresponderão ao respectivo campo de variação (extremo lado direito e extremo lado esquerdo) de cada indicador, que poderá ser crescente ou decrescente, conforme apresentado a seguir.

Quadro 13.8   Intervalos relativos das notas atribuídas a cada indicador

INDICADORES		EXTREMOS		SENTIDO DO
DESCRIÇÃO	ABREVIAÇÃO	LADO ESQUERDO	LADO DIREITO	INDICADOR DA NOTA
Endividamento	End.	0,5	1,3	Crescente
Serviço da dívida na receita corrente líquida	SDrcl	8,0%	15,0%	Crescente
Resultado primário servindo a dívida	RPsd	1	0	Decrescente
Despesa com pessoal e encargos sociais na receita corrente líquida	DPrcl	40%	70%	Crescente
Capacidade de geração de poupança própria	CGPP	25%	5%	Decrescente
Participação dos investimentos na despesa total	PIdt	20%	5%	Decrescente
Participação das contribuições e remunerações do RPPS nas despesas previdenciárias	PCRdp	90%	40%	Decrescente
Receitas tributárias nas despesas de custeio	RTdc	80%	30%	Decrescente
Nota Atribuída		0	6	

Fonte: Adaptado de STN (2012).

O cálculo da nota atribuída a cada indicador econômico-financeiro em cada exercício será realizado pelas seguintes equações:

Capítulo 13

1. Cálculo para indicadores que seguem intervalos decrescentes

$$NA_{i,t} = NA_{LD} - \frac{\Delta NA_{LDLE} \cdot \Delta x_{LD}}{\Delta EXT_{LELD}}$$

Em que:

$NA_{i,t}$ – corresponde à nota atribuída ao resultado do *i-ésimo* indicador econômico-financeiro em cada exercício;

$NA_{i,t}$ – corresponde ao valor do lado direito do campo "nota atribuída", que é igual a 6,0;

ΔNA_{LDLE} – valor do intervalo do campo "nota atribuída", ou seja, $\Delta NA_{LDLE} = 6,0 - 0 = 6,0$;

Δx_{LD} – é igual à diferença entre o resultado do indicador econômico-financeiro e valor do extremo do lado direito do campo de variação desse indicador;

ΔEXT_{LDLE} – correspondente ao intervalo do campo extremo de variação desse indicador, ou seja, decorre da diferença entre $EXT_{LE} - EXT_{LD}$.

2. Cálculo para indicadores que seguem intervalos decrescentes

$$NA_{i,t} = NA_{LE} - \frac{\Delta NA_{LDLE} \cdot \Delta x_{LE}}{\Delta EXT_{LDLE}}$$

Em que:

$NA_{i,t}$ – corresponde à nota atribuída ao resultado do *i-ésimo* indicador econômico-financeiro em cada exercício;

$NA_{i,t}$ – corresponde ao valor do lado esquerdo do campo "nota atribuída", que é igual a 0,0;

ΔNA_{LDLE} – valor do intervalo do campo "nota atribuída", ou seja, $\Delta NA_{LDLE} = 6,0 - 0 = 6,0$;

Δx_{LE} – é igual à diferença entre o resultado do indicador econômico-financeiro e o valor do extremo do lado esquerdo do campo de variação desse indicador;

ΔEXT_{LDLE} – correspondente ao intervalo do campo extremo de variação desse indicador, ou seja, decorre da diferença entre $EXT_{LD} - EXT_{LE}$.

De acordo com a STN (2012), caso o valor calculado do indicador econômico-financeiro fique fora de seu intervalo, este assume o valor extremo do lado direito ou do lado esquerdo mais próximo, determinando-se, consequentemente, a nota atribuída ($NA_{i,t}$).

A pontuação obtida pela aplicação da Equação 1 possibilitará a classificação da situação fiscal associada ao risco de crédito do Estado, do Distrito Federal e do Município, tendo por base as informações apresentadas no Quadro 13.9.

Quadro 13.9   Classificação da situação fiscal associada ao risco de crédito

CLASSIFICAÇÃO	INTERVALO	SITUAÇÃO FISCAL E RISCO DE CRÉDITO
A+	0,00≤Pontuação≤0,50	Situação fiscal é excelente – risco de crédito é quase nulo
A	0,50<Pontuação≤1,00	Situação fiscal é muito forte – risco de crédito é muito baixo
A–	1,00<Pontuação≤1,50	
B+	1,50<Pontuação≤2,00	Situação fiscal é forte – risco de crédito é baixo
B	2,00<Pontuação≤2,50	
B–	2,50<Pontuação≤3,00	Situação fiscal é boa – risco de crédito é médio
C+	3,00<Pontuação≤3,50	Situação fiscal é fraca – risco de crédito é relevante
C	3,50<Pontuação≤4,00	Situação fiscal é muito fraca – risco de crédito é muito alto
C–	4,00<Pontuação≤4,50	
D+	4,50<Pontuação≤5,00	
D	5,00<Pontuação≤5,50	Situação de desequilíbrio fiscal
D–	5,50<Pontuação<6,00	

Fonte: Adaptado de STN (2012).

13.2.2 Modelos quase abertos

Os modelos quase abertos ou *pseudo* abertos apresentam tanto características dos modelos abertos quanto características dos modelos fechados, isto é, dispõem de dados financeiros produzidos internamente pela organização e variáveis ambientais que continuamente afetam o desempenho financeiro da organização.

Assim, a operacionalização dos modelos quase abertos se dá por meio da interpretação de dados financeiros extraídos diretamente do sistema contábil das organizações ao longo de vários exercícios e por meio da interpretação de variáveis econômicas, sociais e geográficas, empregando as seguintes técnicas de análise: análise de indicadores, comparações entre jurisdições, *ranking* com base em índices compostos e análise de tendência.

Os principais modelos quase abertos para avaliar a condição financeira encontrados na literatura são: Hughes e Laverdiere (1986), Campbell (1990), Kleine et. *al* (2003) e Groves e Valente (2003).

13.2.2.1 Modelo de Hughes e Laverdiere

Hughes e Laverdiere (1986), com o objetivo de proporcionar melhores decisões de alocações orçamentárias por meio da identificação de áreas que precisam de ajustes de financiamento, desenvolveram um modelo de decisão denominado de *comparative financial analysis* (análise financeira comparada) contendo as seguintes fases:

1. Constituir um grupo homogêneo de cidades para proporcionar análises comparativas – nessa fase, as cidades que compõem um grupo de análise devem ser selecionadas segundo características similares. Uma abordagem consiste em utilizar fatores sociodemográficos, tais como: tamanho populacional, renda dos munícipes, riqueza local, índice de criminalidade, quilômetros de estradas, fórmulas utilizadas pelos governos de esferas superiores para distribuição de ajuda financeira aos governos locais, dentre outras.
2. Mensurar o desempenho gerencial – o desempenho gerencial do governo é mensurado com base em quatro fatores: posição financeira, condição financeira, capacidade de receita e eficiência/eficácia. A posição financeira é evidenciada segundo o padrão de receitas e gastos da localidade, sendo demonstrada com base em *ranks* e escores baseados em percentis; a condição financeira é retratada segundo a estrutura de endividamento; a capacidade de receita consiste em identificar o potencial de receita do Município (*average effort*); e a medida de eficiência/eficácia das operações é representada pelo custo por unidade de *output*.
3. Mensurar indicadores de desempenho – os indicadores de desempenho, basicamente de receita e despesa, são medidos em termos *per capita* em termos de quocientes de localização para proporcionar comparações entre as jurisdições.
4. Combinar as análises precedentes e tomar a decisão orçamentária sobre o ajuste de financiamento das operações do governo local.

13.2.2.2 Modelo de Campbell

Com base na estrutura do modelo de Hughes e Laverdiere (1986), Campbell (1990) desenvolveu um modelo com o objetivo de identificar políticas financeiras para orientar o processo de tomada de decisão, denominando-o de **comparative decision support system** (sistema de suporte à decisão comparada). O modelo consiste em selecionar um grupo homogêneo de Municípios tomando como referência os indicadores sociais, econômicos e financeiros recomendados pela *Advisory Commission on Intergovernmental*

MODELOS DE AVALIAÇÃO DA CONDIÇÃO FINANCEIRA

Relation (ACIR). Assim, a estrutura conceitual do modelo de Campbell (1990) contém as seguintes características:
1. conjunto de indicadores que reflita as variáveis socioeconômicas mais importantes, tais como: população, valor das propriedades, renda pessoal *per capita*, índice de desemprego, percentagem de famílias abaixo da linha de pobreza e tipo da economia local;
2. critérios de comparabilidade das informações por meio da conversão dos dados de cada Município para uma base comum em termos *per capita*, em termos de quocientes de localização ou em termos de medidas de esforço fiscal e capacidade fiscal;
3. emprego de medidas que retratem as funções gerenciais dos governos, tais como: receitas, gastos e endividamento.

13.2.2.3 Modelo de Kleine et al.

Kleine et al. (2003, p. 23), ao avaliaram o modelo de Brown (1993), concluíram que existem dificuldades práticas e teóricas que limitam sua utilidade, apesar de ser uma ferramenta útil para avaliar a condição financeira dos Municípios. Os autores apontam as seguintes limitações: (*i*) o modelo penaliza ou premia os governos em bases relativas, independentemente do mérito absoluto dos indicadores; (*ii*) os resultados não são comparáveis ao longo dos anos; (*iii*) ausência de indicadores econômicos e sociais; (*iv*) pelo menos três dos dez indicadores não são apropriados para avaliar o *stress* fiscal; e (*v*) os indicadores são computados sem que haja uma avaliação prévia sobre a saúde fiscal de cada unidade de análise.

Visando suprimir essas limitações, Kleine et al. (2003) construíram um modelo alternativo composto de nove indicadores, o qual denominaram de escala dos 10 pontos do *stress* fiscal (*10-point scale of fiscal stress*). Posteriormente, os autores, encabeçados por Kloha et al. (2005), publicaram uma nova versão do modelo que funciona da seguinte forma:

1. cada indicador conta com uma ou duas variáveis para medir diretamente um conceito estabelecido na literatura de finanças públicas;
2. cada indicador dispõe de um padrão para distinguir o desempenho bom do desempenho ruim;
3. se o desempenho do governo em um indicador específico é bom será atribuído escore zero e se o desempenho é ruim será atribuído escore 1;
4. finalmente, os pontos atribuídos aos nove indicadores serão totalizados para cada ano em análise, resultando em um escore que varia de 0 a 10 (quanto maior o escore, pior o desempenho geral do governo).

Os indicadores e os padrões de desempenho do modelo de Kleine et al. (2003) são apresentados no Quadro 13.10.

Quadro 13.10 Indicadores do modelo de Kleine et al. (2003)

INDICADORES	PADRÃO DE DESEMPENHO
Crescimento populacional (2 anos)	Se o governo perder população, então ele será penalizado em 1 ponto.
Crescimento real dos valores tributáveis (2 anos)	Se o governo apresentar crescimento real negativo, então ele será penalizado em 1 ponto.
Grande diminuição real dos valores tributáveis (2 anos)	Se a redução é – 0.04, então o governo será penalizado em um ponto.
Gastos do fundo geral/valores tributáveis	Se o Município apresentar escore maior que 0,05, então o governo será penalizado em 1 ponto.
Déficit operacional do fundo geral	Esse indicador é calculado pela diferença entre receita e despesa do fundo geral, dividindo-se o resultado pela receita. Se o resultado for menor que 0,01, o governo será penalizado em 1 ponto.
Déficit operacional de anos anteriores	O governo será penalizado em 1 ponto para cada ano, até o máximo de 3, para cada ano em que apresentar déficit operacional.
Fundo financeiro/receita	Se esse indicador apresentar resultado menor que 0,13, então o governo será penalizado em 1 ponto.
Déficit do ano anterior ou do ano corrente do maior fundo especial	O governo será penalizado em 1 ponto se apresentar déficit do ano anterior ou do ano corrente para o maior fundo especial.
Dívida de longo prazo/valor real tributável	Se esse indicador apresentar resultado maior que 0,06, então o governo será penalizado em 1 ponto.

Com base no escore geral, os governos podem ser classificados em uma das seguintes categorias de desempenho fiscal: saudável (0-4 pontos); em observação (5 pontos); em advertência (6-7 pontos); e em emergência fiscal (8-10 pontos).

13.2.2.4 Modelo de Groves e Valente

O modelo de Groves e Valente (2003), conhecido como *Financial Trend Monitoring System* – FTMS (Sistema de Monitoramento da Tendência Financeira), foi originalmente publicado em 1980 pela *International City Management Association* (ICMA), composto

MODELOS DE AVALIAÇÃO DA CONDIÇÃO FINANCEIRA

por cinco volumes. Posteriormente, em 1986, diante de várias sugestões apresentadas pelos usuários, o modelo foi revisado por Maureen Godsey Valente e publicado em um único volume, intitulado *Evaluating financial condition: a handbook for local government*. Em 2003, foi publicada a 4ª edição do livro sob a revisão de Karl Nollenberger.

O FTMS consiste em uma ferramenta gerencial que identifica os fatores que afetam a condição financeira mediante a conjugação racional de informações econômicas, demográficas e financeiras provenientes dos orçamentos públicos e demonstrações contábeis. Com essas informações os indicadores são mensurados e, em seguida, evidenciados em gráficos para demonstrar a tendência ao longo de três a cinco anos, permitindo ao analista monitorar as mudanças ocorridas na condição financeira e alertar os gestores quanto a futuros problemas.

O modelo de Groves e Valente (2003) é formado por 11 fatores ambientais e financeiros que têm associados 42 indicadores, sendo 27 financeiros e 15 ambientais, destinados a medir diferentes aspectos de nove fatores.[1] A associação desse conjunto de fatores e indicadores, relacionados com as práticas gerenciais e políticas legislativas da entidade governamental, formam a estrutura do FTMS.

A Figura 13.3 mostra a estrutura do FTMS, destacando o relacionamento dos fatores ambientais, organizacionais e financeiros que devem ser levados em conta quando da avaliação da condição financeira de uma entidade governamental. Analisando-se a figura da esquerda para a direita, observa-se que os fatores ambientais criam o ambiente organizacional para práticas gerenciais e políticas legislativas que, por sua vez, determinam os fatores financeiros, demonstrando um relacionamento de causa e efeito em que o fluxo de informações tende a uma única direção como indicado pelas flechas. Em outras palavras, os fatores ambientais são filtrados através do ambiente organizacional e o resultado é uma série de fatores financeiros que descrevem o estado das finanças internas da unidade governamental.

---

[1] O FTMS não fornece indicadores para os fatores "cultura política" e "condições econômicas externas", apenas questões são sugeridas para ajudar a clarear o impacto desses fatores na condição financeira da entidade.

Capítulo 13

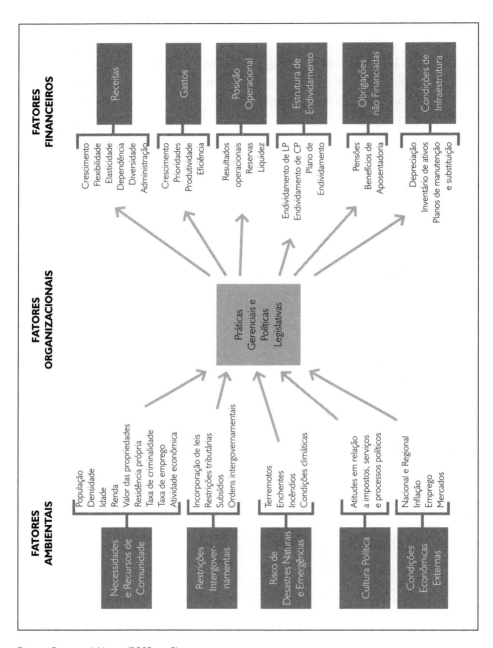

Fonte: Groves e Valente (2003, p. 5).

Figura 13.3   Fatores determinantes da condição financeira.

Os indicadores associados a cada um dos fatores do modelo FTMS são referenciados ao longo deste livro. Esses indicadores foram desenvolvidos mediante levantamento na literatura de finanças públicas e discussões com pessoas especializadas a nível nacional nos Estados Unidos. Cabe ressaltar que a mensuração desses indicadores não explica exatamente o que está ocorrendo com a condição financeira da entidade, fornecendo apenas sinais sobre as causas para identificar possíveis problemas.

13.2.3 Modelos abertos

Os modelos abertos têm por orientação a teoria de sistemas abertos e utilizam na sua constituição os fundamentos da teoria organizacional, da teoria da gestão estratégica e da teoria macroeconômica. Os modelos abertos buscam avaliar a situação financeira, incorporando variáveis ambientais externas à organização que continuamente afetam a condição financeira governamental.

A operacionalização dos modelos abertos se dá por meio do emprego das seguintes técnicas de análise: análise de indicadores, comparações entre jurisdições, *ranking* com base em índices compostos, análise de tendência, análise bivariada, análise de regressão, equações simultâneas e análise do ambiente fiscal.

Os principais modelos abertos para avaliar a condição financeira encontrados na literatura são: Hendrick (2004), Kavanagh (2007) e Krishnakumar et al. (2010).

13.2.3.1 Modelo de Hendrick

Hendrick (2004) desenvolveu uma estrutura para avaliar a condição financeira e a saúde fiscal dos governos locais de 264 Municípios da região metropolitana de Chicago, Estados Unidos.

O modelo de Hendrick (2004) tem por principal objetivo estabelecer uma conexão entre o sistema governamental e o seu ambiente. Assim, partindo da premissa de que a condição financeira é um conceito multidimensional, a autora realizou, inicialmente, um levantamento na literatura, especialmente o trabalho de Berne e Schramm (1986), visando identificar os diferentes fatores determinantes da condição financeira, tendo identificado as dimensões demonstradas no Quadro 13.11.

Com base nesse levantamento, Hendrick (2004) identificou que essas dimensões são relacionadas de forma indireta e não linear, indicando que elas devem ser mensuradas separadamente em vez de serem combinadas para produzir uma medida composta da condição financeira. Assim, a autora escolheu quatro dimensões (riqueza da comunidade, necessidade de gastos, equilíbrio da estrutura fiscal e folga fiscal) e, em seguida, desenvolveu um indicador para cada dimensão, conforme relatado a seguir, para proporcionar a avaliação da saúde fiscal dos Municípios da amostra.

Quadro 13.11 Dimensões do modelo de Hendrick (2004)

DIMENSÃO	DEFINIÇÃO
Riqueza da comunidade	Mostra as fontes de receita do governo formada tanto pela base tributária quanto por outras bases de receita.
Necessidade de gastos	Condição que determina o nível de serviços que o governo deve fornecer para garantir o bem-estar da população.
Características socioeconômicas, políticas e demográficas	Revela as características populacionais, econômicas e outras características subjacentes que determinam as dimensões "riqueza da comunidade" e "necessidade de gastos". Também representa as condições econômicas regional, estadual e nacional.
Equilíbrio da estrutura fiscal com o ambiente	Envolve comparações das características das dimensões "riqueza da comunidade", "necessidade de gastos" e "características socioeconômicas, políticas e demográficas" para determinar o equilíbrio ou nível de adaptação da estrutura fiscal do governo com as condições ambientais.
Folga fiscal	Mostra o nível de flexibilidade, prudência ou superávit na estrutura fiscal que permite ao governo reduzir os efeitos das mudanças no ambiente e incertezas ao longo de vários anos.
Representatividade dos componentes das principais áreas financeiras	Envolve níveis relativos das fontes de receita, dos gastos por funções, dos componentes da dívida e outros componentes das atividades financeiras.
Condições operacionais	Reflete a capacidade do governo em atender as obrigações de curto prazo durante o exercício financeiro.
Obrigações financeiras futuras	Reflete o grau no qual as decisões e condições atuais comprometem recursos futuros, tais como dívida, gastos com pensão, passivo atuarial a descoberto etc.

1. **Indicador de riqueza da comunidade:** para a construção desse indicador, inicialmente, foi desenvolvida uma regressão, tendo como variável dependente a receita própria *per capita* e como variáveis independentes a renda *per capita*, o valor das propriedades e a receita de venda *per capita* produzida pelas atividades econômicas. Em seguida, os z escores das variáveis independentes foram ponderados pelos respectivos coeficientes angulares da regressão desenvolvida na primeira etapa e, finalmente, somados para produzir o valor do indicador de riqueza da comunidade.

MODELOS DE AVALIAÇÃO DA CONDIÇÃO FINANCEIRA

2. **Indicador de necessidade de gastos:** para a construção desse indicador, inicialmente, foi desenvolvida uma regressão, tendo como variável dependente os gastos *per capita* e como variáveis independentes o índice de criminalidade por 1.000 habitantes, a idade média das residências, a densidade populacional e uma variável *dummy* para indicar se a cidade pertence ou não a um distrito com corpo de bombeiros. Em seguida, os z escores das variáveis independentes foram ponderados pelos respectivos coeficientes angulares da regressão desenvolvida na primeira etapa e, finalmente, somados para produzir a medida do indicador de necessidade de gastos.
3. **Indicador de equilíbrio da estrutura fiscal:** esse indicador foi construído por meio da diferença entre os índices "receita própria/riqueza da comunidade" e "gastos/necessidades da comunidade". O primeiro índice reflete a base de receita ou a capacidade do governo em produzir recursos próprios. O segundo índice reflete o grau no qual o governo está fornecendo níveis apropriados de bens e serviços públicos.
4. **Indicador de folga fiscal:** esse indicador foi formado encontrando-se a média da mediana de quatro indicadores: fundo financeiro/gastos, gastos de capital/gastos totais, renda das empresas/(renda total + receita própria) e serviço da dívida/gastos.

13.2.3.2 Modelo de Kavanagh

Kavanagh (2007) construiu um modelo sob a perspectiva da organização relacionada com o seu ambiente externo, envolvendo fatores e subfatores da saúde fiscal de um governo, o qual denominou de *Fiscal Environment Analysis* (Análise do Ambiente Fiscal).

A natureza estratégica do modelo de Kavanagh (2007), como um sistema aberto, tem por propósito identificar ameaças, debilidades, restrições, desafios e oportunidades dos governos em interação com o seu ambiente. Para atingir esse objetivo, Kavanagh (2007) estruturou o modelo com seis fatores e respectivos subfatores que, comumente, influenciam a condição financeira dos governos locais, conforme sintetiza o Quadro 13.12.

Quadro 13.12 Fatores do modelo de Kavanagh (2007)

FATORES	DEFINIÇÃO	SUBFATORES
Suficiência	Capacidade para assegurar recursos necessários ao fornecimento do nível de serviços públicos planejados.	1. Direcionadores macroeconômicos (taxa de juros, desemprego, exportação, consumo, taxa de emprego, produção industrial, permissão de construções etc.); 2. Direcionadores microeconômicos (número de turistas, leitos de hotéis ocupados etc.); 3. Recursos correntes (receita *per capita*, crescimento da receita, gastos *per capita*, receita operacional/despesa total, passivo atuarial a descoberto, dívida de longo prazo para financiar gastos de curto prazo etc.).
Flexibilidade	Capacidade do governo em adaptar a sua estrutura fiscal às mudanças ambientais, isto é, capacidade para remanejar os recursos existentes para atender as mudanças ocorridas nas necessidades da comunidade.	1. Fundo financeiro (recursos em reserva para atender necessidades inesperadas); 2. Composição das receitas (diversidade de fontes de receitas, elasticidade/inelasticidade da receita e menor dependência de recursos de esferas superiores); 3. Estrutura de custos (governos com alta participação de custos fixos apresentam flexibilidade limitada); 4. Dívida (carga da dívida, nível da dívida, capacidade de endividamento, destinação da dívida etc.); 5. Mandatos para fornecimento de determinados bens e serviços.
Vitalidade	Potencial econômico da comunidade para produzir recursos suficientes para atender as necessidades por bens e serviços.	1. População (tamanho populacional e crescimento populacional); 2. Atividades econômicas (tipos de negócios, empresas e informações sobre o nível de empregos); 3. Exploração dos recursos da jurisdição (land use), como exploração dos recursos naturais; 4. Infraestrutura (manutenção da infraestrutura existente e construção de novas edificações).

»

MODELOS DE AVALIAÇÃO DA CONDIÇÃO FINANCEIRA

FATORES	DEFINIÇÃO	SUBFATORES
Equidade	Alocação da carga tributária para o financiamento dos serviços públicos.	1. Percepção dos contribuintes quanto à alocação dos tributos pagos para o fornecimento de serviços públicos; 2. Preço total do governo (custo total despendido pelo governo a que os residentes estão sujeitos: receita de fontes próprias/renda dos munícipes); 3. Equidade intergeracional (forma como o pagamento da dívida é distribuído entre as gerações presentes e futuras de contribuintes).
Demanda	Alinhamento entre a demanda por bens e serviços e os recursos disponíveis para financiá-los.	1. Demanda corrente (déficit na prestação de serviços, indicadores de demandas específicas); 2. Novas demandas e mudanças de demanda (crescimento da população, planos de desenvolvimento e anexação, mudanças na renda pessoal).
Ambiente político	Dinâmicas do ambiente político provocadas por grupos de *stakeholders* que afetam a condição financeira, tais como mudanças na arrecadação de receitas, padrões de gastos ou formas de gerenciamento da entidade.	1. Autoridades legalmente constituídas (*elected officials*) – análise do ponto de vista das autoridades por meio de entrevistas sobre planos estratégicos, promessas eleitorais, discussões em reuniões de conselho etc.; 2. Infraestrutura de gestão (utilização de boas práticas gerenciais, tais como: aderência a políticas financeiras sólidas, medidas de desempenho, controle de gastos com pessoal, equilíbrio entre centralização e descentralização; 3. Grupos de interesse (sindicatos de trabalhadores, associação de contribuintes, os quais exigem boa atuação do governo); 4. Outras unidades governamentais, cujas ações impactam o ambiente fiscal.

Fonte: Adaptado de Kavanagh (2007, p. 80-99).

13.2.3.3 Modelo de Krishnakumar et al.

Krishnakumar et al. (2010) desenvolveram um modelo de avaliação da condição financeira dos governos dos pequenos distritos da Suíça (cantões) com o objetivo de demonstrar o relacionamento simultâneo entre receitas e despesas e explicar o equilíbrio fiscal desses governos (déficit ou superávit). Para tanto, os autores empregaram a técnica de equações simultâneas a um conjunto de dados em painel para o período de 1980-2002 referente a 26 distritos, visando identificar a causalidade bidirecional entre receitas e despesas e, consequentemente, demonstrar o impacto líquido dessas variáveis no resultado fiscal.

Krishnakumar et al. (2010) observaram que vários modelos fundamentados na teoria do eleitor mediano sempre ignoraram qualquer endogeneidade potencial entre receitas e despesas, assegurando que essas variáveis são interdependentes por natureza. Todavia, as decisões governamentais relacionadas às receitas são tomadas segundo a restrição das despesas a serem financiadas (o que precisa ser pago?) e, ao mesmo tempo, as decisões relacionadas às despesas são tomadas segundo a restrição das receitas (o que pode ser pago?).

Assim, os autores decidiram desenvolver um modelo de avaliação da condição financeira utilizando a técnica de equações simultâneas pelas seguintes razões: primeiro, para demonstrar o impacto de variáveis explanatórias de receitas e despesas no resultado fiscal e vice-versa; segundo, permitir testar a existência de relacionamento simultâneo entre os dois componentes do resultado fiscal: receita e despesa; e, terceiro, demonstrar o potencial do modelo de equações simultâneas em determinar a magnitude e a significância de variáveis que são simultaneamente explicativas e dependentes.

Matematicamente, o modelo de Krishnakumar et al. (2010) representa o ciclo de relacionamento entre condição socioeconômica condição financeira do governo: capacidade financeira do governo condição socioeconômica proposto por Wang et al. (2007, p. 11).

REFERÊNCIAS

ALTER Theodore R. et al. *Analyzing local government fiscal capacity.* Pennsylvania: Pennsylvania State University, Cooperative Extension Service, 1995.

BERNE, Robert; SCHRAMM, Richard. *The financial analysis of governments.* New Jersey: Prentice Hall, 1986.

BRASIL. Lei Complementar nº 101, de 4 de maio de 2000: Lei de Responsabilidade Fiscal. Disponível em: <http://www.planalto.gov.br/ccivil_03/Leis/LCP/Lcp101.htm>.

BROWN, Ken W. The 10-Point test of financial condition: toward an easy-to-use assessment tool for smaller cities. *Government Finance Review,* v. 9, n. 6, p. 21. Dec. 1993.

CAMPBELL JR., Harrison S. Comparative fiscal analysis for counties. *Public Budgeting and Finance,* v. 10, n. 2, p. 88-95, Summer 1990.

CANADIAN INSTITUTE OF CHARTERED ACCOUNTANTS (CICA). *Research report*: indicators of government financial condition. Toronto: CICA, 1997.

CHANEY, Barbara A. et al. The new governmental financial reporting model: what it means for analyzing. *The Journal of Government Financial Management,* v. 51, n. 1, Spring 2002.

GOVERNMENTAL ACCOUNTING STANDARDS BOARD (GASB). *Statement n° 34*: basic financial statements and management's discussion and analysis for state and local governments. Governmental Accounting Standards Series – GAAS, n. 171-A, June 1999.

GROVES, Stanford M.; VALENTE, Maureen Godsey. *Evaluating financial condition*: a handbook for local government. Washington: The International City/County Management Association – ICMA, 1986.

_____; _____. *Evaluating financial condition*: a handbook for local government. 4. ed. Revised by Karl Nollenberger. Washington: The International City/County Management Association – ICMA, 2003.

HENDRICK, Rebecca. Assessing and measuring the fiscal health of local governments: focus on Chicago suburban municipalities. *Urban Affairs Review*, v. 40, n. 1, p. 78-114, Sept. 2004.

HUGHES, Jesse W.; LAVERDIERE, Raymond. Comparative local government financial analysis. *Public Budgeting and Finance*, v. 6, n. 4, p. 23-33, Winter 1986.

KAVANAGH, Shayne C. *Financing the future*: long-term financial planning for local government. Chicago: Government Finance Officers Association – GFOA, 2007.

KLEINE, Robert et al. *Monitoring local government fiscal health: Michigan's new 10 point scale of fiscal distress*. *Government Finance Review*, v. 19, n. 3, p. 18-23, June 2003.

KLOHA, Philip et al. Developing and testing a composite model to predict local fiscal distress. *Public Administration Review*, v. 65, n. 3, p. 313-323, May/June 2005.

KRISHNAKUMAR, Jaya et al. Explaining fiscal balances with a simultaneous equation model of revenue and expenditure: a case study of Swiss cantons using panel data. *Public Budgeting and Finance*, v. 30, n. 2, p. 69-94, Summer 2010.

MAHER, Craig S.; NOLLENBERGER, Karl. Revisiting Kenneth Brown's 10-point test. *Government Finance Review*. October, 2009.

PUBLIC SECTOR ACCOUNTING BOARD. *Statement of principles*: indicators of government financial condition. CICA, 2007.

RAMSEY, Tina Kim. *Measuring and evaluating the financial condition of local government*. 2013. Tese (Ph.D) – Department of Public Policy and Administration, California State University, Sacramento.

SECRETARIA DO TESOURO NACIONAL (STN). *Modelo da capacidade de pagamento*: instituído pela Portaria n° 306, de 10 de setembro de 2012. Disponível em: <http://www3.tesouro.gov.br/legislacao/download/estados/Port_306_10set2012.pdf>.

SOHL, Shannon et al. Measuring the financial position of municipalities: numbers do not speak for themselves. *Public Budgeting and Finance*, v. 29, n. 3, p. 74-96, Fall 2009.

WANG, Xiaohu et. al. Measuring financial condition: a study of US States. *Public Budgeting and Finance*, v. 27, n. 2, p. 1-21, Summer 2007.)

ÍNDICE REMISSIVO

A

Abordagem Baseada nas Necessidades, 154
Abordagem da Formação de Capital, 342
Abordagem das Preferências Individuais, 153
Abordagem do Comportamento Eleitoral, 154
Abordagem do Teto da Dívida, 345
Accountability
   Definições, 6
Accrual Basis. Consulte Regime de Competência
Administração Descentralizada. *Consulte* Administração Direta
   Definições, 2
   Objetivos, 5
Administração Indireta
   Definições, 3
   Objetivos, 5
   Órgãos, 4
Administração Pública
   Definições, 2
   Órgãos Estaduais, 3
   Órgãos Federais, 3
   Órgãos Municipais, 3
Administração Centralizada. *Consulte* Administração Direta
Advance Funding. Consulte Regime Financeiro de Capitalização
Agency Funds. Consulte Fundos de Agentes
Ambiente Econômico, 78
Amortização da Dívida. *Consulte* Despesas com o Serviço da Dívida
Análise da DFC, 461
   Indicadores, 462
Análise da Posição Financeira
   Definições, 482
   Metodologias de Avaliação, 483
Análise da Posição Operacional
   Definições, 215
Análise da Receita
   Características, 242
   Objetivo, 242
   Objetivos, 243
   Arrecadada, 256
   Operacional, 259
Análise da Solvência de Caixa, 438
   Dimensão Temporal, 439
Análise de Séries Temporais. *Consulte* Análise de Tendência
Análise de Tendência, 98
Análise do Balanço Patrimonial
   Objetivos, 483
   Procedimentos de Análise, 483

Análise do Desempenho da Dívida
   Metodologias de Avaliação, 342
Análise do Endividamento
   Objetivos, 336
Análise do Fluxo de Caixa Líquido Decorrente das Atividades de Financiamento, 461
Análise do Fluxo de Caixa Líquido Decorrente das Atividades de Investimento, 461
Análise do Fluxo de Caixa Líquido Decorrente das Operações, 461
Análise do Gasto Público
   Metodologias de Avaliação, 282, 284
   Objetivos, 284
Análise do Regime Próprio de Previdência, 391
Análise do RPPS, 411
Análise Envoltória de Dados, 305
Análise Financeira
   Características, 7
   Métodos, 8
Análise Financeira Comparada
   Metodologias de Avaliação, 99
Análise Horizontal, 94
Análise Pontual do Balanço Orçamentário, 219
Análise Temporal do Balanço Orçamentário, 215
Análise Vertical, 96
Anulação Parcial ou Total de Dotações, 128
Análise do Balanço Financeiro
   Objetivo, 456
Arrecadação, 112
Arrecadação Tributária
   Competências, 243
Assessed Value. Consulte Valor de Avaliação
Atividades de Financiamento, 42
Atividades de Investimento, 42
Atividades Empresariais, 151
Atividades Imobiliárias, 150
Atividades Operacionais, 42
Ativo
   Definições, 38
Ativo Financeiro, 120
   Definições, 41
Ativo Permanente
   Definições, 41
Ativos Garantidores do Regime Previdenciário
   Definições, 403
Ativos Garantidores do Sistema Previdenciário, 397
   Limites e Condições para aplicações, 398
Autarquias
   Características, 4
Autonomia Financeira, 262
Autoridades Legislativas e de Controle. *Consulte* Usuários

da Informação Financeira
Autossuficiência Financeira, 263
Avaliação do Passivo Atuarial, 416

B

Balanço de Resultado. *Consulte* Demonstração das Variações Patrimoniais
Balanço Financeiro
   Análise Vertical e Horizontal, 460
   Características, 26, 34
   Definições, 34
   Modelo, 35
Balanço Orçamentário
   Características, 26, 30
   Modelo, 31
   Objetivos, 214
Balanço Patrimonial
   Características, 26, 38
   Definições, 38, 483
   Modelo, 39
   Objetivo, 38
Base da Receita
   Definições, 249
   Fontes, 249
   Indicadores de Análise, 252
Base de Emprego, 150
Base Econômica, 137, 250
   Definições, 248
   Indicadores de Análise, 141
   Variáveis de Análise, 248
Base Tributária, 137, *Consulte* Base da Receita
Benefit Security Ratio. *Consulte* Indicador de Proteção dos Benefícios

C

Caixa do Governo
   Fontes e Usos, 440
Capacidade de Endividamento, 342
   Definições, 343, 344
   Metodologias de Avaliação, 344
Capacidade de Geração de Poupança, 202
Capacidade Fiscal
   Características, 296
   Comparações com um Grupo Base de Referência, 255
   Competências, 251
   Definições, 250, 296
   Indicadores de Análise, 251
   Índice, 253
   Julgamentos, 255
   Medidas de Análise, 254
   Objetivo, 251, 257
   Restrições Legais, 254

Capital Circulante Líquido, 485
Características da População, 159
Carga da Dívida, 349
Cash Basis. *Consulte* Regime de Caixa
Categorias Econômicas, 108, 110
Cidadãos em Geral. *Consulte* Usuários da Informação Financeira
Cobertura da Dívida, 352
Cobertura de Custeio, 201
Cobertura de Custos de Bens e Serviços, 267
Cobertura do Déficit Orçamentário, 338
Cobertura do Serviço da Dívida, 358
Cobertura Temporariamente do Desequilíbrio entre Receitas e Despesas Correntes, 339
Comparação do Endividamento, 343
Competências Tributárias
   Municípios, 245
   Estados, 245
   União, 244
Composição do Endividamento, 486
Condição Econômica
   Características, 139
   Definições, 136, 138
   Indicadores de Análise, 139
Condição Financeira
   Aspectos Fundamentais, 81
   Aspectos históricos, 72
   Características, 2, 75, 79, 83
   Definições, 5, 6, 73-76, 78, 282, 482
   Efeitos dos Fatores Determinantes, 84
   Fatores determinantes, 83
   Limites Legais, 99
   Metodologias de Avaliação, 91
Condição Financeira de Longo Prazo, 440
Condições das Moradias, 149
Condições Estruturais
   Definições, 136
Condições Sociais
   Definições, 136
Conformidade Fiscal
   Definições, 12
Contabilidade
   Definições, 15, 27
   Estrutura Governamental, 16
   Objetivos, 15
   Sistemas Governamentais, 17
Contabilidade por Fundos, 18
   Definições, 20
Contas de Compensação
   Definições, 38
Contas de Compensações
   Definições, 41
Conta Única, 112
Créditos Adicionais
   Definições, 114

ÍNDICE REMISSIVO

Tipos, 114
Créditos Especiais, 115
Créditos Extraordinários, 116
Créditos Suplementares, 115
Crescimento do Gasto, 311
Crise Fiscal, 89
   Ações de Combate, 90
   Aguda, 87
Cumprimento de Metas
   Causas, 184
Curva de Laffer, 342
Custo dos Serviços
   Definições, 13

D

Data Envelopment Analysis. Consulte Análise Envoltória de Dados
Débitos de Tesouraria, 347
Debt Affordability. Consulte Capacidade de Endividamento
Debt Ceiling Approach. Consulte Abordagem do Teto da Dívida
Debt Comparability. Consulte Comparação do Endividamento
Debt Optimality. Consulte Otimização da Dívida
Decision Making Units. Consulte Unidades Tomadoras de Decisões
Declínio de longo prazo
   Ações de combate, 90
Declínio de Longo Prazo, 89
Declínio Fiscal, 87
Déficit
   Causas Possíveis, 183
Déficit de Caixa, 456
Déficit de Execução Orçamentária, 179
Déficit de Previsão, 177
Déficit Orçamentário
   Definições, 336
Demanda por Bens e Serviços
   Metodologias de Avaliação, 153
Demonstração das Mutações do Patrimônio Líquido
   Características, 45
   Definições, 45
   Modelo, 46
Demonstração das Mutações do PL
   Características, 26
Demonstração das Variações Patrimoniais
   Características, 26
   Modelo, 37
   Objetivo, 36
Demonstração do Fluxo de Caixa
   Análise Vertical e Horizontal, 467
Demonstração dos Fluxos de Caixa
   Cacaterísticas, 26, 41

Elementos, 42
Objetivo, 41
Tipos, 42
Demonstrações Contábeis aplicadas ao Setor Público
   Características, 30
   Deficiências, 28
   Definições, 30
   Fontes, 28
   Limitações, 27
   Objetivos, 29
Demonstrações Contábeis Aplicadas ao Setor Público
   Tipos, 27
Demonstrativo do Superávit/Déficit Financeiro, 455
   Características, 26
Densidade Populacional, 160
Dependência Financeira, 263
Depósitos, 347
Desempenho da Arrecadação, 195
Desempenho da Despesa Orçamentária, 198
Desempenho Econômico
   Definições, 138
   Indicadores de Análise, 140
Desempenho Gerencial
   Definições, 12
Desempenho Orçamentário
   Indicadores, 200
   Acumulado, 203
Desempenho Relativo da Arrecadação, 196
Desempenho Relativo da Despesa, 199
Desequilíbrio Financeiro Vertical, 298
Desequilíbrios Financeiros Horizontais, 298
Desigualdade de Renda, 139
Despesa
   Definições, 109
Despesa com o Serviço da Dívida
   Tipos, 286
Despesa Orçamentária
   Definições, 108
Despesa Orçamentária Efetiva, 108
Despesa Orçamentária Não Efetiva, 108
Despesas com o Serviço da Dívida
   Definições, 286
Despesas com Pessoal e Encargos Sociais, 285
Despesas Correntes
   Definições, 108
Despesas de Capital
   Definições, 108
Despesas Operacionais
   Definições, 285
   Tipos, 285
Despesas Orçamentárias
   Tipos, 108
Destinação da Dívida, 354
Desvantagem Fiscal, 87
Determinantes dos Gastos Públicos, 289

Dificuldades Intermunicipais, 157
Dimensão Econômica, 152
Dimensão Fiscal, 152
Dimensão Social, 152
Dimensão Temporal, 78
Distribuição de Renda, 139
Diversificação da Receita, 264
Dívida
   Características, 338
   Definições, 336, 337
   Metodologias de Avaliação, 366
Dívida Autogarantida, 346
Dívida Autossustentável, 338
Dívida Consolidada. *Consulte* Dívida de Longo Prazo
Dívida Consolidada Líquida, 348
   Demonstrativo, 362
Dívida de Curto Prazo
   Definições, 347
Dívida de Curto PrazoTipos, 347
Dívida de Longo Prazo
   Definições, 347
Dívida de Longo PrazoTipos, 348
Dívida de Receita. *Consulte* Dívida Autossustentável
Dívida do Governo, 346
Dívida Externa, 348
Dívida Flutuante. *Consulte* Dívida de Curto Prazo
Dívida Fundada. *Consulte* Dívida de Longo Prazo
Dívida Interna, 347
Dívida Pendente, 348
Dívida *per capita*, 351
Dívidas
   Objetivos, 338

E

Economia Orçamentária
   Causas, 184
Efeito da Inflação, 287
Eficiência de Custo, 304
Eficiência dos Gastos Públicos, 303
Eficiência Governamental
   Definições, 5
Eficiência na Arrecadação de Impostos, 196
Eficiência Técnica, 304
Eficiência Tributária, 243
Elasticidade da Receita, 265
Elasticidade do Gasto, 310
Emergência Financeira, 86
Empenho, 109
Empresas Públicas
   Características, 4
Endividamento, 91, 486
Endividamento Público. *Consulte* Dívida
Equidade, 6

Equilíbrio Atuarial, 396
Equilíbrio de Caixa, 457
Equilíbrio Financeiro, 396
Equilíbrio Orçamentário
   Características, 180
   Definições, 176, 180
   Normas e Restrições Legais, 181
Escolaridade da População, 159
Esforço de Manutenção, 161
Esforço Tributário, 262
Estabilidade da Renda, 139
Estados
   Competência Tributária, 245
Estoque da Dívida. *Consulte* Dívida Pendente
Estrutura Econômica
   Definições, 139
Estrutura Financeira, 77
Excesso de Arrecadação
   Causas, 183
   Demonstrativo, 128
   Metodologias de Avaliação, 125-127
   Obrigatoriedade, 125
Excesso de Arrecadação Efetivo
   Demonstrativo, 192
Excesso de Gastos
   Causas, 184
Execução da Despesa Orçamentária
   Características, 108
   Indicadores, 198
Execução da Receita Orçamentária, 111
   Estágios, 112
   Indicadores, 195
Execução das Despesas Orçamentárias
   Estágios, 109
Execução Orçamentária
   Definições, 108

F

Fato Contábil Modificativo Diminutivo. *Consulte* Despesa Orçamentária Efetiva
Fato Contábil Permutativo. *Consulte* Despesa Orçamentária Não Efetiva
Fato Gerador, 112
Fator Ambiental, 296
Fator Demográfico, 295
Fatores Ambientais, 81
   Características, 82
   Indicadores, 82
Fatores Externos, 80, *Consulte* Fatores Ambientais
Fatores Financeiros, 81
Fatores Organizacionais
   Definições, 82
   Tipos, 82

ÍNDICE REMISSIVO

Fatores que influenciam a condição fiscal, 7
Fator Habitação, 296
Fator Urbanização, 296
Financial Trend Monitoring System. *Consulte* Sistema de Monitoramento de Tendência Financeira
Financiamento de Atividades Geradoras de Receita do Governo, 338
Financiamento de Gastos Emergenciais, 338
Financiamento de Investimentos de Capital, 338
Fiscal Illusion. *Consulte* Ilusão Fiscal
Flexibilidade, 522
Flexibilidade dos Gastos, 313
Flexibilidade Financeira, 449
Flypaper Effect, 298
Folga de Insumo, 307
Fontes de Recursos para Cobertura dos Créditos Orçamentários, 117
Forças externas à organização. *Consulte* Fatores Ambientais
Função Alocativa, 340
Função Distributiva, 340
Função Estabilizadora, 340
Fundações
   Características, 4
Funded Ratio. *Consulte* Indicador de Cobertura do Passivo Atuarial
Fundo Financeiro Emergencial, 450
Fundos de Agentes. *Consulte* Fundos Fiduciários
Fundos de Investimentos. *Consulte* Fundos Fiduciários
Fundos de Propósito Privado. *Consulte* Fundos Fiduciários
Fundos Especiais. *Consulte* Contabilidade por Fundos
   Definições, 18
Fundos Fiduciários. *Consulte* Contabilidade por Fundos
   Definições, 20
Fundos Governamentais. *Consulte* Contabilidade por Fundos
Fundos Previdenciários. *Consulte* Fundos Fiduciários
Fundos proprietários. *Consulte* Contabilidade por Fundos

G

Gasto *per capita*, 310
Gastos de Capital
   Definições, 286
   Tipos, 286
Governo
   Características, 6
   Definições, 2, 4
   Deveres, 12
Grau de Cobertura dos Créditos Adicionais, 199
Grau de Endividamento, 353
Grupo de Referência, 100

H

Horizontal Fiscal Imbalance. *Consulte* Desequilíbrios Financeiros Horizontais

I

Ilusão Fiscal, 298
Indicador da Atividade Operacional, 462
Indicador de Amortização de Dívida, 462
Indicador de Ativos Garantidores, 416
Indicador de Cobertura do Passivo Atuarial, 418
Indicador de Desempenho Funcional, 315
Indicador de Equilíbrio Atuarial, 413
Indicador de Equilíbrio da Estrutura Fiscal, 539
Indicador de Equilíbrio Financeiro Previdenciário, 420
Indicador de Folga Fiscal, 539
Indicador de Necessidade de Gastos, 539
Indicador de Proteção dos Benefícios, 415
Indicador de Reserva, 415
Indicador de Resultado das Variações Patrimoniais, 505
Indicador de Riqueza da Cidade, 147
Indicador de Riqueza da Comunidade, 538
Indicadores
   Tipos, 93
Indicadores Baseados em Ativos e Passivos Atuariais, 419
Indicadores Baseados em Fluxo de Recursos Previdenciários, 419
Indicadores Baseados no Fluxo de Recursos Previdenciários
   Tipos, 420
Indicadores da Capacidade de Pagamento da Dívida, 348
Indicadores de Contribuição dos Ativos Atuariais, 415
Indicadores de Impacto Orçamentário
   Definições, 356
   Tipos, 356
Indicadores Fiscais, 204
Indicadores Socioeconômicos, 155
Índice de *accruals*, 504
Índice de Casa Própria, 150
Índice de Crescimento de Receitas e Despesas, 202
Índice de Criminalidade, 161
Índice de Desemprego, 151
Índice de Desocupação, 150
Informação Financeira
   Finalidade, 12
   Objetivos, 13
Ingressos Extraorçamentários, 111
Indicadores de Recursos da Comunidade, 142
Inputs
   Medidas de Mensuração, 303
Insuficiência de Arrecadação
   Causas, 183
Insumos ou *Inputs* do Governo, 287

Intercity Hardship. Consulte Dificuldades Intermunicipais
Interest Group, 300
Inversões Financeiras, 287
Investidores e Credores. *Consulte* Usuários da Informação Financeira
Investimentos, 287
Investment Trust Funds. Consulte Fundos de Investimentos

J

Juros e Encargos da Dívida. *Consulte* Despesas com o Serviço da Dívida
Juros *per capita*, 351

L

Lançamento da Receita, 112
Limitação de Empenho e Movimentação Financeira, 445
Limite Anual de Endividamento, 361
Limite Anual do Serviço da Dívida, 361
Limite da Dívida Flutuante, 361
Limite de Despesa com Pessoal, 209
   Metodologia de Apuração, 210
Limite de Gastos do Legislativo Municipal, 214
Limite Global de Endividamento, 360
Limite Legal de Endividamento, 211, 359
Liquidação, 109
Liquidez, 77, 176, 485
Liquidez Corrente, 485
Liquidez dos Recursos Internos, 452
Liquidez Imediata, 486
Liquidez Seca, 486

M

Maiores Contribuintes de Imposto sobre a Propriedade, 149
Margem da Dívida, 361
Margem do Serviço da Dívida, 363
Margem Legal de Endividamento, 363
Maturidade da Dívida, 347
Método do Tamanho Comum, 100
Modelo CICA de Mensuração da Condição Financeira, 521
   Características, 522
Modelo da STN de Mensuração da Condição Financeira, 527
Modelo de Alter *et al.* de Mensuração da Condição Financeira, 520
Modelo de Berne e Schramm de Mensuração da Condição Financeira, 514
   Características, 514
   Objetivo, 515-516

Modelo de Brown de Mensuração da Condição Financeira, 516
   Indicadores Utilizados, 518
   Metodologias de Avaliação, 517
Modelo de Chaney *et al.* de Mensuração da Condição Financeira, 523
Modelo de Hendrick de Mensuração da Condição Financeira, 537
Modelo de Hughes e Laverdiere de Mensuração da Condição Financeira, 532
Modelo de Kavanagh de Mensuração da Condição Financeira, 539
Modelo de Krishnakumar *et al.* de Mensuração da Condição Financeira, 541
Modelo de Sohl *et al.* de Mensuração da Condição Financeira, 526
Modelo de Wang *et al.* de Mensuração da Condição Financeira, 524
   Indicadores, 525
Modelos Abertos de Mensuração da Condição Financeira
   Definições, 512
   Objetivo, 537
Modelos de Mensuração da Condição Financeira
   Características, 510
   Limitações, 510
   Objetivo, 510
   Tipos, 512
Modelos Fechados de Mensuração da Condição Financeira
   Características, 512
   Definições, 512
   Objetivo, 512
Modelos Preditivos da Condição Financeira, 513
Modelos Quase Aberto de Mensuração da Condição Financeira
   Características, 531
Modelos Quase Abertos de Mensuração da Condição Financeira
   Definições, 512
Modificações Orçamentárias, 199
Modified Accural Basis. Consulte Regime de Competência Modificado
Mudanças no Tamanho da População, 159
Municípios
   Competências Tributárias, 245

N

Necessidades da Comunidade
   Características, 137
   Definições, 136, 152, 297
   Indicadores de Análise, 154, 162
   Metodologias de Avaliação, 152
Necessidades de Recursos Internos, 452
Necessidades por Bens e Serviços de Infraestrutura, 161
Nível dos Recursos Internos, 449

ÍNDICE REMISSIVO

Notas Explicativas
  Características, 26
  Definições, 47
Número de Postos de Trabalho, 151

O

Obrigações Explícitas, 78
Obrigações Implícitas, 78
Obrigações Previdenciárias Imediatas. *Consulte* Indicador de Reserva
Operações de Crédito. *Consulte* Dívida
Operações de Crédito
  Definições, 129
  Demonstrativo, 191
  Objetivo, 130
  Tipos, 131
Operações de Crédito por Antecipação da Receita Orçamentária
  Objetivo, 445
Operações de Crédito por Antecipação de Receita, 129
Operações de Crédito por Antecipação de Receita Orçamentária, 339
Oportunidades Fiscais, 87
Orçamento Corrente. *Consulte* Orçamento Público
Orçamento de Capital. *Consulte* Orçamento Público
Orçamento Operacional. *Consulte* Orçamento Corrente
Orçamento Público
  Características, 24
  Definições, 24
  Tipos, 25
Orçamentos
  Características, 27
Otimização da Dívida, 343
Outputs
  Medidas de Mensuração, 303
Outputs do Setor Público, 294
Outras Despesas Correntes, 285

P

Pagamento, 109
Participação da Despesa Corrente, 199
Participação da Despesa de Capital, 199
Participação da Receita Corrente, 196
Participação da Receita de Capital, 197
Participação de Capitais de Terceiros, 486
Participação de Gastos com Pessoal, 316
Participação dos Benefícios Previdenciários, 317
Participação dos Gastos de Capital, 313
Participação dos Gastos Extraordinários, 317
Participação dos Gastos Operacionais, 313
Passivo
  Definições, 38

Passivo Atuarial
  Definições, 401
  Metodologias de Avaliação, 401
  Objetivo, 401
Passivo Atuarial a Descoberto, 416
Passivo Atuarial a Descoberto *Per Capita*, 417
Passivo Financeiro, 121
  Definições, 41
Passivo Permanente
  Definições, 41
Passivos Atuariais
  Definições, 403
Passivos Contingentes, 131
Patrimônio Líquido
  Definições, 38
  Posição Patrimonial, 482
Permissões para Construção, 150
Peso Relativo da Dívida, 351
Peso Relativo do Passivo Atuarial a Descoberto, 417
PIB, 147
Plano de Benefício Definido, 394
Plano de Contribuição Definida, 394
Planos de Benefícios
  Definições, 394
Planos de BenefíciosTipos, 394
Poder Executivo
  Órgãos, 3
Poder Judiciário
  Órgãos, 3
Poder Legislativo
  Órgãos, 3
População Dependente, 159
Posição de Caixa
  Definições, 447
  Indicadores, 468
  Metodologias de Avaliação, 447
Posição Financeira
  Definições, 76, 78, 482, 502
  Demonstrativo Simplificado, 502
  Metodologia de Avaliação, 77
Posição Fiscal
  Características, 87
Posição Geral de Caixa. *Consulte* Posição de Caixa
Posição Operacional de Caixa, 447, 452
Posição Patrimonial, 482
  Definições, 503
  Demonstrativo Simplificado, 504
Pay as you go Financing. *Consulte* Regime Financeiro de Repartição Simples
Pay-as-you-use. *Consulte* Princípio do Pagamento conforme o Uso
Pension Plan Assets. *Consulte* Indicador de Contribuição dos Ativos Atuariais
Pension Trust Funds. *Consulte* Fundos Previdenciários
Prazo Médio de Pagamento, 453

Prazo Médio de Recebimento de Tributos, 453
Preços dos Insumos, 295
Premissas Demográficas, 401
Premissas Financeiras, 401
Pressão por Gastos, 297, 300
    Características, 282
    Definições, 514
    Mensuração, 302
Pressão por Gastos Correntes, 516
Pressão por Gastos de Compromissos Assumidos no Passado, 516
Prestação de Contas. *Consulte Accountability*
Previdência Social
    Definições, 390
Previsão da Receita, 112
Princípio da Equidade entre Gerações, 341
Princípio da Redução da Fricção Tributária, 341
Princípio da Unidade de Tesouraria, 112
Princípio do Equilíbrio Orçamentário, 117
Princípio do Equilíbrio OrçamentárioObjetivo, 180
Princípio do Financiamento por Pagamento conforme o Uso, 341
Prioridade dos Gastos, 315
Private-Purpose Funds. *Consulte* Fundos de Propósito Privado
Problemas Fiscais
    Definições, 85
    Tipos, 87, 89
Programação Financeira
    Metodologias de Desenvolvimento, 113
    Objetivo, 113
Projeções da Receita, 125
Projetos Autoliquidáveis, 342
Provisão, 401
Provisão Matemática de Benefícios a Conceder, 402
Provisão Matemática de Benefícios Concedidos, 402

Q

Qualidade do Gasto Público, 282
Qualidade dos *Outputs* de Serviços, 294
Quick Pension Liability. *Consulte* Obrigações Previdenciárias Imediatas
Quociente de Localização, 100

R

Rainy Day Fund. *Consulte* Fundo Financeiro Emergencial
Receita
    Características, 242
    Componentes, 248
    Definições, 111
    Relacionamento dos Componentes, 259
Receita a Tributária a Arrecadar, 267

Receita Operacional, 259
    Indicadores de Análise, 260
Receita Orçamentária
    Definições, 110
Receita Orçamentária Efetiva, 110
Receita Orçamentária Não Efetiva, 110
Receita *Per Capita*, 261
Receitas Correntes, 110
Receitas de Capital, 110
Receitas Operacionais
    Definições, 242
Receitas Orçamentárias
    Tipos, 110
Receitas Previstas, 118
Recolhimento, 112
Recursos da Comunidade. *Consulte* Necessidades da Comunidade
Recursos Econômicos, 77
Recursos e Necessidades da Comunidade, 91
Recursos Externos
    Definições, 438
Recursos Internos
    Características, 448
    Definições, 439
    Fatores de Causalidade, 448
    Liquidez, 442
    Nível de Recursos, 441
Recursos Internos Disponíveis, 515
Refinanciamento de Dívidas Pendentes, 339
Regime de Caixa
    Definições, 21
Regime de Competência
    Definições, 21
Regime de Competência Modificado
    Definições, 21
Regime de Obrigações Contratuais, 22
Regime de Pré-Financiamento. *Consulte* Regime Financeiro de Capitalização
Regime de Pré-Pagamento. *Consulte* Regime Financeiro de Capitalização
Regime de Previdência Privada, 390
Regime Financeiro. *Consulte* Regime Orçamentário
Regime Financeiro de Capitalização, 393
Regime Financeiro de Repartição de Capital de Cobertura, 393
Regime Financeiro de Repartição Simples, 392
Regime Geral de Previdência Social, 390
    Demonstrativo da Projeção Atuarial, 410
Regime Orçamentário, 110, 111
    Definições, 22
    Tipos, 22
Regime Orçamentário de Caixa, 22
Regime Orçamentário de Caixa Modificado, 23
Regime Orçamentário de Competência, 22
Regime Próprio de Previdência dos Servidores, 390

ÍNDICE REMISSIVO

Demonstrativo de Receitas e Despesas, 405, 406, 407, 408
Regimes de Financiamento de um Sistema Previdenciário
    Definições, 392
    Tipos, 392
Regra de Ouro, 212, 340, 354
    Metodologia de Apuração, 213
Relação entre Ativos e Passivos Financeiros, 452
Relação Receita de Contribuição com os Benefícios Previdenciários Anuais Pagos, 421
Relação Retorno dos Investimentos com os Benefícios Previdenciários Anuais Pagos, 421
Remanejamento de Recursos, 117
Renda dos Munícipes, 146
Renda Total, 138
Representatividade do Caixa Operacional, 462
Representatividade do Serviço da Dívida, 313, 357
Representatividade do Superávit Financeiro, 450
Reserva de Contingência
    Definições, 131
Reserva de Receita, 257
    Indicadores de Análise, 258
Reservas de Contingência
    Objetivos, 131
Reservas Financeiras, 176
Reserve Ratio. Consulte Indicador de Reserva
Responsabilidade na Gestão Fiscal, 242
Restos a Pagar, 347
Resultado Atuarial
    Metodologias de Avaliação, 403
Resultado Atuarial Deficitário, 403
    Causa, 404
Resultado Atuarial Equilibrado, 403
Resultado Atuarial Superavitária, 403
Resultado da Execução Orçamentária
    Demonstrativo, 185
Resultado da Gestão de Caixa, 456
Resultado de Execução Orçamentária, 201
    Causas Possíveis, 183
    Definição, 179
    Fatores influenciadores, 184
Resultado de Previsão
    Definições, 177
    Demonstrativo, 178
Resultado de Previsão Orçamentária, 200
Resultado do Orçamento de Capital, 202
Resultado Nominal, 204
    Metodologia de Apuração, 205
Resultado Patrimonial do Exercício
    Definições, 504
Resultado Primário, 207
    Metodologia de Apuração, 208
Revenue Debt. Consulte Dívida de Receita
RGF
    Características, 27

Riqueza da Comunidade, 146
    Indicadores de Análise, 252
Riscos Fiscais, 132
RREO
    Características, 27

S

Saldo do Orçamento, 119
Saldo do Orçamento Utilizável
    Demonstrativo, 191
Saúde Financeira. *Consulte* Condição Financeira
    Definições, 2
Self-Income Ratio. Consulte Autoaauficiência Financeira
Self-Supporting Debt. Consulte Dívida Autossustentável
Serviço da Dívida *per capita*, 351
Serviços da Dívida a Pagar, 347
Servidores *per capita*, 317
Sistema Contábil Governamental
    Objetivo, 12
Sistema de Compensação
    Definições, 17
Sistema de Custos
    Definições, 17
Sistema de Monitoramento da Tendência Financeira. *Consulte* Modelo de Groves e Valente de Mensuração da Condição Financeira
Sistema Fiscal, 243
Sistema Orçamentário
    Definições, 16
Sistema Patrimonial
    Definições, 16
Sistema Previdenciário Brasileiro
    Tipos, 390
Sistemas de Informações Governamentais, 155
Situação Líquida Patrimonial. *Consulte* Posição Patrimonial
Sociedades de Economia Mista
    Características, 4
Solvência, 487
    Tipos, 81
Solvência, 77
Solvência de Caixa, 81, 91
    Definições, 438, 448
    Indicadores, 454
Solvência de Longo Prazo, 81
Solvência do Nível de Serviços, 81, 487
Solvência Orçamentária, 81, 91
    Definições, 176, 194
    Indicadores, 194
    Objetivos, 194
    Perspectiva da Execução da Despesa, 197
    Perspectiva da Execução da Receita, 195
    Perspectiva do Desempenho, 200
    Perspectiva Fiscal, 203

Status quo da Dívida
  Definições, 346
Stress Fiscal dos Governos, 337
Stress Test, 451
Superávit
  Causas Possíveis, 183
Superávit de Caixa, 456
Superávit de Execução Orçamentária, 179
Superávit de Previsão, 177
Superávit Financeiro, 450
  Definições, 120
  Metodologia de Avaliação, 122
Superávit Financeiro Utilizável
  Demonstrativo, 193
Sustentabilidade, 521
Sustentabilidade Financeira, 396

T

Tamanho do Setor Público, 312
Taste-Determing, 300
Taxa de Crescimento de Desemprego, 151
Taxa de Desemprego, 150
Taxa de Propriedade. *Consulte* Índice de Casa Própria
Taxa de Pobreza, 160
Tendência da População, 144
Tendência da Receita, 265
Tendência do Exercício, 125
Ten-Point Test of Financial Condition. *Consulte* Teste dos Dez Pontos da Condição Financeira
Tensão Fiscal, 352, *Consulte* Problemas Fiscais
Teoria Clássica da Dívida, 340
Teoria da Condição Financeira, 80
Teoria dos Sistemas Abertos, 79
Teste dos Dez Pontos da Condição Financeira. *Consulte* Modelo de Brown de Mensuração da Condição Financeira
Timing do Fluxo de Caixa, 445, 453
  Metodologias de Avaliação, 446
Transferência de Recursos, 117
Transferências Constitucionais, 247

Transferências Fiscais Intergovernamentais. *Consulte* Transferências Intergovernamentais
Transferências Intergovernamentais, 246
  Base de Receita, 250
  Objetivo, 298
  Objetivos, 247
Transposição de Recursos, 116
Três esferas de governo. *Consulte* Poder Executivo, Legislativo e Judiciário

U

Unfunded Pension Liability. *Consulte* Passivo Atuarial a Descoberto
União
  Competência Tributária, 244
União, Estados e Municípios. *Consulte* Poder Executivo, Legislativo e Judiciário
Unidades Tomadoras de Decisões, 306
Usuários da Informação Financeira, 13
  Características, 14
  Tipos, 13

V

Valor das Propriedades, 148
Valor de Avaliação, 148
Valor Total dos Imóveis Tributáveis, 148
Variação da Dívida, 353
Variação do Valor das Propriedades, 149
Variações Qualitativas
  Definições, 36
Variações Quantitativas
  Definições, 36
Vertical Fiscal Gap. *Consulte* Desequilíbrio Financeiro Vertical
Viabilidade Financeira
  Definições, 12
Vulnerabilidade, 522